普通高等教育“十三五”规划教材
国家工科基础课程教学基地机械基础系列教材
普通高等教育“十一五”国家级规划教材

机 械 原 理

第 3 版

主编 刘 静 杜 静
参编 陈同杰 刘达斌 宋朝省
陈永洪 秦 伟 宁先雄
主审 葛文杰

机 械 工 业 出 版 社

本书是根据机械基础系列课程教学内容和课程体系改革与实践的成果，按照教育部颁布的相关教学基本要求而编写的。为了满足不同类型学校的教学需求，在基本教学内容的基础上做了适当的扩充，并安排了少量作为选修的内容。

本书以“设计”为主线，内容包括绪论、平面机构的结构分析、平面连杆机构的运动分析、平面机构的力分析、平面连杆机构分析与设计、凸轮机构设计、齿轮机构设计、轮系及其设计、其他常用机构、机械动力学、机械的平衡和机械执行系统的方案设计共12章。

本书可作为高等学校机械类各专业的教学用书，也可供非机械类学生及机械工程领域的研究生和科研设计人员参考。

图书在版编目（CIP）数据

机械原理/刘静，杜静主编. —3版. —北京：机械工业出版社，2019.8

普通高等教育“十三五”规划教材　国家工科基础课程教学基地机械基础系列教材　普通高等教育“十一五”国家级规划教材

ISBN 978-7-111-62960-3

Ⅰ.①机…　Ⅱ.①刘…　②杜…　Ⅲ.①机械原理-高等学校-教材　Ⅳ.①TH111

中国版本图书馆CIP数据核字（2019）第147240号

机械工业出版社（北京市百万庄大街22号　邮政编码100037）
策划编辑：余　皞　责任编辑：余　皞　王勇哲
责任校对：郑　婕　封面设计：张　静
责任印制：孙　炜
保定市中画美凯印刷有限公司印刷
2019年11月第3版第1次印刷
184mm×260mm · 21.75印张 · 538千字
标准书号：ISBN 978-7-111-62960-3
定价：59.80元

电话服务
客服电话：010-88361066
010-88379833
010-68326294

网络服务
机　工　官　网：www.cmpbook.com
机　工　官　博：weibo.com/cmp1952
金　书　网：www.golden-book.com
机工教育服务网：www.cmpedu.com

前言

本书在前两版的基础上修订而成。根据机械类专业创新人才培养的要求，参考原教育部高等学校机械基础课程教学指导分委员会修订的最新版“机械原理课程教学基本要求”，汲取近年来教学实践的成功经验，在保持第2版教材的基本结构体系和内容特色的前提下，主要做了如下修改：

1）对原有的章节内容做了一定的调整、整合和增删。修订后，对第2版中“平面连杆机构及其分析与设计”以及“机械动力学”一章中的“机械的摩擦与效率”和“机构的动态静力分析”等内容进行了调整和整合，相关内容分别列入第3章“平面连杆机构的运动分析”、第4章“平面机构的力分析”和第5章“平面连杆机构分析与设计”；在第8章“轮系及其设计”中，增加了RV减速器和活齿传动等内容；在第9章“其他常用机构”中，删除了万向联轴器、摩擦传动机构、液气动机构及电磁传动机构等，增加了组合机构和工业机器人；将第2版的“机械动力学”的其余部分调整为第10章“机械动力学”和第11章“机械的平衡”，并在“机械的平衡”中增加了工程实例；在第12章“机械执行系统的方案设计”中，增加了机械创新设计及其在机械执行系统方案设计中的应用、机构构型的创新设计等内容，删除了机械传动系统的方案设计和原动机的选择等。

2）注重理论与工程实践的结合，在每一章的开始部分，引入了工程案例的内容，在教材内容的编写上，也增加了工程案例。

3）在每一章的结束部分增加了知识拓展的内容，尽可能地将一些新的科研成果融入教材。

参加本版修订的人员有：刘静（第1章、第2章除第1节外的内容、第5章除第1节外的内容）、杜静（第10章、第11章）、秦伟（第6章、第12章）、宁先雄（第3章、第9章工业机器人部分）、陈同杰（第4章、第9章除工业机器人外的部分）、刘达斌（第2章第1节、第5章第1节）、宋朝省（第8章）和陈永洪（第7章）。

本书由刘静和杜静任主编，负责全书的统稿、分工和定稿。

本书由葛文杰教授担任主审，他对本书提出了许多宝贵意见，在此向葛老师表示衷心感谢！

本次修订基于全体参编人员多年教学科研积累，但限于编者水平，书中仍存在不少可改进之处，衷心希望广大同仁提出宝贵意见。

编　者

目 录

第 1 章

绪论

1.1　机械原理课程的研究对象

机械原理是机器与机构理论的简称，机械原理课程的研究对象为机器和机构。

1. 机器

提到机器，人们并不陌生，如缝纫机、洗衣机、汽车、机床、轧钢机、破碎机以及各种各样的机器人等。机器的种类繁多，其构造、性能和用途也各不相同。对于一般机器，人们在日常生活及生产中已经有了一定的感性认识。但是，什么是机器？机器有什么共同特征？一部机器究竟是怎样组成的呢？

机器是一种根据某种使用要求而设计的执行机械运动的装置，它可以用来转换能量、完成有用功或处理信息。根据实现的功能不同，机器可分为以下四大类：

（1）动力机器　用于实现其他种类的能量与机械能之间的转换，如内燃机、汽轮机、电动机和发电机等。

（2）加工机器　用于改变被加工对象的尺寸、形状、性质或状态，如各种金属加工机床、纺织机、轧钢机和包装机等。

（3）运输机械　用于搬运人和物品，如各种汽车、飞机、起重机和运输机等。

（4）信息机器　用于处理各种信息，如各种计量机、检测机、绘图机、打印机和复印机等。

现代机器的出现使上述机器功能的划分变得模糊起来，如机器人可以作为一种加工机器，进行焊接和装配，也可以按照一定的任务要求来搬运物品。

图 1.1 所示的汽车，通常采用往复活塞式内燃机（常称为发动机）提供动力。

图 1.2 所示的单缸四冲程内燃机，可以把燃气热能转换为机械能，其主系统由气缸 2、活塞 3、连杆 6 及曲轴 9 组成。活塞 3 可在气缸 2 中作往复直线运动，活塞 3 与连杆 6、连杆 6 与曲轴 9 之间均为可相对转动的活动连接。内燃机的工作循环如图 1.3 所示。图 1.3a 中，活塞向下运动，燃气由进气管通过进气阀进入气缸；图 1.3b 中，进气阀关闭，活塞 3 向上运动，可燃气体被压缩；图 1.3c 中，火花塞点火，使可燃气体在气缸中燃烧，膨胀产生的高压推动活塞向下运动，通过连杆带动曲轴转动，从而将热能转变为机械能输出；图 1.3d 中，活塞再次向上运动，排气阀打开，废气通过排气管排出。

从内燃机的工作过程可知，在一个工作循环中，气缸上部的进气阀和排气阀应分别开

图 1.1 汽车结构图

起、关闭一次，而且其开起、关闭均应发生在工作循环的特定瞬间。图 1.2 中，气门挺杆 12、凸轮轴 13 用来开起、关闭进气阀和排气阀；大齿轮 14 和小齿轮 15 用来保证进气阀、排气阀和活塞之间运动的协调配合。

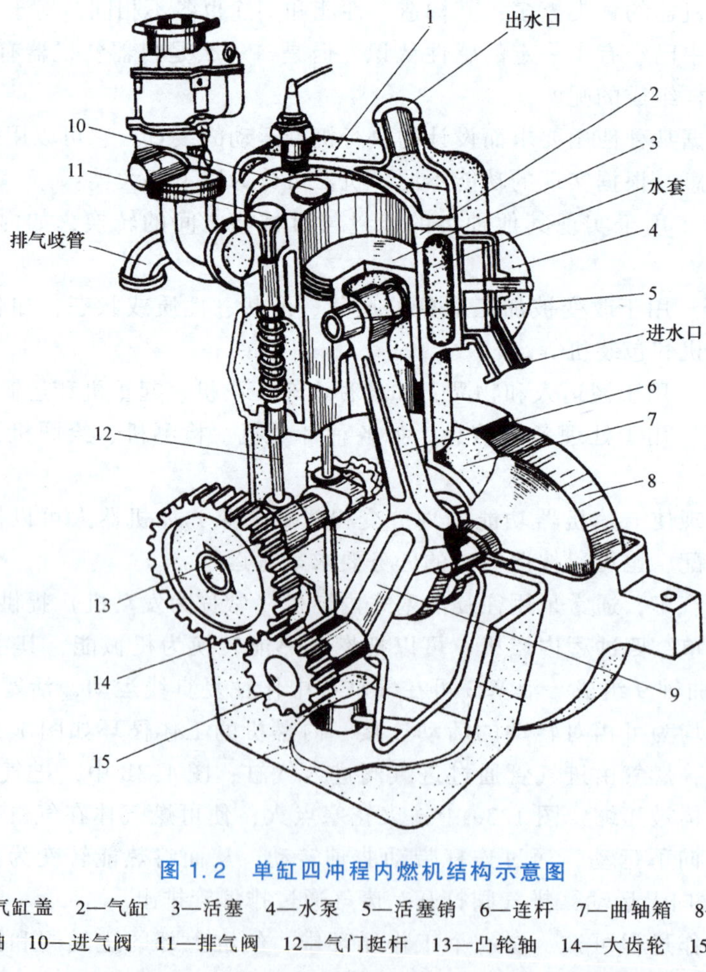

图 1.2 单缸四冲程内燃机结构示意图

1—气缸盖 2—气缸 3—活塞 4—水泵 5—活塞销 6—连杆 7—曲轴箱 8—飞轮
9—曲轴 10—进气阀 11—排气阀 12—气门挺杆 13—凸轮轴 14—大齿轮 15—小齿轮

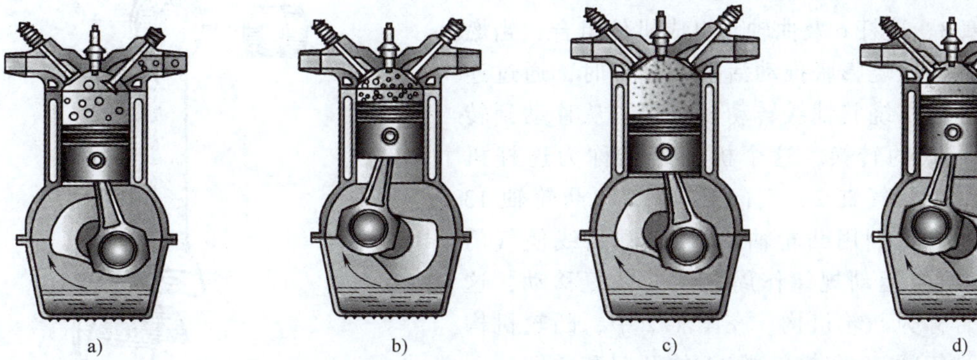

图 1.3　单缸四冲程内燃机工作循环图

a）进气　b）压缩　c）做功　d）排气

图 1.4 所示为开链空间 6 自由度通用工业机器人的操作机。

该操作机由多个构件组成，各构件之间采用可相对转动的活动连接，这些活动连接通常称为关节。该操作机可模拟人上肢的运动。其中，立柱 2 可在机座 1 中绕垂直轴线转动，它们之间的连接处称为腰关节。大臂 3 和立柱 2 之间、小臂 4 与大臂 3 之间的连接处分别称为肩关节和肘关节。当腰关节、肩关节和肘关节处相连的两构件之间的相对转角 φ_1、φ_2 和 φ_3 确定时，小臂 4 前端便在空间获得了一个确定的位置。

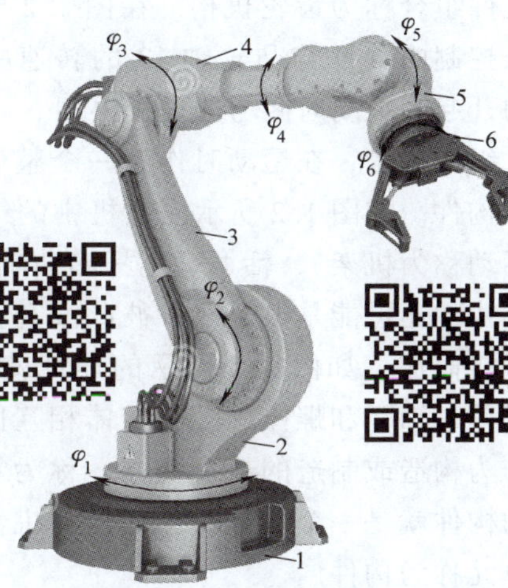

图 1.4　开链空间 6 自由度通用工业机器人

1—机座　2—立柱　3—大臂
4—小臂　5—腕部　6—手部

腕部 5 和手部 6 安装在小臂 4 的前端。腕部由 3 个小的构件组成，也有 3 个关节转角 φ_4、φ_5 和 φ_6。手部 6 通常又称为末端执行器，末端执行器也可为一个夹持器。对于这个通用机器人，根据不同使用场合，可夹持不同的工具或者工件来完成不同的工作，如可夹持螺栓进行装配，也可夹持焊枪进行焊接。

从以上实例以及日常生活中所接触过的其他机器可以看出，虽然各种机器的构造、用途和性能各不相同，但根据其组成、运动确定性以及功能关系，可归纳出机器具有以下 3 个共同特征：

1）一种人为的实物（机件）组合体。

2）各部分之间具有确定的相对运动。

3）可以用来转换能量、完成有用功或处理信息。

2. 机构

尽管机器的表现形式多种多样、千差万别，但都是通过机械运动来转换能量、完成有用功或处理信息。人们常将结构各异的机器中能实现运动传递与变换的机件组合独立出来进行研究，这类机件组合称为机构。例如，图 1.2 中气缸 2、活塞 3、连杆 6 及曲轴 9 组成机件组合，当燃气在气缸体内燃烧膨胀推动活塞 3 移动时，通过连杆 6 带动曲轴 9 绕其轴线转动，实现了从移动到转动的运动形式的转换，这个机件组合称为连杆机构。图 1.2 中的气缸 2、气门挺杆 12 和凸轮轴 13 组成机件组合，利用凸轮轴 13 的轮廓曲线使气门挺杆 12 按给定运动规律作周期性的往复移动，这个机件组合称为凸轮机构。在图 1.2 中，凸轮机构用于实现进气阀 10 和排气阀 11 的开起和关闭。图 1.2 中的气缸 2、大齿轮 14 和小齿轮 15，采用轮齿啮合的方式，将高速转动变为低速转动或反之，这个机件组合称为齿轮机构。在图 1.2 中，齿轮机构用来控制曲轴 9 与凸轮轴 13 的转速关系，实现气门的开起和关闭时间与冲程相协调。

组成机构，在运动时作为一个整体的结构实体称为构件。如图 1.2 所示内燃机中的气缸（视为固定不动称为机架）、活塞、连杆和曲轴等都是构件。一个构件还可能是由若干个彼此没有相对运动的实体连接而成，如图 1.5 所示的连杆就是由连杆体、连杆盖、轴瓦和螺栓等多个实体相互固连而成。这些作为构造或制造的最小实体，称为零件。当然也有的构件就是一个零件。总之，将机器中运动的最小单元称为构件。

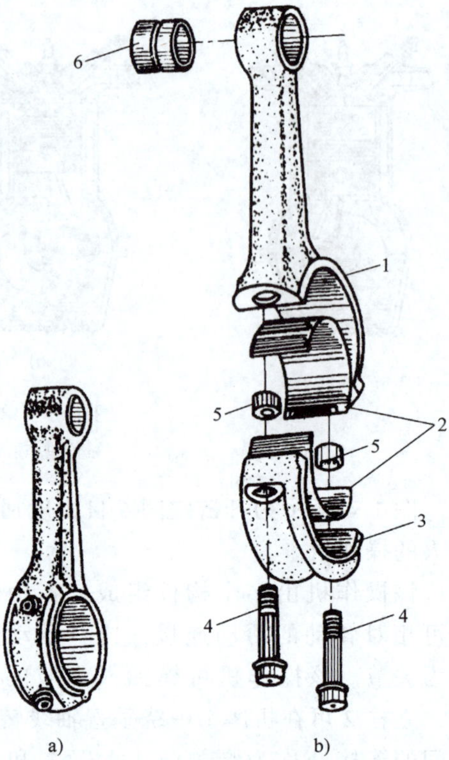

图 1.5 连杆及其组成零件

a）连杆（构件） b）连杆的组成

1—连杆体 2—轴瓦 3—连杆盖 4—螺栓

5—定位套 6—连杆衬套

由以上实例可以看出，机构具有以下两个特征：

1）人为的实物（机件）组合体。

2）各运动实体之间具有确定的相对运动。

由此可见，机构具有机器的前两个特征。

综上所述，一部机器可能是由一种机构组成，也可能是由若干种机构组成，它们按一定的规律相互协调配合，采用有序运动和动力的传递与转换完成预期的功能。

由于机构具有机器的前面两个特征，所以从结构和运动的观点来看，机器与机构之间并无区别。因此，机器和机构总称为机械。

随着科学技术的发展，机器和机构的概念也有了相应的扩展。某些情况下，组成机构的机件已不能再简单地视为刚体；有些时候，气体和液体也参与了实现预期功能的机械运动；有些机器，还包含了使其内部各机构正常动作的控制系统和信息处理与传递系统等；在某些方面，机器不仅可以替代人的体力劳动，而且还可以代替人的脑力劳动（如智能机器人）。

机械一般由以下几部分组成：

1）原动部分。原动部分是机械的动力源，如电动机、内燃机、液压缸或气缸等，其中以各种电动机的应用最为普遍。

2）执行部分。执行部分位于整个传动链的终端，主要完成机械预期动作，其结构形式依赖于机械本身的用途。

3）传动部分。传动部分处于原动机和执行部分之间，主要将原动机的运动和动力传递给执行部分。

4）控制部分。控制部分用于控制机械的其他基本部分，协助操作者实现或终止各种预定功能。

5）辅助部分。辅助部分主要保证机械便于操作、正常运行、提高工作质量并延长使用寿命，如润滑系统、冷却系统、故障检测系统、安全保护系统和照明系统等。

作为机械工程的一门基础学科，机械原理研究机器和机构的一些共性问题。此外，机器的种类虽然千差万别，但组成机器的机构种类却是有限的，因此机械原理将以工程实际中常用的各种机构作为具体研究对象，探讨它们各自在运动和动力方面的一些共性基本问题。

1.2 机械原理课程的主要内容

机械原理课程的研究内容，主要包括以下几个方面：

（1）机构的结构设计　研究机构的基本组成，如何利用机构简图表示机构，机构具有确定运动的条件以及机构的结构分析。

（2）机构的运动分析　以理论力学中运动学的理论为基础，研究机构的运动参数及其变化规律，是进行机构设计的重要环节。

（3）机构的设计　介绍连杆机构、凸轮机构、齿轮机构和间歇运动机构等的结构组成、基本类型、工作原理、运动特性、应用场合以及分析和设计方法。

（4）机械动力学　分析和研究机械的摩擦与效率、机构的动态静力分析、机械的平衡、机械在外力作用下的真实运动规律以及机械的速度波动及其调节等。

（5）机械系统的方案设计　介绍机械创新设计及其在机械执行系统方案设计中的应用；讲述执行系统的功能原理方案设计、执行系统的运动规律设计、执行机构的型式设计、执行机构的协调设计以及执行系统设计方案评价与决策等。

1.3 机械原理课程的地位及学习课程的目的

1. 机械原理课程的地位与任务

机械原理是高等院校机械类各专业的一门十分重要的专业技术基础课程。它比物理、理论力学等基础课程更加接近工程实际，但又不同于专业课程。机械原理研究各种机械所具有的共性问题，而各专业课程则是研究某一类机械所具有的特殊问题。因此，与专业课程相比，机械原理具有更宽的研究面和更广的适应性，在机械设计系列课程体系中占有十分重要的地位。

2. 学习机械原理课程的目的

（1）为学习机械类有关专业课程打好理论基础　机械的种类繁多，为了研究工程实际中的各种特殊机械，高等院校的课程体系中设置了各种专业课程。然而，研究某一具体机械所具有的特殊问题时，通常要涉及机械所具有的共性问题。机械原理课程便是针对这一问题而开设的专业技术基础课。

（2）为机械产品的创新设计打下良好基础　装备制造业是国民经济的支柱产业。随着科学技术的发展和市场经济体制的建立，在装备制造业中，多数产品的商业寿命正在逐渐缩短，品种需求增多，使得产品的生产要从传统单一品种，大批量生产逐渐向多品种小批量柔性生产过渡，以经验设计和仿照设计为主的传统设计方法已经越来越无法适应生产的发展。要使设计的产品在国际市场上具有竞争力，就需要制造性能优良的高端机械装备。而要完成这一任务，机械原理的知识必不可少。一般机械产品的设计过程包括以下4个阶段：初期规划设计阶段、总体方案设计阶段、结构技术设计阶段和生产施工设计阶段。而产品是否具有创新性，很大程度上取决于总体方案设计，这正是机械原理课程研究的主要内容。

（3）为现有机械的合理使用和革新改造打好基础　充分发挥机械设备潜力的关键在于深入了解机械的性能。通过学习机械原理课程，掌握机器和机构的分析方法，才能较为全面地了解机械的性能，从而更合理地使用机械；掌握机器和机构的设计方法，才能对现有机械的革新改造提出方案。改革开放以来，我国引进了大量国外的先进技术和机械装备，要使这些技术和机械装备更好地为国民经济建设服务，关键在于消化和吸收。而在这方面，机械原理知识也是必不可少。

1.4 学习机械原理课程的学习方法

1. 学习知识的同时，注重能力的培养

学习知识和培养能力，两者相辅相成，但后者比前者更为重要。鉴于本课程的教学内容较多而教学课时相对较少，授课时，将着重讲重点、讲难点、讲思路、讲方法，同时介绍课程发展前沿；同学们在学习本课程时，应把重点放在掌握研究问题的基本思路和方法上，即放在以知识为载体，培养自己高于知识和技能的思维方式与方法以及自主获取知识的能力上，着重于能力培养。这样，就可以利用自己的能力去获取新的知识，这一点在知识更新速度加快的当今社会尤为重要。

2. 重视逻辑思维的同时，加强形象思维能力的培养

从基础课到专业技术基础课，学习内容变化了，学习方法也应有所转变，其中重要的一点是要在发展逻辑思维的同时，重视形象思维能力的培养。这是因为专业技术基础课相较于基础课更加接近工程实际，要理解和掌握本课程的一些内容，要解决工程实际问题，要进行创造性设计，单靠逻辑思维远远不够，还必须发展形象思维能力。

3. 注意运用理论力学的有关知识

机械原理作为一门专业技术基础课，其先修课程包括高等数学、大学物理、理论力学和工程制图等，其中理论力学与本课程联系最为紧密。机械原理将理论力学的有关原理应用于实际机械，并具有自己的特点。在学习本课程的过程中，要注意灵活运用理论力学的有关知识。

4. 注意将所学知识运用于工程实际

机械原理是一门与工程实际密切相关的课程，因此学习本课程要更加注意理论联系实

际。与本课程密切相关的实验、课程设计、机械设计大赛以及课外科技活动，将为学生提供理论联系实际和学以致用的机会。此外，现实生活中有各种各样构思巧妙和设计新颖的机构。学习本课程的过程中，如果能注意观察、分析和比较，并把所学知识运用于实际，就能达到举一反三的目的。这样，当你自己从事设计工作时，就有可能从日常的积累中获得创造灵感。

思考题

1.1 描述机器的基本功能组成和机构在机器中的基本功用。机构的基本特征是什么？并从前期课程及实践中见到的机械设备里进一步认识机器、机构的结构、功能和组成。

1.2 描述零件、构件、机构和机器的概念。为什么要以构件作为机构的构成单元？

1.3 描述常见的典型机构及它们的基本结构和应用特征。

1.4 描述机械运动方案设计的基本内容以及它在整个机械设计过程中的地位和作用。机械原理课程的定位、任务和基本内容。

知识扩展

机构学发展历史

机构学在广义上又称为机构与机器科学（Mechanism and Machine Science）。它是机械设计及理论二级学科的重要组成部分，在机械工程一级学科中具有重要的基础研究作用，对机械结构的完善和性能提高，以及社会经济的发展有着极大的推动作用。机构从一出现就一直伴随甚至推动着人类社会和人类文明的发展，它的研究和应用更是有着悠久的历史。其发展历程，主要包括3个阶段。

第一阶段，18世纪中叶以前，该阶段为机构的启蒙与发展时期。标志性成果主要包括：古希腊大哲学家亚里士多德（Aristotle）的著作《Problems of Machines》，该文献为现存最早的研究机械力学原理的文献；阿基米德（Archimedes）提出的基于古典几何学方法的杠杆原理和运动学理论，该理论建立了针对简单机械研究的理论体系；古埃及的赫伦（Heron）提出的组成机械的5个基本元件，即轮与轮轴、杠杆、绞盘、楔子和螺杆；意大利著名绘画大师达·芬奇（Da Vinci）的作品《the Madrid Codex》和《the Atlantic Codex》中描绘的用于机器制造的22种基本部件；中国古代的墨翟制造的舟、车、飞鸢以及根据力学原理为古代车子所创造的“车辖”（即现在的车闸）和为“备城门”所研制的“堑悬梁”。

第二阶段，18世纪下半叶至20世纪中叶，该阶段为机构的快速发展时期。机构学快速发展为一门独立的学科。18世纪下半叶，第一次工业革命极大地促进了机械工程学科的发展，机构学也在力学基础上发展成为一门独立的学科。这一阶段，机构学主要研究机构结构学、运动学和动力学，形成了较为独立的体系和独特的研究内容，对18至19世纪诞生的纺织机械、蒸汽机及内燃机等结构和性能的完善有着较大的推动作用。标志性成果主要包括：瑞士的数学家欧拉（Euler）提出的平面运动可看成是一点的平动和绕该点的转动的叠加理论，奠定了机构动力学分析的基础；法国的科里奥利（Coriolis）提出的相对速度和相对加速度的概念；英国的瓦特（Watt）提出的基于机构综合运动学的连杆机构跟踪直线轨迹的问题；英国剑桥大学的威利斯（Willis）教授所著的《Principles of Mechanisms》完善了机构的理论体系；德国的勒洛（Reuleaux）发表的《Kinematics of Machinery》详细地阐述了机构的符号表示法和构型综合，提出了高副和低副的概念，他也被誉为现代运动学的奠基人；德国的布尔梅斯特（Burmester）发表的《Kinematics of Machinery》提出了将几何方法应用于机构位移、速度和加速度的分析，开创了机构分析的运动几何学；格鲁布勒（Grubler）建立的连杆组自由度判据，奠定了机构数综合（Number Synthesis）的基础；布尔梅斯特（Burmester）和弗洛西斯坦（Freudenstein）提出的基于几何方法的连杆机构尺寸综合，形成了系统的机构设计几何学理论。

第三阶段，20世纪下半叶至今，控制与信息技术的发展促使机构学成为现代机构学。现代机械与19世纪机械的概念已经产生了巨大的差异，其特征体现为充分利用计算机信息处理和控制等现代化手段。现代机构学也随之发生了广泛而深刻的变化，其特点包括：

1）机构是现代机械系统的子系统，机构学与驱动、控制、信息等学科交叉融合，研究内容比传统机构学有了明显扩展。

2）机构的结构学、运动学与动力学实现了统一建模和创建，三者融为一体，且考虑了驱动与控制技术的系统理论，为创新设计提供了新的手段。

3）机构创新设计理论与计算机技术的结合，为机构创新设计实用软件的开发提供了技术基础。

相对于传统的机构，现代机构学使机构内涵获得了较大的扩展，主要体现为：

1）机构的广义化。将构件和运动副广义化，即将弹性构件、柔性构件、微小构件等引入机构中；运动副方面，扩展了广义运动副、柔性铰链等；机构组成的广义化，将驱动元件与机构系统集成或者融合为一种有源机构，极大地扩展了传统机构的内涵。

2）机构的可控性。充分运用驱动元件的可控性，机构实现了有规律的输入运动与可控的运动输出，有效地扩展了机构的应用范围，最典型的例子为机器人、微机电系统（或微机械）等。

3）机构的生物化与智能化。衍生出了各种仿生机构及机器人、变胞机构、变拓扑机构等。

综上所述，机构学发展历程及发展趋势，如图1.6所示。

中国机构学从诞生至今已经有近百年的历史。北洋大学（于1952年正式更名为天津大学）的刘仙洲教授是中国机构学的先驱者，他于1935年出版了我国第一本系统阐述机构学原理的著作——《机械原理》，开创了中国近代机械研究的先河。中国机构学界于20世纪60年代开始了具有自身特色的空间机构分析与综合的研究。1984年，张启先院士编著的《空间机构的分析与综合》是我国第一本较为系统的阐述空间机构的学术著作。尤其在近30年，中国机构学取得了长足的进步，研究内容主要体现在并联机构学、空间连杆机构、机构弹性动力学、灵巧手操作、移动机器人、柔性（柔顺）机构和仿生机构等方面；在机构型综合与尺度综合、并联机器人机构学理论、机构弹性动力学、变胞机构和柔性机构等方面的研究也十分活跃。可以说，目前中国机构学的研究已接近或达到国际先进水平。

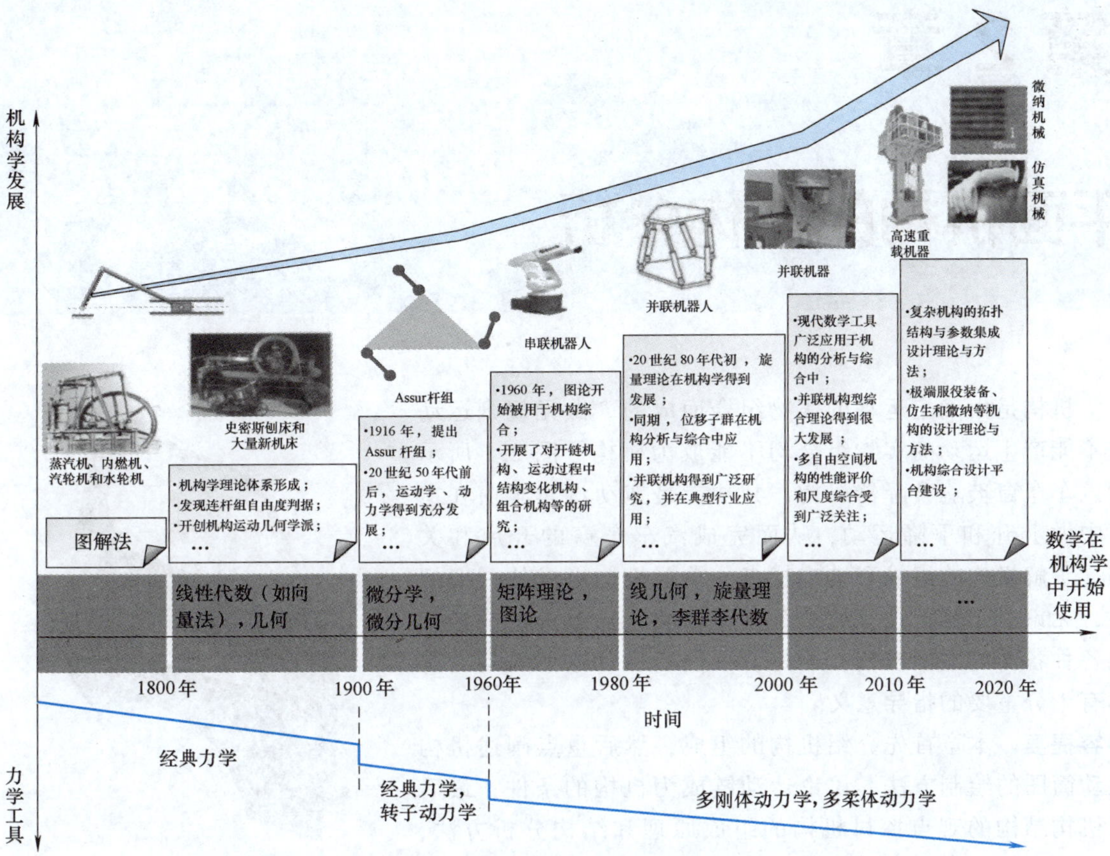

图 1.6 机构学发展历程及发展趋势

第 2 章

平面机构的结构分析

机构是由确定运动的实物组合而成的。做无规则运动或不能产生运动的实物组合均不能成为机构。图 2.1 所示为汽车车窗玻璃升降器机构，其功能是拖动汽车车窗在窗框中做上升和下降运动，从而完成汽车车窗的开启和关闭。了解机构的组成和结构特点，掌握机构组成的一般规律，无论对于分析已有的汽车车窗玻璃升降器机构或者其他各种各样的平面机构，还是着手创新设计这些机构，都具有十分重要的指导意义。

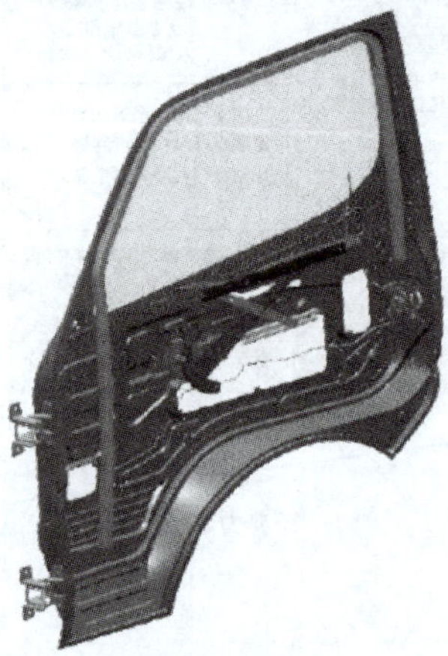

图 2.1　汽车车窗玻璃升降器

内容提要　本章首先介绍机构的组成，然后重点阐述机构运动简图的绘制方法，讨论运动链成为机构的条件，最后从机构结构的观点探讨机构的组成原理和结构分析方法，着重从机构的运动、自由度与约束的基本特征出发研究机构的结构特性。

2.1　机构的结构及简图

机构由相互间形成可动连接并具有确定相对运动的构件组成，用于传递和转换运动和力。所谓机构的结构，主要是指与机构的自由度有关的机构类型以及与机构类型有关的构件数目、可动连接的数目和类型。平面机构的结构分析的主要研究内容是：

1）构件间可动连接的型式及其运动和传力特征。

2）形成可动连接的构件系统成为机构所应满足的条件。

3）获取满足自由度要求的机构的方法，即机构结构创新设计方法。

4）机构的结构分析与分类。

2.1.1　构件与自由度

1. 构件

构件是组成机构的基本要素之一，其作用是传递运动和力。广义上，凡是能传递运动和力，并在运动时可视为一个整体的物理介质都可称为构件。构件可以是刚体（如活塞、连杆、曲轴和齿轮等）、挠性体（如传动带、链条等）或流体（如气、液等）。在研究机构的组成原理时，均把构件视为刚体。

2. 自由度

构件的自由度定义为构件所具有的独立运动参数的数目。活动构件的自由度是指其相对于参考构件的相对运动自由度。在活动构件上固连一个动坐标系，在参考构件上建立一个参考坐标系（可视为固定坐标系），通过考察动坐标系相对参考坐标系的运动，可以判断活动构件相对于参考构件的运动。

如图 2.2 所示，空间参考坐标系为 $Oxyz$（参考构件未画出），与圆柱形构件固连的空间动坐标系为 $O'x'y'z'$。构件为空间自由运动刚体，可见该刚体的任一位置和姿态，都可以用动坐标系原点 O' 在参考坐标系三个坐标轴的长度 s_x、s_y、s_z 及其坐标轴 $O'x'$、$O'y'$、$O'z'$ 与参考坐标系的对应坐标轴之间的三个角度 θ_x、θ_y、θ_z，共 6 个参量来描述。即 6 个参量可各自独立给定，来确定刚体在空间的位置和姿态，即该刚体具有沿坐标轴 x、y、z 的 3 个独立移动（s_x、s_y、s_z）和绕坐标轴 x、y、z 的 3 个独立转动（θ_x、θ_y、θ_z）。因此，一个空间自由运动构件具有 6 个独立运动的可能，即具有 6 个自由度。构件究竟做何种运动，则取决于其外部施加的约束。

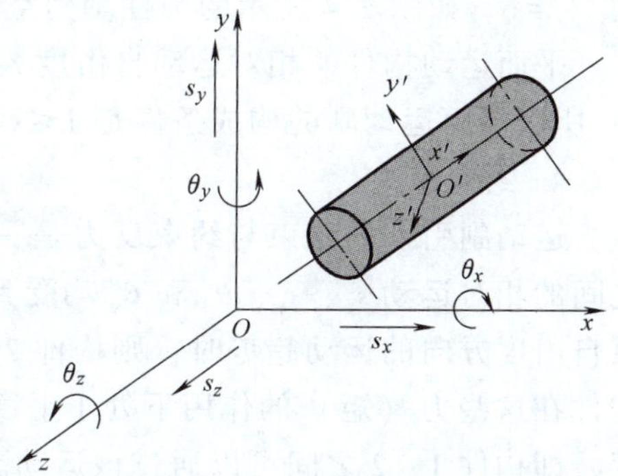

图 2.2　空间运动构件的自由度

工程实际中，大多数是平面运动构件。因构件上各点的运动轨迹处于同一平面或相互平行的平面，所以如图 2.3 所示，平面自由运动构件只具有 s_x、s_y 和 θ（相当于绕 Oz 的转动 θ_z）3 个自由度。

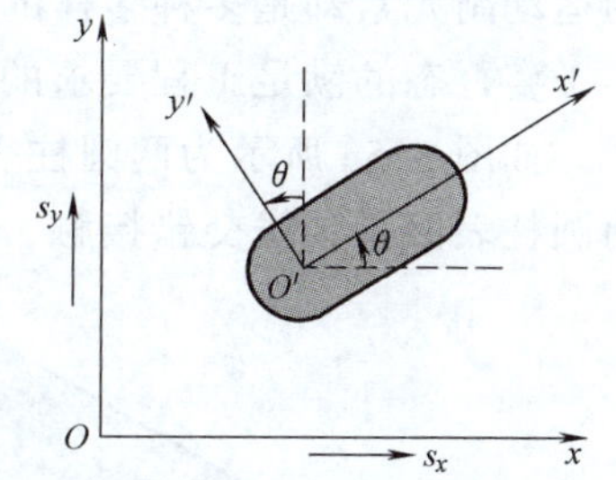

图 2.3　平面运动构件的自由度

2.1.2　运动副与约束

1. 运动副与约束的基本概念

运动副是组成机构的另一基本要素，其作用是传递运动和力并提供约束。两个构件直接接触所形成的可动连接称为运动副。约束是对运动所施加的限制。两个构件接触所构成的运动副，限制了两构件间某些相对运动，即引入了相应的约束，同时还保留了两构件间某些相对运动，即具有自由度。运动副就是两构件直接接触，既引入了约束又保留有自由度的一类结构。

2. 运动副元素

组成运动副的两个构件上参与接触的几何元素称为运动副元素。不同几何形状的运动副元素，构成了两构件的不同接触形式，提供了不同类型的约束，从而决定了两构件之间不同类型的相对运动自由度。如图 2.4 所示的圆柱副，其运动副元素是直径相同的圆柱面和圆孔面。该运动副保留了构件 1、2 间沿 z 轴方向相对移动（s_z）和绕 z 轴相对转动（θ_z），所以有 2 个自由度。其余的相对运动（s_x、s_y、θ_x、θ_y）均被限制，即有 4 个约束。

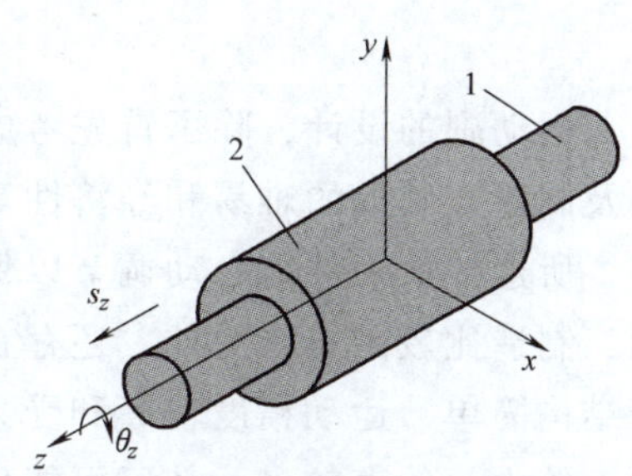

图 2.4　圆柱副的自由度

3. 运动副的构成

运动副依靠两构件运动副元素的接触提供约束。构成运动副的两构件之间的相对运动若为空间运动，则称为空间运动副；若为平面运动，则称为平面运动副。

空间运动构件的相对运动自由度数最多为6，故空间运动副的约束数最多为5，最少为1。若以f代表运动副的自由度数，以s代表约束数，则空间运动副的构成条件是$1 \leqslant s \leqslant 5$，且$s+f=6$。如图2.4所示的圆柱副为空间运动副，该运动副$f=2$，$s=4$。

平面运动构件的相对运动自由度数最多为3，故平面运动副的约束数最多为2，最少为1。所以平面运动副的构成条件是$1 \leqslant s \leqslant 2$，且$s+f=3$。

4. 约束反力

运动副引入的约束与约束反力是一一对应的。如图2.4所示的圆柱副，由于构件1、2之间的相对运动s_x、s_y、θ_x和θ_y均受到限制，当构件1在外力（矩）的作用下，具有被约束自由度方向的运动趋势时，则构件2对构件1将会产生相应的约束反力阻止其运动，两个构件在这些力（矩）的作用下处于平衡。故也可以认为是这些力（矩）约束了对应的自由度，即构件1、2之间可以通过该运动副传递沿坐标轴x、y方向的力P_x、P_y和绕x、y的力矩M_x、M_y。因此说几何约束与力约束本质上是一致的，可以相互替代。

5. 运动副的设计

虽然构成运动副的两个构件之间的接触不外乎是点、线、面三种形式，但满足工作要求的运动副元素却是多种多样的。正是这些不同形状的运动副元素以及不同的接触形式，构成了千姿百态的满足工程要求的各种类型的运动副。

如图2.5a所示为两圆柱表面沿母线接触，此时为线接触，$f=3$、$s=3$；图2.5b所示为两圆柱表面呈轴线交错接触，为点接触，此时$f=5$，$s=1$。

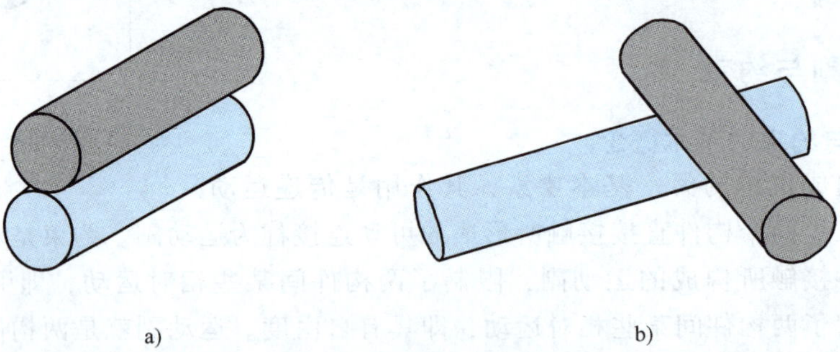

a) b)

图2.5 两圆柱的不同接触

a）线接触 b）点接触

运动副的设计，除了首先考虑两构件间的相对运动要求外，还必须考虑强度、刚度、效率及制造、装拆的难易和经济性等。一般而言，点、线接触的运动副具有相对运动自由度较多，所连接的构件能自动调节以保持静定的特性。点、线接触的运动副元素的形状一般为曲面，制造比较困难，此外，还存在接触应力大、易变形、易磨损和承载能力低等缺点，常用于结构简单、运动精度较高和受力较小的场合。面接触相当于多点接触，面接触运动副的自由度较少、约束较多，甚至可能出现超静定的过约束。运动副元素的接触状况对尺寸误差和几何误差（如轴线的平行度或表面的垂直度等）十分敏感。为了保持良好的接触，需要较高的制造精度，从而提高了成本。由于不可避免地存在误差，所以在作受力分析时，实际接触及受力状况常难以准确确定，需要附加变形及应力分布等假设条件才能求解。因此，运动副元素应尽量选择易于制造的几何形状，如圆柱面、平面、球面、槽平面和螺旋表面等。由于面接触在同样载荷下应力较小，所以面接触运动副具有较高的强度、刚度和承载能力，因而应用广泛。

两个运动副元素之间的相对滑动和磨损（特别是在高速重载的工况下），致使运动副元素变形和产生间隙，导致机械效率和运动精度降低，冲击和噪声增强。为此，通常需要采取提高运动副元素的表面硬度和耐磨性的措施；正确地选用材料和加润滑剂以减小摩擦系数；还经常采用在两个运动副元素表面间加入中间元件的方法（如滚动轴承、滚动导轨等）使滑动摩擦变为滚动摩擦。

运动副的结构，决定了两构件相对运动自由度的数量和类型，决定了其传力特性、承载能力、效率和寿命，也直接决定了制造、安装、拆卸的难易程度和对环境、工作条件的自适应能力。运动副的结构设计是机构设计的关键，应根据机器的工作要求正确地选择。在机构的结构设计中，选择运动副的首要条件是满足运动自由度要求。

6. 运动副的分类

运动副有3种分类方式。除了前面已经介绍的按两构件的相对运动形式分为空间运动副和平面运动副外，还可以按引入的约束数进行分类，引入1个约束的运动副称为Ⅰ级副、引入2个约束的运动副称为Ⅱ级副，以此类推，最高为Ⅴ级副。此外，还可以按接触形式分类，点、线接触的运动副称为高副，面接触的运动副称为低副。常见的运动副类型及简图符号见表2.1。

表2.1　常见运动副的类型及简图符号

名称	图形	简图符号	接触形式	级别	自由度	限制的自由度	可传递的力(矩)
球与平面副	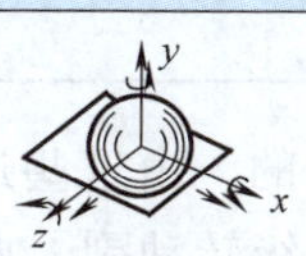	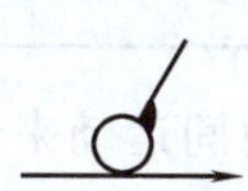	点	空间Ⅰ级高副	5	s_y	P_y
圆柱与平面副	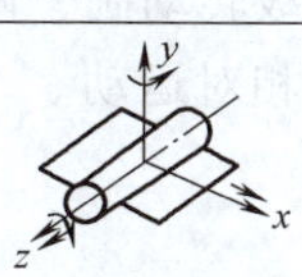		线	空间Ⅱ级高副	4	s_y θ_x	P_y M_x
球与圆柱副	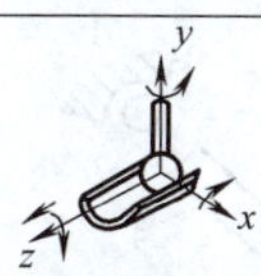		曲线	空间Ⅱ级高副	4	s_x,s_y	P_x,P_y
球面副	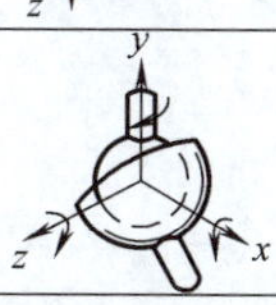		面	空间Ⅲ级低副	3	s_x,s_y,s_z	P_x,P_y,P_z
平面与平面副	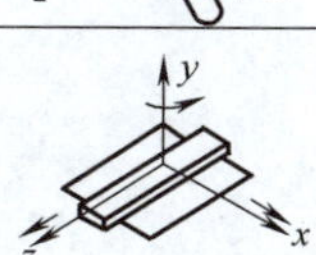		面	平面Ⅲ级低副	3	s_y θ_x,θ_z	P_x M_x,M_z

（续）

名称	图形	简图符号	接触形式	级别	自由度	限制的自由度	可传递的力(矩)
球销副	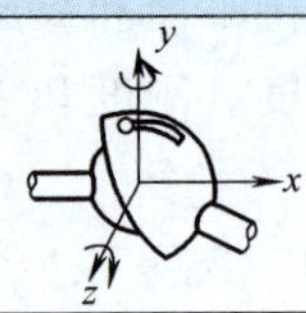	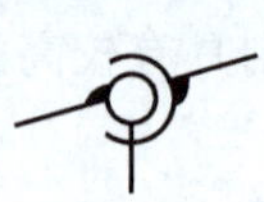	面-点	空间Ⅳ级低副	2	s_x,s_y,s_z θ_x	P_x,P_y,P_z M_x
圆柱副	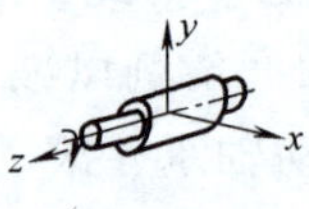	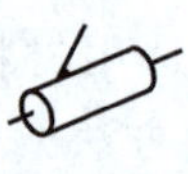	面	空间Ⅳ级低副	2	s_x,s_y θ_x,θ_y	P_x,P_y M_x,M_y
平面副	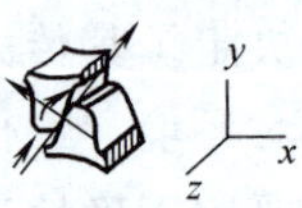		线	平面Ⅳ级高副	2	s_y,s_z θ_x,θ_y	P_y,P_z M_x,M_y
移动副	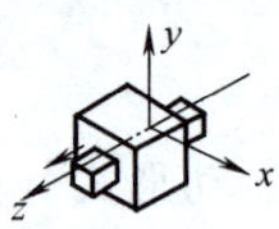	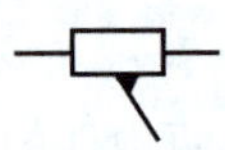	面	平面Ⅴ级低副	1	s_x,s_y $\theta_x,\theta_y,\theta_z$	P_x,P_y M_x,M_y,M_z
转动副	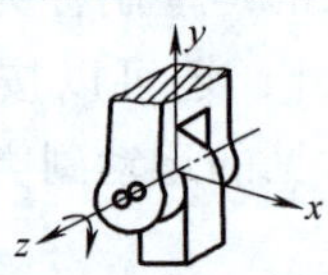		面	平面Ⅴ级低副	1	s_x,s_y,s_z θ_x,θ_y	P_x,P_y,P_z M_x,M_y
螺旋副	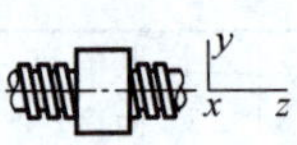	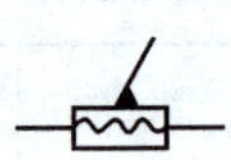	面	空间Ⅴ级低副	1	s_x,s_y,s_z θ_x,θ_y	P_x,P_y,P_z M_x,M_y

上述所有运动副的约束和自由度，均是从一般空间运动来讨论的，由这些运动副所构成的机构称为空间机构。如图 2.6 所示的飞机起落架，即是由一个Ⅴ级转动副、两个Ⅲ级球面副及一个Ⅳ级圆柱副所构成的空间四杆机构。各构件间均可做空间相对运动。

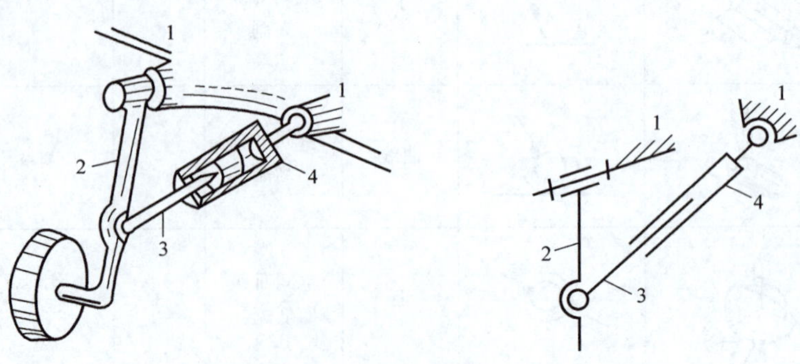

a) b)

图 2.6 飞机起落架

a）结构示意图 b）运动简图

各构件的运动均限制在同一平面或平行平面内的机构是平面机构。平面机构的应用非常广泛，也是本课程的主要研究对象。平面机构中连接各构件的平面运动副有两种。第一种是点、线接触的平面高副。平面高副引入1个约束，保留2个自由度。常用的平面高副如凸轮机构（见图2.7a）中凸轮与从动件所构成的凸轮高副（简称凸轮副），齿轮机构（见图2.7b）中两齿轮在啮合点处所构成的齿轮高副（简称齿轮副）等。第二种是面接触的平面低副。平面低副有两类，第一类如图2.7c所示，只保留有一个转动自由度，称为转动副或铰链；第二类如图2.7d所示，只保留有一个相对移动自由度，称为移动副或直移副。平面低副有2个约束和1个自由度。

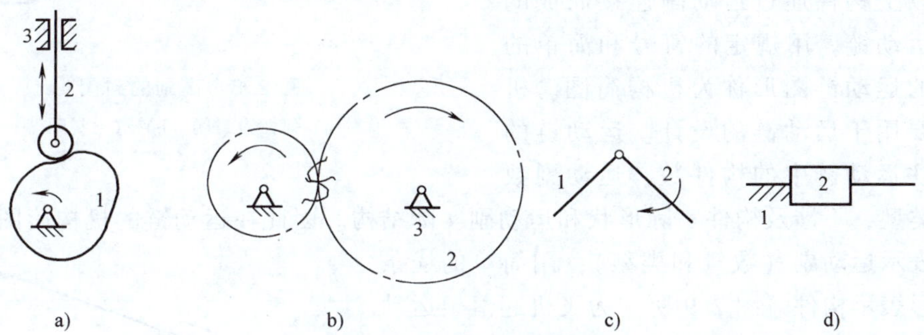

图2.7 常用平面运动副

a）凸轮高副 b）齿轮高副 c）转动副 d）移动副

2.1.3 运动副的封闭

保持运动副元素之间的接触称为运动副的封闭。运动副的封闭一旦被破坏，其约束将发生改变或失效，即运动副的级别产生变化或不再成为运动副。运动副常用以下两种方式实现封闭。

1. 几何封闭

借助于构件运动副元素的形状与尺寸，在不允许两运动副元素脱离接触的方向提供约束，从而实现封闭，如转动副、移动副、球面副和圆柱副等。这种由几何表面实体形成的封闭，称为几何封闭或形封闭。面接触低副通常为几何封闭，其应用很广泛。几何封闭的特点是可靠性高，但要求较高的制造和安装精度。由于制造误差或磨损而出现较大间隙时，几何封闭运动副所连接的构件通常不能自动调整，从而造成接触不连续（特别是在运动变向时），出现冲击、振动和噪声；安装误差、弹性或热变形也可能使运动副出现楔紧或卡死现象。因此，高速、重载机器中的运动副元素要有较高的制造精度和足够的刚度、强度；还常采用可自动调整或调心的结构，如机床中的V形导轨、圆锥滚子轴承和球轴承等。

2. 力封闭

借助于重力、弹性力、摩擦力和惯性力等来保持运动副元素之间的接触，称为力封闭。如图2.8a、b所示的凸轮机构中的凸轮与滚子形成的高副，就是依靠弹性力或重力实现封闭。力封闭运动副一般具有易于装配和快速拆卸的优点，更主要的是可使其所连接的构件具有较高的自调整和自适应的特性，可根据外力的作用状态自动调整接触状况达到静定。同时它总是无间隙的，具有一个运动副元素自动跟随另一运动副元素形面的特点。因此，在自调、自适应机构及仿形、随形系统中广泛采用力封闭运动副。甚至在许多情况下低副也采用单侧力封闭结构，如重型机床中的V形平面导轨、火车轮的半筒式径向轴承等。

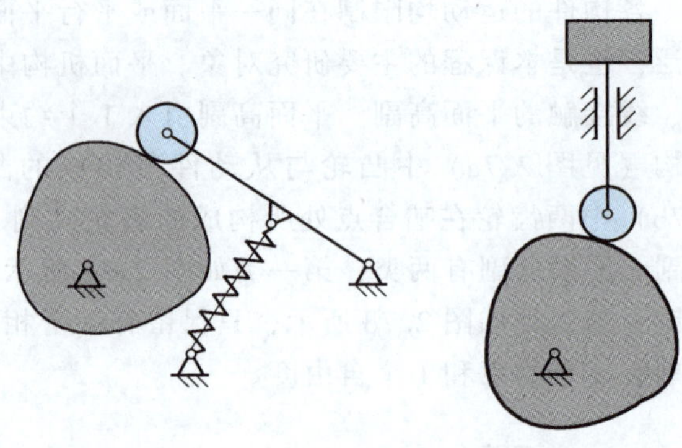

图 2.8 高副的封闭

a）弹性力封闭 b）重力封闭

2.1.4 运动链、机构及简图

1. 运动链与机构简图

两个以上构件通过运动副连接而成的系统称为运动链。用规定的符号和简单的线条绘制的运动链图形称为机构简图。机构简图主要用于运动链的设计。运动链的设计只关注运动链中的构件数、运动副数和运动副类型，不涉及构件实际形状和运动副实际结构。因此在运动链的机构简图中，用规定的符号表示运动副（数量和类型），用简单的线条或几何图形表示构件。图 2.9 所示为飞机起落架运动链的机构简图，该运动链属于空间运动链。

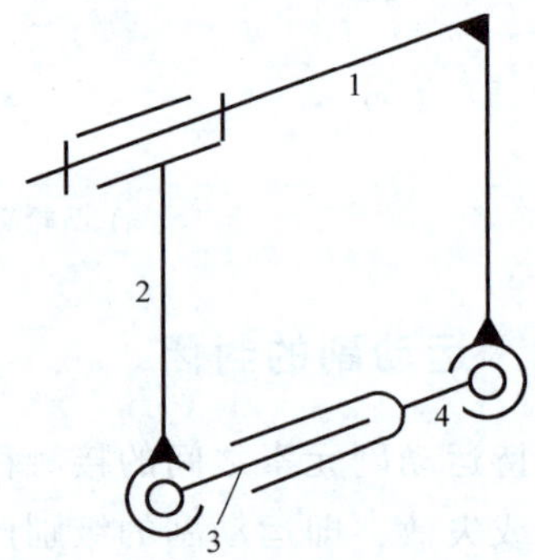

图 2.9 飞机起落架运动链机构简图

表 2.1 列出了各种运动副的规定符号，而构件则用连接运动副元素之间的线条或几何图形来表示，如图 2.9 所示。图 2.10a 所示为含有二转动副元素的构件，直线表示构件；图 2.10b 所示为含有一个转动副和一个移动副元素的构件；图 2.10c 所示为含有一个转动副和一个高副元素的构件。像这类有两个运动元素的构件称为二元素杆或二副杆。而图 2.10d 和图 2.10e 所示则为三元素杆或三副杆，以此类推。

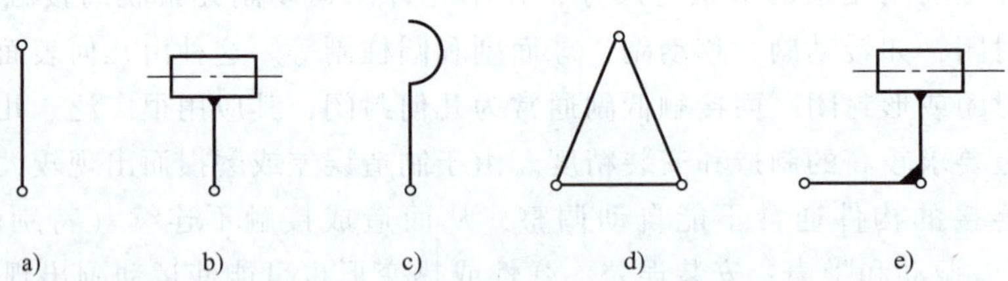

图 2.10 常用平面机构构件机构简图

a）二转动副元素杆 b）转动副-移动副元素杆 c）转动副-高副元素杆 d）三元素杆 e）转动副-移动副三元素杆

2. 运动链的分类

运动链有空间运动链和平面运动链之分。本节主要讨论平面运动链。

若运动链中的所有构件都至少以 2 个运动副元素与相邻构件相连，则将构成首尾相连接的封闭构件系统，这类运动链称为闭式运动链（简称闭链）。如图 2.11a 所示的运动链只有一个封闭回路，称为单闭链；而图 2.11c 所示则为多环路闭链。若运动链中含有一元素杆，则不构成封闭的构件系统，这类运动链称为开式运动链（简称开链），如图 2.11b 所示。

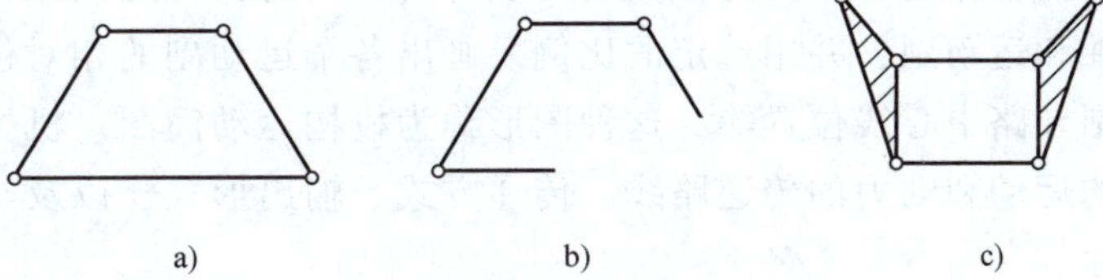

图 2.11 运动链

a）单闭链 b）开链 c）多环路闭链

闭链具有较多的约束、较少的自由度，各构件的运动范围较小，运动形式与规律较简单。作为传递运动的机构，闭链的驱动和控制比较简单，系统的结构刚度高。因此，闭链应用最广泛。开链的每两个构件之间均可作独立的相对运动，输出构件（一般是如图 2.12b 所示的末端执行构件 3）的运动范围更广、运动形式和规律更加复杂。因此，开链广泛应用于机械手和机器人机构中。

3. 运动链的自由度

运动链各构件间要具有确定的相对运动，相对于某参考构件所必须的独立运动参数的个数，称为运动链的自由度。图 2.12a 所示的四杆单闭链，设各杆长度 L_1、L_2、L_3 和 L_4 已知，要确定构件 1、2 和 3 相对于构件 4 的位置，只要给定一个独立运动参数 θ_1，根据简单几何关系即可确定构件 2、3 的角位置参数 θ_2、θ_3，于是运动链中所有构件的相对位置也都可以确定，所以该运动链的自由度为 1。而对于图 2.11b 所示的具有相同构件数的开链，则必须给定 θ_1、θ_2、θ_3 等 3 个独立运动参数，各构件的相对位置才能确定，所以该运动链的自由度为 3。以上分析也说明，若给定了与运动链自由度数目相同的独立运动参数，则运动链中各构件具有确定的相对运动。

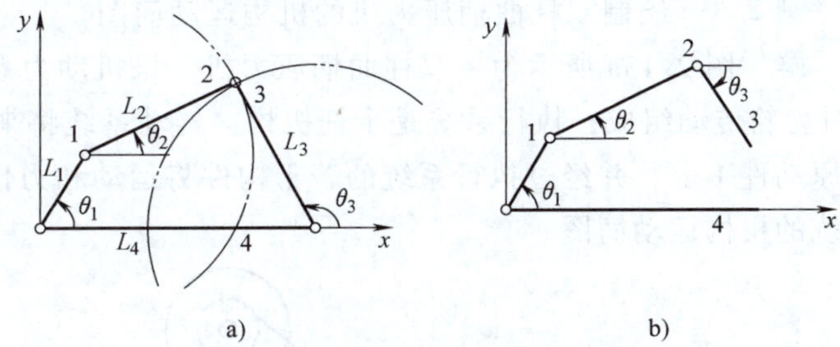

图 2.12 运动链的自由度

a）四杆单闭链 b）四杆单开链

4. 运动链与机构

运动链是机构的一般初始结构或原型，是机构方案设计的前提。在运动链中，若将某一构件相对固定，并使与运动链自由度数目相等的构件按给定运动规律独立运动，则运动链中各构件将具有确定的相对运动，运动链就成为机构。

机构中相对固定不动的构件称为机架，按给定运动规律独立运动的构件称为原动件（又称输入构件），其余的活动构件称为从动件。从动件中具有所期望的运动规律或运动要求的构件称为执行构件（又称输出构件）。

5. 机构及机构运动简图

在生产实际中使用的各种机械在外形、构造和用途等方面各不相同，组成机械的各个机构以及各个构件的结构和形状也很复杂，但构件之间的相对运动和整个机构的运动规律仅与机构中所包含的运动副数量、类型以及运动副之间的相对位置（即机构的运动尺寸）有关，而与组成构件的零件形状和数量、构件外形（高副机构的轮廓形状除外）、截面形状和尺寸以及运动副的具体构造无关。因此在分析现有机构、构思新机械的运动方案和对组成机械的各种机构作进一步的运动及动力设计与分析时，常用国家标准规定的简单符号和线条来表示构件和运动副，并用选定的比例尺画出各个运动副的相对位置，如转动副中心间的距离和移动副导路中心线位置等，这种图形称为机构运动简图。机构运动简图可以清晰地表示出原动机的运动和动力的传递路线、传递方式、输出形式，以及与运动规律有关的机构结构类型和尺寸。

在用图解法进行机构分析和设计时需要用机构运动简图。不按比例绘制的图形称为机构示意图。在目前广泛采用的解析法进行机构分析和设计时，可用机构示意图。

绘制机构运动简图的一般步骤是：①仔细观察机构的工作原理，首先找到原动件和机架，依次观察其运动的传递过程，观察相邻构件间的相对运动性质，以正确确定构件的数目以及运动副数目和类型；②根据各构件的运动状况，判定是平面机构还是空间机构；③选择能最清楚、准确表明机构结构和运动尺寸的投影面，选取适当的比例尺，绘制出相应于原动件某一位置时的机构运动简图；④给构件编号，并给运动副标注代号，在原动件上标出箭头以表示其运动方向；⑤通过计算机构的自由度（详见本章第 2 节），检验机构运动简图的正确性。

例 2.1 绘制双柱曲柄压力机的机构运动简图。

解 图 2.13a 所示为一双柱曲柄压力机。该机动力系统为电动机，传动系统由带传动和 5 对齿轮传动组成，执行系统是十杆机构。传动系统将来自动力系统的动力传递到执行系统的原动件 1 上，并经过执行系统的若干构件将运动和力传递到压头 9 上。现要求绘制出执行系统的机构运动简图。

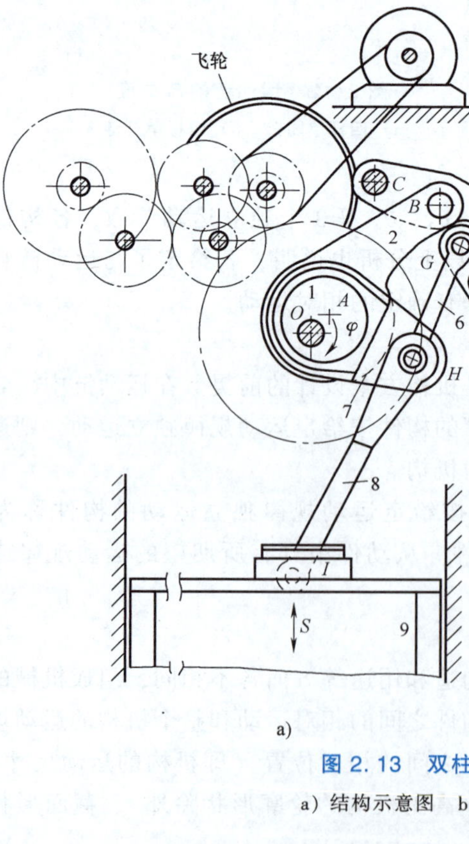

a)

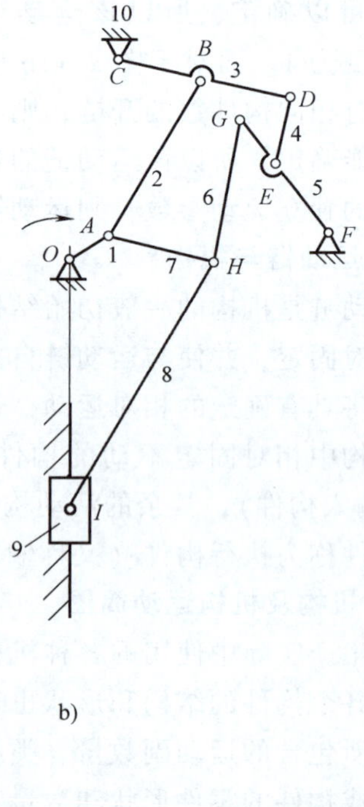

b)

图 2.13 双柱曲柄压力机

a）结构示意图 b）机构运动简图

经过观察可知，执行机构的原动件是与传动系统的输出齿轮固接的偏心圆盘 1，它与机架在 O 点组成转动副。偏心圆盘 1 与活套其上的构件 2 和 7，在偏心圆盘 1 的几何中心 A 组成转动副。偏心圆盘 1 作为原动件的运动和力主要是由构件 2 传递出去的。构件 2 与构件 3 在 B 点组成转动副。构件 3 为三元素杆，它还与机架在 C 点组成转动副，与构件 4 在 D 点组成转动副。以此分析，最后是压头 9（滑块）与机架 10 组成移动副。执行系统的机构运动简图如图 2.12b 所示。为检验机构简图正确性，最后应该计算其自由度（略）。

2.2 运动链及机构的自由度计算

自由度是机构及运动链的一个基本的运动学指标，是机构结构分析与设计的重要参数。

机构的自由度是指机构中各构件具有确定的相对位置和姿态，相对于机架所需的独立运动的个数。比较机构自由度和运动链自由度的定义可知，两者是一致的。本节主要讨论机构的自由度计算。

2.2.1 机构自由度计算公式

设一个空间机构共有 N 个构件，p_i 个 i 级副（$i=1\sim5$），除去机架，共有 $n=N-1$ 个活动构件。在用运动副连接之前，因为每个自由运动构件有 6 个自由度，所以共有 $6n$ 个自由度；而每个 i 级副引入 i 个约束，则共引入 $p_1+2p_2+3p_3+4p_4+5p_5$ 个约束。故空间机构自由度 F 的计算公式为

$$F=6(N-1)-(p_1+2p_2+3p_3+4p_4+5p_5)=6n-\sum_{i=1}^{5} ip_i \tag{2.1}$$

式（2.1）也称为空间机构结构公式。

如图 2.14 所示的缝纫机脚踏板运动链，共有 4 个构件，A、D 为Ⅴ级转动副，B 为Ⅳ级球销副，C 为Ⅲ级球副。故 $n=3$，$p_5=2$，$p_4=1$，$p_3=1$，则其自由度

$$F=6\times3-(3\times1+4\times1+5\times2)=1$$

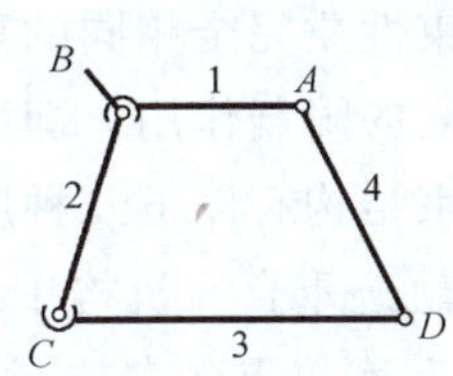

图 2.14 缝纫机脚踏板运动链

设平面机构中有 N 个构件，$n=N-1$ 个活动构件，p_L 个低副，p_H 个高副，则平面机构的自由度计算公式为

$$F=3n-2p_L-p_H \tag{2.2}$$

式（2.2）也称为平面机构结构公式。

如图 2.15a 所示平面铰链四杆机构，$n=3$，$p_L=4$，$p_H=0$，按式（2.2）计算，则有 $F=3\times3-2\times4-0=1$；图 2.15b 所示机构，$n=3$，$p_L=3$，$p_H=1$，则有 $F=3\times3-2\times3-1=2$。

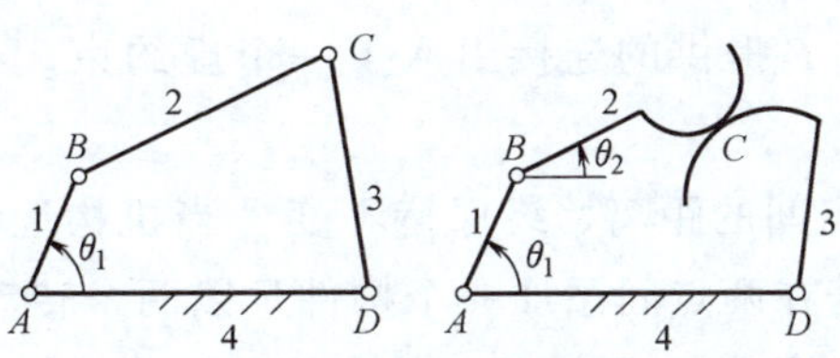

a)　　b)

图 2.15 机构自由度

a) 1 自由度机构　b) 2 自由度机构

2.2.2 机构具有确定运动的条件

由前述可知，若给定了与机构自由度数目相同的独立运动参数，则机构具有确定的运动。机构独立运动参数的给定方式是指定原动件。例如，指定如图 2.15a 所示的 1 自由度机构的构件 1 为原动件，即指定构件 1 的角位置 θ_1，就得到了各构件都具有确定运动规律的机构；指定如图 2.15b 所示的 2 自由度机构的构件 1、2 为原动件，即给定 θ_1、θ_2，该机构就具有确定的运动。

因此，机构具有确定运动的条件为：①机构的自由度 $F\geqslant1$；②原动件数等于机构自由度数。

当不满足这些条件时，如果计算所得的自由度小于或等于零，机构的构件间不可能产生相对运动，机构将退化为刚性桁架或超静定桁架；当机构的自由度大于零时，如果原动件数小于自由度数，机构的运动将不完全确定；如果原动件数大于自由度数，则将导致机构中最薄弱的环节损坏。

2.2.3 平面机构中的虚约束、局部自由度及复合铰链结构

前述机构运动简图及自由度计算中介绍的机构结构，是满足自由度及运动要求的最简单的、最常用的结构形式。但在实际工程应用中，为了满足诸如强度刚度和运转的稳定性、可靠性等要求，在结构设计时加入了一些并不改变原基本机构运动学特性的特殊结构和尺寸的运动副或构件。常用的有虚约束、局部自由度及复合铰链结构。

1. 虚约束结构

虚约束是对运动不起作用的约束。为了提高系统刚度、运动可靠性和工作稳定性、分担负荷和平衡惯性力等，经常在满足自由度和运动传递要求的机构基本结构中，采用结构和尺寸完全相同、约束性质完全相同的重复结构。这些重复结构对机构的运动实际上并未真正造成约束或不起独立的限制作用，即引入了虚约束。在计算机构自由度时，必须除去这些虚约束。常见的虚约束结构有以下几种应用场合和形式。

（1）连接点轨迹重合　机构中如果两个构件以运动副连接，现将两构件在该连接处拆开，如果两构件上连接点的各自轨迹相重合，则该运动副引入了一个虚约束。如图 2.16 所示的平行四边形机构 $ABCD$，为了增加连杆 BC 的刚度，或为了增加一个输出构件，加入了 EF 杆（构件 5）和两个转动副（E、F），并使 $EF=AB=CD$，$EF/\!/AB/\!/CD$，$BE=AF$。拆开运动副 E 后，构件 5 上 E 点的轨迹与构件 2 上 E 点的轨迹是完全重合的圆。故构件 5 和运动副 E、F 提供的连接引入了一个虚约束。在计算自由度时应该将此构件和两转动副除去。

（2）两点间的距离始终保持不变　当机构运动时，两不同构件上的两点间的距离始终保持不变，若在两点间添加一个构件且以两个转动副分别和两构件相连，则会使机构引入一个虚约束。如图 2.17 所示的机构，因机构尺寸满足 $AE/\!/DF$ 和 $AE=DF$，因此当机构运动时，构件 2 上的 E 点和构件 4 上的 F 点之间的距离始终保持不变，因而由杆 5 和两个转动副 E、F 所引入的是一个虚约束，其目的是消除平行四边形机构 $ABCD$ 的运动惯性。在计算自由度时应该将此构件和两转动副除去。

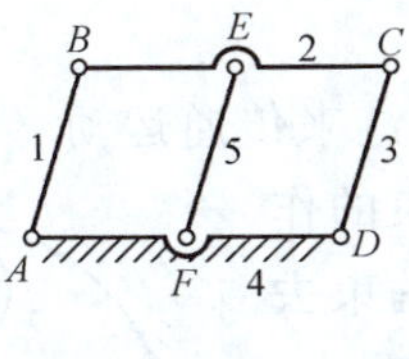

图 2.16　连接点轨迹重合

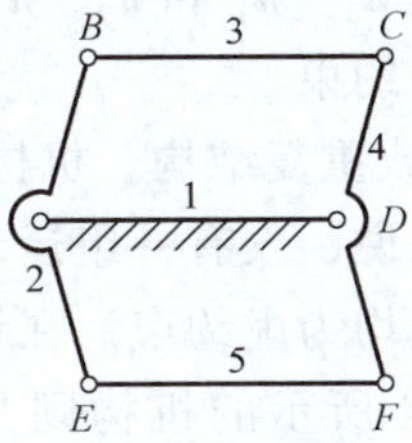

图 2.17　两点间距离保持不变

(3) 复合运动副　两构件在多处构成运动副且满足特定的几何条件时会出现虚约束，计算机构自由度时应仅考虑一处（个）运动副的约束作用。

1) 复合移动副。两构件在多处构成移动副，且导路中心线相互重合或平行。如机床移动副常做成图 2.18 所示的导轨，其目的是增大刚度，减少受力后的变形，减小分布压力和磨损，以及磨损后的自动补偿或便于调整。

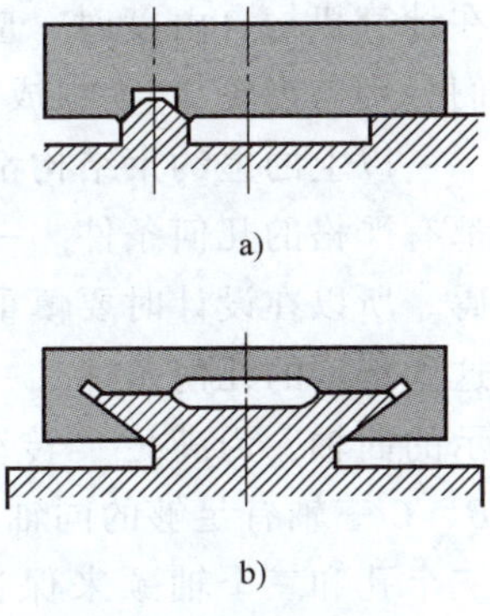

图 2.18　复合移动副

a) V 形导轨　b) 燕尾导轨

2) 复合转动副。两构件在多处构成转动副，且转动副轴线重合。如图 2.19 所示的 4 缸发动机的曲轴，只需一个V级副 A 就可以满足一个转动自由度的要求。但是，为了增加长曲轴的刚度和强度，减小由弹性变形引起的振动，就需要增加 B、C 两个圆柱副。

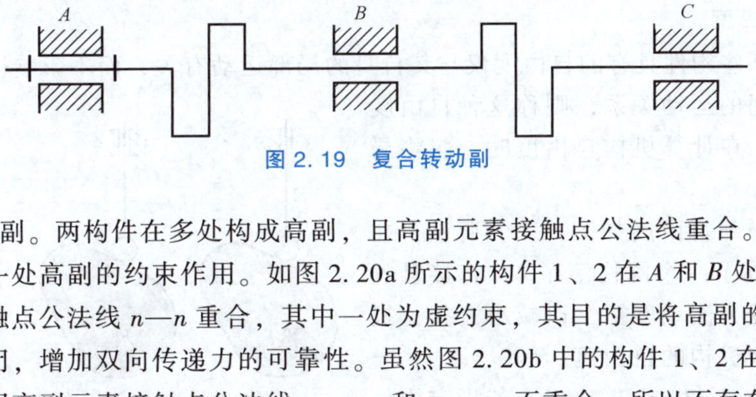

图 2.19　复合转动副

3) 复合高副。两构件在多处构成高副，且高副元素接触点公法线重合。计算机构自由度时应仅考虑一处高副的约束作用。如图 2.20a 所示的构件 1、2 在 A 和 B 处构成复合高副，且高副元素接触点公法线 $n—n$ 重合，其中一处为虚约束，其目的是将高副的单向力封闭变成双向几何封闭，增加双向传递力的可靠性。虽然图 2.20b 中的构件 1、2 在 A 和 B 处构成复合高副，但因高副元素接触点公法线 $n_1—n_1$ 和 $n_2—n_2$ 不重合，所以不存在虚约束，其约束相当于平面转动副的约束。图 2.20c 中的构件 1、2 在 A 和 B 处构成复合高副，高副元素

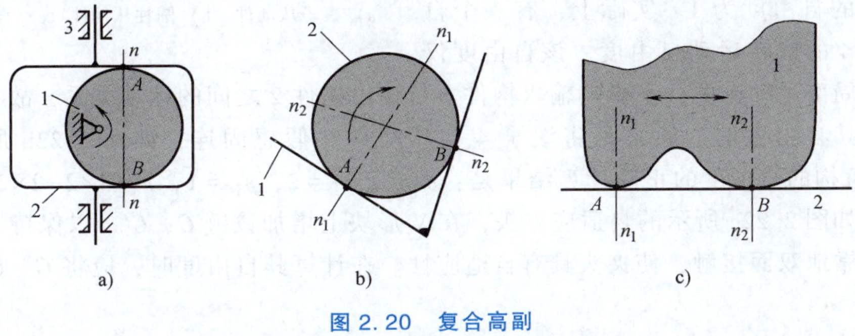

图 2.20　复合高副

a) 法线重合　b) 法线相交　c) 法线平行

接触点公法线 $n_1—n_1$ 和 $n_2—n_2$ 虽然平行，但不重合，因此也不存在虚约束，其约束相当于平面移动副的约束。

4）对称或重复结构。机构经常采用多组完全相同的运动链来传递运动。因此，从机构自由度角度来说，仅有一组运动链起独立传递运动或实际约束的作用，其余各组均为虚约束。在计算自由度时也应该将这些虚约束去除。如图 2.21 所示的机构则是为均匀承担主动轴上输入的功率、减小每对齿轮的受力、平衡构件 3 的惯性力，在基本机构 1-2-3-4-5 的基础上又增加了与齿轮 4 同样大小且均匀布置的两个齿轮 6、7。在计算机构自由度时，应该将齿轮 6、7 连同其上的转动副以及它们分别与齿轮 2、5 组成的齿轮高副一并除去。

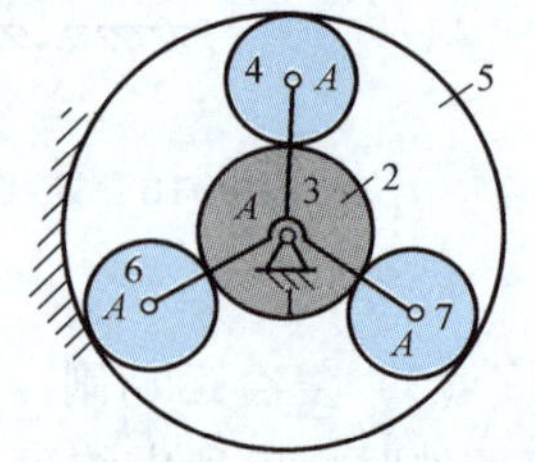

图 2.21 对称或重复结构

以上的虚约束结构都是保证机构稳定可靠工作所必需的，并且都有严格的几何条件。一旦破坏了这些条件，就会使虚约束变成实际约束，从而引起工作障碍。所以在设计时要慎重采用虚约束，仔细分析虚约束的数量和性质，采取相应措施来满足这些特定的几何条件。一个常用的措施是要求满足足够而又经济的精度要求。如图 2.19 所示的曲轴，为满足“转动副轴线重合”这一复合转动副的特定几何条件，就必须保证 *A*、*B*、*C* 三轴有足够的同轴度和平行度精度，这些精度指标要通过在高精度机床上一次加工出三个孔和三个轴颈来保证。另一常用措施是采用可调结构。如图 2.16 所示的杆 *EF* 和图 2.17 所示的杆 *EF*，均可采用可调杆长。又如在图 2.19 所示的轴中采用可调轴承，这既可以降低制造精度，也可以在磨损或变形后自动补偿，保证其足够的使用寿命。

2. 局部自由度

若机构中某些构件具有的自由度仅与其自身的局部运动有关，而不影响机构的输入构件与输出构件之间的运动关系，则称这种自由度为局部自由度。在计算机构自由度时，应将局部自由度除去。

最常见的局部自由度如图 2.22a 所示，在从动件 2 上增加了一个圆柱滚子 4，将接触点处的滑动摩擦变为滚动摩擦，以减小磨损，提高效率。计算该机构的自由度：因 $n=3$，$p_L=3$，$p_H=1$，则 $F=3\times3-2\times3-1=2$。若指定构件 1 为原动件，输出构件的运动规律就确定了，因此该机构的自由度为 1。实际上，有一个自由度是滚子 4 的旋转运动自由度，该自由度仅与其自身的局部运动有关，不影响输入构件 1 与输出构件 2 之间的运动关系，故为局部自由度。在计算其自由度时，通常是将滚子 4 与从动件 2 假想固连，如图 2.22b 所示，则图 2.22a 所示机构的自由度的正确计算结果是：$n=2$，$p_L=2$，$p_H=1$，$F=3\times2-2\times2-1=1$。另一个例子是如图 2.22c 所示的自适应夹头，在 V 形块上增加铰链 *G*、*G'*，以保持 V 形块与工件能始终可靠地双面接触，使夹头具有自适应性。在计算其自由度时，应将 *G*、*G'* 处的铰链假想焊死。

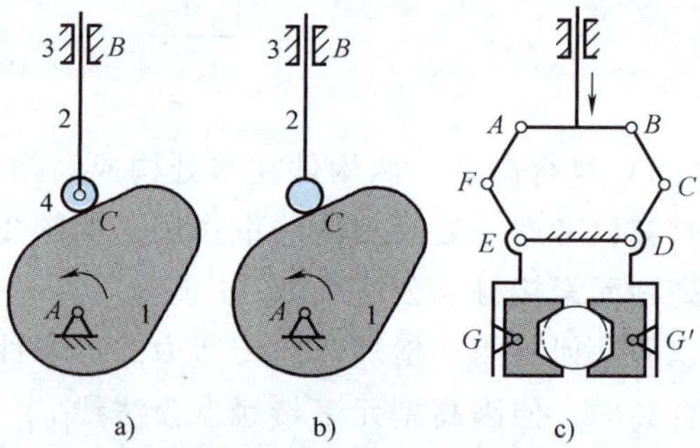

图 2.22 局部自由度

a）滚子从动件 b）圆柱从动件 c）自适应夹头

空间机构中局部自由度的应用也很多。如图 2.9 所示的飞机起落架机构，若给定构件 2

的角位移，则构件 3、4 的空间位置就确定了，因此说该机构是一个自由度为 1 的机构。由于构件 3、4 的两个球面副和一个圆柱副是配置在一条直线上的，所以它们都具有绕该直线转动的自由度。这两个自由度只关系到构件 3、4 自身的局部运动，不影响机构的输入构件与输出构件之间的关系，属于局部自由度。

局部自由度是在保证整个机构实现基本工作要求的前提下，为了改善工作性能而增加的自由度。局部自由度不影响机构的运动规律。

3. 复合铰链

复合铰链是指 2 个以上构件在同一处组成的轴线重合的转动副。图 2.23a 中的转动副 C 就是由构件 2、3 和 5 组成的复合铰链，该复合铰链的侧视图如图 2.23b 所示。不难看出，由 3 个构件组成的复合铰链中有 2 个转动副。同理，m 个构件组成的复合铰链，有 $m-1$ 个转动副。在机构的结构中，会经常遇到复合铰链，如图 2.13b 所示的铰链 A、H。在计算机构的自由度时，应注意是否存在复合铰链，以正确计算运动副的数目。

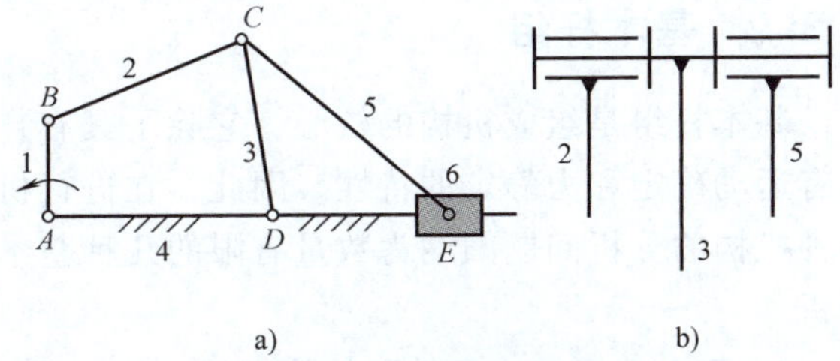

图 2.23　复合铰链

a）六杆机构　b）复合铰链

2.3　按基本杆组的机构综合与结构分析

2.3.1　平面低副机构的组成原理

图 2.24a 所示为自由度 $F=1$ 的八杆机构，可以看成是由自由度为零的从动件组（称为从动链，图 2.24c）连接到自由度为 1 的原动件组（图 2.24b）而构成。图 2.24c 所示的从动链还可以分解成自由度为零的二构件组（图 2.24d）和四构件组（图 2.24e），这两个构件组不能再分解成更小的自由度为零的构件组。

图 2.24b 所示的原动件组称为驱动杆组或原动链，它由机架和原动件组成；图 2.24d、e 所示的构件组称为基本杆组（简称杆组）。基本杆组是自由度为零的不能再分解的构件组。

任何平面低副机构都可以看作是由若干基本组依次连接到驱动杆组或前一个基本杆组而组成。这称为平面低副机

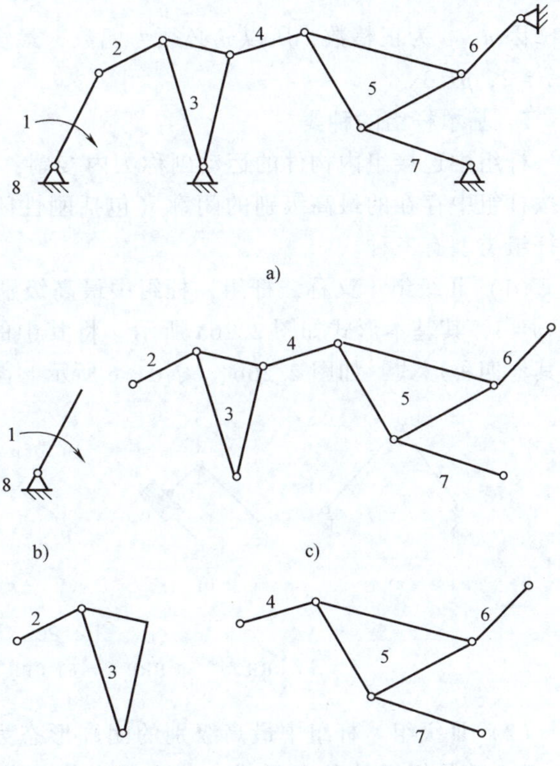

图 2.24　机构的组成

a）八杆机构　b）$F=1$ 的原动件组　c）从动件组

d）二构件基本杆组　e）四构件基本杆组

构组成原理。

平面低副机构组成原理适用于不含高副且以连架杆为原动件的平面机构。

常用驱动杆组的自由度为 1 或 2。图 2.25 给出了另外两种驱动杆组。

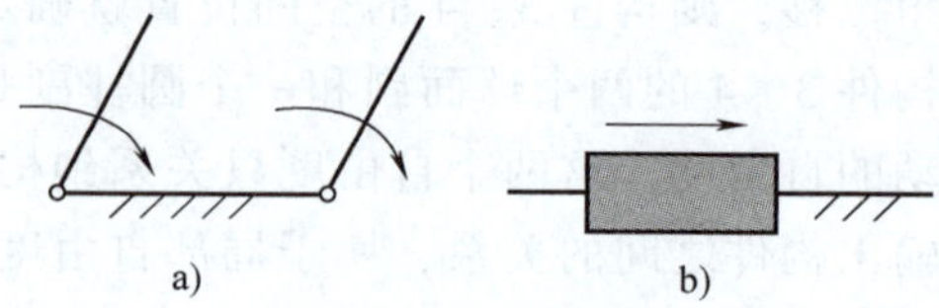

图 2.25 驱动杆组

2.3.2 基本杆组

基本杆组是组成机构的核心，它除了具有自由度为零以及不可再分的结构属性之外，还具有运动确定和力静定的特性。因此，在进行机构的运动和动力分析时，可以将类型繁多的各种机构的分析问题归纳为数量有限的几种基本杆组的分析和求解问题，从而简化了机构的分析。

1. 基本杆组构成条件和结构公式

基本杆组的构成条件是：

1）必须有能与组外构件相连接的运动副，并将其约束数计算在基本杆组中。

2）自由度 $F=0$。

因为基本杆组不包含机架，且其所有运动副都是低副，所以基本杆组的结构公式为

$$3n-2p=0 \text{ 或 } p=\frac{3}{2}n \tag{2.3}$$

因 n、p 为正整数，所以 n 必须为偶数，最少为 2，且 p 必为 3 的整数倍。最简单的组合为 $n=2$，$p=3$。

2. 基本杆组的种类

杆组中连接组内构件的运动副称为内接副；用于连接组外构件的运动副称为外接副。通常按杆组中存在的最高级别的闭廓（包括刚性闭廓）形态将基本杆组按级分类。常见机构的杆组类型有三种。

（1）Ⅱ级组　又称二杆组，杆组中最高级别的闭廓形态为双边形或一直线。Ⅱ级组 $n=2$、$p=3$，其基本形式如图 2.26a 所示。将其中的一个或两个转动副用移动副替代，又可得到其他四种形式，如图 2.26b、c、d、e 所示。图中符号 R 和 P 分别表示转动副和移动副。

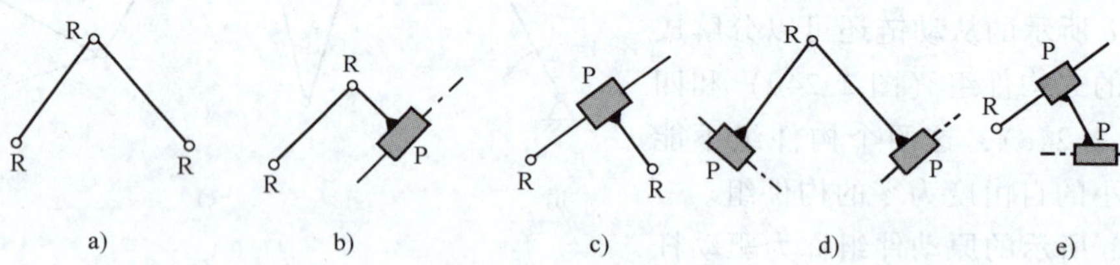

图 2.26 Ⅱ级组

a) RRR 型 b) RRP 型 c) RPR 型 d) PRP 型 e) RPP 型

（2）Ⅲ级组　杆组中最高级别的闭廓形态为三边形（刚性闭廓）。图 2.27a 所示为 $n=4$、$p=6$ 的Ⅲ级组的基本形式。若将其中的部分转动副用移动副替代，则可得到更多的形式。这种Ⅲ级组具有一个三元素杆（称为中心构件）和三个外接副。

（3）Ⅳ级组　杆组中最高级别的闭廓形态为四边形，$n=4$、$p=6$ 的Ⅳ级组的基本形式

如图 2.27b 所示。若将其中的部分转动副用移动副替代，则可得到更多的形式。这种Ⅳ级组有两个外接副。更复杂的基本杆组很少用到，不再作介绍。

Ⅲ级及以上的杆组统称为高级杆组（简称高级组）。

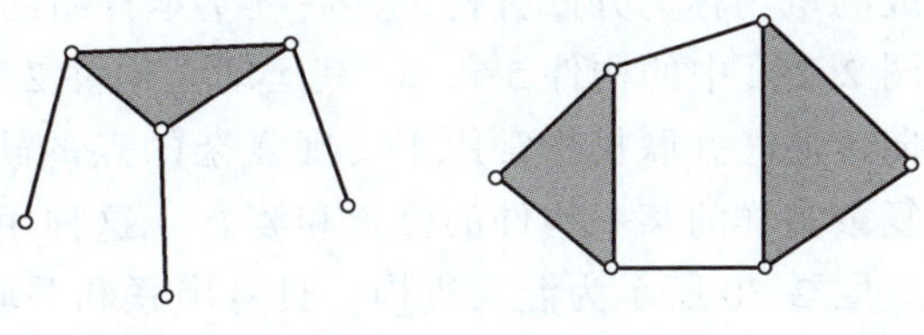

图 2.27 高级杆组

a）Ⅲ级基本杆组 b）Ⅳ级基本杆组

2.3.3 机构结构综合的杆组法

任何平面低副机构都可以看作是由一个或几个基本杆组依次连接到驱动杆组或前一个基本杆组上构成的，这是机构结构综合杆组法的理论依据。基本杆组的数量、级别和组合方式不同，所构成的机构也不同。为便于分类，将仅含一个基本杆组的机构称为基本机构，将由两个以上基本杆组组成的机构称为复合机构。复合机构由基本机构和后续基本杆组构成。机构结构综合杆组法就是研究如何综合出所需要的复合机构。

用杆组法综合机构结构的一般步骤是：①按自由度要求，设计出原动链；②按工艺动作复杂程度选定从动链的结构，是单一杆组组成的基本结构链，还是多个杆组组成的复合结构链，并确定基本杆组的级别；③将从动链的外接副连接于原动链上，就得到了机构。

基本杆组之间的连接方式不同，将构成不同运动特性和用途的机构。连接方式有三种。如图 2.28a、b、c 所示，将一个基本杆组的部分外接副连于前一基本杆组的一个构件上，称为串联。由串联从动链构成的机构（称为串联机构，图 2.28d），其基本机构的输出构件，是后续基本杆组的输入构件，通过后续基本杆组的再次变换而传至机构的输出构件，运动和功率是单向地依次传递。实际上，串联机构可视为由两个基本机构串联而成。如图 2.28d 所示机构是由四杆机构 *ABCD* 和六杆机构 *CDEFGHI* 串联而成。设机构 *ABCD* 的瞬时速比为 $i_1=\omega_2/\omega_4$，机构 *CDEFGHI* 的瞬时速比为 $i_2=\omega_4/\omega_8$，则整个机构的瞬时速比 $i=\omega_2/\omega_8=i_1 i_2$。串联机构常用于变换主、从动件间的运动规律，常称为函数发生机构或函数发生器。

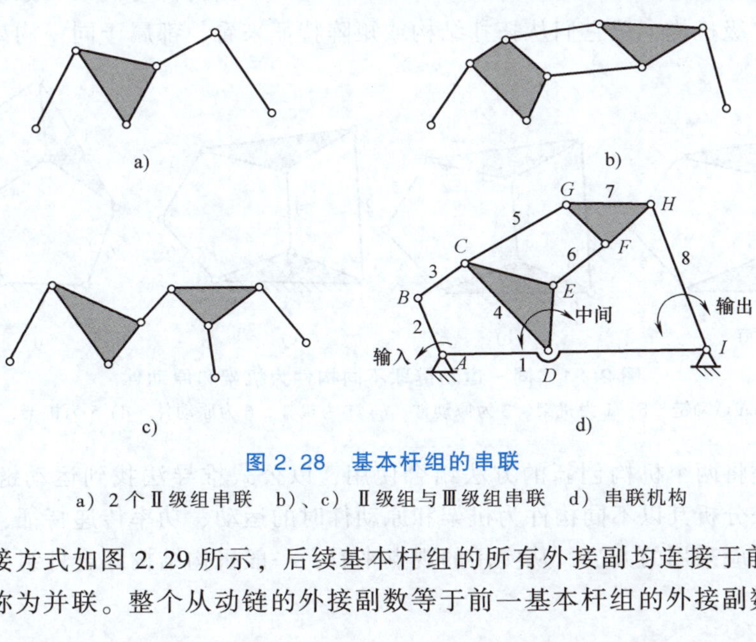

图 2.28 基本杆组的串联

a）2个Ⅱ级组串联 b）、c）Ⅱ级组与Ⅲ级组串联 d）串联机构

另一种连接方式如图 2.29 所示，后续基本杆组的所有外接副均连接于前一基本杆组的不同构件上，称为并联。整个从动链的外接副数等于前一基本杆组的外接副数。并联复合所

构成的机构称为并联机构，其后续基本杆组的运动受基本机构中不同构件运动的共同作用。如图 2.29a 中的构件 5 和 6，其运动受构件 2 和 3 的共同作用。并联机构的运动和功率并非单向传递。并联机构常用于实现复杂的点的轨迹（这种用途的机构称为导向机构）和实现更复杂多样的某一构件的位置和姿态（这种用途的机构称为刚体引导机构）。

图 2.30 所示为混联机构，具有串联和并联机构的特征。

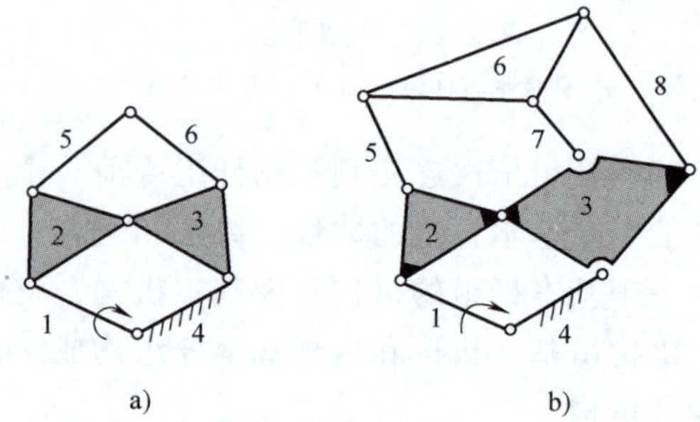

图 2.29 并联机构

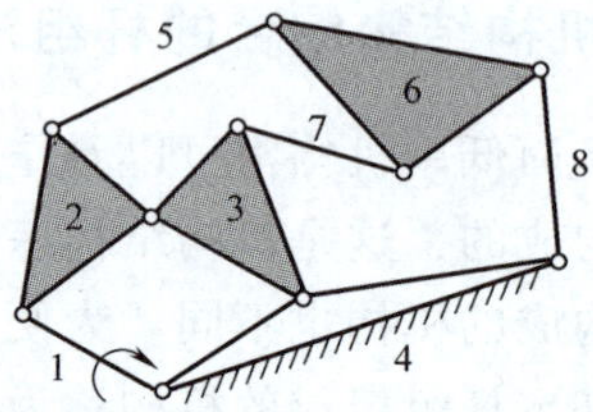

图 2.30 混联机构

要特别说明两点：①不能将一个基本杆组的所有外接副同时连接于同一构件上，若这样连接，该基本杆组与被连接构件将形成一个 $F=0$ 的桁架结构，从而不能组成可以传递运动的机构；②若将基本杆组的所有外接副分别连接到不同的原动件上，则可获得自由度等于外接副数的多自由度机构，如采用 $n=4$、$p=6$ 的Ⅲ级组，最多可构成具有 3 个自由度的机构。

用杆组法进行机构的结构综合，一是规律性很强，只要在有限数量的基本杆组的综合完成后，就可以很方便地根据需要组合成各种方案的机构；二是可以事先预估综合出的机构的运动规律以及分析和设计的复杂程度，以采取不同的方法和手段进行分析和设计，使设计者能做到心中有数；三是机构的分析方法主要取决于基本杆组的类型。

与公式推导法相比，此法的不足之处在于可能漏掉某些运动链，也可能形成同构的机构。如图 2.31 所示，当图 2.31a 所示的 Stephenson 链以不同构件为机架和原动件时，也可以得到Ⅱ、Ⅲ、Ⅳ级机构，但它们从拓扑结构或矩阵特征来看，都属于同一构型。

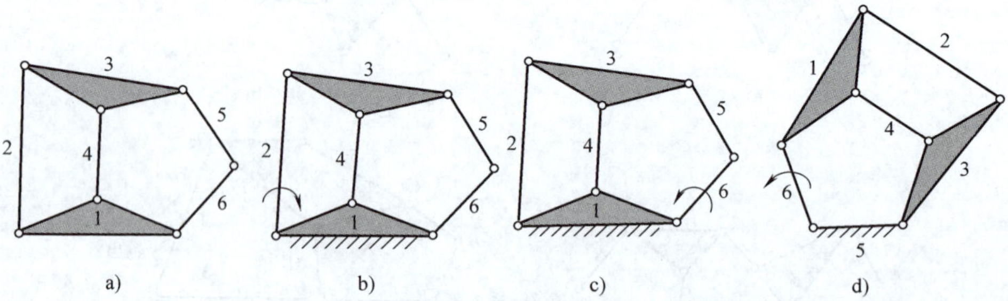

图 2.31 同一运动链取不同构件为机架和原动件

a）Stephenson 运动链 b）1 为机架，2 为原动件 c）1 为机架，6 为原动件 d）5 为机架，6 为原动件

因此通常是将两个机构创新的方法结合使用，以公式推导法找到运动链的所有独立构型，用杆组法来分析其以不同构件为机架和原动件时的运动、功率传递特征，以及在机构分析和尺寸设计时应采用的方法。从实用的观点来看，一般机构结构综合杆组法就足够了，而且方便和易于掌握。

2.3.4　平面机构中的高副低代

为了使平面机构的结构分析和运动分析方法应用到含高副的平面机构或运动链中，可以将机构中的高副根据一定的条件用一种虚拟的低副和构件的适当组合来代替，这种用低副代替高副的方法称为高副低代。高副低代必须满足的条件是：

1）代替前后机构的自由度相同。

2）代替前后机构的瞬时运动不变。

图 2.32a 所示为自由度等于 1 的平面高副机构，构件 1 和 2 上的高副元素（轮廓曲线）接触于点 C。若过接触点 C 作高副的公法线 $n—n$，则在公法线上可分别找出两高副元素在接触点处的曲率中心 O_1 和 O_2。现引入一个虚拟构件 4，且用两个分别位于曲率中心的转动副 O_1 和 O_2 将虚拟构件分别与构件 1 和 2 相连，则可得如图 2.32b 所示的全部为低副（图示为转动副）的替代机构。因为用一个虚拟构件和两个转动副的组合会引入一个约束，而原机构中的一个平面高副也具有一个约束。因此，必然使代替前后的两个机构的自由度保持不变。将转动副中心配置于曲率中心可保持高副低代后的机构与原高副机构的主从件的瞬时相对运动关系不变。

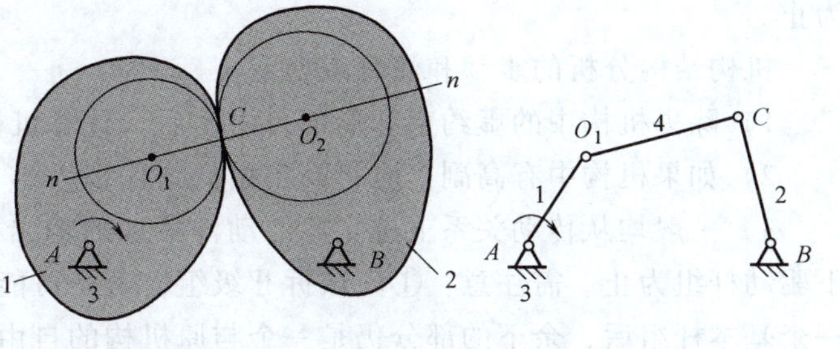

a)　　　　b)

图 2.32　高副低代

a）平面高副机构　b）代替后的平面低副机构

显然，对于一般的高副元素为非圆曲线的高副机构，由于高副元素在不同的位置接触时，其曲率半径和曲率中心位置不同，因此就有不同的瞬时替代机构。如果两高副元素之一为直线，则直线的曲率中心已趋于无穷远，故该替代转动副演化为移动副；如果两高副元素之一为一个点，则因该点曲率半径为零，故该曲率中心即为接触点本身。不同类型的高副低代类型见表 2.2。

表 2.2　常见的高副低代类型

高副元素	曲线和曲线	曲线和直线	曲线和点	点和直线
高副机构	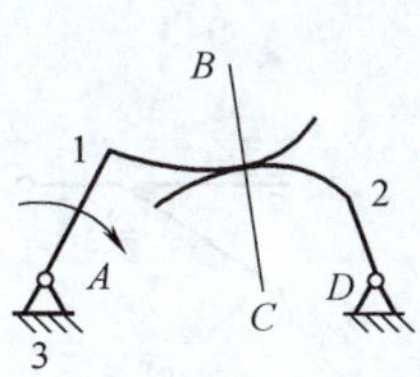	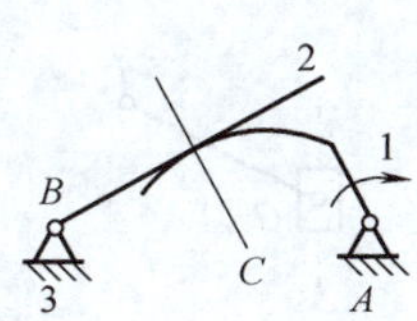	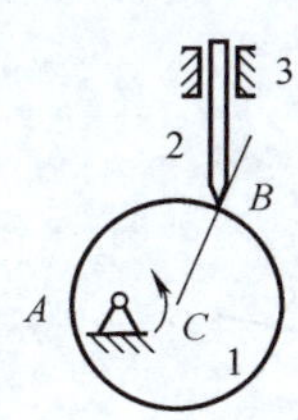	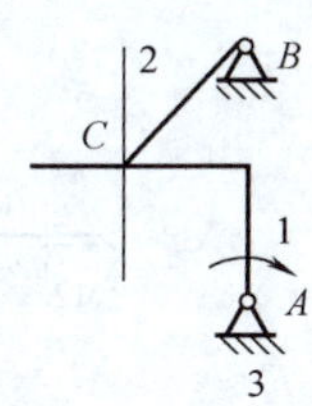
替代机构	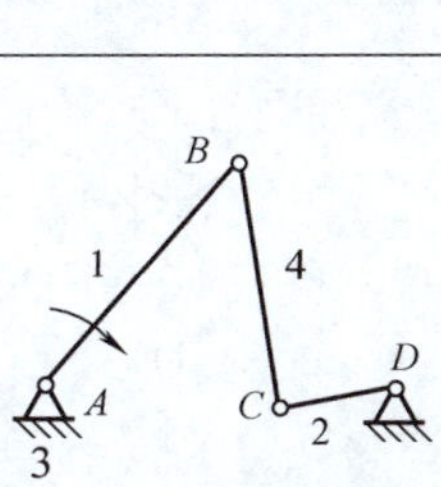	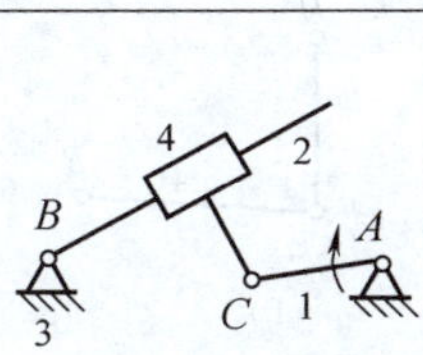	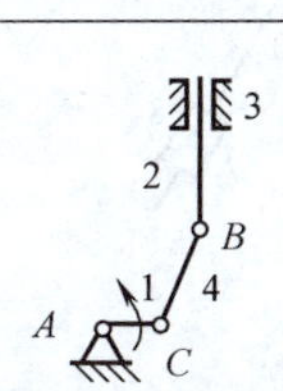	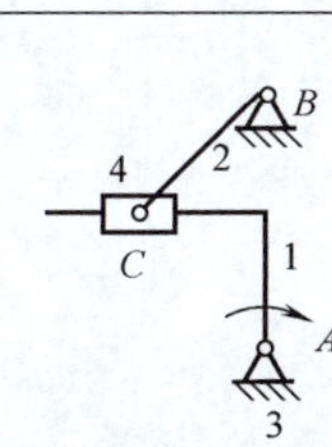

以上方法是可逆的，即也可将机构中一个含两个低副的构件用一个高副替代，称为低副高代。低副高代是机构创新的一条重要途径。

2.3.5 机构的结构分析

为了正确地判断机构的结构特征和运动特性，以能选用适当的分析方法，需要对已有机构进行结构分析。机构的结构分析是将已知机构分解为基本杆组和驱动杆组，并确定机构的级别。其核心就是正确划分出已有机构的基本杆组。结构分析的方法是从远离原动件的末端输出构件开始，按从输出构件到原动件的路线依次拆卸杆组，直至机构只剩下驱动杆组为止。

机构结构分析的步骤和注意点如下：

1）除去机构中的虚约束和局部自由度后，计算机构的自由度，确定原动件、机架。

2）如果机构中有高副，应将高副用低副代替。

3）一般均从传动关系上选定离原动件最远的输出构件开始，依次拆卸杆组，直到只剩下驱动杆组为止。需注意：①先试拆Ⅱ级组，若不可能，则试拆Ⅲ级组、Ⅳ级组等；②拆出一个基本杆组后，余下的部分仍是一个与原机构的自由度相同的完整机构，直至全部杆组拆出，只剩下驱动杆组；③机构中的复合铰链是多个转动副，拆出一个转动副后，在原复合铰链处还保留有转动副。

4）把机构中拆出的杆组的最高级别定为机构的级别。

需要指出的是，拆卸杆组的方法有多种，比如也可以从与原动件相连接的构件开始拆。

例 2-2 图 2.33a 所示为汽阀装置的机构示意图，试对它进行结构分析。

解 该机构的活动构件数 $n=11$，全为低副，G 处为复合铰链，$p_L=16$，自由度 $F=3\times11$

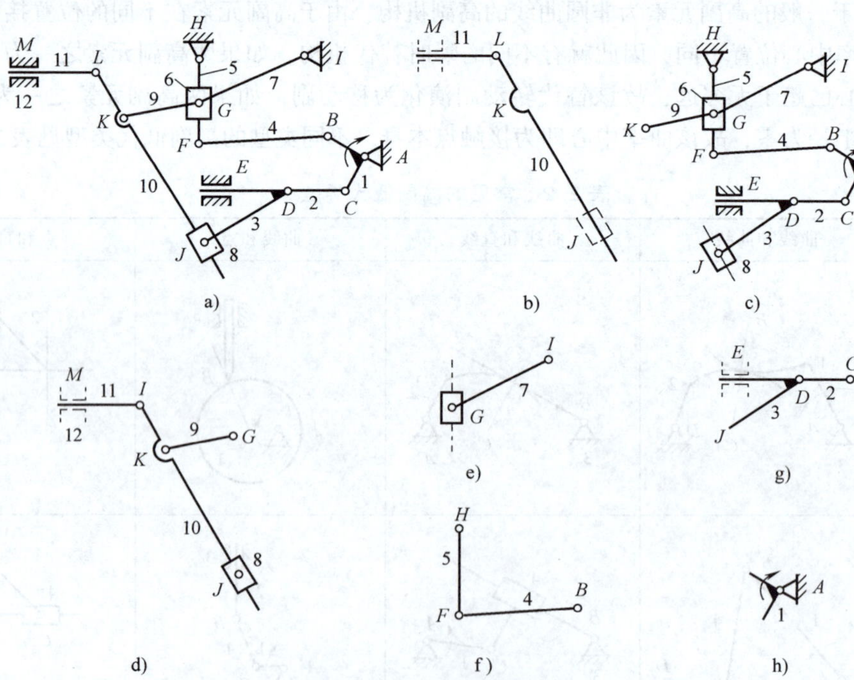

图 2.33 机构的结构分析

$-2\times16=1$。原动件为构件 1。

构件 11 是在传动关系上离原动件最远的构件。从构件 11 拆起，首先试拆出 PRPⅡ级组（由构件 11、10 和运动副 M、L、J 组成，图 2.33b），剩下的构件系统如图 2.33c 所示。因为其中出现了不与任何杆连接的铰链 K 和移动副 J（图 2.33c 中虚线所示），所以剩下的系统不是一个闭链机构。可见这种拆法是错误的。

正确的拆法是：首先拆出Ⅲ级组（由构件 8、9、10、11 和运动副 G、J、K、L、M 组成，如图 2.33d），其中，J 处既有内接移动副又有外接转动副，三元素杆 10 为中心构件。余下的部分仍为自由度为 1 的闭链机构，没有不与其他构件相连的运动副或构件。然后再依次拆出 RRPⅡ级组（图 2.33e）、RRRⅡ级组（图 2.33f）和 RRPⅡ级组（图 2.33g），直至仅余下驱动杆组（图 2.33h）。

该机构由一个Ⅲ级组、三个Ⅱ级组和一个驱动杆组组成，属于Ⅲ级机构。

这里要特别指出：①由于 G 处是由构件 6、7、9 组成的复合铰链，所以在拆出Ⅲ级组时取走一个外接转动副后，在 G 处还保留有一个转动副（图 2.33d、e）；②基本杆组外接副必须表示出来，对于移动副的导路方向用虚线或点画线表示。

思 考 题

2.1 什么是平面机构？

2.2 什么是运动副？平面运动副分几类，各类都有哪些运动副？其约束等于几？

2.3 什么是运动链，分几种？

2.4 什么是机架、原动件和从动件？

2.5 机构确定运动的条件是什么？什么是机构自由度？

2.6 平面机构自由度的计算式是怎样表达的？其中各符号代表什么？

2.7 在应用平面机构自由度计算公式时应注意些什么？

2.8 什么是复合铰链、局部自由度和虚约束？在计算机构自由度时应如何处理？

2.9 什么是机构运动简图？有什么用途？

习 题

2.1 图 2.34 是由点（线）接触所构成的运动副。试分析计算它们的自由度和性质。并从封闭形式和受力状况方面与相对应的面接触低副进行比较。

2.2 观察分析机构的工作原理，绘制机构运动简图，计算机构自由度。

图 2.35a 为一夹持机构。实线位置为从上输送带取出工件（夹头处于夹紧状态）；细双点画线位置为将工件放到下输送带上（夹头松开）。该机构由行星轮系、凸轮机构及连杆机构组合而成。

图 2.35b 是为了减小活塞与气缸盖之间的摩擦而设计的两种结构形式的内燃机。画出它们的机构运动简图，计算其自由度。分析结构中存在的虚约束和它们是如何来实现减小摩擦这一目的的。

图 2.35c 为偏心液压泵，画出其机构运动简图，计算其自由度，并分析它们是如何由运

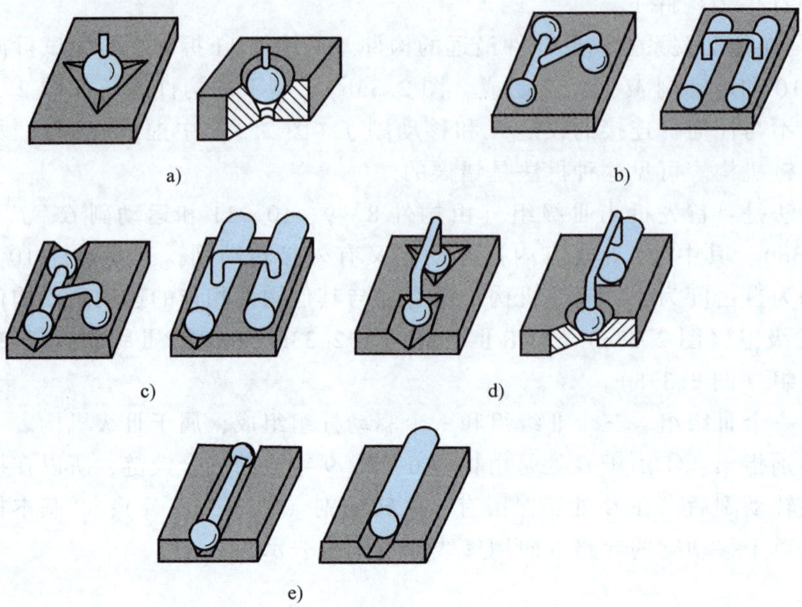

图 2.34

动简图演化得到的。

图 2.35d 为针织机的针杆驱动装置的结构图。绘制其机构运动简图及运动链图。

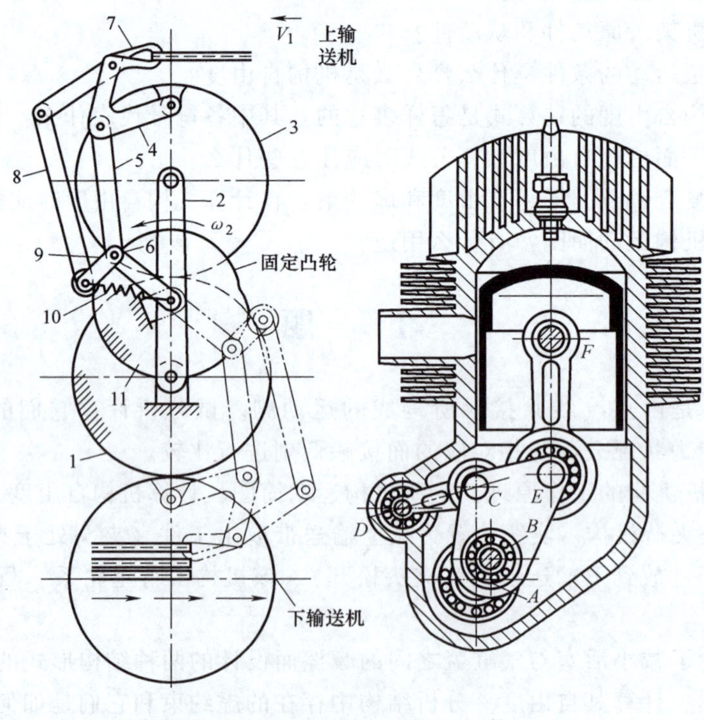

图 2.35

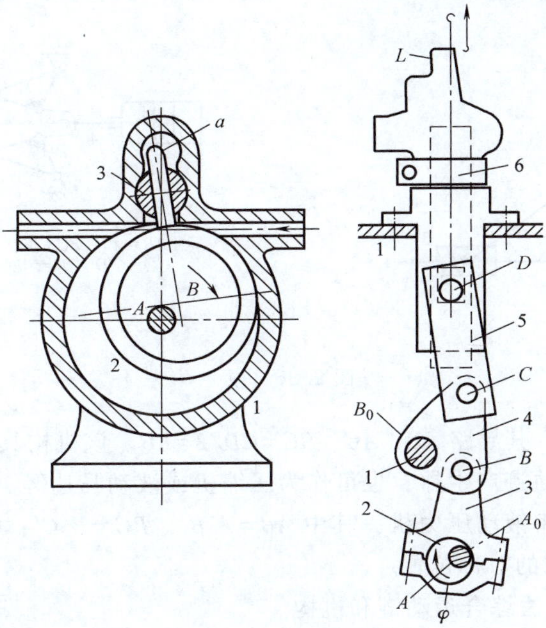

c) d)

图 2.35（续）

2.3 用公式推导法，求出 $F=1$、$N=10$ 的单铰运动链的基本结构方案以及它们的单铰数和所形成的闭环数 k。并从中找出如图 2.13 所示的双柱曲柄压力机的机构简图所对应的运动链。

2.4 计算下列各机构的自由度。注意分析其中的虚约束、局部自由度和复合铰链等。

图 2.36a 为使构件 5、6 能在相互垂直方向上作直线移动的机构，其中 $AB=BC=CD=AD$。

图 2.36b 为凸轮式 4 缸活塞压气机的结构简图。活塞在水平和垂直方向上作直线运动，其中仍满足 $AB=BC=CD=AD$。

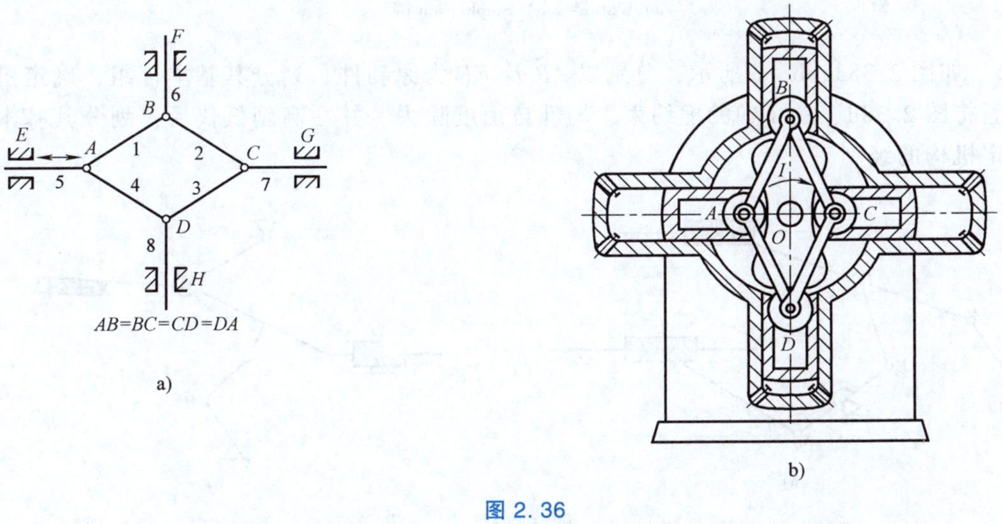

a) b)

图 2.36

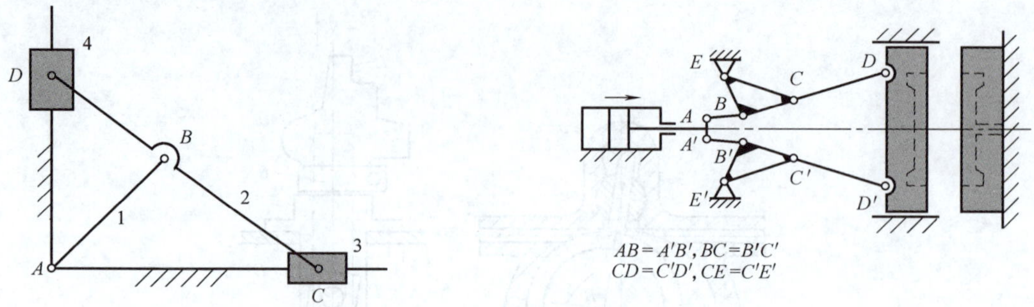

c) d)

图 2.36（续）

图 2.36c 所示机构，其导路 $AD\perp AC$、$BC=CD/2=AB$。该机构具有多种实际用途，可用作椭圆仪或准确的直线轨迹产生器，也可作为压缩机或液动马达等。

图 2.36d 为一大功率液动压力机，其中 $AB=A'B'$，$BC=B'C'$，$CD=C'D'$，$CE=C'E'$且 E、E'处于滑块移动轴线的对称位置。

2.5 采用基本杆组法综合运动链和机构。

1）试用Ⅱ级和Ⅲ级基本杆组，综合出如下的 Watt 链和 Stephenson 链。

2）取如图 2.37b 所示的 Stephenson 6 杆链中的不同构件为机架和原动件，得出不同级别、不同组合方式的机构。

3）分别用Ⅱ级和Ⅲ级基本杆组，综合出自由度为 2 和 3 的运动链。

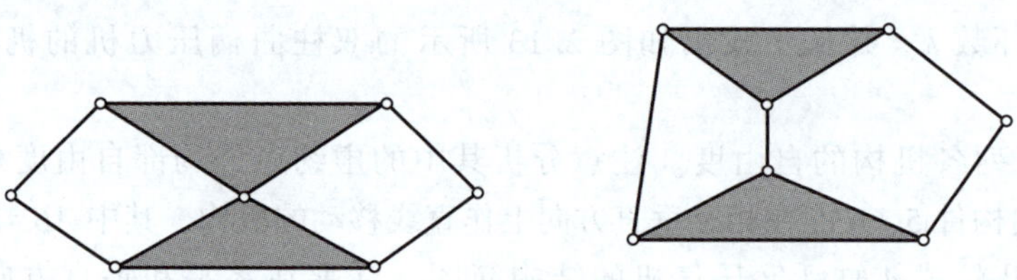

a) b)

图 2.37

a）Watt 链 b）Stephenson 链

2.6 如图 2.38a、b、c 所示，分别以 AB 及 EF 为原动件，划分其基本杆组，确定机构的级别。将图 2.38d、e、f 中的虚约束、局部自由度除去，并在高副低代后，划分其基本杆组，确定机构的级别。

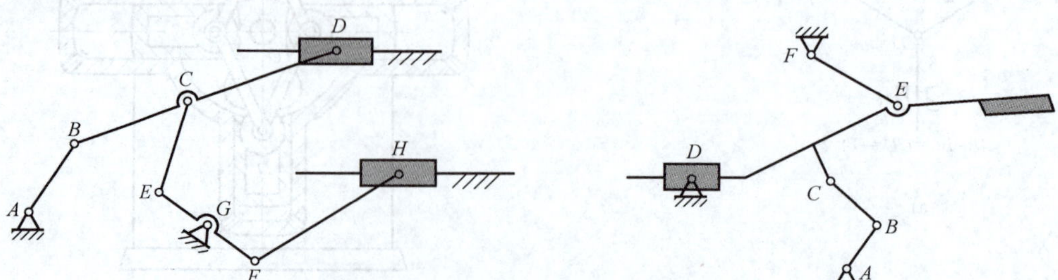

a) b)

图 2.38

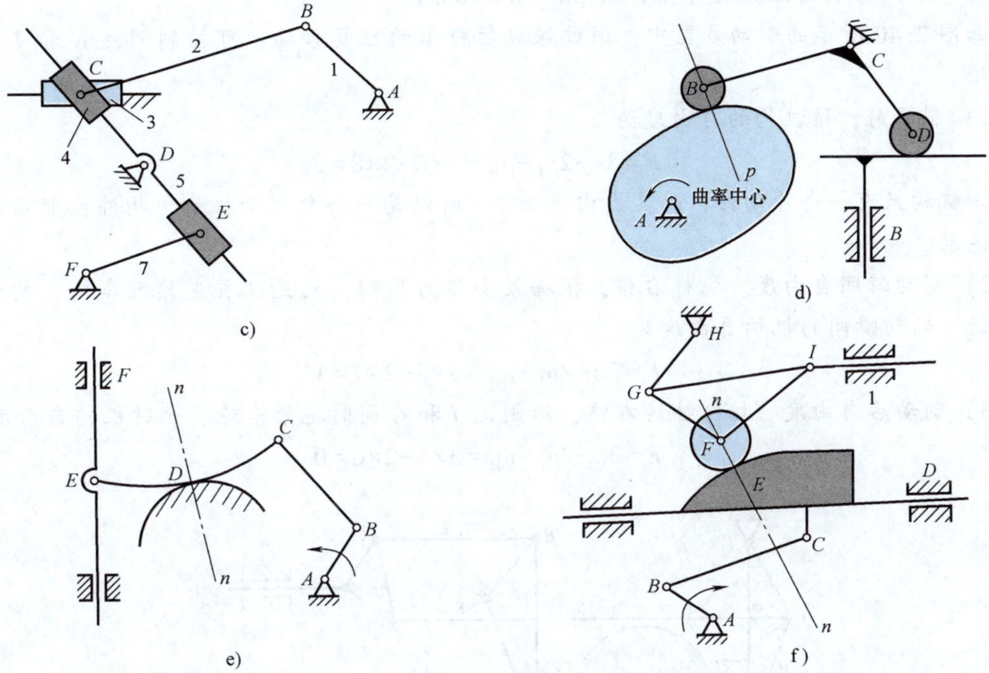

图 2.38（续）

2.7　按空间机构的结构公式，计算如图 2.39 所示机构的自由度。

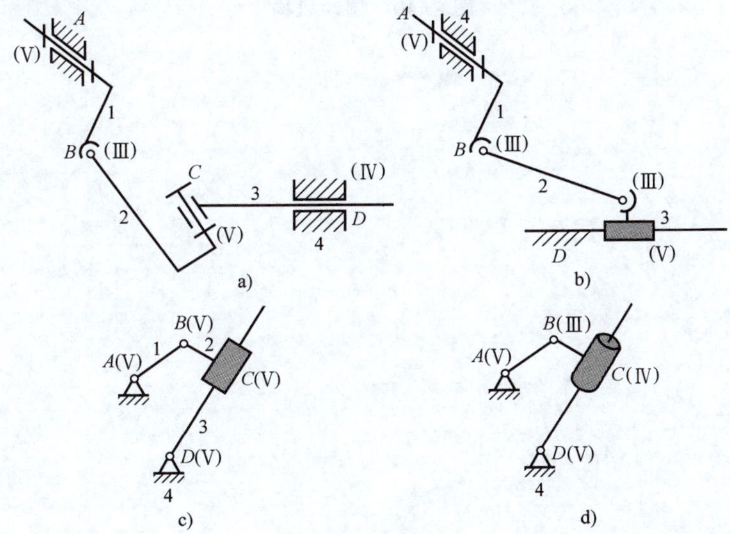

图 2.39

知识拓展

自由度计算拓展

有些机构中的可动构件数与运动副数目是变化的，因而其自由度也是变化的，此类机构称为变约束机构或变胞机构（Metamorphic Mechanism）。

如图 2.40 所示的制动装置中，通过操纵拉杆 1 的往复移动，可控制闸瓦 G 和 J 的制动与放松。

1）制动前，该机构的自由度为

$$F=3n-2p_{\mathrm{L}}-p_{\mathrm{H}}=3\times6-2\times8=2$$

该机构只有一个原动件，而其自由度为 2，所以是一个欠驱动机构。构件按照最小阻力原则运动。

2）制动瞬间自由度。拉杆右移，根据最小阻力原则，闸瓦 J 首先接触车轮，构件 6 静止不动。制动瞬间的机构自由度为

$$F=3n-2p_{\mathrm{L}}-p_{\mathrm{H}}=3\times5-2\times7=1$$

3）制动后自由度。拉杆继续右移，两闸瓦 J 和 G 同时抱紧车轮。此时机构自由度为

$$F=3n-2p_{\mathrm{L}}-p_{\mathrm{H}}=3\times4-2\times6=0$$

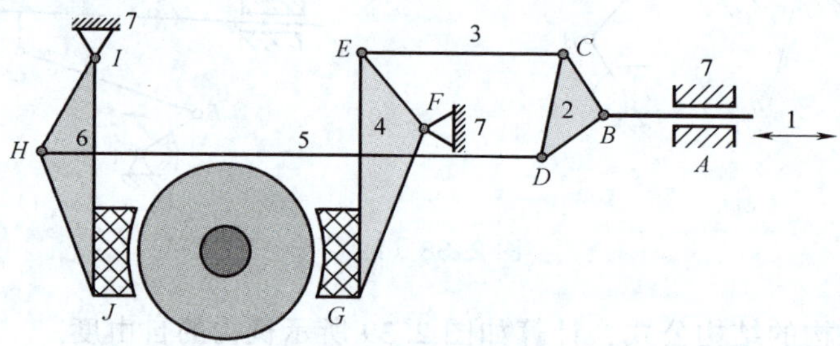

图 2.40 制动机构

第 3 章

平面连杆机构的运动分析

图 3.1a 所示为汽油机，其机构是如图 3.1b 所示的曲柄滑块机构。若以滑块 3 为原动件，则该机构可视为内燃机动力转换机构；若以曲柄 1 为原动件，则该机构可视为曲柄压力机的执行机构。当已知原动件运动规律时，如何确定机构各构件的运动规律呢？通过本章内容的学习，你就会知道其中的原理和方法了。

内容提要　本章主要论述当已知原动件运动规律时，如何确定机构各构件的角位置、角速度和角加速度以及各构件上所研究的点的位移、速度和加速度。主要介绍瞬心图解法、相对运动图解法、机构整体分析解析法和杆组分析解析法。

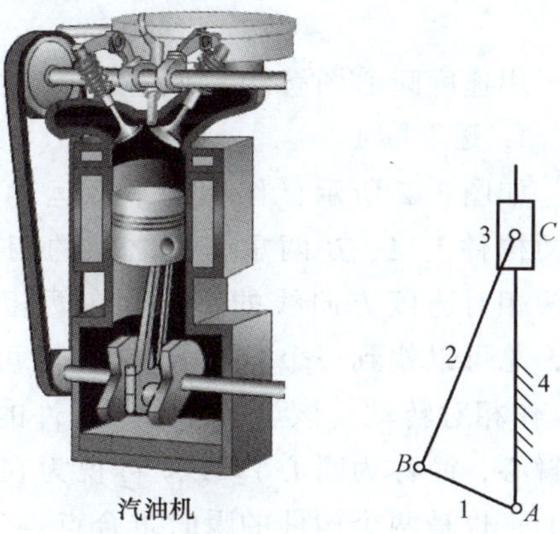

a)　　b)

图 3.1　发动机

a）汽油机　b）曲柄滑块机构

3.1　运动分析的目的与方法

机构的运动分析，就是在已知机构的运动简图尺寸，并给定了原动件的运动参数后，求解机构各构件，尤其是输出构件的角位置、角速度和角加速度变化规律，或构件上某些点的位置、速度和加速度。

3.1.1　运动分析的目的

1）为正确地应用与选用机构，深入了解机构的运动学性能提供依据。

2）为校核所设计出的机构是否满足设计要求。

3）为机构的静力与动力学分析奠定基础。

4）运动分析可以说是机构运动学尺寸综合的逆过程，运动分析模型也为机构综合模型的建立奠定了基础。

运动分析是机构运动学尺寸综合的重要内容，是机构设计不可缺少的组成部分。

3.1.2　运动分析的方法

运动分析是机构学的一个重要的基础问题，其分析的方法一直受到机构学者的重视。机构的级别不同，分析内容与要求不同，其分析的难易程度有很大的差别，所采用的方法也有所不同，主要有实验法、图解法和解析法。本章将主要介绍最常用的几种图解法和解析法，而且主要适用于Ⅱ级机构。

图解法具有运动与几何概念清晰、形象、直观等特点。图解法一次只能对机构中一个位置进行图解分析，若要得到机构一个运动循环的运动参数，则颇为费时，效率不高，而且图解法精度比解析法的精确度低。

解析法的主要优点是计算的精度高、效率高。解析法所建立的数学模型是机构控制、机构性能深度研究的重要依据。解析法是本章的重点。

3.2 速度瞬心图解法

用速度瞬心图解法一次只能分析机构中一个位置的速度。

1. 速度瞬心

如图 3.2 所示，作相对平面运动的两构件 1、2，设已知两构件上 A、B 两重合点之间的相对速度 v_{A2A1} 和 v_{B2B1}，作两相对速度方向线的垂线，在两相对速度不平行的情况下，总可以找到一个交点 P_{12}，由图可见，该瞬时两构件绕 P_{12} 作相对转动，该点就称为两构件的瞬时回转中心（或速度瞬心，简称为瞬心）。P_{12} 可视为在两构件的任何一个构件上，也是两个构件的瞬时重合点。

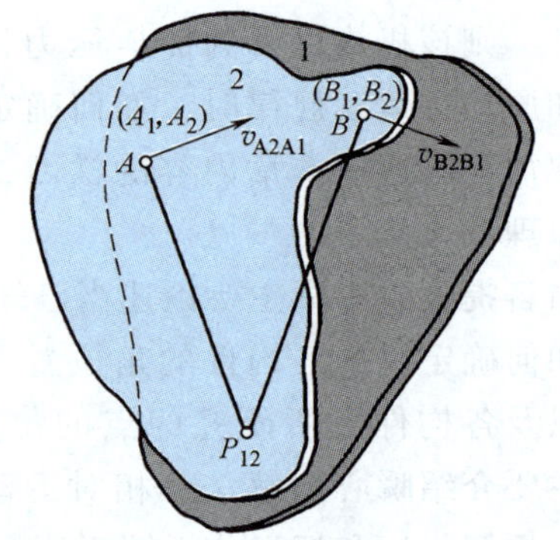

图 3.2 速度瞬心

2. 瞬心的性质

1）瞬心是两个构件绝对速度相同的重合点。若绝对速度为零，该瞬心称为绝对瞬心，否则称为相对瞬心。

2）瞬心是两构件的相对转动中心。某活动构件与机架之间的瞬心是该活动构件的瞬时绝对转动中心。

3. 机构瞬心的数目

因为每两个构件就有一个瞬心，所以 n 杆机构其瞬心的数量 N 为

$$N=\frac{n(n-1)}{2} \tag{3.1}$$

4. 机构瞬心位置的确定

（1）根据运动副确定瞬心位置

1）以转动副相连的两构件的相对转动中心在转动副中心点，该点是瞬心（图 3.3a）。

2）以移动副相连的两构件的瞬心在垂直于导路的无穷远处（图 3.3b），这是因为任何点的相对速度方向都平行于移动导路的方向。

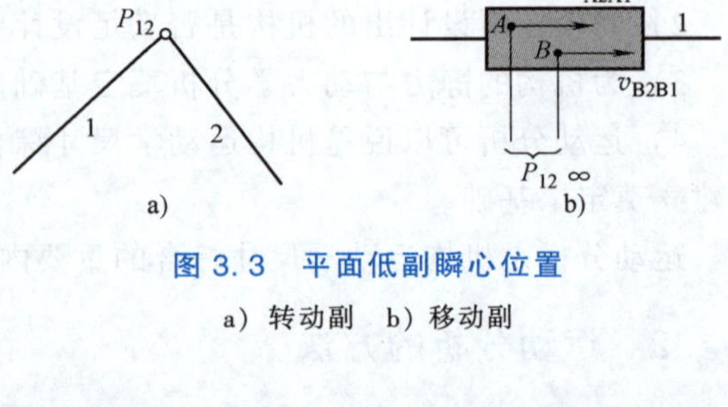

图 3.3 平面低副瞬心位置

a）转动副 b）移动副

3）以高副相连的两构件的瞬心位于两高副元素接触点的公法线上，这是因为相对速度

方向在两高副元素接触点的切线上。如果两高副元素作纯滚动，则瞬心在接触点（图 3.4）。

（2）根据三心定理确定瞬心位置　根据三心定理可求出机构中不直接接触的两构件的瞬心，也可确定高副连接的两构件瞬心的确切位置。

三心定理：三个作平面运动的构件所有的三个瞬心位于同一直线上。

三个作平面运动的构件 1、2、3 共有三个瞬心 P_{12}、P_{13} 和 P_{23}。现用反证法说明。设构件 1 为机架，它与 2、3 构件用转动副相连，则两转动副中心为瞬心 P_{12}、P_{13}。设 2、3 构件的瞬心 P_{23} 不在 P_{12}、P_{13} 直线上，而在任意重合点 S，则 S 点处两构件的绝对速度 v_{S2S1} 及 v_{S3S1} 具有不同的方向，如图 3.5 所示。因为瞬心 P_{23} 应是构件 2、3 上绝对速度大小相等、方向相同的点，显然两构件上只有在 $\overline{P_{12}P_{13}}$ 直线上的点的绝对速度方向才能相同，即三构件的三个瞬心必位于同一直线上。

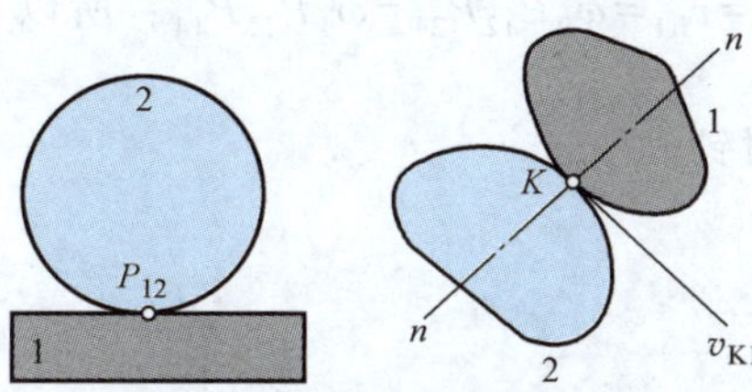

图 3.4　平面高副瞬心位置

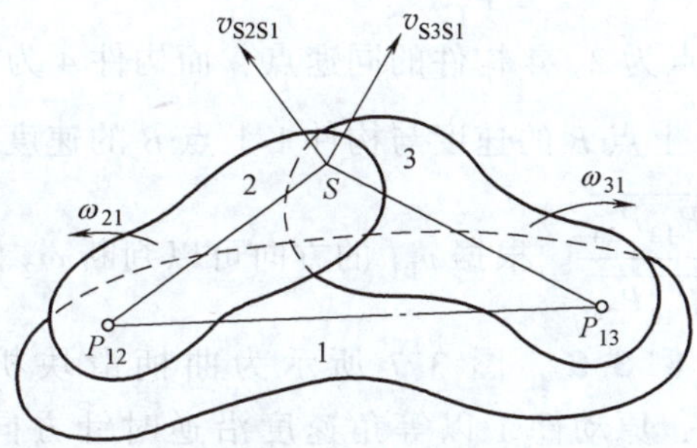

图 3.5　三心定理

由于速度瞬心具有以上的运动学性质，所以在机构的运动分析及运动设计中都得到了广泛的应用。特别是对机构的速度分析，如求瞬时传动比、Ⅱ级以上复杂机构及高副机构的速度以及求轨迹曲线的曲率中心等都特别方便。

例 3.1　图 3.6 所示为铰链四杆机构 $ABCD$，已知原动件 1 以 ω_1 沿顺时针方向转动，求机构图示位置构件 2、3 的瞬时传动比 i_{13} 及构件 2、3 角速度 ω_2、ω_3 的大小及方向。

解　（1）瞬心数目　由式（3.1）可知，4 个构件应共有 6 个瞬心。

（2）根据运动副确定瞬心位置　铰链 A、B、C 和 D 的中心分别为瞬心 P_{14}、P_{12}、P_{23} 和 P_{34}。

（3）根据三心定理确定瞬心位置　不相连两构件 2、4 的瞬心 P_{24}：先将构件 2、4 与构件 1 关联，则构件 1、2、4 的三个瞬心 P_{12}、P_{14}、P_{24} 共线，所以 P_{24} 在 P_{12}、P_{14} 连线上；再将构件 2、4 与构件 3 关联，则构件 2、3、4 的三个瞬心 P_{23}、P_{24}、P_{34} 共线，所以 P_{24} 又在 P_{23}、P_{34} 连线上；两连线的交点即为 P_{24}。

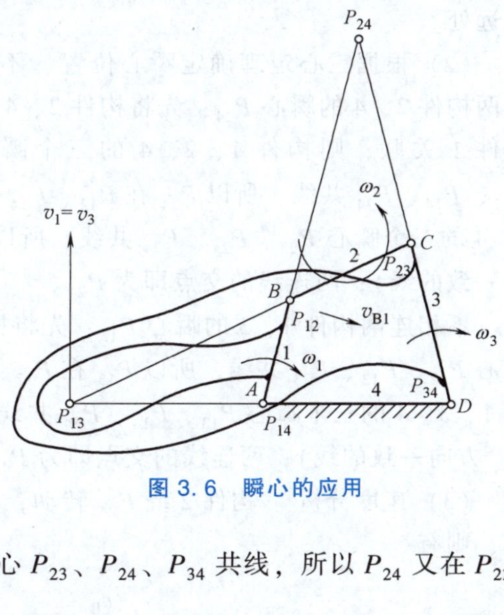

图 3.6　瞬心的应用

不相连两构件 1、3 的瞬心 P_{13}：先将构件 1、3 与构件 2 关联，则构件 1、2、3 的三个瞬

心 P_{12}、P_{13}、P_{23} 共线，所以 P_{13} 在 P_{12}、P_{23} 连线上；再将构件 1、3 与构件 4 关联，则构件 1、3、4 的三个瞬心 P_{13}、P_{14}、P_{34} 共线，所以 P_{13} 又在 P_{14}、P_{34} 连线上；两连线的交点即为 P_{13}。

(4) 速度分析　根据“瞬心是两个构件绝对速度相同的重合点”的性质，点 P_{13} 为构件 1、3 绝对速度相同点。在点 P_{13} 处有 $v_1=v_3$，即

$$\omega_1\overline{P_{13}P_{14}}=\omega_3\overline{P_{13}P_{34}}$$

从而可求得构件 1、3 的瞬时速比

$$i_{13}=\frac{\omega_1}{\omega_3}=\frac{\overline{P_{13}P_{34}}}{\overline{P_{13}P_{14}}}$$

且 $\omega_3=\omega_1\dfrac{\overline{P_{13}P_{14}}}{\overline{P_{13}P_{34}}}$。因为构件 1、3 在 P_{13} 点的速度方向上，所以 ω_3 的转向为顺时针。P_{24} 点为 2、4 构件的同速点，而构件 4 为机架，所以 P_{24} 为构件 2 的瞬时转动中心。因为构件 2 上点 B 的速度与构件 1 上点 B 的速度相等，即 $v_{B2}=v_{B1}=\omega_2\overline{P_{12}P_{24}}=\omega_1\overline{P_{12}P_{14}}$，所以 $\omega_2=\omega_1\dfrac{\overline{P_{12}P_{14}}}{\overline{P_{12}P_{24}}}$。根据 v_{B1} 的方向可以判断 ω_2 的方向为逆时针。

例 3.2　图 3.7 所示为曲柄滑块机构 ABC，原动件 1 以等角速度沿逆时针方向转动，求构件 2 的角速度 ω_2 的大小和方向以及滑块 3 的速度大小和方向。

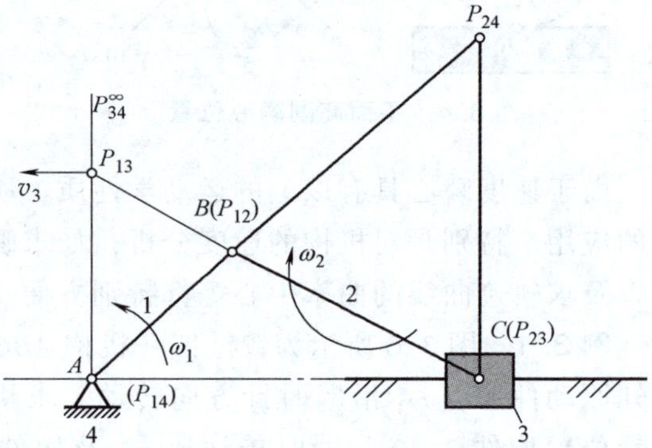

图 3.7　瞬心法在曲柄滑块机构运动分析中的应用

解　(1) 根据运动副确定瞬心位置　P_{14}、P_{12} 和 P_{23} 分别在转动副 A、B、C 处。构件 3、4 构成移动副，P_{34} 在垂直于导路 AC 的无穷远处。

(2) 根据三心定理确定瞬心位置　不相连两构件 2、4 的瞬心 P_{24}：先将构件 2、4 与构件 1 关联，则构件 1、2、4 的三个瞬心 P_{12}、P_{14}、P_{24} 共线，所以 P_{24} 在 P_{12}、P_{14} 连线上；再将构件 2、4 与构件 3 关联，则构件 2、3、4 的三个瞬心 P_{23}、P_{24}、P_{34} 共线，所以 P_{24} 又在 P_{23}、P_{34} 连线上（过点 P_{23} 作与 P_{34} 方向一致的线）；两连线的交点即为 P_{24}。

不相连两构件 1、3 的瞬心 P_{13}：先将构件 1、3 与构件 2 关联，则构件 1、2、3 的三个瞬心 P_{12}、P_{13}、P_{23} 共线，所以 P_{13} 在 P_{12}、P_{23} 连线上；再将构件 1、3 与构件 4 关联，则构件 1、3、4 的三个瞬心 P_{13}、P_{14}、P_{34} 共线，所以 P_{13} 又在 P_{14}、P_{34} 连线上（过点 P_{14} 作与 P_{34} 方向一致的线）；两连线的交点即为 P_{13}。

(3) 速度分析　构件 2 绕 P_{24} 转动，构件 2 上点 B 的速度 v_B 与构件 1 上点 B 的速度相同，则有

$$\omega_2=\frac{v_B}{\overline{P_{12}P_{24}}}=\omega_1\frac{\overline{P_{12}P_{14}}}{\overline{P_{12}P_{24}}}\text{，方向为顺时针}$$

根据 ω_1 的转向及构件 1、3 在 P_{13} 点绝对速度相同可知，滑块该瞬时沿水平方向向左移动，其速度大小为

$$v_3=\omega_1\overline{P_{14}P_{13}}\cdot\mu_1$$

式中，μ_1 为机构运动简图的长度比例尺。

例 3.3 图 3.8 所示为按长度比例尺 μ_1 画出的平锻机工件夹紧机构运动简图，该机构是一个平面Ⅲ级复杂机构。已知原动件 AB 的角速度 ω_1 的大小和方向，求 ω_2、ω_3、ω_4、ω_5 的大小及方向。

解 由于构件 2 上点 B 的速度方向及大小已知（$v_B=\omega_1\overline{AB}$），如果能求出其绝对瞬心 P_{26}，则 ω_2 和 v_C 可以求出；如果再能求出 P_{36}，则根据 v_C 可以求出 ω_3、v_D 和 v_E，于是可以解出 ω_4 和 ω_5。所以解题的关键在于确定绝对瞬心 P_{26} 与 P_{36} 的位置，方法如下。

标出各铰链点的瞬心 P_{16}、P_{12}、P_{23}、P_{34}、P_{35}、P_{46} 和 P_{56}。根据三心定理及已知的瞬心，P_{36} 应位于连线 $P_{35}P_{56}$ 与连线 $P_{34}P_{46}$ 的交点上，P_{26} 在连线 $P_{16}P_{12}$ 与连线 $P_{36}P_{23}$ 的交点上。按前面的分析，有

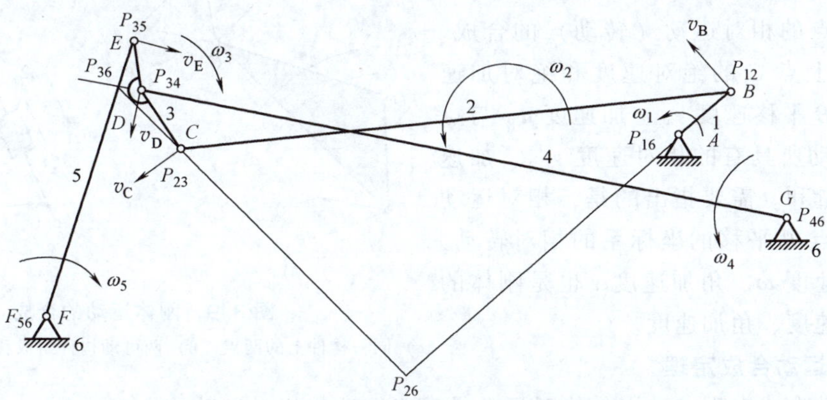

图 3.8 瞬心法在平面Ⅲ级机构运动分析中的应用

$$\omega_2=\frac{v_B}{\overline{P_{12}P_{26}}}=\omega_1\frac{\overline{P_{12}P_{16}}}{\overline{P_{12}P_{26}}}，方向为逆时针$$

$$v_C=\omega_2\overline{P_{26}P_{23}}\cdot\mu_1，方向垂直于 P_{26}P_{23} 向左$$

$$\omega_3=\frac{v_C}{\overline{P_{23}P_{36}}}=\omega_2\frac{\overline{P_{23}P_{26}}}{\overline{P_{23}P_{36}}}=\omega_1\frac{\overline{P_{12}P_{16}}\cdot\overline{P_{23}P_{26}}}{\overline{P_{12}P_{26}}\cdot\overline{P_{23}P_{36}}}，方向为顺时针$$

$$v_D=\omega_3\cdot\overline{P_{34}P_{36}}\cdot\mu_1，方向如图 3.8 所示$$

$$v_E=\omega_3\overline{P_{35}P_{36}}\cdot\mu_1，方向如图 3.8 所示$$

$$\omega_4=\frac{v_D}{\overline{DG}\cdot\mu_1}=\omega_3\frac{\overline{P_{34}P_{36}}}{\overline{P_{34}P_{46}}}=\omega_1\frac{\overline{P_{12}P_{16}}\cdot\overline{P_{23}P_{26}}\cdot\overline{P_{34}P_{36}}}{\overline{P_{12}P_{26}}\cdot\overline{P_{23}P_{36}}\cdot\overline{P_{34}P_{46}}}，方向为逆时针$$

$$\omega_5=\frac{v_E}{\overline{EF}\cdot\mu_1}=\omega_3\frac{\overline{P_{35}P_{36}}}{\overline{P_{35}P_{56}}}=\omega_1\frac{\overline{P_{12}P_{16}}\cdot\overline{P_{23}P_{26}}\cdot\overline{P_{35}P_{36}}}{\overline{P_{12}P_{26}}\cdot\overline{P_{23}P_{36}}\cdot\overline{P_{35}P_{56}}}，方向为顺时针$$

3.3 相对运动图解法

3.3.1 相对运动图解法概述

用相对运动图解法，一次可求解机构一个位置的速度和加速度。首先画出机构的运动简图，其次是根据相对运动合成定理列出速度或加速度矢量方程，最后用作图的方法求解矢量方程。这是应用最广泛、最有效的一种运动分析图解法。

列矢量方程要基于理论力学两个定理。

1. 刚体运动合成定理

刚体运动合成定理：同一平面运动构件上，动点的绝对运动是牵连运动与相对运动的合成。

如图 3.9a 所示，平面运动刚体的动点 C 的绝对运动，可视为基点 B 的牵连运动（平移）与绕基点的相对运动（转动）的合成。因此该刚体上点 C 的绝对速度和绝对加速度，是基点 B 平移速度 $\boldsymbol{v}_B$、加速度 $\boldsymbol{a}_B$ 与点 C 绕点 B 转动所具有的相对速度 $\boldsymbol{v}_{CB}$、加速度 $\boldsymbol{a}_{CB}$ 的矢量和。需要指出的是，相对运动是刚体绕随点 B 平移的坐标系的相对转动，相对运动角速度 $\boldsymbol{\omega}$、角加速度 $\boldsymbol{\alpha}$ 也是刚体的绝对运动角速度、角加速度。

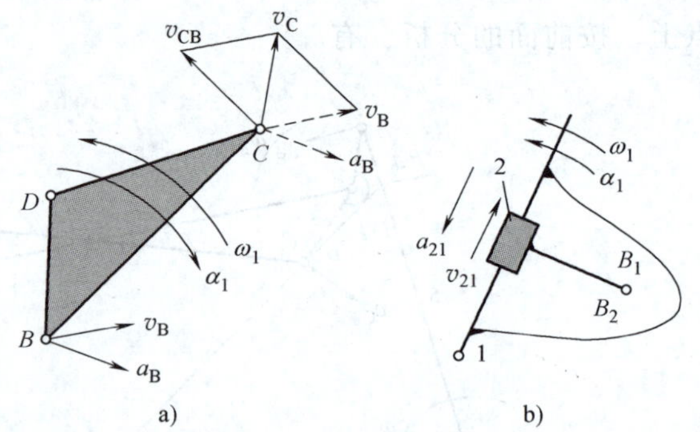

图 3.9 刚体运动的合成

a）同一构件上的两点 b）两可动构件组成移动副的重合点

2. 点的运动合成定理

点的运动合成定理：动点的绝对运动是牵连运动与相对运动的合成。

如图 3.9b 所示，刚体 1、2 用移动副连接，构件 1 以角速度 $\boldsymbol{\omega}_1$、角加速度 $\boldsymbol{\alpha}_1$ 转动，构件 2 相对于构件 1 沿导路方向作相对移动。点 B 为重合点，既有构件 1 上的点 B_1，也有构件 2 上点 B_2。动点 B_2 的绝对运动 $\boldsymbol{v}_{B2}$、$\boldsymbol{a}_{B2}$，可视为牵连点 B_1 的运动 $\boldsymbol{v}_{B1}$、$\boldsymbol{a}_{B1}$ 与相对运动 $\boldsymbol{v}_{B2B1}$、$\boldsymbol{a}_{B2B1}$ 的合成，其中 $\boldsymbol{a}_{B2B1}$ 可能包含哥氏加速度。

3.3.2 相对运动图解法应用

通过举例来说明相对运动图解法的步骤及作图方法。

例 3.4 已知铰链四杆机构的杆长，原动件曲柄 AB 以 ω_1 顺时针方向匀速转动。求：当机构的原动件处于 φ_1 位置时的点 C、E 的速度 $\boldsymbol{v}_C$、$\boldsymbol{v}_E$ 和加速度 $\boldsymbol{a}_C$、$\boldsymbol{a}_E$ 以及构件 2、3 的角速度 $\boldsymbol{\omega}_2$、$\boldsymbol{\omega}_3$ 和角加速度 $\boldsymbol{\alpha}_2$、$\boldsymbol{\alpha}_3$。

解 （1）选择长度比例尺 μ_l 作出机构运动简图 作出的机构运动简图如图 3.10a 所示。

（2）速度分析

1）首先计算出铰链点 B 的速度，$\boldsymbol{v}_B=\boldsymbol{\omega}_1 l_{AB}$，$\boldsymbol{v}_B$ 的方向垂直于 AB。

2）列出待求点的速度矢量方程，并分析其已知与未知的标量，确定矢量方程能否求解。由于已知速度点 B 与待求速度点 C 是同一构件 2 上的两个点，所以可按刚体运动合成

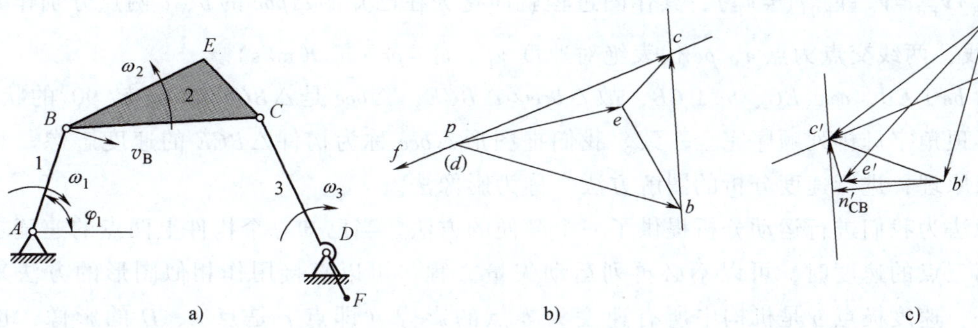

图 3.10　铰链四杆机构运动分析

a）机构运动简图　b）速度多边形图　c）加速度多边形图

定理列速度矢量方程

$$\boldsymbol{v}_{C}=\boldsymbol{v}_{B}+\boldsymbol{v}_{CB}$$

其中，$\boldsymbol{v}_B$ 的大小、方向均已知、$\boldsymbol{v}_{CB}$ 为点 C 绕点 B 的相对转动速度，方向垂直于 BC，大小未知；摇杆 3 作定轴转动，$\boldsymbol{v}_C$ 的方向线垂直于 CD，大小未知。

上述矢量方程中的 3 个矢量共有 6 个要素（即大小和方向），现已知 4 个，尚有 $\boldsymbol{v}_C$ 及 $\boldsymbol{v}_{CB}$ 的大小两个未知量，而一个矢量方程可列出两个标量方程，所以是可解的。

3）选择适当的速度比例尺 μ_v，以一定长度的线段代表速度矢量大小，根据机构位置图确定其方向，作速度多边形。

在图上选择一点 p（该点称为速度极点），作矢量$\overrightarrow{pb}$（$\overline{pb}=v_B/\mu_v$，其中 v_B 单位为 m/s，μ_v 单位为 m/s/mm）代表 $\boldsymbol{v}_B$，$\overrightarrow{pb}$ 的方向垂直于 AB（图 3.10）；过点 b 作垂直于 BC 的方向线（长度不定），代表矢量 $\boldsymbol{v}_{CB}$ 所在位置（注意：$\boldsymbol{v}_{CB}$ 与 $\boldsymbol{v}_B$ 相加，所以 $\boldsymbol{v}_{CB}$ 位置线从点 b 开始画）；从极点 p 作垂直于 CD 方向线，代表 $\boldsymbol{v}_C$，该方向线与过点 b 所作的代表 $\boldsymbol{v}_{CB}$ 的方向线相交于点 c。

根据该矢量方程的合成关系确定出矢量$\overrightarrow{pc}$、$\overrightarrow{bc}$ 的指向，从而完成了上述矢量方程的图解过程，得到速度矢量多边形$\triangle pbc$。

量出$\overrightarrow{pc}$ 的长度$\overline{pc}$（mm），即可求出 $v_C=\overline{pc}\cdot\mu_v$（m/s），方向如图 3.10b 所示。摇杆角速度 $\omega_3=v_C/l_{CD}$（s^{-1}），顺时针方向。$v_{CB}=\overline{bc}\cdot\mu_v$（m/s），方向如图 3.10b 所示。连杆 2 的角速度度 $\omega_2=v_{BC}/l_{BC}$（s^{-1}），逆时针方向。

求连杆 2 上另一已知位置点 E 的速度。

同理可写出点 E 的两个速度的矢量方程

	$\boldsymbol{v}_E=$	$\boldsymbol{v}_B+$	$\boldsymbol{v}_{EB}$		$\boldsymbol{v}_E=$	$\boldsymbol{v}_C+$	$\boldsymbol{v}_{EC}$
大小	?	$\omega_1 l_{AB}$	$\omega_2 l_{EB}$	大小	?	$\omega_3 l_{CD}$	$\omega_2 l_{EC}$
方向	?	$\perp AB$	$\perp EB$	方向	?	$\perp CD$	$\perp EC$

由于 ω_2、ω_3 均已知，故上述任何一个方程均可求出 v_E。然而还可以由以上两方程联立求

v_E，即 $\boldsymbol{v}_B+\boldsymbol{v}_{EB}=\boldsymbol{v}_C+\boldsymbol{v}_{EC}$ （$=\boldsymbol{v}_E$），其作图过程就简化为在已知的△pbc 的 b、c 两点分别作 BE、CE 的垂线，两线交点为点 e，$\overrightarrow{pe}$ 代表绝对速度 $\boldsymbol{v}_E$，$v_E=pe\cdot\mu_v$（m/s）。

因为 $be\perp EB$、$ce\perp EC$、$bc\perp CB$，故△bce∽△BCE，△bce 是△BCE 沿 ω_2 转 90°的状态，两三角形顶角字母排列顺序完全一致。我们把图形△bce 称为构件△BCE 的速度影像。利用速度影像原理，进行速度分析的图解方法，称为影像法。

影像法为我们进行运动分析提供了一个简便的方法。当已知一个构件上两点的速度求该构件上第三点的速度时，可以不必再列运动矢量方程，可以直接用作相似图形的方法来求解。此外，速度极点 p 是机构中所有速度为零点的影像（即点 p 是点 A、D 的影像，也是 BC 构件绝对瞬心的影像）。因此，如果要求图 3.10a 中构件 3 上点 F 的速度时，也可以直接利用影像的方法来求解。因构件 3 上点 C 的速度在图 3.10b 中已作出，点 D 的速度影像为点 p，根据点 C、D、F 在一条直线上，在图 3.10b 中 cp 的延长线上作点 f，使 cpf 也在一条直线上，且 $\overline{CD}:\overline{DF}=\overline{cp}:\overline{pf}$，则可求出 v_F，$v_F=\overline{pf}\cdot\mu_v$。

利用影像法进行运动分析应当注意：影像只适用于同一构件已知两点的速度来求该构件上其他任意点的速度，而不能套用于整个机构的运动分析中。

（3）加速度分析　加速度分析与速度分析一样，也是首先写出点 C 绝对加速度的矢量方程 $\boldsymbol{a}_C=\boldsymbol{a}_B+\boldsymbol{a}_{CB}$。该方程中，$\boldsymbol{a}_C$ 的大小和方向以及 $\boldsymbol{a}_{CB}$ 的大小和方向未知，方程不可解。为此，将 $\boldsymbol{a}_C$、$\boldsymbol{a}_{CB}$ 分解为切向加速度 $\boldsymbol{a}^t$（方向垂直于回转半径或曲率半径）及法向加速度 $\boldsymbol{a}^n$（方向指向回转中心或曲率中心），方程才可解。

1）求点 C 的加速度及构件 2、3 的角加速度 $\boldsymbol{\alpha}_2$、$\boldsymbol{\alpha}_3$。列出点 C 的加速度矢量方程，选择加速度比例 μ_a 及加速度极点 p'，作加速度多边形。

以点 B 为基点，点 C 为动点，加速度矢量方程为

	$\boldsymbol{a}_c^n+$	$\boldsymbol{a}_C^t=$	$\boldsymbol{a}_B^n+$	$\boldsymbol{a}_C^t+$	$\boldsymbol{a}_{CB}^n+$	$\boldsymbol{a}_{CB}^t$
大小	$l_{CD}\omega_3^2$	?	$l_{AB}\omega_1^2$	0	$l_{CB}\omega_2^2$	?
方向	$C\to D$	$\perp CD$	$B\to A$	?	$B\to C$	$\perp CB$

按前述同样的方法进行分析后可知，该方程中仅包含两项未知项，可解。先从等式右端开始，由点 p' 作出代表已知的 $\boldsymbol{a}_B^n$ 的矢量 $\overrightarrow{p'b'}$，按照矢量和原理依次作出 $\overrightarrow{b'n'_{CB}}$（代表 $\boldsymbol{a}_{CB}^n$）及代表 $\boldsymbol{a}_{CB}^t$ 的方向线；再作等式左端的封闭矢量 $\overrightarrow{p'n'_C}$（代表已知的 $\boldsymbol{a}_C^n$）及代表 $\boldsymbol{a}_C^t$ 的方向线，这两条方向线的交点即为加速度多边形的封闭点 C'。则

$a_C=\overline{p'c'}\cdot\mu_a$（m/s²），方向如图 3.10c 所示；摇杆 3 的角加速度 $\alpha_3=a_c^t/l_{CD}=\dfrac{\overline{n'_Cc'}\cdot\mu_a}{CD\cdot\mu_l}$（s⁻²），逆时针方向；$a_{CB}=\overline{b'c'}\cdot\mu_a$（m/s²），方向如图 3.10c 所示；连杆 2 的加速度 $\alpha_2=a_{CB}^t/l_{BC}=\dfrac{\overline{n'_{CB}c'}\cdot\mu_a}{BC\cdot\mu_l}$（s⁻²），逆时针方向。

2）点 E 的加速度同理可按联立方程求解，即

	$\boldsymbol{a}_E=$	$\boldsymbol{a}_B+$	$\boldsymbol{a}_{EB}^n+$	$\boldsymbol{a}_{EB}^t=$	$\boldsymbol{a}_C+$	$\boldsymbol{a}_{EC}^n+$	$\boldsymbol{a}_{EC}^t$
大小	?	图中	$l_{EB}\omega_2^2$	$l_{EB}\alpha_2$	图中	$l_{EC}\omega_2^2$	$l_{EC}\alpha_2$
方向	?	已作出	$E\to B$	$\perp EB$	已作出	$E\to C$	$\perp EC$

据此，即可在已作出的加速度多边形上，分别从 b'、c'开始依次作出各矢量得封闭点 e'，则$\overline{p'e'}$代表 $\boldsymbol{a}_E$，$a_E=\overline{p'e'}\mu_a$（m/s^2）。由加速度矢量图（图 3.10c），可见 $\boldsymbol{a}_{CB}^n$ 的方向与机构运动简图中 CB 平行，$\boldsymbol{a}_{CB}^t$ 的方向与 CB 垂直，故$\overrightarrow{b'c'}$与 CB 杆夹角为 $\varphi=\arctan\dfrac{a_{CB}^t}{a_{CB}^n}=\arctan\dfrac{\alpha_2}{\omega_2^2}$。同理，$\overrightarrow{b'e'}$与 EB 的夹角为 $\arctan\dfrac{a_{EB}^t}{a_{EB}^n}=\arctan\dfrac{\alpha_2}{\omega_2^2}=\varphi$，$\overrightarrow{c'e'}$与 EC 的夹角为 $\arctan\dfrac{a_{EC}^t}{a_{EC}^n}=\arctan\dfrac{\alpha_2}{\omega^2}=\varphi$。因此加速度多边形中的$\triangle b'c'e'$与构件$\triangle BCE$ 图形相似，$\triangle b'c'e'$是$\triangle BCE$ 转过 φ 角的状态，且两个三角形顶点的字母转绕三角形按相同顺序方向排列。加速度多边形中$\triangle b'c'e'$称为构件$\triangle BCE$ 的加速度影像。当已知一个构件上的两点的加速度时，可以利用加速度影像来求该构件上其他任意点的加速度。求解的方法与速度影像法完全相同。

例 3.5 如图 3.11a 所示的导杆机构中，已知 $l_{AB}=l_{BC}$，$\angle BAC=45°$，$DE\perp AC$，曲柄 AB 以 ω_1 沿顺时针方向匀速转动。用相对运动图解法求：构件 3 的角速度 $\boldsymbol{\omega}_3$ 和角加速度 $\boldsymbol{\alpha}_3$。

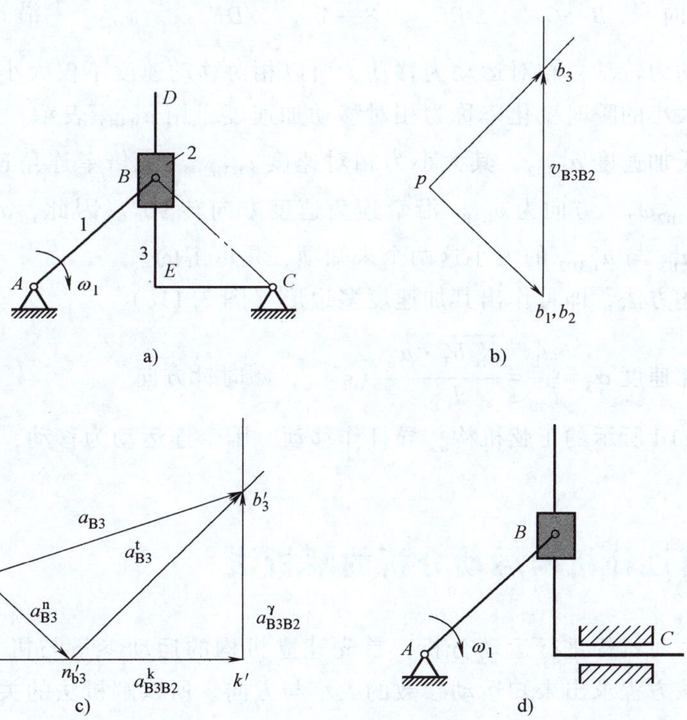

图 3.11 导杆机构运动分析

a）机构运动简图 b）速度多边形图 c）加速度多边形图 d）无哥氏加速度的正弦机构

解 （1）速度分析

1）构件 2 上点 B 的速度已知，$v_{B2}=\omega_1 l_{AB}$，方向垂直于 AB。

2）为求得 ω_3，必须先求出构件 3 在点 B 的 v_{B3}。B_2 与 B_3 为重合点，可用点的运动合成定理列速度方程

	$\boldsymbol{v}_{B3}=$	$\boldsymbol{v}_{B2}+$	$\boldsymbol{v}_{B3B2}$
大小	？	$l_{AB}\omega_1$	？
方向	$\perp BC$	$\perp AB$	$//DE$

构件 2、3 构成移动副，故点 B_3 相对于点 B_2 的相对移动速度 $\boldsymbol{v}_{B3B2}$ 是沿导路 ED 方向的。

3）选择合适的速度比例尺 μ_v，在机构运动简图附近作速度多边形如图 3.11b 所示。由图知 $\overline{pb_3}=\overline{pb_1}$，故 $\omega_3=\omega_1$，$\boldsymbol{\omega}_3$ 沿顺时针转动（滑块与导杆用移动副相连，其角速度与 ω_1 相同）。

（2）加速度分析

1）因构件 1 作匀速转动，点 B 只有法向加速度，故构件 2 上 B 的加速度为 $l_{AB}\omega_1^2$，方向是由机构运动简图上的点 B 指向点 A。

2）根据两构件重合点之间的运动关系，写出点 B_3 的加速度方程

	$\boldsymbol{a}_{B3}^{n}+$	$\boldsymbol{a}_{B3}^{t}=$	$\boldsymbol{a}_{B}^{n}+$	$\boldsymbol{a}_{B}^{t}+$	$\boldsymbol{a}_{B3B2}^{r}+$	$\boldsymbol{a}_{B3B2}^{k}$
大小	$l_{CB}\omega_3^2$	？	$l_{AB}\omega_1^2$	0	？	$2v_{B3B2}\omega_2$
方向	$B\to C$	$\perp BC$	$B\to A$	$//DE$	v_{B3B2}	沿 ω_2 方向转 90°

由于牵连运动为转动，相对运动为移动，所以相对移动速度不仅大小是变化的，而且方向也是变化的，大小的瞬时变化率称为相对移动加速度，用 $\boldsymbol{a}_{B3B2}^{r}$ 表示，沿导路方向；方向的变换率则为哥氏加速度 $\boldsymbol{a}_{B3B2}^{k}$，其大小为相对速度 v_{B3B2} 与 2 倍牵连角速度 $\omega_2(=\omega_3)$ 的乘积，即 $a_{B3B2}^{k}=2v_{B3B2}\omega_2$，方向为 v_{B3B2} 沿牵连角速度方向转 90°。因此，$\boldsymbol{a}_{B3B2}^{k}$ 为已知矢量。矢量方程中只有 $\boldsymbol{a}_{B3}^{t}$ 与 $\boldsymbol{a}_{B3B2}^{r}$ 的大小这两个未知项，是可解的。

根据前述方法，即可作出其加速度多边形（图 3.11c）。

导杆的加速度 $\alpha_3=\dfrac{\alpha_B^t}{l_{CB}}=\dfrac{\overline{n'_{b3}b'_3}\cdot\mu_a}{l_{CB}}$（$s^{-2}$），顺时针方向。

如图 3.11d 所示的正弦机构，导杆作移动。因牵连运动为移动，故相对加速度中没有哥氏加速度。

3.4 平面连杆机构运动分析的解析法

用解析法对机构进行运动分析，首先建立机构的运动参量与机构尺寸之间的解析表达式，然后解该方程求出未知运动参数的大小与方向。所以解析法的关键就是建立机构运动的方程，即运动分析数学模型。

可以用矢量、复数、矩阵及旋量等数学工具建立运动分析数学模型。因为平面连杆机构的位置图均是几何封闭的多边形，故最常用的数学方法是直角坐标系中的矢量投影法。即是将机构置于一个坐标系中，将各杆长视为矢量，而机构简图则为一个或多个封闭的矢量多边

形，再采用投影或复数运算，得出其代数方程。

建立分析模型的方法，有以整个机构为对象的全参数整体分析法和以组成模块为对象的部分参数逐次分析法两大类。前者的优点是方程中包含了机构的所有参数，便于分析各参数对机构运动性能的影响。但由于连杆机构的已知参数和待求参数较多，特别是多杆机构，因而其方程相当复杂，求解困难，而且针对不同机构都需要重新建立方程，标准化和通用化程度低。所以一般仅用于简单的四杆机构。而后者，根据模块的划分不同，又可分为典型回路法、三角形法、单开链法及基本杆组法等，本章将主要介绍基本杆组法。虽然机构种类繁多，但组成机构的杆组的类型有限（如常用Ⅱ级杆组只有5种），只要建立了这有限几种杆组的数学模型，就可以按照机构的组成依次应用这些模型来分析机构的运动。因而其标准化、通用化程度高，还可能实现智能分析。

3.4.1 平面连杆机构运动分析的基本杆组法

由第1章的机构组成原理可知，机构是由原动件（驱动杆组）与基本杆组按一定的规则组合而成，任何机构都可划分为原动件、机架和若干基本杆组。因此，只需要建立一个构件和各基本杆组的运动分析模型，并编制成相应的子程序，再按杆组组成序列依次调用对应的子程序，即可完成整个机构的运动分析。

针对工程应用的平面连杆机构大多为Ⅱ级机构的实际情况，本章以平面运动刚体和三种最常用的Ⅱ级基本组为对象，建立其运动分析模型。

1. 平面运动刚体的运动分析

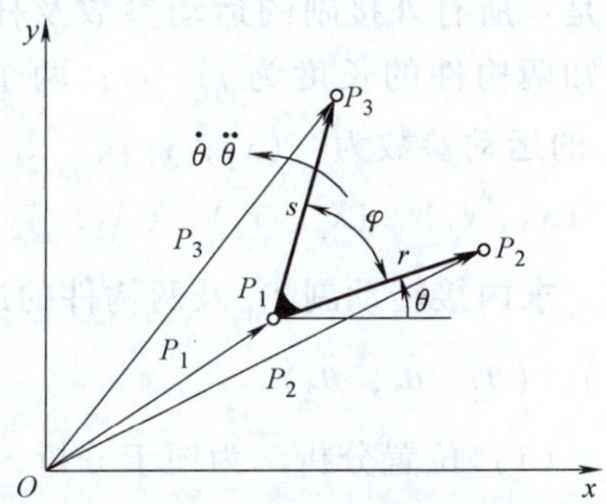

图 3.12 平面运动刚体运动分析

将平面运动刚体的标线以矢量表示，并置于如图3.12所示平面直角坐标系 Oxy 中。已知刚体 $P_1P_2P_3$ 的几何参数：$\overrightarrow{P_1P_2}=\boldsymbol{r}$、$\overrightarrow{P_1P_3}=\boldsymbol{s}$、$\overrightarrow{P_1P_2}$ 与 $\overrightarrow{P_1P_3}$ 的夹角 φ；又知刚体运动参数：角位置 θ、角速度 $\dot{\theta}$ 和角加速度 $\ddot{\theta}$、点 P_1 的位置为（x_1，y_1）、速度（$\dot{x}_1$，$\dot{y}_1$）、加速度（$\ddot{x}_1$，$\ddot{y}_1$），求刚体上点 P_2 及点 P_3 的位置、速度和加速度。

（1）位置分析

由图3.12可写出表示 $\boldsymbol{P}_2$、$\boldsymbol{P}_3$ 与 $\boldsymbol{r}$、$\boldsymbol{s}$ 的矢量方程：$\boldsymbol{P}_2=\boldsymbol{P}_1+\boldsymbol{r}$，$\boldsymbol{P}_3=\boldsymbol{P}_1+\boldsymbol{s}$，分别向 x、y 轴投影，即可得点 P_2、P_3 的位置坐标表达式

$$\begin{cases} x_2=x_1+r\cos\theta \\ y_2=y_1+r\sin\theta \end{cases} \tag{3.2}$$

$$\begin{cases} x_3=x_1+s\cos(\varphi+\theta) \\ y_3=y_1+s\sin(\varphi+\theta) \end{cases} \tag{3.3}$$

（2）速度分析

将式（3.2）及式（3.3）对时间求导，即可得点 P_2、P_3 的速度方程

$$\begin{cases} \dot{x}_2=\dot{x}_1-\dot{\theta}\,r\sin\theta \\ \dot{y}_2=\dot{y}_1+\dot{\theta}\,r\cos\theta \end{cases} \tag{3.4}$$

$$\begin{cases} \dot{x}_3 = \dot{x}_1 - \dot{\theta}\, s\sin(\varphi+\theta) \\ \dot{y}_3 = \dot{y}_1 + \dot{\theta}\, s\cos(\varphi+\theta) \end{cases} \tag{3.5}$$

(3) 加速度分析

将速度方程对时间求导即得点 P_2、P_3 的加速度方程

$$\begin{cases} \ddot{x}_2 = \ddot{x}_1 - \ddot{\theta}\, r\sin\theta - \dot{\theta}^2 r\cos\theta \\ \ddot{y}_2 = \ddot{y}_1 + \ddot{\theta}\, r\cos\theta - \dot{\theta}^2 r\sin\theta \end{cases} \tag{3.6}$$

$$\begin{cases} \ddot{x}_3 = \ddot{x}_1 - \ddot{\theta}\, s\sin(\varphi+\theta) - \dot{\theta}^2 s\cos(\varphi+\theta) \\ \ddot{y}_3 = \ddot{y}_1 + \ddot{\theta}\, s\cos(\varphi+\theta) - \dot{\theta}^2 s\sin(\varphi+\theta) \end{cases} \tag{3.7}$$

对于作定轴转动的曲柄（原动件），点 P_1 的速度、加速度均为零，则其速度、加速度方程，只需将以上各式中的 $\dot{x}_1$、$\dot{y}_1$ 及 $\ddot{x}_1$、$\ddot{y}_1$ 去掉即可。

2. RRR Ⅱ级组运动分析

这种Ⅱ级组是由两个构件三个转动副所构成，称为铰链二杆组，并常用 RRR 组表示，是Ⅱ级杆组的基本形式。如图 3.13 所示，P_1、P_2 称为外接副，P_3 称为内接副。所有基本杆组运动分析能求解的条件是：所有外接副的运动参数及杆长必须已知。即已知两构件的长度为 r_1、r_2；两个外接转动副 P_1、P_2 的运动参数为：(x_1, y_1)、$(\dot{x}_1, \dot{y}_1)$、$(\ddot{x}_1, \ddot{y}_1)$ 及 (x_2, y_2)、$(\dot{x}_2, \dot{y}_2)$、$(\ddot{x}_2, \ddot{y}_2)$。

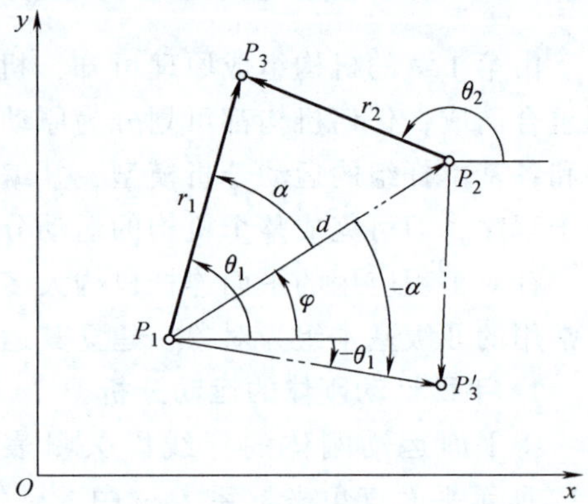

图 3.13 RRR Ⅱ级基本杆组运动分析

求内接转动副 P_3 及两构件的运动参数：(x_3, y_3)、$(\dot{x}_3, \dot{y}_3)$、$(\ddot{x}_3, \ddot{y}_3)$ 及 $(\theta_1, \dot{\theta}_1, \ddot{\theta}_1)$、$(\theta_2, \dot{\theta}_2, \ddot{\theta}_2)$。

(1) 位置分析　为便于分析，各杆均用矢量 $\boldsymbol{r}_1$、$\boldsymbol{r}_2$ 或 $\overrightarrow{P_1P_3}$、$\overrightarrow{P_2P_3}$ 表示（约定：杆长矢量是由已知点指向待求点，该矢量可用其在 x、y 轴方向的分量来表示，如 $\overrightarrow{P_1P_3}$，其分量大小为 x_3-x_1 及 y_3-y_1，即是矢量末端点的位置坐标减矢量始端点的位置坐标），并将 P_1、P_2 连接成矢量 $\boldsymbol{d}$ 或 $\overrightarrow{P_1P_2}$，与 $\boldsymbol{r}_1$、$\boldsymbol{r}_2$ 构成封闭的矢量三角形。

首先求出已知矢量 $\boldsymbol{d}$ 的大小和方位，并检验该矢量三角形是否成立（即该杆组能否装配）。

矢量 $\boldsymbol{d}$ 的大小等于其二分量的平方和开方，即

$$d = \sqrt{(x_2-x_1)^2 + (y_2-y_1)^2}$$

方位角

$$\varphi = \arctan\left(\frac{y_2-y_1}{x_2-x_1}\right)$$

按条件 $d \geqslant r_1+r_2$ 及 $d \leqslant |r_2-r_1|$ 检验该Ⅱ级组是否满足装配条件，若不满足，则计算停止。

为求点 P_3 的位置，首先要求出矢量 $\boldsymbol{r}_1$（$\overrightarrow{P_1P_3}$）的方位角 θ_1。由图可见：$\theta_1 = \varphi + \alpha$，其

中 α 为$\triangle P_1P_3P_2$ 中的内角$\angle P_3P_1P_2$，由于三个边长已知，则

$$\alpha=\arccos\left(\frac{r_1^2+d-r_2^2}{2r_1 d}\right)$$

θ_1 的计算式为

$$\theta_1=\varphi+M\alpha, M=\pm 1$$

式中，M 为装配模式系数，$M=1$ 表示图 3.13 中的实线装配模式，$M=-1$ 表示图 3.13 中的虚线装配模式。在采用计算机进行分析时，必须由使用者给 M 赋值：当矢量$\overrightarrow{P_1P_2}$ 转至与$\overrightarrow{P_1P_3}$ 矢量重合时的转向为逆时针方向，则 $M=1$；而若为顺时针方向，则 $M=-1$。

在 θ_1 已知后，点 P_3 的位置方程为

$$\begin{cases}x_3=x_1+r_1\cos\theta_1\\ y_3=y_1+r_1\sin\theta_1\end{cases}\tag{3.8}$$

求 r_2 的方位角 θ_2，由图可知

$$\theta_2=\arctan\left(\frac{y_3-y_2}{x_3-x_2}\right)$$

点 P_3 的位置方程，也可以表示为

$$\begin{cases}x_3=x_2+r_2\cos\theta_2\\ y_3=y_2+r_2\sin\theta_2\end{cases}\tag{3.9}$$

前两式联立，可得

$$\begin{cases}x_1+r_1\cos\theta_1=x_2+r_2\cos\theta_2\\ y_1+r_1\sin\theta_1=y_2+r_2\sin\theta_2\end{cases}\tag{3.10}$$

（2）速度分析　将式（3.10）对时间求导，可得

$$\begin{cases}\dot{x}_1-\dot{\theta}_1r_1\sin\theta_1=\dot{x}_2-\dot{\theta}_2r_2\sin\theta_2\\ \dot{y}_1+\dot{\theta}_1r_1\cos\theta_1=\dot{y}_2+\dot{\theta}_2r_2\cos\theta_2\end{cases}\tag{3.11}$$

为便于运算，应尽量将包含三角函数的超越方程，改写为代数方程形式。为此，根据式（3.8）及式（3.9），可得

$$r_1\sin\theta=y_3-y_1,\quad r_1\cos\theta_1=x_3-x_1$$
$$r_2\sin\theta_2=y_3-y_2,\quad r_2\cos\theta_2=x_3-x_2$$

将此关系式代入式（3.11）并加以整理，得

$$\begin{cases}-\dot{\theta}_1(y_3-y_1)+\dot{\theta}_2(y_3-y_2)=\dot{x}_2-\dot{x}_1\\ \dot{\theta}_1(x_3-x_1)-\dot{\theta}_2(x_3-x_2)=\dot{y}_2-\dot{y}_1\end{cases}\tag{3.12}$$

求解该方程组可得

$$\begin{cases}\dot{\theta}_1=\dfrac{(\dot{x}_2-\dot{x}_1)(x_3-x_2)+(\dot{y}_2-\dot{y}_1)(y_3-y_2)}{(y_3-y_2)(x_3-x_1)-(y_3-y_1)(x_3-x_2)}\\ \dot{\theta}_2=\dfrac{(\dot{x}_2-\dot{x}_1)(x_3-x_1)+(\dot{y}_2-\dot{y}_1)(y_3-y_1)}{(y_3-y_2)(x_3-x_1)-(y_3-y_1)(x_3-x_2)}\end{cases}\tag{3.13}$$

在 $\dot{\theta}_1$，$\dot{\theta}_2$已知后，即可将式（3.8）、式（3.9）对时间求导得点 P_3 的速度方程

$$\begin{cases}\dot{x}_3=\dot{x}_1-\dot{\theta}_1(y_3-y_1)=\dot{x}_2-\dot{\theta}_2(y_3-y_2)\\ \dot{y}_3=\dot{y}_1+\dot{\theta}_1(x_3-x_1)=\dot{y}_2+\dot{\theta}_2(x_3-x_2)\end{cases} \tag{3.14}$$

$$v_{P3}=\sqrt{\dot{x}_3^2+\dot{y}_3^2}$$

其方位角 $\gamma=\arctan\dfrac{\dot{y}_3}{\dot{x}_3}$

（3）加速度分析　将速度方程式（3.14）对时间求导并整理可得加速度方程

$$\begin{cases}-\alpha_1(y_3-y_1)+\alpha_2(y_3-y_2)=\ddot{x}_2-\ddot{x}_1+\dot{\theta}_1^2(x_3-x_1)-\dot{\theta}_2^2(x_3-x_2)\\ \alpha_1(x_3-x_1)-\alpha_2(x_3-x_2)=\ddot{y}_2-\ddot{y}_1+\dot{\theta}_1^2(y_3-y_1)-\dot{\theta}_2(y_3-y_2)\end{cases} \tag{3.15}$$

上式右端各项分别用 E、F 代替，则解该方程组得两构件的角加速度

$$\begin{cases}\alpha_1=\dfrac{E(x_3-x_2)+F(y_3-y_2)}{(x_3-x_1)(y_3-y_2)-(x_3-x_2)(y_3-y_1)}\\ \alpha_2=\dfrac{E(x_3-x_1)+F(y_3-y_1)}{(x_3-x_1)(y_3-y_2)-(x_3-x_2)(y_3-y_1)}\end{cases} \tag{3.16}$$

将式（3.14）对时间求导，可得点 P_3 的加速度方程

$$\begin{cases}\ddot{x}_3=\ddot{x}_1-\dot{\theta}_1^2(x_3-x_1)-\alpha_1(y_3-y_1)\\ \ddot{y}_3=\ddot{y}_1-\dot{\theta}_1^2(y_3-y_1)+\alpha_1(x_3-x_1)\end{cases} \tag{3.17}$$

则 $a_{P3}=\sqrt{\ddot{x}_3+\ddot{y}_3}$，其方位角 $\beta=\arctan\dfrac{\ddot{y}_3}{\ddot{x}_3}$

由以上基本杆组的运动分析过程可知，关键是首先要建立位置方程。在求解过程中必须注意杆组能否装配及其装配模式，从而使其方程具有更好的通用性与所得解的正确性。

3. RRP Ⅱ级基本杆组的运动分析

如图 3.14 所示，为了表示移动副的方位，在移动导路的方向线上任取一点 P_2，并约定导路以 P_2P_3 的直线表示。需要说明的是 P_2 可能就是一个转动副，也可能是滑块移动导路上的一个指定点。

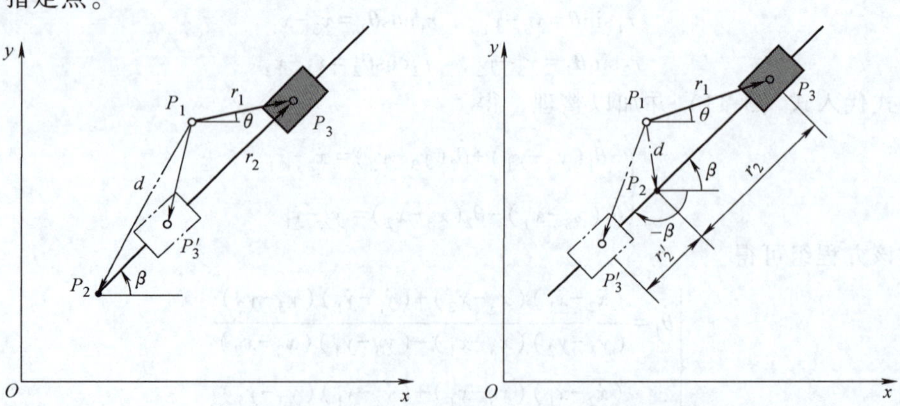

图 3.14　RRP Ⅱ级基本杆组运动分析

已知外接转动副的运动参数：(x_1, y_1)、$(\dot{x}_1, \dot{y}_1)$、$(\ddot{x}_1, \ddot{y}_1)$；以及外接移动副导路上指定点 P_2 的运动参数：(x_2, y_2)、$(\dot{x}_2, \dot{y}_2)$、$(\ddot{x}_2, \ddot{y}_2)$ 和导路的角运动参数：β、$\dot{\beta}$、$\ddot{\beta}$。求点 P_3 的运动参数：(x_3, y_3)、$(\dot{x}_3, \dot{y}_3)$、$(\ddot{x}_3, \ddot{y}_3)$；构件 P_1P_3 的角运动参数 θ、$\dot{\theta}$、$\ddot{\theta}$；以及滑块相对导杆的相对速度 $\dot{r}_2$、相对加速度 $\ddot{r}_2$。

（1）位置分析　仍将该杆组建立为矢量封闭图形，并令$\overrightarrow{P_1P_2}$为 $\boldsymbol{d}$。由前述位置分析过程可知，为求得点 P_3 的位置，必须由已知方向的导路$\overrightarrow{P_2P_3}$与已知起点及长度的矢量 $\boldsymbol{r}_1$ 两者联立求解（即找其交点）。为此，由图 3.14a 可知有以下关系

$$d^2=(x_2-x_1)^2+(y_2-y_1)^2 \tag{3.18}$$

$$r_1^2=(x_3-x_1)^2+(y_3-y_1)^2 \tag{3.19}$$

而

$$\begin{cases}x_3=x_2+r_2\cos\beta\\ y_3=y_2+r_2\sin\beta\end{cases} \tag{3.20}$$

将式（3.20）代入式（3.19），并注意到关系式（3.18），经过整理后可得

$$r_1^2=d^2+r_2^2+2r_2[(x_2-x_1)\cos\beta+(y_2-y_1)\sin\beta] \tag{3.21}$$

为求解未知量 r_2，令

$$E=2[(x_2-x_1)\cos\beta+(y_2-y_1)\sin\beta]$$

$$F=d^2-r_1^2$$

则由式（3.21）可得

$$r_2^2+Er_2+F=0$$

从而可解得

$$r_2=\frac{\left|-E\pm\sqrt{E^2-4F}\right|}{2}$$

应注意，若 $E^2<4F$，表示以 P_2 为圆心，以 r_1 为半径的圆与导路不能相交，此杆组无法装配，无解，停止运算。若 $E^2=4F$，表示该圆与导路相切，有唯一解，根号前的“±”符号无意义。若 $E^2>4F$，这时要区分两种情况：若 $r_1<d$，如图 3.14a 所示的实线状况（$\angle P_1P_3P_2<90°$），r_2 有较大值，根号前取正号，而虚线状况（$\angle P_1P_3P_2>90°$）则取负号，有两个实解；若 $r_1>d$，如图 3.14b 所示，显然 r_1 与导路也有交点，但虚线状况时 β 角将取负号，且$\angle P_1P_3'P_2$ 仍为锐角，式（3.21）可以证明，这时根号前仍应为正号，故当 $r_1>d$ 时无论何种装配模式，根号前都取正号。

因此在使用时要根据机构的实际状况进行判断并正确地选择符号，故上式可加入模式因子 M

$$r_2=\frac{\left|-E+M\sqrt{E^2-4F}\right|}{2},\quad M=\pm1 \tag{3.22}$$

r_2 求出后，则可得点 P_3 的位置坐标

$$\begin{cases}x_3=x_2+r_2\cos\beta=x_1+r_1\cos\theta\\ y_3=y_2+r_2\sin\beta=y_1+r_1\sin\theta\end{cases} \tag{3.23}$$

$\boldsymbol{r}_1$ 的方位角

$$\theta=\arctan\left(\frac{y_3-y_1}{x_3-x_1}\right) \tag{3.24}$$

(2) 速度分析

由于

$$x_2+r_2\cos\beta=x_1+r_1\cos\theta$$
$$y_2+r_2\sin\beta=y_1+r_1\sin\theta$$

将上式对时间求导，并注意到 $\boldsymbol{r}_2$ 为变长矢量，通过整理可求出构件 P_1P_3 的角速度 $\dot{\theta}$ 及滑块与导路的相对速度 $\dot{r}_2$：

$$\dot{\theta}=\frac{-K\sin\beta+N\cos\beta}{(y_3-y_1)\sin\beta+(x_3-x_1)\cos\beta} \tag{3.25}$$

$$\dot{r}_2=\frac{K(x_3-x_1)+N(y_3-y_1)}{(y_3-y_1)\sin\beta+(x_3-x_1)\cos\beta} \tag{3.26}$$

式中，$K=\dot{x}_2-\dot{x}_1-r_2\dot{\beta}\sin\beta$；$N=\dot{y}_2-\dot{y}_1-r_2\dot{\beta}\cos\beta$。

点 P_3 的速度可由式（3.23）对时间求导得

$$\begin{cases}\dot{x}_3=\dot{x}_1-\dot{\theta}\,r_1\sin\theta=\dot{x}_1-\dot{\theta}_1(y_3-y_1)\\ \dot{y}_3=\dot{y}_1+\dot{\theta}\,r_1\cos\theta=\dot{y}_1-\dot{\theta}_1(x_3-x_1)\end{cases} \tag{3.27}$$

或

$$\begin{cases}\dot{x}_3=\dot{x}_2+\dot{r}_2\cos\beta-\dot{\beta}\,r_2\sin\beta\\ \dot{y}_3=\dot{y}_2+\dot{r}_2\sin\beta+\dot{\beta}\,r_2\cos\beta\end{cases} \tag{3.28}$$

式（3.27）是将点 P_1、P_3 视为同一构件 P_1P_3 上的点时所得到的点 P_3 的速度关系式；而式（3.28）则是由两构件上重合点的关系得到的速度关系式，包含滑块相对于导路的相对滑动速度及点 P_3 的牵连速度。若导路为固定导路，则只能用式（3.27）求点 P_3 的速度。

(3) 加速度分析　与速度分析过程相似，可解得构件 P_1P_3 的角加速度 $\ddot{\theta}$ 和滑块相对导路的相对滑动加速度 $\ddot{r}$：

$$\ddot{\theta}=\frac{-K_1\sin\beta+N_1\cos\beta}{(y_3-y_1)\sin\beta+(x_3-x_1)\cos\beta} \tag{3.29}$$

$$\ddot{r}=\frac{K_1(x_3-x_1)+N_1(y_3-y_1)}{(y_3-y_1)\sin\beta+(x_3-x_1)\cos\beta} \tag{3.30}$$

其中

$$\begin{cases}K_1=\ddot{x}_2-\ddot{x}_1+\dot{\theta}^2(x_3-x_1)-\dot{\beta}^2r_2\cos\beta-2\dot{\beta}\,\dot{r}_2\sin\beta-\ddot{\beta}\,(y_3-y_2)\\ N_1=\ddot{y}_2-\ddot{y}_1+\dot{\theta}^2(y_3-y_1)-\dot{\beta}^2r_2\sin\beta+2\dot{\beta}\,\dot{r}_2\cos\beta+\ddot{\beta}\,(x_3-x_2)\end{cases}$$

将式（3.27）及式（3.28）对时间求导，可得 P_3 点的加速度方程

$$\begin{cases}\ddot{x}_3=\ddot{x}_1-\dot{\theta}^2r_1\cos\theta-\ddot{\theta}\,r_1\sin\theta=\ddot{x}_1-\dot{\theta}^2(x_3-x_1)-\ddot{\theta}\,(y_3-y_1)\\ \ddot{y}_3=\ddot{y}_1-\dot{\theta}^2r_1\sin\theta+\ddot{\theta}\,r_1\cos\theta=\ddot{y}_1-\dot{\theta}^2(y_3-y_1)+\ddot{\theta}\,(x_3-x_1)\end{cases} \tag{3.31}$$

$$\text{或}\quad \begin{cases} \ddot{x}_3=\ddot{x}_2+\ddot{r}_2\cos\beta-2\dot{r}_2\dot{\beta}\sin\beta-\dot{\beta}^2 r_2\cos\beta-\ddot{\beta}\, r_2\sin\beta \\ \ddot{y}_3=\ddot{y}_2+\ddot{r}_2\sin\beta+2\dot{r}_2\dot{\beta}\cos\beta-\dot{\beta}^2 r_2\sin\beta+\ddot{\beta}\, r_2\cos\beta \end{cases} \tag{3.32}$$

若将构件 P_1P_3 令为1，滑块为2，导路为3，则式（3.32）所表示的矢量方程为

$$\boldsymbol{a}_{P_3}=\boldsymbol{a}_{P_2}+\boldsymbol{a}_{32}^{\mathrm{r}}+\boldsymbol{a}_{32}^{\mathrm{k}}+\boldsymbol{a}_{P_3'}^{\mathrm{n}}+\boldsymbol{a}_{P_3'}^{\mathrm{t}}$$

式中，P_3' 表示导路上与 P_3 重合的点。

4. RPR 型Ⅱ级基本杆组的运动分析

RPR 型Ⅱ级组，如图3.15所示，由两个外接转动副和一个内接移动副构成。其导杆有偏距 e，为便于描述，在导路上取一个参考点 P_3。

已知：两外接转动副 P_1、P_2 的运动参数分别为（x_1，y_1）、（$\dot{x}_1$，$\dot{y}_1$）、（$\ddot{x}_1$，$\ddot{y}_1$）及（x_2，y_2）、（$\dot{x}_2$，$\dot{y}_2$）、（$\ddot{x}_2$、$\ddot{y}_2$）；P_1 与导路的垂线长度——偏距 e；点 P_3 在导路上的距离 r_3。

求导路的角运动参数 θ、$\dot{\theta}$、$\ddot{\theta}$，滑块相对导路的运动参数 r_2、$\dot{r}_2$、$\ddot{r}_2$及点 P_3 的运动参数（x_3，y_3）、（$\dot{x}_3$，$\dot{y}_3$）、（$\ddot{x}_3$，$\ddot{y}_3$）。

（1）位置分析　如图3.15所示，$P_1P_1'P_2$ 为一直角三角形，$\boldsymbol{d}$ 可由已知的点 P_1、P_2 坐标及偏距 e 求得

$$d=\sqrt{(x_2-x_1)^2+(y_2-y_1)^2}$$

$$\varphi=\arctan\frac{y_2-y_1}{x_2-x_1}$$

$$\alpha=\arcsin\frac{e}{d}$$

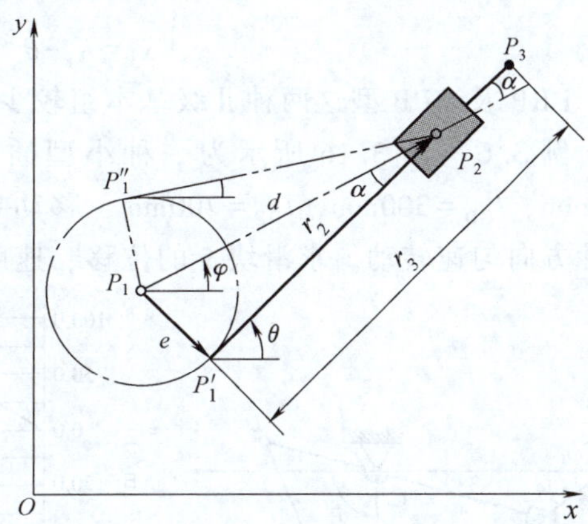

图3.15　RPRⅡ级基本杆组运动分析

该Ⅱ级组也存在如图3.15中实、虚线所示的两种装配模式。实线所示模式，显然有 $\theta=\varphi+\alpha$，而虚线所示模式则有 $\theta=\varphi-\alpha$。与前述一样，可在式中加入模式因子 M，得

$$\theta=\varphi+M\alpha,\quad M=\pm1 \tag{3.33}$$

当 $\boldsymbol{d}$ 转至 $\boldsymbol{r}_2$ 平行时的转向若为逆时针，则 $M=1$；顺时针则 $M=-1$。

$$r_2=\sqrt{d^2-e^2}=\sqrt{(x_2-x_1)^2+(y_2-y_1)^2-e^2} \tag{3.34}$$

点 P_3 的位置

$$\begin{cases} x_3=x_1+e\sin\theta+r_3\cos\theta \\ y_3=y_1-e\cos\theta+r_3\sin\theta \end{cases}$$

（2）速度、角速度分析

由

$$\begin{cases} x_2=x_1+e\sin\theta+r_2\cos\theta \\ y_2=y_1-e\cos\theta+r_2\sin\theta \end{cases}$$

将上式对时间两次求导，并注意到 $\boldsymbol{r}_2$ 为变长矢量，经过整理可求出 $\dot{r}_2$、$\ddot{r}_2$及 $\dot{\theta}$、$\ddot{\theta}$ 为

$$\dot{\theta}=\frac{(\dot{y}_2-\dot{y}_1)\cos\theta-(\dot{x}_2-\dot{x}_1)\sin\theta}{(x_2-x_1)\cos\theta+(y_2-y_1)\sin\theta} \tag{3.35}$$

$$\dot{r}_2=\frac{(\dot{y}_2-\dot{y}_1)(y_2-y_1)+(\dot{x}_2-\dot{x}_1)(x_2-x_1)}{(x_2-x_1)\cos\theta+(y_2-y_1)\sin\theta} \tag{3.36}$$

$$\ddot{\theta}=\frac{-E\sin\theta+F\cos\theta}{(x_2-x_1)\cos\theta+(y_2-y_1)\sin\theta} \tag{3.37}$$

$$\ddot{r}_2=\frac{E(x_2-x_1)+F(y_2-y_1)}{(x_2-x_1)\cos\theta+(y_2-y_1)\sin\theta} \tag{3.38}$$

式中，$E=\ddot{x}_2-\ddot{x}_1+\dot{\theta}^2(x_2-x_1)+2\dot{\theta}\,\dot{r}_2\sin\theta$；　$F=\ddot{y}_2-\ddot{y}_1+\dot{\theta}^2(y_2-y_1)-2\dot{\theta}\,\dot{r}_2\cos\theta$。

在 $\dot{\theta}$、$\ddot{\theta}$ 已知后，可求出点 P_3 的速度和加速度为

$$\begin{cases}\dot{x}_3=\dot{x}_1-\dot{\theta}(y_3-y_1)\\ \dot{y}_3=\dot{y}_1+\dot{\theta}(x_3-x_1)\end{cases} \tag{3.39}$$

$$\begin{cases}\ddot{x}_3=\ddot{x}_1-\dot{\theta}^2(x_3-x_1)-\ddot{\theta}(y_3-y_1)\\ \ddot{y}_3=\ddot{y}_1-\dot{\theta}^2(y_3-y_1)+\ddot{\theta}(x_3-x_1)\end{cases} \tag{3.40}$$

PRP 及 RPP 型这两种Ⅱ级基本组较少应用，其运动参数方程可参考其他文献。

例 3.6　图 3.16 所示为一种小型插床机构。已知曲柄长 $l_{AB}=200\text{mm}$，机架长 $l_{AC}=585\text{mm}$，$l_{CD}=300\text{mm}$，$l_{DE}=700\text{mm}$，移动导路 $CE\perp AC$。原动件 AB 以角速度 $\omega_1=10\text{rad/s}$ 逆时针方向匀速转动。求滑块 5 的位移、速度、加速度及其运动线图。

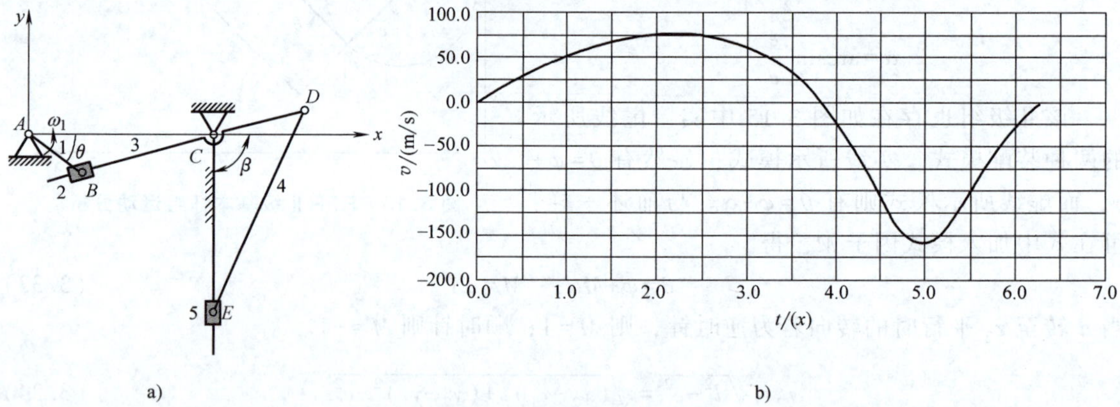

图 3.16　插床机构运动分析

a）插床的机构简图　b）运动线图

解

采用基本杆组法，调用相应的子程序，使曲柄以每 10°一个位置转动 360°逐次求解，并画出其运动线图。

1）建立如图 3.16 所示坐标系。

2）按运动传递顺序将机构划分为基本杆组及刚体。依次为定轴转动曲柄 AB 及 RPR、RRP 型Ⅱ级基本杆组。

3）输入已知值。各杆长，曲柄角速度 ω_1，A、C 两点的位置坐标；外接移动副导路 CE 的方位角 $\beta=-\frac{\pi}{2}$，角速度 $\dot{\beta}$、角加速度 $\ddot{\beta}$ 均为零。

4）按运动传递顺序，并从曲柄的第一个位置 $\theta_1=0$ 开始计算。依次调用相应子程序求解：首先调用平面刚体子程序计算出点 B 的位置坐标 x_B、y_B；点 B 的速度及加速度分量 v_{Bx}、v_{By} 及 a_{Bx}、a_{By}。这时 RPR 杆组的两个外接副 B、C 的运动参数全部已知，导杆上的参考点选定为点 D，其距离 l_{CD} 已知，且偏距 $e=0$，即可调用 RPR 杆组子程序求解，得到导杆的角运动参数 θ_3、ω_3 及 α_3；且因为偏距 $e=0$，不存在两种模式问题，且 $\alpha=0$，则该算式中 $\theta=\varphi$。从而求得点 D 的位置、速度和加速度：x_C、y_C；v_{Cx}、v_{Cy}；以及 a_{Cx}、a_{Cy}（在计算时要注意此杆组导杆上的参考点 D 相对于铰链点 C，是在外接副 B 点的反方向，故在计算中 $\overrightarrow{CD}$ 夹角应为 $180°+\theta_3$）。

当点 D 运动参数已知后，则最后一个 RRP 杆组外接运动副的运动参数均已知，其中外接移动副为固定导轨 CE，其角参数 β、$\dot{\beta}$、$\ddot{\beta}$ 已输入。为方便，导路上的参考点就可以选为铰链点 C，也已知。即可调用相应的子程序求解，得到构件 DE 的角运动参数 θ_4、ω_4 及 α_4。并最终得到滑块的位移、速度、角速度：s_E、v_E 及 a_E。该杆组因 $l_{DE}>l_{CD}$，故其模式因子 M 应为 1。

其运动线图如图 3.16b 所示。由运动线图可见，后置的输出机构为对心曲柄滑块机构 CDE，虽然它本身不具有急回特性，但由于其前置的摆动导杆机构有急回，故最终使得该六杆机构具有了所需的急回特性，并且其 k 值，就是导杆机构的 k 值。其工作行程（慢行程）的速度变化比较平稳，在极值两边相当大的范围内，速度变化较小，近似等速。

5. 几种典型平面四杆机构的运动线图及分析比较

运动分析的一个重要目的，是为了深入地掌握常用机构的运动特性，以便应用时能正确选用满足要求的机构。下面我们通过三种常用四杆机构的速度线图（图 3.17），来比较其输出速度变化规律的特点。

这三种机构，具有相同的行程速度变化系数 k，$k=1.414$；主动件均为曲柄，且其长度与角速度相等。每个机构的具体尺寸为：曲柄摇杆机构，曲柄长 $a=5$，连杆长 $b=20$，摇杆长 $c=30$，机架长 $d=21$；摆动导杆机构，曲柄长 $a=5$，机架长 $d=21$；偏置式曲柄滑块机构；曲柄长 $a=5$，连杆长 $b=23$，偏距 $e=17$。

一般主要从以下几点进行比较：

1）单程曲线对极值点坐标轴的对称性。由图 3.17 可见，摆动导杆机构导杆的运动线图为对称性曲线，表明在一个行程中的加、减速时间相等，速度、加速度变化对称。曲柄摇杆机构摇杆的运动线图的对称性最差，加速段时间短，平均加速度值较大，减速段的时间约为加速段的 1.6 倍。曲柄滑块机构滑块运动线图的对称性介于两者之间，且加速段为减速段的 1.22 倍。

2）极值两端一定范围内的速度变化大小（以表明其近似等速的性能）。以 $\delta=\frac{\omega_{max}-\omega_{min}}{(\omega_{max}+\omega_{min})/2}$描述其在一定范围内的速度波动。通过比较，在极值两边各 0.05s 的同一时间段内，曲柄摇杆机构为 0.2，摆动导杆机构为 0.09，曲柄滑块机构为 0.08，故曲柄摇杆机构的速度波动最大，速度最不均匀。

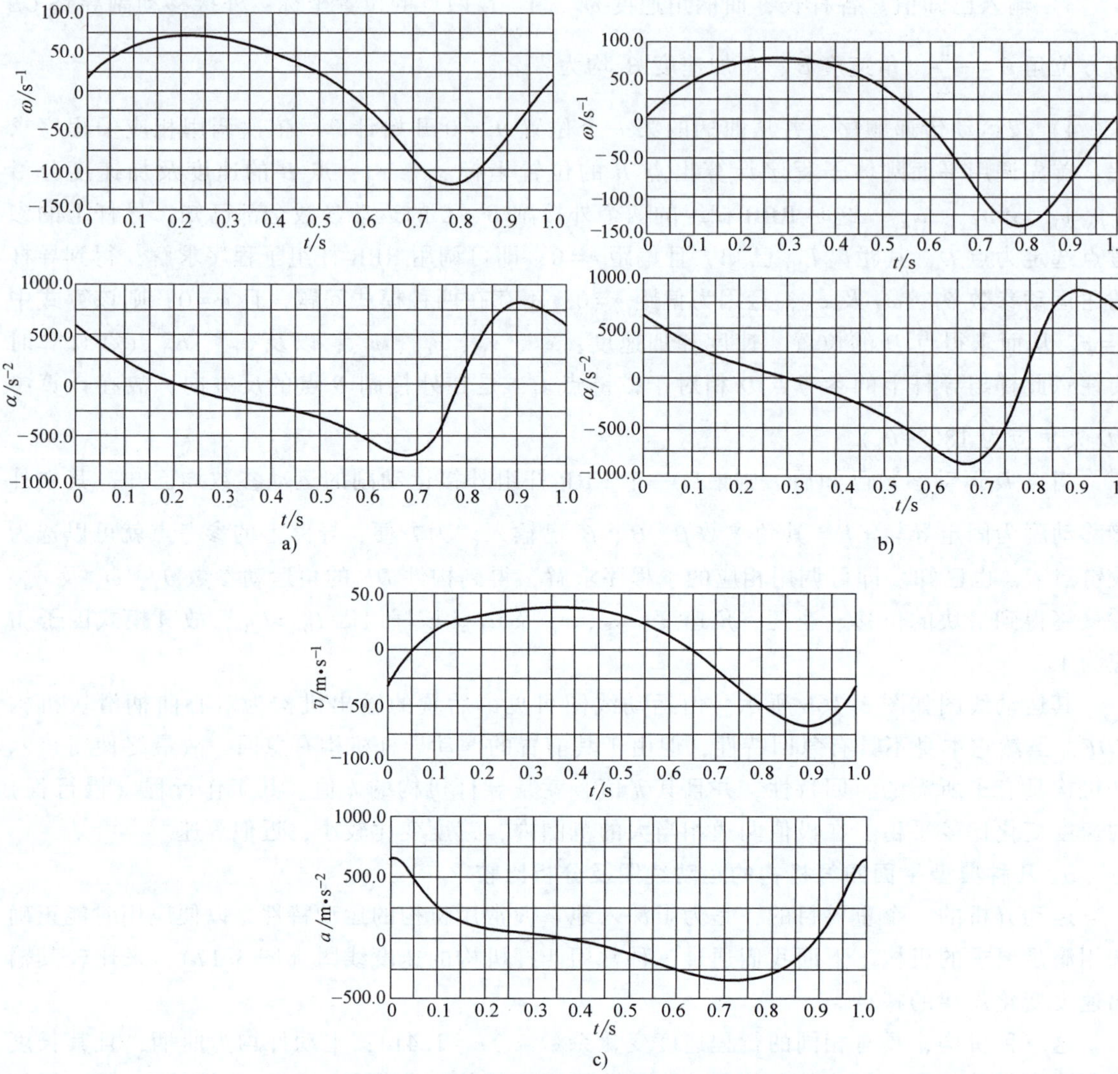

图 3.17 三种典型机构的速度及加速度线图

a）曲柄摇杆机构的速度、加速度曲线 b）摆动导杆机构的速度，加速度曲线

c）曲柄滑块机构的速度、加速度曲线

3）速度极值出现的位置（可宏观地了解其曲线的变化状况）。若以慢行程的极值出现点为准，则可发现，曲柄摇杆机构慢行程极值靠近起点，出现在行程起点的约 0.38s 处，导杆机构出现在 0.5s 处，而曲柄滑块机构的极值偏后，出现在行程起点的约 0.56s 处。

4）机构正、反行程的最大速度与最大加速度。现对比摇杆与导杆的输出（滑块为移动，不便比较）。正行程中，摇杆的最大角速度为 18.5rad/s；导杆的最大角速度为 22rad/s。反行程中，摇杆为 31rad/s；导杆为 38rad/s，也大于摇杆。两者的正反行程最大角速度比大致相同，均约为 1.7 倍。而曲柄滑块机构反行程的最大速度约为正行程的 1.8 倍。

导杆机构正加速度极值为曲柄摇杆机构的 1.136 倍，负加速度极值差别更大，导杆机构为曲柄摇杆机构的 1.29 倍。导杆机构正、负加速度极值大小相等，而曲柄摇杆机构的正加速度极值明显大于负加速度极值。其中，偏置式曲柄滑块机构的正、负加速度极值差异最为显著。

导杆机构的角速度、角加速度极值均大于曲柄摇杆机构，除去由于结构不同，运动传递规律不同的根本原因外，还可以直接由它们输出杆的摆角大小不同来判定。在 k、a 相同的条件下，导杆的摆角为 30°，而摇杆的摆角为 27.66°。

通过上述分析比较，在行程速度变化系数、曲柄长度及输入角速度均相同的情况下，输入运动的平稳性以导杆机构最好，曲柄摇杆机构最差，而且导杆可以获得比摇杆更高的输出速度，得到更大的摆角。而从加速度的极值及变化率来看，以导杆机构最大，但其动力学性能（主要指其振动力）较差。

假设具有相同的曲柄长及输入角速度，且相对于机架垂线作对称摇动的输出摆角大小相同，并在摇杆长等于导杆的最大长度（即曲柄与机架长度之和）的条件下，来分析比较两种机构的运动特性。其尺寸参数分别为：曲柄摇杆机构，$a=100$，$b=420$，$c=300$，$d=280$；导杆机构，$a=100$，机架长 $d=200$；输出摆角均为 $\varphi=60°$。运动线图如图 3.18 所示。

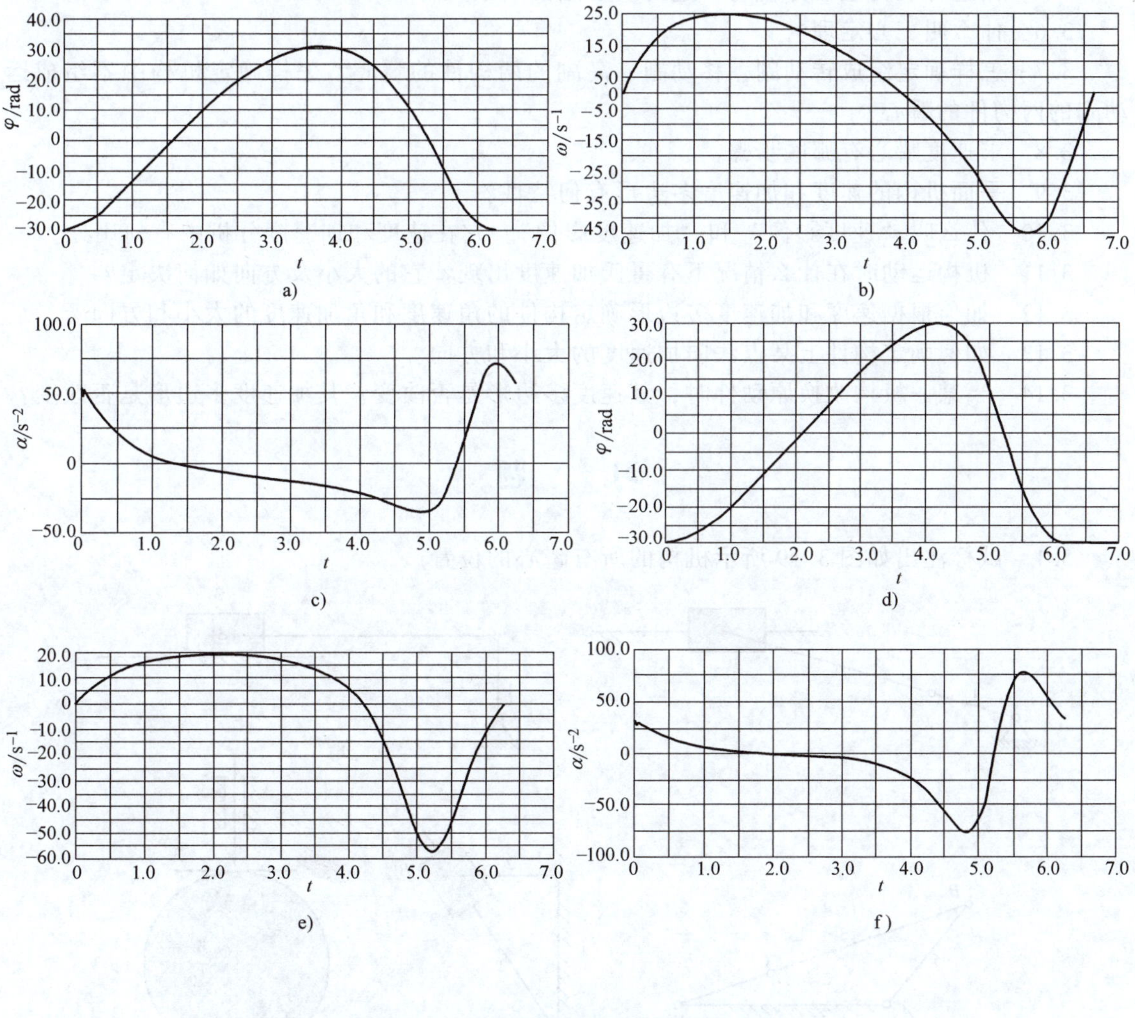

图 3.18　两种曲柄摆杆机构的运动线图

a）曲柄摇杆机构角位移曲线　b）摇杆角速度曲线　c）摇杆角加速度曲线

d）摆动导杆机构导杆角位移曲线　e）导杆角速度曲线　f）导杆角加速度曲线

通过分析可知：导杆机构的行程速度变化系数 $k=2$，而曲柄摇杆机构的行程速度变化系数 $k=1.43$，极位夹角 $\theta=31.8°$，小于导杆机构。它们的位移、速度、加速度曲线如图 3.18 所示，导杆机构正行程的最大角速度为 20rad/s，小于曲柄摇杆机构的 25rad/s；反行程最大角速度为 57rad/s，大于曲柄摇杆机构的 45rad/s。两种机构正加速度极值几乎相同，而导杆机构负加速度极值则明显大于曲柄摇杆机构，相差将近一倍。

思 考 题

3.1 对机构进行运动分析的目的是什么？

3.2 机构运动分析方法有哪些，各有哪些特点？

3.3 什么叫速度瞬心？

3.4 相对速度瞬心和绝对速度瞬心有什么区别？

3.5 在进行机构运动分析时，速度瞬心法的局限是什么？

3.6 什么叫三心定理？

3.7 怎样确定组成转动副、移动副、高副的两构件的瞬心？怎样确定机构中不组成运动副的两构件的瞬心？

3.8 求速度瞬心有哪些步骤？

3.9 平面机构的速度和加速度多边形有何特性？

3.10 什么叫“速度影像”和“加速度影像”？它在速度和加速度分析中有何用处？

3.11 机构运动时在什么情况下有哥氏加速度出现？它的大小及方向如何决定？

3.12 如何根据速度和加速度多边形确定构件的角速度和角加速度的大小和方向？

3.13 如何确定构件上某点法向加速度的大小和方向？

3.14 当某一机构改换原动件时，其速度多边形是否改变？其加速度多边形是否改变？

习 题

3.1 试标注出如图 3.19 所示机构的所有瞬心的位置。

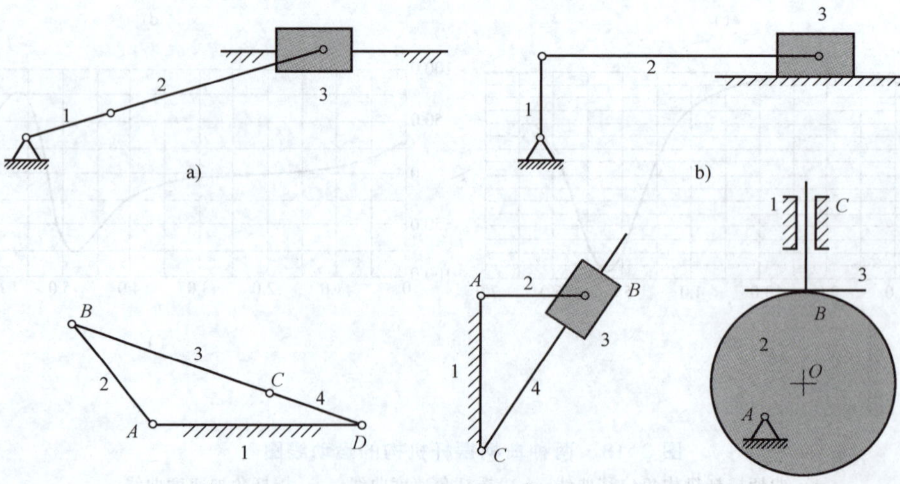

图 3.19

3.2　图 3.20 所示为机构运动简图，已知各构件长度（机构比例尺 $\mu_1 = 0.002\text{m/mm}$），原动件以等角速度 $\omega_1 = 10\text{rad/s}$ 逆时针转动。试用图解法求机构图示位置点 E 的速度和加速度，以及构件 2 的角速度和角加速度。

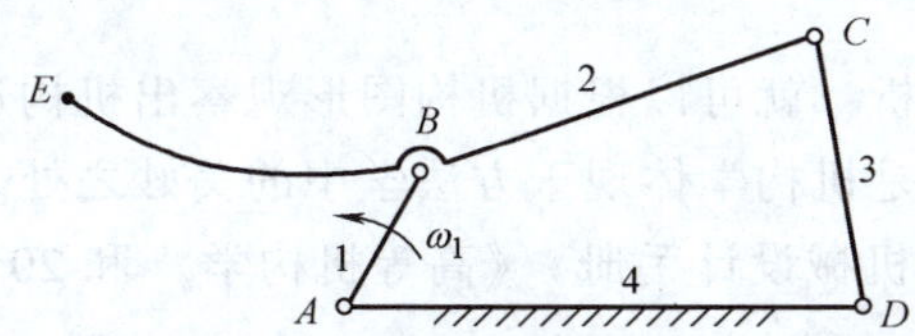

图 3.20

3.3　图 3.21 所示为机构运动简图，已知各构件长度以及原动件以等角速度 ω_1 逆时针转动。试用图解法求构件 3 的角速度和角加速度。

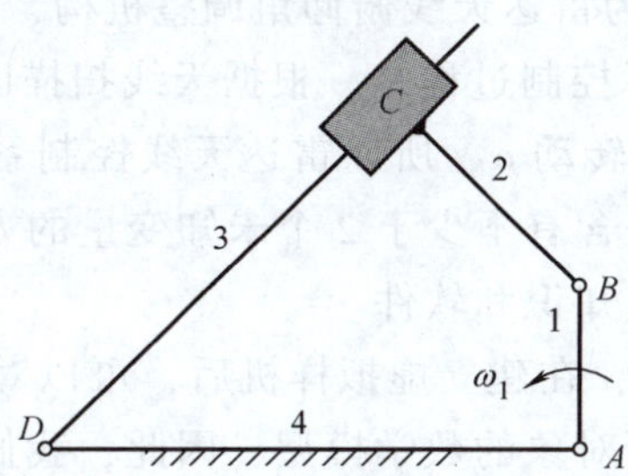

图 3.21

3.4　在如图 3.22 所示的机构中，已知 $l_{AB} = 100\text{mm}$，$l_{BC} = 300\text{mm}$，$e = 30\text{mm}$ 以及原动件以等角速度 $\omega_1 = 10\text{rad/s}$ 按逆时针方向转动。试用图解法求当 $\varphi_1 = 45°$ 时构件 2 的角速度和角加速度，以及构件 3 的速度和加速度。

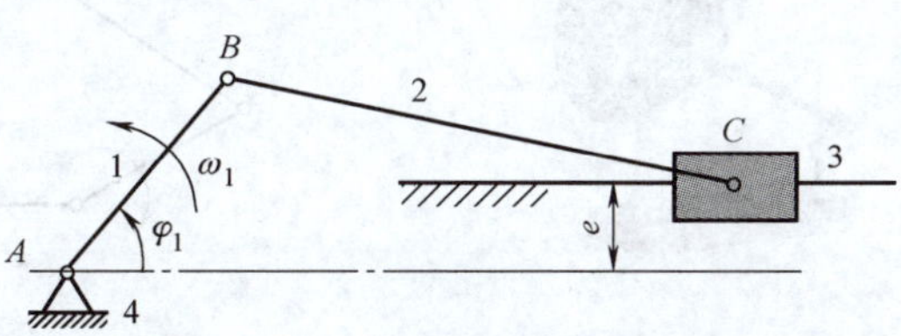

图 3.22

3.5　在如图 3.23 所示的机构中，已知 $l_{AB} = 50\text{mm}$，$l_{BC} = 150\text{mm}$，原动件以等角速度 $\omega_1 = 10\text{rad/s}$ 按逆时针方向转动。试用图解法求机构图示位置构件 2 的角速度和角加速度，以及构件 3 的速度和加速度。

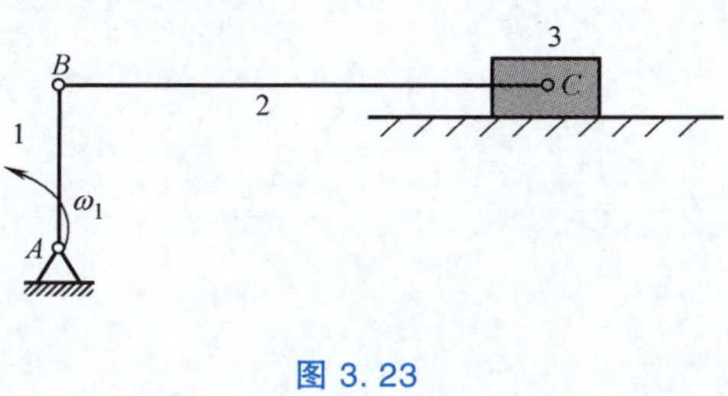

图 3.23

3.6　编制并运行例 3-6 的运动分析程序。

3.7　用 ADAMS 软件对例 3-6 的机构进行运动仿真。

知识扩展

熟练掌握图解法运动分析，就可以根据机构图形观察出机构运动特性。机构图形、矢量方程和矢量图的直观表达，是机构学体现于方法学中的美妙之处。Ⅲ级及以上机构的运动分析图解法较复杂，可参阅《机械设计手册》《高等机构学》和 20 世纪 80 年代出版的《机械原理》教材。

本章介绍的解析法，因为建立了数学模型和分析出了结果，使我们知其然也知其所以然。实际工作中除了自己用高级语言编程外，还可以在工程软件 MATLAB 的环境下编程实现，且其交互界面友好，易于使用。在对机构进行实时控制的场合，必须用知其然也知其所以然的这一方法。图 3.24 所示为雷达天线俯仰角调整机构，伺服电动机驱动曲柄转动角 α，带动天线摇杆转至 φ 位置。实际控制过程是，根据天线扫描区域所确定的 φ，算出所需的转角 α，控制系统控制伺服电动机转动 α，所以雷达天线控制系统中就必须有计算公式。Ⅲ级及以上机构位置分析数学模型是含有不少于 2 个未知变量的方程组，这一类方程组需要用数值方法求解，用户需要掌握相应知识和软件。

应用 ADAMS 虚拟仿真软件，在建立虚拟样机后，可以对机构进行运动动力仿真，得到分析结果，然而却并不知道分析对象的数学模型，因此，我们应当掌握参数化建模及优化的具体方法，做到知其然也知其所以然。

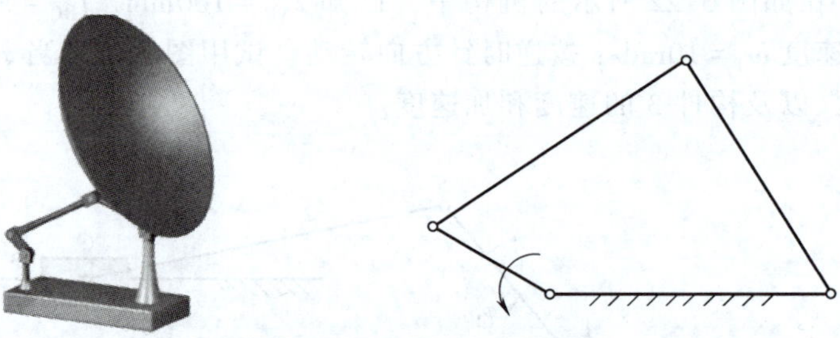

图 3.24　雷达天线俯仰角调整机构

第 4 章

平面机构的力分析

汽车是现代重要的交通工具，是由各种较复杂的系统组成的。当机械系统中的构件作相对运动时，在各运动副中会产生摩擦，构件在运动过程中会产生惯性力、惯性力矩。对于低速机构可以忽略惯性力、惯性力矩，仅对其所受的外力和运动副中反力进行分析，即静力分析；而对于高速运动机构就不能忽略惯性力、惯性力矩，需对其进行动态静力分析。

对于摩擦常常是希望使其减小，而在汽车的某些装置中则是利用摩擦，如图 4.1 所示的摩擦离合器就是利用摩擦。图 4.1a 处于接合状态，从动轴靠摩擦与主动部分一起转动；图 4.1b 处于脱离状态，其中从动轴不与主动部分一起转动。

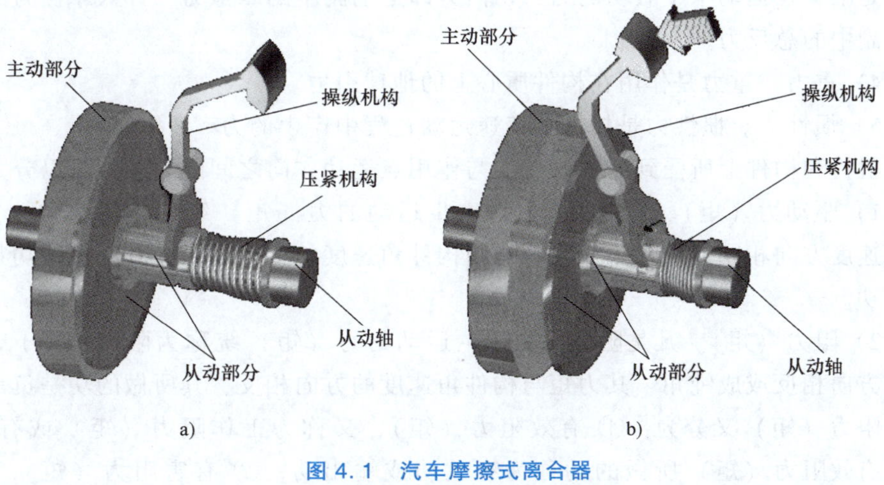

图 4.1 汽车摩擦式离合器

a）接合状态 b）脱离状态

当汽车在行驶的过程中，需要减速或制动，仅仅使摩擦离合器处于脱离状态（即切断动力源的输出）是不够的，因为汽车还会有很大的行驶惯性，将继续以较高速度行驶，不能快速停下来。此时，还要在输出构件（汽车车轮）上施加很大的制动力，让汽车快速减速或制动。图 4.2 所示为汽车制动系统，前轮示意的是盘式制动结构，而后轮示意的是鼓式制动结构。

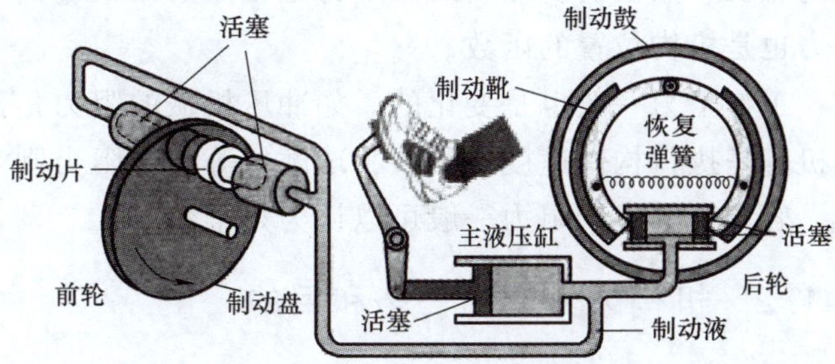

图 4.2 汽车制动系统

内容提要 本章重点介绍低速平面连杆机构运动副的摩擦、总反力、自锁和效率，即静力分析；然后介绍高速运动机构的动态静力分析图解法和解析法。

4.1 概述

4.1.1 作用在机构中的力

机构在运动过程中，不仅要能实现预期的运动，还要传递力，而且各构件受力情况是决定构件的强度设计和结构形状的重要依据，所以无论是设计或是使用机构，都必须对机构的受力情况进行分析。作用在机构或构件上的力通常包括：

1）驱动力。驱动力是驱使机构产生运动的由外部施于机构的力，所做的功为正功。

2）生产阻力。生产阻力是机械在生产过程中为了改变工作物的外形、位置或状态等所受到的阻力，所做的功为负功。当克服这些阻力时就完成了有益的工作。

3）约束力（约束反力）。作用在运动副元素上的力称为约束力（或约束反力）。约束力是当机构受到外力作用时，在运动副两元素接触处所产生的作用力。对机构而言，约束力是内力；对构件而言，它们是外力。约束力可分为沿运动副元素接触点的法向力和切向力，法向力是唯一在运动中不做功的力，切向力即运动副中的摩擦力，计入摩擦力的约束反力称为运动副中的总反力。

4）重力。重力是作用在构件质心上的地球引力。

5）惯性力。惯性力是构件在变速运动过程中产生的力。

机构和构件上所受到的力，按其与作用点运动方向之间的关系，可以分为：

1）驱动力（矩）。凡是驱使机械产生运动的力（矩）统称为驱动力（矩），其力与作用点速度方向相同或成锐角，其力矩与构件角速度的方向相同，其所做的功是正功，常称为输入功。

2）阻力（矩）。凡是阻止机械产生运动的力（矩）统称为阻力（矩），其力与作用点速度方向相反或成钝角，其力矩与构件角速度的方向相反，其所做的功是负功，常称为阻力功。阻力（矩）又分为：① 有效阻力（矩），又称为工作阻力（矩）或有益阻力（矩），克服有效阻力（矩）所做的功称为有效功或输出功；② 有害阻力（矩），克服有害阻力（矩）所做的功是一种纯粹的浪费，故称为损失功。

必须指出，原动机所产生的力并不总是恒定的，其变化规律取决于原动机的机械特性。如内燃机、蒸汽机所输出的驱动力是位置的函数，而电动机的驱动力是其角速度的函数，惯性力也是机构位置的函数。

工作阻力一般也是变化的。如冲压机械的阻力是执行构件位移的函数，离心式水泵、鼓风机等是执行构件速度的函数，球磨机等生产阻力则是时间的函数，而起重机、金属切削机床、轧钢机等生产阻力一般可以认为是常数。

4.1.2 机构力分析的任务和目的

机构力分析的任务和目的主要包括以下两方面：

1）确定运动副中的反力，运动副中的反力是运动副两元素接触处所产生的正压力和摩擦力的合力。其对于整个机构而言是内力，对于单个构件来说则是外力。运动副中反力的大小和性质，对于计算构件的强度及刚度、运动副中的摩擦及磨损、确定机械的效率以及研究机械的动力性能等，都是极为重要的资料。

2）确定机械上的平衡力或平衡力矩，所谓平衡力是指与作用在机械上的已知外力以及当该机械按给定规律运动时与其各构件的惯性力相平衡的未知外力。当已知生产阻力时，求出的平衡力一般为原动力，据此可确定所需原动机的功率；当已知原动力时，求出的平衡力一般为生产阻力，据此可确定机械所能克服的生产负荷。机械平衡力的确定，对于设计新的机械、合理地使用现有机械以及充分挖掘机械的生产潜力都是十分必要的。

4.1.3 机构力分析的方法

在对机械进行力分析时，对于低速机械，由于惯性力的影响不大，故常忽略不计。在不计惯性力的条件下，对机械进行的力分析称为机械的静力分析。

但对于高速机械及重型机械，由于某些构件的惯性力通常较大，有时甚至比机械所受的外力还大得多。所以，在进行力分析时就必须考虑惯性力的影响，将惯性力视为一般外力加于产生该惯性力的构件上，就可将该构件视为处于静力平衡状态，而仍可采用静力学方法对其进行受力分析。这样的力分析称为机构的动态静力分析。

在设计新机械进行其机构的动态静力分析时，当然需要求出各构件的惯性力。惯性力的大小取决于构件的质量、转动惯量和角加速度及质心点的加速度。因此，在进行机构动态静力分析之前，应先考虑设计要求和经验，必要时还可先进行机构静力分析，进行各构件的初步结构设计，初步定出它们的质量和转动惯量等参数，而据此进行机构动态静力分析。然后根据力分析结果，进行机构各构件的强度验算，再按照所得的应力修正各构件的结构尺寸。此后重新进行力的计算和强度验算。重复上述过程，直至合理地定出各构件的结构尺寸。

此外，为了简化计算，在进行机构力分析时，一般假定其原动件作等速运动。

机构力分析中，无论是静力分析，还是动态静力分析，无论是考虑摩擦，还是不考虑摩擦，主要有两种方法：图解法和解析法。

图解法是用作图的方法来求解未知力，它形象、直观、概念清楚；但求解精度相对较低，不便于进行机构在一个运动循环中的力分析。

解析法是用某种方法将已知和未知建立起数学模型，然后通过计算机对其数学模型进行求解。其优点是求解精度高，并且便于进行机构在一个运动循环中的力分析，便于绘制一个周期的运动线图；缺点是建模和求解都较难，直观性也差。

4.2 机械中的摩擦与效率

4.2.1 机构中的摩擦

在构成运动副的两个构件中，摩擦以摩擦力的形式阻碍两构件的相对运动，摩擦力是运动副反力的一个组成部分。

1. 移动副中的摩擦力和总反力

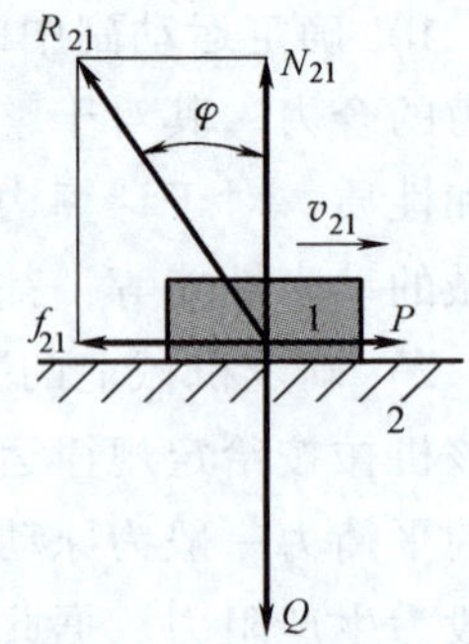

图 4.3 移动副中的受力

如图 4.3 所示的移动副，当载荷为 Q 的滑块 1 在水平方向驱动力 P 作用下相对构件 2 以匀速 v_{12} 水平移动时，根据库仑定理，构件 2 作用在滑块 1 上的法向反力 N_{21} 与摩擦力有以下关系

$$f_{21}=N_{21}\cdot\mu=Q\cdot\mu$$

式中，μ 为摩擦系数，当运动副元素是平面时，不同材料组合测得的摩擦系数见表 4.1。

由于$\dfrac{f_{21}}{N_{21}}=\mu$ 为常数，在进行摩擦的受力分析时，为了简化分析过程，通常不单独分析 N_{21} 和 f_{21}，而研究它们的合力 R_{21}，$R_{21}=f_{21}+N_{21}$，R_{21} 称为构件 2 对构件 1 的总反力。

表 4.1 两运动副元素是平面时，不同材料组合的摩擦系数表

材料副名称	摩擦系数			
	静摩擦		动摩擦	
	无润滑剂	有润滑剂	无润滑剂	有润滑剂
钢-钢	0.15	0.10~0.12	0.10	0.05~0.10
钢-铸铁	0.2~0.3		0.16~0.18	0.05~0.15
钢-青铜		0.10~0.15	0.15~0.18	0.07
铸铁-铸铁		0.15~0.16	0.15	0.07~0.12
铸铁-青铜	0.28	0.16	0.15~0.21	0.07~0.15
青铜-青铜			0.15~0.20	0.04~0.10
皮革-铸铁或钢			0.30~0.50	0.12~0.15
橡皮-铸铁			0.8	0.5

从图 4.3 中可以看到 R_{21} 与 N_{21} 之间的夹角为

$$\varphi=\arctan\frac{f_{21}}{N_{21}}=\arctan\mu \tag{4.1}$$

式中，φ 称为摩擦角。材料一定时，摩擦系数和摩擦角为一定值，移动副的总反力 R_{21} 总是与法线方向成一摩擦角，从而能十分方便地在受力分析时确定总反力的方向。

因为 R_{21} 与 v_{12} 之间夹 $90°+\varphi$ 角，故 R_{21} 是作用于运动构件 1 的阻力。

一般情况下驱动力 P 并不总是与移动方向相同，如图 4.4a 所示。为分析方便且不失一般性，暂不考虑滑块的自重。

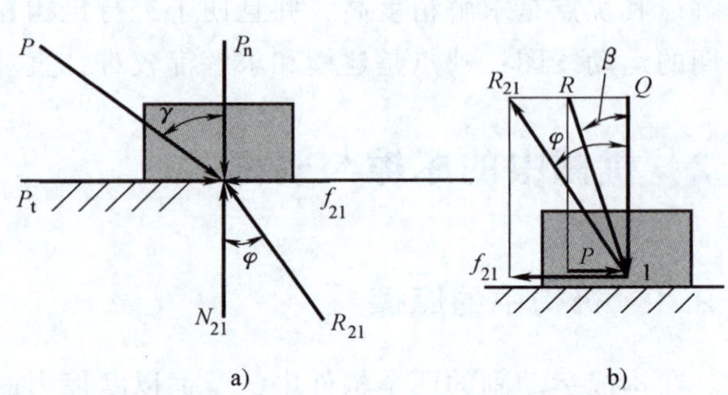

图 4.4 驱动力作用线方位影响

将力 P 分解为法向压力 $p_n=P\cos\gamma$ 以及水平分力 $P_t=P\sin\gamma$，在法向压力 P_n 作用下，必有一个与之大小相等方向相反的法向反力 N_{21}。当滑块在 P_t 作用下以 v_{21} 移动时，产生摩擦阻力 f_{21}，有

$$f_{21}=\mu\cdot N_{21}=\mu\cdot P_n=\mu\cdot P\cos\gamma=P\cos\gamma\cdot\tan\varphi=P\frac{\cos\gamma}{\cos\varphi}\sin\varphi$$

下面分析驱动力 P 作用线的方位角 γ 的影响。

1）当 $\gamma=\varphi$ 时，有 $f_{21}=P\sin\varphi=P_t$，$v_{21}=0$ 或为常数，滑块作等速运动。

2）当 $\gamma>\varphi$ 时，由于 $\frac{\cos\gamma}{\cos\varphi}<1$，则 $f_{21}=P\frac{\cos\gamma}{\cos\varphi}\sin\varphi<P\sin\gamma=P_t$，滑块处于非平衡状态，作加速运动。

3）当 $\gamma<\varphi$ 时，由于 $\frac{\cos\gamma}{\cos\varphi}>1$，则 $f_{21}=P\frac{\cos\gamma}{\cos\varphi}\sin\varphi>P\sin\gamma=P_t$。这时不论力 P 如何增大，有效驱动力 P_t 总小于由 P_n 所引起的摩擦力 f_{21}。如果滑块运动则作减速运动；如果滑块静止则将不动，并且不论驱动力多大都不能驱动滑块运动。这种现象称为自锁。

上述分析没有考虑法向载荷 Q。当计入法向载荷 Q 时，P_t 不变但摩擦力 f_{21} 增大，当 $\gamma<\varphi$ 时肯定也会出现自锁。因此，可以得出一个重要的结论，即在移动副中，当驱动力 P 的作用线与法线的夹角 γ 小于摩擦角 φ 时将产生自锁。

值得注意的是，如图 4.4b 所示，驱动力 P 为水平方向，当 P 小于摩擦力 f_{21} 时，滑块静止不动，这时如果将 $P+Q$ 合成为合外力 R，则 R 与法线的夹角 β 也小于摩擦角，但这不能称为自锁，因为当 P 增大到大于摩擦力 f_{21} 时，滑块就可以运动起来。因此，对移动副而言，自锁只能出现在驱动力 P 的方向与相对运动方向不平行的情况。

摩擦力除了与法向力和两运动副元素的材料有关外，也与两运动副元素的几何形状有关。在实际工程应用中，为了保证滑块沿确定的方向运动并易于安装定位，常将滑块与导轨的接触面做成 V 形槽接触，如图 4.5a 所示，称为 V 形导轨，该移动副称为槽面副。

设 V 形槽面副的槽形角为 2θ，法向反力 $N_{21}=\frac{Q}{\sin\theta}$，显然大于 Q，V 形槽面副上的摩擦力

$$f_{21}=N_{21}\cdot\mu=\frac{\mu}{\sin\theta}\cdot Q$$

为了便于采用统一的形式计算运动副中的摩擦力，令

$$\mu_0=\frac{\mu}{\sin\theta}\tag{4.2}$$

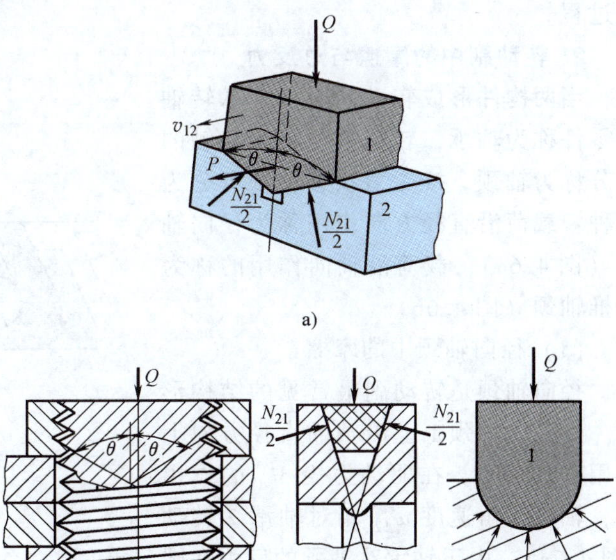

图 4.5 槽面的受力分析

a）槽面结构 b）槽面的受力分析

c）槽面摩擦的应用 d）圆弧面接触的受力

则

$$f_{21}=\mu_0 \cdot Q \tag{4.3}$$

式中，μ_0 为当量摩擦系数。

从上式可以看出：因为 $\sin\theta<1$，所以 $\mu_0>\mu$，即槽面接触摩擦力较两构件间的平面接触摩擦力大。因此，为了增大连接螺纹与螺母间的摩擦，使螺母不易松脱，连接螺纹的牙形常做成三角形。为了增加带轮与带之间的摩擦，增大传动的转矩，带断面也常做成三角形，使之与带轮上三角形的槽面相接触（图 4.5c）。

引入当量摩擦系数后无论两运动副元素的几何形状如何，均可以用统一计算公式来计算摩擦力、摩擦角和总反力，这时只需根据运动副元素的几何形状，采用相应的当量摩擦系数即可，从而为运动副元素是复杂曲面的摩擦力的计算提供了方便。如图 4.5d 所示的两构件沿一圆弧面接触，在载荷 Q 的作用下，构件 1 所受的反力沿整个接触面的法向分布，其法向分力的铅垂方向分量之和才与 Q 相等，显然计算这些法向分力和由这些力产生的摩擦力是比较复杂的。采用当量摩擦系数 μ_0 计算由 Q 引起的摩擦力 f_{21} 就比较简单，即

$$f_{21}=\mu_0 Q$$

式中，$\mu_0=k\mu$，μ 为两运动副元素是平面时的摩擦系数，其值可从表 4.1 中查出，k 可以通过实验测得，其值范围在 1~1.57 之间。

需要指出，根据两构件接触面的形状采用不同的当量摩擦系数来计算两构件相对运动时产生的摩擦力，这并不是因为两构件的摩擦系数发生了变化，而是运动副元素的几何形面使法向反力的计算发生了变化。采用根据理论和实验分析得到的当量摩擦系数，可以不必计算这些复杂的法向反力就可以求出作用在运动副中的摩擦力，从而大大简化了摩擦力的分析计算过程。

2. 转动副中的摩擦与总反力

当两构件形成转动副时，支承转轴的零件称为轴承，转轴上与轴承接触的部分称为轴颈。按受力状态轴颈可分为两种：载荷沿直径方向作用称为径向轴颈（图 4.6a）；载荷沿轴向作用的称为止推轴颈（图 4.6b）。

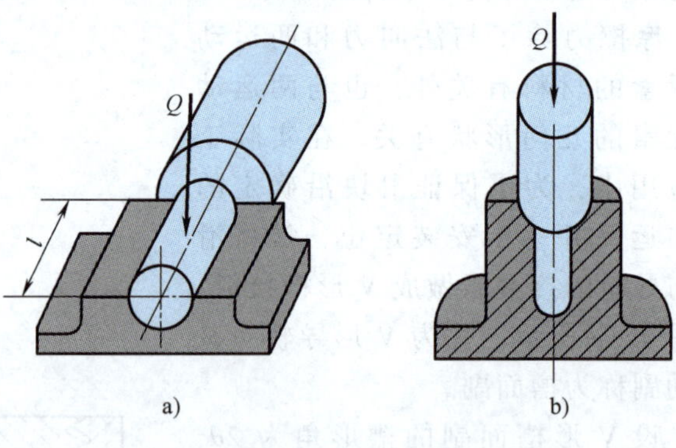

图 4.6 转动副在工程中的应用

a）径向轴颈 b）止推轴颈

（1）径向轴颈中的摩擦

径向轴颈是转动副最常见的结构形式。设径向轴颈 1 上沿轴的直径方向上作用有载荷 Q，在驱动力矩 M_d 的作用下，轴以等角速度 ω_{12} 相对轴承 2 转动（图 4.7a）。由于轴承对轴颈的反力在圆柱面上分布复杂，与两构件的材料、轴孔间隙大小、磨合状态等诸多因素有关，工程中为简化计算常将其简化为集中力，如图 4.7 所示。

与槽面副类似，将轴承和轴颈的摩擦力 f_{21} 表示为

$$f_{21}=\mu_0 Q$$

根据实验及理论分析，对于配合紧密，未经跑合的轴颈，$\mu_0=1.57\mu$；对于配合轻松，跑合

过的轴颈，$\mu_0=1.27\mu$，其中 μ 为运动副元素是平面时的摩擦系数。

在 Q 作用下，作用在轴颈上的法向总反力 N_{21} 必通过轴心 O，摩擦力 f_{21} 形成阻止轴颈转动的摩擦力矩 M_f

$$M_f=f_{21}r=Q\mu_0 r \tag{4.4}$$

式中，r 为轴颈的半径。

为了研究方便，常将轴颈上的法向反力 N_{21} 和摩擦力 f_{21} 合成为总反力 R_{21}。

当轴颈以匀角速度 ω_{12} 相对轴承匀速转动时，由力的平衡条件可知，轴颈上的总反力 R_{21} 与载荷 Q，摩擦力矩 M_f 与驱动力矩 M_d，必然分别大小相等、方向相反，有

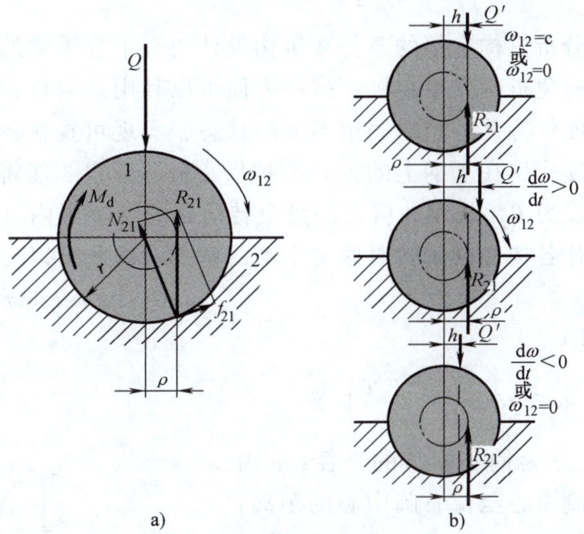

图 4.7　径向轴颈的受力分析

a）匀速转动的径向轴颈

b）径向载荷改变对轴运动的影响

$$R_{21}=Q$$

$$M_d=M_f$$

即 R_{12} 与 Q 的作用线平行，但因 $R_{21}=N_{21}+f_{21}$，R_{21} 的作用线必不可能通过轴心，它既要从力的平衡角度与 Q 大小相等、方向相反，还必须与轴心偏离形成一个阻力矩（相当于摩擦力矩）与驱动力矩 M_d 平衡。为了求得总反力 R_{21}（包括法向反力 N_{21}）的作用点，设总反力 R_{21} 与轴心的偏距为 ρ，则 R_{21} 对轴心的转矩必然与驱动力矩平衡，则

$$R_{21}\cdot\rho=M_f=Q\mu_0 r$$

所以有

$$\rho=\mu_0 r \tag{4.5}$$

因为 μ_0、r 为常数，故 ρ 是一定值。ρ 确定了总反力 R_{21} 与轴的回转中心的距离。当轴上载荷的方向改变时，R_{21} 的方向也将发生改变，但 R_{21} 与轴的回转中心距离 ρ 不会改变。因此，可以根据 R_{21} 始终与半径为 ρ 的圆相切，并使 R_{21} 对轴心的矩与 ω_{12} 方向相反来确定 R_{21} 的方向与力的作用位置。半径为 ρ 的圆称为摩擦圆，ρ 称为摩擦圆半径。

引入摩擦圆的概念是为了便于用图解法进行受力分析时确定总反力的方位，并有利于对轴在力作用下的相对运动状态进行分析。如图 4.7b 所示，设驱动力 Q'与轴心的距离为 h，Q'对轴心之矩为驱动力矩 M_d。由于无论 Q'及 h 的大小如何变化，由 Q'引起的约束反力 R_{21} 大小总是与之相等并切于半径为 ρ 的摩擦圆上。因此，当 $h=\rho$ 时，即 Q'与 R_{21} 共线，轴 1 若原来以匀角速度 ω_{12} 转动，现仍将以 ω_{12} 继续转动；若轴 1 原来不动，现仍将不动。当 $h>\rho$ 时，Q'作用在摩擦圆以外，轴 1 将加速转动；当 $h<\rho$ 时，Q'作用于摩擦圆以内，若轴原来以 ω_{12} 转动，轴将减速转动，直至转动停止，若轴原来不动，由于这时 Q'对转轴形成的驱动力矩总是小于总反力 R_{21} 形成的阻力矩，无论 Q'多大，轴均不能转动。

根据上面的分析知：当机构中出现驱动力作用在摩擦角内的移动副，或驱动力作用在摩擦圆内的转动副时，无论作用在机构上的驱动力怎样增大，连接上述运动副的两构件都不能产生相对运动，机构也不能运动。这种机构与驱动力大小无关不能运动的现象称为机构

自锁。

分析机构自锁的条件在机构设计中有十分重要的意义，一方面通过分析自锁发生的原因可以避免机构发生自锁；另一方面可以利用机构自锁，使机构在有较大载荷作用的条件下各构件能保持某种相对固定不动的状态，实现可控制的暂时稳定。如图 4.8 所示的偏心夹具，为了使作用在手柄上的力 P 卸掉后，偏心圆盘 3 能将工件 2 继续夹紧，应使工件对偏心圆盘的总反力 R_{23} 作用在偏心圆盘上转动副的摩擦圆内（图 4.8 中转轴中的虚线圆），使机构自锁，让各构件处于暂时固定不动的状态。由此可以导出该夹具设计的几何条件为

$$e\sin(\alpha-\varphi)-r\sin\varphi\leqslant\rho$$

即

$$\alpha\leqslant\arcsin\left(\frac{r\sin\varphi+\rho}{e}\right)+\varphi$$

式中，r 为偏心圆盘的半径；e 为转动副中心至偏心圆中心的距离；摩擦圆半径 $\rho=\mu_0 r$，μ_0 为转动轴颈的当量摩擦系数；φ 为偏心圆盘与工件间的摩擦角。

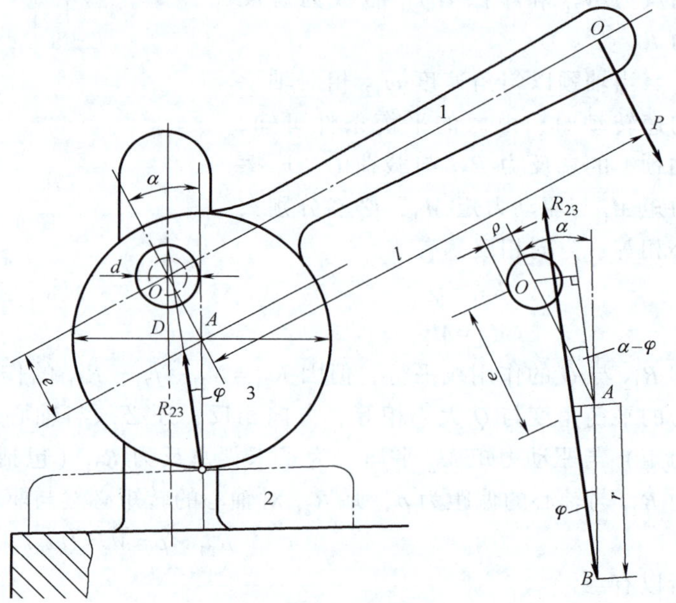

图 4.8　偏心夹具

对于既有滚动又有滑动的高副，由于滚动摩擦远远小于滑动摩擦，可以近似用滑动摩擦系数来计算高副处的摩擦角。

（2）止推轴颈中的摩擦

止推轴颈是以轴端面与轴承平面相接触的。实验表明：在轴向载荷 Q 的作用下轴端面上的压强分布是不均匀的，外圆周相对较小，内圆中心较大，容易磨损，一般将止推轴颈做成中空形状，如图 4.9a 所示。

对于未跑合过的轴颈，其轴端面压强近似相等，按此条件计算轴端面上单位圆环面积上的正压力（图 4.9b）

$$dN=p\cdot 2\pi\rho d\rho$$

式中，p 为单位面积上的压强；ρ 为单位圆环的内径。设轴端中空小圆半径为 r，轴的半径为 R，作用在轴端面上的摩擦力矩 M_f 可以由下式算出

$$M_f=\int_r^R\rho\cdot\mu dN$$

即

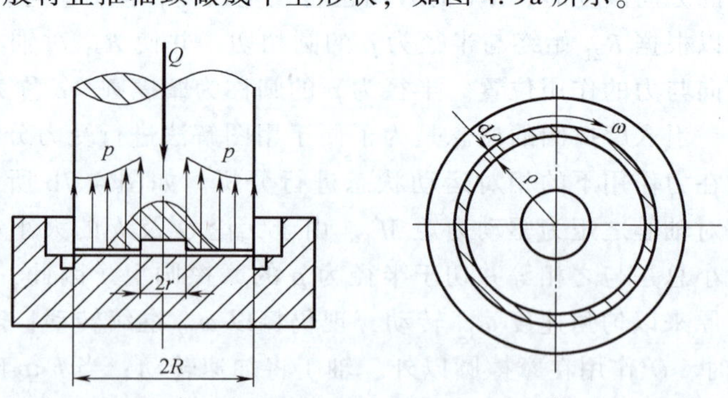

图 4.9　止推轴颈的受力分析

a）结构及载荷分布

b）止推轴颈端面的正压力求解

$$M_f=\int_r^R p\cdot\mu 2\pi\rho^2\mathrm{d}\rho=p\cdot\frac{2}{3}\pi\mu(R^3-r^3) \tag{4.6}$$

而整个环面上的正压力为

$$N=\int_r^R p\mathrm{d}s=\pi p(R^2-r^2)=Q$$

故

$$p=\frac{Q}{\pi(R^2-r^2)}$$

将 p 代入式（4.6）中得

$$M_f=\frac{2}{3}Q\cdot\mu\frac{(R^3-r^3)}{(R^2-r^2)} \tag{4.7}$$

对于跑合轴颈，由于外圆周相对速度大、磨损快，经一段时间磨损后外圆周接触较中部松。实验表明：当压强与回转半径之积为常数时，止推轴颈接触状态保持相对稳定，即对于跑合止推轴颈可按 $p\cdot\rho=$常数，来推导作用在轴端面上的摩擦力矩，根据这一结论按上述类似的方法推导可得

$$M_f=\frac{1}{2}Q\mu(R+r) \tag{4.8}$$

3. 考虑摩擦的机构静力分析

与前面力分析不同的是考虑摩擦时转动副中的反力不是通过回转中心，而是切于摩擦圆，移动副中的反力不是与移动方向垂直而是与接触面的法向偏移一个摩擦角。对于受力比较简单的平面连杆机构，掌握了转动副、移动副中总反力的确定方法，就不难对平面连杆机构作考虑摩擦时的静力分析。下面举例说明其分析过程。

例 4.1　在如图 4.10a 所示的曲柄滑块机构中，已知各构件尺寸，各转动副的半径和当

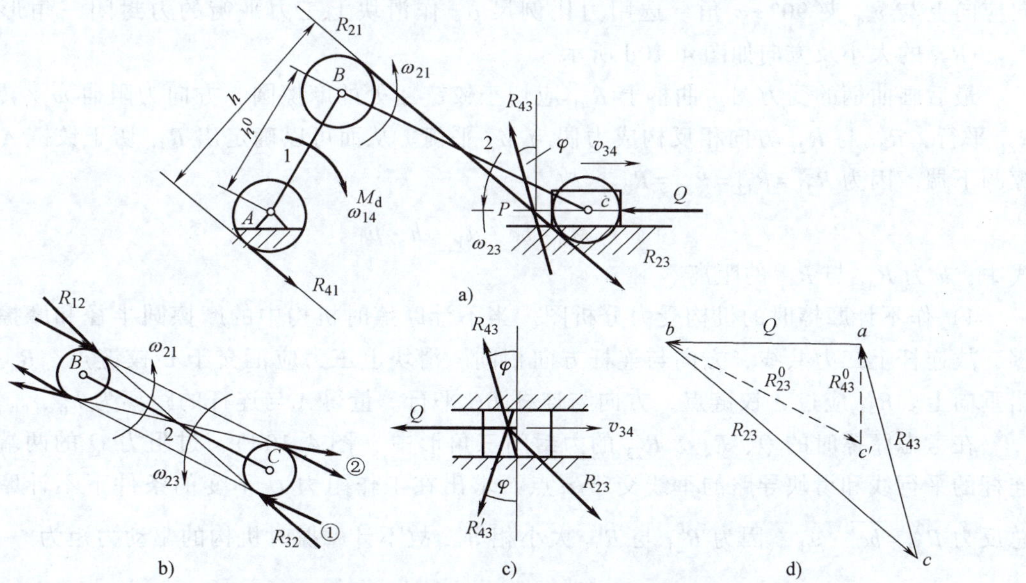

图 4.10　考虑摩擦的曲柄滑块机构的受力分析

a）机构运动简图及受力分析　b）连杆上约束反力方向的分析

c）机架作用于滑块的约束反力方向的分析　d）力封闭多边形计算

量摩擦系数以及滑块与导路间的摩擦系数。设不计各构件的自重和惯性力，求在图示位置当滑块上作用有生产阻力 Q 时，原动件上的驱动力矩 M_d。

解 1）在图纸上选择适当的长度比例尺 μ_l，准确地画出机构在该位置时的机构运动简图。画出生产阻力 Q 的作用点及方向，算出各转动副的摩擦圆半径，并在机构图上画出这些摩擦圆。

2）为确定运动副中反力的方向及切点，用虚位移法确定在 M_d 驱动下各构件间的相对运动方向。

从图 4.10 中容易看出：在 M_d 的驱动下，$\angle ABC$ 变大，故 ω_{21} 方向逆时针转动（ω_{21} 和 ω_{12} 中只需确定一个即可）；而 $\angle BCA$ 变小，故 ω_{23} 逆时针转动，滑块向右移，故 v_{34} 水平向右。

3）作考虑运动副中的摩擦时各构件上的约束反力及力的作用线。曲柄上作用有 R_{21}、R_{41}、M_d，为有力偶矩作用的二力构件，故 R_{21} 和 R_{41} 平行、方向相反形成力偶与 M_d 大小相等、方向相反。连杆上仅作用有 R_{12}、R_{32}，故二力共线，因连杆受压，R_{12}、R_{32} 力矢量的箭头方向相对。滑块上作用有 R_{23}、R_{43}、Q，因无力偶矩作用三力应汇交于一点。

为了确定作用在滑块上 R_{23} 的方位及三力的汇交点，图解过程从二力构件开始。根据 R_{ij} 切于摩擦圆，且阻碍 ω_{ji} 转动的特点，得出连杆上 R_{12} 与 R_{32} 应分别切于铰链 B、C 处的摩擦圆且共线，R_{12} 阻碍构件 2 沿 ω_{21} 转动，R_{32} 阻碍构件 3 沿 ω_{23} 转动，根据连杆受压可以确定：作用于连杆上的总反力 R_{12}、R_{32} 的作用线如图 4.10b 中的①线所示。在机构运动简图上画出 R_{12} 和 R_{32}。

再分析滑块受力。因 R_{23} 和 R_{32} 是一对大小相等、方向相反的约束力和约束反力，故 R_{23} 的方向与力的作用线已知，作出 R_{23} 作用线与 Q 作用线的交点 P，R_{43} 也应汇交于点 P，因 R_{43} 与 v_{34} 夹 $90°+\varphi$ 角有两种可能方向，如图 4.10c 所示，通过作力封闭多边形知，R_{43} 方向应向上与 v_{34} 夹 $90°+\varphi$ 角。选用力比例尺 μ_F 作滑块上三力平衡的力封闭三角形可确定 R_{43}、R_{23} 的大小及方向如图 4.10d 所示。

最后画曲柄的受力图。曲柄上 R_{41} 应切于铰链 A 处的摩擦圆，方向为阻碍 ω_{14} 转动并与 R_{21} 平行，R_{41} 与 R_{21} 方向相反构成力偶与 M_d 平衡。从而可以确定出 R_{41} 切于铰链 A 处的摩擦圆下端。因为 $R_{21}=R_{12}=R_{32}=R_{23}$，故

$$M_d=\overline{bc}\cdot\mu_F\cdot h\cdot\mu_l$$

式中，h 为 R_{41} 与 R_{21} 的距离。

4）作不计摩擦时的机构受力分析图。当不计摩擦时机构中的摩擦圆半径和摩擦角均为零，故连杆上二力共线，方向与连杆方向相同。滑块上三力应汇交于 C 铰链点，R_{43} 过点 C 铅垂向上。R_{41} 应过 A 铰链点，方向与连杆 BC 平行。量得 A 与连杆的距离为 h_0。

在考虑摩擦时的 Q、R_{43}、R_{23} 的力封闭三角形中（图 4.10d），过阻力 Q 的两端分别作连杆的平行线和滑块导路的垂线交于 c' 点，求出在工作阻力 Q 不变的条件下不计摩擦时的总反力 $R_{23}^0=\overline{bc'}\cdot\mu_F$，因为 R_{21}^0 与 R_{23}^0 大小相等，故不计摩擦时机构的驱动力矩为

$$M_d^0=\overline{bc'}\cdot\mu_F\cdot h^0\cdot\mu_l$$

由图 4.10d 中的虚线可见，在同样的生产阻力 Q 作用下，考虑摩擦时的运动副反力及驱动力矩都比不考虑摩擦时大。

4.2.2　机械的效率

1. 机械效率与自锁的概念

由于运动副中摩擦的存在，机构在运动中总有一部分能量要用于克服摩擦而损失掉，从而使输入功的有效利用程度降低。工程中把克服工作阻力所做的有益功与输入功的比值称为机械效率。这是衡量机械对输入功的有效利用程度的一个重要性能指标。

对于稳定运转的机械，其运转速度一般呈周期性变化。机械的一个运动周期称为机械的一个运动循环。质量不变的机械系统在一个稳定运转的运动循环的开始与结束时，由于速度没有改变，机械的动能没有改变，因此，机械的输入功 A_d 应等于克服工作阻力做的有益功 A_r 与克服有害阻力做的有害功 A_f 之和，即

$$A_d = A_r + A_f$$

设以 η 表示机械效率，根据机械效率的定义，有

$$\eta = \frac{A_r}{A_d} = 1 - \frac{A_f}{A_d}$$

式中，A_f/A_d 称为损耗率。

对于可近似认为作匀速运动的机械，由于没有动能的增减，其机械效率也可以用瞬时功率的比值来表示。在如图 4.11 所示的机械系统中，当该机械系统因驱动重力 P 以匀速 v_P 做下降运动时，克服摩擦阻力并使工作阻力为 Q 的重物以匀速 v_Q 速度上升，故该机械的效率可表示为

$$\eta = \frac{N_r}{N_d} = \frac{Qv_Q}{Pv_P} < 1 \tag{4.9}$$

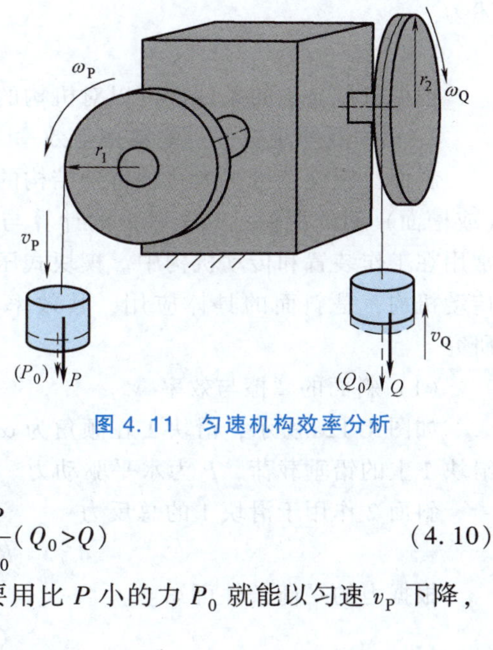

图 4.11　匀速机构效率分析

如果该机械为没有摩擦的理想机械，即 $\eta = 100\% = 1$，这时驱动重力为 P 的重物在以匀速 v_P 下降时，由于不必消耗能量去克服摩擦，必然会提起比 Q 更重的重物 Q_0 以匀速 v_Q 上升，即

$$\eta = \frac{Q_0 v_Q}{Pv_P} = 1 \text{ 或 } \frac{v_Q}{v_P} = \frac{P}{Q_0} (Q_0 > Q) \tag{4.10}$$

或者说，阻力为 Q 的重物以匀速 v_Q 上升时，只需要用比 P 小的力 P_0 就能以匀速 v_P 下降，即

$$\eta = \frac{Qv_Q}{P_0 v_P} = 1 \text{ 或 } \frac{v_Q}{v_P} = \frac{P_0}{Q} (P_0 < P) \tag{4.11}$$

将式（4.10）或式（4.11）代入式（4.9）中，得

$$\eta = \frac{P_0}{P} = \frac{Q}{Q_0} < 1 \tag{4.12}$$

式（4.12）表明：机械效率等于在工作阻力 Q 不变的条件下，同一机械不计摩擦时的驱动力 P_0 与考虑摩擦时的驱动力 P 的比值；或者说，在驱动力 P 不变的条件下，同一机械考虑摩擦时能克服的生产阻力 Q 与不计摩擦时能克服的生产阻力 Q_0 的比值。从而使近似匀速运

动机械的效率计算更为简单易行。可将式（4.12）改写为

$$\eta=\frac{Qv_Q}{Pv_P}=\frac{Q\cdot r_2\omega_Q}{P\cdot r_1\omega_P}=\frac{M_r\cdot\omega_Q}{M_d\cdot\omega_P}<1$$

式中，r_1 为驱动力矩轴心的半径；r_2 为阻力矩轴心的半径；M_r 为工作阻力矩；M_d 为驱动力矩。和上述推导过程一样，可得

$$\eta=\frac{M_d^0}{M_d}=\frac{M_r}{M_r^0}$$

式中，M_d^0 为克服相同生产阻力矩 M_r，不计摩擦时所需的驱动力矩；M_r^0 为在驱动力矩 M_d 不变的条件下，不计摩擦时所能克服的生产阻力矩。

机械在正常工作时，$0<\eta<1$。但如果 $A_d=A_f$，$\eta=0$，则 A_r 必为零，说明机械不能输出功。这时的机械如果原来在运动，现在仍将维持原状态继续运动但不能对外做功，机械的这种运动状态称为空转；如果机械原来是静止的，因没有多余的功可以转变为机械的动能，机械肯定无法动起来。如果 $A_d<A_f$，$\eta<0$，这时机械的驱动功尚不足克服有害阻力所需的功，所以不论机械原来的运动情况如何，最终必将减速直至运动停止；而原来是静止不动的机械，肯定不能再运动起来。机械出现上述状态称为机械自锁。故机械发生自锁的条件可以表述为

$$\eta\leqslant 0 \tag{4.13}$$

根据机械自锁的条件也可以对机构的几何参数进行设计。

2. 斜面及螺旋机构中的摩擦与效率

斜面及螺旋也可视为一种特殊结构的运动副，但就其接触和相对运动性能而言都是平面（或槽面）间的滑动，其摩擦力的计算与移动副并无本质的差别，而且由于其特殊的结构，常用在工作装置和传动机构中。楔块式压榨机以及螺旋机构均是以斜面为基础的工作装置和传动机构，是斜面的具体应用，其效率与自锁是其机械设计与分析的一个问题，应加以研究。

（1）斜面的摩擦与效率

如图 4.12a 所示，滑块 1 在倾角为 α 的斜面 2 上以速度 v_{12} 等速向上运动，Q 为作用在滑块 1 上的铅垂载荷，P 为水平驱动力。

斜面 2 作用于滑块 1 的总反力

$$R_{21}=N_{21}+F_{21}$$

根据力的平衡条件可知

$$Q+R_{21}+P=0$$

由于此式中只有 P 的大小和 R_{21} 大小未知，故可画出力三角形，如图 4.12a 所示。由此可得水平驱动力 P 的大小为

$$P=Q\tan(\alpha+\varphi) \tag{4.14}$$

令式（4.14）中 $\varphi=0$，得无摩擦的理想机械驱动力 P_0 与生产阻力 Q 的关系式为

$$P_0=Q\tan\alpha$$

故上升行程的效率为

$$\eta=\frac{P_0}{P}=\frac{\tan\alpha}{\tan(\alpha+\varphi)} \tag{4.15}$$

图 4.12b 所示为滑块 1 等速下滑运动的状态，这时 Q 为驱动力，P'为维持滑块等速下滑的阻力。

根据力的平衡条件可知

$$Q+R_{21}+P'=0$$

作出其力三角形，如图 4.12b 所示，由此可得

$$P'=Q\tan(\alpha-\varphi) \tag{4.16}$$

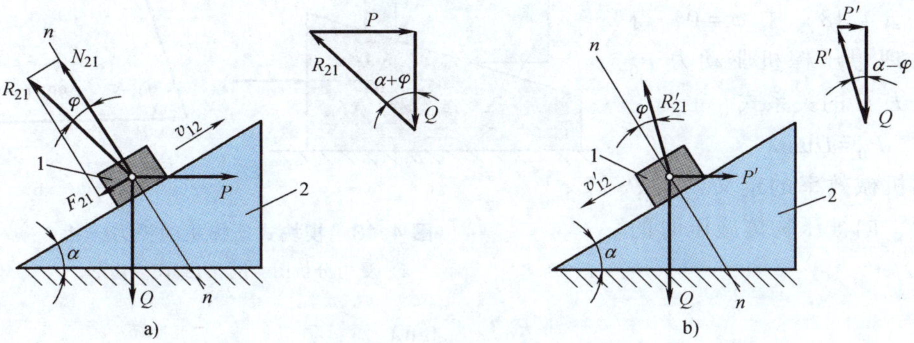

图 4.12　斜面受力分析

a) 滑块等速上升　b) 滑块等速下降

下滑行程的效率为

$$\eta'=\frac{P}{P'_0}=\frac{\tan(\alpha-\varphi)}{\tan\alpha} \tag{4.17}$$

由上式可知，若 $\alpha\leqslant\varphi$，则 $\eta'\leqslant 0$，在垂直力作用下，斜面机构将出现自锁。即无论 Q 多大，滑块都不会下滑。必须注意的是，当 $\alpha\leqslant\varphi$ 时，下滑行程自锁但上升行程并不会自锁。

以上分析说明，斜面机构具有两个主要特征：

1）当斜角 $\alpha\leqslant\varphi$ 时，斜面机构在垂直力的作用下将会单向（下滑行程）自锁，而上升行程不自锁。

2）上升行程，$Q=P/\tan(\alpha+\varphi)$，若 α 很小则用较小的力 P 可克服较大的载荷 Q，具有明显的力增益。

上述特征在螺旋传动、螺纹连接、楔块式压榨机等机械装置中得到了充分应用。

例 4.2　如图 4.13a 所示的楔块式压榨机，水平运动楔块的楔紧角（楔块斜面与楔块运动方向所夹的锐角）较小，为 λ；竖直运动楔块的楔紧角较大，为 $90°-\lambda$；楔块各摩擦面的摩擦系数均为 μ。求：当不继续向水平运动楔块施加压力，而被压物体不致松开时，楔块的楔紧角 λ 应为多少？

解　设压榨机向被压榨物体加压时，水平驱动力为 P，这时被压物体所受载荷为 Q。楔块 2、3 之间为一斜平面移动副角度，将斜面上的受力简化，用集中于接触面中央的集中力代替，其总反力与斜面的法线夹一摩擦角。根据机构各构件间的几何关系及相对运动方向画出楔块 2、3 的受力分析图和力封闭多边形如图 4.13b 所示，从力封闭多边形可得

$$P=\frac{R_{32}\sin(\lambda+2\varphi)}{\cos\varphi}$$

$$Q=\frac{R_{23}\cos(\lambda+2\varphi)}{\cos\varphi}$$

式中，$\varphi=\arctan\mu$。因为 $|R_{23}|=|R_{32}|$，故

$$P=Q\tan(\lambda+2\varphi) \quad (4.18)$$

令式（4.18）中 $\varphi=0$，得无摩擦的理想压榨机驱动力 P_0 与生产阻力 Q 的关系式

$$P_0=Q\tan\lambda$$

根据机械效率的定义，当 P 为驱动力，向被压物体施压时的效率为

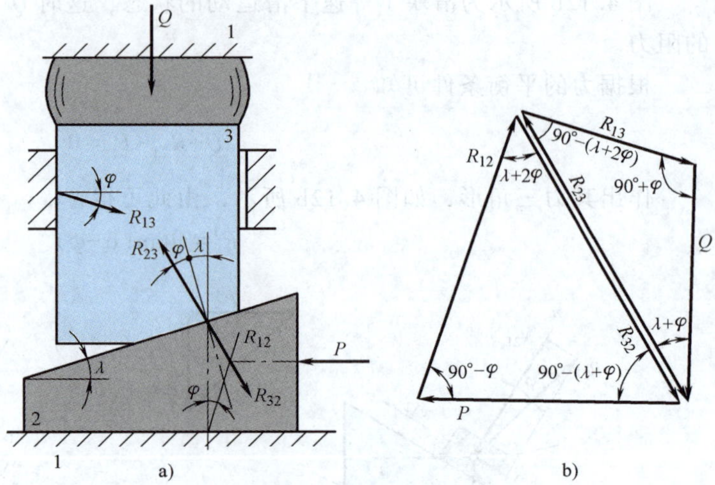

图 4.13 楔块式压榨机的受力分析

a）受力分析图 b）力封闭多边形

$$\eta=\frac{P_0}{P}=\frac{\tan\lambda}{\tan(\lambda+2\varphi)} \tag{4.19}$$

为了避免机械这时发生自锁，应使 $\eta>0$，故 $\tan(\lambda+2\varphi)>0$，即 $\lambda+2\varphi<90°$，于是得机构的楔紧角 λ 为

$$\lambda<90°-2\varphi \tag{4.20}$$

当停止施压时，被压物体的重力和弹性恢复力 Q 成为机构运动的驱动力，这时机构中各构件的运动方向与压榨时相反，将式（4.18）中的摩擦角 φ 用 $-\varphi$ 代替，得

$$P=Q\tan(\lambda-2\varphi)$$

上式为在驱动力 Q 作用下机构匀速运动时应在楔块 1 上施加的阻力 P 与 Q 的关系式。在不计摩擦的理想压榨机中，令 $\varphi=0$，得理想机械的生产阻力 P_0 与 Q 的关系式

$$P_0=Q\tan\lambda$$

根据机械效率的定义，得在 P 为阻力时的机械效率为

$$\eta'=\frac{P}{P_0}=\frac{\tan(\lambda-2\varphi)}{\tan\lambda} \tag{4.21}$$

这时若要保证被压物不被松开，应使机构自锁，令 $\eta'\leqslant 0$ 得

$$\lambda-2\varphi\leqslant 0 \text{ 即 } \lambda\leqslant 2\varphi \tag{4.22}$$

比较式（4.21）和式（4.22）可知：因 2φ 远远小于 90°，在 $\lambda\leqslant 2\varphi$ 的条件下，压榨机既能向被压物体加压，又能在加压停止后保证被压物不被松开。当 $2\varphi<\lambda<90°-2\varphi$ 时，机构将不会自锁，可在力的作用下沿正、反两个方向运动，但效率不一定相等。

将式（4.19）除以式（4.21），得

$$\frac{\eta}{\eta'}=\frac{\tan^2\lambda}{\tan(\lambda+2\varphi)\tan(\lambda-2\varphi)}=\frac{\tan^2\lambda}{\dfrac{\tan^2\lambda-\tan^2 2\varphi}{1-\tan^2\lambda\tan^2 2\varphi}}=\frac{\tan^2\lambda-\tan^4\lambda\tan^2 2\varphi}{\tan^2\lambda-\tan^2 2\varphi}$$

当 $\lambda=45°$时，$\eta=\eta'$；当 $2\varphi<\lambda<45°$时，因为 $\tan^4\lambda<1$，所以$\frac{\eta}{\eta'}>1$，即 $\eta>\eta'$，说明当驱动力作用于楔紧角较小的楔块使机构运动时，比驱动力作用于楔紧角大的楔块使机构运动时的效率高，同一楔块机构正反行程运动时的机械效率并不相等。这一现象在机构中普遍存在，在正反行程运动均需要做功的机构设计中，应分别对其正反行程的效率进行计算。

（2）螺旋机构的摩擦与效率

如图 4.14 所示的螺旋机构（也称为螺旋副）广泛应用于传动和连接中。它由螺杆和螺母组成，传动中螺杆转动，螺母作移动；连接时螺杆不动而螺母既转动又作移动。但无论哪种情况，螺纹都可以看成是以中径上的螺旋升角为斜角的斜面绕圆柱体而形成的。螺母等效为沿斜面运动的滑块，螺杆与螺母之间的相对运动关系如同一个滑块沿斜平面运动（图 4.14b），其轴向力为垂直载荷 Q，驱动力矩 M_d 可转换为中径处的圆周力 P（相当于斜面上的水平力），其摩擦与效率分析与斜面完全相同。

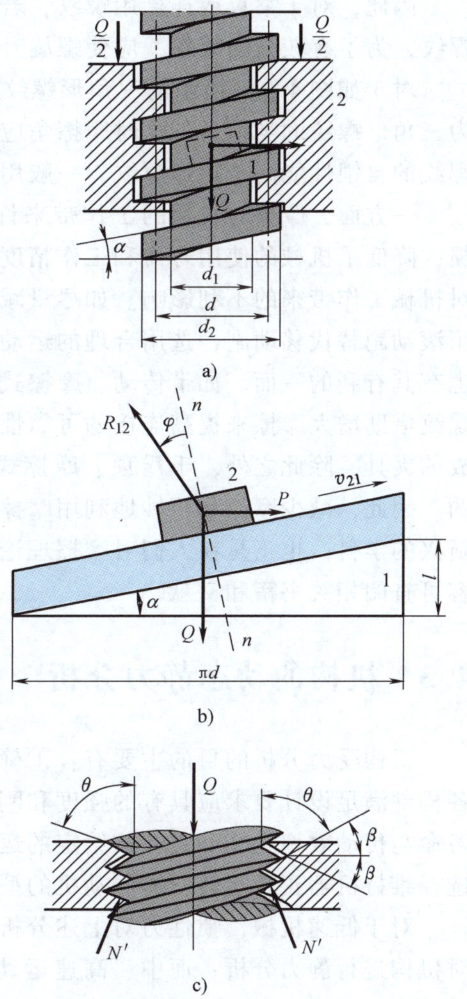

图 4.14　螺旋机构

a）矩形螺纹　b）受力分析图　c）三角形螺纹

设螺旋的中径为 d，螺旋升角为

$$\tan\alpha=\frac{l}{\pi d}=\frac{zp}{\pi d}$$

式中，l 为螺旋的导程；z 为螺旋的头（线）数；p 为螺距。

当推动螺母克服轴向载荷 Q 移动（或举起重物）以及连接中拧紧螺母时，就相当于滑块沿斜面等速上升，水平驱动力 $P=Q\tan(\alpha+\varphi)$，螺旋机构在中径处所需的驱动（或拧紧）力矩为 $M_d=\frac{1}{2}Q\tan(\alpha+\varphi)d$。

当作用在螺母上的载荷使其转动和下降以及连接中松开螺母时，相当于滑块沿斜面下降，维持其等速下降的驱动力矩为 $M'_d=\frac{1}{2}Q\tan(\alpha-\varphi)d$。

螺旋机构的效率计算与斜面机构完全相同。拧紧螺母或推动螺母克服轴向载荷 Q 移动（或举起重物）时效率为

$$\eta=\frac{P_0}{P}=\frac{\tan\alpha}{\tan(\alpha+\varphi)} \tag{4.23}$$

松开螺母或在轴向载荷作用下螺母下降时效率为

$$\eta'=\frac{P}{P'_0}=\frac{\tan(\alpha-\varphi)}{\tan\alpha} \tag{4.24}$$

式中，P_0、P_0'分别为不考虑摩擦时上升和下降的圆周力。

从上面的分析可以看出：

1）当螺旋升角 $\alpha>\varphi$ 时，正反行程均可实现，且需要施加一定的力矩。

2）由式（4.24）可知，若螺旋升角 $\alpha\leqslant\varphi$ 时，$\eta'\leqslant0$，反行程将自锁。即在 Q 作用下重物不会自动下落，连接不会自行松脱，要使其下降或松脱，还必须加一反向力矩 M_d。

因此，对于举重或连接用螺纹，若希望其反行程自锁，应使螺旋升角 $\alpha<\varphi$；对于传动用螺纹，为了有较高的效率，应使螺旋升角 $\alpha>\varphi$。

对于如图 4.14c 所示的三角形螺纹，其展开的斜面为槽面，槽面夹角为 $2\theta=180°-2\beta$，β 为三角形螺纹的半顶角。这时摩擦角应为当量摩擦角，$\varphi_v=\arctan\mu_v$，$\mu_v=\mu/\cos\beta$。故三角形螺纹的自锁性能高于矩形螺纹，一般用于连接；而矩形螺纹则多用于传动。

一方面，摩擦对机械的工作带来许多不利的影响，它使机械的效率降低，使运动副磨损，降低了机械的使用寿命和工作精度。但摩擦又不可避免，在设计时应采取措施降低摩擦对机械工作带来的不利影响。如尽量减少机械中运动副的数量，减轻构件的自重和惯性力，用滚动副替代移动副，选用合理的运动副元素的材料，选择合适的润滑等。另一方面，摩擦也有其有利的一面。如带传动、摩擦式离合器均是利用摩擦来实现运动和动力的传递，三角螺纹借助增大摩擦来提高连接的可靠性。如图 4.8 所示的例子是利用摩擦使机构自锁设计而成的夹具。除此之外，千斤顶、摩擦式制动器等都是充分利用摩擦有利的一面而设计制造的。因此，减少摩擦和巧妙地利用摩擦，对机械设计者是同样重要的两个方面。摩擦学这门新兴的学科，也正是在人们对摩擦理论不断深入地认识中逐渐形成的。关于摩擦学方面的内容可查阅相关书籍和文献。

4.3 机构的动态静力分析

机构受力分析的目的主要有：①确定运动副中的约束反力，这些力的大小和性质决定了各构件满足设计要求应具有的强度和刚度，决定了运动副中摩擦与磨损，从而决定了机构的寿命与传动效率；②确定在按给定的运动规律运动时需加在原动件上的平衡力（矩），这是选择维持机器正常运转所需原动机的型号、功率的重要技术依据。

对于低速机械，惯性力对上述分析内容的结果影响不大，故可以在不计惯性力的条件下对机构进行静力分析；而中、高速运动的机械其构件（特别是变速运动构件）在运动时产生的惯性力往往很大，在对机构进行受力分析时，如果机构中的惯性力达到或超过驱动力或生产阻力的十分之一就必须在分析中计入惯性力。在这种情况下进行力分析时，可根据达朗贝尔原理将构件运动时产生的惯性力作为已知外力加在相应的构件上，将动态受力系统视为瞬时静力平衡系统，用静力学的方法对机构进行受力分析。这种将动力学问题转化为静力学问题的分析方法称为机构的动态静力分析。

机构的动态静力分析方法有图解法和解析法两种。用图解法作动态静力分析时，将初步估算出来的惯性力和惯性力矩作为已知外力加在相应构件的质心上，并在机构运动简图中准确地画出其方向，然后采用矢量图解法对机构进行受力分析。图解法概念清楚，也有一定的精度，但图解过程比较繁琐。

机构动态静力分析的解析法主要有矢量方程解析法、基本杆组法和直角坐标法。无论采用哪种方法都是根据力的平衡条件，列出机构中已知力和待求力之间的力平衡关系式，然后采用相应的数学方法求解。本节主要介绍直角坐标法。

4.3.1　机构动态静力分析的图解法

当机构各构件的惯性力确定后，即可根据机构所受的已知外力（包括惯性力）来确定各运动副中的反力和需加于该机构上的平衡力。但是如前所述，运动副中的反力对于整个机构来说是内力，求解时必须将运动副拆开，分析计算繁琐。对于平面连杆机构，由于仅有转动副和移动副，在不计摩擦的条件下，转动副中的约束反力的作用线是通过回转中心的，仅大小、方向两个量未知；移动副中的约束力方向是垂直导轨的，仅大小和力的作用点位置两个量未知，故在有 P_L 个低副的连杆机构中，共有 $2P_L$ 个力的未知量。根据力的平衡条件一个构件可以列出 3 个力的平衡方程，有 n 个可动构件的连杆机构共可列出 $3n$ 个力的平衡方程。要全部解出 $2P_L$ 个待求参数，则应有

$$3n-2P_L=0$$

而这一条件正好也是基本杆组的结构条件，即是说作用于基本杆组上的力是静定的。因此，在进行连杆机构力分析时，可以采用以基本杆组为示力体，则需拆开的运动副较少，从而可以使作图求解过程更加简洁、清楚。

进行机构动态静力分析的步骤是首先求出各构件的惯性力，并把它们视为外力加于产生这些惯性力的构件上；然后再根据静定条件将机构分解为若干个构件组和平衡力作用的构件。而进行力分析的顺序一般是先由离平衡力作用的构件最远的构件组（即外力全部为已知的构件组）开始，逐步推算到平衡力作用的构件。

1. 构件惯性力的确定

在进行新机械设计时，当通过方案设计和运动学设计确定出新机械的机构运动简图尺寸后，便可以着手对机构进行动态静力分析。由于动态静力分析要计入构件的惯性力和惯性力矩，而此时构件的结构形状、剖面尺寸、质量、转动惯量和质心位置均未确定。因此，在对机构进行动态静力分析前，只能凭借经验或对机构作简单的静力分析的基础上对构件的结构和剖面尺寸作出粗略的估算，由此定出各构件的质量、转动惯量和质心位置。在此基础上，假定机构原动件按某种运动规律运动（一般按匀速运动规律），通过对机构进行运动分析，计算质心的加速度和构件的角加速度，从而算出各构件的惯性力和惯性力矩。

当构件 i 的质量 m_i、绕构件质心的转动惯量 J_{si} 和质心位置 S_i 确定后，根据运动分析求出构件 i 质心的加速度 a_{si} 和构件的角加速度 α_i。设构件 i 质心加速度在直角坐标系 Oxy 中 x、y 方向上的分量分别为 $\ddot{x}_{si}$、$\ddot{y}_{si}$，则应加在构件 i 质心上的惯性力在 x、y 方向上的分量为

$$\begin{cases}F_{ui}^{x}=-m_i\ddot{x}_{si}\\F_{ui}^{y}=-m_i\ddot{y}_{si}\end{cases}\tag{4.25}$$

惯性力的方向可用惯性力在坐标系中的方位角 β_i 表示为

$$\beta_i=\arctan\frac{-m_i\ddot{y}_{si}}{-m_i\ddot{x}_{si}}=\arctan\frac{-\ddot{y}_{si}}{-\ddot{x}_{si}}$$

惯性力的大小为

$$F_{ui}=-m_i\sqrt{\ddot{x}_{si}^2+\ddot{y}_{si}^2}=-m_i a_{si}$$

应加在构件 i 上的惯性力矩的大小为

$$M_{ui}=-J_{si}\alpha_i \tag{4.26}$$

惯性力矩的方向与 α_i 方向相反。

机械运动过程中，各构件产生的惯性的作用状态，不仅与质量 m_i、绕过质心轴的转动惯量 J_{si}、质心 S_i 的位置及的加速度 a_{si} 及角加速度 α_i 等有关，而且与构件的运动形式有关。

（1）作平面运动的构件　作平面运动的构件惯性力系可简化为一个加在质心 S_i 上的惯性力 F_{ui} 和一个惯性力矩 M_{ui}，$F_{ui}=-m_i a_{si}$，$M_{ui}=-J_{si}\alpha_i$；或合成为一个大小为 F_{ui}，作用线偏离质心 S_i 的总惯性力。作用线偏离质心 S_i 的距离 $h_i=M_{ui}/F_{ui}$，F_{ui} 对质心 S_i 的矩的方向与 M_{ui} 一致。

（2）作平面移动的构件　仅产生作用在质心上的惯性力 $F_{ui}=-ma_{si}$。

（3）绕定轴转动的构件　若回转轴线不通过质心，当构件为变速转动时，作用有惯性力 $F_{ui}=-ma_{si}$ 和惯性力矩 $M_{ui}=-J_{si}\alpha_i$；如果回转轴线通过构件质心，则只有惯性力矩 $M_{ui}=-J_{si}\alpha_i$。

当机构各构件的惯性力（力矩）确定后，即可根据机构所受的已知外力（包括惯性力）来确定各运动副中的反力和需加于该机构上的平衡力。图解法是通过作基本杆组受力的力封闭多边形来求未知力的大小和方向。因此，必须先准确地画出机构运动简图及各基本杆组图。其次，应选择合适的力比例尺，使力多边形的图形大小适度，便于计量，力比例尺 μ_F 的单位是 aN/mm，即图上每毫米长度代表 a 牛顿力。

2. 用图解法进行机构动态静力分析举例

例 4.3　图 4.15a 所示为一往复式运输机的机构运动简图。设已知各构件的尺寸，连杆 2 的重量 Q_2（其质心 S_2 在杆 2 的中点），连杆 2 绕质心 S_2 的转动惯量 J_{s2}，滑块 5 的重量 Q_5（其质心 S_5 在 F 处），而其他构件的重量和转动惯量都忽略不计。又设原动件 1 以角速度 ω_1 等速回转，作用于滑块 5 上 F 点的生产阻力为 P_t。求在图示位置时，各运动副中的反力，以及为了维持机构按已知运动规律运转，而加在原动件 1 上点 G 处沿方向 x—x 的平衡力 P_b。

解　（1）对机构进行运动分析　用选定的长度比例尺 μ_l、速度比例尺 μ_v 和加速度比例尺 μ_a，作出机构图及其速度多边形和加速度多边形，分别如图 4.15a、b、c 所示。

（2）确定各构件的惯性力及惯性力矩　作用在连杆 2 上的惯性力及惯性力矩为

$$F_{u2}=-m_2a_{s2}=-\frac{G_2}{g}\mu_a\overline{p's_2'}$$

$$M_{u2}=-J_{s2}\alpha_2=-J_{s2}\alpha_{CB}^t/l_2=-J_{s2}\mu_a\overline{n_2'c'}/l_2$$

作用线偏离质心 S 的距离 $h_2=M_{u2}/F_{u2}$，F_{u2} 对质心 S_2 的矩的方向与 M_{u2} 一致。

作用在滑块 5 上的惯性力为

$$F_{u5}=-m_5a_5=-\frac{G_5}{g}\mu_a\overline{p'f'}$$

（3）划分杆组及原动件，进行力分析　将各构件产生的惯性力视为外力加于相应的构件上，将机构分解为两个基本组 4、5 和 2、3 以及作用有平衡力的构件 1。从构件组 4、5 开

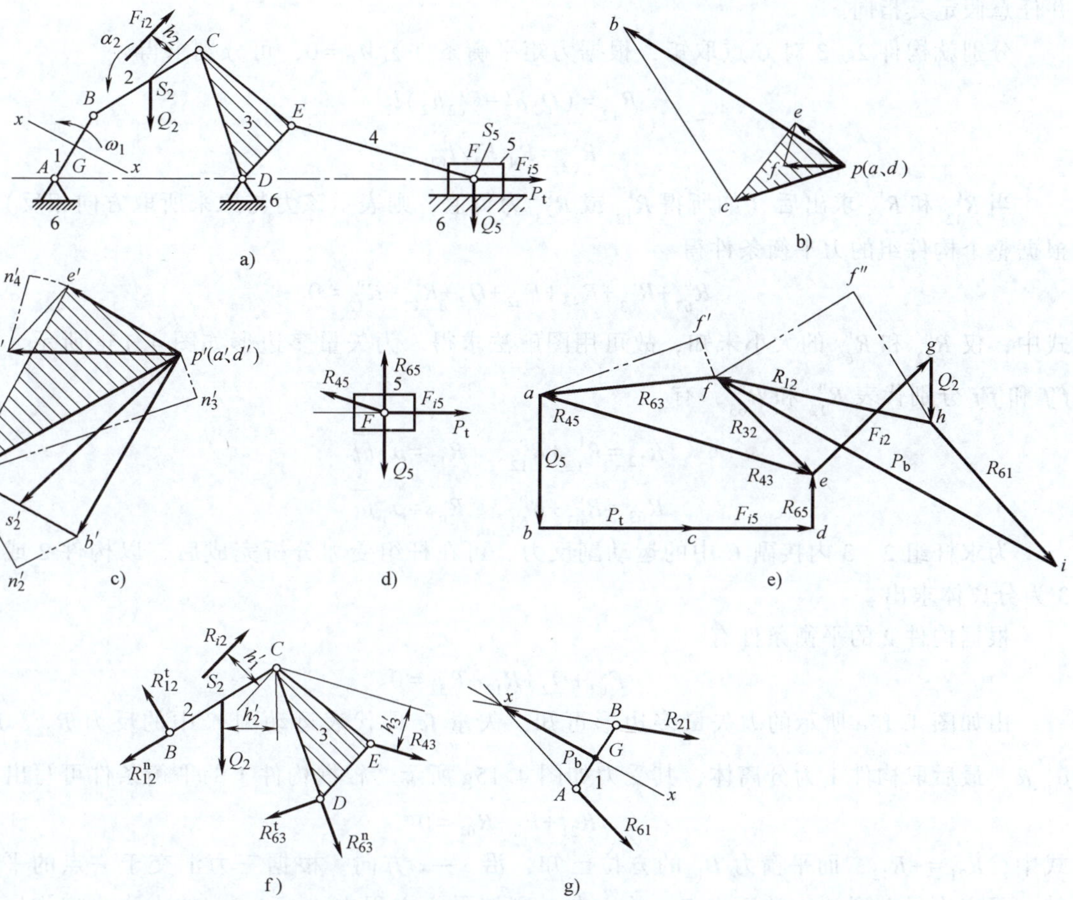

图 4.15　往复式运输机的机构动态静力分析的图解法

a）机构简图及作用力　b）速度分析　c）加速度分析　d）杆组 4、5 受力分析

e）力多边形　f）杆组 2、3 受力分析　g）原动件受力分析

始进行力分析。

由于不考虑构件 4 的重量及惯性力，且构件 4 为二力杆，因此 $R_{54}=-R_{34}$，方向沿构件 4 的方向。故图 4.15d 中略去构件 4，取滑块 5 为分离体，由于滑块质心与铰链点 F 重合，则该构件受力为汇交力系，其受力如图 4.15d 所示，根据力平衡条件，得

$$Q_5+P_r+F_{u5}+R_{45}+R_{65}=0$$

式中，仅 R_{45} 及 R_{65} 的大小未知，故可用图解法求出。如图 4.15e 所示，用选定的力比例尺 μ_P（N/mm），从点 a 连续作矢量 $\boldsymbol{ab}$、$\boldsymbol{bc}$ 和 $\boldsymbol{cd}$ 分别代表力 Q_5、P_r 和 F_{u5}，然后再分别由点 a 和点 d 作直线 ae 和 de 分别平行于力 R_{45} 和 R_{65}，两线相交于点 e，则矢量 $\boldsymbol{ea}$ 和 $\boldsymbol{de}$ 分别代表 R_{45} 和 R_{65}，即

$$R_{45}=\mu_P\overline{ea},\quad R_{65}=\mu_P\overline{de}$$

再分析构件组 2、3，其受力如图 4.15f 所示。先将构件 2、3 上作用的外力 Q_2、总惯性力 F_{u2} 及运动副 F 中的反力 R_{43} 画出。然后，将运动副 B、D 中的待求的反力 R_{12} 及 R_{63} 分别分解为沿 BC 及 DC 方向的法向分力 R_{12}^n 和 R_{63}^n 和垂直于 BC 及 DC 的切向分力 R_{12}^t 和 R_{63}^t，

并任意假定其指向。

分别就构件 2、3 对 C 点取矩，根据力矩平衡条件 $\sum M_C=0$，可分别求得

$$R_{12}^{t}=(Q_2h_2'-F_{u2}'h_2')l_2$$

$$R_{63}^{t}=R_{43}h_3'/l_{CD}$$

当 R_{12}^{t} 和 R_{63}^{t} 求出后（如所得 R_{12}^{t} 或 R_{63}^{t} 为负值，则表示该力与原来所取方向相反），再根据整个构件组的力平衡条件得

$$R_{63}^{n}+R_{63}^{t}+R_{43}+F_{u2}+Q_2+R_{12}^{t}+R_{12}^{n}=0$$

式中，仅 R_{12}^{n} 和 R_{63}^{n} 的大小未知，故可用图解法求得。力矢量多边形如图 4.15e 所示，矢量 $\boldsymbol{f''f}$ 和 $\boldsymbol{f'f}$ 分别代表 R_{12}^{n} 和 R_{63}^{n}，有

$$R_{12}=R_{12}^{t}+R_{12}^{n},\quad R_{12}=\mu_P\overline{hf}$$

$$R_{63}=R_{63}^{t}+R_{63}^{n},\quad R_{63}=\mu_P\overline{fa}$$

为求杆组 2、3 内接副 C 中的运动副反力，可在杆组受力分析完成后，以构件 2 或构件 3 为分离体求出。

根据构件 2 的平衡条件有

$$F_{u2}+Q_2+R_{12}+R_{32}=0$$

由如图 4.15e 所示的力矢量多边形可知，矢量 $\boldsymbol{fe}$ 即代表运动副 C 中的反力 R_{32}，$R_{32}=\mu_P\overline{fe}$。最后取构件 1 为分离体，其受力如图 4.15g 所示。根据构件 1 的平衡条件可写出

$$R_{21}+P_b+R_{61}=0$$

式中，$R_{21}=-R_{12}$，而平衡力 P_b 的方位已知，沿 $x—x$ 方向。根据三力汇交于一点的平衡条件，可定出运动副 A 中的反力 R_{61} 的方向，则该平衡方程中 P_b 和 R_{61} 的大小为未知，可用图解法求出。如图 4.15e 所示，矢量 $\boldsymbol{fh}$ 代表 R_{21}，分别由点 f 和点 h 按 P_b 和 R_{61} 的方向作矢量 $\boldsymbol{fi}$ 和 $\boldsymbol{hi}$ 交于点 i，则矢量 $\boldsymbol{if}$ 和 $\boldsymbol{hi}$ 即分别代表平衡力 P_b 和 R_{61}，于是得

$$P_b=\mu_P\overline{if}R_{61}=\mu_P\overline{hi}$$

4.3.2 机构动态静力分析的解析法

机构动态静力分析采用直角坐标法的步骤为：首先，在作受力分析的机构运动简图中建立一平面直角坐标系，将各构件上所有的已知力（力矩）简化为一个通过质心的合力和一合力偶，并将该合力用平行于坐标轴的两个分量表示。同样，作用在运动副中所有的待求约束力也用沿坐标轴两方向的分量表示。然后，以每一个构件为受力分析单元，根据静力平衡条件建立单元力平衡方程式，并将其表示成单元矩阵形式。最后根据运动副相连两构件上约束力与约束反力大小相等、方向相反的原则，将各单元力平衡矩阵“组装”成机构力平衡矩阵用计算机求解。

4.3.3 考虑摩擦的动态静力分析方法

当对机构进行受力分析时，如果在分析中计入运动副的摩擦，则力平衡方程的待求力部分还应包括运动副中的摩擦力，由于运动副中的摩擦力与作用在运动副中的约束力和运动副

元素间的当量摩擦系数 μ_0 有关，我们可以把摩擦力和摩擦力矩表示为约束力的函数。但当考虑转动副的摩擦时，构件 i 作用于构件 j 的总约束力 R_{ij} 将不通过转动副的中心，而切于半径为 $\rho=\mu_0 r$ 的摩擦圆（r 为转轴半径），将 R_{ij} 向转动副中心简化，可得一个通过转动副中心，大小和方向与 R_{ij} 相同的总反力和一个摩擦力偶矩 $\mu_0 rR_{ij}$，方向与 ω_{ij} 方向相同（图 4.16），将 R_{ij} 沿 x、y 轴方向分解得约束力的两个待求分量 R_{ij}^x 和 R_{ij}^y，于是作用于转动副中的摩擦力偶矩可以用待求力分量表示为 $\mu_0 r\sqrt{(R_{ij}^x)^2+(R_{ij}^y)^2}$。作用在移动副中的摩擦力大小等于 $\mu_0\sqrt{(R_{ij}^x)^2+(R_{ij}^x)^2}$，设滑块相对于导轨的相对速度 v_{ij} 的方向与 x 轴正向的夹角为 β，则约束力 R_{ij} 产生的摩擦力的 x 方向分量为 $-\mu_0\cos\beta\sqrt{(R_{ij}^x)^2+(R_{ij}^y)^2}$，$y$ 方向的分量为 $-\mu_0\sin\beta\sqrt{(R_{ij}^x)^2+(R_{ij}^y)^2}$。将摩擦力和摩擦力偶矩加入力平衡方程中，整理可得一个含有待求机构约束力 R_{ij}^x、R_{ij}^y 和 $\sqrt{(R_{ij}^x)^2+(R_{ij}^y)^2}$ 项的方程组，此时的方程组已不是线性方程组，而是一个非线性方程组。解非线性方程组是相当困难和繁杂的。因此，考虑运动副摩擦的受力分析常采用另一种方法——逼近法更为简单和方便。

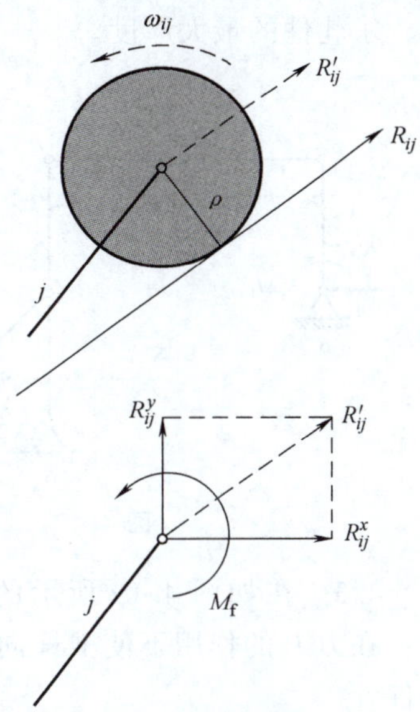

图 4.16 考虑摩擦时运动副中的约束反力

思 考 题

4.1 在滑动副中的总反力的位置和方向如何？转动副的总反力的位置和方向如何？

4.2 滑动副与转动副在何种状态下会发生自锁？自锁机械是否就是不能运动的机械？

4.3 采用当量摩擦系数 μ_v 和当量摩擦角 φ_v 的意义何在？当量摩擦系数 μ_v 与实际摩擦系数 μ 不同，是因为两物体接触面几何形状改变，从而引起摩擦系数改变的结果，这个说法对吗？

4.4 何谓平衡力与平衡力矩？平衡力是否总是驱动力？

4.5 构件组的静定条件是什么？基本杆组都是静定杆组吗？

习 题

4.1 在如图 4.17 所示机构中，已知 $P_5=1000\text{N}$，$AB=100\text{mm}$，$BC=CD=2AB$，$CE=ED=DF$，不计运动副中的摩擦，试用图解法求各运动副中的反力和平衡力矩 M_1。

4.2 如图 4.18 所示的轧钢机中，在不需要水平外力驱动的条件下，借助轧辊 2 与轧件 1 间的摩擦能将轧件 1 自动带入轧辊之间。

1）试证明这时轧辊与轧件间的摩擦角不应小于 α。

2）当轧辊直径 $D=1200\text{mm}$，轧辊间的间隙 $a=25\text{mm}$，轧辊与轧件间的摩擦系数 $\mu=0.3$

时，求轧件的最大厚度。

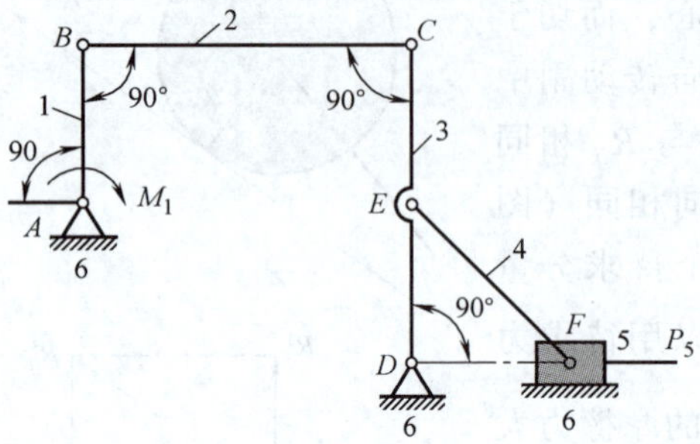

图 4.17

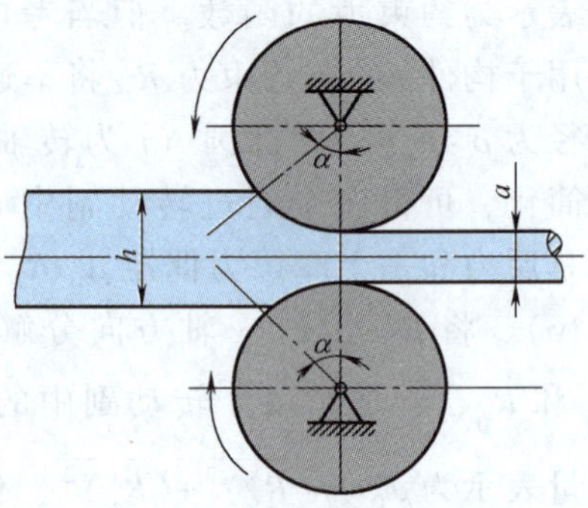

图 4.18

4.3　在如图 4.19 所示的机构中，推杆与导轨间的摩擦系数 $\mu=0.2$，忽略构件重量，求：在力 P 的作用下使推杆向上运动而不会发生自锁的情况下，导轨的长度 l 应满足什么条件？

4.4　在如图 4.20 所示的矩形螺纹千斤顶中，已知螺纹的中径 $d_2=22\text{mm}$，螺矩 $p=4\text{mm}$，托环的环形摩擦面外径 $D=50\text{mm}$，内径 $d_0=42\text{mm}$，手柄长 $l=300\text{mm}$，所有摩擦面的摩擦系数均为 $\mu=0.1$。试求：

1）该千斤顶的效率。

2）若 $F=100\text{N}$，所能举起的重物 Q 的大小。

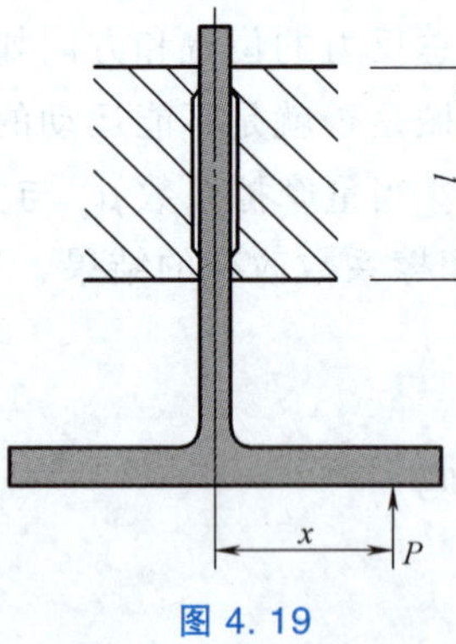

图 4.19

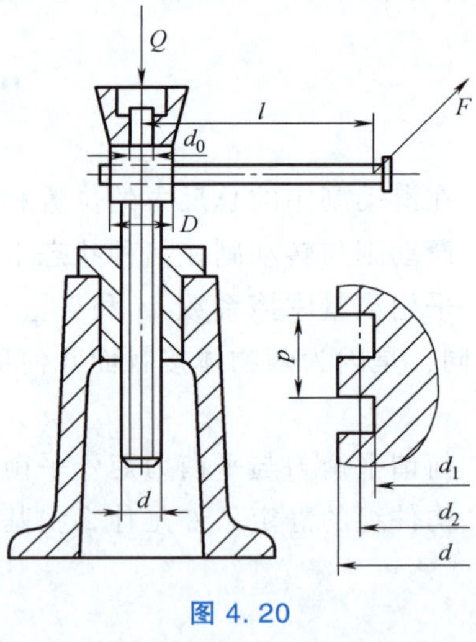

图 4.20

4.5　在如图 4.21 所示的曲柄滑块机构中，已知机构的尺寸（包括轴颈的直径），各轴颈的当量摩擦系数 μ_0，滑块与导路之间的摩擦系数 μ 及驱动力 F（回程时 F 的方向向右）。设从动件 1 上的阻力矩为 M_r。若不计各构件的质量，求 θ 分别为 45°、135°、225°和 315°时，各运动副中总反力的作用线。

4.6　在如图 4.22 所示的曲柄摇块机构中，曲柄以 $\omega_1=40\text{rad/s}$ 的角速度匀速沿逆时针方向转动，已知 $AB=100\text{mm}$，$AC=200\text{mm}$，$BS_2=86\text{mm}$，$m_2=20\text{kg}$，$J_{s2}=0.074\text{kg}\cdot\text{m}^2$，其他构件的质量和转动惯量不计，求：

1）当 $\theta=90°$、$\varphi_1=60°$时，连杆上的总惯性力及其作用线。

2）各运动副中的反力及应加在原动件上的平衡力矩 M_d。

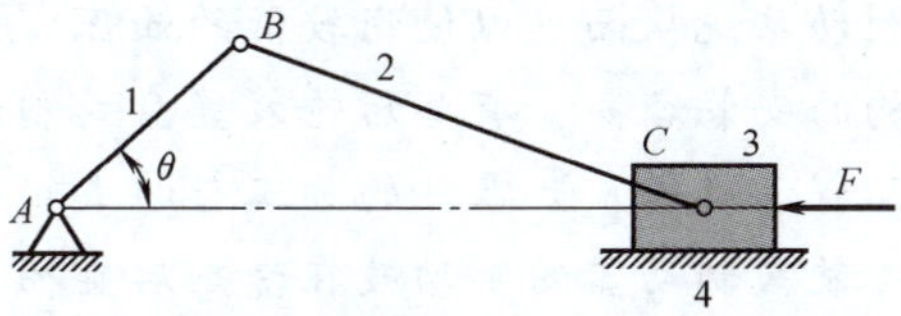

图 4.21

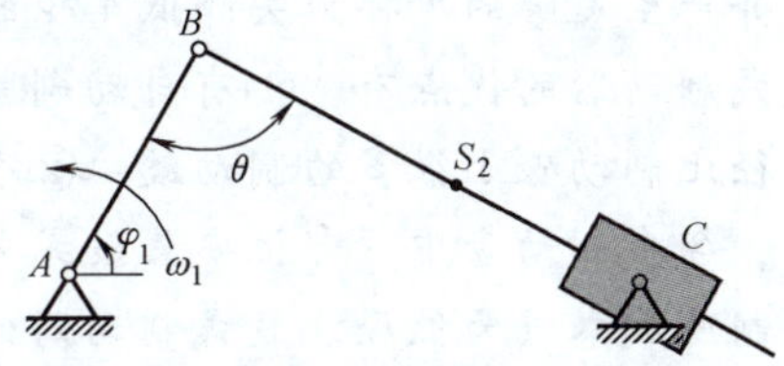

图 4.22

知识扩展

汽车离合器、制动器简介及其发展

汽车作为一种现代交通工具从其诞生之日起便给人类带来了巨大的便利。随着时代的发展，人们对汽车提出了更高的要求，如具有自重轻、行驶速度高、加速性能好、适合各种路面行驶及机动灵活等特点。为了满足这些要求，汽车上需要配备一套复杂的系统。现代汽车上最常用的机械式传动系统，是由发动机、离合器、变速器、万向联轴器、主减速器、差速器和驱动轮的传动装置、制动器等组成的。下面针对制动器作简单介绍。

制动器就是的刹车系统，是使机械中的运动件停止或减速的机械装置，而汽车系统中的制动器就是使汽车车轮停止或减速的装置。制动器主要由制动架、制动件和操纵装置组成。

汽车制动技术的发展，主要经历了三个阶段。第一个阶段是机械式制动，这个阶段汽车的主要特点是质量小、速度低，对制动力要求不高，依靠纯机械式制动系统便足以满足制动要求。第二个阶段是压力制动，包括了液压制动和气压制动，这个时期的主要特点是汽车质量越来越大、速度越来越快，对制动系统的要求也越来越高，所以必须借助于相关的助力装置，通过制动液或者气体传递制动压力。第三个阶段是线控阶段，注重对制动力进行合理分配，尽量避免后轮比前轮先抱死的情况发生。

汽车摩擦式制动器可分为鼓式制动器和盘式制动器。①鼓式制动器，在车轮毂里面装设两个半圆形的制动片，利用杠杆原理推动制动片使制动片与轮鼓内表面接触而发生摩擦；②盘式制动器，以制动卡钳控制两制动片夹住轮子上的制动碟盘。在制动片夹住碟盘时，其二者间会产生摩擦。汽车在湿滑或结冰的低摩擦路面上行驶时，如果发生过度制动的情况，则车轮会被制动装置锁死而失去抓地力，导致车辆失去控制方向的能力。为了使车辆在这种危险的路面上能够有效控制前进的方向，于是研发出了防抱死制动系统（Anti-lock Braking System，ABS）。

鼓式制动器应用在汽车上面已有近一百年的历史了，但是由于它的可靠性以及强大的制动力，使得鼓式制动器现今仍配置在许多车型上（多使用于后轮）。在获得相同制动力矩的情况下，鼓式制动器的制动鼓的直径可以比盘式制动器的制动盘还要小上许多。因此载重用的大型车辆为获取强大的制动力，只能够在轮圈的有限空间中装置鼓式制动器。鼓式制动器的作用方式，简单地说，鼓式制动器就是利用制动鼓内静止的制动片，去摩擦随着车轮转动的制动鼓，以产生摩擦力使车轮转动速度降低的制动装置。在踩下制动踏板时，脚的施力会使制动总泵内的活塞将制动液往前推去并在管路中产生压力。压力经由制动液传送到每个车轮的制动分泵活塞，制动分泵的活塞再推动制动片向外移动，使制动片与制动鼓的内面发生摩擦，并产生足够的摩擦力去降低车轮的转速，以达到制动的目的。

鼓式制动器的优点有：①有自动刹紧的作用，制动系统从而可以使用较低的油压，或是使用直径比制动碟小很多的制动鼓；②手动制动机构的安装容易，有些后轮装置盘式制动器的车型，会在制动盘中心部位安装鼓式制动器的手动制动机构；③零件的加工与组成较为简单，且制造成本较为低廉。鼓式制动器的缺点有：①鼓式制动器的制动鼓在受热后直径会增大，会造成踩下制动踏板的行程加大，容易发生制动反应不如预期的情况，因此在驾驶采用鼓式制动器的车辆时，要尽量避免连续制动造成制动片因高温而产生热衰退现象；②制动系统反应较慢，制动的踩踏力道较不易控制，不利于做高频率的制动动作；③构造复杂、零件多，制动间隙须做调整，使得维修不易。

由于车辆的性能与行驶速度与日俱增，为增加车辆在高速行驶时制动器的稳定性，盘式制动器已成为当前制动系统的主流。由于盘式制动器的制动盘暴露在空气中，从而具有优良的散热性，当车辆在高速状态紧急制动或在短时间内多次制动，制动的性能较不易衰退，可以让车辆获得更佳的制动效果，以增加车辆的安全性。盘式制动器的作用方式，顾名思义，盘式制动器就是以静止的制动盘片，夹住随着轮胎转动的制动碟盘以产生摩擦力，使车轮转动速度降低的制动装置。当踩下制动踏板时，制动总泵内的活塞会被推动，而在制动管路中建立压力。压力经由制动液传送到制动卡钳上的制动分泵的活塞，制动分泵的活塞在受到压力后，会向外移动并推动制动片去夹紧制动盘，使得制动片与制动盘发生摩擦，以降低车轮转速，好让汽车减速或停止。

盘式制动器的优点有：①盘式制动器散热性较鼓式制动器更好，在连续踩踏制动时比较不会造成制动衰退而出现制动失灵的现象；②制动盘在受热之后尺寸的改变并不使踩制动踏板的行程增加；③盘式制动系统的反应快速，可做高频率的制动动作，因而较为符合 ABS 防抱死制动系统的需求；④盘式制动器没有鼓式制动器的自动刹紧作用，因此左右车轮的制动力量比较平均；⑤因制动盘的排水性较佳，可以降低因为水或泥沙造成的制动不良的情形；⑥与鼓式制动器相比较下，盘式制动器的构造简单，且容易维修。盘式制动器的缺点有：①因为没有鼓式制动器的自动刹紧作用，故盘式制动器的制动力较鼓式制动器低；②盘式制动器的制动片与制动盘之间的摩擦面积较鼓式制动器的小，制动的力量也比较小；③为改善上述盘式制动器的缺点，需较大的踩踏力量或是液压力，因而必须使用直径较大的制动盘，或是提高制动系统的液压力，以提高制动的力量；④手动制动装置不易安装，有些后轮使用盘式制动器的车型为此而加设一组鼓式制动的手动制动机构；⑤制动片磨损较大，更换频率高。

现代汽车制动控制技术正朝着电子制动控制的方向发展，全电制动控制因其巨大的优越性，将取代传统的以液压为主的制动控制系统。同时，随着其他汽车电子技术特别是超大规模集成电路的发展，电子元件的成本及尺寸不断下降。汽车电子制动控制系统将与其他汽车电子系统，如汽车电子悬架系统、汽车主动式方向摆动稳定系统、电子导航系统、无人驾驶系统等，融合在一起成为综合的汽车电子控制系统，未来的汽车中就不存在孤立的制动控制系统，各种控制单元将集中在一个电子控制单元（Electronic Control Unit，ECU）中，并将逐渐代替常规的控制系统。目前，各种先进的电子技术、生物技术、信息技术以及各种智能技术正不断应用到汽车制动控制系统中来，以实现车辆控制的智能化。

第 5 章

平面连杆机构分析与设计

平面连杆机构由若干刚性构件通过低副连接而成，各运动构件均在相互平行的平面内运动。平面连杆机构的种类繁多，其结构、运动性能和动力性能各不相同。如图5.1所示的平衡吊装置运用力学平衡原理和杠杆原理进行设计，操作者只需用几十牛顿的力，就能控制几百至上万牛顿重的重物上下运动、前后运动和水平回转运动，且运行可靠，常用于生产线、机床等设备的上料和下料。如何表示平面连杆机构的结构、机构中各构件之间的相对运动关系及机构的运动情况？为何操作者只需用较小的力就能使重物完成不同方向的运动？本章将给出答案。

图 5.1　平衡吊

内容提要　本章首先介绍平面连杆机构的基本结构与分类及其演化方法，分析平面连杆机构的运动特性和传力特性，然后介绍平面连杆机构的功能、特点和应用及其运动分析的方法，重点阐述平面连杆机构运动设计的原理和方法。

全部由低副（转动副、移动副、球面副、球销副或螺旋副等）将若干刚性构件连接组成的机构称为低副机构，工程中也把这类机构称为连杆机构。根据各构件间的运动连接状况，还可分为闭链型和开链型连杆机构。按构件间的相对运动关系，连杆机构可以分为平面连杆机构和空间连杆机构两大类，各构件均相对同一平面作平行平面运动的连杆机构称为平面连杆机构，否则称为空间连杆机构。平面连杆机构还可分为四杆机构和多杆机构。多杆机构是指构件数大于4的连杆机构，目前最常用的是六杆和五杆机构。图5.2所示为部分连杆机构的典型应用。

连杆机构得到广泛应用的原因是：

1）相对于高副机构，低副机构的零件容易制造，生产成本相对较低。

2）由于低副是面接触，接触应力比高副小，故承载能力较好，工作可靠。

3）连杆机构的构件可以做得较长，故可实现较大空间范围的运动，容易实现力和运动的远距离传递。

4）连杆机构可以实现多种运动要求，如转动、摆动、移动、平面或空间的复杂轨迹运动以及间歇运动等。

但连杆机构由于有作平面或空间运动的构件，因此它们在运动中产生的惯性力和惯性力矩不易平衡，容易使机构在运动时产生振动和冲击，严重时还会影响机械产品的工作精度与

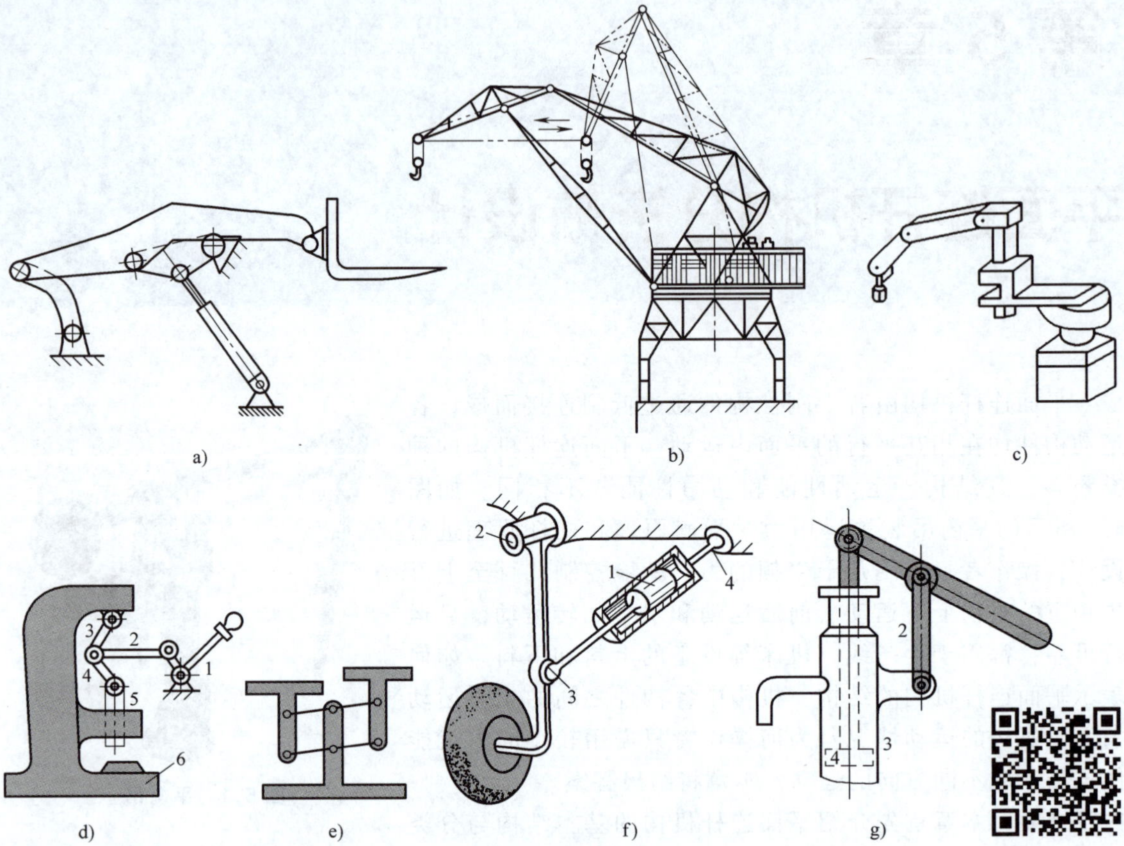

图 5.2 连杆机构应用实例

a）液压举升机 b）鹤式起重机 c）开链式机器人 d）手动压力机 e）天秤 f）飞机起落架 g）手动抽水泵

寿命，因此，连杆机构通常不适用于高速工作的场合。其次，尽管连杆机构可以实现一些复杂的函数及轨迹运动，但要精确实现任意设计要求的函数及轨迹曲线运动是相当困难的，甚至是不可能的。在实现运动要求的灵活性与精确性方面，它不及某些高副机构，如凸轮机构。此外，连杆机构的构件和运动副数量越多，其传动效率越低，传动累积误差越大，设计也越复杂。但随着计算机的日益普及，计算机辅助设计、优化设计等方法的发展与推广，以及各种新技术、新工艺的采用，一些过去难以解决的设计及工艺问题逐步得到解决，连杆机构的应用得到进一步的发展。

5.1 平面连杆机构的基本形式及其演化

在平面连杆机构中，以 4 个构件组成的平面四杆机构应用更为广泛，四杆机构是平面连杆机构中最简单、最基本的机构。本节介绍平面连杆机构的基本运动学机构，重点介绍平面四杆机构的基本形式及其演化。

5.1.1 平面连杆机构的基本运动学结构

机构的基本功能是用来传递和变换运动，故首先从运动传递与变换的特征来认识和了解机构的结构，从实现运动传递与变换的作用与运动特征来认识、区分和命名机构中的构件。

平面连杆机构的构件一般呈尺寸较长的“杆”状，由 N 个构件组成的平面连杆机构称为平面 N 杆机构。如由4个构件组成的平面连杆机构称为平面四杆机构，由6个构件组成的平面连杆机构称为平面六杆机构等，依此类推。通常把四杆以上的平面连杆机构称为平面多杆机构。

平面连杆机构是由转动副和移动副连接成的平面运动链。其中开链型机构各构件依次串联不形成封闭回路，每个构件的运动是相对独立的，因此一般为多自由度系统。通过控制可实现各种复杂的工作要求，且工作空间较大，常用作机器人或机械手的本体结构。但其刚性较差，应用相对较少。而平面闭链机构，由于每个构件至少有两个运动副与其他构件相互连接，构成几何封闭的多边形回路，自由度一般为1（现在也常用2、3自由度），因而各构件间的相对运动具有较高的几何构形强制性，驱动简单，结构刚性高，也可实现各种运动形式的变换和运动规律，应用十分普遍。平面闭链机构是连杆机构最基本、最基础的形式，也是我们讨论的重点。

平面闭链机构必须有一个构件为机架，作为观察、分析整个机构运动特性的参考体，一般固定不动（或视为静止）并在其上建立固定坐标系。其余构件均称为可动构件。可动构件根据其是否与机架连接又分为两大类：与机架相连接的称为连架杆；其余的可动构件则统称为连杆。

连架杆与机架相连接的运动副类别决定了其运动形式。由于只有转动副和移动副两类低副，故连架杆只有转动和直线移动（平动）两种简单的、易于驱动和输出的运动形式。以转动副与机架连接的连架杆中，相对于机架能作整周回转的称为曲柄，机架与曲柄连接的转动副称为整转副。在机构运动简图中，原动曲柄可以用实线箭头表示其转向，从动杆用虚线箭头表示其转向，如图5.3a、b所示。相对于机架不能作整周回转的连架杆称为摇杆，机架与摇杆连接的转动副称为摆转副，用带双向箭头的实线或虚线符号分别表示主动摇杆与从动摇杆，如图5.3c、d所示。连架杆的转动范围由机构杆长关系所确定。当两构件用移动副连接时，其中一个杆称为滑块，用带双向箭头的实线或虚线符号分别表示主动滑块或从动滑块的往复直线运动方向，如图5.3d、e所示，约束引导滑块运动方向的另一根杆称为导杆。导杆可以是机架（一般常称为导轨），这时滑块为连架杆；导杆也可以是转动或摆动的连架杆（图5.3f），而这时滑块为连杆。

由于连架杆与机架相连，便于运动的输入与输出，故它们常作为平面连杆机构运动和动力的输入与输出构件。运动输入的构件称为机构的主动件，运动输出的构件称为机构的从动件。机构的运动变换形式、运动参数的变换特征与规律，通常是通过主动件与从动件的运动形式及输入、输出运动间的函数关系来描述和定义的，机构主动件与从动件的运动学性质在很大程度上决定了机构的性质与用途。故平面连杆机构常以连架杆，尤其是从动杆的运动特征来命名，如图5.3a所示的机构，其连架杆1为可作整周转动的曲柄，而连架杆3只能作一定范围内的往复摇动，称为曲柄摇杆机构；而如图5.3b所示的机构，其两个连架杆均为曲柄，称为双曲柄机构；如图5.3c所示的机构，其两个连架杆均是摇杆，称为双摇杆机构；同理，如图5.3d所示的机构，其一个连架杆为曲柄，另一个为作往复移动的滑块，称为曲柄滑块机构；如图5.3e、f所示的机构分别称为双滑块机构和摆动导杆机构。

连杆是与两个可动构件相连接的构件，在基础的平面四杆机构中，则是连接两个连架杆

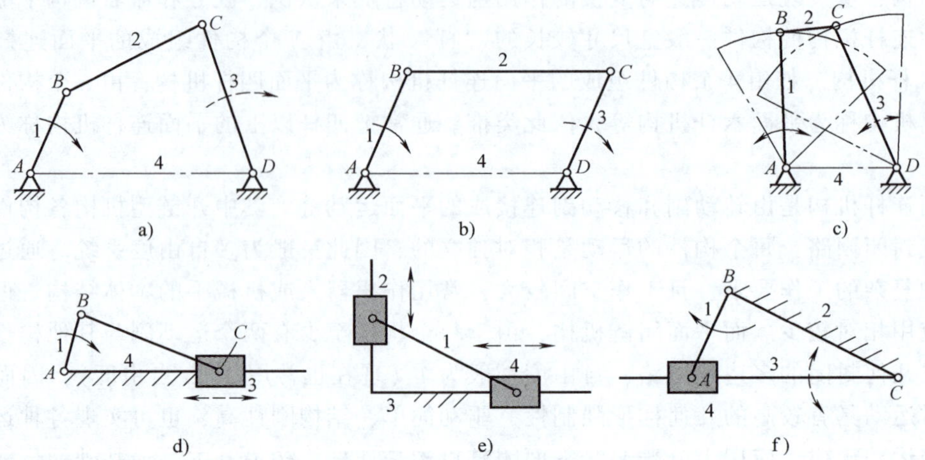

图 5.3 平面连杆机构

a）曲柄摇杆机构 b）双曲柄机构 c）双摇杆机构 d）曲柄滑块机构 e）双滑块机构 f）曲柄摆动导杆机构

的构件。通过它将主动连架杆的运动与力传递到从动连架杆，这也是“连杆”这一称号的由来。而在多杆机构中，连杆不止一个，它们的共同特征是一般作具有移动和转动的复杂平面运动，特殊条件下也可以平动（如图 5.2b 中的连杆）。连杆上不同位置的点的运动轨迹是形状各异的复杂曲线，称为连杆曲线，连杆曲线极富应用价值。

和多杆机构比较，平面四杆机构是能实现各种运动形式转换的最简单的连杆机构，且由于运动副和构件数目少，其能获得较高的传动效率和传动精度，且成本相对较低，设计制造容易。从结构分析可知，通过在四杆机构的不同构件上串联或并联各类基本杆组就可以获得各种多杆机构。因此，四杆机构是平面连杆机构最基本的结构形式，是应用最广泛的连杆机构，也是研究的重点对象。

平面连杆机构各构件间采用转动副和移动副相连接，各相邻构件间的相对运动不外是相对转动和相对移动两种形式。而相对于机架，各可动构件的运动（常称为绝对运动，是描述机构运动特性与规律的根本依据）则有定轴转动、定向移动和一般平面运动。通过不同的运动副组合（特别是连架副），就可以实现多种运动形式的变换；通过不同的杆长，选择不同的构件为输出构件（或称为从动构件，执行构件），就可获得不同形式、不同范围（区间）与变化规律的运动，从而实现不同的功能用途。工程中最常用的原动机为作连续转动的电动机、内燃机和汽液马达等。因而在平面连杆机构中，一般都需要具有能作整周转动的构件作为驱动构件或主动件，即前述的曲柄。这是结构设计的一个基本问题。

5.1.2 平面四杆机构具有整转副和曲柄存在的条件

连杆机构中，相邻构件间的相对运动形式取决于运动副的类型，而相对运动的区域或范围则取决于该两相邻构件及与他们连接的构件的尺寸。因此相邻构件的转动副能否成为整转副，则取决于连杆机构封闭回路的各杆长。若将整转副的两相邻构件之一作为机架，则另一构件就是可以作整周转动的曲柄。

下面以最典型的全铰链四杆机构为对象，研究整转副及曲柄存在的条件。

如图 5.4 所示，设铰链四杆机构的各杆长分别为 a、b、c、d。现在以 AB、AD 两构件的铰链 A 为对象，研究其能成为整转副的条件。假定 $a<d$，并选 AD 为参照体，如果将 B 铰链拆开，则 AB 杆相对于 AD 杆肯定可以做整周转动。B 点可到达以 A 为中心 a 为半径的圆上各点。而 B 在圆上的不同位置离 D 点的直线距离 l 是变化的，显然其中存在一个最大值 $l_{max}=d+a$ 和一个最小值 $l_{min}=d-a$。因为实际上，在 a、d 已知情况下，B 点的运动还受到杆长 b、c 的约束。在运动过程中，BCD 形成由 b、c、l 三个边长构成的三角形，其中 b、c 是固定的，l 是变化的。由图 5.4 可知，当 B 点运动到与 D 点的距离为 l_{max}、l_{min} 两个极值时，如果 $\triangle BCD$ 都能成立（即机构的各杆仍能装配），则 A 即可成为整转副。

根据三角形存在条件，则分别应满足：

当 $l=l_{max}=d+a$ 时，应有

$$a+d\leqslant b+c \tag{5.1}$$

当 $l=l_{min}=d-a$ 时，应有

$$l_{min}+c\geqslant b \quad d-a+c\geqslant b$$

$$l_{min}+b\geqslant c \quad d-a+b\geqslant c$$

即

$$a+b\leqslant c+d \tag{5.2}$$

$$a+c\leqslant b+d \tag{5.3}$$

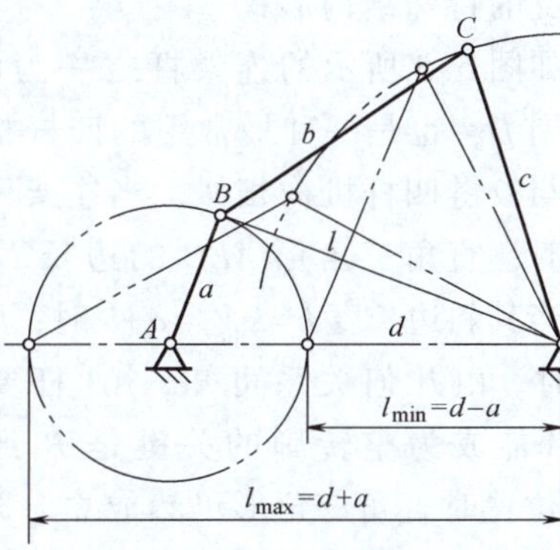

图 5.4 曲柄摇杆机构

式（5.1）、式（5.2）和式（5.3）说明：a 与其余任何一个杆的长度之和必须小于或等于其余两个杆的长度之和。同时，由式（5.1）和式（5.2）相加可得

$$a\leqslant c \tag{5.4}$$

由式（5.1）和式（5.3）相加可得

$$a\leqslant b \tag{5.5}$$

同时已假定

$$a\leqslant d \tag{5.6}$$

由式（5.4）、式（5.5）和式（5.6）可见杆长 a 为最短。

若取 BC 杆为参照体，并设 $b>a$，则同样可得到与上完全相同的结论，即

$$a+b\leqslant c+d \qquad a\leqslant b$$

$$a+c\leqslant b+d \quad 及 \quad a\leqslant c$$

$$a+d\leqslant b+c \qquad a\leqslant d$$

由此可得出铰链四杆链的相邻杆能构成整转副的条件为：

1）最短杆与最长杆的长度之和小于等于其余两杆长度之和。

2）构成整转副的两相邻杆之一必为最短杆。

同时还可以推论得到，当满足上述条件时：

1）最短杆与相邻的两个构件之间的两个铰链（如图 5.4 中的 A 和 B）都是整转副。

2）除整转副外的两个转动副（如图 5.4 中的 C 和 D）为非整转副，通常称摆转副。

3）若取构成整转副的两构件之一为机架，则相邻另一构件即为曲柄。一般常取最短杆为曲柄。

4）若不满足上述第一个条件，即最短杆与最长杆的长度之和大于其余两杆长度之和，

则不存在整转副，所有铰链均为摆转副，取任意构件为机架都不存在曲柄，连架杆都是摇杆。

以上条件称为格拉霍夫（Grashof）定理。在进行机构的尺寸关系设计时，一般是取“小于”的关系；“等于”是整转副或曲柄存在的临界状况，当存在尺寸误差时，就可能造成曲柄不能成立的状况，故较少采用。但其中若两个相对的杆长度分别相等，即 $AB=CD$，$BC=AD$，如图 5.3b 所示，必然构成一平行四边形，在任何位置对边都相互平行，故称为平行四边形机构。该机构中的四个铰链均为整转副，任何一个构件为机架均构成双曲柄机构，且二连杆等速同向旋转，连杆始终平行于机架，作平面平行运动（称为平动）。这是应用相当广泛的特殊结构形式。

如图 5.5 所示的连架杆之一为滑块，与机架组成移动副 D，也是一种最常用的四杆机构。由图 5.5a 可知，与铰链四杆机构相似，当连架杆 AB 绕固定铰链 A 转动时，直角三角形 AEC 的边长 l 是变化的，l_{max} 出现在当其斜边长度 $k=k_{max}=a+b$ 时；l_{min} 出现在 $k=k_{min}=b-a$ 时。由几何关系可知，AB 杆要能绕 A 作整周转动，A 能成为整转副的关键是 B 到达 B_2（即 $l=l_{min}$ 时）位置时直角三角形仍然成立。即满足

$$b-a>e \text{ 或 } b>a+e \tag{5.7}$$

式中，e 为铰链 A 中心至导路的垂直距离，称为偏距。这也是该种机构的一个尺寸参数。$e>0$ 时称为偏置式曲柄滑块机构；$e=0$ 时则称为对心式曲柄滑块机构，这时，由式（5.7）可知，曲柄存在的条件为

$$b>a \tag{5.8}$$

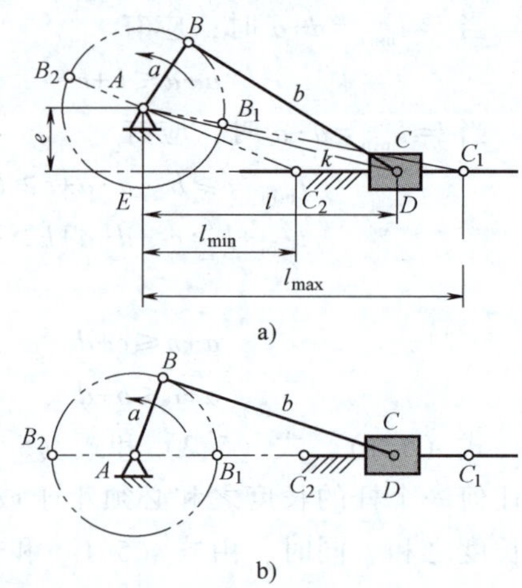

图 5.5 曲柄滑块机构

a）偏置式曲柄滑块机构

b）对心式曲柄滑块机构

由图 5.5a 可知，当曲柄 AB 由 AB_1 转到 AB_2 的过程中，AB 与 BC 两杆之间已相对转过了 180°。由此可知，B 副也是整转副，而 C 副为摆转副。

5.1.3 平面四杆机构的基本类型与演化

平面四杆机构是应用最广泛的一类机构，也是平面连杆机构的基础，为了满足各种各样的工作要求，出现了多种四杆机构的结构形式。为了便于设计和选用，通常是按四杆机构中四个运动副的不同配置，以及连架杆的运动形式及运动范围将其进行分类，并研究它们之间的内在联系及演化方式。

下面按运动副的配置将四杆机构分为三类，并分别介绍它们的演化与种类。

1. 铰链四杆机构

四个运动副都是转动副的四杆机构称为铰链四杆机构，按其二连架杆的运动状态，又可分为以下三种基本形式。

（1）曲柄摇杆机构 曲柄摇杆机构是铰链四杆机构的基本形式。如图 5.6a 所示的机构，曲柄长 $a=20\text{mm}$，连杆长 $b=50\text{mm}$，摇杆长 $c=40\text{mm}$，机架长 $d=60\text{mm}$。其中，a 最短，d 最长，满足：$a+d(=80\text{mm})\leqslant b+c(=90\text{mm})$ 的曲柄存在的条件，AB 为曲柄。由前面分析可知，其中，A、B 铰链为整转副，而 C、D 铰链为摆转副，即 AB 与 BC 及 AD 之间均

可作相对整周转动，而 CD 与 BC 及 AD 之间则是作相对摇摆运动。这样的相对运动状态在杆长确定之后是确定不变的，无论选择哪一个构件为机架，这样的相对运动状态都不会改变。

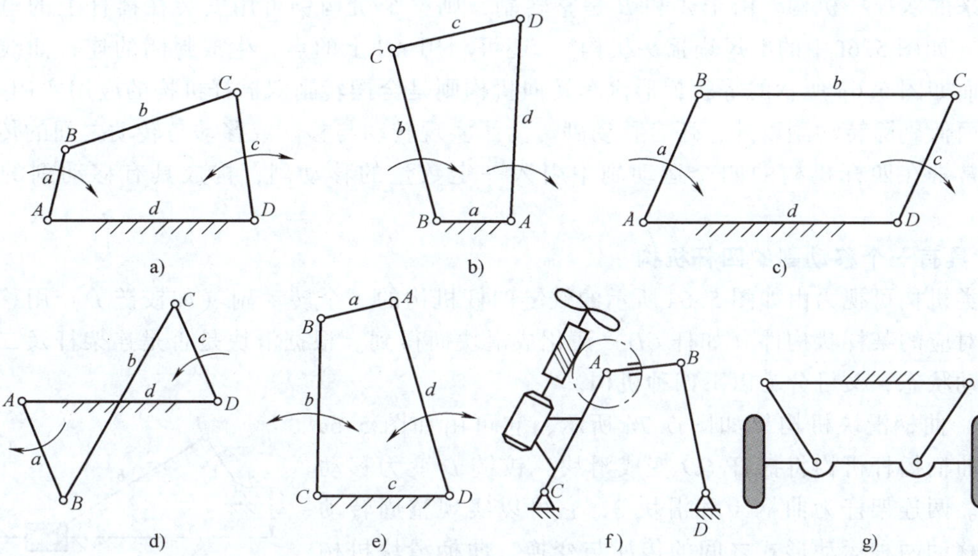

图 5.6　铰链四杆机构

a）曲柄摇杆机构　b）双曲柄机构　c）平行四边形机构　d）反平行四边形机构　e）双摇杆机构　f）电扇摇头机构　g）等腰梯形机构

由此可知，如图 5.6a 所示的运动链，若选择不同构件作为机架，则将会得到两连架杆具有不同运动状态的机构。若以与最短杆 AB 相邻的两个杆 AD 和 BC 之一为机架，则都可以得到曲柄摇杆机构，都可以实现将整周等速转动转换为变速的摇摆运动输出。但其具体的变化规律是不同的。

（2）双曲柄机构　两个连架杆都作整周转动的铰链四杆机构，称为双曲柄机构。如图 5.6b 所示，它可以由如图 5.6a 所示的运动链 $ABCD$，取最短杆 AB 为机架获得，这也是设计得到双曲柄机构的基本途径。它可实现将主动曲柄的等速整周转动变换为从动曲柄变速整周转动。如果满足 $AB/\!/CD$ 且 $AB=CD$，$BC/\!/AD$ 且 $BC=AD$，则构成如图 5.6c 所示的平行四边形机构。由于在运转过程中，始终保持两对边相互平行，故两个连架杆曲柄将作等速同向转动，而连杆作平面平行运动（即 BC 总是与 AD 平行）。但值得注意的是，由于 $AB+BC=AD+CD$，当主动曲柄 AB 与机架 AD 共线时，CD 和 BC 也将同时处于 AD 线上，这时，从动曲柄 CD 可以继续与 AB 同向转动，也可能向相反方向转动，而形成如图 5.6d 所示的反平行四边形机构。这种机构，两曲柄不仅转向相反，而且转速也不相同。平行四边机构的所有铰链均是整转副，因此，不论以何构件为机架均为平行四边形双曲柄机构。

（3）双摇杆机构　双摇杆机构为两连架杆均只能作摇摆运动的铰链四杆机构。同理，如图 5.6e 所示，它可由如图 5.6a 所示的曲柄摇杆机构以摇杆为机架获得。由于 C 和 D 均是摆转副，从而二连架杆 BC 和 AD 都只能作一定范围的摇摆运动。

双摇杆机构除了可由具有整转副存在的运动链演化得到之外，还可以由最短杆加最长杆大于其余两杆长度之和的运动链得到。如图 5.6a 所示的机构，若仅使连杆 BC 长 $b=35\text{mm}$，其余杆长不变，则 $a+d(=80\text{mm})>b+c(=75\text{mm})$，就成为不存在整转副的全摆转副运动链，无论以哪一杆为机架，都只能得到双摇杆机构。

双摇杆机构由于驱动比较麻烦，应用较少。一般常用如图 5.6e 所示的由曲柄摇杆机构演化而来的双摇杆机构。由于 A 和 B 是整转副，则整个机构仍可用安装在摇杆上的电动机来驱动（如图 5.6f 中的电风扇摇头机构）。还可利用 AB 上的点，生成封闭的连杆曲线加以应用。而如图 5.6g 所示的等腰梯形汽车转向机构则是全摆转副双摇杆机构的应用实例。

平面低副除转动副以外，还有移动副。为了实现转动与移动或移动与转动之间的传递与变换，常常在四杆机构的四个运动副中引入一定数量的移动副，构成具有移动副的四杆机构。

2. 具有一个移动副的四杆机构

这类机构可视为由如图 5.6a 所示的铰链四杆机构的一个转动副（如铰链 D）用移动副替代，对应的某杆状构件（如杆 CD）演化成滑块而得到。根据滑块是否是连架杆及二连架杆的运动状态，又可分为以下四种机构。

（1）曲柄滑块机构　如图 5.7a 所示，它可由如图 5.6a 所示的曲柄摇杆机构将摇杆 CD 变成滑块，铰链 D 变为移动副得到。两连架杆为曲柄 1 和滑块 3，它可以实现整周转动与往复移动两种运动形式之间的传递与变换。曲柄滑块机构与曲柄摇杆机构一样是应用最为广泛的一种四杆机构。如绪论中的内燃机及第一章中所列举的压力机等都是其应用的实例。

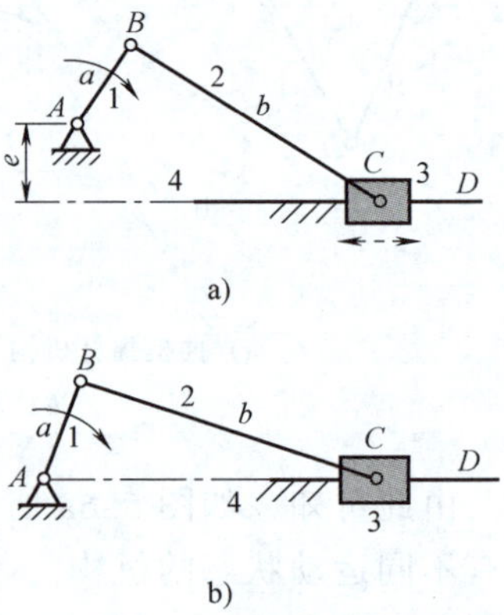

图 5.7　曲柄滑块机构

a）偏置式曲柄滑块机构

b）对心式曲柄滑块机构

曲柄滑块机构的基本尺寸有曲柄长 a、连杆长 b 及滑块移动导路与曲柄铰链中心 A 之间的距离——偏距 e。这三个尺寸确定了其运动传递与变化的规律。当偏距 $e>0$ 时，称为偏置式曲柄滑块机构；当偏距 $e=0$ 时，称为对心式曲柄滑块机构（图 5.7b）。对心式是最常用的结构形式。

曲柄滑块机构也是具有一个移动副的四杆机构的基本形式。与前述演化原理一样，将如图 5.7b 所示的运动链，分别取不同构件为机架，就可获得以下三种具有不同运动特征的、具有一个移动副的四杆机构。

（2）转动导杆机构　如图 5.8 所示，若将如图 5.7b 所示的曲柄滑块机构，改为以曲柄 1 为机架，由于 A、B 均为整转副，两个连架杆 2、4 均可相对机架作整周转动而成为双曲柄机构。但这时其连杆为滑块 3，构件 4 是滑块的导路，称为导杆，故特将这种双曲柄机构称为转动导杆机构。

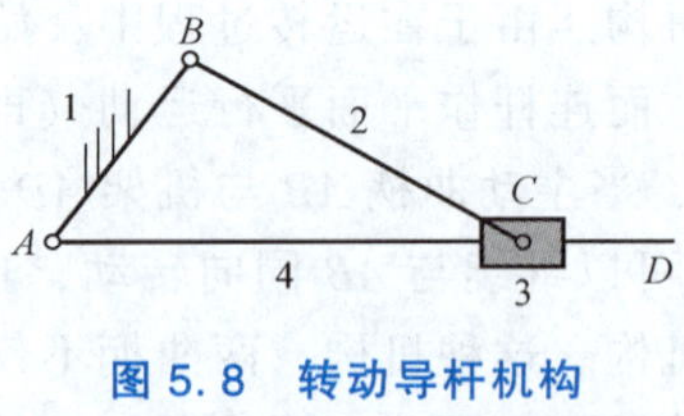

图 5.8　转动导杆机构

（3）曲柄摇块机构（或摆动导杆机构）　如图 5.9a 所示，将曲柄滑块机构的连杆 2 固定为机架，则铰链 B 为整转副，铰链 C 为摆转副，连架杆 1 为曲柄，滑块 3 作摇摆运动称为摇块，该机构则称为曲柄摇块机构。这种机构如图 5.9b 所示，将其摇块做成“筒状”的液压缸 3，构件 4 做成带活塞的杆 2，从而成为用液压（或气压）驱动的液压缸装置。这种装置在工程机械和自卸汽车中得到了广泛的应用。

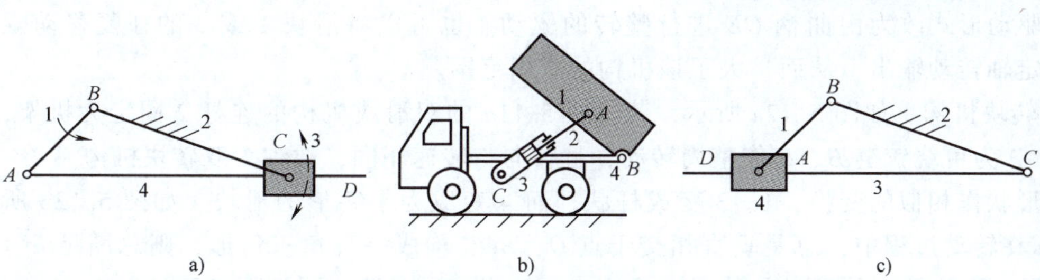

图 5.9　曲柄摇块机构

a）曲柄摇块机构　b）液压缸机构　c）摆动导杆机构

另外还可以通过改变构件的形状进行演化，如图 5.9c 所示就是将图 5.9a 中的杆状构件 4 改为块状，而摇块 3 变为导杆这样就得到类似于曲柄（1）摇杆（3）机构的摆动导杆机构。其在牛头刨床和平板印刷机等设备中，得到了较广泛的应用。

（4）移动导杆（或定块）机构　如图 5.10 所示，将曲柄滑块机构的滑块 3 固定为机架，则两连架杆 2 为摆动，构件 4 作移动，称为移动导杆机构（或定块机构）。这种机构应用较少，如图 5.2g 所示的手动抽水泵，以及类似的黄油枪、注塑器和小型手动压床等是其应用实例。

3. 具有两个移动副的四杆机构

将铰链四杆机构中某两个转动副用移动副替代后，即可得到含两个移动副的四杆机构。按两个移动副是否相邻（两个移动副中含有同一构件的状况称为相邻）又可以分为两类。这里主要介绍常用的相邻结构形式。

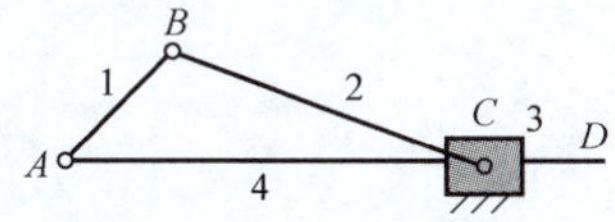

图 5.10　移动导杆机构

（1）双滑块机构　如图 5.11a 所示，将曲柄摇杆机构中的铰链 A、D 用移动副替代。构件 1 和 3 为滑块，而机架 4 为两个滑块的导路，并使两导路相互垂直，就得到常见的双滑块机构。两连架杆均为移动滑块，可实现两个不同方向的移动之间的传递和变换。由于其特殊的导路配置，在连杆 2 上除中点 E 的轨迹为圆外，其他点的轨迹为长、短轴不同的椭圆，可用作椭圆仪（图 5.11b）。由于点 E 的轨迹为以两导路的交点 O 为中心，以 $BC/2$ 长度为半径的圆，若如图 5.11c 所示，在原机构加入以 O 为固定铰链，并在点 E 用铰链与 2 连接的杆 OE，则显然由该构件和两个转动副所提供的约束为“虚约束”。但这样一来就可以将原

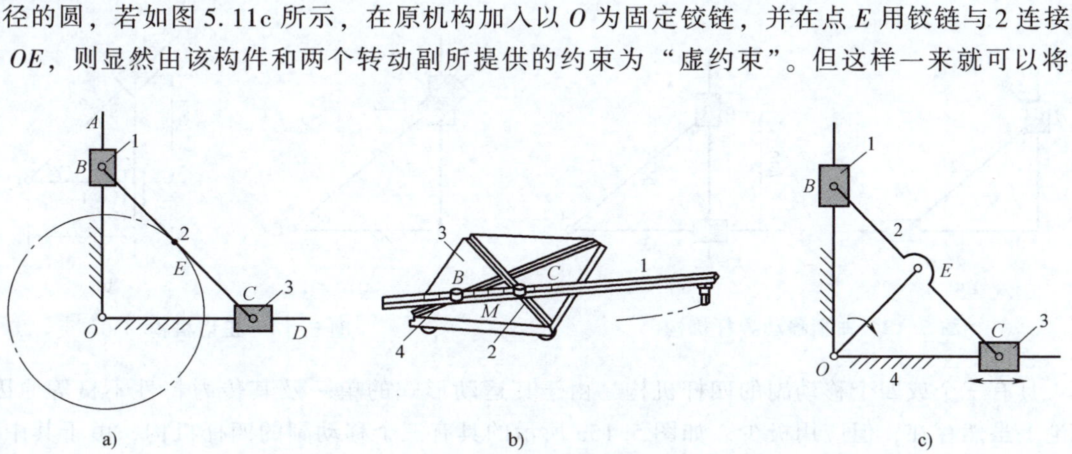

图 5.11　双滑块机构

a）双滑块（相邻）机构　b）椭圆仪　c）有虚约束的双滑块机构

机构的移动驱动形式改为由曲柄 OE 进行整转的驱动。也可以将滑块 1 或 3 的往复移动驱动，转换为定轴转动输出，从而扩大了该机构的应用范围。

（2）双转块机构　如图 5.12a 所示，若将图 5.11a 的双滑块机构的连杆 2 固定为机架，则两转块 1、3 为可绕铰链 B、C 作整周转动，且转向与转速相同，故称为双转块机构。

将构件形状作相似的变换，1、3 变成杆状，而 4 变成为十字形的滑块，如图 5.12b 所示，杆 1、3 在转动过程中，总是垂直相交于点 O，BOC 构成一直角三角形，则总满足 $a^2+b^2=c^2$ 的关系，则可见 O 的运动轨迹是一个以 BC 长度 c 为直径的圆，而且可证明 $\omega_1=\omega_3$，所以该机构类似于平行四边形机构。如图 5.12c 所示的十字滑块联轴器就是其典型应用的例子，其用于两平行轴（存在偏心）间的运动连接。

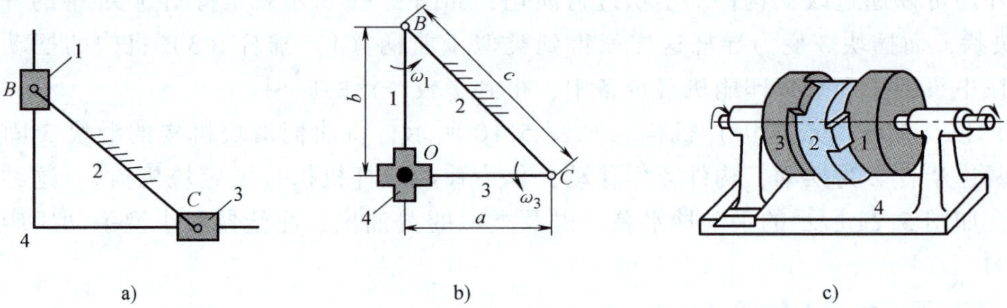

图 5.12　双转块机构

a）双转块机构　b）双转动导杆机构　c）十字滑块联轴器

（3）曲柄移动导杆机构　如图 5.13a 所示，若将如图 5.11a 所示的双滑块机构的滑块 3 固定为机架，则连架杆 2 可作整周转动，另一连架构件 4 不仅可作移动，同时又是滑块 1 的导杆，故也称为移动导杆机构。而如图 5.13b 所示的导杆机构，滑块 1 上 B 的位移 $s=l\sin\alpha$，所以可用作正弦规律的函数发生器，故此机构称为正弦机构。

在双滑块机构中，还有两移动副不相邻的四杆机构，其较常见的结构如图 5.14 所示，当 3 转动时，铰链点的位移 $s=l\tan\alpha$，该机构常称为正切机构。其他形式的不相邻双滑块机构应用很少。

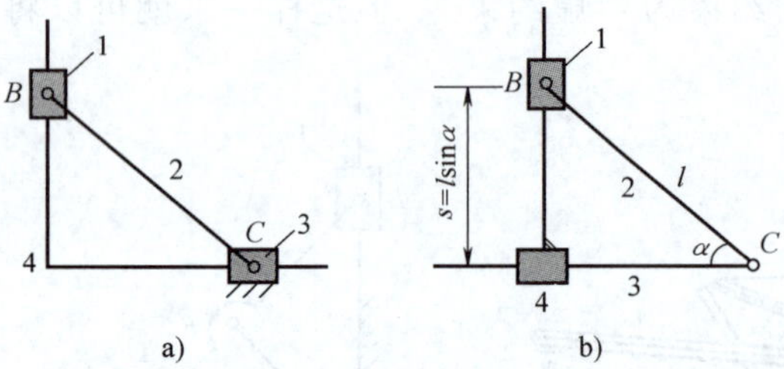

图 5.13　曲柄移动导杆机构

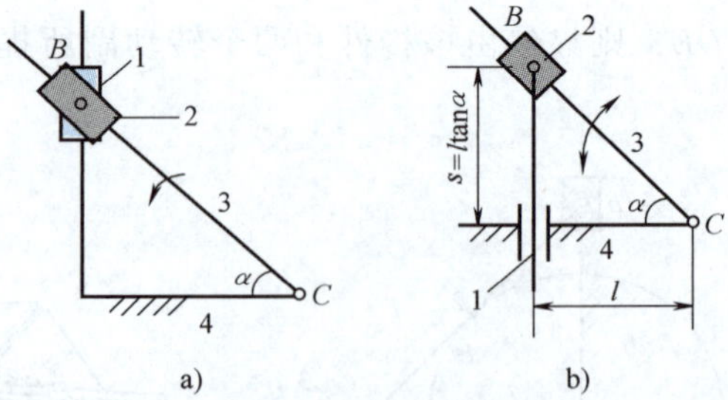

图 5.14　正切机构

具有三个或四个移动副的四杆机构，由于其运动形式的单一及其传力特性不良等原因，理论上虽然存在，但应用极少。如图 5.15a 所示的具有三个移动副的四杆机构，由于其中两个构件都有两个移动副，可见在运动过程中 α_{12}、α_{23} 及 α_{34} 都是不可变的，因此，用转动副 A 连接的构件 1 和 4 的夹角 α_{14} 实际也是不可能改变的。没有相对转动存在，构件 1 和 4 就如同一个刚体一样只能作平移，蜕化为如图 5.15b 所示的三滑块机构（或称为楔块机构）。如图 5.15c 所示的全移动副四杆机构，其实际自由度已不能用一般平面机构自由度公式 $F=3n-2P_L-P_H$ 来计算。该机构的实际自由度不是 1 而是 2，这可以视为是在自由度为 1 的三个构件、三个移动副的基础上增加了一个构件、一个移动副得到的，也即是其自由度增加了 1，故机构自由度为 2。也可以用公共约束的观点来分析，由于所有构件均构成移动副，其平面转动自由度都被约束掉了，故机构的公共约束就为 4，每个构件只具有两个平面移动自由度。每个移动副提供的约束也仅限制于约束掉了某一个移动自由度，其约束数只能算为 1。则该机构的自由度 $F'=2n-P_L=2\times3-4=2$。同理对三个构件、三个移动副机构的自由度也只能按此式计算，即 $F'=2\times2-3=1$。

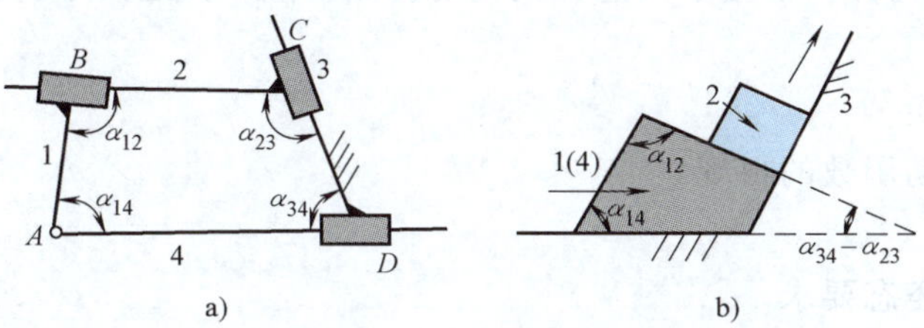

图 5.15 多移动副机构

5.1.4 平面多杆机构及多自由度机构

通常将构件数 $N>4$，自由度 $F=1$ 的连杆机构，称为多杆机构，而将自由度 $F>1$ 的，称为多自由度机构。它们多是为了实现四杆机构难以实现的工作要求而出现的。特别是多自由度机构，由于驱动、测控技术的发展及机械（如机器人、仿生机械等）智能化的需要，应用已越来越广泛，也为用较少的构件，得到运动特性多样、柔性可调的机械系统提供了可能。

多杆、多自由度机构的曲柄存在条件比四杆机构复杂，可参考相关文献。但对于常用的可视为由基础四杆机构串联一个Ⅱ级组而形成的瓦特型六杆机构，则可直接应用四杆机构的曲柄存在条件进行设计。

5.2 平面连杆机构的基本特性

平面连杆机构是应用十分广泛的一类基本机构，为了正确地选用和设计机构，必须定性、定量地认识与了解各种连杆机构的运动及力的传递与变换的基本特征和规律。这就要对机构进行运动分析及力分析。特别是运动分析，其是机构设计的最基本、最重要的组成部分，是了解、掌握、校核与优选机构的基本手段。运动分析与设计是密不可分的，两者本质上是统一的。因此，学习运动分析的重点与目的不仅是为了掌握分析方法，而且还必须注意了解机构的基本工作特性与运动规律。

所谓连杆机构的基本工作特性，是指对了解连杆机构的应用特征以及运动、动力学变化规律具有标志性的一些特征与参数，也可以说是评价工作特征的一些较宏观的性能指标。为了便于正确地评价与选用各种连杆机构，首先简要介绍平面连杆机构的运动特性及其应用。

5.2.1 平面连杆机构的运动特性及其应用

为了能根据设计任务提出的运动和动力要求正确、合理地选择、应用和设计机构（即选型），设计者必须尽可能多地了解和掌握各种机构的运动学及动力学特性，以及这些机构在工程实际中的应用，从而为选型设计积累知识和经验。

根据其功能与用途，平面连杆机构可分为传递运动和动力的传动机构及导引物体运动的导引机构两大类。作为传动机构的平面四杆机构常以两连架杆作为运动和动力的输入与输出构件，两连架杆运动的输入量与输出量之间为某种传动函数关系，故常用两连架杆的传动函数来反映传动机构的基本传动特性。由于连杆曲线的多样性与连杆运动的复杂性，导引机构常以连杆作为导引物体运动的主要构件。根据平面连杆机构的应用特点，其运动学特性可以归纳为以下四个主要方面来表征。

1）实现运动形式和性质的变换。

2）实现运动规律的变换和传动函数的再现。

3）实现轨迹曲线。

4）导引刚体实现一定位置与姿态要求。

1. 实现多种运动形式及性质的变换

所谓运动形式的变换就是：机构能将输入给机构原动件的运动，变换为设计者希望的运动形式与性质从机构的执行构件输出。由于机构原动件的运动来自原动机，而工程中以连续转动的原动机（电动机、内燃机）应用最为普遍，故本节将主要介绍能将转动转换为其他运动形式与性质的平面连杆机构。

（1）实现转动→转动的运动转换　能够实现这种运动转换的平面连杆机构有两类，一类是输入转动与输出转动运动参数相同（即等速同向）的机构。这些机构有如图 5.12 所示的双转块机构（即十字滑块联轴器）和平行四边形机构。在实际应用中，十字滑块联轴器主要用来连接两相互平行、但有较小错位的转轴。该机构由于十字形的连杆的转速是输入、输出转速的一倍，而连杆质量在转动时产生的惯性力又不能实现完全平衡，其离心惯性力较大，故通常只用来连接低速转轴。平行四边形机构的应用更加广泛，其主、从动曲柄能按相同的运动参数转动，而且还可以实现联动输出。如图 5.16a 所示的平行四边形四孔钻机、火车机头车轮联动机构是其应用的实例。

当平行四边形机构曲柄与连杆、机架共线，主动曲柄继续转动时，从动曲柄会出现运动方向不确定或机构运动形态改变的问题。为了防止上述问题发生，可采用增加从动曲柄的转动惯量借用惯性运动来克服；或采用虚约束结构，使各套平行四边形机构的曲柄不同时与机架共线的方法来克服（图 5.16a、c）。

另一类能将转动转换为转动但运动参数不同的平面连杆机构有如图 5.16d 所示的惯性振动筛中的双曲柄机构，它充分利用了双曲柄机构当主动曲柄匀速转动时从动曲柄作变速转动这一特点，使与从动曲柄相连的水平运动筛能在运动中产生较大的加速度，从而加剧被分筛粒料相互碰撞、分离来达到提高分筛效率的目的。如图 5.16b 所示的车门开闭机构是利用反平行四边形机构两曲柄转向相反的一个应用例子。如图 5.16e 所示的小型刨床是转动导杆机构 ABC 的应用实例。从图 5.16e 中可以看出：当曲柄 BC 匀速转动一周，刨刀完成进刀、退刀的工作循环，但进刀时曲柄要转 $180°+\theta$ 角，其平均速度较慢，速度变化相对较小而且平稳。退刀时只转 180°-θ 角，其平均速度较快，返回迅速。这种刨刀在作往复运动过程中慢去快回的现象简称“急回”。这样能提高机构执行构件工作时运动的平稳性，改善受力与加工质量，而且又能快速空回以提高机械的生产率。

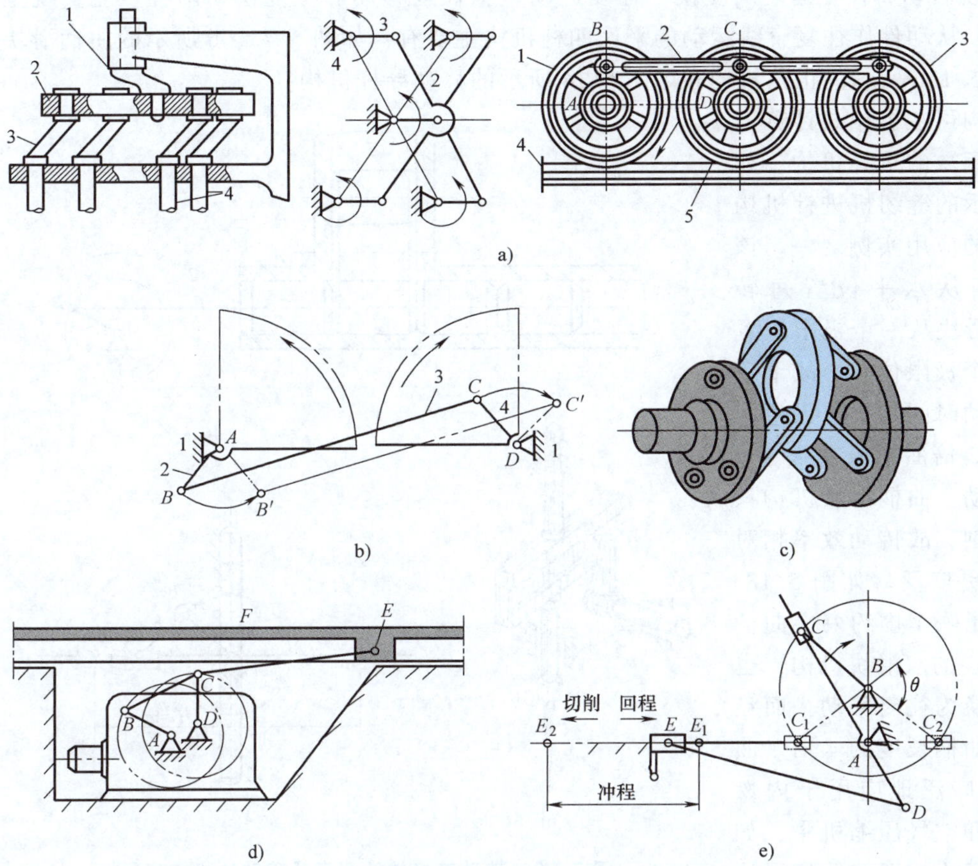

图 5.16　双曲柄四杆机构的应用

a）多孔钻机、车轮联动装置　b）车门开闭机构　c）六杆联轴器　d）惯性振动筛　e）小型刨床

如图 5.17a 所示的万向联轴器是能将转动转换为转动的一种空间四杆机构。这种机构当运动输入轴与输出轴的轴间夹角 $\alpha=0$ 时，两轴以相同的运动参数转动；当 $\alpha\neq0$，主动轴匀速转动时，从动轴作变速转动；α 越大，从动轴的速度波动越厉害，而且传动效率也越低。如图 5.17b 所示采用双万向联轴器来连接发动机与后轮，当后轮轴与发动机相对位置改变时，两万向联轴器的转动轴与万向联轴器中间轴的

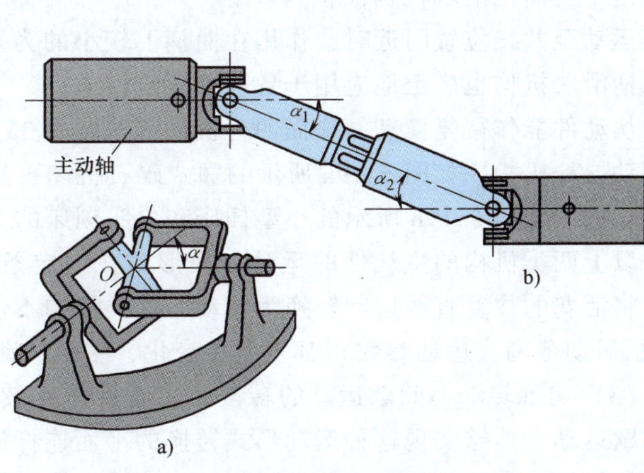

图 5.17　万向联轴器

a）单万向联轴器　b）双万向联轴器

夹角 α_1、α_2 会不停地变化，但能始终近似保持 $\alpha_1=\alpha_2$，这样当第一个万向联轴器将发动机的匀速转动变换为不匀速的转动时，第二个万向联轴器又将不匀速的转动还原成匀速的转动，从而保证汽车在颠簸的路面上能相对平稳地行驶。

(2) 实现转动→往复运动的变换　往复运动包括往复移动和往复摆动两种。能实现主动件为转动、从动件作往复直线运动的平面四杆机构主要有：如图 5.7a、b 所示的曲柄滑块机构、如图 5.13b 所示的正弦机构和如图 5.14 所示的移动导杆机构。

正弦机构可在机械式计算器中用作三角函数的运算机构，如图 5.18b 所示的缝纫机进针机构是正弦机构的应用实例之一。该机构当曲柄从水平位置每转 180°，十字滑块从一个极限位置移动到另一个极限位置，故十字滑块来回运动时间相等，无急回特性，并以 2 倍曲柄长或大于 2 倍曲柄长运动。曲柄滑块机构只有一个移动副，故传动效率相对较高，应用更广泛。如图 5.18c 所示的增加了一个虚约束（曲柄和两个铰链）的双滑块机构，也可将转动变换为往复移动，而且其行程可达曲柄长度的 4 倍。曲柄滑块机构广泛地应用于内燃机、蒸汽机和空气压缩机中，如图 5.18a 所示为偏置式曲柄滑块机构在自动送料机中应用的实例。由于当曲柄滑块机构曲柄与连杆运动至共线位置附近时，作用在曲柄上较小的力矩能在滑块上产生很大的对外输出力，故曲柄滑块机构也广泛地应用于各种冲压机械中。

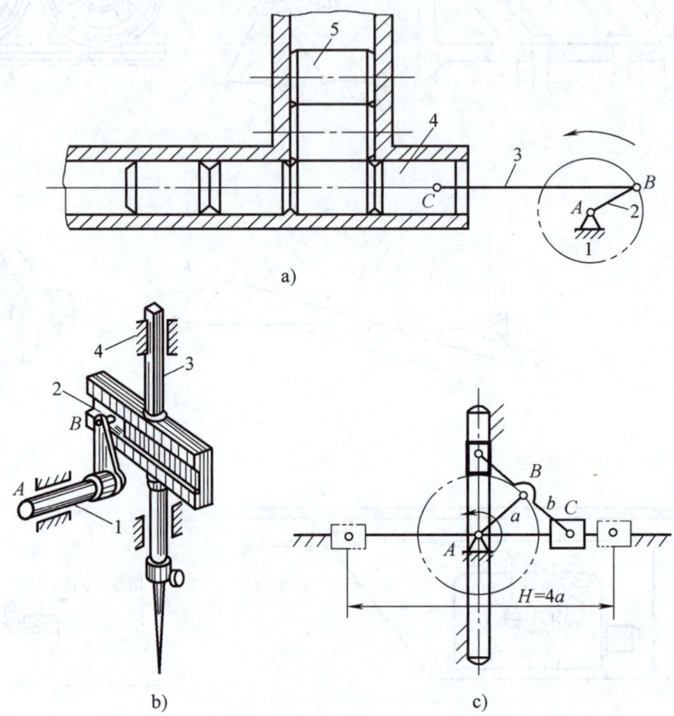

图 5.18　转动转换的往复直线移动的机构应用

a）自动送料机　b）缝纫机进针机构　c）等腰对心式曲柄滑块机构

从动件能作往复摆动的平面四杆机构有如图 5.3a 所示的曲柄摇杆机构和如图 5.9c 所示的摆动导杆机构。如图 5.19a 所示的颚式碎石机和雷达天线俯仰机构是曲柄摇杆机构在工程中的实例。如图 5.19b 所示的小型插床和牛头刨床的切削运动机构均采用了摆动导杆机构。

以上两类机构的主从件的运动变换形式在一定条件下是可逆的，如内燃机以活塞为主动，将活塞的往复直线运动转换为转动。这类机构不仅运动形式发生了变换，而且运动性质（包括运动范围、运动参数）都发生了变化，主、从动件的运动参数也是不相同的。

(3) 实现转动→间歇运动的转换　主动件作连续运动，从动件能作短暂停歇的运动称为间歇运动。能够实现这种运动形式转换的平面连杆机构有：如图 5.20a 所示的圆弧导轨摆动导杆机构；如图 5.20b 所示的圆弧导轨移动导杆机构。这两种机构当圆弧导轨的曲率半径与曲柄长度相等时，从动杆分别作间歇摆动和移动。

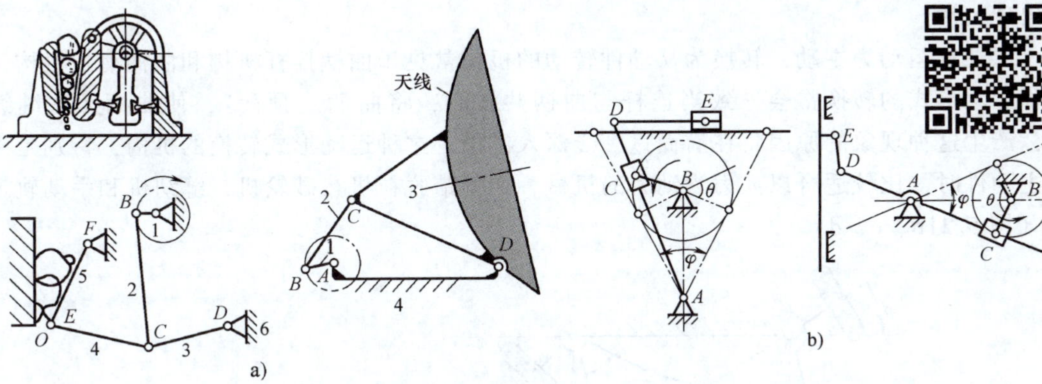

图 5.19 转动转换为往复摆动的机构应用

a）颚式碎石机和雷达天线俯仰机构 b）牛头刨床和插床

图 5.20c 所示为采用平面六杆机构设计得到的压力机，该压力机的冲头能作短暂间歇运动。图 5.20 中因为曲柄摇杆机构 $ABCD$ 的连杆上点 M 的轨迹有一段近似圆弧的曲线轨迹 $\widehat{m'm''}$，连接冲头的连杆 MN 的长度设计等于该圆弧的曲率半径，当连杆 MN 的点 M 在圆弧 $\widehat{m'm''}$ 上运动时，冲头正好位于圆弧 $\widehat{m'm''}$ 的圆心上，使冲头在该运动时间内停歇。图 5.20d 所示为螺纹自动切制机中能作间歇运动的平面六杆机构。该六杆机构当曲柄 AB 与连杆 BC 在共线位置附近运动时，点 C 的位移量很小，而这时杆 $C'D$ 与杆 $C'E$ 正好也处于共线位置附近，因此，在该瞬时曲柄的运动对滑块 E 的运动几乎没有影响，滑块这时作短暂的停歇。

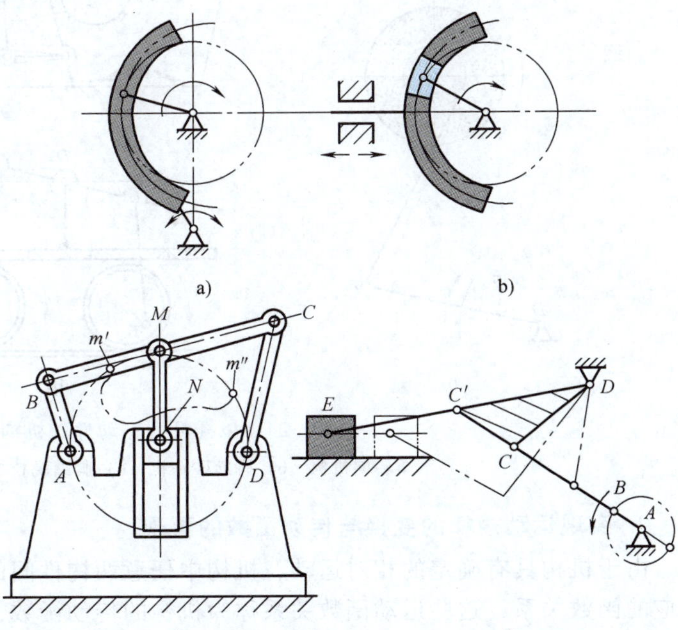

图 5.20 转动转换为间歇运动的机构应用

a）圆弧导轨摆动导杆机构 b）圆弧导轨移动导杆机构

c）可以实现间歇运动的压力机 d）螺纹自动切制机构

在生产实践中由于设计任务对运动的多种需要，可以采用往复运动的原动机（如活塞式气动缸、液压缸、直线电动机和双向电动机等）来驱动以减少运动转换机构的数量。如图 5.12a 所示的双转块机构，它能将原动件的移动转换为另一个方向的移动。图 5.21a 所示为等腰梯形的双摇杆机构（简称等腰梯形机构），其已成功地应用于汽车的方向操纵机构中。操纵该机构中的一个摇杆，便能使固连在两摇杆上的车轮轴在转向过程中保证两轴的延长线始终相交于后轮轴的延长线于一点，使汽车的四只车轮能在转弯时绕同一点转动，从而使车轮与地面作滚动而避免出现打滑。

以往复运动为主动，转换为从动件转动的机构常见于曲柄摇杆机构和曲柄滑块机构，但这种运动形式的转换常会导致当连杆与曲柄共线时，将曲柄“顶死”，使曲柄无法继续转动，产生这种现象的原因将在后面进一步深入讨论。这种运动形式转换的机构，特别是摇杆为主动件时，比较适合以人力为动力的机械，如脚踏脱粒机、砂轮机、缝纫机和手动轨道车等（图 5.21b、c、d）。

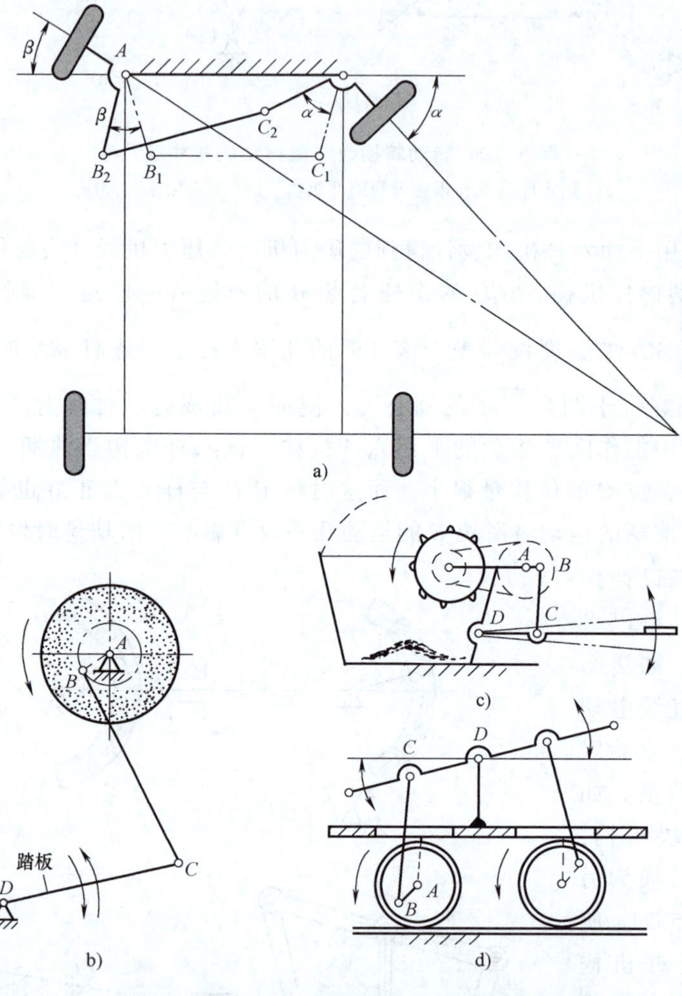

图 5.21　以摇杆为主动件的机构应用

a）汽车转向机构　b）脚踏砂轮机　c）脚踏脱粒机　d）手动轨道车

2. 实现运动规律的变换与传动函数的再现

由于机构具有确定的相对运动，机构中任意两构件间的位移、速度和加速度存在着一一对应的函数关系，这些运动函数关系称为机构的传动函数，能够实现某种传动函数的机构称为该传动函数的函数发生机构或传动机构，这是连杆机构的一个十分重要的特性。一般均假定主动件作等速运动，而从动件一般作变速运动。输出运动规律常可用某一函数表达式 $F(\varphi, t)=0$ 或运动曲线图来表示。连杆机构可实现的传动函数是多种多样的，而且可调。因此，也得到了广泛应用，这也是连杆机构与齿轮、凸轮机构相比较的一个重要特征。平面连杆机构通常用两连架杆的运动来实现预期的函数关系。如图 5.13b 所示的正弦机构能通过两连架杆的角位置与位移量的关系再现正弦函数；如图 5.14b 所示的正切机构也能通过机构两连架杆的角位置与位移量的关系再现正切函数。还必须指出，能理论上精确再现某一函数关系的连杆机构为数不多，一般是能足够精确地近似再现所要求的传动函数。

用数学表达式来描述机构的传动函数通常比较复杂，为了便于对机构的性能进行定性的分析比较，可以直观地用直角坐标曲线来描述：以横坐标表示主动构件的角位移（或时间），纵坐标表示从动件的（角）位移、（角）速度和（角）加速度。画出的曲线图分别称为机构的位移线图、速度线图和加速度线图，并统称为机构的运动线图。运用机构运动线图能迅速地了解机构的运动特性。图 5.22 中用实线和虚线，对应示出了具有相同曲柄与连杆长的对心式曲柄滑块机构和偏置式曲柄滑块机构的运动线图，可见其极值的大小出现的位置、正反行程所需的时间及其变化规律都是不同的。

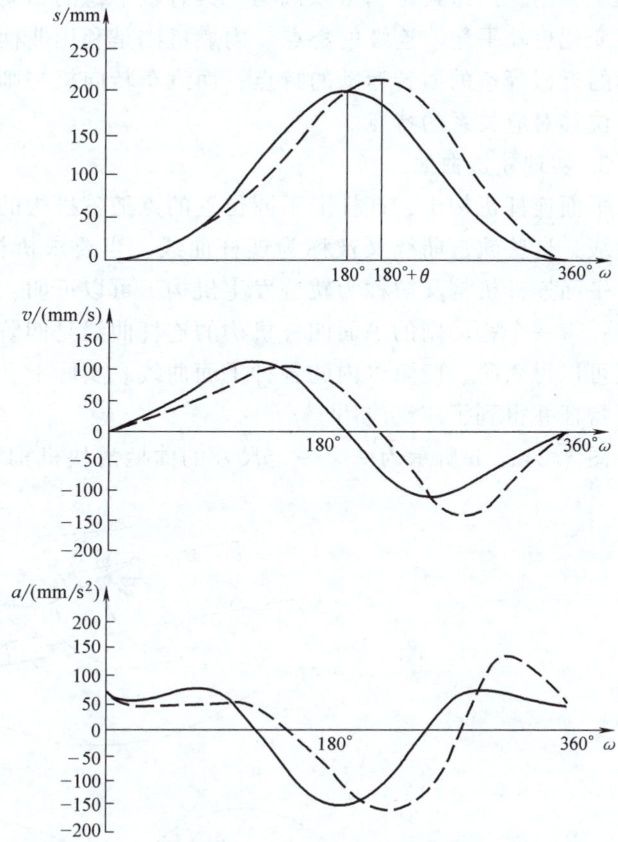

图 5.22　对心式和偏置式曲柄滑块机构运动性能的比较

——对心式　　------偏置式

机构传动函数的性质与机构的几何尺寸有密切的关系。当需要某一平面连杆机构的连架杆在某一运动域内再现某一可能再现的函数时，通常可以通过对机构杆长进行设计来实现，在绝大多数情况下连架杆只能近似再现所要求的函数关系。如图 5.23 所示的两种能近似再现函数 $y=\lg x$ 的铰链四杆机构，由于两连架杆转角的象限和取值范围不同，设计得到的机构的几何尺寸也不相同（图中数据为各杆相对机架的杆长比）。

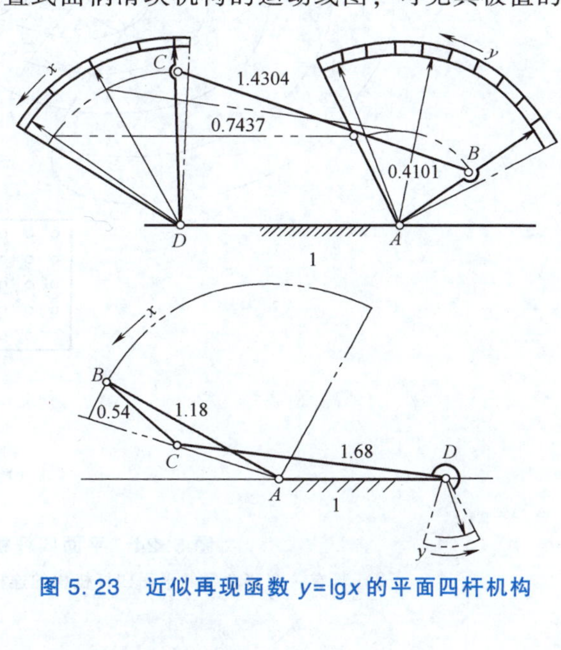

图 5.23　近似再现函数 $y=\lg x$ 的平面四杆机构

函数发生机构的应用十分广泛。如前

述的牛头刨、插床就是利用该机构，具有较平稳的移动速度和较快速度的空回行程，而且加速度变化也较平稳、连续的特点。内燃机则是利用曲柄滑块机构中滑块的变速移动可转换为曲柄的近似等速的回转运动的特点；而汽车转向机构则是利用了等腰梯形机构两连架杆的特殊角位移对应关系的特点。

3. 实现轨迹曲线

平面连杆机构中，连杆上不同位置的点随着机构的运动可描绘出各种形状不同的平面轨迹曲线，这些轨迹曲线又被称为连杆曲线。当要求机构的连杆曲线能再现预期的运动轨迹时，平面连杆机构又被称为轨迹发生机构。可以证明：铰链四杆机构的连杆曲线是六阶代数曲线；带一个移动副的平面四杆机构的连杆曲线是四阶代数曲线。也就是说，理论上连杆上的点可以得六阶、四阶以内的各种平面曲线。实际上，连杆轨迹的多样性是平面连杆机构的重要特征并得到了广泛应用。

图 5.24a、b 所示为一个一定尺寸的曲柄滑块机构与曲柄摇杆机构连杆上不同点的轨迹

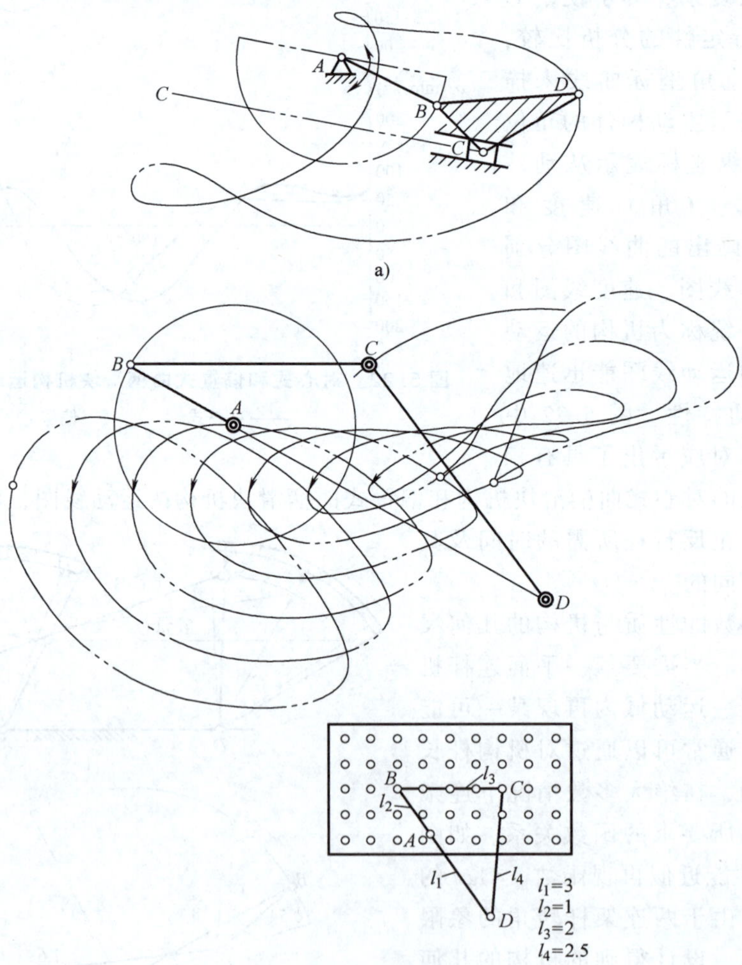

图 5.24 平面四杆机构的连杆曲线

a）具有一个移动副的平面四杆机构的连杆曲线 b）铰链四杆机构连杆曲线

曲线。可见，它们都是封闭曲线。从总体形状上有卵形、流线形、具有一个自切尖点及具有相交二重点等形状，它们都可以根据需要加以利用。图 5.25 所示的搅拌机及热轧钢轨搬运机构就是其应用的实例。

连杆机构还可以实现一些预期的特殊曲线。如精确或近似的圆弧、直线以及某些特殊二次曲线如椭圆、抛物线、双曲线等。如平行四边形机构的连杆作平移，连杆上各点的轨迹均是等同于曲柄销中心绕定点转动的轨迹——整圆。因此，可以用来驱动若干个等速、同向的曲柄，也可方便地设置必要的虚约束结构。又如前述双滑块机构可实现圆及椭圆轨迹，但更多的是精确或近似地实现圆弧或直线的情况。如图 5.26a 所示的六杆机构 $CB=CD=CM=1$，$AD=1.15$，$AB=0.43$，$\varphi=95°$。该平面六杆机构连杆上的点 M 的轨迹曲线有两段向同侧弯曲的圆弧，且两段圆弧的曲率半径近似相等，通过作图可求出两圆弧的圆心 E' 和 E''，并确定出圆弧半径的相对长度比 $R=3.34$，在 $E'E''$ 连线的垂直平分线上任选一点 F 作为摆杆的摆动中心，以 $EM=R=3.34$ 作为连接摆杆上点 E 与六杆机构上点 M 的连杆，得到如图 5.26a 所示平面六杆机构 $ABCDEF$，并求出其余各杆的相对长度分别为：$EF=0.41$，$AF=2.51$，$DF=1.47$。当该六杆机构连杆 BC 上点 M 沿两圆弧轨迹运动时，点 E 将分别位于圆心位置 E' 和 E'' 不动，从而实现摆杆 EF 在摆动的两极限位置上停歇。又如在设计如图 5.2b 所示的鹤式起重机时，为了避免在搬运重物平移时因不必要的升降而消耗能量，要求吊臂上一点的轨迹应尽可能作水平直线运动。从连杆曲线图谱中可以找到很多能导引直线轨迹运动的连杆机构，有像如图 5.26b 所示能精确实现直线轨迹运动的机构，也有像如图 5.26c 所示能在某一运动域中近似实现直线运动的机构，而设计最终选定如图 5.26d 所示的双摇杆机构，除了考虑能引导重物作水平直线运动外，还考虑了机构的复杂程度、重物运动速度的均匀性、重

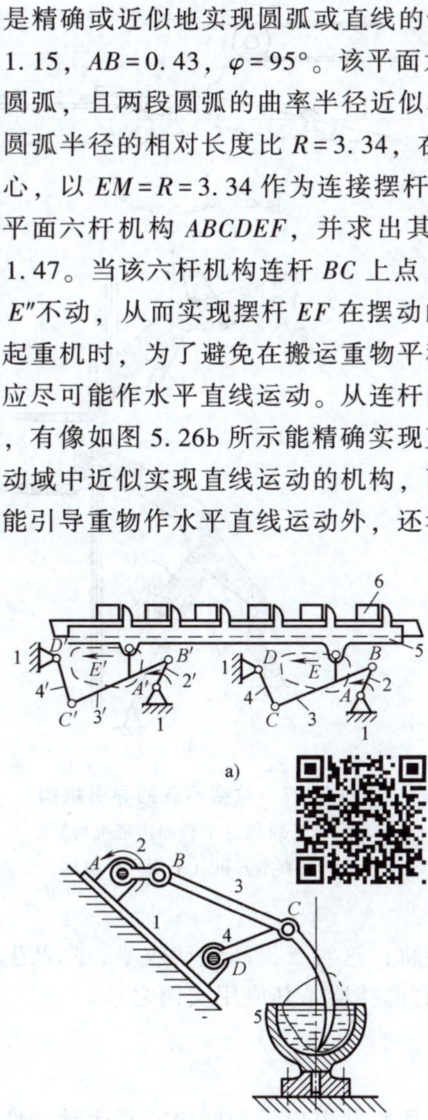

图 5.25　连杆曲线的应用

a）热轧钢轨搬运机　b）搅拌机

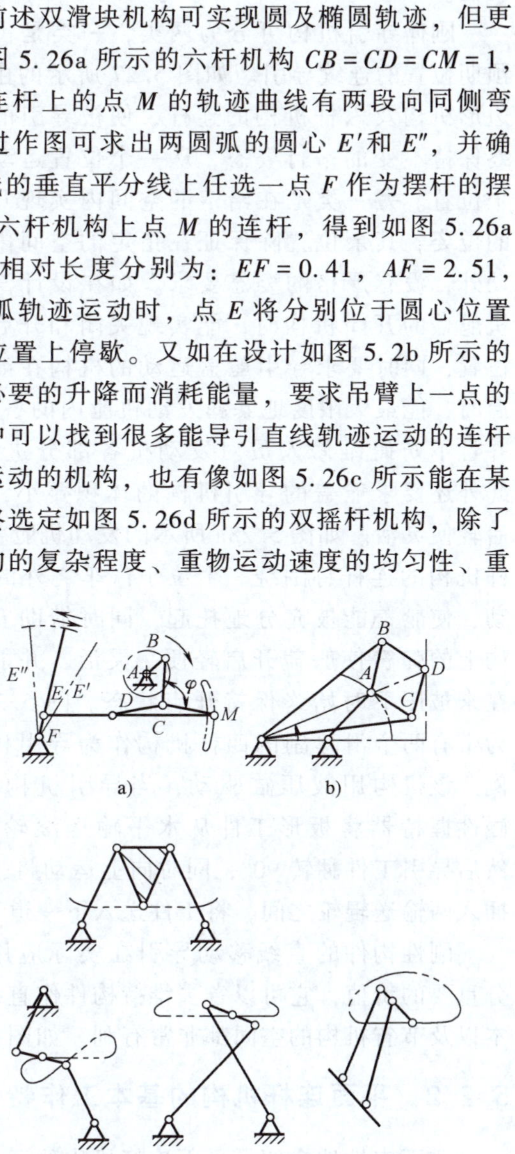

图 5.26　特殊连杆曲线的应用

a）间歇摆动平面六杆机构　b）精确直线运动机构

c）实现近似直线运动的机构

d）近似直线运动

物与机构的相互位置以及机构受力及能量消耗等多方面因素。

4. 导引刚体实现一定的位置姿态

平面连杆机构不仅能导引机构上某一点沿给定的轨迹运动，也能导引刚性构件按给定的若干位置和姿态运动（简称“位姿”运动）。导引刚体按给定位姿运动的机构称为刚体导引机构。这类机构也可认为是将简单的转动（移动）转换为复杂平面运动的运动形式转换机构。

刚体导引机构可分为两类，一类是占有多个预期位置的连续导引。如图 5.27 所示的由平行四边形机构及六杆机构的连杆，使被导引的物体始终保持不变的平行姿态，从一个位置运动到另一个位置。另一类是在给定的空间内实现几个特定的位姿，其余位置除保证在指定的空间内顺序运动外，没有严格的姿态要求。如在设计汽车发动机舱盖的开闭机构时，能实现关闭和开启的两个位置，同时要求导引舱盖运动的机构在舱盖被开启时，能最大限度地暴露发动机舱内的各个机件，并且不妨碍维修人员对发动机各部分进行检修，此外还要求舱盖的导引机构的体积要小，舱盖开启轻便灵活。如图 5.28a 所示的发动机舱盖作为六杆机构的连杆将围绕一个位于汽车之外的点 P 转动，使舱盖能被充分地托起，同时借助安装在机构上的弹簧使舱盖开启轻便、灵活，并能使舱盖在未被压下时始终保持开启状态。图 5.28b 所示为带有两个滑移副的四杆机构作为导引机构的实例。该机构用液压缸驱动，当导引机构运动时，磁性握持器将板形工件从水平输送滚轮上取出，然后导引工件翻转 90°，同时向上运动将工件垂直插入两输送辊轮之间，将工件送入下一道工序。

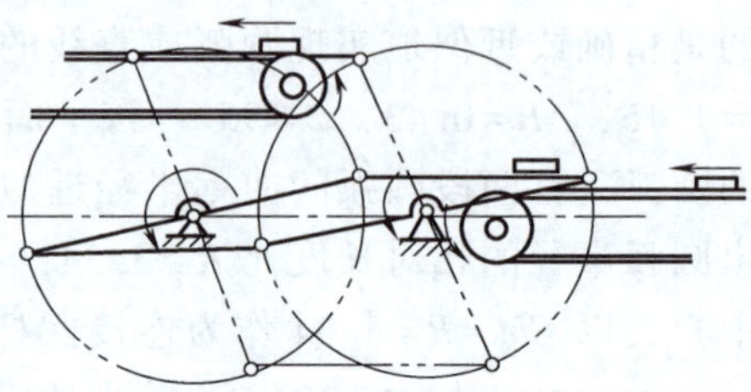
a)

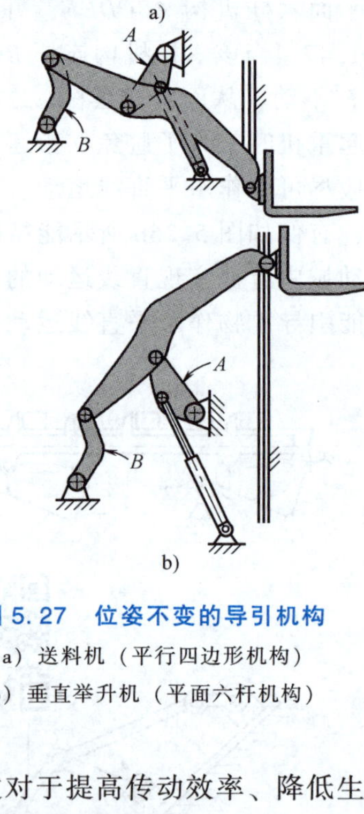

b)

图 5.27 位姿不变的导引机构

a）送料机（平行四边形机构）

b）垂直举升机（平面六杆机构）

刚性构件的直线移动导引在实际应用中有十分重要的价值，它可以省去维持构件作直线移动的导轨，这对于提高传动效率、降低生产成本以及节省机构的空间都非常有利。如图 5.29 所示的搅拌器是其应用实例之一。

5.2.2 平面连杆机构的基本工作特性与参数

前面定性地介绍了平面连杆机构的运动特性与应用，并提出了一些表征其运动特性的概念，如“急回特性”“工作行程”等。下面将更系统地进一步讨论能表征平面连杆机构工作特性（包括运动与力的传递变换特性）的几个基本特性参数及其定量分析。

1. 输出构件的行程与极限位置

所谓机构的行程，是指在主动曲柄旋转 360°（一个工作周期）时，输出构件转角（或直线长度）的大小。它不仅表征从动件的运动区间，而且也能间接地表征其平均速度的大小，是连杆机构，特别是从动件作往复运动的机构的一个基本运动学指标。

为了求得从动件的行程，必须求得其极限位置。行程也就是从动件两极限位置间的夹角或直线距离。所谓极限位置，一般常以曲柄的固定铰链中心为原点，以从动件上的某一点（一般为动铰链点）为观测点，该观测点离原点最远和最近的位置即为其极限位置。另外，因为从动件运动到最远或最近位置时，将不能再运动，且将立即反向，因此，极限位置也即是速度为零的位置。据此，可用图解法或解析法求出其极限位置及行程。

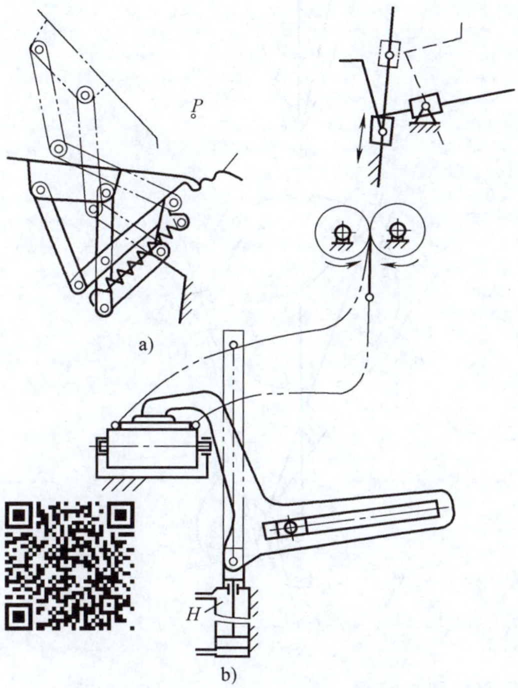

图 5.28　其他刚体导引机构

a）发动机舱盖启闭机构　b）送料机

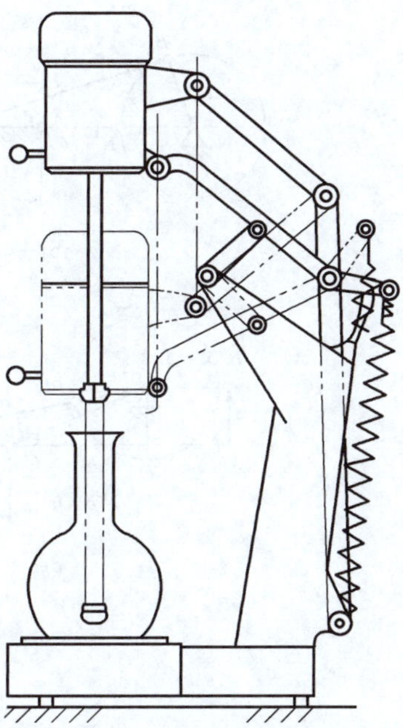

图 5.29　搅拌器的直线导引机构

（1）曲柄摇杆机构　如图 5.30a 所示曲柄摇杆机构，为求摇杆的极限位置，取曲柄固定铰链 A 为原点（定点），取铰链 C 为观察点（动点），当曲柄转动时，直线距离 AC 是变化的。由于 B 是整转副，则 AB 与 BC 间的夹角 β 可在 0°~360°间变化，当 $\beta=180°$时，曲柄与连杆共线，$\overline{AC'}$为最大值，$\overline{AC}_{\max}=a+b$，则摇杆 CD 处于最远的一个极限位置，设其与机架的夹角为 ψ'；当 $\beta=0$ 时，曲柄与连杆重合，$\overline{AC''}$为最小值，$\overline{AC}_{\min}=b-a$，摇杆处于最近的极限位置，设其与机架的夹角为 ψ''，由△$AC'D$ 及△$AC''D$ 可知

$$\psi'=\arccos\frac{c^2+d^2-(a+b)^2}{2cd}$$

$$\psi''=\arccos\frac{c^2+d^2-(b-a)^2}{2cd}$$

则摇杆的角行程 ψ 为

$$\psi=\psi'-\psi'' \tag{5.9}$$

图 5.30b 所示为对心式曲柄滑块机构，同理，当 $\beta=180°$和 0°时，$\overline{AC}$ 分别为极大、极小

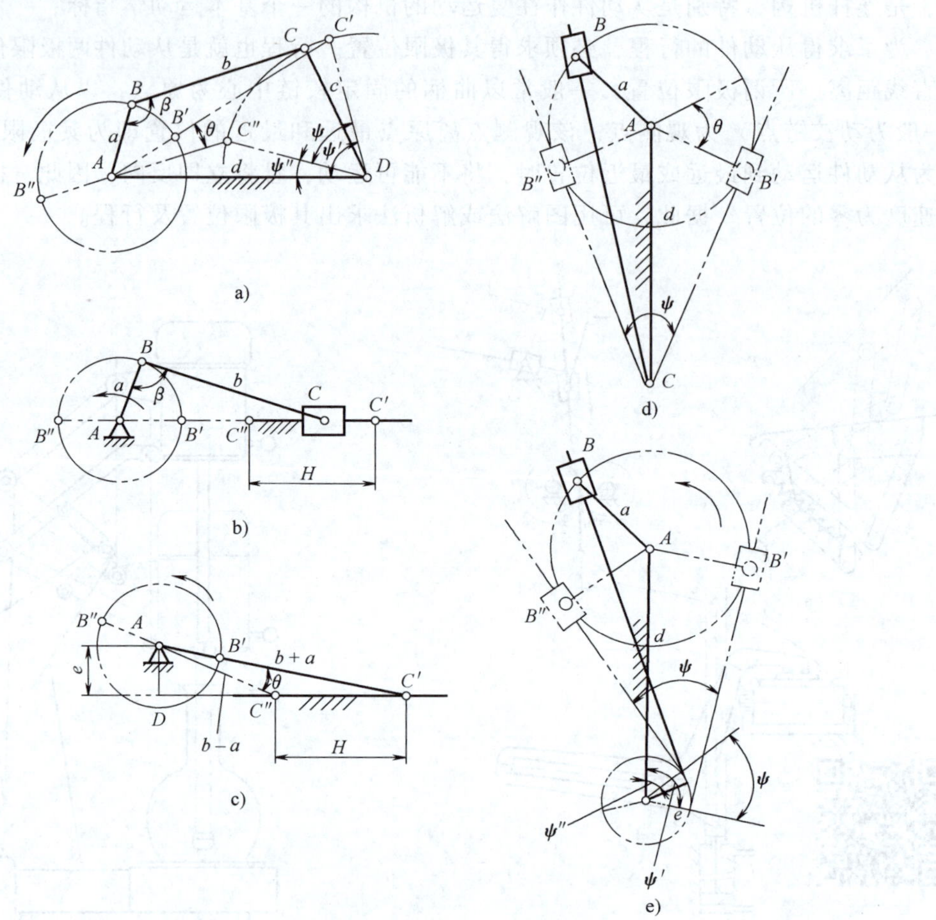

图 5.30 四杆机构的极限位置与行程

a）曲柄摇杆机构 b）对心式曲柄滑块机构 c）偏置式曲柄滑块机构 d）摆动导杆机构 e）偏置摆动导杆机构

值，且 A、B'、C'及 A、B''、C''处于滑块导路上共线。显然，滑块上 C 点的行程

$$H=(a+b)-(b-a)=2a$$

而如图 5.30c 所示偏置式曲柄滑块机构，设导路的偏距为 e，由图可见，滑块行程

$$H=\overline{DC'}-\overline{DC''}=\sqrt{(b+a)^2-e^2}-\sqrt{(b-a)^2-e^2} \tag{5.10}$$

或

$$H^2=4ab$$

与对心式的 $H^2=4a^2$ 比较，在 a 和 b 不相等的情况下，由于 $b>a$，则 $ab>a^2$，故偏置式的行程大于对心式的行程。

（2）摆动导杆机构 图 5.30d 所示为摆动导杆机构，其连杆为在导杆上移动的滑块，导杆上的观察点为与曲柄销重合，作圆周运动的点 B，一般情况下导杆与曲柄圆相交构成 $\triangle ABC$，则可见唯有当导杆与曲柄圆相切时 $\angle ABC$ 为最大值。也即是图 5.30d 中的 CB' 和 CB''两个位置为导杆的极限位置，ψ 为其角行程。这时，曲柄必与导杆垂直，则可见导杆的角行程为

$$\psi=2\arcsin\frac{a}{d} \tag{5.11}$$

图 5.30e 所示为偏置摆动导杆机构，设导杆的偏距为 e，由图可见导杆的两个极限位置，为曲柄圆与偏距圆的外、内公切线所在位置，其角行程为 ψ。由几何关系可得

$$\begin{cases}\psi=\psi'-\psi''\\ \psi'=180°-\arcsin\dfrac{a-e}{d}\\ \psi''=\arcsin\dfrac{a+e}{d}\end{cases} \tag{5.12}$$

以上各机构的极限位置及行程均可通过图解法量得。通过作图，角位移与角行程可直接量取，而线位移与行程，则必须乘以相应的长度比例尺 μ_l（m/mm）才是其实际长度。

对于双摇杆机构，则主、从动件均存在对应的极限位置，也可通过图解法或解析法求得。图 5.31a 所示为取曲柄摇杆机构的摇杆为机架时（存在 A、B 两个整转副）的双摇杆机构。其极限位置为 DA'、DA''及 CB_1、CB_2；对应的角行程为 ψ'与 ψ。图 5.31b 所示为全双摇杆机构的极限位置及角行程。由于其所有铰链均为非整转副，所以两摇杆是作以机架为镜像的对称摆动。由以上可见，双摇杆机构在达到极限位置的过程中，均会出现四个摇杆与连杆共线（或重合）的位置，处于运动的不确定状态（即所谓的临界位置或奇异位形）。若不采取导引等特殊措施，则难以保证其顺序、通畅的运动。因此，一般很少使之在极限位置附近工作，其工作摆角远小于其角行程（或最大摆角）。

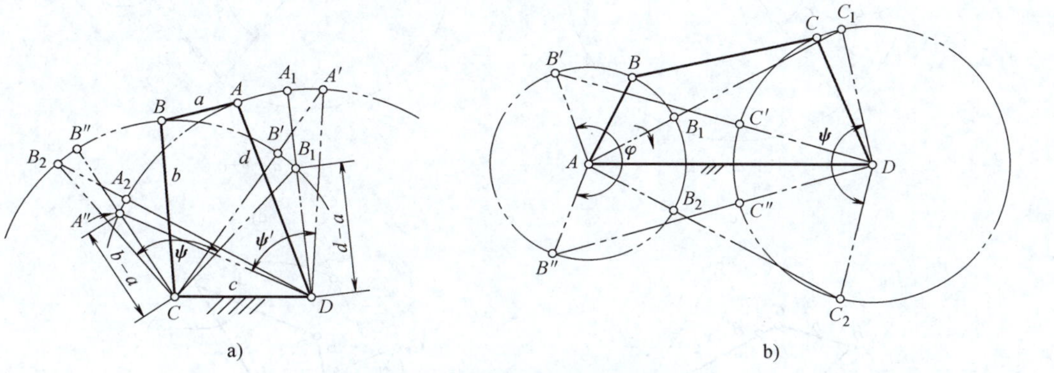

图 5.31 双摇杆机构的极限位置

a）有整转副的双摇杆机构 b）全摆转副的双摇杆机构

2. 机构运动的可行域及连续性

所谓机构运动的可行域是指机构在尺寸确定后，其运动特别是输出构件（摇杆）运动的可能区域。连续性是指在可行域内的运动参数（包括方向及大小值）是否唯一、连续。这也是在选用和设计机构时，应该注意的一个共性问题。这一问题，主要是针对应用最广泛的全铰链四杆机构提出的。

如图 5.32a 所示的一般形式的曲柄摇杆机构（即最短杆与最长杆之和小于等于其余两杆长度之和），当机构尺寸确定后，在曲柄 AB 处于某一个确定位置，该机构可以出现图中分别用实线及细双点画线表示的两种构形，常称为两种装配模式。当曲柄转动一周，其摇杆 DC_1 或 DC_2 分别在以机架为对称轴的相同的角行程 ψ 的范围内往复连续摆动。其范围即称为机构的可行域，而且在可行域内，曲柄与摇杆的位置是一一对应的，是连续的。但要指出

的是，一旦装配模式确定后（如实线所示模式），其运动的可行域就唯一确定，而不可能转化为另一模式。

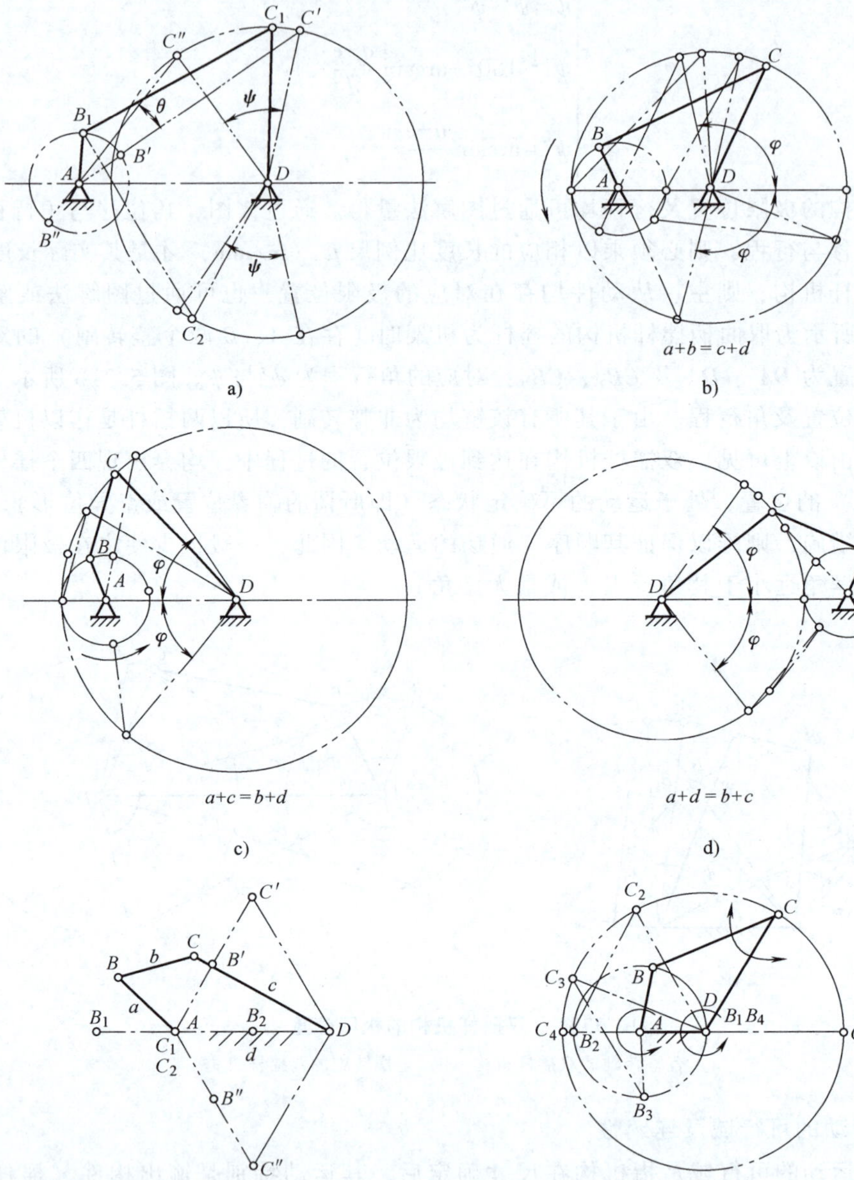

图 5.32　铰链四杆机构杆长配置及可行域

当四杆机构的杆长为 $a+b=c+d$（连杆最长）或 $a+c=b+d$（摇杆最长）或 $a+d=b+c$（机架最长）时，同一组杆长所得到的两个曲柄摇杆机构的摇杆摆动区域将合二为一，摇杆理论上相对于机架作对称摆动，这时曲柄摇杆机构只有一种装配模式，如图 5.32b、c、d 所示。当曲柄、连杆、摇杆与机架共线，曲柄继续转动时，摇杆会出现摆动方向不确定或只在其摆角一半的区域中摆动的问题，也即是会出现运动不唯一、不连续的现象。在应用时，必须采取相应的措施避免这种不确定、不连续的问题。

当 $a+c=b+d$，且 $a=b$，$c=d$，两等长杆相邻时，以长杆（图 5.32e）为机架时，则得到等腰摇杆机构，其运动可行域合二为一，摇杆作与机架对称的摆动，也会在 C_1、C_2 位置出现运动不确定问题。当以短杆（图 5.32f）为机架，则得到等腰双曲柄机构。其可行域是 360°范围内，而且还存在长曲柄转一转，短曲柄转两转的情况。

3. 急回、极位夹角与行程速度变化系数

平面连杆机构中作往复运动的输出构件，一般都存在一个方向的行程其平均速度较低，并且速度变化相对平缓；而相反方向的行程其平均速度较高，且速度变化也较剧烈。人们将机构的这一运动特征称为急回特性。

急回特性常在工程中加以应用，将速度较低的行程作为工作行程（或正行程），以保证运动较平稳、工作质量较好。而将速度较高的行程作为回程（或反行程、空回行程），以提高工作效率。这一特性也是许多机械所具有的，如图 5.18a 所示的自动送料机及图 5.19b 所示的牛头刨床和插床机构。这是平面连杆机构应用与设计的一个基本特性。

为了能定量描述机构急回的程度，提出了机构输出构件正、反行程平均速度之比——行程速度变化系数 k 作为其特征参数。设以 $\overline{v}_1$（或 $\overline{\omega}_1$）、$\overline{v}_2$（或 $\overline{\omega}_2$）分别代表正、反行程的平均速度，则

$$k=\overline{v}_2/\overline{v}_1=\overline{\omega}_2/\overline{\omega}_1$$

如图 5.33a 所示的曲柄摇杆机构，曲柄以 ω_1 沿逆时方向等角速转动，当它从 AB'转过 φ_1 角到 AB''时，摇杆由最远位置 DC'摆过角行程 ψ 至最近位置 DC''；当曲柄 AB''转过 φ_2 角到 AB'时，则摇杆由 DC''摆过同样的角行程至 DC'。由图可见：$\varphi_1>\varphi_2$，因 $\varphi_1=\omega_1 t_1$，$\varphi_2=\omega_1 t_2$，则 $t_1>t_2$。即说明摇杆由 DC'到 DC''所需的时间较长，为正行程；而由 DC''到 DC'的所需时间较短，为反行程。由于两个行程的摆角相等，则显然工作行程的平均角速度 $\overline{\omega}_1=\psi/t_1$，小于回程的平均角速度 $\overline{\omega}_2=\psi/t_2$。

由图 5.33 可知，$\varphi_1=180°+\theta$，$\varphi_2=180°-\theta$，故

$$k=\frac{\overline{\omega}_2}{\overline{\omega}_1}=\frac{\psi/t_2}{\psi/t_1}=\frac{t_1}{t_2}=\frac{\varphi_1}{\varphi_2}=\frac{180°+\theta}{180°-\theta} \tag{5.13}$$

式中，θ 是当摇杆处于两个极限位置时，对应曲柄的两个位置之间所夹的锐角，称为极位夹角。由图 5.33 可见，$\theta=(\varphi_1/\varphi_2)/2$ 且 $\varphi_2=180°-\theta$，即极位夹角可定义为：对应于往复运动输出构件正、反行程的主动曲柄转角差的二分之一。θ 直接反映了行程速度变化系数 k 的大小，是定量描述机构急回特性的一个重要的几何参数，也是应用和设计机构的一个基本性能参数。

极位夹角的大小，对已有机构可以通过作图或计算求出。如图 5.33a 所示

$$\theta=\arccos\frac{(a+b)^2+(b-a)^2-\overline{C'C''}^2}{2(a+b)(b-a)} \tag{5.14}$$

式中，$\overline{C'C''}=2c\sin\dfrac{\psi}{2}$。

设计时，则根据工作要求给定行程速度变化系数 k，再由下式求出极位夹角 θ 进行机构的尺寸设计。

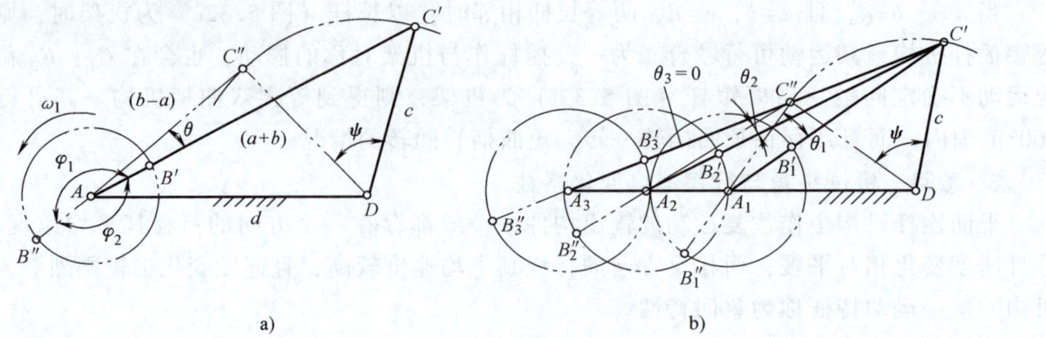

图 5.33 曲柄摇杆机构的极位夹角

由式（5.13），可得

$$\theta=180^\circ\frac{k-1}{k+1} \tag{5.15}$$

由 θ 的分析计算式可知，k 值的大小取决于机构的尺寸，它反应机构的基本运动学性质。一般曲柄摇杆机构的 $k>1$，也可以等于 1。k 越大，机构的工作行程速度变化越平缓，在极值附近的速度变化越小，具有更长时间的近似等速运动。但回程速度的变化越剧烈，速度、加速度也越大，可能会引起明显的冲击、振动，使动力性能恶化。故在设计时要综合考虑恰当选取。图 5.33b 所示为在给定了摇杆长度 c 及角行程 ψ 后，可以得到各种不同 k 值、不同尺寸的曲柄摇杆机构，可以看出随着 k 值的增加，除 c 不变外，其他杆长都随之逐渐减小，尤以机架和连杆长变化最大，曲柄长的变化相对较小。这说明了曲柄长度对 k 值的变化最敏感，可以通过选定曲柄长来调整曲柄摇杆的急回特性及运动规律。

如图 5.34a 所示的对心式曲柄滑块机构，由于 $\theta=0$，$k=1$，不具有急回特性。而图 5.34b 所示偏置式曲柄滑块机构，由于 $\theta>0$，$k>1$，具有急回特性。由图可见其极位夹角

$$\theta=\arccos\frac{e}{b+a}-\arccos\frac{e}{b-a} \tag{5.16}$$

其中，偏距 e 是影响 k 值的主要因素。

如图 5.35a 所示的摆动导杆机构，其 $\theta=(\varphi_1-\varphi_2)/2$，由其特殊的几何关系，有

$$\varphi_2+\theta=\varphi_2+\psi=180^\circ$$

故

$$\theta=\psi=2\arcsin\frac{a}{d} \tag{5.17}$$

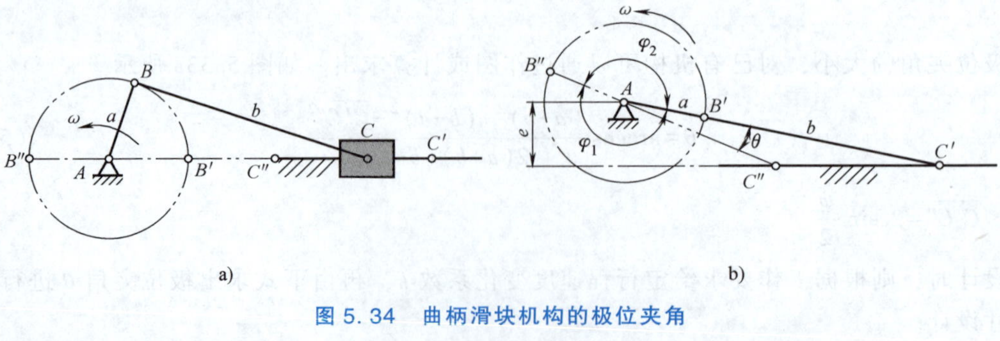

图 5.34 曲柄滑块机构的极位夹角

由 $\theta=\psi$ 可以得出结论，摆动导杆机构的 k 值总是大于1，总存在急回特性。而且这三种常用的四杆机构中，摆动导杆机构的 k 值可以取得最大。曲柄摇杆及曲柄滑块机构中 $1<k<2$，常用 1.2~1.6；而摆动导杆机构的 k 值可大于2，并仍具有良好的传力特性。

对于多杆机构，特别是瓦特型串联六杆机构，其急回特性常取决于含主动曲柄的基础四杆机构。如图 5.16e、图 5.19b 所示的两种刨床机构，其 k 值都是由导杆机构 ABC 所确定的，也正因为希望刨削行程（工作行程）能具有近似等速和变化平缓的运动规律，所以都选择了导杆机构。顺便指出，图 5.16e 中的 ABC 为转动导杆机构，两连架杆均是曲柄，不存在往复运动，按一般概念无所谓正、反行程，似乎也就是不存在急回特性，但当其用作多杆机构的基础机构，而且输出构件为往复运动时，就需要研究其急回特性了。这时其极位夹角 θ 就可按照前述定义来确定。如图 5.16e 所示，当从动滑块由 E_1 到 E_2 时，主动曲柄由 BC_1 到 BC_2 转过 φ_1 角，当从动滑块由 E_2 到 E_1 时，主动曲柄转过 φ_2 角。显然 $\varphi_1>\varphi_2$，则 $\theta=(\varphi_1-\varphi_2)/2$。按照这一原理，也可以计算如图 5.16d 所示的惯性振动筛中双曲柄铰链四杆机构的 θ 及 k 值（图 5.35b），可见其 θ 及 k 值相当大。

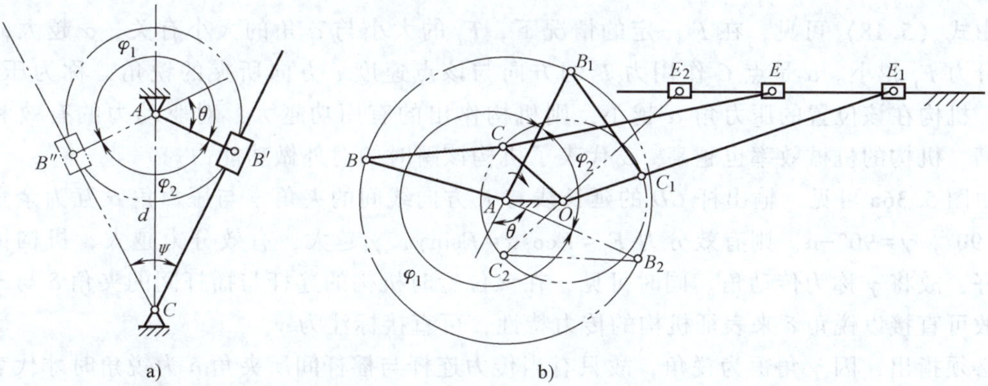

图 5.35 导杆及六杆机构的极位夹角

4. 压力角、传动角与传力特性

大多数机械中的执行机构，在原动件上的驱动力推动下，输出构件（从动件，执行构件）克服工作载荷，对外做出有用功。输入功与输出功之比称为机械效率，它表征了该机构对输入功的有效利用程度，机械效率是衡量一个机械的重要性能指标。机械效率的高低除与运动副中的摩擦有关外，对于连杆机构还与机构尺寸有关，它影响到机构对驱动力的有效利用程度。

为了描述、评价与设计机构的传力特性，在忽略运动副中的摩擦及机构所受重力等因素的条件下，以传递到输出构件上的作用力的有效利用程度作为主要参数。如图 5.36a 所示的铰链四杆机构，作用于主动曲柄 AB 上的驱动力矩 M_d，通过连杆 BC 以力的形式传递到输出构件摇杆 CD 的铰链 C，推动其克服工作阻力矩 M_r 对外做功。忽略杆 BC 的重力、惯性力及铰链中的摩擦，BC 为二力杆。故力是沿杆 BC 方向传递至 C。设其作用于摇杆 C 点的力为 F，C 点的速度为 v，其方向垂直于 CD。可见这时 F 沿 v 方向的分力为 $F_t=F\cos\alpha$，是该瞬时（或位置）推动点 C 运动（也即是使杆 CD 克服 M_r 产生转动）的有效分力，其输出功率为

$$\boldsymbol{F}\cdot\boldsymbol{v}=Fv\cos\alpha=F_t v \qquad (5.18)$$

也可表示为 $F_t v = F_t c\omega_3 = M_t\omega_3$，$M_t$ 可称为输出力矩或有效力矩。$F_n = F\sin\alpha$，为沿 CD 方向，不对杆 CD 形成推动力矩，而是成为运动副 D 中的正压力，产生摩擦损耗。因此，F_t 的大小就反映了对推动力 F 的有效利用程度，F_t 越大，则利用程度越高，机械效率也越高。

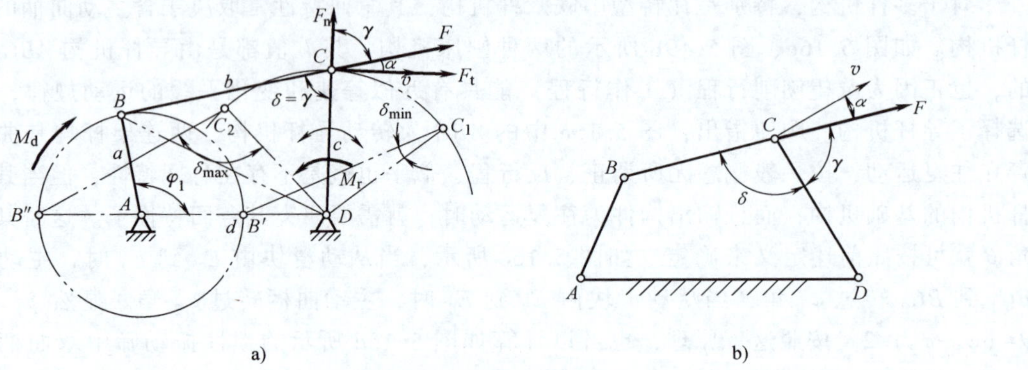

图 5.36 机构压力角与传动角

由式（5.18）可见，在 F 一定的情况下，F_t 的大小与 α 角的大小有关，α 越大，切向有效分力 F_t 越小。α 是点 C 作用力 F 的方向与该点速度 v 方向所夹的锐角，称为压力角。显然，机构在该位置的压力角 α 越小，则机构作出的有用功越大，对驱动力的有效利用程度越高。机构的机械效率也越高。α 代表了机构该瞬时的对外做功能力。

由图 5.36a 可见，输出杆 CD 的延长线与 F 方向线间的夹角 γ 与压力角 α 互为余角，即 $\alpha+\gamma=90°$，$\gamma=90°-\alpha$。则有效分力 $F_t=F\cos\alpha=F\sin\gamma$，$\gamma$ 越大，有效分力越大，机构传力特性越好，故将 γ 称为传动角。同时可见，在该位置时机构的连杆与摇杆间的夹角 δ 与 γ 角相等，故可直接以锐角 δ 来表征机构的传力特性，可直接标注为 γ。

必须指出，因 γ 角恒为锐角，故只有当传力连杆与摇杆间所夹角 δ 为锐角时才代表传动角。若该夹角 $\delta>90°$，则传动角 $\gamma=180°-\delta$（图 5.36b）。由于传动角随机构的位置不同而变化，为了保证机构具有较好的传力特性，应关注在一个周期（对应曲柄转一周）内的最小传动角 $\gamma_{\min}$。一般应保证 $\gamma_{\min}\geqslant 40°$，对于高速和大功率的机械则希望 $\gamma_{\min}$ 不小于 50°。设 a、b、c 和 d 分别代表曲柄、连杆、摇杆及机架的长度，BD 连线的长度以 k 表示。如图 5.36a 可知

$$\cos\delta=\frac{b^2+c^2-k^2}{2bc}=\frac{b^2+c^2-(d^2+a^2-2ad\cos\varphi_1)^2}{2bc}$$

在机构尺寸一定时，δ 与 k 值或机构的位置角 φ_1 有关。显然当曲柄与机架重合（$\varphi_1=0$）时，k 有极小值，$k_{\min}=d-a$；而当曲柄与机架共线（$\varphi_1=180°$）时，k 有极大值 $k_{\max}=d+a$。由此可求出

$$\begin{cases}\delta_{\min}=\arccos\dfrac{b^2+c^2-(d-a)^2}{2bc}\\[2ex]\delta_{\max}=\arccos\dfrac{b^2+c^2-(d+a)^2}{2bc}\end{cases}\tag{5.19}$$

对于曲柄摇杆机构，$\delta_{\min}$ 一般为小于 90° 的锐角，代表该位置时的传动角，即 $\gamma_{\min}=\delta_{\min}$。而 $\delta_{\max}$ 一般均为钝角，故此位置的传动角 $\gamma'_{\min}=180°-\delta_{\max}$。则机构的最小传动角应取

γ_{min} 与 γ'_{min} 中的较小者。

对于如图 5. 37a 所示的曲柄滑块机构，其任意位置时的压力角 α 与传动角 γ 均为锐角，显然有

$$\sin\alpha=\frac{k}{b}=\frac{a\sin\varphi+e}{b}=\cos\gamma$$

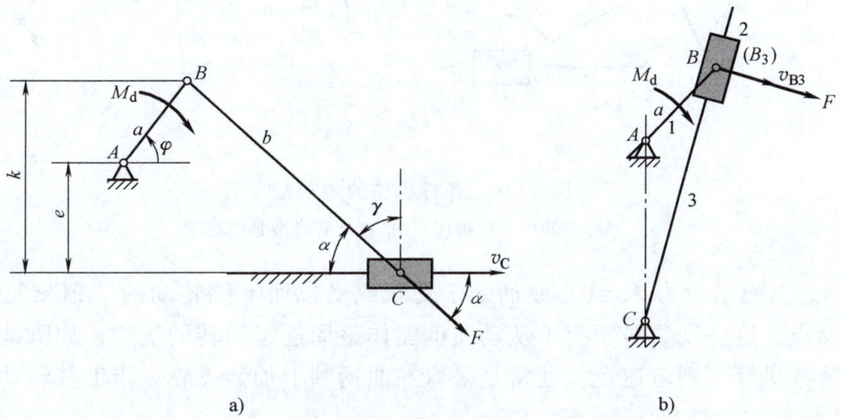

图 5. 37　曲柄滑块机构及摆动导杆机构的传动角

a）曲柄滑块机构　b）摆动导杆机构

当 $\varphi=90°$时，k 及 α 成为极大值，故最小传动角

$$\gamma_{min}=\arccos\frac{a+e}{b} \tag{5.20}$$

如图 5. 37b 所示的摆动导杆机构，驱动力矩 M_d 经由滑块 2 传递到导杆，作用于导杆上与 B 重合的点 B_3 处的力 F，在不考虑摩擦时总是与导杆垂直，与点 B_3 的速度 v_{B3} 方向一致，其压力角为零，传动角总是为 90°。

前述三种常见四杆机构，以摆动导杆机构的传力特性最好。曲柄摇杆机构及曲柄滑块机构的传动角均小于 90°，要特别注意校核其最小传动角 γ_{min} 是否满足要求，特别是对于高速、重载的机构，当不满足要求时，必须重新进行设计。

多杆机构，由于运动及力的传递较四杆机构复杂，一般不能直接由某一连杆与从动件之间的夹角来确定机构的传动角，要根据不同的情况按压力角及传动角的定义来确定。如图 5. 38a 所示的瓦特型Ⅱ级六杆机构，则应同时校核两套四杆机构传动角；如图 5. 38b 所示的斯蒂芬森型Ⅲ级机构，一般也应该校核 C、D 两处的传动角 γ_1 与 γ_2，其中点 C 的速度 v_C 的方位线是垂直于 PC 的，P 为构件 3 的瞬心（P 为 EF、DG 两连架杆延长线的交点）。点 D 受力的方位线，根据构件 3 有三个力作用，先求出 F_C 与 FE（FE 也视为二力杆）的交点 K，再根据构件 3 受三力平衡的原理连接 K、D，即得到 F_D 的方位，其最小传动角则通过一个工作循环的计算比较得出。

5. 机构工作的死点及力的增益

死点与力的增益，也是连杆机构进行运动和力的传递与变换时的工作特性。所谓死点，是机构在以作往复运动的构件为主动件时，所具有的一种现象。如图 5. 39a 所示的曲柄摇杆机构以摇杆为主动件，当从动件曲柄与连杆共线时，传动角 $\gamma=0°$，通过连杆传递到曲柄的

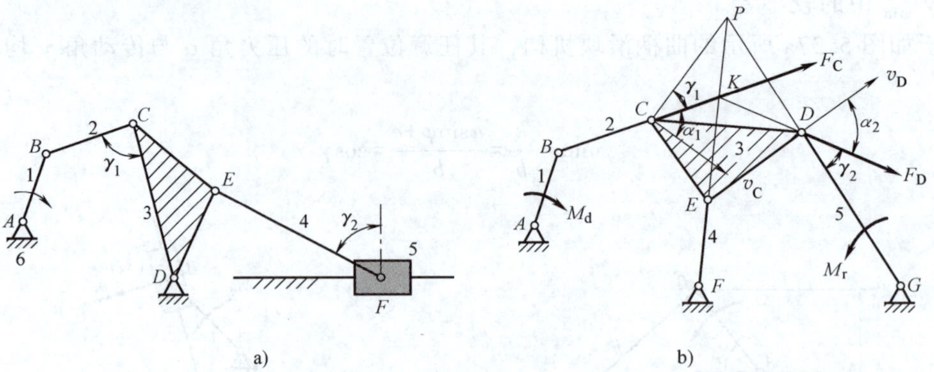

图 5.38 多杆机构的传动角

a）瓦特型Ⅱ级六杆机构 b）斯蒂芬森型Ⅲ级机构

力通过铰链 A，其有效分力 $F_t=0$，曲柄处于受压或受拉而不能转动的“顶死”状态，这一位置就称为死点。这一现象对于要求从动曲柄能作整周连续回转的机构，如脚踏缝纫机、单缸内燃机、蒸汽机等，则应避免。通常是采取在曲柄轴上加装飞轮，借助其转动惯量使曲柄“冲过”与连杆共线的位置。

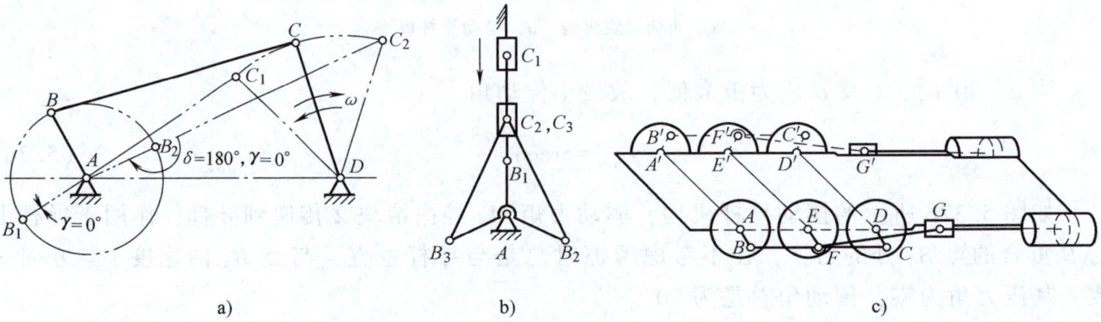

图 5.39 机构的死点位置

a）曲柄摇杆机构 b）多缸内燃机 c）蒸汽机车车轮

另一主要措施是采取多套机构错位安装，即使由同一曲轴驱动的各套机构的死点位置相互错开，如图 5.39b、c 所示的多缸内燃机及蒸汽机车车轮，当一套机构处于死点位置时，其他机构的传动角不为零，从而可推动曲柄连续回转。

在工程中也可利用机构的死点位置有利的一面，来实现可靠的夹紧或“顶死”等。如图 5.40 所示的夹具及电源分合闸机构，其夹紧或合闸时，工件或触头的弹性反力是使之松开的驱动力，由于连架杆（这时为从动件）CD 与连杆 BC 处于共线的死点位置，既使力 T 很大，在手柄上没有力作用的情况下也不会松脱。

力的增益，是连杆机构在主动件与连杆处于共线位置附近时与死点对应的另一传力特征。如图 5.41 所示的曲柄摇杆机构，设在主动曲柄上作用有驱动力矩 M_d，其角速度为 ω_1，传递到摇杆上使之具有输出力矩 M_O 及角速度 ω_3，在不考虑惯性及摩擦时，其输入功率与输出功率应相等，即有

$$M_d\omega_1=M_O\omega_3 \quad \text{或} \quad F_{tB}v_B=F_{tC}v_C$$

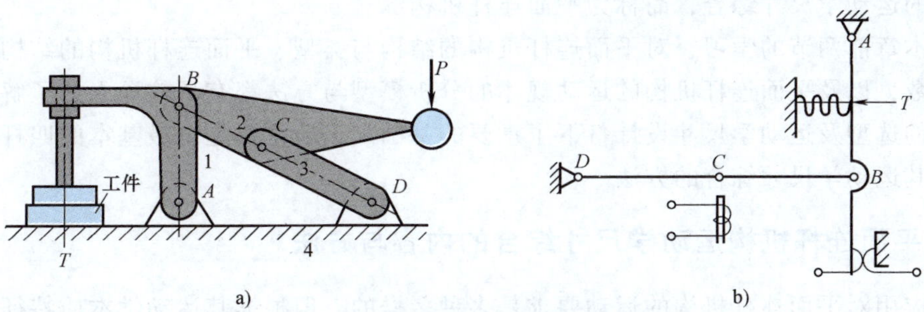

图 5.40 铰链四杆机构的死点位置的应用

a) 夹具 b) 电源分合闸机构

以 $\xi=\frac{M_O}{M_d}=\frac{F_{tC}}{F_{tB}}$ 表示机构在该位置时力的增益，

由于 $\frac{M_O}{M_d}=\frac{\omega_1}{\omega_3}$ 或 $\frac{F_{tC}}{F_{tB}}=\frac{v_B}{v_C}$，故力的增益

$$\xi=\frac{\omega_1}{\omega_3}=\frac{v_B}{v_C}$$

又因 $F_{tB}=F\sin\beta$，$F_{tC}=F\sin\delta$，$v_B=\omega_1\cdot\overline{AB}$，$v_C=\omega_3\cdot\overline{CD}$，故有

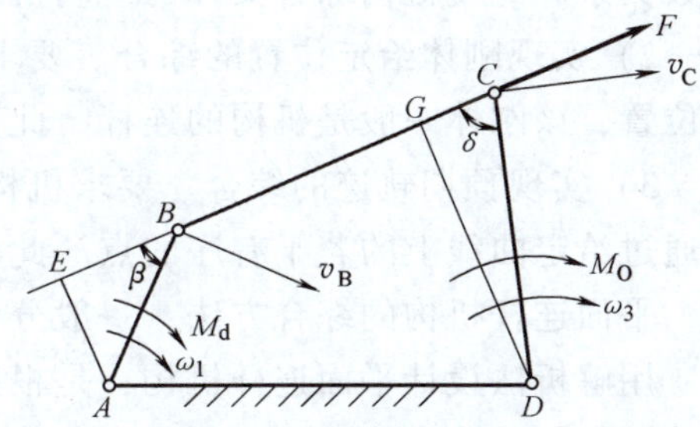

图 5.41 力的增益特性

$$F\sin\beta\cdot\overline{AB}\cdot\omega_1=F\sin\delta\cdot\overline{CD}\cdot\omega_3$$

从而可得

$$\xi=\frac{\omega_1}{\omega_3}=\frac{\overline{CD}\cdot\sin\delta}{\overline{AB}\cdot\sin\beta}=\frac{\overline{DG}}{\overline{AE}} \tag{5.21}$$

由式 (5.21) 可见，当 AB 与连杆 BC 处于共线位置附近时，AE 趋近于零，CD 将接近其极限位置，ω_3 也趋近于零。这时，机构中力的增益 ξ 趋于无穷大，即一个很小的驱动力矩将可获得很大的驱动力矩（或克服很大的阻力矩）。这一特征在上述夹具或合闸机构中也得到了利用，即在夹紧（合闸）或松开（分闸）时，在主动件上只需施加很小的力。在压力机的曲柄滑块机构中，为了获得大的冲压力，也常设计成在曲柄与连杆的共线位置附近进行冲压工作。

5.3 平面连杆机构的运动学尺寸综合

平面连杆机构是一类应用十分广泛的执行机构，不同的应用领域，有各种不同的工作要求。但作为机器或机械系统的执行机构，其基本功能是要输出机械功，因此，对机构既有运动性能和运动精度的要求，又有动力学特性（包括传力特性、机械效率、运转的平稳性等）的要求，还可能有一定的工作空间的要求等。但最基本、最重要的要求是运动性能（包括位移、速度加速度等）的要求。为了简化设计，一般均将满足运动学要求作为基本的设计目标，而将满足其他的要求作为校核的条件来处理。满足对运动性能要求的设计，称为平面连杆机构的运动学尺寸综合，简称为平面连杆机构综合。

通过本章前两节的学习，对平面连杆机构的结构与类型、平面连杆机构的结构、基本工作特性参数，以及平面连杆机构的运动规律的分析模型与方法都有了较深入的了解，为平面连杆机构的选型及运动学尺寸设计打下了重要的基础。本节主要是以最基本的四杆机构为对象，介绍其运动学尺寸综合的方法。

5.3.1 平面连杆机构运动学尺寸综合的内容与方法

工程应用对平面连杆机构的运动要求是多种多样的，但根据其运动学本质特征，可以归纳为以下三类：

1）实现已知运动规律的综合。要求机构的主动件与从动件之间的运动，能满足给定的函数关系。此类机构综合又称为传动机构或函数发生机构综合。

2）实现刚体给定位置的综合。要求所设计的机构能导引一个刚体按顺序通过一系列给定位置，该刚体一般是机构的连杆。此类机构综合又称为刚体导引机构综合。

3）实现预期轨迹的综合。要求机构连杆上一点的轨迹，能与给定的曲线相一致，或者能通过给定曲线上的若干有序的点。此类机构综合又称为导向机构或轨迹生成机构综合。

平面连杆机构的综合方法，一般分为解析法、图解法及实验法。

用解析法设计平面连杆机构，是根据给定的运动要求，列出它与机构运动简图各参数之间的函数关系式，解这些方程得到各待求的机构尺寸参数。解析法可以解决各类连杆机构的综合问题，可以进行多方案的优选，而且精度高。随着电子计算机及数值计算方法的迅速发展，解析法已成为连杆机构综合所普遍采用的一种有效的方法。

图解法就是根据机构运动的几何特性，用作图的方法，按照给定的运动要求作出连杆机构运动简图，从图上量取机构的尺寸参数。图解法的优点是直观形象、简单易行。对于某些设计要求往往比解析法更方便有效。所以它仍然是连杆机构综合的一种基本方法。但是，图解法精度较低，针对不同的设计要求，往往图解的方法也各异。对于某些较复杂的设计要求，图解法很难、甚至无法解决。

对平面连杆机构，只有在一些特殊情况下，才能从理论上精确实现给定的运动规律。如某些完成数学运算的机构（如正弦、正切机构等）以及绘制某些曲线（如直线、椭圆、抛物线等）的机构。而在一般情况下平面连杆机构都只能近似实现给定运动规律，或仅在某些给定的有限分离位置上才能与预期运动要求精确一致。这些给定的有限分离位置，称为精确点。本章所讨论的平面连杆机构综合，可认为都是属于近似综合。但只要采用恰当的设计与求解方法，就能够控制误差的大小，得到能满足工作要求的、足够精确的解。

实验法是采用实物模型，通过重演设计要求来确定机构的运动简图尺寸。这种方法直观易行，对一些尺寸限制比较严格，而运动要求又比较复杂的机构综合（如实现轨迹曲线的近似综合）还是一种有效的方法。采用现代仿真技术，不仅可以代替实物模型，而且更加灵活方便。

5.3.2 平面连杆机构的综合方程及刚体位移矩阵

1. 综合方程的建立方法

用解析法进行平面连杆机构综合时，首先要根据给定的运动要求建立起机构的运动简图各参数与运动要求间的对应关系式。如给定了要求实现的曲线 $P—P$（图 5.42），若选定用铰链四杆机构连杆上的某点来实现这一给定曲线，就需要建立连杆上一点 M 的轨迹方程，即 M 点的位置坐标 x_M、y_M 与机构简图各参数间的关系式。由图可见，这些参数包括：各铰链点间的距离（即杆长）a、b、c、d；标定点 M 在连杆上的位置的参数 k、β；两固定铰链点 A、D 位置参数 x_A、y_A、γ 等。此关系式可表示为函数式 $F(x_M, y_M, a, b, c, d, k, \beta, \gamma, x_A, y_A)=0$，称为机构的综合方程。式中的运动参数 x_M、y_M 是已知的给定值。机构尺寸综合就是要解出能满足该方程的机构运动简图的各几何尺寸参数。

平面连杆机构设计中建立综合方程的方法很多，下面介绍较常见的两种。

（1）以机构的各杆长及位置角为运动简图参数，以封闭的矢量多边形为约束来建立综合方程 如图 5.43 所示铰链四杆机构，在任何位置时，均可视为一封闭的矢量多边形。其矢量方程为

$$\boldsymbol{a}+\boldsymbol{b}=\boldsymbol{d}+\boldsymbol{c}$$

其投影方程为

$$\begin{cases} a\cos\alpha_i+b\cos\theta_i=d+c\cos\varphi_i \\ a\sin\alpha_i+b\sin\theta_i=c\sin\varphi_i \end{cases}$$

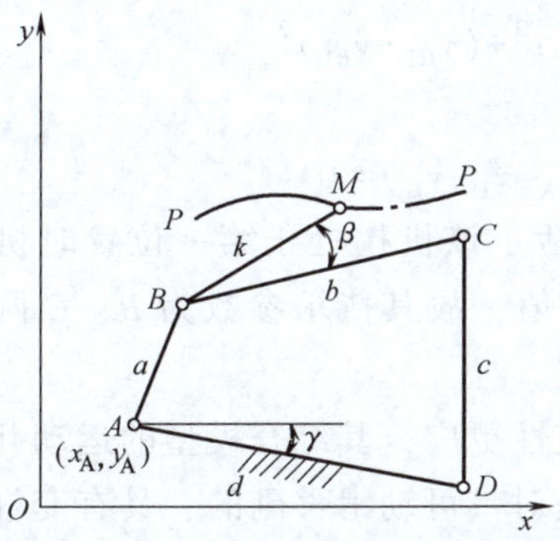

图 5.42 四杆机构几何尺寸参数

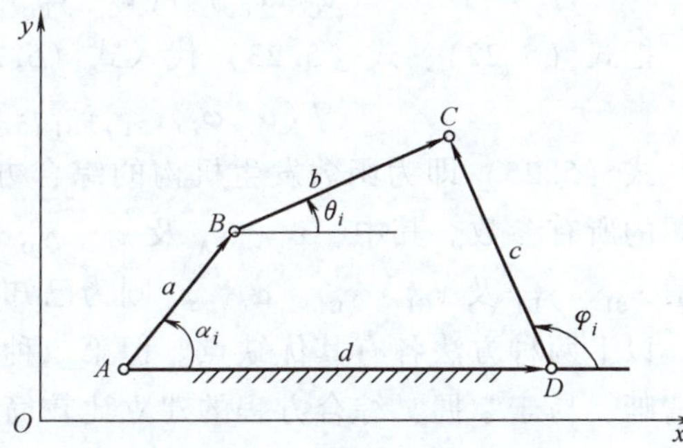

图 5.43 函数发生机构综合

假如是综合一个满足两连架杆 AB、CD 的对应角位移关系 α_i-φ_i 的函数发生机构，则需将 θ_i 消去。并因为函数发生机构的传动函数只与 a、b、c、d 的相对比值有关，与它们的绝对值无关，故只以其相对值作为独立的尺寸参数进行综合，一般以机架长 d 作为已知的基准（如定为 1）。为此将上两式平方相加消去 θ_i，并按相对尺寸作为综合参数进行整理得

$$P_1\cos\alpha_i+P_2\cos\varphi_i+P_3=\cos(\alpha_i-\varphi_i)$$

式中，$P_1=-1/c$；$P_2=1/a$；$P_3=(a^2+c^2+1-b^2)2ac$。

该式表明了机构两连架杆的角位移 α_i、φ_i 与机构参数 a、b、c、d 间的函数关系，即为实现给定位移规律的机构综合方程。

（2）以各运动副的位置坐标为基本的机构简图参数，以杆长或方位角不变等为约束，建立机构的综合方程 如图 5.44 所示的铰链四杆机构，若各铰链点的位置坐标 x_A、y_A，x_{Bi}、y_{Bi}，x_{Ci}、y_{Ci}，x_D、y_D 及 x_{Mi}、y_{Mi} 一定，则机构在该位置时的运动简图即可完全确定。各铰链点及连杆点 M 的位置坐标间的相对变化规律，就代表了机构的运动规律。因此，可以根据给定的运动要求，建立以各铰链点的坐标为简图参数的综合方程。如函数发生机构，

从动杆 CD 的转角 φ_i 与主动杆 AB 的转角 α_i 的对应关系一旦给定（$i=1, 2, \cdots, n$），就给定了 B、C 两点分别绕中心点 A、D 转动时的位置变化规律。这一变化规律，可以用 B、C 两点处于任意位置 B_i、C_i 的坐标 x_{Bi}、y_{Bi} 及 x_{Ci}、y_{Ci} 与第一位置时 B_1、C_1 的坐标 x_{B1}、y_{B1}，以及 x_{C1}、y_{C1} 间的数学关系式来表达，即

$$\begin{cases} x_{Bi}=F_1(\alpha_{1i},x_A,y_A,x_{B1},y_{B1}) \\ y_{Bi}=F_2(\alpha_{1i},x_A,y_A,x_{B1},y_{B1}) \end{cases} \tag{5.22}$$

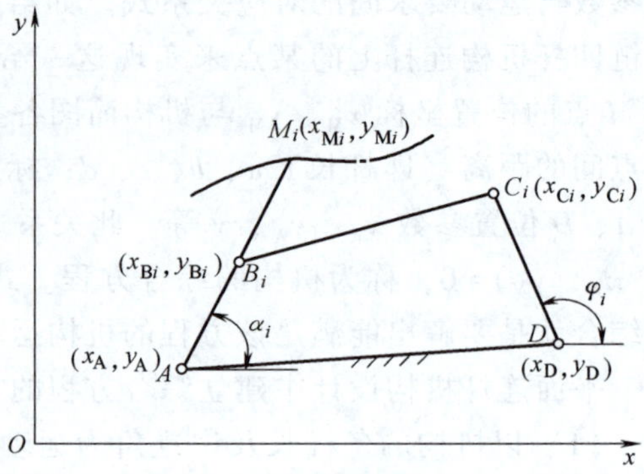

图 5.44 铰链位置坐标参数

及

$$\begin{cases} x_{Ci}=F_3(\varphi_{1i},x_D,y_D,x_{Ci},y_{Ci}) \\ y_{Ci}=F_4(\varphi_{1i},x_D,y_D,x_{Ci},y_{Ci}) \end{cases} \tag{5.23}$$

式（5.22）、式（5.23）中，$\alpha_{1i}=\alpha_i-\alpha_1$，$\varphi_{1i}=\varphi_i-\varphi_1$（$i=2, 3, \cdots, n$）。

机构运动时，B、C 两点之间距离保持不变，即 $\overline{B_1C_1}=\overline{B_iC_i}$（$i=2, 3, \cdots, n$）。所以机构的约束方程为

$$(x_{Ci}-x_{Bi})^2+(y_{Ci}-y_{Bi})^2=(x_{C1}-x_{B1})^2+(y_{C1}-y_{B1})^2 \tag{5.24}$$

把式（5.22）、式（5.23）代入式（5.24），则有

$$F(\alpha_i,\varphi_i,x_{B1},y_{B1},x_{C1},y_{C1},x_A,y_A,x_D,y_D)=0 \tag{5.25}$$

式（5.25）即为函数发生机构的综合方程。它包括了该机构处于第一位置时机构运动简图的所有参数。其中，x_A、y_A 及 x_D、y_D 也视为给定值，故其待求参数为 B、C 两点的坐标值 x_{B1}、y_{B1} 及 x_{C1}、y_{C1}。α_i、φ_i 则为已知的设计要求。

以上两种方法各有其优缺点。但第二种方法的适应性更广，其综合模型的运动几何学概念清晰，易于掌握，综合方程的建立比较简单，即使是对带可动滑移副的、具有变杆长的杆机构的综合也较方便。所以本教材采用第二种方法来建立平面连杆机构的综合方程。由上述可知，采用此法首先是要建立式（5.22）和式（5.23）所表示的关系式，也就是要建立平面运动构件上的点在任一位置时的坐标相对于该点第一位置时的坐标之间的关系表达式，称为构件（或刚体）上点的位置方程。

2. 平面运动刚体的位移方程与位移矩阵

如前所述，平面运动刚体可以用其上的一条标线来表示。为了便于建立刚体的位移方程，可采用标线上两个点的位置坐标变化关系来描述。为了建立以运动副位置坐标为机构尺寸参数的综合方程，还需要通过平面运动刚体的位移方程，得到刚体上任意点的位置方程。而且为了与给定的运动要求联系起来，刚体标线上两个点的选择原则是：选择一个已知点（或按设计要求给定的点）作为基点，另一点则为刚体上的待求点。这样，就可以建立起刚体按设计要求运动时其上任何一点的位置坐标变化方程。

以运动副的位置坐标作为机构综合的尺寸参数时，一般均以机构第一位置时运动副坐标来确定机构尺寸。也即是在机构综合方程中，以运动副第一位置的坐标为待求参数。因此，建立刚体的位移方程，即是以第一位置为基准来建立第 i 个位置相对于第一位置的关系表达式。

下面按平面运动刚体的三种基本形式，来建立其位移方程及相应的位移矩阵，并最后得到刚体上任意点的位置方程。

(1) 平行移动刚体　如图 5.45 所示，刚体由 S_1 位置平行运动到任一位置 S_i，其位移可以用标线的两个点 M、P 的位置坐标变化关系来表达。

首先可写出两个点的坐标变化表达式

点 M 的位移 $\begin{cases}\Delta x_{M1i}=x_{Mi}-x_{M1}\\ \Delta y_{M1i}=y_{Mi}-y_{M1}\end{cases}$

点 P 的位移 $\begin{cases}\Delta x_{P1i}=x_{Pi}-x_{P1}\\ \Delta y_{P1i}=y_{Pi}-y_{P1}\end{cases}$

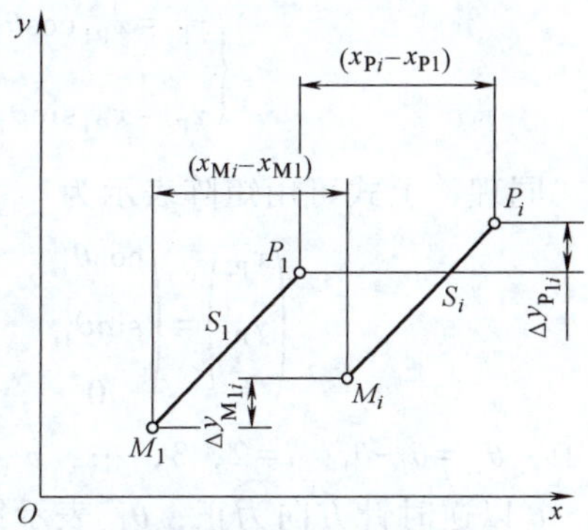

图 5.45　刚体平移

由于 MP 为定长，平移时其上各点的位移量必然相等故 M 和 P 两点的位移关系必然有 $\Delta x_{P1i}=\Delta x_{M1i}$，$\Delta y_{P1i}=\Delta y_{M1i}$，从而可得平移刚体的位移方程为

$$\begin{cases}x_{Pi}-x_{P1}=x_{Mi}-x_{M1}\\ y_{Pi}-y_{P1}=y_{Mi}-y_{M1}\end{cases} \tag{5.26}$$

由于点 M 为已知的给定运动点（基点），故可由式（5.26）基点坐标变化关系（已知）得到刚体上任一点 P 的第 i 位置坐标与第一位置坐标间的表达式，称为刚体上任意点的位置方程。将式（5-26）移项即得

$$\begin{cases}x_{Pi}=x_{P1}+(x_{Mi}-x_{M1})\\ y_{Pi}=y_{P1}+(y_{Mi}-y_{M1})\end{cases} \tag{5.27}$$

为便于用矩阵表示，可将上式改写为齐次形式

$$\begin{cases}x_{Pi}=x_{P1}+(x_{Mi}-x_{M1})\\ y_{Pi}=y_{P1}+(y_{Mi}-y_{M1})\\ z_{Pi}=z_{P1}=1\end{cases}$$

其矩阵形式为

$$\begin{pmatrix}x_{Pi}\\ y_{Pi}\\ 1\end{pmatrix}=\begin{pmatrix}1 & 0 & (x_{Mi}-x_{M1})\\ 0 & 1 & (y_{Mi}-y_{M1})\\ 0 & 0 & 1\end{pmatrix}\begin{pmatrix}x_{P1}\\ y_{P1}\\ 1\end{pmatrix}$$

(2) 作定轴转动的刚体　如图 5.46 所示，刚体标线 MP 绕固定的基点 M 由 S_1 位置转过 θ_{1i}（$=\theta_i-\theta_1$）到达第 i 位置 S_i。由于基点 M 固定，其坐标变化为零，构件的位移变化可直接用 P_i 点相对 P_1 点的位置变化来表达。设标线长度为 R，由图可见

$$x_{Pi}=x_M+R\cos\theta_i=x_M+R\cos(\theta_1+\theta_{1i})=$$
$$x_M+R\cos\theta_1\cos\theta_{1i}-R\sin\theta_1\sin\theta_{1i}$$
$$y_{Pi}=y_M+R\sin\theta_i=y_M+R\sin(\theta_1+\theta_{1i})=$$
$$y_M+R\sin\theta_1\cos\theta_{1i}+R\cos\theta_1\sin\theta_{1i}$$

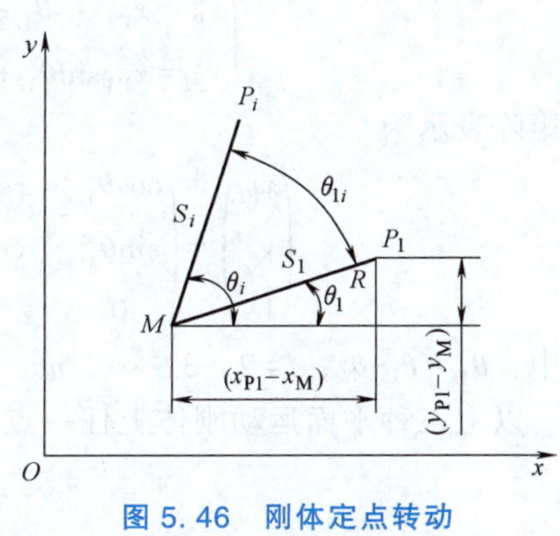

图 5.46　刚体定点转动

而

$$R\cos\theta_1=x_{P1}-x_M,\ R\sin\theta_1=y_{P1}-y_M$$

将其代入上式并经整理后即可得刚体绕定轴转动的位移方程，也即是刚体上任意点 P 的位置方程

$$\begin{cases} x_{Pi}=x_{P1}\cos\theta_{1i}-y_{P1}\sin\theta_{1i}+(1-\cos\theta_{1i})x_M+y_M\sin\theta_{1i} \\ y_{Pi}=x_{P1}\sin\theta_{1i}+y_{P1}\cos\theta_{1i}+(1-\cos\theta_{1i})y_M-x_M\sin\theta_{1i} \end{cases} \tag{5.28}$$

同理，上式可用矩阵表示为

$$\begin{pmatrix} x_{Pi} \\ y_{Pi} \\ 1 \end{pmatrix}=\begin{pmatrix} \cos\theta_{1i} & -\sin\theta_{1i} & (1-\cos\theta_{1i})x_M+\sin\theta_{1i} \\ \sin\theta_{1i} & \cos\theta_{1i} & (1-\cos\theta_{1i})y_M-x_M\sin\theta_{1i} \\ 0 & 0 & 1 \end{pmatrix}\begin{pmatrix} x_{P1} \\ y_{P1} \\ 1 \end{pmatrix}$$

式中，$\theta_{1i}=\theta_i-\theta_1$，$i=2, 3, \cdots, n$。

θ 以逆时针方向为正；θ_{1i} 表示第 i 位置相对于第一位置的转角。若 MP_1 转至 MP_i 为逆时针方向，则 θ_{1i} 取正，顺时针取负。

（3）一般平面运动刚体

一般平面运动，可视为平移与转动的合成。如图 5.47 所示，刚体由第一位置 S_1 运动到第 i 位置 S_i，可视为由 M_1P_1 先平移至 $M_iP'_i$，再绕 M_i 转过 θ_{1i} 而达到 M_iP_i 位置。

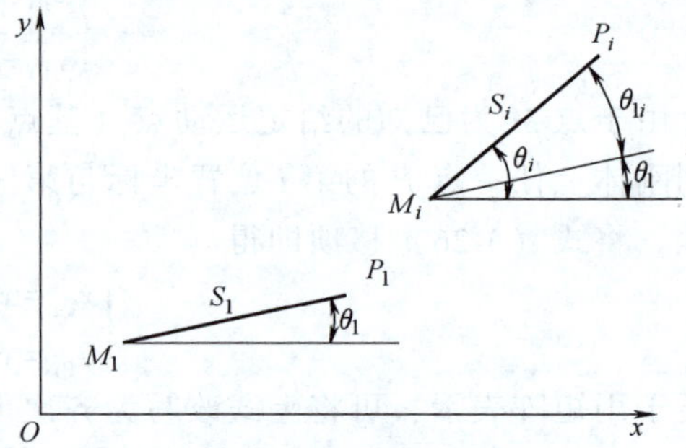

图 5.47 刚体平面运动

据此，即可由前述两种运动形式的点的位置方程，导出一般平面运动刚体上任意点的位置方程。

由平移关系可知

$$\begin{cases} x_{P'i}=x_{P1}+(x_{Mi}-x_{M1}) \\ y_{P'i}=y_{P1}+(y_{Mi}-y_{M1}) \end{cases} \tag{5.29}$$

由绕定点转动的关系可知

$$\begin{aligned} x_{Pi}&=x_{P'i}\cos\theta_{1i}-y_{P'i}\sin\theta_{1i}+(1-\cos\theta_{1i})x_{Mi}+y_{Mi}\sin\theta_{1i} \\ y_{Pi}&=x_{P'i}\sin\theta_{1i}+y_{P'i}\cos\theta_{1i}+(1-\cos\theta_{1i})y_{Mi}-x_{Mi}\sin\theta_{1i} \end{aligned} \tag{5.30}$$

将式（5.29）代入式（5.30），即得到了一般平面运动刚体上任一点 P 的位置方程

$$\begin{cases} x_{Pi}=x_{P1}\cos\theta_{1i}-y_{P1}\sin\theta_{1i}+x_{Mi}-x_{M1}\cos\theta_{1i}+y_{M1}\sin\theta_{1i} \\ y_{Pi}=x_{P1}\sin\theta_{1i}+y_{P1}\cos\theta_{1i}+y_{Mi}-x_{M1}\sin\theta_{1i}-y_{M1}\cos\theta_{1i} \end{cases} \tag{5.31}$$

用矩阵表示为

$$\begin{pmatrix} x_{Pi} \\ y_{Pi} \\ 1 \end{pmatrix}=\begin{pmatrix} \cos\theta_{1i} & -\sin\theta_{1i} & x_{Mi}-x_{M1}\cos\theta_{1i}+y_{M1}\sin\theta_{1i} \\ \sin\theta_{1i} & \cos\theta_{1i} & y_{Mi}-x_{M1}\sin\theta_{1i}-y_{M1}\cos\theta_{1i} \\ 0 & 0 & 1 \end{pmatrix}\begin{pmatrix} x_{P1} \\ y_{P1} \\ 1 \end{pmatrix}$$

式中，$\theta_{1i}=\theta_i-\theta_1$，$i=2, 3, \cdots, n$。

以上三种平面运动刚体上任一点 P 的位置方程，可以统一用矩阵形式表达为

$$\begin{pmatrix} x_{Pi} \\ y_{Pi} \\ 1 \end{pmatrix}=[T_S]_{1i}\begin{pmatrix} x_{P1} \\ y_{P1} \\ 1 \end{pmatrix}$$

或

$$(x_{Pi}\quad y_{Pi}\quad 1)^{T}=[T_S]_{1i}(x_{P1}\quad y_{P1}\quad 1)^{T}$$

式中，$[T_S]_{1i}$ 为 3×3 矩阵。矩阵中各元素均是由已知的基点 M 的位置坐标和标线的相对角位移（或角位置参数）$\theta_{1i}=\theta_i-\theta_1$ 的关系来表示的，它直接反映了刚体的位姿变化，是由刚体的位移方程导出的，故称为刚体的位移矩阵。通过该矩阵就可求出按给定位姿要求运动时，该刚体上任何一点的位置坐标方程，从而为建立机构综合方程奠定了基础。

为便于应用，将三种运动形式的位移矩阵列出如下：

1）一般平面运动刚体

$$[T_S]_{1i}=\begin{pmatrix}\cos\theta_{1i} & -\sin\theta_{1i} & x_{Mi}-x_{M1}\cos\theta_{1i}+y_{M1}\sin\theta_{1i}\\ \sin\theta_{1i} & \cos\theta_{1i} & y_{Mi}-x_{M1}\sin\theta_{1i}-y_{M1}\cos\theta_{1i}\\ 0 & 0 & 1\end{pmatrix}\tag{5.32}$$

2）绕定点转动刚体

$$[T_S]_{1i}=\begin{pmatrix}\cos\theta_{1i} & -\sin\theta_{1i} & x_M(1-\cos\theta_{1i})+y_M\sin\theta_{1i}\\ \sin\theta_{1i} & \cos\theta_{1i} & y_M(1-\cos\theta_{1i})-x_M\sin\theta_{1i}\\ 0 & 0 & 1\end{pmatrix}\tag{5.33}$$

若定点 M 为坐标原点，则转动位移矩阵为

$$\begin{pmatrix}\cos\theta_{1i} & -\sin\theta_{1i} & 0\\ \sin\theta_{1i} & \cos\theta_{1i} & 0\\ 0 & 0 & 1\end{pmatrix}$$

3）平行运动刚体

$$[T_S]_{1i}=\begin{pmatrix}1 & 0 & (x_{Mi}-x_{M1})\\ 0 & 1 & (y_{Mi}-y_{M1})\\ 0 & 0 & 1\end{pmatrix}\tag{5.34}$$

以上三式中，$i=2，3，\cdots，n$。

5.3.3　刚体导引机构的综合

这类机构的综合，如图 5.48 所示，给定工作构件 S 的 n 个有限分离位置，且用标线 MP 的位置 M_iP_i（x_{Mi}，y_{Mi}，θ_i），（$i=1，2，\cdots，n$）来表示。为了能实现工作构件的给定位置，一般取平面连杆机构的连杆作为导引构件。如要综合图 5.49 所示的铰链四杆机构，则刚体导引机构综合就只需要确定刚体上的某两点 B 和 C，满足当刚体标线顺序通过给定位置时，该两点的各相应位置 B_1、B_2、…、B_n 及 C_1、C_2、…、C_n 能分别处于各自的圆周上的条件，则 B 和 C 两点就是连杆与两连架杆连接的活动铰链中心；两圆的对应中心点则分别是两连架杆的固定铰链中心。据此，就可以方便地建立刚体导引机构的综合模型。

1. 采用位移矩阵的刚体导引机构解析综合

根据上述刚体导引机构综合的实质，就是要在按给定若干位姿要求运动的刚体上，求出作圆周运动（或直线运动）的点，以及对应的圆心点（或固定导路）的位置（或方向）。采用平面运动刚体的位移矩阵及运动约束条件，能方便地建立起已知设计要求，求解机构尺寸参数的综合方程。

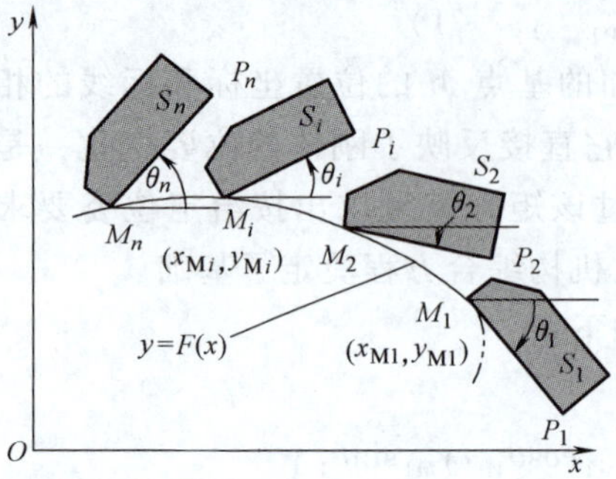

图 5.48 平面运动刚体位置给定

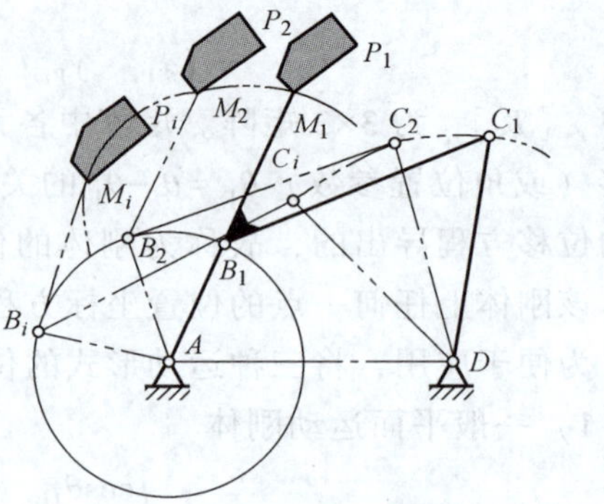

图 5.49 刚体导引机构

(1) 综合方程的建立 如图 5.50 所示，连杆标线上的参考点 M 的各位置坐标 x_{Mi}、y_{Mi} 及标线 MP 的位置角 θ_i（$i=1, 2, \cdots, n$）均已知。则由式（5.32）所表示的一般平面运动刚体位移矩阵 $[T_S]_{1i}$ 中的各个元素均为已知。而待求的 B、C 两点都是刚体上的点，MB、MC 也均可作为连杆的标线，它们与标线 MP 具有同一参考点 M 及相同的相对转角 θ_{1i}（图 5.50）。故 B、C 两点的位置方程，都可以由已知的该刚体的位移矩阵写出。为便于综合，将刚体直接用连杆 BC 表示，则连杆的位移矩阵为

$$[T_{BC}]_{1i}=\begin{pmatrix}\cos\theta_{1i} & -\sin\theta_{1i} & x_{Mi}-x_{M1}\cos\theta_{1i}+y_{M1}\sin\theta_{1i}\\ \sin\theta_{1i} & \cos\theta_{1i} & y_{Mi}-x_{Mi}\sin\theta_{1i}-y_{M1}\cos\theta_{1i}\\ 0 & 0 & 1\end{pmatrix}$$

式中，$\theta_{1i}=\theta_i-\theta_i$，$i=2, 3, \cdots, n$。

则点 B 的位置方程为

$$\begin{pmatrix}x_{Bi}\\ y_{Bi}\\ 1\end{pmatrix}=[T_{BC}]_{1i}\begin{pmatrix}x_{B1}\\ y_{B1}\\ 1\end{pmatrix} \tag{5.35}$$

B 点应作圆周运动，因此连架杆 AB 长度不变，即 $\overline{AB_i}=\overline{AB_1}$。按此条件，可列出约束方程

$$(x_{Bi}-x_A)^2+(y_{Bi}-y_A)^2=(x_{B1}-x_A)^2+(y_{B1}-y_A)^2 \tag{5.36}$$

把位置方程式（5.35）代入式（5.36），展开整理，并令

$$a_{1i}=\cos\theta_{1i}, a_{2i}=\sin\theta_{1i}$$
$$a_{3i}=x_{Mi}-x_{M1}\cos\theta_{1i}+y_{M1}\sin\theta_{1i}$$
$$b_{1i}=\sin\theta_{1i}=-a_{2i}, b_{2i}=\cos\theta_{1i}=a_{1i}$$
$$b_{3i}=y_{Mi}-x_{M1}\sin\theta_{1i}-y_{M1}\cos\theta_{1i}$$

最后得到求 A、B_1 两点坐标位置的综合方程为

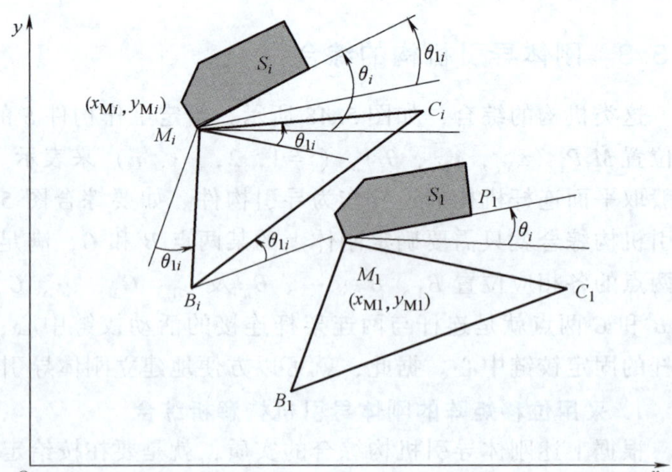

图 5.50 刚体及各标线的位姿

$$(a_{1i}a_{3i}-a_{2i}b_{3i})x_{B1}+(a_{2i}a_{3i}+a_{1i}b_{3i})y_{B1}-a_{3i}x_A-b_{3i}y_A+(1-a_{1i})x_{B1}x_A$$
$$+(1-a_{1i})y_{B1}y_A-a_{2i}y_{B1}y_A+a_{2i}x_{B1}y_A+\frac{1}{2}(a_{3i}^2+b_{3i}^2)=0 \tag{5.37}$$

式（5.37）中，$i=2, 3, \cdots, n$。各系数 a_{1i}、a_{2i}、a_{3i} 及 b_{1i}、b_{2i}、b_{3i}，是由给定的连杆标线的位置参数 x_{Mi}、y_{Mi} 及 θ_{1i} 所确定的。若给定 n 个位置，则可以得到 $n-1$ 个不同系数值的综合方程。联立求解即可求出方程中所包含的机构简图的待求参数。式（5.37）中包含有 x_{B1}、y_{B1}、x_A、y_A 等四个待求的机构参数，一般只需四个方程联立即可求解。故实现刚体给定位置的铰链四杆机构综合，一般给定的位置数 $n\leqslant5$。当 $n<5$ 时，应事先选定某些机构参数。

对于点 C，也可以按上述相同的步骤，得到与式（5.37）的形式及系数完全一致的，求点 C_1 和点 D 位置坐标的综合方程。只需把式中的 x_{B1}、y_{B1}、x_A、y_A 对应地改为 x_C、y_{C1}、x_D、y_D 即可。

如果令 x_1 代表 x_{B1} 或 x_{C1}，x_2 代表 y_{B1} 或 y_{C1}，x_3 代表 x_A 或 x_D，x_4 代表 y_A 或 y_D。则这类机构综合，无论是 B_1、A 点或 C_1、D 点的综合方程，都可统一表示为

$$(a_{1i}a_{3i}-a_{2i}a_{3i})x_1+(a_{2i}a_{3i}+a_{1i}a_{3i})x_2-a_{3i}x_3-b_{3i}x_4+(1-a_{1i})x_1x_3+$$
$$(1-a_{1i})x_2x_4-a_{2i}x_2x_3+a_{2i}x_1x_4+\frac{1}{2}(a_{3i}^2+b_{3i}^2)=0 \tag{5.38}$$

式中，$i=2, 3, 4, 5$。

（2）刚体导引机构综合的求解步骤与方法　下面通过实例进一步说明连杆刚体导引机构尺寸综合的过程。

例 5.1　如图 5.51 所示，给定了工作构件标线 MP 的三个位置。

i	1	2	3
x_M	8.766	5.675	6.404
y_M	8.184	5.292	1.579
θ	0°	19°	67°

要求设计一铰链四杆机构引导该刚体顺序通过给定位置。

解

1）首先，由于 $n=3$，方程数为 $n-1=2$，必须先选定 x_A 和 y_A。根据结构选定 $x_A=x_3=7.5$，$y_A=x_4=3$。

2）计算 $i=2$、3 时位移矩阵中各元素的值。

$i=2$ 时，$\theta_{12}=\theta_2-\theta_1=19°-0°=19°$（逆时针方向，取正号）

$$[T_{BC}]_R=\begin{pmatrix}\cos19° & -\sin19° & 5.675-8.766\cos19°+8.184\sin19° \\ \sin19° & \cos19° & 5.292-8.766\sin19°-8.184\cos19° \\ 0 & 0 & 1\end{pmatrix}$$
$$=\begin{pmatrix}0.945519 & -0.325568 & 0.0415788 \\ 0.325568 & 0.945519 & -5.303310 \\ 0 & 0 & 1\end{pmatrix}$$
$$=\begin{pmatrix}a_{12} & a_{22} & a_{32} \\ b_{12} & b_{22} & b_{32} \\ 0 & 0 & 0\end{pmatrix}$$

$i=3$ 时，$\theta_{13}=67°$，仍为逆时针方向，取正号。

同理可得

$$\begin{pmatrix} a_{13} & a_{23} & a_{33} \\ b_{13} & b_{22} & b_{33} \\ 0 & 0 & 1 \end{pmatrix} = \begin{pmatrix} 0.390731 & -0.920505 & 10.508355 \\ 0.920505 & 0.390731 & -9.679094 \\ 0 & 0 & 1 \end{pmatrix}$$

3）将对应 a_{ij}、b_{ij} 及选定的 x_3、x_4 的值代入综合方程式（5.38）得到求解与中心点 x_A、y_A 对应的活动铰链点 B_1 坐标 x_{B1}、y_{B1} 的二联立方程

$$\begin{cases} -2.255371x_{B1}-2.422714y_{B1}=-29.661502 \\ -2.995700x_{B1}-4.72322y_{B1}=-52.279812 \end{cases}$$

求解该线性方程组，可得 $x_{B1}=3.9591764$，$y_{B1}=8.5317933$。

4）求 C_1 的过程及位移矩阵与上述完全一致，只要给定固定铰链 D 的值，即可求得另两个综合方程。

若给定

$$x_D=13, y_D=2.5,$$

可得

$$\begin{cases} -1.793x_{C1}-0.659y_{C1}=-26.781 \\ 0.816x_{C1}+0.035y_{C1}=10.356 \end{cases}$$

联立求解得

$$x_{C1}=12.404,\quad y_{C1}=6.708。$$

5）求出机构各杆长。

$$l_{AB}=\sqrt{(x_{B1}-x_A)^2+(y_{B1}-y_A)^2}=6.57$$

$$l_{BC}=\sqrt{(x_{C1}-x_{B1})^2+(y_{C1}-y_{B1})^2}=8.60$$

$$l_{CD}=\sqrt{(x_{C1}-x_D)^2+(y_{C1}-y_D)^2}=4.43$$

$$l_{AD}=\sqrt{(x_D-x_A)^2+(y_D-y_A)^2}=5.22$$

由杆长可知，此机构不存在整转副，为一双摇杆机构，其机构运动简图如图 5.51 所示。

由上可知，给定点 A、D 的不同坐标值，可得到不同的解。说明给定刚体三个位置时，满足要求的解有无穷多。可以对所得解进行结构及运动、传力特性等分析，检验其是否满意。如本解为双摇杆机构，无曲柄存在，可重新给定 A、D 点的坐标值后进行设计，直到得到满意的解为止。

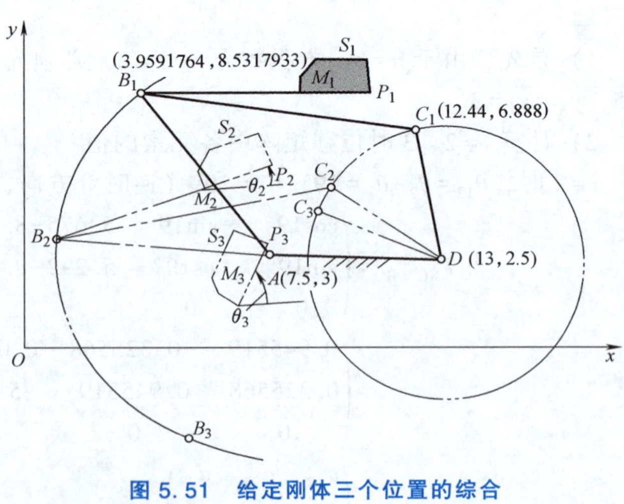

图 5.51 给定刚体三个位置的综合

2. 刚体导引机构的图解综合

图解综合方法直观形象、简单易行，是一种基本的综合方法。它还可以为解析综合法，提供较准确、有效的初始解。

(1) 给定刚体的两个位置 如图 5.52 所示，可以在刚体上任意选定两点作为活动铰链 B、C 的中心，从而得 B_1、B_2 及 C_1、C_2。因它们应分别在某一圆上运动，则它们的固定转动中心点必然是在 B_1B_2 及 C_1C_2 的中垂线 $b_{12}P_{12}$ 与 $c_{12}P_{12}$ 上。如图 5.52 所示，作出 $b_{12}P_{12}$、$c_{12}P_{12}$ 后，可在其上任意选定点 A 和 D 作为固定铰链。有无穷多解，可以根据结构或传力特性等进行优选。

(2) 给定刚体的三个位置 如图 5.53 所示，给定了刚体的三个位置，x_{Mi}、y_{Mi} 及 θ_i 与例 5.1 中的数值相同。现选定该刚体上的两个点 B、C 作为活动铰链点，其几何参数的具体值为 $\varepsilon=10°$，$\gamma=20°$，$k=\overline{B_1M_1}=4$，$b=\overline{B_1C_1}=8$，从而可得 B_1、B_2、B_3 及 C_1、C_2、C_3（图 5.53）。根据三点可确定一个圆，即可通过作图唯一确定其对应的中心点（即固定铰链点）A、D。

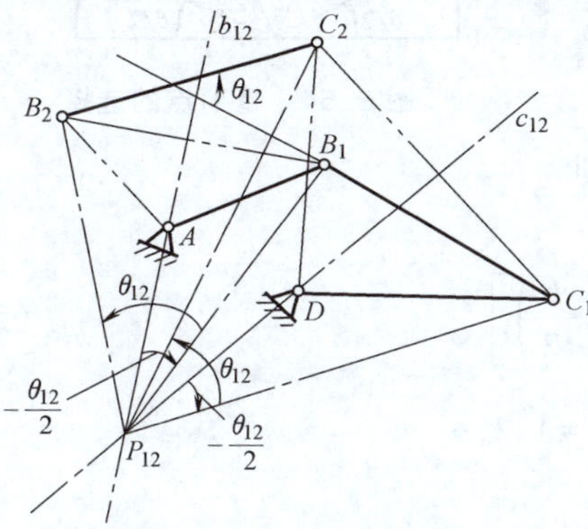

图 5.52 二位置图解法

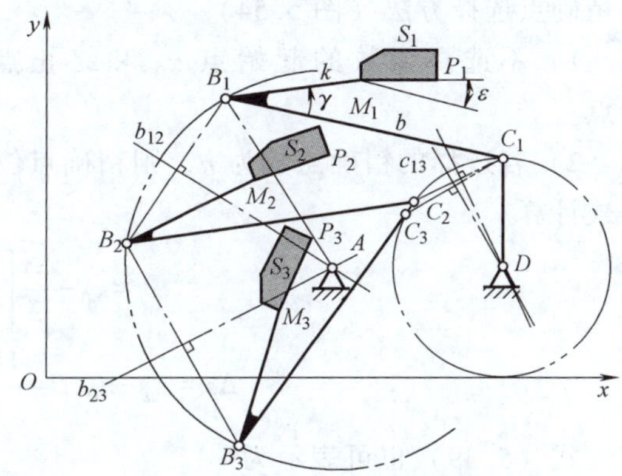

图 5.53 三位置图解综合

可从按比例作出的图 5.53 上量出图解的结果为

$$x_A=7.9 \quad y_A=2.9 \quad x_D=2.7 \quad y_D=3.05$$

$l_{AB}=5.54$，$l_{BC}=8$，$l_{CD}=3.05$，$l_{BD}=5.1$

选择不同的点 B 和 C 位置，可得到不同的机构，所以可有无穷多解。

给定四个位置，也可以通过作图法得到解，但比较麻烦，在此不作介绍。

(3) 等视角原理及半角转动图解综合法 以上刚体导引铰链四杆机构的图解综合，是选定活动铰链点 B、C 后，求固定铰链 A、D。但如果选定的是固定铰链点 A、D 的位置，则图解综合可采用“半角转动法”求解活动铰链点 B、C。采用“半角转动法”进行刚体导引机构的图解综合可参阅文献。

5.3.4 函数发生机构的综合

当用两连架杆实现预期运动规律或传动函数 $\varphi=\varphi(\alpha)$ 时，通常是在主动连架杆的转角 α 和从动连架杆的转角 φ 中，选定有限个角位置 α_i 和 φ_i 的对应值满足传动函数 $\varphi=\varphi(\alpha)$ 进行机构综合。仅在有限几个对应位置上满足传动函数要求的机构综合，称为精确点综合。其综合特点是：两连架杆的传动函数与杆长的绝对值无关，仅与其相对值有关。故在机构综合时可预先选定某一杆的长度，通常是先确定机架的长度，即先确定机架上两铰链的位置。机构的待求参数为两连架杆上连接连杆的两个铰链的位置坐标。

传动机构的综合，在采用两连架杆的对应位置进行精确点综合时，为了使得到的结果相对于给定传动函数 $\varphi=\varphi(\alpha)$ 有较小的误差，必须注意精确点位置的正确选择。同时，为了便于综合，一般常应用运动倒置（或反转法）原理，将其转化为刚体导引机构来进行综合。

1. 精确点位置的最佳选择

如图 5.54 所示，给定实现的理想函数曲线为 $y=f(x)$。一般机构要精确地连续再现是不可能的，只能精确再现该曲线上的若干点，这些点就称为精确点或插值节点。在 x_0-x_m 范围内精确点位置 x_1、x_2、…、x_n 的选择，将直接影响到实际再现曲线 $y'=f'(x)$ 与理想曲线在两精确点间的误差（包括其大小及分布情况）。根据误差最佳逼近原理，切贝谢夫提出了如下的精确点选择方法（图 5.54）。

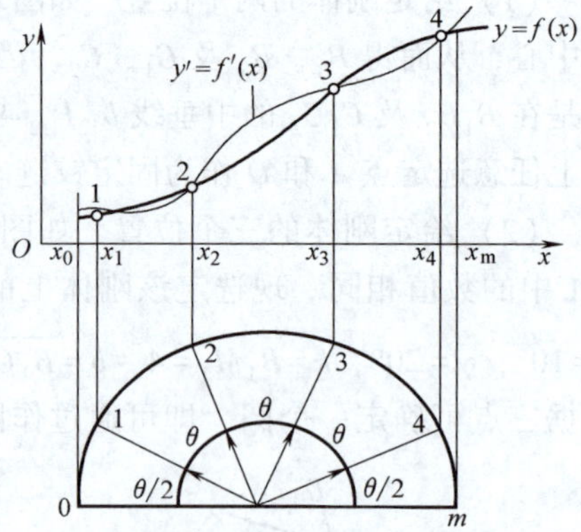

图 5.54 精确点的选择

1）不选择函数的起始点 x_0 和终止点 x_m 为精确点。

2）若选择的精确点数为 n，则精确点位置按下列公式计算

$$x_i=x_0-\frac{\Delta x}{2}\left[1-\cos\left(i\beta-\frac{\beta}{2}\right)\right] \tag{5.39}$$

$$\Delta x=x_m-x_0,\beta=\frac{180°}{n}=\frac{\pi}{n},i=1,2,\cdots,n$$

式（5.39）也可表示为

$$x_i=\frac{1}{2}(x_m+x_0)-\frac{1}{2}(x_m-x_0)\cos\left(\frac{2i-1}{2n}\right)\pi \tag{5.40}$$

3）为了便于按 $\alpha_i-\varphi_i$ 的对应关系进行综合，还必须将上述 $y=f(x)$ 的函数转换为对应的 $\varphi=\varphi(\alpha)$，若给定函数的变化范围为 $x_0\leqslant x\leqslant x_m$，$y_0=f(x_0)\leqslant y\leqslant y_m=f(x_m)$，而对应的转角范围为 $\alpha_0\leqslant\alpha\leqslant\alpha_m$，$\varphi_0=\varphi(\alpha_0)\leqslant\varphi\leqslant\varphi_m$，则其转换系数为

$$\mu_\alpha=\frac{\alpha_m-\alpha_0}{x_m-x_0},\quad \mu_\varphi=\frac{\varphi_m-\varphi_0}{y_m-y_0} \tag{5.41}$$

即

$$\alpha_i=\alpha_0+\mu_\alpha(x_i-x_0),\varphi_i=\varphi_0+\mu_\varphi(y_i-y_0),i=1,2,\cdots,n$$

2. 机构的运动倒置（或反转）及函数发生机构综合

如图 5.55a 所示铰链四杆机构 AD 为机架，AB 和 CD 为连架杆。当 AB 转过 α_{1i} 到达 AB_i 位置时，另一连架杆 CD 将转过对应的 φ_{1i} 到达 C_iD 的位置，机构呈现为一定形状的四边形 AB_iC_iD。现假定将杆 CD 的第一位置 C_1D 视为机架，则原机架 AD 及连杆 BC 将成为连架杆。若现以 C_1D 为基准，作出连架杆 A_iD 与 C_1D 的夹角 $\angle A_iDC_1$ 等于原机构中 AD 与 C_iD 的夹角 $\angle ADC_i$，并以相同的杆长 l_{AB}、l_{BC} 作出以 C_1D 为机架的机构简图 $DA_iB'_iC_1$。则根据机构具有确定相对运动的原理，四边形 $DA_iB'_iC$，必与四边形 DAB_iC_i 的形状完全相同，即如图 5-55a 所示将原机构第 i 位置时的四边形刚化后，绕 D 点转过 $-\varphi_{1i}$ 后所得到的图形。该过程就称为机构的运动倒置或反转。以 C_1D 为机架的机构称为原机构的转化机构。在转化机构中，原机构的连架杆 AB 则成为作一般平面运动的连杆。而且可以看到，该刚化的四边形中的每一个边（即每个构件）都转过了 $-\varphi_{1i}$。则可见在转化机构中，其连杆 AB 的两个位置 AB_1 与 $A_iB'_i$ 之间的相对转角，必然由原机构的 α_{1i}，改变为 $\alpha_{1i}+(-\varphi_{1i})=\alpha_{1i}-\varphi_{1i}$。

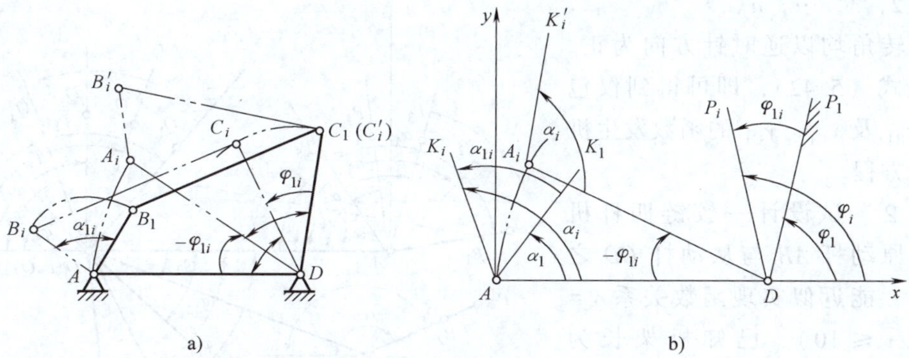

图 5.55 函数发生机构的运动倒置

根据机构的运动倒置原理，当给定两连架杆标线 AK 及 DP 的对应转角 $\alpha_i-\varphi_i$ 进行函数发生机构综合时，由于 A、D 两点已经选定，l_{AD} 已知，则如图 5.55b 所示，可以 DP_1 为转化机构的机架，将 P_iDAK_i 形状刚化进行运动倒置（或反转），即可得到原连架杆标线 AK 在转化机构中成为连杆标线的两个位置 AK_1 及 $A_iK'_i$。从而，将原机构中综合连架杆上的铰链点 B_1、C_1 的问题，转化为求转化连杆上的圆周点 B_1 和转化机架上的中心点 C_1 的刚体导引机构综合问题。这样即可沿用前述刚体导引机构的综合方法进行函数发生机构的综合。

3. 相对位移矩阵及函数发生机构综合的解析法

如图 5.56 所示给定了函数发生机构两连架杆标线 AP、DQ 的五对对应转角 $\alpha_i-\varphi_i$（$i=1, 2, \cdots, 5$），并以 DQ_1 为转化机构的机架，用运动倒置法得到转化连杆 AP' 的五个位置 $A_iP'_i$（$i=1, 2, \cdots, 5$）。选定了 A、D 的坐标为 $A(0, 0)$、$D(l_{AD}, 0)$。则该机构的待综合参数为转化机构中的圆周点（即转化连杆上的活动铰链点）B_1 及中心点（位于转化机架标线 DQ_1 上）C_1 的坐标（x_{B1}, y_{B1}）及（x_{C1}, y_{C1}）共四个。

根据刚体导引机构综合可知，其约束方程为

$$(x_{Bi}-x_{C1})^2+(y_{Bi}-y_{C1})^2-(x_{B1}-x_{C1})^2-(y_{B1}-y_{C1})^2=0 \tag{5.42}$$

且

$$(x_{Bi} \quad y_{Bi} \quad 1)^{T}=[T_{AB}]_{1i}(x_{B1} \quad y_{B1} \quad 1)^{T}$$

式中，位移矩阵 $[T_{AB}]_{Bi}$ 为转化机构中的位移矩阵，特称为相对位移矩阵。该矩阵中各参数与式（5.32）比较，转化连杆标线的基点为 A，其位置角

$$\theta_1=\alpha,\theta_i=-\varphi_{1i}+\alpha_i,i=2,\cdots,n$$

故存在如下对应关系

$$x_{M1}=x_A=0,y_{M1}=y_A=0。$$

$$x_{Mi}=x_{Ai}=l_{AD}-l_{AD}\cos\varphi_{1i};y_{Mi}=L_{AD}\sin\varphi_{1i}$$

$$\theta_{1i}=\theta_i-\theta_1=-\varphi_{1i}+\alpha_i-\alpha_1=\alpha_{1i}-\varphi_{1i}$$

$$\varphi_{1i}=\varphi_i-\varphi_1,\alpha_{1i}=\alpha_i-\alpha_1,i=2,3,\cdots,n$$

将以上各对应关系代入式（5.32），经整理后，即可得到由给定及选定的 $\alpha_i-\varphi_i$、l_{AD} 表示的相对位移矩 $[T_{AB}]_{1i}$。

$$[T_{AB}]_{1i}=\begin{pmatrix}\cos(\alpha_{1i}-\varphi_{1i}) & -\sin(\alpha_{1i}-\varphi_{1i}) & l_{AD}(1-\cos\varphi_{1i})\\ \sin(\alpha_{1i}-\varphi_{1i}) & \cos(\alpha_{1i}-\varphi_{1i}) & l_{AD}\sin\varphi_{1i}\\ 0 & 0_1 & 1\end{pmatrix} \tag{5.43}$$

式中，$i=2, 3, \cdots, n$。

所有转角均以逆时针方向为正。将其代入式（5.42），即可得到仅包含 x_{B1}、y_{B1} 及 x_{C1}、y_{C1} 的函数发生机构的综合方程。

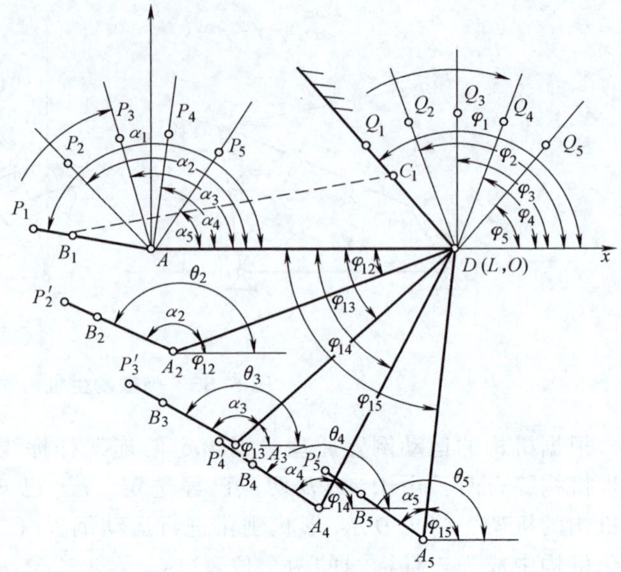

图 5.56 传动机构综合解析法

例 5.2 试设计一铰链四杆机构，要求原动杆 AB 与从动杆 CD 之间的转角，能近似实现函数关系 $y=\lg x$（$1 \leqslant x \leqslant 10$）。已知机架长为 100mm。$AB$ 杆的起始角 $\alpha_1=60°$，其转角范围为 $\alpha_p=100°$，CD 杆上标线的起始角 $\varphi_1=240°$，其转角范围为 $\varphi_p=50°$。

解 连续函数采用精确点综合的结点数 n，要根据具体的综合方法及要求确定。利用位移矩阵法综合传动机构时，一般只确定 B_1 及 C_1 两点的位置坐标，共四个参数，则 n 一般小于等于 5。为了保证 $\alpha_1=60°$，则 $y_{B1}=x_{B1}\tan 60°$ 就不再是独立变量，待求参数为 x_{B1}、x_{C1}、y_{C1}。为此，除 α_1、φ_1 外，只能选择三个插值节点，即 $n=3$。则按切贝谢夫原则有

$$x_2=\frac{11}{2}-\frac{9}{2}\cos\frac{\pi}{6}=1.6028857, x_3=\frac{11}{2}-\frac{9}{2}\cos\frac{3\pi}{6}=4.5, x=\frac{11}{2}-\frac{9}{2}\cos\frac{5\pi}{6}=8.3971$$

对应的函数值 y 为

$$y_2=0.2049025, y_3=0.6532125, y_4=0.9241293$$

按给定的 x、y 及对应的 α、φ 的变化范围，可求得其转换系数为

$$\mu_\alpha=\frac{\alpha_m-\alpha_0}{x_m-x_0}=\frac{\alpha_p}{x_p}=\frac{100°}{10-1}=\frac{100°}{9}; \mu_\varphi=\frac{\varphi_m-\varphi_0}{y_m-y_0}=\frac{\varphi_p}{y_p}=\frac{50°}{1}$$

据此，则铰链四杆机构的主动杆和从动杆的对应转角为

$$\alpha_1=60°, \varphi_1=240°$$

$$\alpha_2=60°+\frac{100°}{9}\times(1.6028857-1)=66.6987°, \varphi_2=240°+\frac{50°}{1}\times(0.2049025-0)=250.2451°$$

$$\alpha_3=60°+\frac{100°}{9}\times(4.5-1)=98.89°, \varphi_3=240°+50°\times 0.6532125=272.66°$$

$$\alpha_4=60°+\frac{100°}{9}\times(8.3971-1)=142.19°, \varphi_4=240°+50°\times 0.9241293=286.21°$$

按约束方程及相对位移矩阵建立综合方程，用迭代法求解。若给定初值为

$$x_{C1}=30.7, y_{C1}=50, x_{B1}=58$$

经八次迭代后得解为

$$x_{C1}=16.1366, y_{C1}=135.427$$

$$x_{B1}=59.0331, y_{B1}=x_{B1}\tan60°=102.24831$$

坐标原点选择在固定铰链中心 A，机架 AD 在 x 轴上，故有

$$x_A=y_A=y_D=0, x_D=100$$

所得解的误差

$$s=4.02332\times10^7$$

杆长

$$l_{AB}=118.066, l_{BC}=54.23$$

$$l_{CB}=168.269, l_{AD}=100$$

设计出的机构简图如图 5.57 所示。

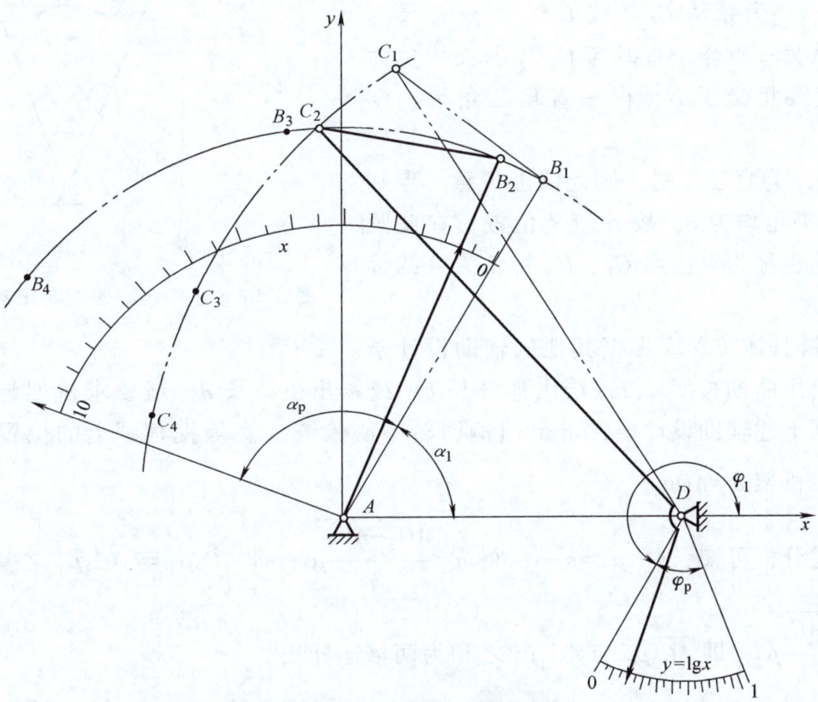

图 5.57 对数函数发生机构

4. 有急回特性的（或按行程速度变化系数的）四杆机构综合

具有急回特性的四杆机构，实际上也属于函数发生机构的范畴。可以认为是按两连架杆的两对对应位置综合的特殊情况（即按从动杆的两极限位置及与之对应的主动杆两个位置进行综合），也可视为是按主从动杆的平均速度比进行综合。工作构件具有急回特性，是许多场合的一个基本工作要求，同时，它又是许多机构所固有的基本运动特性。无论从哪一角度出发，都需控制或设计其急回的大小，因此，按急回或行程速度变化系数进行综合，也是机构综合的一个重要内容。其综合方法一般采用较为直观、简单而有效的图解法，也可以采用解析法。

进行机构综合时，首先应根据给定的行程速度变化系数 K 算出机构的极位夹角 θ，$\theta=\dfrac{K-1}{K+1}\times180°$，然后根据不同的机构类型，结合其他一些辅助条件进行机构综合。

（1）有急回特性的平面四杆机构综合的图解法　仅知道极位夹角 θ 要设计出四杆机构，

条件显然是不够的。通常从动连架杆的运动要求是设计考虑的主要内容，故应首先确定从动杆的几何参数和运动参数，而这些参数通常可以根据实际情况预先确定。

1）曲柄摇杆机构的综合。设已知曲柄摇杆机构摇杆 CD 的长度为 c，摆角为 φ，行程速度变化系数为 K，要求设计此四杆机构。

a）选定作图的长度比例尺 μ_1，在图纸上任选铰链 D 的位置，以 D 为顶点作等腰三角形，使两腰长为 $\dfrac{c}{\mu_1}$，夹角为 φ，得摇杆摆动的两极限位置 DC_1、DC_2（图 5.58）。

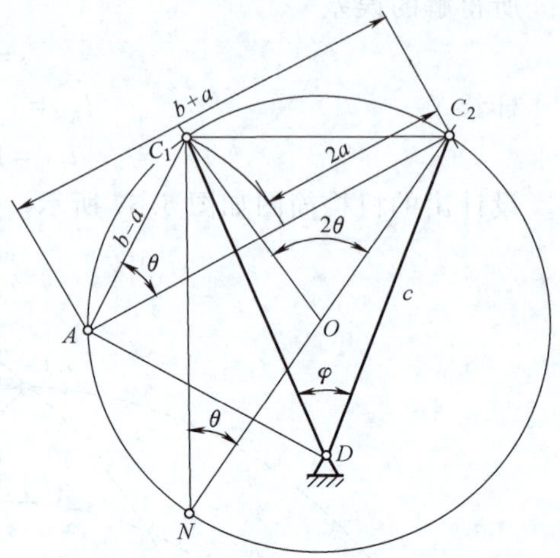

图 5.58 已知行程速度变化系数的设计

b）以 C_1C_2 为弦从 C_1（或 C_2）作一直线与之垂直，再从另一点作一直线与 C_1C_2 所夹锐角为 $90°-\theta$，两直线相交于 N，得一直角三角形，则 $\angle C_1NC_2=\theta$。

c）以 NC_2 为直径作圆，则此圆上任意一点到点 C_1、C_2 的夹角均为 θ，故 A 铰链位置应在此圆上选取。该圆也称为对应点 C_1、C_2 视角为 θ 的等视角圆。

d）A 铰链具体位置应根据其他的辅助设计条件确定。如给出曲柄长度 a，或给出连杆长 b，或给出机架长 d，或要求机架与摇杆的相对位置等。根据上述辅助设计条件求出曲柄回转中心铰链 A 在等视角圆上的位置。当 A 铰链位置确定后，机架 $d=\overline{AD}\mu_1$。

根据前述分析可知，$\overline{AC_1}\mu_1=b-a$，得 $a=\dfrac{\overline{AC_2}-\overline{AC_1}}{2}\mu_1$，即 $\overline{AC_2}\mu_1$ 与 $\overline{AC_1}\mu_1$ 之差为两倍曲柄长。$b=\dfrac{\overline{AC_2}+\overline{AC_1}}{2}\mu_1$，即 $\overline{AC_2}\mu_1$ 与 $\overline{AC_1}\mu_1$ 之和为两倍连杆长。

用图解法对具有急回特性的曲柄摇杆机构进行综合时，除了给定摇杆 CD 的长度 c、摇杆的摆角 φ 和机构行程速度变化系数 K 之外，还可以给定曲柄 AB 的长度 a 或者连杆 BC 的长度 b 进行设计，具体设计方法可参阅相关文献。

2）曲柄滑块机构的综合。已知滑块的行程 H 和偏距 e 及行程速度变化系数 K，要求设计该曲柄滑块机构。

a）选择作图比例尺 μ_1，在图纸上作水平直线 $\dfrac{\overline{C_1C_2}}{\mu_1}=H$（图 5.59）。

b）根据 K 计算 θ，以 C_1C_2 为直角边，同理作出直角三角形 C_1NC_2，使 $\angle C_1NC_2=\theta$。

c）以 NC_2 为直径作视角为 θ 的等视角圆。

d）作与 C_1C_2 平行，距离为 $\dfrac{e}{\mu_1}$ 的直线与等视角圆相交于 A（或 A'）。

e）以 A 为圆心、AC_1 为半径作弧交 AC_2 于 m，则曲柄长 $l_{AB}=\dfrac{\overline{mC_2}}{2}\mu_1$，连杆长

$l_{BC}=\left(\overline{AC_2}-\dfrac{\overline{mC_2}}{2}\right)$。

3）摆动导杆机构综合。已知摆动导杆机构的机架长为 d，行程速度变化系数为 K，要求设计此四杆机构。

a）计算机构的极位夹角 $\theta=\dfrac{K-1}{K+1}\times180°$，因为摆动导杆机构的极位夹角 θ 与摆杆的摆角 φ 相等，故在图纸上选择作图比例尺 μ_1 后，任选摆杆摆动中心位置 A。以 A 为顶点作两射线，其夹角为 θ（图 5.60）。

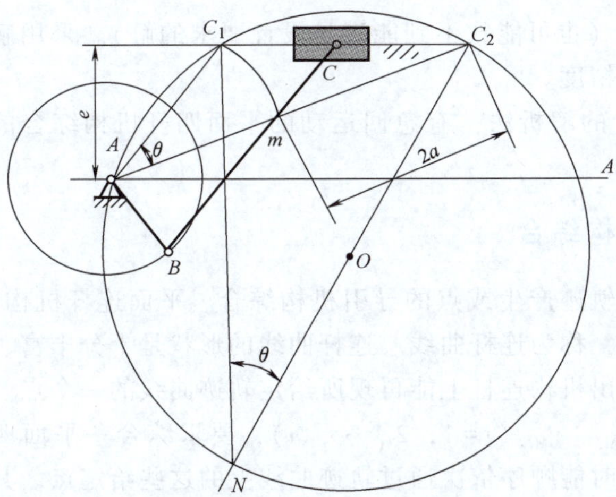

图 5.59　曲柄滑块机构综合

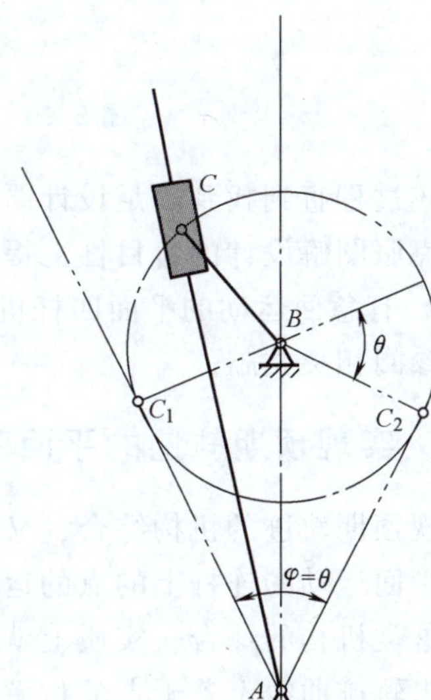

图 5.60　摆动导杆机构综合

b）作 θ 角的角平分线并在此线上截取 B，使 $\dfrac{\overline{AB}}{\mu_1}=d$，求出曲柄的回转中心位置 B。

c）过 B 作导杆的垂线 BC_1（或 BC_2），则曲柄长 $l_{BC}=\overline{BC_1}\mu_1$，导杆长度应大于（$\overline{AB}+\overline{BC_1}$）$\mu_1$。

在实际工程问题中，为了保证设计和精度，可以在作图的基础上进行几何计算，也可以根据作图的特殊几何关系列方程求解机构的几何参数。

最后需要指出的是，对心式曲柄滑块机构无急回特性，而偏置式曲柄滑块机构和摆动导杆机构总是具有急回特性。曲柄摇杆机构当 A 铰链位于 C_1C_2 的延长线上时，也没有急回特性（图 5.61）。选定曲柄铰链 A 后，则可知 $\overline{C_1C_2}=2a$，连杆长 $b=\overline{AC_2}-\overline{C_1C_2}/2$。

曲柄摇杆机构及偏置式曲柄滑块机构，在按行程速度变化系数 K 及其他给定条件进行设计时，通常还需要校核机构的传动角是否满足要求。采用图解法，则需用试凑的方法来进行设计。即先根据已知条件作出机构的等视角圆，然后在圆上任选铰链 A 的位置，求出机构各杆长和机构的最小传动角 $\gamma_{\min}$，验算 $\gamma_{\min}$ 是否大于或等于［γ］。若最小传动角 $\gamma_{\min}$ 不满足要求，则重新选择 A 的位置，重新计算机构的最小传动角 $\gamma_{\min}$，若仍达不到要求，则需

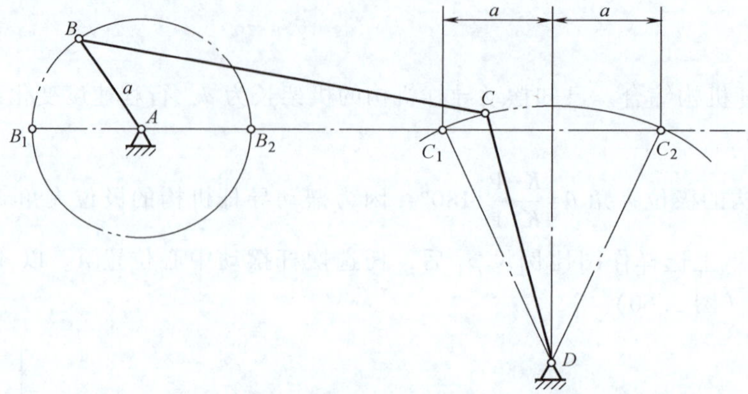

图 5.61 $K=1$ 的曲柄摇杆机构综合的图解法

重复上述过程直到找到满足设计要求的解（也可能找不到能满足设计要求的解）。采用解析法可以克服图解设计的盲目性，提高设计精度。

（2）有急回运动的平面四杆机构综合的解析法　有急回运动的平面四杆机构综合的解析法可参阅相关文献。

5.3.5 实现预期轨迹的平面四杆机构综合

实现预期轨迹的机构综合，又可称为轨迹产生或点的导引机构综合。平面连杆机构中，作一般平面运动的连杆上的点的运动轨迹，称为连杆曲线。连杆曲线的形状是十分丰富、多样的。这类机构的综合，实质上就是要求出机构连杆上能再现所给定轨迹曲线的一个点。一般是给出轨迹曲线上若干点的位置坐标 x_{Mi}、y_{Mi}（$i=1, 2, \cdots, n$），要求综合一平面四杆机构，使其连杆上的一点 M，在机构运动时能顺序依次通过轨迹曲线上的这些给定点。其轨迹产生机构综合方程的建立和求解可参考其他文献。

轨迹产生机构的综合，还可采用实验法及应用“连杆曲线图谱”方法求解。对于一些特殊轨迹，如直线、圆弧等，还可应用“拐点圆”“圆点（布氏点）曲线”及“鲍尔点”等求解连杆上的特殊点进行近似综合。

思　考　题

5.1　常见四杆机构的分类依据是什么？

5.2　铰链四杆机构的分类依据是什么？

5.3　全铰链四杆运动链具有整转副的条件是什么？

5.4　全铰链四杆机构曲柄存在的条件是什么？

5.5　四杆机构都有哪些演化途径？

5.6　叙述极位夹角的定义。

5.7　叙述行程速度变化系数的定义。

5.8　画出曲柄滑块机构极位夹角。

5.9　画出摆动导杆机构极位夹角。

5.10 叙述求瞬心的一般步骤。

5.11 叙述压力角和传动角的定义。

5.12 画出三种典型机构的压力角/传动角。

5.13 画出三种典型机构的 γ_{min}。

5.14 叙述出现死点位置的条件。

5.15 叙述死点的位置特征。

习 题

5.1 绘制如图 5.62 所示机构的机构运动简图，说明它们各为何种机构？

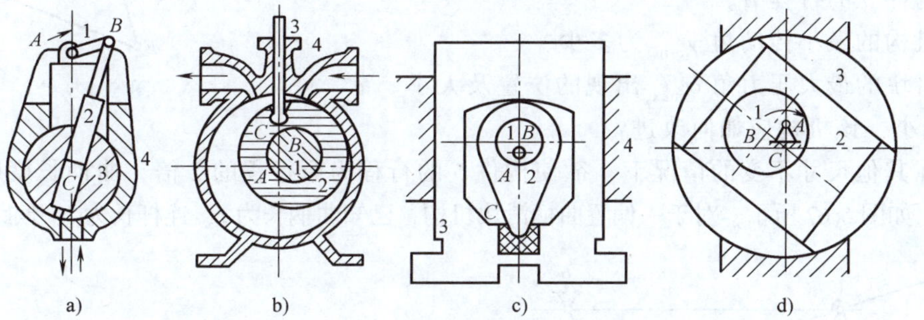

图 5.62

5.2 已知如图 5.63 所示的铰链四杆机构 *ABCD* 中，$l_{BC}=50mm$，$l_{CD}=35mm$，$l_{AD}=30mm$，取 *AD* 为机架。

1）如果该机构能成为曲柄摇杆机构，且 *AB* 是曲柄，求 l_{AB} 的取值范围。

2）如果该机构能成为双曲柄机构，求 l_{AB} 的取值范围。

3）如果该机构能成为双摇杆机构，求 l_{AB} 的取值范围。

图 5.63

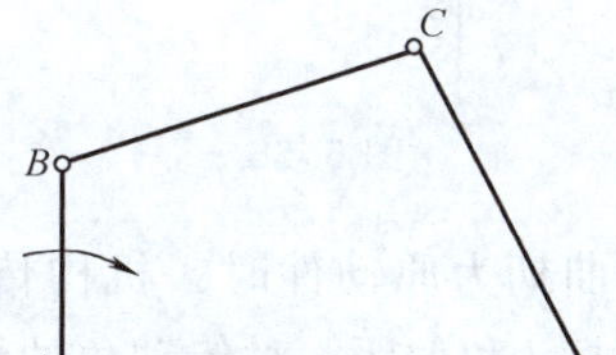

图 5.64

5.3 在如图 5.64 所示的铰链四杆机构中，各杆长度分别为 $l_{AB}=28mm$，$l_{BC}=52mm$，$l_{CD}=50mm$，$l_{AD}=72mm$。

1）若取 *AD* 为机架，求该机构的极位夹角 θ 和行程速度变化系数 *K*，杆 *CD* 的最大摆角 φ 和最小传动角 γ_{min}。

2）若取 *AB* 为机架，该机构将演化为何种类型的机构？为什么？这时 *C*、*D* 两个转动副是整转副还是摇转副？

5.4 题图 5.65 所示六杆机构中，各构件的尺寸为 $l_{AB}=30mm$，$l_{BC}=55mm$，$l_{AD}=$

50mm，$l_{CD}=40$mm，$l_{DE}=20$mm，$L_{EF}=60$mm，滑块为运动输出构件。试确定：

1）四杆机构 $ABCD$ 的类型。

2）机构的行程速度变化系数 K 为多少？

3）滑块 F 的行程 H 为多少？

4）求机构的最小传动角 γ_{min} 和最大传动角 γ_{max} 为多少？

5）导轨 DF 在什么位置时滑块在运动中的压力角最小？

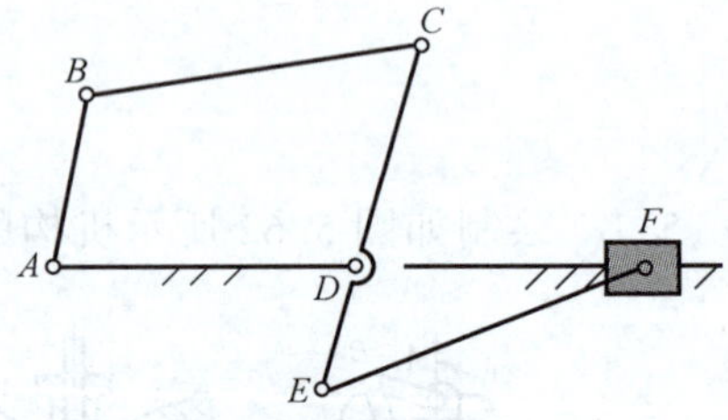

图 5.65

5.5 如图 5.66 所示的六杆机构中，已知 $l_{AB}=200$mm，$l_{AC}=585$mm，$l_{CD}=300$mm，$l_{DE}=700$mm，$AC\perp EC$，ω_1 为常数。试求：

1）机构的行程速度变化系数 K。

2）构件 5 的行程 H。

3）机构的最小传动角 γ_{min} 为多少？

4）滑块的最大压力角 α_{max} 出现的位置及大小。欲使 α_{max} 减小，该机构应如何改进？

5）在其他尺寸不变的情况下，欲使构件 5 的行程为原行程的 2 倍，曲柄长度应为多少？

5.6 如图 5.67 所示，对于一偏置曲柄滑块机构，已知曲柄长为 r，连杆长为 l，偏距为 e，求：

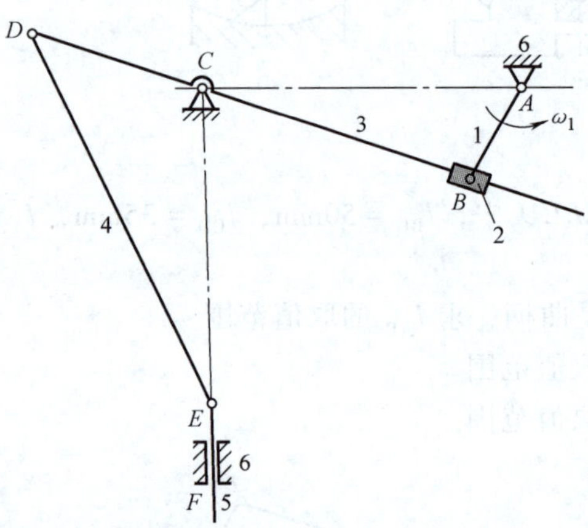

图 5.66

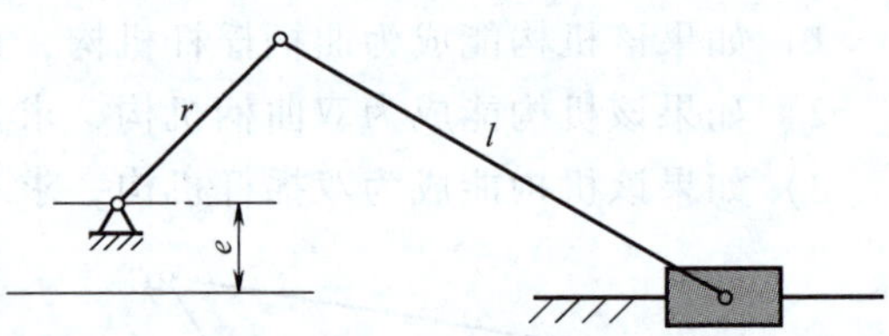

图 5.67

1）当曲柄为原动件时，机构传动角的表达式是什么？说明曲柄 r、连杆 l 和偏距 e 对传动角的影响。

2）说明出现最小传动角时的机构位置。

3）若令 $e=0$（即对心式曲柄滑块机构），传动角在何处最大？何处最小？并比较其行程的变化情况。

5.7 图 5.68 所示为小型插床常用的转动导杆机构，已知 $l_{AB}=50$mm，$l_{AD}=40$mm，行程速度变化系数 $K=2.27$，求曲柄 BC 的长度 l_{BC} 及插刀 P 的行程 H。

5.8 试求如图 5.69 所示各机构在图示位置时全部瞬心的位置。

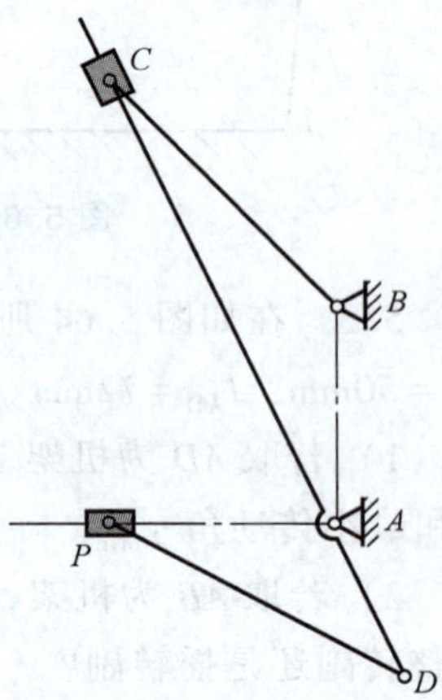

图 5.68

5.9 在如图 5.70 所示的齿轮连杆机构中，三个圆轮互作纯

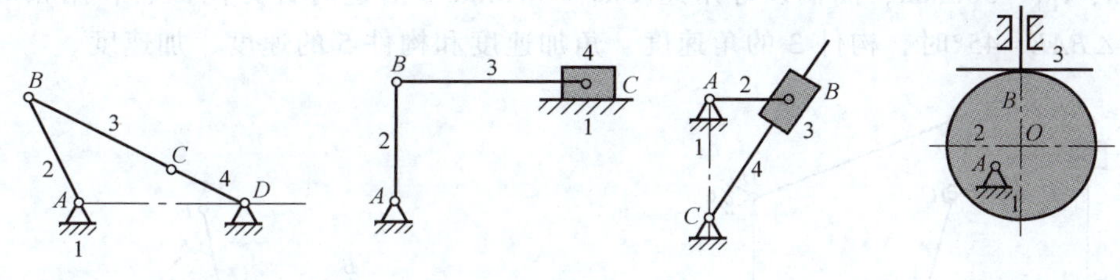

图 5.69

滚动，试用相对瞬心 P_{13} 来求轮 1 和轮 3 的速度比。

5.10　在如图 5.71 所示的凸轮机构中，已知 $r=50\text{mm}$，$l_{OA}=22\text{mm}$，$l_{AC}=80\text{mm}$，$\varphi_1=90°$，凸轮 1 以角速度 $\omega_1=10\text{rad/s}$ 逆时针方向转动。试用瞬心法求从动件 2 的角速度。

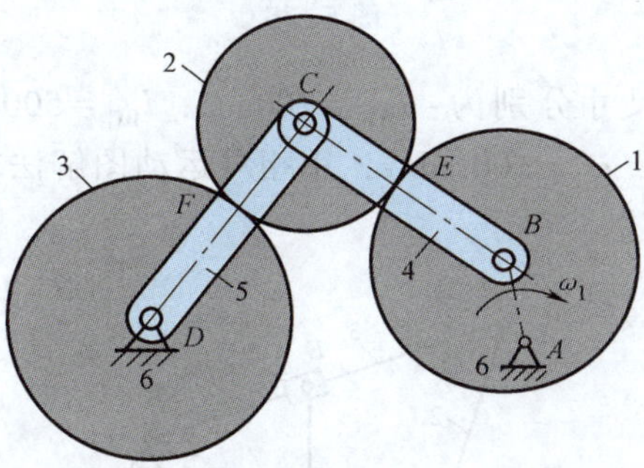

图 5.70

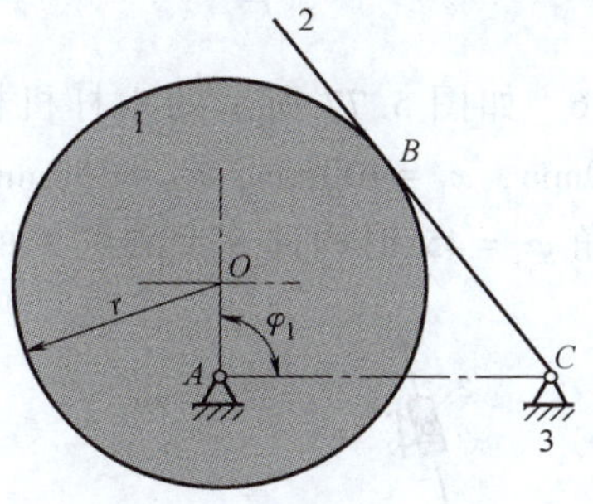

题图 5.71

5.11　试求如图 5.72 所示连杆机构中构件 4 与构件 2 的角速度比 ω_4/ω_2。

5.12　在如图 5.73 所示的缩放机构中，已知构件 1 的角速度为 ω_1，试作出机构的速度多边形图并示出 I 点的速度 v_I。

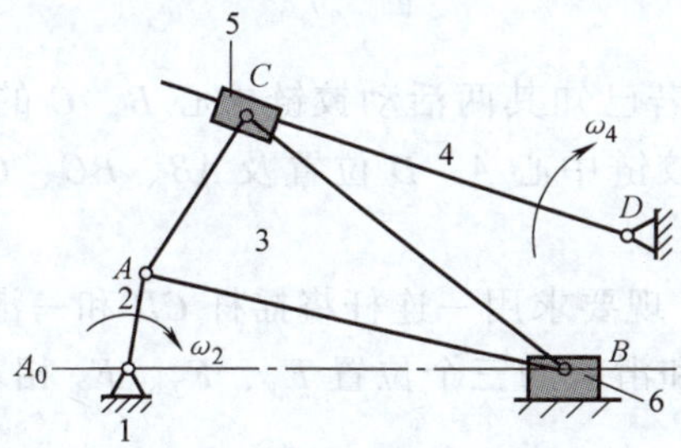

图 5.72

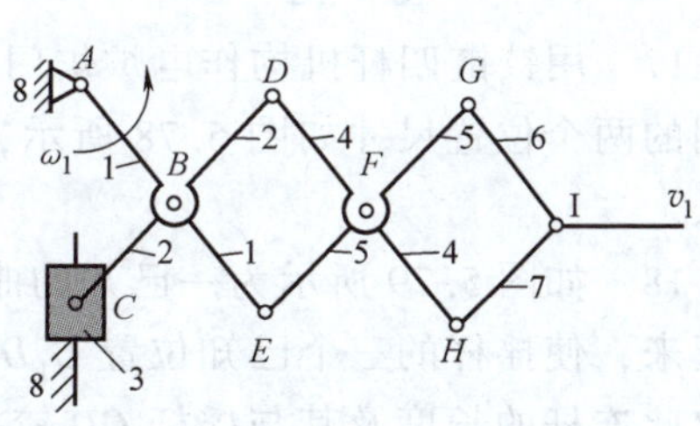

图 5.73

5.13　图 5.74 所示为干草压缩机中的六杆机构，已知各构件长度：$l_{AB}=600\text{mm}$，$l_{OA}=150\text{mm}$，$l_{BC}=120\text{mm}$，$l_{BD}=500\text{mm}$，$l_{CE}=600\text{mm}$ 及 $x_D=400\text{mm}$，$y_D=500\text{mm}$，$y_E=600\text{mm}$，$\omega_1=10\text{rad/s}$。用图解法求活塞 E 在一个运动循环中的位移，用相对运动图解法求曲柄 OA 转角 φ_1 时活塞 E 的速度和加速度。

5.14　在如图 5.75 所示的机构中，已知角速度为 ω_1，试作出该机构的速度多边形图及加速度多边形图的草图，并示出点 F 的速度和加速度。

5.15　在如图 5.76 所示的六杆机构中，已知 $\angle CAE=90°$，$l_{AB}=150\text{mm}$，$l_{BC}=550\text{mm}$，

$l_{BD}=80\text{mm}$，$l_{DE}=500\text{mm}$，曲柄以等角速度 $\omega_1 = 10\text{rad/s}$ 沿逆时针方向回转，用相对位移图解法求当 $\angle BAE=45°$时，构件 3 的角速度、角加速度和构件 5 的速度、加速度。

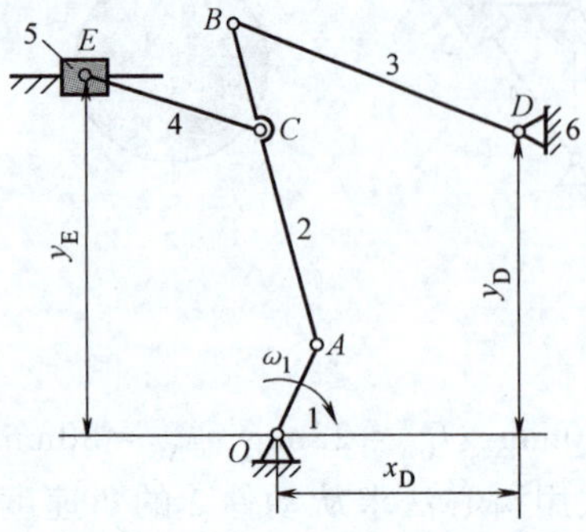

图 5.74

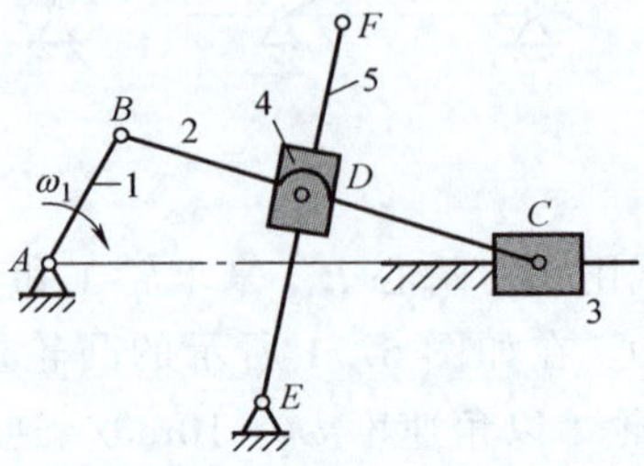

图 5.75

5.16 如图 5.77 所示的六杆机构中，各构件尺寸分别为：$l_{AB}=200\text{mm}$，$l_{BC}=500\text{mm}$，$l_{CD}=800\text{mm}$，$x_F=400\text{mm}$，$x_D=350\text{mm}$，$y_D=350\text{mm}$，$\omega_1=100\text{rad/s}$，用相对运动图解法求当曲柄转角 $\varphi_1=45°$时构件 5 上的点 F 的速度和加速度。

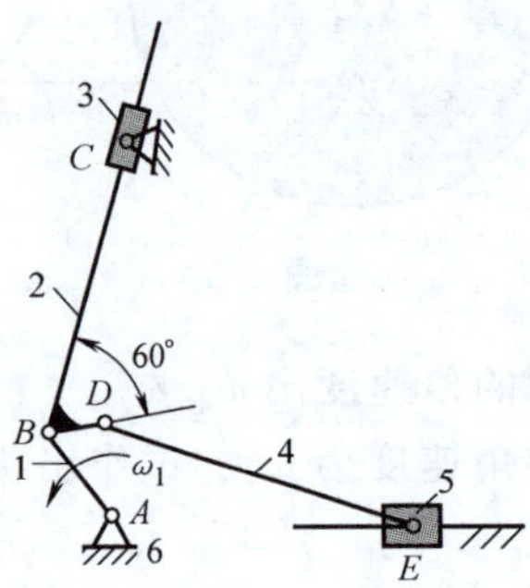

图 5.76

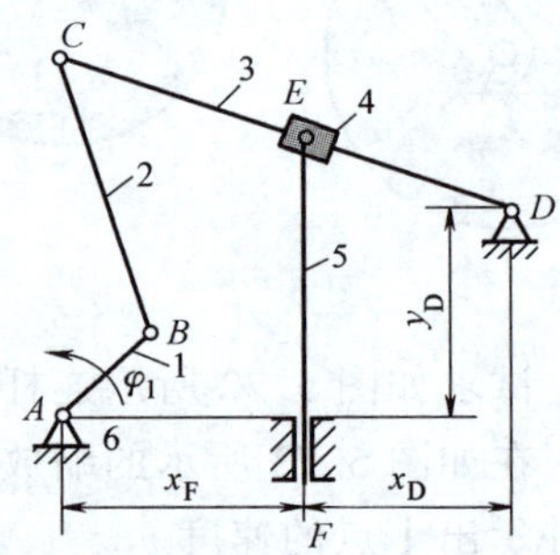

图 5.77

5.17 用铰链四杆机构作电炉炉门的起闭机构，若已知其两活动铰链中心 B、C 的位置及炉门的两个位置尺寸如图 5.78 所示，试确定固定铰链中心 A、D 位置及 AB、BC、CD 各杆杆长。

5.18 如图 5.79 所示为一已知的曲柄摇杆机构，现要求用一连杆将摇杆 CD 和一滑块 F 连接起来，使摇杆的三个已知位置 C_1D、C_2D、C_3D 和滑块的三个位置 F_1、F_2、F_3 相对应。试确定此连杆的长度及其与摇杆 CD 铰接点的位置。

5.19 已知两连架杆的三组对应位置如图 5.80 所示为：$\varphi_1=60°$，$\psi_1=30°$；$\varphi_2=90°$，$\psi_2=50°$；$\varphi_3=120°$，$\psi_3=80°$，若取机架 AD 长度 $l_{AD}=100\text{mm}$，试用图解法计算此铰链四杆机构各杆长度。

5.20 设计如图 5.81 所示的曲柄摇杆机构，已知其摇杆 CD 的长度 $l_{CD}= 290\text{mm}$，摇杆两极限位置间的夹角 $\psi=32°$，行程速度变化系数 $K=1.25$。

1）若曲柄的长度 $l_{AB}= 75\text{mm}$，用图解法和解析法分别求连杆的长度 l_{BC} 和机架的长度 l_{AD}，并校验最小传动角 γ_{min} 是否在允许值范围内。

2）若连杆的长度 $l_{BC}=100\text{mm}$，用图解法和解析法分别求曲柄的长度 l_{AB} 和机架的长度 l_{AD}。

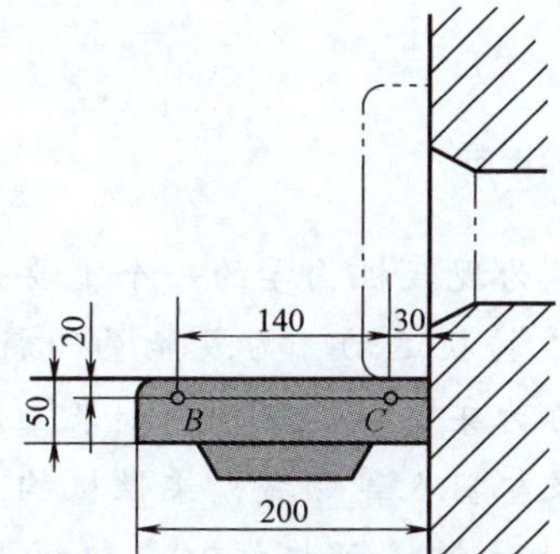

图 5.78

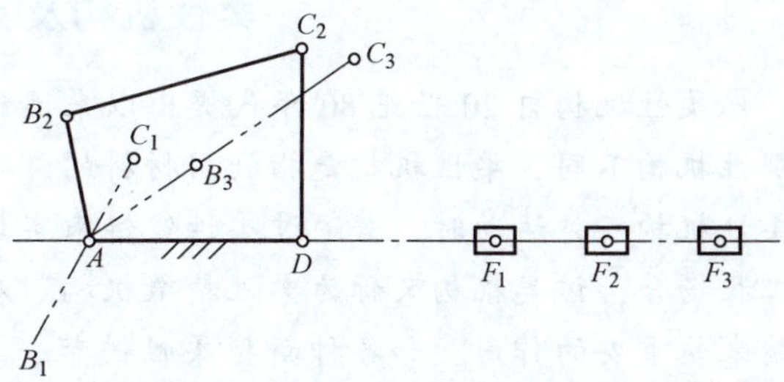

图 5.79

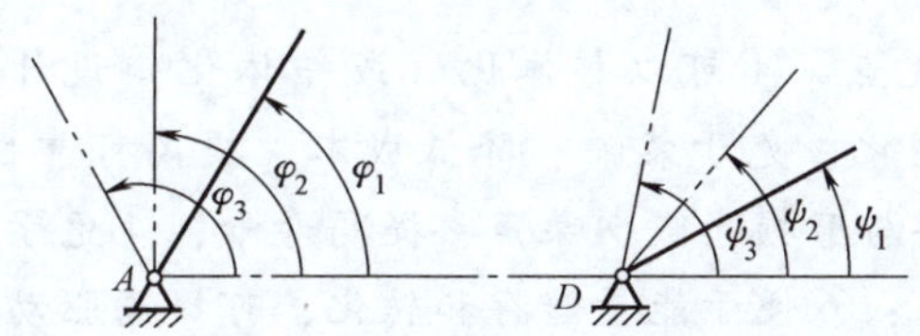

图 5.80

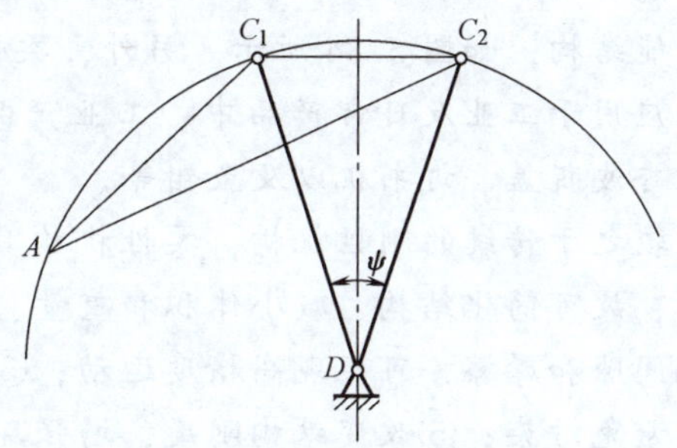

图 5.81

5.21 如图 5.82 所示的铰链四杆机构中，设已知其摇杆 CD 的长度为 75mm，行程速度变化系数 $K=1.5$，机架 AD 的长度为 80mm，又知摇杆的一个极限位置与机架间的夹角 $\varphi=45°$，试求其曲柄的长度 l_{AB} 和连杆的长度 l_{BC}。

5.22 图 5.83 所示为一牛头刨床的主传动机构，已知 $l_{AB}=75\text{mm}$，$l_{DE}=100\text{mm}$，行程速度变化系数 $K=2$，刨头 5 的行程 $H=300\text{mm}$，要求在整个行程中，刨头 5 有较小的压力角，试设计此机构。

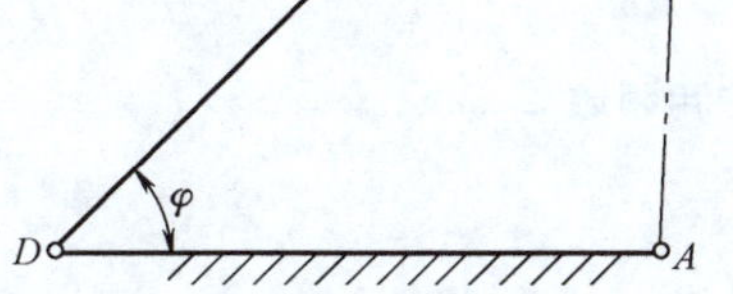

图 5.82

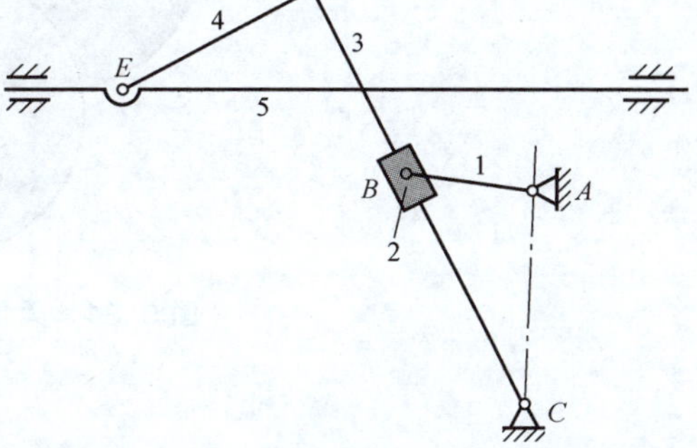

图 5.83

知识拓展

柔性机构及其应用研究进展

柔性机构自20世纪80年代提出以来迅猛发展，已成为现代机构学的一个重要分支。与刚性机构不同，柔性机构是指利用材料的弹性变形传递或转换运动、力或能量的新型机构。柔性机构实施运动时，若通过柔性铰链来实现，则通常称为柔性铰链机构；如果应用在精密工程场合，该类机构又称为柔性精微机构。在仿生机械及机器人等领域，柔性机构正发挥着越来越重要的作用，如各种新型柔性关节、柔性爬虫等大大改善了机械（或机器人）的灵活性或机动性能。这类机构通常又称为柔性仿生机构。在智能结构领域，将驱动元件、传感元件和控制系统结合或融合在柔性机构中，感知外部环境和内部状态变化，并通过自身机制对信息加以识别和推断，合理决策并驱动机构作出响应，这类机构也称作柔性智能机构或柔性智能结构，如图5.84所示。另外，柔性机构发端于平面机构，因其结构简单、免于装配而多应用于工业及日常产品中。工业产品如HP紫外线记录仪，日常产品中如各类运动器材、香波瓶盖、订书机以及鱼钳等。

较之于传统的刚性机构，柔性机构具有许多优点：①可以整体化（或一体化）设计和加工，故可简化结构、减小体积和重量、便于微型化、免于装配、降低成本、提高可靠性；②无间隙和摩擦，可实现高精度运动；③避免摩擦与磨损，减少噪声、提高寿命；④免于润滑，避免污染；⑤改变结构刚度，增强环境适应性；⑥便于能量储存和转化，可提高驱动及传动效率；⑦利用柔性可以抵抗冲击和恶劣环境，避免设备损坏等。

柔性机构作为学科体系的发展虽然还很短暂，但已经展现出极其广阔的应用前景，尤其与精密工程、智能结构与材料、生物生命科学、机器人学等学科的有机交互，给柔性机构提供了广阔的应用天地。在众多新型柔性机构中，胞元式柔性机构、辅助接触式柔性机构、平面折展机构和柔性静平衡机构等最具发展潜力和应用前景。有关柔性机构理论与应用的研究必将给现代机构学的发展和应用带来新的契机！

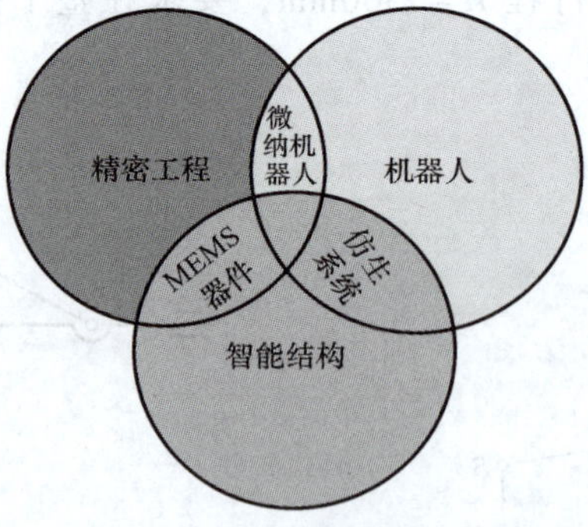

图5.84 柔性机构的主要应用领域

第 6 章

凸轮机构设计

汽车发动机在工作过程中，必须准确地控制进气阀和排气阀的开起和关闭，使可燃混合气体（汽油机）或空气（柴油机）及时进入气缸，废气及时排出气缸，以保证发动机的连续工作。图 6.1 所示为发动机结构图。为什么发动机几乎都采用凸轮机构来控制进气阀和排气阀呢？通过本章内容的学习，就会知道其中的原因了。

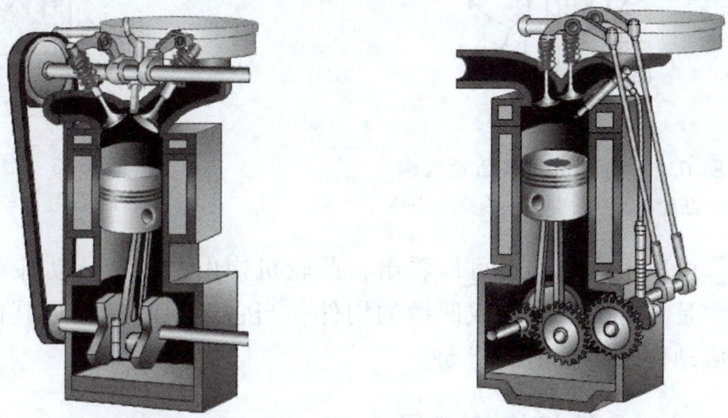

图 6.1 发动机

内容提要 本章介绍凸轮机构的类型、特点和功能，然后围绕凸轮机构的设计，分析几种从动件常用运动规律的特点和适用场合，重点讨论应用反转法原理进行凸轮轮廓曲线设计的作图法和解析法，在此基础上简要介绍了平面凸轮机构基本尺寸的设计方法。

6.1 凸轮机构概述

在设计机械时，常常要求某些从动件的位移、速度、加速度按照预期的规律运动，采用连杆往往难以精确地满足要求，在这种情况下，特别是当从动件需要按复杂的规律运动时，通常采用凸轮机构。

凸轮机构是一种高副机构。由于凸轮机构可以通过合理设计凸轮的曲线轮廓，推动从动件精确地实现各种预期的运动规律，还易于实现多个运动的相互协调配合，因而在内燃机和各种自动化机械中得到了广泛应用。

6.1.1 凸轮机构的组成

图 6.2 所示为内燃机的配气凸轮机构。具有曲线轮廓的构件 1 为凸轮，当它以等角速度转动时，其曲线轮廓与气阀 2 的平底接触，驱使气阀按特定的规律往复移动，并与活塞的运

动相协调，适时地起闭阀门，从而达到控制燃烧室进、排气的目的。

图 6.3 所示为自动机床的进刀凸轮机构。具有曲线凹槽的构件 1 为凸轮，当它等速转动时，利用其曲线凹槽侧面推动从动件 2 绕固定轴 O 往复摆动，并通过扇形齿轮和固定在刀架 3 上的齿条啮合，控制刀架作进刀和退刀运动。刀架的运动规律取决于凸轮 1 上曲线凹槽的形状。

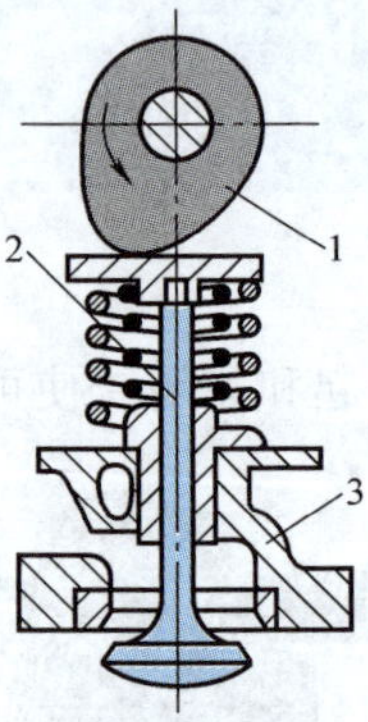

图 6.2 内燃机配气凸轮机构

1—凸轮 2—气阀 3—内燃机壳体

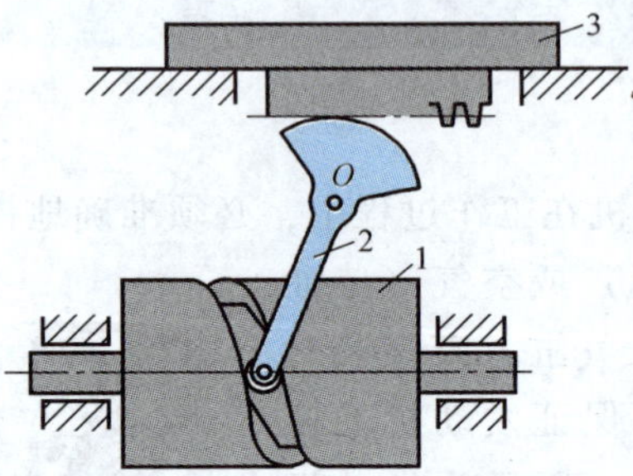

图 6.3 自动机床进刀凸轮机构

1—圆柱凸轮 2—从动件 3—刀架

由以上两个例子可以看出，凸轮机构由凸轮、从动件和机架三个基本构件所组成。凸轮通常是具有曲线轮廓或凹槽的构件，当它运动时，通过其曲线轮廓与从动件形成高副接触，使从动件获得预期的运动。

6.1.2 凸轮机构的应用

凸轮机构结构简单、紧凑，通过合理设计凸轮的曲线轮廓，可以使从动件实现各种复杂的运动和动力要求。

1. 实现预期的位置要求

图 6.4 所示为自动送料凸轮机构，当带有凹槽的圆柱凸轮 1 转动时，推动从动件 2 往复移动，将待加工毛坯 3 推到加工位置。凸轮每转动一周，从动件 2 就从储料器 4 中推出一个待加工毛坯。这种自动送料凸轮机构能够完成输送毛坯到达预期位置的功能，但对毛坯在移动过程中的运动规律没有特殊要求。

2. 实现预期的运动规律要求

如图 6.3 所示的自动机床的进刀凸轮机构，可以控制刀架实现复杂的运动规律。刀架先以较快的速度接近工件，然后作等速运动，使加工零件能获得较高的表面质量，同时机床承受的载荷波动最小。完成切削后，刀架快速退回并复位停歇。

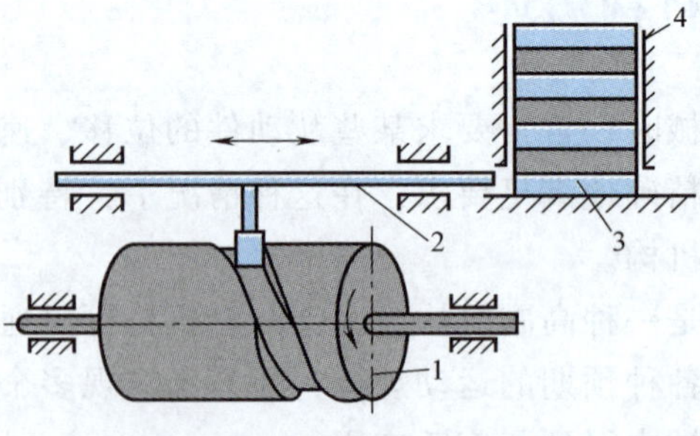

图 6.4 自动送料凸轮机构

1—圆柱凸轮 2—从动件 3—毛坯

4—储料器

3. 实现运动与动力特性要求

如图 6.2 所示的内燃机配气凸轮机构，要求能在曲轴高速转动的工况下，凸轮在非常短的时间内推动气阀开起或关闭。因此，要求这种凸轮机构不仅能够实现气阀的运动学要求，还应具有良好的动力学性能。

6.1.3 凸轮机构的分类

工程实际中使用的凸轮机构有多种类型，通常按以下几种方法分类。

1. 按凸轮的形状分类

（1）盘形凸轮　如图 6.2 所示，凸轮呈盘状，并具有变化的向径。当其绕固定轴转动时，可推动从动件在垂直于凸轮转轴的平面内运动。盘形凸轮结构简单，在工程中应用广泛。

（2）移动凸轮　如图 6.5 所示，当盘形凸轮的转动轴心趋于无穷远时，就演化成了移动凸轮。凸轮相对机架作直线移动。

盘形凸轮机构和移动凸轮机构中，凸轮与从动件的相对运动是平面运动，统称为平面凸轮机构。

（3）圆柱凸轮　如图 6.3 所示，凸轮的轮廓曲线在圆柱体上，它可以看作是将移动凸轮卷成圆柱体演化而成。

圆柱凸轮机构中，凸轮与从动件之间的相对运动是空间运动，属于空间凸轮机构。

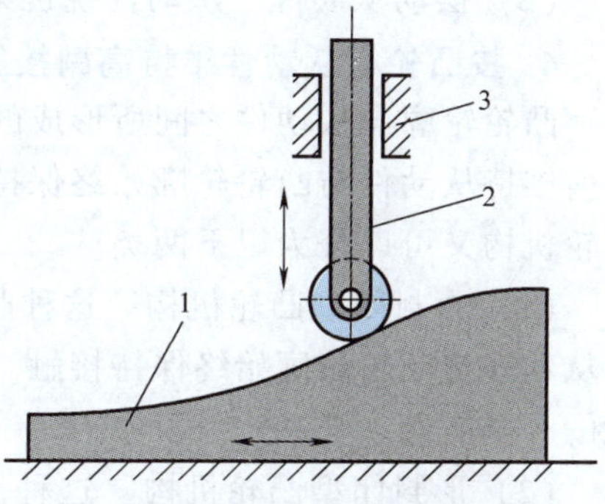

图 6.5　移动凸轮机构

1—凸轮　2—从动件　3—机架

2. 按从动件端部的形状分类

（1）尖顶从动件　与凸轮轮廓接触的从动件端部呈尖顶形状，如图 6.6a 所示。尖顶从动件能与任意复杂的凸轮轮廓保持接触，因而可以使从动件精确实现任意的运动规律。这种从动件结构最简单，但尖顶处接触应力大，容易磨损，故只适用于速度较低和传力不大的场合。

（2）滚子从动件　与凸轮轮廓接触的从动件端部装有滚子（通常为滚动轴承），如图 6.6b 所示。滚子与凸轮轮廓之间为滚动摩擦，产生的摩擦磨损小，适用于传递动力较大的场合，在工程中应用最广泛。

（3）平底从动件　与凸轮轮廓接触的从动件端部为平底，如图 6.6c 所示。平底与凸轮轮廓之间易于形成油膜，润滑状况好，传动效率高，常用于高速场合，如图 6.1 所示的内燃机配气凸轮机构。平底从动件只适用于轮廓外凸的凸轮。

（4）曲面从动件　与凸轮轮廓接触的从动件端部做成曲面形状，如图 6.6d 所示。曲面从动件兼有尖顶从动件与平底从动件的优点，在生产实际中的应用也比较多。

3. 按从动件的运动形式分类

无论凸轮的形状如何，从动件的运动形式只有两种。

（1）移动从动件　从动件相对机架作往复移动，可分为对心式和偏置式两种。对心式移动从动件的导路中心通过凸轮回转轴心 O，如图 6.2 所示。偏置式移动从动件的导路中心与凸轮回转轴心 O 之间偏移一段距离 e，e 称为偏距，如图 6.6 所示。

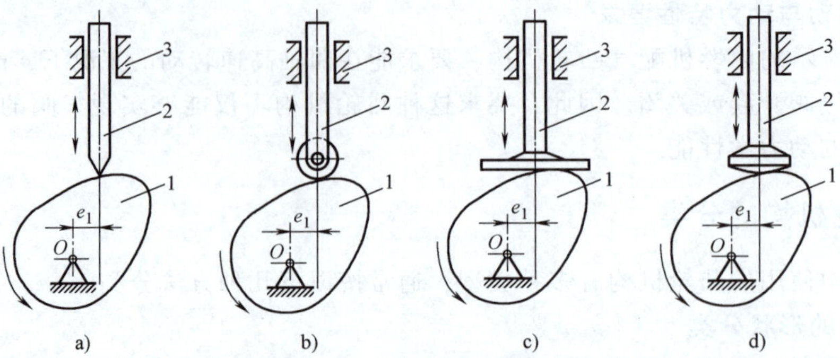

图 6.6 从动件端部的形状

a）尖顶从动件 b）滚子从动件 c）平底从动件 d）曲面从动件

1—凸轮 2—从动件 3—机架

（2）摆动从动件 从动件绕机架的固定轴作往复摆动，如图 6.3 所示。

4. 按凸轮与从动件维持高副接触的方法分类

凸轮轮廓与从动件之间所形成的高副通常是一种单面约束的开式运动副，因此就存在着如何维持从动件与凸轮轮廓始终保持接触而不脱开的问题。根据维持高副接触方法的不同，凸轮机构又可以分为以下两类。

（1）力封闭型凸轮机构 这种凸轮机构利用从动件自身的重力、弹簧力或者其他外力，使从动件与凸轮轮廓始终保持接触。如图 6.2 所示的凸轮机构就是利用弹簧力来保持高副接触的一个实例。

（2）形封闭型凸轮机构 这种凸轮机构利用高副元素本身的几何形状，使从动件与凸轮轮廓始终保持接触。常见的形封闭型凸轮机构有以下几种。

1）槽凸轮机构。如图 6.7a 所示，凸轮轮廓曲线做成凹槽，从动件的滚子置于凹槽中，依靠凹槽两侧的轮廓曲线使从动件与凸轮在运动过程中始终保持接触。这种封闭形式结构简单，其主要缺点是加大了凸轮的尺寸和重量。

2）等宽凸轮机构。如图 6.7b 所示，从动件做成矩形框架形状，凸轮轮廓曲线上任意两条平行切线之间的距离都等于框架内侧的宽度 H，因此凸轮轮廓曲线与平底可始终保持接触。

3）等径凸轮机构。如图 6.7c 所示，从动件上装有两个滚子，在运动过程中，凸轮轮廓曲线始终同时与两个滚子相接触，且在过凸轮轴心 O 所作的任一径向线的长度均等于两个滚子中心之间的距离。

等宽凸轮机构和等径凸轮机构中，从动件运动规律的选择受到一定限制。当在 180°范围内根据从动件的运动规律设计了凸轮轮廓曲线后，另外 180°范围的凸轮轮廓必须根据等宽或等径的原则来确定。

4）共轭凸轮机构。如图 6.7d 所示，这种凸轮机构利用两个固结在一起的凸轮来控制一个装有两个滚子的从动件，其中凸轮 1（主凸轮）推动从动件完成沿逆时针方向正行程的运动，凸轮 1′（回凸轮）推动从动件完成沿顺时针方向反行程的运动。这种凸轮机构又称为主回凸轮机构，其从动件运动规律的选取不受制约，但凸轮轮廓曲线的设计比较复杂，制造精度要求较高。

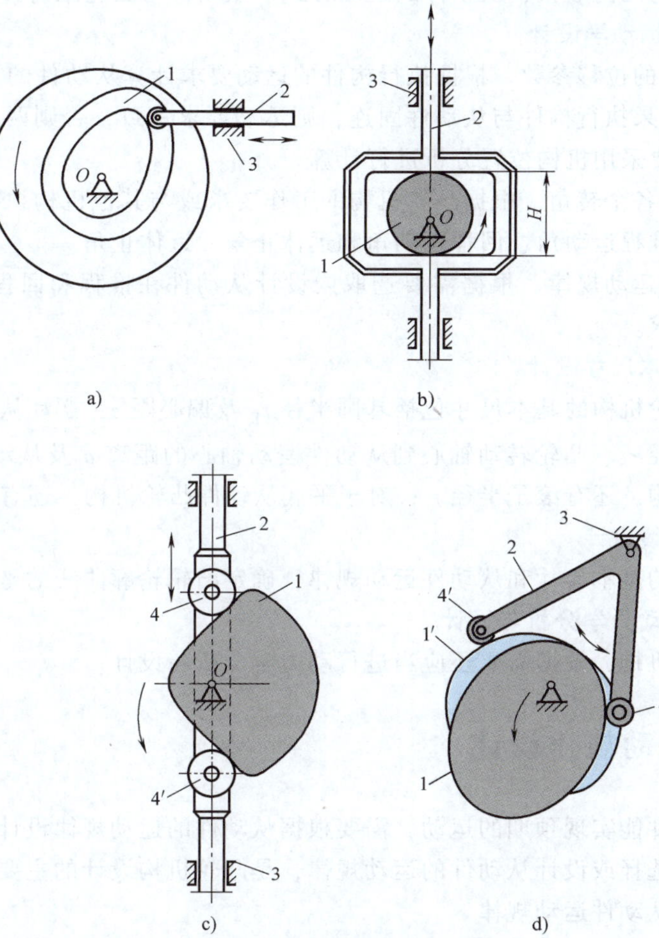

图 6.7　形封闭凸轮机构

a）槽凸轮机构　b）等宽凸轮机构　c）等径凸轮机构　d）共轭凸轮机构

1—凸轮　2—从动件　3—机架　4—滚子

以上介绍的各种形式的凸轮机构，都是以凸轮作为主动件，推动从动件实现预期的运动。工程中也有凸轮作为从动件的凸轮机构，称为反凸轮机构。如图 6.8 所示，摆杆 1 为主动件，凸轮 2 为从动件。当摆杆 1 左右摆动时，通过其端部的滚子与凸轮 2 的沟槽接触，推动凸轮上下往复移动。

6.1.4　凸轮机构设计的基本过程

在工程实际中，凸轮机构的形式及各种尺寸参数都是与凸轮机构的应用场合以及实现工作目标的工作过程密切相关的。一般来说，凸轮机构的设计分为以下几个步骤。

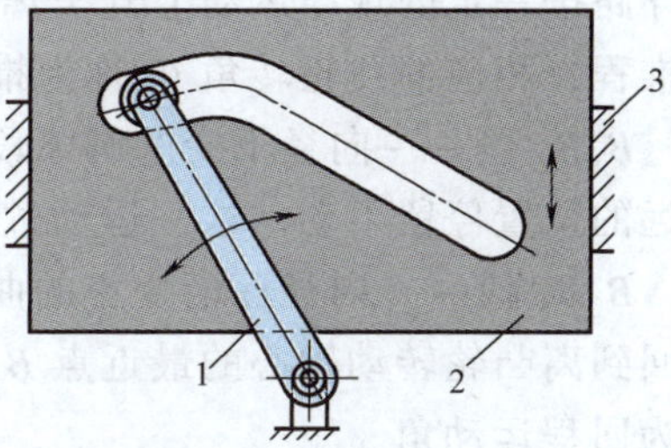

图 6.8　反凸轮机构

1—摆杆　2—凸轮　3—机架

1. 凸轮机构的选型

即确定采用何种形式的凸轮机构，其中包括凸轮的几何形状、从动件的几何形状、从动件的运动方式、从动件与凸轮维持接触的方式等。

2. 凸轮机构的运动学设计

1）计算从动件的位移参数。根据执行构件的运动要求计算从动件的行程（最大线位移或最大角位移）。如果执行构件与从动件固连，则运动要求一致，否则两者之间还需要通过运动传递机构，需要采用机构位置分析进行计算。

2）确定凸轮的各个转角。根据凸轮机构的工作要求或与其他机构执行构件的运动配合关系，确定凸轮的推程运动角、回程运动角和远休止角、近休止角。

3）设计从动件运动规律。根据需要选取或设计从动件在推程和回程阶段的运动规律，满足系统的工作要求。

3. 凸轮机构基本尺寸设计

移动从动件凸轮机构的基本尺寸包括基圆半径 r_b 及偏心距 e；摆动从动件凸轮机构的基本尺寸包括基圆半径 r_b、凸轮转动轴心到从动件摆动轴心的距离 a 及从动件的长度 l。对于滚子从动件凸轮机构，还有滚子半径 r_r；对于平底从动件凸轮机构，还有平底宽度 b。

4. 凸轮轮廓曲线设计

根据凸轮机构的基本尺寸和从动件运动规律，确定凸轮轮廓曲线的坐标。

5. 凸轮机构的动力学分析与设计

对于高速凸轮机构，根据需要还应当进行动力学分析与设计。

6.2 从动件运动规律设计

为了保证从动件能实现预期的运动，需要根据从动件的运动规律设计凸轮轮廓曲线。根据设计任务的要求选择或设计从动件的运动规律，是凸轮机构设计的主要任务之一。本节主要介绍几种常用的从动件运动规律。

6.2.1 凸轮机构的运动过程

图 6.9a 所示为对心尖顶移动从动件盘形凸轮机构，以凸轮的最小向径 r_b 为半径所作的圆称为凸轮的基圆，r_b 称为基圆半径。从动件尖顶与凸轮轮廓在 B_0 点接触时，从动件处于最低位置。当凸轮以等角速度逆时针转动时，从动件将作往复运动。从动件尖顶与凸轮轮廓不同曲线段接触时，从动件处于不同的运动阶段。

B_0B_1 段——向径逐渐变大的曲线段，尖顶与这一段曲线接触时，凸轮轮廓推动从动件沿导路按一定的规律运动上升至离凸轮转动轴心最远的位置 B'。从动件的这一运动过程称为推程，相应的凸轮转角 Φ 称为推程运动角。从动件的最大位移 B_0B' 称为升距 h。

B_1B_2 段——向径不变的圆弧段，尖顶与这一段曲线接触时，从动件在离凸轮转动轴心最远的位置停留不动。这一运动过程称为远休止，相应的凸轮转角 Φ_s 称为远休止角。

B_2B_3 段——向径逐渐变小的曲线段，尖顶与这一段曲线接触时，从动件按一定运动规律回到离凸轮转动轴心的最近点 B_3。从动件的这一运动过程称为回程，相应的凸轮转角 Φ' 称为回程运动角。

B_3B_0 段——凸轮基圆圆弧段，尖顶与这一段曲线接触时，从动件在离凸轮转动轴心最近的位置停留不动。这一运动过程称为近休止，相应的凸轮转角 Φ_s'称为近休止角。

在工程实际应用中，凸轮机构的工作循环通常必须具有推程和回程两个运动阶段，但不一定具有近休止或远休止过程。

图 6.9b 所示为对应于凸轮机构一个工作循环的从动件位移线图，横坐标代表凸轮转角 φ，纵坐标代表从动件位移 s。

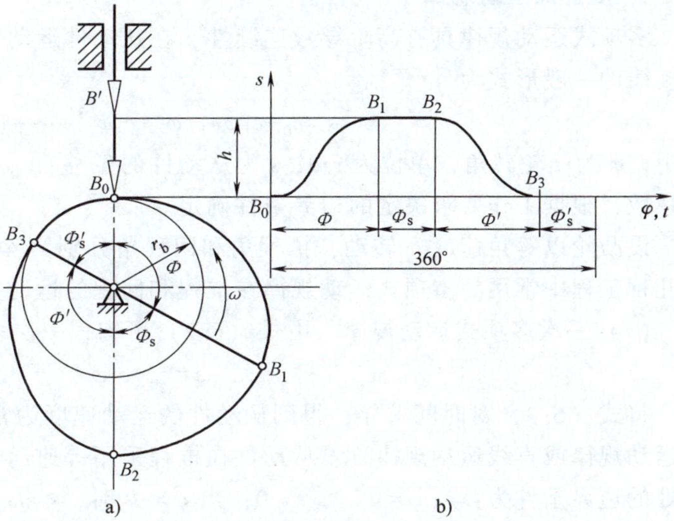

图 6.9　凸轮机构工作原理

a）对心尖顶移动从动件盘形凸轮机构　b）从动件位移线图

从动件的位移线图反映了从动件的位移随时间 t 或凸轮转角 φ 变化的规律。根据位移变化规律，还可以求出速度、加速度、跃度（加速度变化率）的变化规律，这些规律统称为从动件的运动规律。从动件的位移 s、速度 v、加速度 a、跃度 j 随时间 t 或凸轮转角 φ 变化的曲线，统称为从动件的运动线图。

从上面的分析中可以看出，凸轮轮廓曲线的形状决定了从动件的运动规律，要想使从动件实现某种运动规律，就要设计出与其相应的凸轮轮廓曲线。

凸轮的推程运动角 Φ、远休止角 Φ_s、回程运动角 Φ'和近休止角 Φ'_s以及从动件的位移 s、速度 v、加速度 a 和跃度 j 随时间 t 或凸轮转角 φ 变化的规律，全面反映了凸轮机构的运动特性及其变化的规律性，是凸轮机构的基本运动参数，也是凸轮轮廓曲线设计的基本依据。

从动件的运动规律，是由凸轮轮廓曲线形状决定的，从动件不同的运动规律，要求凸轮具有不同形状的轮廓曲线。正确选择和设计从动件的运动规律，是凸轮机构设计的重要环节。

从动件的运动规律可以用线图表示，也可以用数学方程式表示。从动件位移方程的表达式为 $s=s(\varphi)$。凸轮一般为主动件，且作匀速转动。设凸轮的角速度为 ω，则从动件的位移、速度和加速度与凸轮转角之间的关系为

$$
\begin{aligned}
s &= s(\varphi) \\
v &= \frac{\mathrm{d}s}{\mathrm{d}t}=\frac{\mathrm{d}s}{\mathrm{d}\varphi}\frac{\mathrm{d}\varphi}{\mathrm{d}t}=\omega\frac{\mathrm{d}s}{\mathrm{d}\varphi} \\
a &= \frac{\mathrm{d}^2 s}{\mathrm{d}t^2}=\frac{\mathrm{d}v}{\mathrm{d}t}=\frac{\mathrm{d}v}{\mathrm{d}\varphi}\frac{\mathrm{d}\varphi}{\mathrm{d}t}=\omega^2\frac{\mathrm{d}s}{\mathrm{d}\varphi}
\end{aligned} \tag{6.1}
$$

6.2.2　从动件常用运动规律

从动件的常用运动规律有多种，这里仅介绍几种最基本的运动规律。

1. 多项式运动规律

多项式运动规律具有高阶导数连续性，在从动件运动规律设计中得到广泛应用。这类运动规律的一般形式为

$$s=c_0+c_1\varphi+c_2\varphi^2+c_3\varphi^3+\cdots+c_n\varphi^n \tag{6.2}$$

式中，φ 为凸轮转角，单位为 rad；s 为从动件的位移；c_0、c_1、c_2、c_3、…、c_n 为 $n+1$ 个待定系数，根据工作要求决定的边界条件确定。

设凸轮以等角速度 ω 转动，推程角和回程角分别为 Φ 和 Φ'，从动件升距为 h。下面推导几种工程中常用的多项式运动规律在推程和回程的运动方程式，并给出其运动线图。

（1）一次多项式运动规律　由式（6.2）可知，一次多项式运动规律的一般表达式为

$$s=c_0+c_1\varphi \tag{6.3}$$

将式（6.3）对时间求导，得到从动件的运动速度为常数，所以这种运动规律又称为等速运动规律或直线运动规律。设从动件在推程采用等速运动规律，则在推程的起始点和终止点处的边界条件为：当 $\varphi=0$ 时，$s=0$；当 $\varphi=\Phi$ 时，$s=h$。代入式（6.3）可得 $c_0=0$，$c_1=h/\Phi$。分别以 v 和 a 表示从动件的速度和加速度，则从动件在推程的运动方程为

$$\left.\begin{aligned}s&=\frac{h}{\Phi}\varphi\\v&=\frac{h}{\Phi}\omega\\a&=0\end{aligned}\right\} \tag{6.4}$$

同理，在回程的起始点和终止点处的边界条件为：当 $\varphi=0$ 时，$s=h$；当 $\varphi=\Phi'$ 时，$s=0$，得到从动件在回程的运动方程为

$$\left.\begin{aligned}s&=h\left(1-\frac{\varphi}{\Phi'}\right)\\v&=-\frac{h}{\Phi'}\omega\\a&=0\end{aligned}\right\} \tag{6.5}$$

推程中等速运动规律的运动线图如图 6.10 所示。由图可见，这种运动规律的速度曲线不连续，从动件在运动的起始点和终止点两个位置速度有突变，产生了理论值为无穷大的加速度，从而使从动件突然产生了理论值为无穷大的惯性力，机构将产生强烈冲击，这种冲击称为刚性冲击。显然，在选择与设计从动件运动规律时，应力求避免产生刚性冲击。因此，等速运动规律通常适用于低速轻载的工况，或者对从动件有等速运动要求的场合，如图 6.3 所示的自动机床的进刀机构。

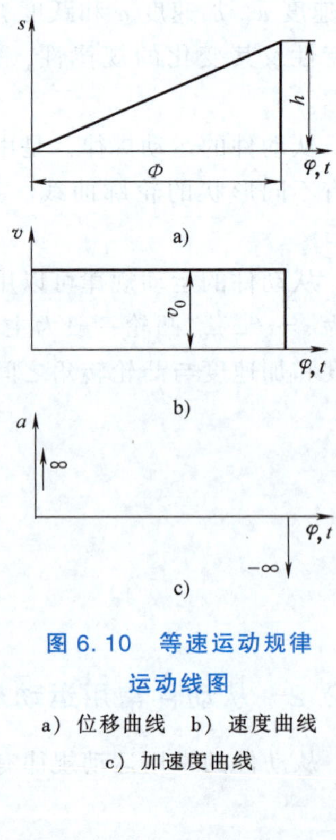

图 6.10　等速运动规律运动线图

a）位移曲线　b）速度曲线　c）加速度曲线

当然，工程中应用的凸轮机构由于构件的弹性、阻尼等多种因素的影响，不可能产生无穷大的惯性力。

（2）二次多项式运动规律　工程中常用的二次多项式运动规律，是指从动件在推程或回程中的前半段采用等加速运

动，后半段采用等减速运动，其位移曲线为两段光滑连接的反向抛物线。这种运动规律又称为等加速等减速运动规律或抛物线运动规律。

由式（6.2）求导可知，二次多项式运动规律的位移、速度和加速度的一般表达式为

$$\begin{aligned} s &= c_0+c_1\varphi+c_2\varphi^2 \\ v &= c_1\omega+2c_2\omega\varphi \\ a &= 2c_2\omega^2 \end{aligned} \tag{6.6}$$

设从动件在推程采用等加速等减速运动规律，根据在推程起始点和终止点处位移与速度连续，且等加速段与等减速段对称分配的要求，边界条件为：等加速段，当 $\varphi=0$ 时，$s=0$，$v=0$；当 $\varphi=\Phi/2$ 时，$s=h/2$（$0\leqslant\varphi\leqslant\Phi/2$）。等减速段，当 $\varphi=\Phi/2$ 时，$s=h/2$；当 $\varphi=\Phi$ 时，$s=h(\Phi/2\leqslant\varphi\leqslant\Phi)$。

将上述边界条件代入式（6.6），确定出待定系数 c_0、c_1 和 c_2，得到从动件在推程的运动方程为

等加速段（$0\leqslant\varphi\leqslant\Phi/2$）

$$\begin{aligned} s &= \frac{2h}{\Phi^2}\varphi^2 \\ v &= \frac{4h\omega}{\Phi^2}\varphi \\ a &= \frac{4h\omega^2}{\Phi^2} \end{aligned} \tag{6.7}$$

等减速段（$\Phi/2\leqslant\varphi\leqslant\Phi$）

$$\begin{aligned} s &= h-\frac{2h}{\Phi^2}(\Phi-\varphi)^2 \\ v &= \frac{4h\omega}{\Phi^2}(\Phi-\varphi) \\ a &= -\frac{4h\omega^2}{\Phi^2} \end{aligned} \tag{6.8}$$

同理，可得从动件在回程的运动方程为

等加速段（$0\leqslant\varphi\leqslant\Phi'/2$）

$$\begin{aligned} s &= h-\frac{2h}{\Phi'^2}\varphi^2 \\ v &= -\frac{4h\omega}{\Phi'^2}\varphi \\ a &= -\frac{4h\omega^2}{\Phi'^2} \end{aligned} \tag{6.9}$$

等减速段（$\Phi'/2\leqslant\varphi\leqslant\Phi'$）

$$\begin{aligned} s &= \frac{2h}{\Phi'^2}(\Phi'-\varphi)^2 \\ v &= \frac{4h\omega}{\Phi'^2}(\Phi'-\varphi) \\ a &= \frac{4h\omega^2}{\Phi'^2} \end{aligned} \tag{6.10}$$

推程中等加速等减速运动规律的运动线图如图 6.11 所示。由图可见，这种运动规律的速度曲线连续，但加速度曲线在运动的起始点、中间和终止点处不连续，产生有限值的突变，由此引起有限的惯性冲击。这种由于有限值的加速度突变而产生的冲击称为柔性冲击。等加速等减速运动规律适用于中、低速轻载的工况。

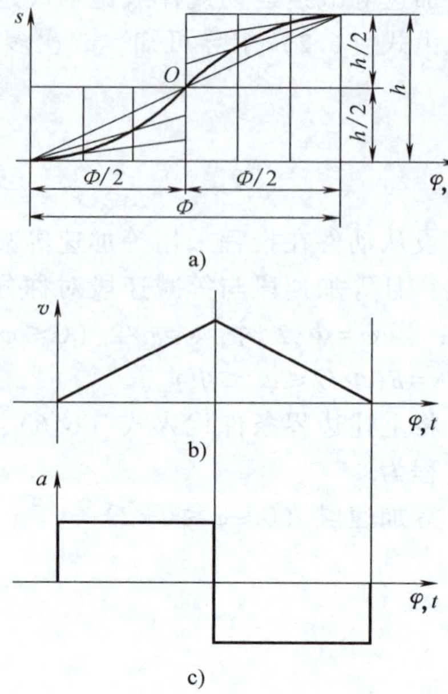

图 6.11 等加速等减速运动规律运动线图

a）位移曲线 b）速度曲线 c）加速度曲线

（3）五次多项式运动规律。20 世纪 30 年代后，随着内燃机转速的提高，一些配气凸轮机构过早出现失效问题，人们开始认识到二次多项式运动规律已不能满足工程需求。在凸轮机构动力学研究的兴起中，人们研究出多种动力学性能优良的运动规律，如高次多项式运动规律和分段组合型运动规律等。

由式（6.2）求导可知，五次多项式运动规律的位移、速度和加速度的一般表达式为

$$\begin{aligned}
s&=c_0+c_1\varphi+c_2\varphi^2+c_3\varphi^3+c_4\varphi^4+c_5\varphi^5\\
v&=c_1\omega+2c_2\omega\varphi+3c_3\omega\varphi^2+4c_4\omega\varphi^3+5c_5\omega\varphi^4\\
a&=2c_2\omega^2+6c_3\omega^2\varphi+12c_4\omega^2\varphi^2+20c_5\omega^2\varphi^3
\end{aligned}\tag{6.11}$$

式（6.11）中，共有 c_0 到 c_5 六个待定系数。设从动件在推程采用五次多项式运动规律，根据在推程的起始点和终止点处位移、速度及加速度连续的要求，建立边界条件为：起始点处，当 $\varphi=0$ 时，$s=0$，$v=0$，$a=0$；终止点处，当 $\varphi=\Phi$ 时，$s=h$，$v=0$，$a=0$。

将边界条件代入式（6.11），确定出待定系数 c_0 至 c_5，得到从动件在推程的运动方程为

$$\left.\begin{aligned}
s&=h\left[10\left(\frac{\varphi}{\Phi}\right)^3-15\left(\frac{\varphi}{\Phi}\right)^4+6\left(\frac{\varphi}{\Phi}\right)^5\right]\\
v&=\frac{h\omega}{\Phi}\left[30\left(\frac{\varphi}{\Phi}\right)^2-60\left(\frac{\varphi}{\Phi}\right)^3+30\left(\frac{\varphi}{\Phi}\right)^4\right]\quad(0\leqslant\varphi\leqslant\Phi)\\
a&=\frac{h\omega^2}{\Phi^2}\left[60\left(\frac{\varphi}{\Phi}\right)-180\left(\frac{\varphi}{\Phi}\right)^2+120\left(\frac{\varphi}{\Phi}\right)^3\right]
\end{aligned}\right.\tag{6.12}$$

式（6.12）中，位移方程中仅含有 3、4、5 次幂，故又称为 3-4-5 次多项式运动规律。同理，可得从动件在回程的运动方程为

$$\left.\begin{aligned}
s&=h\left[1-10\left(\frac{\varphi}{\Phi'}\right)^3+15\left(\frac{\varphi}{\Phi'}\right)^4-6\left(\frac{\varphi}{\Phi'}\right)^5\right]\\
v&=\frac{h\omega}{\Phi'}\left[30\left(\frac{\varphi}{\Phi}\right)^2-60\left(\frac{\varphi}{\Phi'}\right)^3+30\left(\frac{\varphi}{\Phi'}\right)^4\right]\quad(0\leqslant\varphi\leqslant\Phi')\\
a&=\frac{h\omega^2}{\Phi'^2}\left[60\left(\frac{\varphi}{\Phi'}\right)-180\left(\frac{\varphi}{\Phi'}\right)^2+120\left(\frac{\varphi}{\Phi'}\right)^3\right]
\end{aligned}\right.\tag{6.13}$$

推程中五次多项式运动规律的运动线图如图 6.12 所示。由图可见，这种运动规律的速

度曲线和加速度曲线均连续而无突变，故不产生刚性冲击和柔性冲击，运动平稳性好，适用于高速中载的工况。

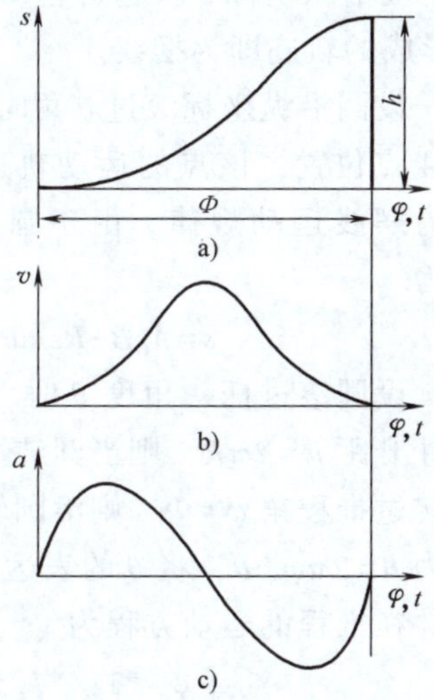

图 6.12 五次多项式运动规律运动线图

a）位移曲线 b）速度曲线 c）加速度曲线

2. 三角函数运动规律

工程中常用的三角函数运动规律有简谐运动规律和摆线运动规律。

（1）简谐运动规律　如图 6.13a 所示，当一质点在圆周上作等速运动时，其在纵坐标方向的投影，即为简谐运动规律。

设质点沿圆弧转过任一角度 θ 时，对应的凸轮转角为 φ，则该质点沿圆弧的位移在纵坐标方向的投影为

$$s=R(1-\cos\theta) \tag{6.14}$$

令从动件升距 $h=2R$，推程角为 Φ，则当质点沿圆周转过角度 $\theta=\pi$ 时，凸轮对应转过推程角 Φ，则质点沿圆周转过的角度 θ 与凸轮转角 φ 之间的关系为 $\theta=\pi\varphi/\Phi$。将 θ 的表达式代入式（6.14），可得到从动件在推程的运动方程为

$$\left.\begin{aligned}s&=\frac{h}{2}\left[1-\cos\left(\frac{\pi}{\Phi}\varphi\right)\right]\\v&=\frac{\pi h\omega}{2\Phi}\sin\left(\frac{\pi}{\Phi}\varphi\right)\quad(0\leqslant\varphi\leqslant\Phi)\\a&=\frac{\pi^2 h\omega^2}{2\Phi^2}\cos\left(\frac{\pi}{\Phi}\varphi\right)\end{aligned}\right\} \tag{6.15}$$

同理，可得从动件在回程的运动方程为

$$\left.\begin{aligned}s&=\frac{h}{2}\left[1-\cos\left(\frac{\pi}{\Phi'}\varphi\right)\right]\\v&=\frac{\pi h\omega}{2\Phi'}\sin\left(\frac{\pi}{\Phi'}\varphi\right)\quad(0\leqslant\varphi\leqslant\Phi')\\a&=\frac{\pi^2 h\omega^2}{2\Phi'^2}\cos\left(\frac{\pi}{\Phi'}\varphi\right)\end{aligned}\right\} \tag{6.16}$$

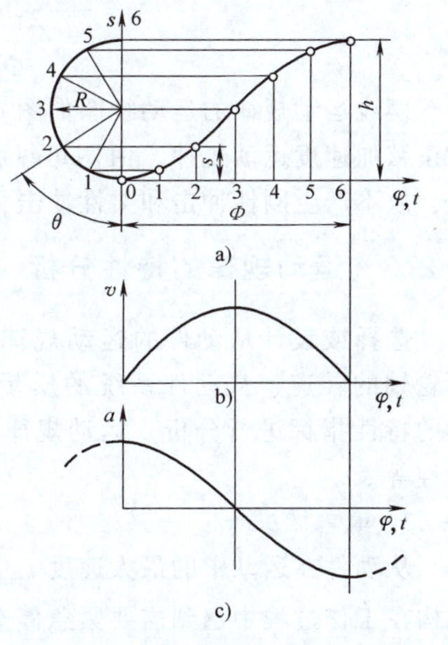

图 6.13 简谐运动规律运动线图

a）位移曲线 b）速度曲线 c）加速度曲线

简谐运动规律的运动线图如图 6.13 所示，由于其加速度曲线按余弦规律变化，故又称为余弦加速度运动规律。由图可见，这种运动规律在起始点与终止点处速度曲线连续，但加速度曲线不连续，产生有限突变，从而产生柔性冲击。因此这种运动规律通常适用于中速中载的工况。如果从动件采用简谐运动规律的凸轮机构没有近休止和远休止过程，仅有推程和回程两个运动阶段，则其加速度曲线变为连续曲线（如图 6.13 中虚线所示），从而可以避免柔性冲击，也可应用在高速工况的场合。

（2）摆线运动规律　如图 6.14a 所示，当半径为

R 的圆沿纵坐标 s 从起始点 A_0 作匀速纯滚动时，圆上一点 A 形成的轨迹即为摆线。

设圆沿纵坐标滚过 θ 角时，圆上一点由初始位置 A_0 到达 A 点位置，该点的运动轨迹在纵坐标方向投影的变化，即为摆线运动规律。由于圆作纯滚动，可以建立其表达式为

$$s=A_0B-R\sin\theta=R(1-\sin\theta) \tag{6.17}$$

设圆滚过任一角度 θ 时，对应的凸轮转角为 φ。令从动件升距 $h=2\pi R$，则当圆纯滚动一整周 $\theta=2\pi$ 时，对应凸轮转过推程角 $\varphi=\Phi$，则滚圆转角 θ 与凸轮转角 φ 之间的关系为 $\theta=2\pi\varphi/\Phi$，将 θ 的表达式代入式（6.17），可得到从动件在推程的运动方程为

$$\left.\begin{aligned} s&=h\left[\frac{\varphi}{\Phi}-\frac{1}{2\pi}\sin\left(\frac{2\pi}{\Phi}\varphi\right)\right]\\ v&=\frac{h\omega}{\Phi}\left[1-\cos\left(\frac{2\pi}{\Phi}\varphi\right)\right] \quad (0\leqslant\varphi\leqslant\Phi)\\ a&=\frac{2\pi h\omega^2}{\Phi^2}\sin\left(\frac{2\pi}{\Phi}\varphi\right)\end{aligned}\right\} \tag{6.18}$$

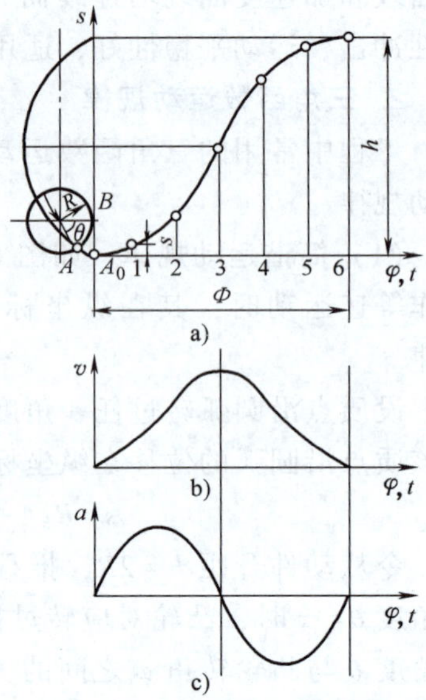

图 6.14 摆线运动规律运动线图
a）位移曲线 b）速度曲线 c）加速度曲线

同理，可得从动件在回程的运动方程为

$$\left.\begin{aligned} s&=h\left[1-\frac{\varphi}{\Phi'}-\frac{1}{2\pi}\sin\left(\frac{2\pi}{\Phi'}\varphi\right)\right]\\ v&=-\frac{h\omega}{\Phi'}\left[1-\cos\left(\frac{2\pi}{\Phi'}\varphi\right)\right] \quad (0\leqslant\varphi\leqslant\Phi')\\ a&=-\frac{2\pi h\omega^2}{\Phi'^2}\sin\left(\frac{2\pi}{\Phi'}\varphi\right)\end{aligned}\right\} \tag{6.19}$$

摆线运动规律的运动线图如图 6.14 所示，由于其加速度曲线按正弦规律变化，故又称为正弦加速度运动规律。由图可见，这种运动规律的速度曲线和加速度曲线均连续而无突变，故不产生刚性冲击和柔性冲击，适用于高速场合。

6.2.3 运动规律的特性分析

选择或设计从动件的运动规律时，不仅需要考虑满足运动学要求，还需要综合考虑凸轮轴的转速、从动件系统的质量以及载荷大小等多种因素。因此，首先需要对运动规律的特性指标进行分析。运动规律的特性指标包括最大速度、最大加速度和高阶导数连续性等。

1. 最大速度

从动件在运动中的最大速度 v_{max} 的值越大，从动件系统的最大动量 mv_{max} 也越大。如果机构在工作过程中遇到需要紧急停车的情况，由于从动件系统动量过大，会出现操纵失灵，造成机构损坏等安全事故。因此，为了使机构停动灵活，运行安全，mv_{max} 的值不宜过大，特别是当从动件系统的质量较大时，应选择最大速度 v_{max} 值较小的运动规律。

2. 最大加速度

从动件在运动中的最大加速度 a_{max} 值越大，从动件系统的最大惯性力 ma_{max} 也就越大。作用在凸轮与从动件之间的接触应力也越大，对构件的强度和耐磨性要求也越高。因此，对于运转速度较高的凸轮机构，应选用最大加速度 a_{max} 值尽可能小的运动规律。

3. 高阶导数连续性

从动件运动规律加速度曲线的不连续，会产生刚性冲击或柔性冲击。从动件运动规律的跃度 j，则与从动件系统惯性力的变化密切相关。研究表明，在中、高速凸轮机构的设计中，跃度的连续性及其突变值的大小将直接影响到从动件系统的振动和工作平稳性。因此，从提高凸轮机构的动力学性能出发，选择从动件运动规律时，应选取跃度连续且最大跃度 j_{max} 值尽可能小的运动规律。

几种基本运动规律的特性指标见表 6.1。

表 6.1 从动件基本运动规律特性比较及适用场合

运动规律	冲击特性	$\frac{v_{max}}{h\omega/\Phi}$	$\frac{a_{max}}{h\omega^2/\Phi^2}$	$\frac{j_{max}}{h\omega^3/\Phi^3}$	应用说明
等速运动	刚性	1.00	∞	—	低速轻载
等加速等减速运动	柔性	2.00	4.00	∞	中速轻载
简谐运动	柔性	1.57	4.93	∞	中速中载
摆线运动	无	2.00	6.28	39.5	高速轻载
3-4-5 次多项式运动	无	1.88	5.77	60.0	高速中载

6.2.4 选择或设计从动件运动规律时应考虑的问题

在选择或设计从动件运动规律时，需要注意以下问题。

1. 根据工作要求选择或设计运动规律

当机器的工作过程只要求从动件具有一定的工作行程，而对其运动规律无特殊要求时，应考虑所选择的运动规律使凸轮机构具有较好的运动学性能和便于加工。如对于低速轻载的凸轮机构，可以主要从凸轮轮廓曲线便于加工来考虑，选择圆弧等曲线作为凸轮轮廓曲线。当凸轮转速较高时，则主要从使凸轮机构具有良好的动力学性能出发，来选择或设计从动件运动规律。如图 6.2 所示的内燃机配气凸轮机构，其运动规律的选择或设计就应首先考虑其动力学性能。

当机器的工作过程对从动件的运动规律有特殊要求，且凸轮轴转速不高时，应首先从满足工作需要出发来选择或设计从动件运动规律，其次考虑动力学性能和便于加工等因素。如图 6.3 所示的自动车床控制刀架进给的凸轮机构，为了使被加工的零件具有较高的表面质量，同时使机床载荷稳定，一般要求刀具切削时作等速运动，故可以选择等速运动作为从动件的运动规律，同时为避免在运动起始和终止位置时的刚性冲击，可在这两处作适当改进，如图 6.15 所示，使其在保证满足刀具等速切削的前提下，又具有较好的动力学性能。

当机器的工作过程对从动件的运动规律有特殊要求，而凸轮转速又较高时，应在满足工作需要的前提下，尽可能选择或设计具有良好运动学性能的运动规律。通常可以考虑把不同形式的基本运动规律恰当地组合起来，形成既能满足工作对运动的特殊要求，又具有良好动力学性能的运动规律，如图 6.16 所示。

2. 综合考虑运动规律的各项特性指标

运动规律的各项特性指标是相互制约的，因此在选择或设计从动件运动规律时，应综合考虑运动规律的各项特性指标。如对于中、高速凸轮机构，为保证具有良好的动力学性能，应选取高阶导数连续性较好的运动规律，但同时也必须兼顾最大速度、最大加速度值不宜过大。又如，对于中、低速凸轮机构，为减小惯性力负荷造成的凸轮工作表面与运动副的磨损，应选取最大加速度值较小的运动规律，但同时也应兼顾最大速度及动力特性指标等不宜过大。

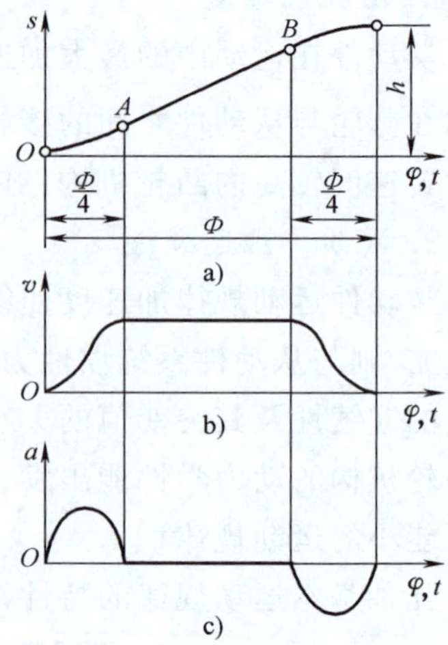

图 6.15 改进型等速运动规律运动线图

a）位移曲线 b）速度曲线 c）加速度曲线

6.2.5 组合型运动规律

工程实际中对从动件的运动和动力学性能的要求是多种多样的。为了克服单一运动规律的某些缺陷，改善机构的运动和动力学性能，可以把几种运动规律组合使用，以满足机构的工作要求。构造组合型运动规律时，可以根据凸轮机构工作性能指标，选择一种基本运动规律作为主体，再用其他类型的基本运动规律与其组合。进行运动规律的组合时，应保证各段运动规律在连接点处的位移、速度、加速度甚至更高阶的导数保持连续，在运动的起始点和终止点处保证运动参数满足边界条件，以避免产生刚性冲击或柔性冲击，使凸轮机构具有良好的运动和动力学性能。因此，组合运动规律又可称为改进型运动规律。

图 6.15 所示为采用摆线运动规律与等速运动规律组合的改进型等速运动规律的运动线图，其加速度曲线无突变，不产生刚性冲击和柔性冲击，具有较好的动力学性能。

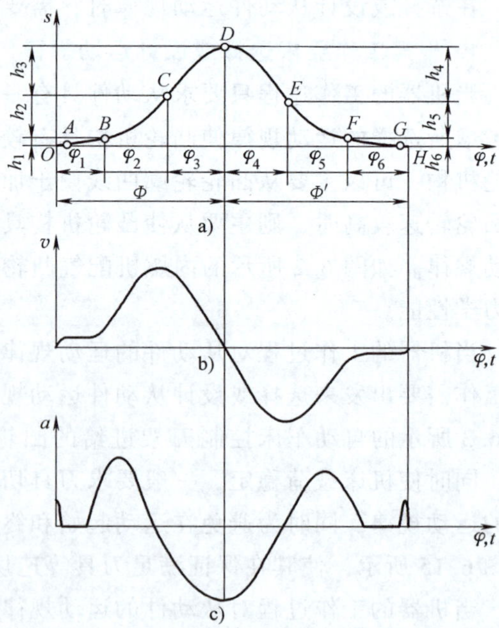

图 6.16 摩托车发动机配气机构高速凸轮组合运动规律运动线图

a）位移曲线 b）速度曲线 c）加速度曲线

图 6.16 所示为一改进的摩托车发动机配气凸轮机构从动件的位移曲线。发动机配气凸轮机构属于高速凸轮机构，根据设计要求，各段曲线连接点处应连续光滑，一阶、二阶及三阶可导。该位移曲线由 8 段曲线组合而成，其中：*OA*、*GH* 为过渡曲线段，*AB*、*FG* 为缓冲段（等速运动规律，使气门打开和关闭时无加速度，即不产生惯性力，落座平稳以减小配气噪声），*BC*、*CD*、*DE*、*EF* 分别为气门推程和回程主曲线段（采用摆线运动规律、简谐运动规律，目的是使进气充分、排气干净，以提高功率转矩和减少排放）。该组合曲线运动规律应用于某型 150 摩托车发动机的配气机构中，与改进前相比，发动机的输

出功率提高了约10%，并具有较小的配气噪声。

6.3 凸轮轮廓曲线设计

当根据使用场合和工作要求确定了凸轮机构的类型，选择或设计了从动件运动规律之后，即可进行凸轮轮廓曲线的设计。凸轮轮廓曲线的设计方法有作图法和解析法，他们所依据的基本原理都是反转法。

6.3.1 凸轮轮廓曲线设计的基本原理

图6.17所示为一对心尖顶移动从动件盘形凸轮机构。图中实线位置为凸轮与从动件处于推程的起始位置，从动件的尖顶与凸轮基圆在点 B_0 接触。当凸轮绕轴心 O 以等角速度 ω 逆时针方向转过 φ_1 角时，凸轮的最小向径由初始位置 OB_0 转到 OB'_0 位置，凸轮轮廓由实线位置转到图中虚线所示的位置，并推动从动件移动产生位移 s_1，此时从动件尖顶与凸轮轮廓在点 B' 接触。

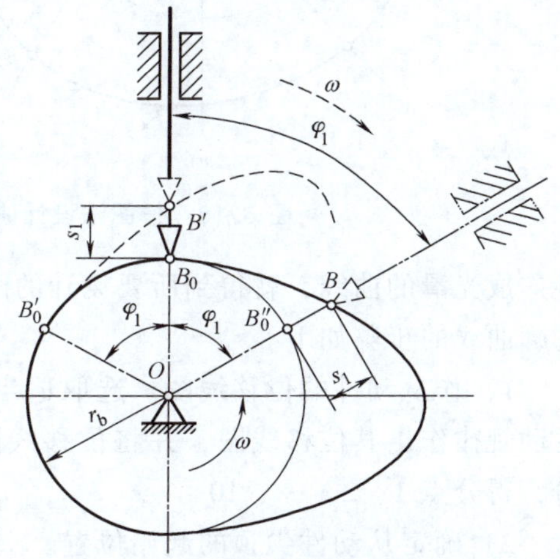

图6.17 凸轮轮廓曲线设计的反转法原理

由于要在纸面上绘出凸轮轮廓曲线，希望凸轮固定不动，但又要保持凸轮和从动件之间的相对运动关系不变。设想给整个机构施加一个绕凸轮轴心 O 且与凸轮角速度 ω 大小相等、方向相反的公共角速度 $-\omega$，这时凸轮将静止不动，而从动件将一方面随原静止不动的导路以角速度 $-\omega$ 绕凸轮轴心 O 转过 φ_1 角，同时又在导路中相对于凸轮产生位移 s_1。从动件与导路在反转过程中到达图示虚线位置。在这一过程中，从动件与凸轮的相对运动关系没有改变。由于从动件尖顶始终与凸轮轮廓曲线保持接触，所以从动件尖顶在反转过程中的运动轨迹就是凸轮轮廓曲线。

由上述分析可知，进行凸轮轮廓曲线设计时，根据从动件运动规律，依次确定出尖顶在反转运动中所处的一系列位置，并将这些点连成光滑的曲线，就可以得到所要设计的凸轮轮廓曲线。这种通过反转从动件与导路设计凸轮轮廓曲线的方法称为反转法。反转法原理适用于各种凸轮轮廓曲线的设计。

6.3.2 用作图法设计凸轮轮廓曲线

1. 移动从动件盘形凸轮轮廓曲线设计

(1) 尖顶从动件盘形凸轮　图6.18a所示为一偏置移动尖顶从动件盘形凸轮机构。已知凸轮以等角速度 ω 顺时针方向转动，凸轮基圆半径为 r_b，从动件轴线偏置于凸轮轴线的左侧，偏距为 e，从动件的位移线图如图6.18b所示。

由反转法原理可知，假设凸轮固定不动，则从动件随同导路一起相对凸轮以 $-\omega$ 作反转运动，同时又按已知运动规律相对导路作往复移动。在这一过程中，将尖顶 B 所形成的轨

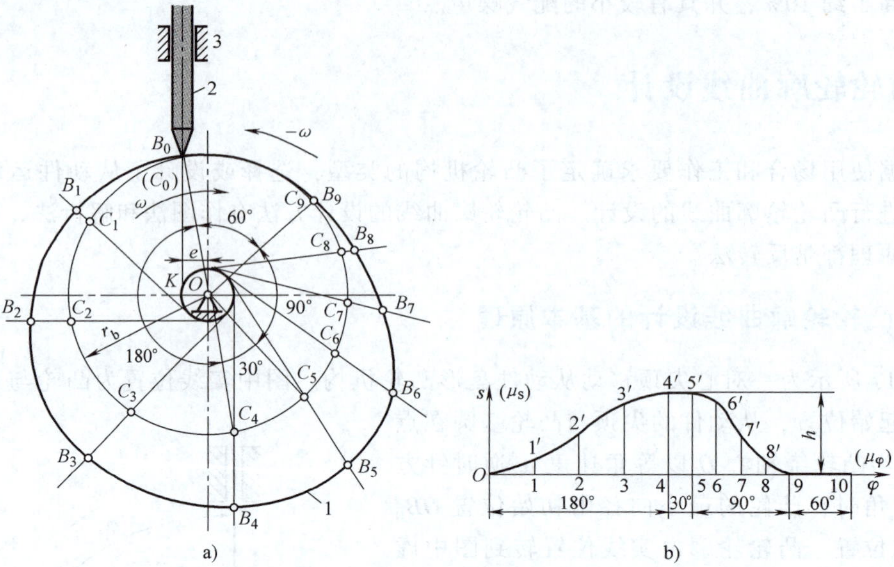

图 6.18 作图法设计偏置移动尖顶从动件盘形凸轮轮廓曲线

迹连成光滑的曲线，就得到所要设计的凸轮轮廓曲线。根据反转法原理，用作图法设计凸轮轮廓曲线的步骤如下。

1）作从动件的位移线图。选取适当的长度比例尺 μ_s 和角度比例尺 μ_φ，根据从动件的运动规律作出其位移线图，并将位移线图的推程运动角和回程运动角沿横坐标分成若干等份，得分点 1、2、…、10。

2）确定从动件尖顶的起始位置。选取同样的长度比例尺 μ_s，以点 O 为圆心，r_b 为半径作基圆。根据从动件导路的偏置方向确定其起始位置线，该起始位置线与基圆的交点 B_0 即为从动件尖顶的起始位置。

3）确定导路在反转过程中的一系列位置。以点 O 为圆心，偏距 e 为半径作偏距圆，该圆与导路的起始位置线切于点 K。自点 K 开始，沿 $-\omega$ 方向将偏距圆分成与从动件位移线图横坐标对应的区间和等份，得若干个分点。过各分点作偏距圆的切射线，这些切射线代表导路在反转过程中依次占据的位置，它们与基圆的交点分别为 C_1、C_2、…、C_9。

4）确定尖顶在反转过程中的一系列位置。在上述切射线上，从基圆起向外量取线段，使其分别等于从动件位移线图中相应分点的纵坐标值，即 $C_1B_1=11'$、$C_2B_2=22'$、…，得点 B_1、B_2、…、B_9，这些点即代表反转过程中从动件尖顶依次占据的位置。

5）绘制凸轮轮廓曲线。将点 B_0、B_1、B_2、…、B_9 连成光滑的曲线，即为所设计的轮廓曲线，如图 6.18a 所示（图中点 B_4 和 B_5 以及点 B_9 和 B_0 之间的轮廓曲线均为以 O 为圆心的圆弧）。

（2）滚子从动件盘形凸轮

图 6.19 所示为一偏置移动滚子从动件盘形凸轮机构。已知滚子半径为 r_r，其余条件同上。

如图 6.19 所示，应用反转法使凸轮固定不动后，从动件的滚子在反转过程中始终与凸轮轮廓曲线保持接触，滚子中心将描绘出一条与凸轮轮廓曲线法向等距的曲线 η，称为凸轮的理论轮廓曲线。由于滚子中心 B 是从动件上的一个铰接点，所以它的运动规律就是从动件的运动规律，即曲线 η 可以根据从动件的位移线图作出。一旦作出了这条曲线，就可以绘制出凸轮的轮廓曲线。用作图法设计凸轮轮廓曲线的步骤如下。

1）作凸轮的理论轮廓曲线。将滚子中心 B 假想为尖顶从动件的尖顶，按照移动尖顶从动件凸轮轮廓曲线的设计方法，作出凸轮的理论轮廓曲线 η。

2）作凸轮的实际轮廓曲线。以凸轮理论轮廓曲线上各点为圆心，以滚子半径 r_r 为半径，作一系列滚子圆，然后作这族滚子圆的内包络线 η'，它就是凸轮的实际轮廓曲线。若同时作出这族滚子圆的外包络线 η'，则可设计出如图 6.7a 所示的槽凸轮的轮廓曲线。凸轮的实际轮廓曲线 η' 和 η'' 与其理论轮廓曲线 η 为法向距离始终相差一个滚子半径值的法向等距曲线。

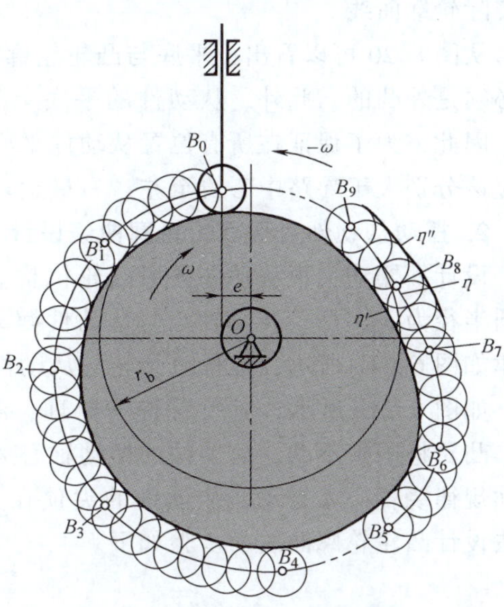

图 6.19 作图法设计偏置移动滚子从动件盘形凸轮轮廓曲线

需要指出的是，对于滚子从动件盘形凸轮机构，基圆是指理论轮廓曲线上由最小向径 r_b 所作的圆，这与尖顶从动件盘形凸轮机构不同，因此，其基圆会大于凸轮实际轮廓曲线上最小向径所构成的圆。此外，从动件的滚子与凸轮实际轮廓曲线的接触点会随凸轮的转动而不断变化。

（3）平底从动件盘形凸轮

平底从动件盘形凸轮轮廓曲线的设计方法与滚子从动件盘形凸轮轮廓曲线的设计方法相似，不同之处是将平底与导路中心线的交点 B 作为假想的尖顶从动件的尖顶。如图 6.20 所示，用作图法设计凸轮轮廓曲线的步骤如下。

1）将平底与导路中心线的交点 B 作为假想的尖顶从动件的尖顶，按照尖顶从动件盘形凸轮轮廓曲线的设计方法，求出该假想的尖顶在反转过程中的一系列位置 B_1、B_2、B_3、…。

2）过 B_1、B_2、B_3、…各点，画出一系列代表平底的直线，这族直线即代表在反转过程中从动件平底所依次占据的位置。

3）作这族直线的包络线，得到凸轮

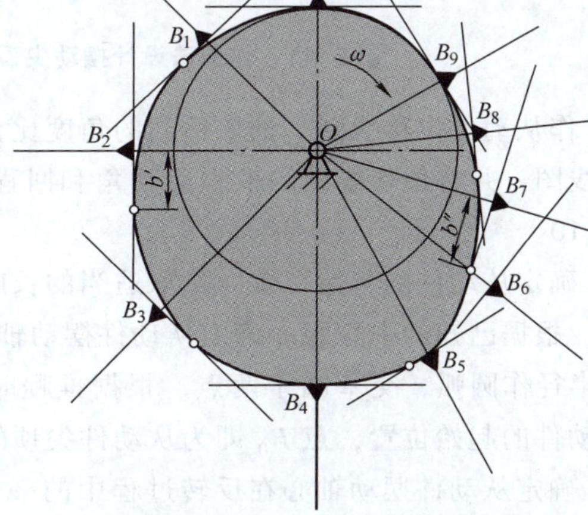

图 6.20 作图法设计偏置移动平底从动件盘形凸轮轮廓曲线

的实际轮廓曲线。

从图 6.20 可以看出，平底与凸轮轮廓曲线始终相切，因此，要求设计出的凸轮轮廓曲线必须是外凸的。此外，从动件的平底上与凸轮实际轮廓曲线相切的点将随机构位置而变化。因此，为了保证在所有位置从动件平底都能与凸轮轮廓曲线相切，平底左、右两侧的宽度应该分别大于导路中心线至左、右最远切点的距离 b' 和 b''。

2. 摆动从动件盘形凸轮轮廓曲线设计

设计一摆动尖顶从动件盘形凸轮机构。已知凸轮以等角速度 ω 顺时针方向转动，凸轮基圆半径为 r_b，凸轮转动轴心与从动件摆动轴心的距离为 a，从动件长度为 l，从动件运动规律如图 6.21b 所示，推程时凸轮与从动件的转向相反。

如图 6.21a 所示，应用反转法原理，给整个机构加上绕凸轮轴心 O 转动的角速度 $-\omega$ 后，凸轮将固定不动，从动件的摆动轴心 A 将以角速度 $-\omega$ 绕 O 点转动，同时从动件按已知运动规律绕轴心 A 摆动。从动件的尖顶在上述复合运动中的轨迹就是凸轮轮廓曲线。用作图法设计凸轮轮廓曲线的步骤如下。

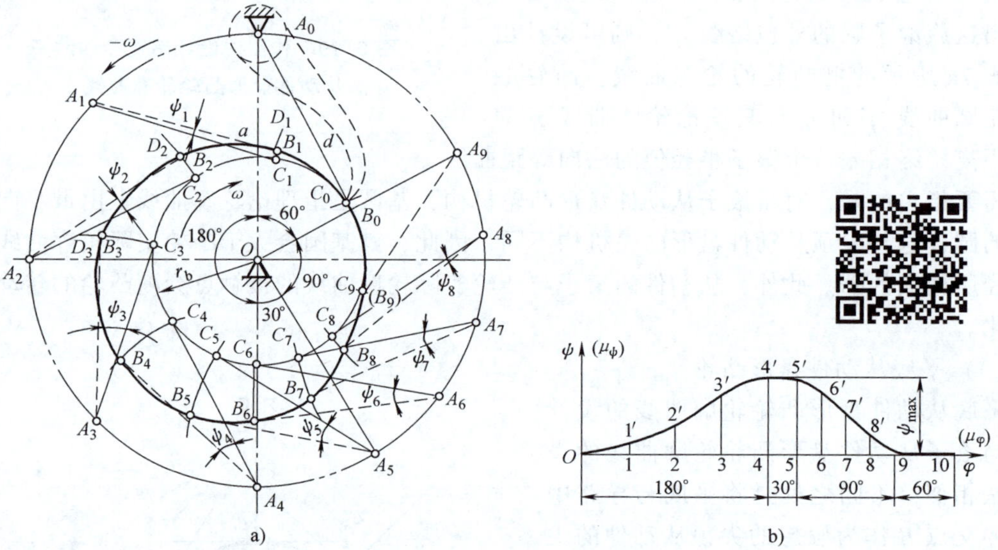

图 6.21　作图法设计摆动尖顶从动件盘形凸轮轮廓曲线

1）作从动件位移线图。选取适当的角度比例尺 μ_ψ 和 μ_φ，根据从动件的运动规律作出其位移线图，并将位移线图的推程运动角和回程运动角沿横坐标分成若干等份，得分点 1、2、…、10。

2）确定从动件的起始位置。选取适当的长度比例尺 μ_s，以 O 为圆心、r_b 为半径作凸轮的基圆。根据已知的中心距 a 确定从动件摆动轴心 A 的位置 A_0。以 A_0 为圆心、从动件长度 l/μ_s 为半径作圆弧，交基圆于两点。根据推程时凸轮和从动件的转向取点 B_0（C_0），A_0B_0 代表从动件的起始位置，点 B_0 即为从动件尖顶的起始位置。

3）确定从动件摆动轴心在反转过程中的一系列位置。以 O 为圆心，a/μ_s 为半径作圆，并自 A_0 点起沿 $-\omega$ 方向将该圆分成与从动件位移线图横坐标对应的区间和等份，得从动件摆动轴心 A 在反转过程中依次占据的位置 A_1、A_2、…、A_9 点。

4）确定从动件尖顶的一系列位置。分别以点 A_1、A_2、…、A_9 为圆心，从动件长 l/μ_s 为半径，作圆弧交基圆于 C_1、C_2、…、C_9 各点，得线段 A_1C_1、A_2C、…。以 A_1C_1、A_2C_2、…为始边，分别作 $\angle C_1A_1B_1$、$\angle C_2A_2B_2$、…，使它们分别等于位移线图中摆动从动件对应的角位移，得线段 A_1B_1、A_2B_2、…。这些线段代表反转过程中从动件依次占据的位置。点 B_1、B_2、…即为反转过程中从动件尖顶的运动轨迹。

5）绘制凸轮轮廓曲线。将点 B_0、B_1、B_2、…连成光滑曲线，得到所设计的凸轮轮廓曲线。

由图 6.21a 可以看到，设计出的凸轮轮廓曲线与从动件 AB 的某些位置会出现相交的现象。因此，在设计从动件的形状时，可以将其做成弯杆的形式，以避免在机构运动过程中凸轮与从动件发生干涉。

6.3.3　用解析法设计凸轮轮廓曲线

用解析法设计凸轮轮廓曲线，就是根据凸轮机构的运动参数和基本尺寸的设计结果，建立凸轮轮廓曲线的方程式，并利用计算机精确地计算出凸轮轮廓曲线上各点的坐标值。随着机械朝着高速、精密、自动化方向的不断发展，以及计算机和数控加工技术的广泛应用，凸轮轮廓曲线的设计已经广泛地采用解析法。

下面以几种常用凸轮机构为例，介绍凸轮轮廓曲线设计的解析法。

1. 移动滚子从动件盘形凸轮机构

设计一偏置移动滚子从动件盘形凸轮机构。已知凸轮以等角速度 ω 逆时针转动，凸轮基圆半径为 r_b，滚子半径为 r_r，从动件导路和凸轮轴心之间的相对位置及偏距为 e，从动件运动规律 $s=s(\varphi)$。

（1）理论轮廓曲线方程　如图 6.22 所示，建立直角坐标系 Oxy。点 B_0 为从动件处于推程起始位置时滚子中心所处的位置。当凸轮转过 φ 角时，根据反转法原理，假设凸轮不动，则从动件与导路沿 $-\omega$ 方向反转 φ 角，处于图中虚线位置。对应于此过程，滚子中心 B 按已知运动规律产生的位移为 $s=s(\varphi)$，点 B 的运动轨迹即为凸轮的理论轮廓曲线。点 B 的直角坐标为

$$\begin{cases} x=(s_0+s)\sin\varphi+e\cos\varphi \\ y=(s_0+s)\cos\varphi-e\sin\varphi \end{cases} \tag{6.20}$$

式中，e 为偏距；$s_0=\sqrt{r_b^2-e^2}$。

式（6.20）即为移动滚子从动件盘形凸轮的理论轮廓曲线方程。若从动件导路偏在 y 轴的右侧，则 $e>0$；否则，$e<0$；若 $e=0$，则为对心移动从动件。

（2）实际轮廓曲线方程　如图 6.22 所示，设理论轮廓曲线上点 B 处的法线为 $n—n$，它与 x 轴的夹角为 θ，该法线与滚子圆相交于两个点 B'。由于滚子从动件盘形凸轮的理论轮廓曲线与实际轮廓曲线是法向距离相差滚子半径 r_r 的法向等距曲线，

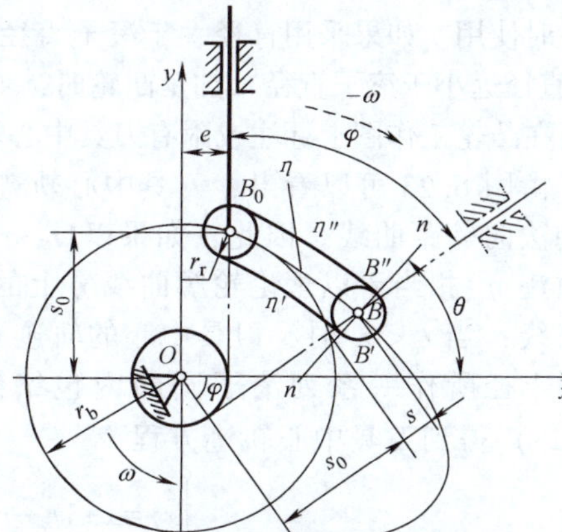

图 6.22　解析法设计偏置移动滚子从动件盘形凸轮轮廓曲线

因此，点 B'的轨迹即为凸轮的实际轮廓曲线。

由高等数学可知，曲线上任一点的法线斜率与该点的切线斜率互为负倒数，故理论轮廓曲线上点 B 处的法线 $n—n$ 的斜率为

$$\tan\theta=-\frac{\mathrm{d}x}{\mathrm{d}y}=\frac{\mathrm{d}x}{\mathrm{d}\varphi}\bigg/\left(-\frac{\mathrm{d}y}{\mathrm{d}\varphi}\right)=\frac{\sin\theta}{\cos\theta} \tag{6.21}$$

式中，$\mathrm{d}x/\mathrm{d}\varphi$、$\mathrm{d}y/\mathrm{d}\varphi$ 可由式（6.20）求得。

应当注意，θ 角的取值范围可能在 0°～360°之间变化，θ 角具体属于哪个象限，可以根据式（6.21）中分子、分母的值的正、负号来判断。由图 6.22 可以看出，在已知点 B 坐标 x、y 并求出 θ 角后，实际轮廓曲线上对应点 B'的直角坐标为

$$\begin{cases}x'=x\mp r_{\mathrm{r}}\cos\theta\\ y'=y\mp r_{\mathrm{r}}\sin\theta\end{cases} \tag{6.22}$$

式中，“-”号用于理论轮廓曲线的内等距曲线 η'；“+”号用于理论轮廓曲线的外等距曲线 η''。$\sin\theta$、$\cos\theta$ 可由式（6.21）求出，即

$$\sin\theta=\frac{\mathrm{d}x/\mathrm{d}\varphi}{\sqrt{(\mathrm{d}x/\mathrm{d}\varphi)^2+(\mathrm{d}y/\mathrm{d}\varphi)^2}}$$

$$\cos\theta=\frac{-\mathrm{d}y/\mathrm{d}\varphi}{\sqrt{(\mathrm{d}x/\mathrm{d}\varphi)^2+(\mathrm{d}y/\mathrm{d}\varphi)^2}}$$

将 $\sin\theta$ 和 $\cos\theta$ 的表达式代入式（6.22）可得

$$\begin{cases}x'=x\pm r_{\mathrm{r}}\dfrac{\mathrm{d}y/\mathrm{d}\varphi}{\sqrt{(\mathrm{d}x/\mathrm{d}\varphi)^2+(\mathrm{d}y/\mathrm{d}\varphi)^2}}\\ y'=y\mp r_{\mathrm{r}}\dfrac{\mathrm{d}y/\mathrm{d}\varphi}{\sqrt{(\mathrm{d}x/\mathrm{d}\varphi)^2+(\mathrm{d}y/\mathrm{d}\varphi)^2}}\end{cases} \tag{6.23}$$

（3）刀具中心轨迹方程

当在数控铣床上铣削凸轮或者用线切割机加工凸轮，以及在凸轮磨床上磨削凸轮时，通常需要给出刀具中心的直角坐标值。对于滚子从动件盘形凸轮，通常都尽可能采用直径和滚子相同的刀具。这时，刀具中心轨迹与凸轮理论轮廓曲线重合，理论轮廓曲线的方程即为刀具中心轨迹方程。所以，在凸轮工作图上只需要标注或附有理论轮廓曲线和实际轮廓曲线的坐标值，供加工和检验时使用。如果采用直径大于滚子直径的铣刀或砂轮来加工凸轮，或者在线切割机上用钼丝（其直径远小于滚子直径）加工凸轮时，刀具中心轨迹就不再与凸轮理论轮廓曲线重合。所以还需要在凸轮工作图上标注或附有刀具中心轨迹的坐标值，以供加工时使用。

由图 6.23 可以看出，刀具中心轨迹是一条与凸轮实际轮廓曲线处处相差一个刀具半径 r_{c} 的法向等距曲线。因此，如果以$|r_{\mathrm{c}}-r_{\mathrm{r}}|$为半径作一系列滚子圆，则当 $r_{\mathrm{c}}>r_{\mathrm{r}}$ 时，刀具中心的轨迹 η_{c} 相当于以理论轮廓曲线 η 上的各点为圆心，以 $r_{\mathrm{c}}-r_{\mathrm{r}}$ 为半径所作一系列滚子圆的外包络线；当 $r_{\mathrm{c}}<r_{\mathrm{r}}$ 时，刀具中心的轨迹 η_{c} 相当于以理论轮廓曲线 η 上的各点为圆心，以$r_{\mathrm{c}}-r_{\mathrm{r}}$ 为半径所作一系列滚子圆的内包络线。因此，只要用 $|r_{\mathrm{c}}-r_{\mathrm{r}}|$ 代替 r_{r}，便可以由式（6.23）得到刀具中心轨迹方程

$$\begin{cases}x_{\mathrm{c}}=x\pm|r_{\mathrm{c}}-r_{\mathrm{r}}|\dfrac{\mathrm{d}y/\mathrm{d}\varphi}{\sqrt{(\mathrm{d}x/\mathrm{d}\varphi)^2+(\mathrm{d}y/\mathrm{d}\varphi)^2}}\\ y_{\mathrm{c}}=y\mp|r_{\mathrm{c}}-r_{\mathrm{r}}|\dfrac{\mathrm{d}x/\mathrm{d}\varphi}{\sqrt{(\mathrm{d}x/\mathrm{d}\varphi)^2+(\mathrm{d}y/\mathrm{d}\varphi)^2}}\end{cases} \tag{6.24}$$

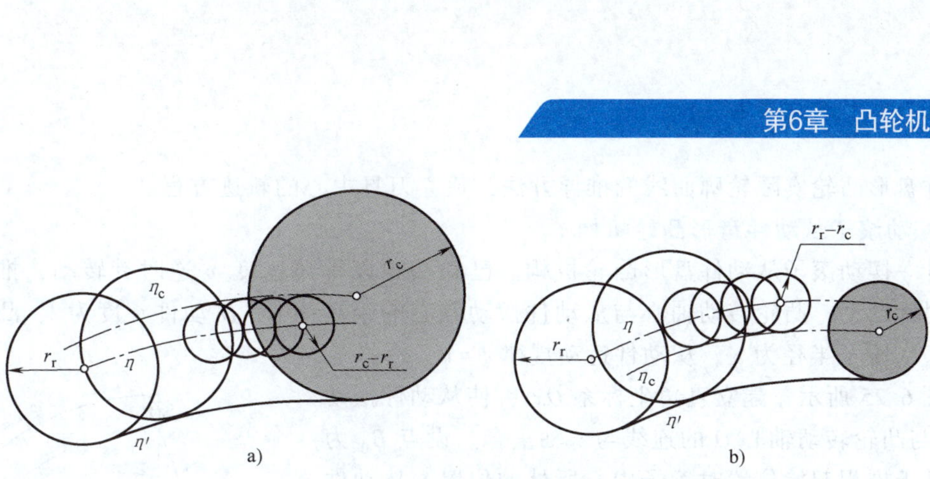

图 6.23　刀具中心轨迹

a）刀具半径大于滚子半径　b）刀具半径小于滚子半径

当 $r_c>r_r$ 时，取下面一组加减号；当 $r_c<r_r$ 时，取上面一组加减号。在工程应用中，通常根据理论轮廓曲线计算出刀具的中心轨迹坐标值，便可加工出凸轮的实际轮廓，因此，并不一定需要计算出凸轮的实际轮廓曲线坐标值。

2. 移动平底从动件盘形凸轮机构

（1）实际轮廓曲线方程　图 6.24 所示为一对心移动平底从动件盘形凸轮机构。建立直角坐标系 Oxy 如图所示。从动件处于推程起始位置时，与凸轮在点 B_0 接触。当凸轮沿逆时针方向转过 φ 角时，根据反转法原理，假设凸轮不动，则从动件与导路沿 $-\omega$ 方向反转 φ 角，处于图中虚线位置，从动件的位移为 s。此时，平底与凸轮在点 B 接触，点 P 为该位置时凸轮与从动件的相对速度瞬心。因此，从动件在该瞬时的速度为

$$v=v_P=\overline{OP}\cdot\omega$$

即

$$\overline{OP}=\frac{v}{\omega}=\frac{ds}{d\varphi} \tag{6.25}$$

由图 6.24 可得点 B 的坐标为

$$\begin{cases} x_c=(r_b+s)\sin\varphi+\dfrac{ds}{d\varphi}\cos\varphi \\ y_c=(r_b+s)\cos\varphi+\dfrac{ds}{d\varphi}\sin\varphi \end{cases} \tag{6.26}$$

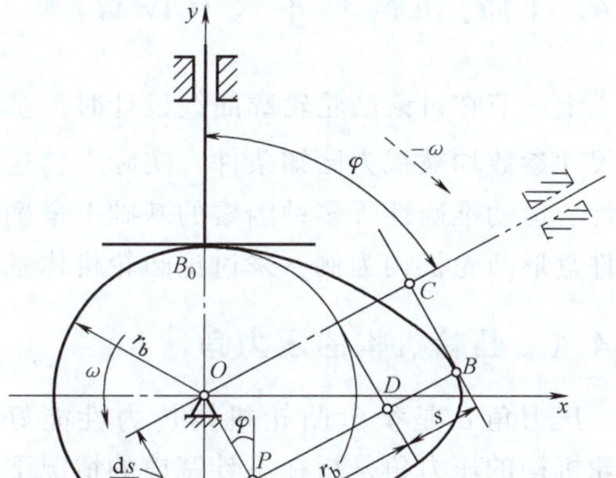

图 6.24　解析法设计移动平底从动件盘形凸轮轮廓曲线

式（6.26）即为移动平底从动件凸轮的实际轮廓曲线方程。

（2）刀具中心轨迹方程　移动平底从动件盘形凸轮机构的凸轮可以用砂轮的端面磨削，也可以用铣刀、砂轮或钼丝的外圆加工。

当用砂轮的端面加工凸轮轮廓曲线时，图 6.24 中平底上的点 C 即为刀具的中心，从该图可知，刀具中心的轨迹方程为

$$\begin{cases} x=(r_b+s)\sin\varphi \\ y=(r_b+s)\cos\varphi \end{cases} \tag{6.27}$$

当用刀具的外圆加工凸轮轮廓曲线时，由于在加工过程中，刀具外圆总是与凸轮的实际轮廓曲线相切，因此，刀具中心的运动轨迹是凸轮实际轮廓曲线的法向等距曲线。可根据滚

子从动件盘形凸轮实际轮廓曲线的推导方法，建立刀具中心的轨迹方程。

3. 摆动滚子从动件盘形凸轮机构

设计一摆动滚子从动件盘形凸轮机构。已知凸轮以等角速度 ω 逆时针转动，推程时从动件顺时针摆动，凸轮转动轴心与从动件摆动轴心的距离为 a，从动件长度为 l，凸轮基圆半径为 r_b，滚子半径为 r_r，从动件运动规律 $\psi=\psi(\varphi)$。

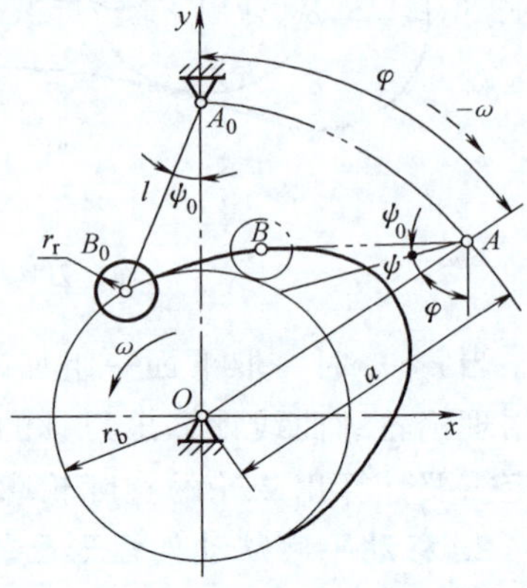

图 6.25 解析法设计摆动滚子从动件盘形凸轮轮廓曲线

如图 6.25 所示，建立直角坐标系 Oxy，使从动件摆动轴心 A_0 与凸轮转动轴心 O 的连线与 y 轴重合。设点 B_0 为从动件处于推程起始位置时滚子中心所处的位置，从动件与连心线 OA_0 之间的夹角为 ψ_0。当凸轮逆时针转过 φ 角时，根据反转法原理，假设凸轮不动，则从动件摆动轴心 A_0 相对凸轮沿 $-\omega$ 方向反转 φ 角，同时从动件按已知运动规律 $\psi=\psi(\varphi)$ 绕轴心 A_0 产生相应的角位移 ψ，如图中虚线所示。在这一过程中滚子中心 B 的运动轨迹，就是凸轮的理论轮廓曲线，其方程为

$$\begin{cases} x=a\sin\varphi-l\sin(\varphi+\psi_0+\psi) \\ y=a\cos\varphi-l\cos(\varphi+\psi_0+\psi) \end{cases} \tag{6.28}$$

摆动滚子从动件盘形凸轮的实际轮廓曲线方程和刀具中心轨迹方程的推导思路与移动滚子从动件盘形凸轮完全相同，此处不再赘述。

6.4 凸轮机构基本尺寸设计

上一节在讨论凸轮轮廓曲线设计时，基圆半径 r_b、偏距 e、滚子半径 r_b 等凸轮机构的基本尺寸参数均被视为已知条件。实际上，这些参数需要在考虑凸轮机构的传力特性、结构紧凑性、运动准确性等多种因素的基础上来确定。本节以常用的移动滚子从动件和移动平底从动件盘形凸轮机构为例，来讨论凸轮机构基本尺寸设计的原则和方法。

6.4.1 凸轮机构的压力角

压力角 α 是衡量凸轮机构传力性能好坏的重要参数。凸轮机构的压力角是指在不计摩擦的情况下，凸轮对从动件作用力的方向线与从动件上力作用点的速度方向之间所夹的锐角。图 6.26 所示为移动滚子从动件盘形凸轮机构，过滚子中心所作的理论轮廓曲线的法线 $n—n$ 与从动件移动方向线之间的夹角 α 就是其压力角。

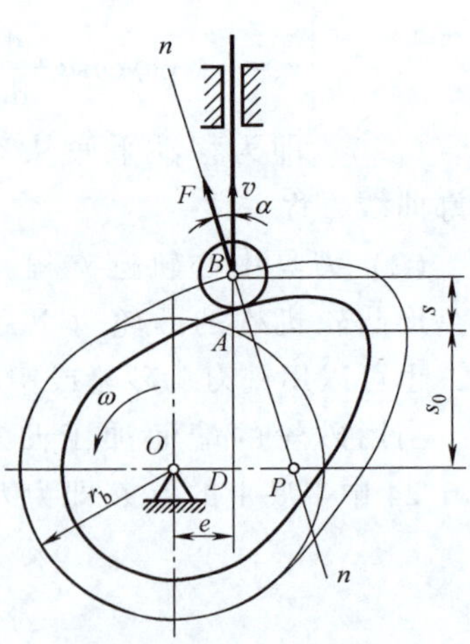

图 6.26 压力角与基圆半径的关系

1. 压力角与作用力的关系

由图 6.26 可以看出，凸轮对从动件的作用力 F 可以分解为沿从动件运动方向的分力 $F\cos\alpha$ 和垂直于从动件运动方向的分力 $F\sin\alpha$。前者是推动从动件克服载荷的有效分力，后者的作用是增大从动件与导路的摩擦力，是有害分力。压力角 α 越大，有害分力就越大。当压力角 α 增大到某一数

值时，有害分力 $F\sin\alpha$ 所引起的摩擦阻力将大于有效分力 $F\cos\alpha$，这时无论凸轮给从动件的作用力有多大，都不能推动从动件运动，即机构将发生自锁。因此，从减小有害分力 $F\sin\alpha$，避免自锁，使机构具有良好的受力状况考虑，压力角 α 应越小越好。

2. 压力角与机构尺寸的关系

设计凸轮机构时，除了应使机构具有良好的传力性能之外，还希望机构结构紧凑。凸轮尺寸的大小取决于基圆半径的大小。在实现相同运动规律的情况下，在从动件的运动规律确定之后，基圆半径越大，凸轮的尺寸也越大。因此，要获得结构紧凑的凸轮机构，就应当使凸轮的基圆半径尽可能小。但是基圆半径的大小又与凸轮机构的压力角有直接关系。

如图 6.26 所示，过滚子中心 B 所作理论轮廓曲线的法线 n—n 与过凸轮轴心所作从动件导路的垂线交于点 P，根据瞬心定义可知，点 P 即为凸轮与从动件在此位置时的相对速度瞬心，$\overline{OP}=v/\omega=\mathrm{d}s/\mathrm{d}\varphi$。由图中 $\triangle BDP$ 可得

$$\tan\alpha=\frac{\mathrm{d}s/\mathrm{d}\varphi\mp e}{s+s_0}=\frac{\mathrm{d}s/\mathrm{d}\varphi\mp e}{s+\sqrt{r_\mathrm{b}^2-e^2}} \tag{6.29}$$

式中，偏距 e 的正负号与凸轮的转向和从动件的偏置方向有关。凸轮逆时针转动且导路偏置在凸轮轴心右侧时，推程取“-”号，回程取“+”号；若导路偏置在凸轮轴心左侧，推程取“+”号，回程取“-”号。若凸轮顺时针转动，符号选取与上述相反。

由式（6.29）可以得到

$$r_\mathrm{b}=\sqrt{\left(\frac{\mathrm{d}s/\mathrm{d}\varphi\mp e}{\tan\alpha}-s\right)^2+e^2} \tag{6.30}$$

从式（6.30）可以看出，在其他条件不变的情况下，压力角 α 越大，基圆半径 r_b 越小，即凸轮的尺寸越小。因此，从使凸轮机构紧凑的观点来看，压力角 α 应越大越好。

3. 许用压力角

一般情况下，总希望所设计的凸轮机构既有较好的传力性能，又有较紧凑的尺寸。但由以上分析可知，增大基圆半径可以获得较小的压力角，但凸轮尺寸增大；反之，减小基圆半径，可以获得较为紧凑的结构，但同时又使压力角增大而导致凸轮机构的传力性能变差。因此，在设计凸轮机构时，应兼顾两者，统筹考虑。为了保证凸轮机构够顺利工作，规定了压力角的许用值 $[\alpha]$，在使 $\alpha\leqslant[\alpha]$ 的前提下，选取尽可能小的基圆半径。工程中对不同类型的凸轮机构，给出了许用压力角的推荐值。推程（工作行程）时，移动从动件，$[\alpha]=30°\sim40°$；摆动从动件，$[\alpha]=35°\sim45°$。回程（空回行程）时，由于受力较小且一般无自锁问题，许用压力角的取值可以大一些，通常可取 $[\alpha']=70°\sim80°$。

6.4.2 凸轮基圆半径的确定

1. 滚子移动从动件

滚子移动从动件盘形凸轮机构在运转过程中，压力角的值是随凸轮与从动件的接触点的不同而变化的，为了使机构具有良好的传力性能和结构紧凑，应在保证 $\alpha_{max}\leqslant[\alpha]$ 的前提下，选择尽可能小的基圆半径。

当要求机构具有紧凑的尺寸时，应当按许用压力角 $[\alpha]$ 来确定凸轮的基圆半径 r_b。在这种情况下，当确定了凸轮转动轴心的位置、从动件的正确偏置方位以及偏距 e 后，根据选

定的从动件运动规律 $s=s(\varphi)$，计算出一系列 $ds/d\varphi$ 值，将其与［α］一起代入式（6.29），可以计算出一系列 r_b 值，选取其中的最大值作为凸轮的基圆半径即可。

当对凸轮机构的尺寸没有严格限制时，还可以根据结构和强度的需要初步选定凸轮基圆半径 r_b。由于凸轮安装到轴上时必须有足够大的轮毂，因此凸轮的基圆半径 r_b 应略大于轴的半径 r_s，可以按经验公式 $r_b \geqslant (1.6 \sim 2) r_s$ 确定基圆半径，然后根据式（6.29）校核压力角，满足 $\alpha_{max} \leqslant [\alpha]$ 的条件。

2. 平底移动从动件

平底从动件盘形凸轮机构的基圆半径 r_b 与压力角 α 无关，设计时应从保证从动件运动不失真的角度出发，来确定基圆半径。应保证凸轮轮廓全部外凸，即凸轮轮廓曲线各点处的曲率半径 $\rho>0$。可以根据凸轮轮廓曲线方程导出曲率半径表达式，通过反复校核确定基圆半径 r_b。具体确定方法，可参阅相关文献。

6.4.3 从动件偏置方向的选择

由式（6.29）可以看出，增大偏距 e 可以改变压力角的值，使其减小或增大。究竟是减小还是增大，取决于凸轮的转动方向和从动件的偏置方向。需要指出的是，若推程压力角减小，则回程压力角将增大。在设计凸轮机构时，如果压力角超过了许用值，而机械的结构空间又不允许增大基圆半径，则可以使从动件适当偏置来获得较小的推程压力角。根据式（6.29）中偏距 e 的符号选取规定可知，要减小机构推程时的压力角，则应使从动件轴线偏置在推程时凸轮与从动件的相对速度瞬心位置的同一侧。

6.4.4 滚子半径的选择

进行滚子从动件盘形凸轮机构设计时，需要合理确定滚子半径。滚子半径一方面与其结构和强度有关，同时也与凸轮轮廓曲线的形状有关。如果滚子半径选择不当，可能会使从动件不能准确实现预期的运动规律。下面结合图 6.27 来分析凸轮轮廓曲线与滚子半径的关系。在图 6.27 中，η 和 η' 分别表示凸轮的理论轮廓曲线和实际轮廓曲线，ρ 和 ρ_a 分别表示理论轮廓曲线和实际轮廓曲线的曲率半径，r_r 为滚子半径。

1. 内凹的理论轮廓曲线

如图 6.27a 所示，在这种情况下，实际轮廓曲线的曲率半径等于理论轮廓曲率半径与滚子半径之和，即 $\rho_a=\rho+r_r$。因此，无论滚子半径大小如何，总可以由实际轮廓曲线作出平滑的理论轮廓曲线。

2. 外凸的理论轮廓曲线

当凸轮理论轮廓曲线外凸时，实际轮廓曲线的曲率半径等于理论轮廓曲线曲率半径与滚子半径之差，即 $\rho_a=\rho-r_r$。此时有三种情况：

1）如图 6.27b 所示，当 $\rho>r_r$ 时，$\rho_a>0$，可以由实际轮廓曲线作出平滑的理论轮廓曲线。

2）如图 6.27c 所示，当 $\rho=r_r$ 时，$\rho_a=0$，实际轮廓曲线出现了尖点，由于尖点处极易磨损，因此无实用价值，在设计时应力求避免。

3）如图 6.27d 所示，当 $\rho<r_r$ 时，$\rho_a<0$，根据理论轮廓曲线作出的实际轮廓曲线出现了相交的包络线。在加工时，这部分相交的包络线将被切去，致使从动件无法准确实现预期的运动规律，这种现象称为运动失真。

为了避免运动失真，减小应力集中和磨损，设计时应保证实际轮廓曲线的最小曲率半径 ρ_{amin} 不小于某一许用值 $[\rho_a]$，即

$$\rho_{amin}=\rho_{min}-r_r \geqslant [\rho_a] \tag{6.31}$$

通常取 $[\rho_a]=3\sim5\text{mm}$。

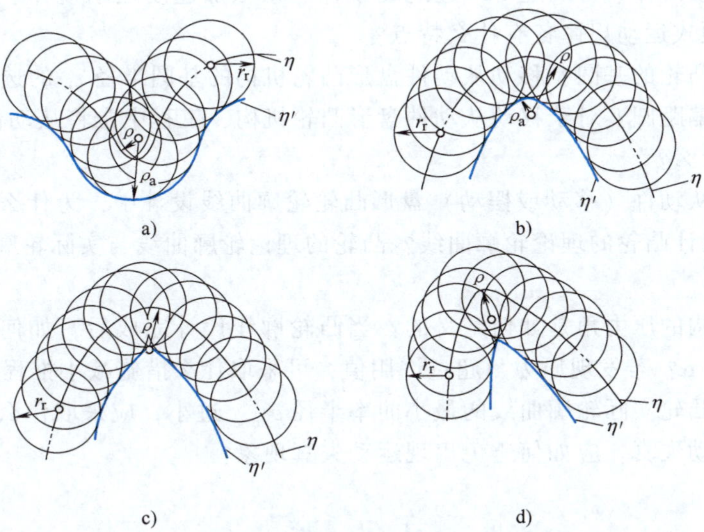

图 6.27　滚子半径对凸轮实际轮廓曲线的影响

a）凸轮轮廓曲线内凹　b）凸轮轮廓曲线外凸（$\rho_a>0$）　c）凸轮轮廓曲线外凸（$\rho_a=0$）　d）凸轮轮廓曲线外凸（$\rho_a<0$）

为了避免凸轮实际轮廓曲线出现尖点或产生运动失真，可以从两方面着手：其一是减小滚子半径 r_r；其二是通过增大基圆半径来加大理论轮廓曲线的最小曲率半径 ρ_{min}。但是，由于滚子的尺寸还受到其结构和强度等方面的限制，因此滚子半径也不宜取得太小。当直接选用滚动轴承作为滚子时，还应考虑轴承的标准尺寸。

工程设计时，为避免凸轮实际轮廓曲线出现尖点或产生运动失真，通常可取滚子半径 $r_r<0.8\rho_{min}$，并保证 $\rho_{amin}\geqslant1\sim5\text{mm}$。在综合考虑滚子结构和强度条件的基础上，一般可取滚子半径 $r_r=(0.1\sim0.15)r_b$（r_b 为凸轮的基圆半径）。选择了滚子半径 r_r 后，还应校核 ρ_{amin}，若不满足式（6.31），则应增大凸轮基圆半径以增大理论轮廓曲线的最小曲率半径 ρ_{min}。

6.4.5　平底宽度的确定

设计平底从动件凸轮机构，要保证从动件的平底与凸轮轮廓始终正常接触，这就需要平底的宽度足够大，否则也会引起运动失真现象。由图 6.24 可知，从动件平底与凸轮的接触点并不总是在从动件移动导路中心线上，而且接触点 B 与导路中心线与平底的交点 C 的距离和方位随机构的运动不断变化。因此，为了保证从动件平底与凸轮的正常接触，平底左、右两侧的最小宽度应大于点 B 和点 C 之间的最大距离。用解析法设计时，由式（6.25）可知，切点距导路中线距离的最大值为 $|ds/d\varphi|_{max}$。因此，选取推程与回程中的最大值，并考虑留有一定余量，可确定平底的尺寸为

$$b=2|ds/d\varphi|_{max}+(5\sim7)\text{mm} \tag{6.32}$$

思 考 题

6.1 按照凸轮形状分类，凸轮机构可以分为哪几种？

6.2 等速运动规律、等加速等减速运动规律、余弦加速度运动规律、正弦加速度运动规律以及五次多项式运动规律各有什么特点？

6.3 什么是凸轮的基圆？移动从动件盘形凸轮机构的基圆半径 r_b 的选取原则是什么？

6.4 什么是偏距圆？对于移动从动件盘形凸轮机构，工程中常将从动件导路偏置布置，这样做的目的是什么？

6.5 在滚子从动件（移动或摆动）盘形凸轮轮廓曲线设计中，为什么首先要根据滚子中心的移动轨迹设计凸轮的理论轮廓曲线？凸轮的理论轮廓曲线与实际轮廓曲线有何联系与区别？

6.6 凸轮机构的压力角是如何定义的？当凸轮廓线设计完成后，如何检查凸轮转角为 φ 时机构的压力角 α？若发现压力角超过许用值，可采取什么措施减小推程压力角？

6.7 若盘形凸轮实际轮廓曲线的最小曲率半径 ρ_{amin} 过小，应采取什么处理措施？

6.8 何谓运动失真？应如何避免出现运动失真现象？

习 题

6.1 图 6.28 所示为一尖顶移动从动件盘形凸轮机构从动件的部分运动线图，试根据 s、v、a 之间的对应关系补全各段的位移、速度和加速度曲线，并指出哪些位置有刚性冲击，哪些位置有柔性冲击。

6.2 在如图 6.29 所示的从动件位移线图中，AB 段为摆线移动曲线、BC 段为简谐运动曲线。若要求在两段曲线交界处（点 B）从动件的速度和加速度分别相等，试根据图中所给数据确定 φ_2 角的大小。

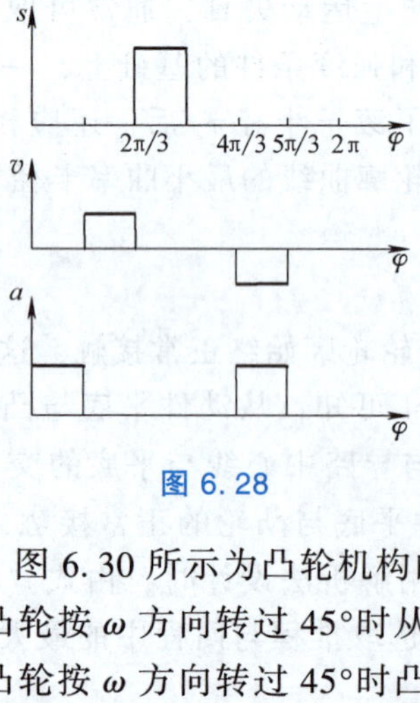

图 6.28

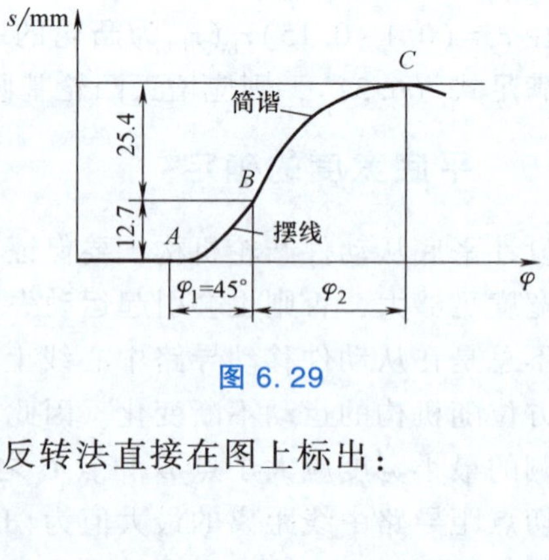

图 6.29

6.3 图 6.30 所示为凸轮机构的起始位置，试用反转法直接在图上标出：

1）凸轮按 ω 方向转过 45°时从动件的位移。

2）凸轮按 ω 方向转过 45°时凸轮机构的压力角。

6.4 图 6.31 所示为摆动滚子从动件盘形凸轮机构，凸轮为一半径为 R 的偏心圆盘，圆

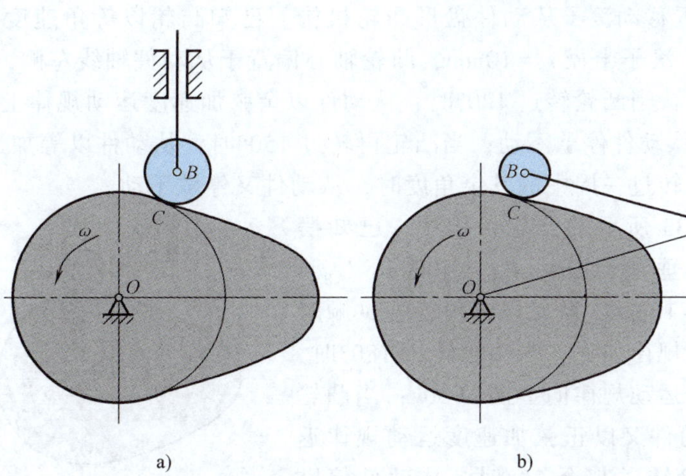

图 6.30

盘的转动中心在点 O，几何中心在点 C，凸轮转向如图所示。试在图上作出从动件的初始位置，并在图上标出图示位置时凸轮转过的转角 φ 和从动件摆过的摆角 ψ。

6.5　如图 6.32 所示的对心移动滚子从动件盘形凸轮机构中，凸轮的实际廓线为一圆，圆心在点 A，半径 $R=40\text{mm}$，凸轮转动方向如图所示，$l_{OA}=25\text{mm}$，滚子半径 $r_r=10\text{mm}$，要求：

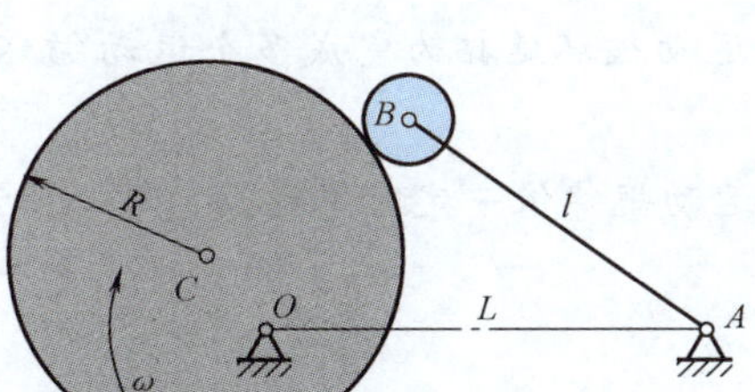

图 6.31

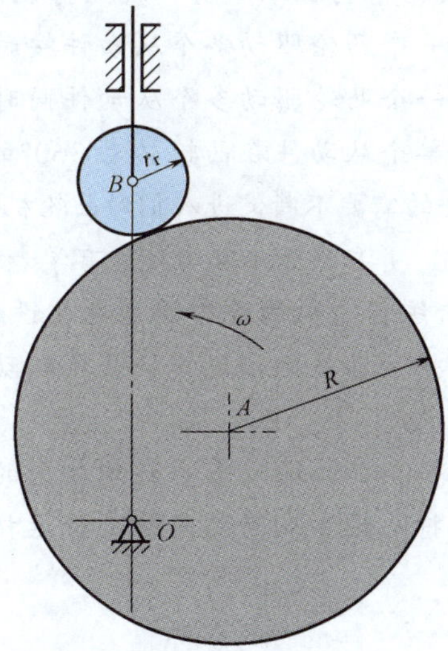

图 6.32

1）说明凸轮的理论轮廓曲线为何种曲线？

2）计算凸轮的基圆半径 r_b。

3）在图上标出图示位置从动件的位移 s，并计算从动件的升距 h。

4）用反转法作出当凸轮沿 ω 方向从图示位置转过 90°时凸轮机构的压力角，并计算推程中的最大压力角 α_{max}。

5）若凸轮实际轮廓曲线不变，而将滚子半径改为 15mm，从动件的运动规律有无变化？

6.6 设计一偏置移动滚子从动件盘形凸轮机构。已知凸轮以等角速度 ω 逆时针转动，基圆半径 $r_b=50\text{mm}$，滚子半径 $r_r=10\text{mm}$，凸轮轴心偏置于从动件轴线左侧，偏距 $e=10\text{mm}$，从动件运动规律如下：当凸轮转过 120°时，从动件以余弦加速度运动规律上升 30mm；当凸轮接着转过 30°时，从动件停歇不动；当凸轮再转过 150°时，从动件以等加速等减速运动规律返回原处；当凸轮转过一周中的其余角度时，从动件又停歇不动。

6.7 在如图 6.33 所示的凸轮机构中，已知摆杆 AB 在起始位置时垂直于 OB，$l_{OB}=40\text{mm}$，$l_{AB}=80\text{mm}$，滚子半径 $r_r=10\text{mm}$，凸轮以等角速度 ω 顺时针转动。从动件运动规律如下：当凸轮转过 180°时，从动件以正弦加速度运动规律向上摆动 30°；当凸轮再转过 150°时，从动件又以正弦加速度运动规律返回原来位置；当凸轮转过其余 30°时，从动件停歇不动。

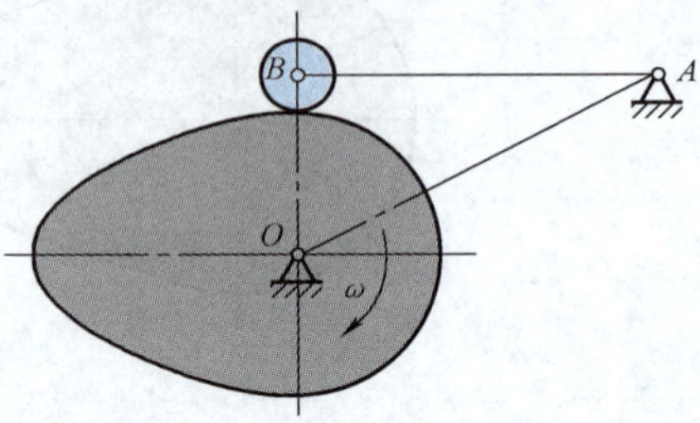

图 6.33

知识拓展

凸轮机构的创新设计

传统的凸轮机构，一个凸轮驱动一个从动件，凸轮转动 360°从动件完成一个运动循环。但这种凸轮机构在以下场合就显得无能为力了。

1）一个凸轮驱动多个从动件按时序依次运动。

2）一个凸轮驱动多个从动件同时运动。

3）单个从动件在凸轮转动 360°的过程中实现多次运动与停歇。

社会的需要不断促进人们对凸轮机构进行创新设计，已经设计出了能够满足上述运动要求的凸轮机构，并应用于工程实际。有学者把这种新型凸轮机构称为运动周期延拓型凸轮机构。

将传统凸轮机构进行周期延拓设计的方法有：

1）将从动件运动规律从凸轮转动 360°完成一个运动循环延拓为完成多个运动循环（图 6.34）。

2）一个凸轮驱动多个结构相同的从动件按相同运动规律依一定时序运动（图 6.35）。

3）将凸轮和从动件同时进行延拓（图 6.36）。

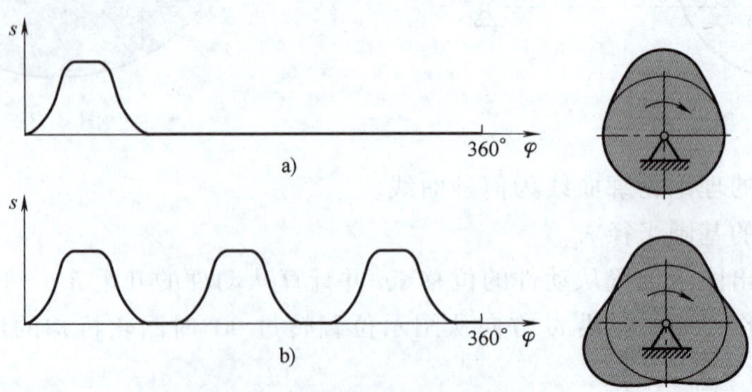

图 6.34 从动件运动循环的延拓

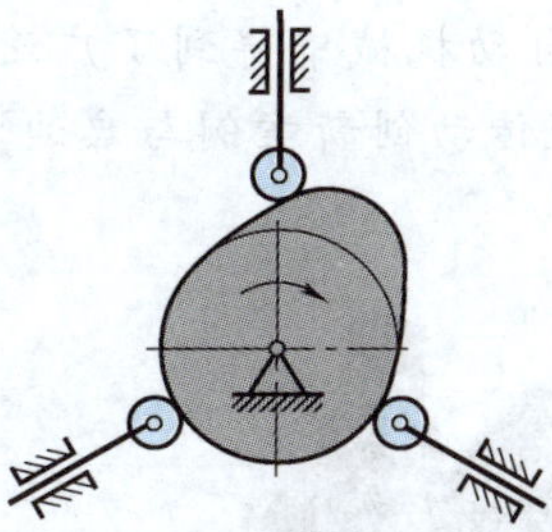

图 6.35　从动件数目的延拓

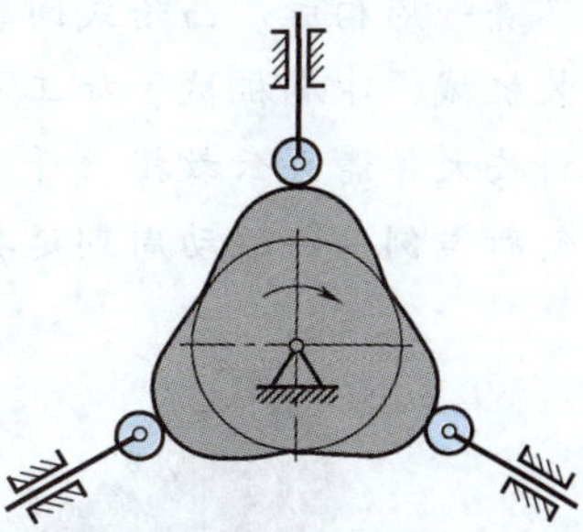

图 6.36　从动件数目与运动规律同时延拓

周期延拓凸轮机构具有不同类型，通常可以按照以下方式进行分类：

1）按照凸轮在旋转 360°的过程中从动件达到最大位移的次数不同，可以分为双峰型周期延拓凸轮机构和多峰型周期延拓凸轮机构。

2）按照从动件数目的不同，可以分为单从动件周期延拓凸轮机构和多从动件周期延拓凸轮机构。

3）按照凸轮轮廓曲线位于凸轮的周向和圆柱端部分，可以分为径向周期延拓凸轮机构和端面周期延拓凸轮机构。图 6.37 所示为端面周期延拓凸轮。

4）按照运动规律延拓分，可以分为单一运动规律周期延拓凸轮机构和多种运动规律周期延拓凸轮机构，如图 6.38 所示。

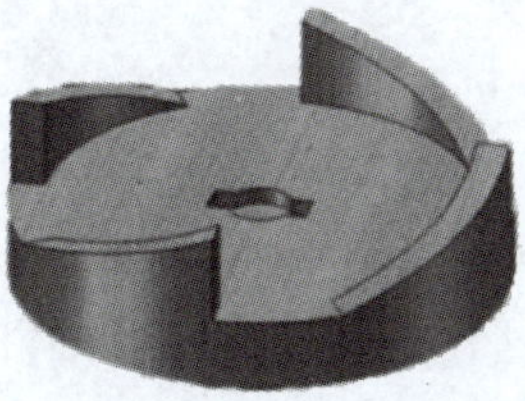

图 6.37　端面周期延拓凸轮

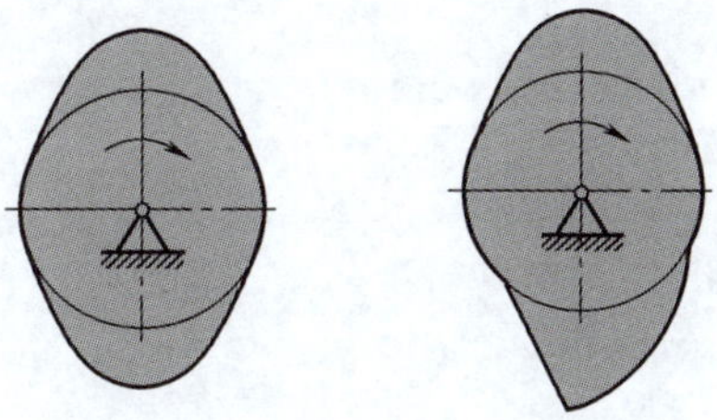

a)　　b)

图 6.38　运动规律延拓凸轮

a）单一运动规律　b）多种运动规律

将运动曲线进行周期性延拓的设计思路，丰富了凸轮机构在一个运动循环中从动件运动规律的多样性，从而为满足工程上日益复杂的工艺动作要求提供了一种有效的解决问题的方法。通过增加凸轮在旋转 360°的过程中从动件达到最大位移的次数、采用一个凸轮驱动多个从动件、改变从动件的布置方式以及对从动件运动规律进行延拓，可以获得不同类型的周期延拓凸轮机构，以满足不同的应用要求。运动周期延拓型凸轮机构广泛应用于新型空气压缩机、活塞泵、活塞式发动机以及运动分割器等机械装置中。

图 6.39 所示为凸轮式间歇运动机构，工程上又称凸轮分割器，这是 20 世纪 50 年代以后陆续发展起来的一类新型的间歇运动机构，它由凸轮、分度盘和机架组成。可以认为分度盘是由若干作单向摆动的从动件并联而成。当凸轮连续旋转时，驱使分度盘作间歇转动。如图 6.39a 所示的圆柱分度凸轮机构中，分度盘上的滚子沿轴线均匀分布在端面上，凸轮工作轮廓由螺旋环状的凸脊在圆柱体上环绕一周构成；如图 6.39b 所示的弧面分度凸轮机构，分度盘上的滚子沿径向均匀分布在圆周上，凸轮的工作轮廓由螺旋环状的凸脊在类似环面蜗杆

的柱体上环绕一周构成。凸轮式间歇运动机构适用于需要高速精确的分度运动场合，在烟草机械、包装机械、印刷机械、加工中心换刀机械手等各种自动机械中得到了广泛应用（改编自国防科技大学潘存云教授《千年机械化话创新——机械传动创新案例与启迪》第五讲：凸轮机构创新案例——运动周期延拓凸轮）。

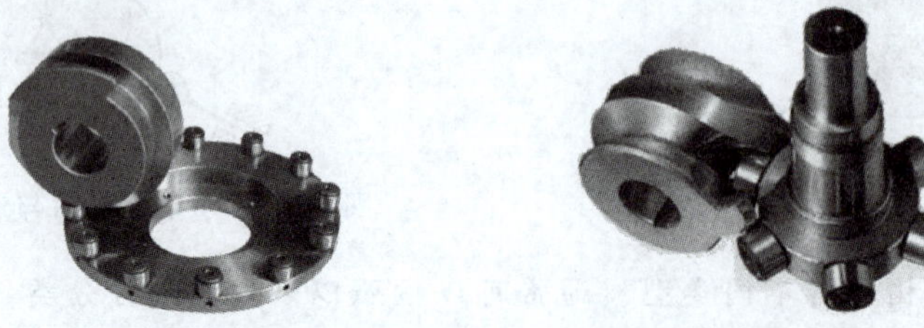

a) b)

图 6.39 凸轮式间歇运动机构

a）圆柱分度凸轮机构 b）弧面分度凸轮机构

第 7 章

齿轮机构设计

汽车在行驶过程中，必须通过变速器准确控制行驶速度，并在转弯时利用差速器调整内外车轮的速度差，以保障车辆的平稳安全行驶。图 7.1 所示为汽车变速器和差速器，其核心为齿轮机构。那么，齿轮机构有哪些类型？它是如何设计的呢？通过本章的学习，我们将找到答案。

a)　　　　b)

图 7.1　汽车变速器和差速器

a）变速器　b）差速器

内容提要　本章主要概述齿轮机构的类型，重点论述渐开线圆柱齿轮传动的基本设计原理与方法，并介绍锥齿轮机构和蜗轮蜗杆机构。

7.1　概述

7.1.1　齿轮机构的特点

齿轮机构是现代机械中应用最广泛的一种传动机构，可用于平行轴、相交轴和交错轴之间运动和动力的传递。

齿轮机构的优点：传递速度和功率的范围广，传动比恒定，传动效率高，工作可靠，使用寿命长以及结构紧凑。

齿轮机构的缺点：制造齿轮需要专用机床，成本较高；精度低时，传动噪声和振动较大；不宜用于轴间距离过大的场合。

7.1.2 齿轮机构的分类

齿轮机构的主要类型、特点及应用见表7.1。

表7.1 齿轮机构的主要类型、特点及应用

分类	名称	示图	特点和应用
平面齿轮机构	外啮合直齿圆柱齿轮机构		两齿轮转向相反；轮齿与轴线平行，工作时无轴向力，重合度较小，传动平稳性较差，承载能力较低，多用于速度较低的传动，尤其适用于变速箱的换档齿轮
	外啮合斜齿圆柱齿轮机构		两齿轮转向相反；轮齿与轴线成一夹角，工作时有轴向力，所需支承较复杂；重合度较大，传动较平稳，承载能力较好；适用于速度较高、载荷较大或要求结构较紧凑的场合
	外啮合人字齿圆柱齿轮机构		两齿轮转向相反；可视为由两个螺旋角大小相等方向相反的斜齿轮所组成的齿轮，承载能力高，轴向力能抵消；多用于重载传动
	齿轮齿条机构		齿条相当于一个半径为无限大的齿轮，可以将旋转运动转化为直线运动或将直线运动转化为旋转运动
	内啮合圆柱齿轮机构	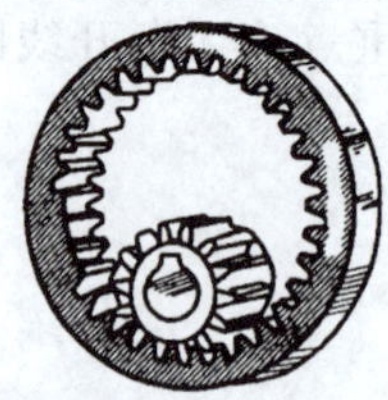	两齿轮转向相同；重合度大，轴间距离小，结构紧凑，效率较高；多用于轮系
空间齿轮机构	直齿锥齿轮机构	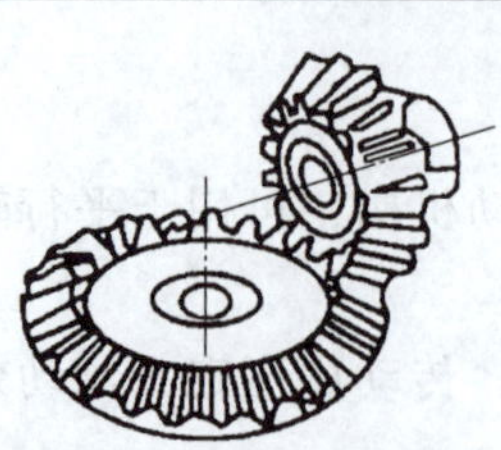	两轴线相交；制造和安装简便，传动平稳性较差，承载能力较低；用于速度较低（<5m/s）、载荷小而稳定的传动

（续）

分类	名称	示图	特点和应用
空间齿轮机构	弧齿锥齿轮机构	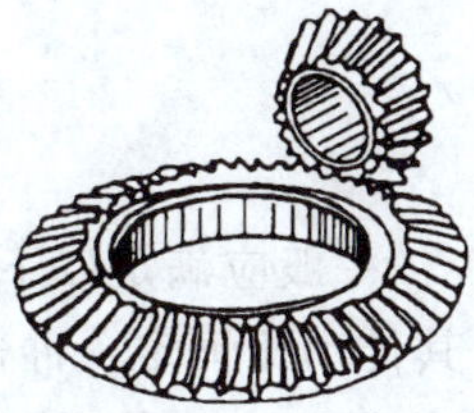	两轴线相交；重合度大、工作平稳、承载能力好。轴向力较大且与齿轮转向有关；用于速度较高及载荷较大的传动
	准双曲面齿轮机构	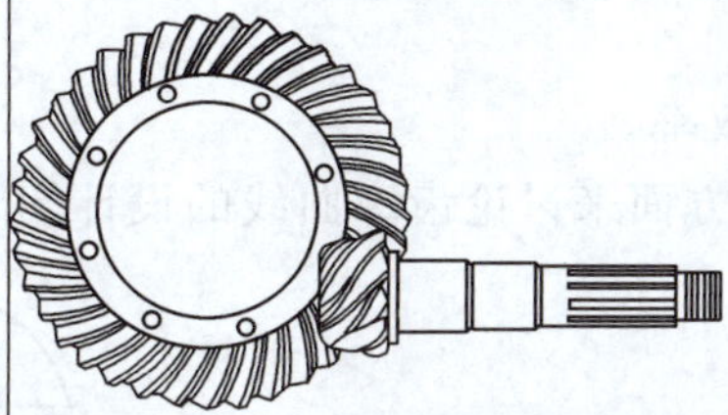	两轴线交错，一般成90°；分度曲面为接近双曲面的准双曲面；设计布置更为灵活，重合度大，传动平稳；主要用于汽车驱动后桥等领域
	面齿轮机构		两齿轮轴线的相对位置可为正交或非正交、偏置或非偏置；小齿轮除采用直齿圆柱齿轮外，还可以是斜齿、弧齿和蜗杆等。面齿轮机构是一种新型齿轮机构，尤其适用于分流传动和大传动比场合
	交错轴斜齿轮机构		两轴线交错；两齿轮点接触，传动效率低；适用于载荷小、速度较低的传动，多用于汽车、家电等领域
	圆柱蜗杆机构	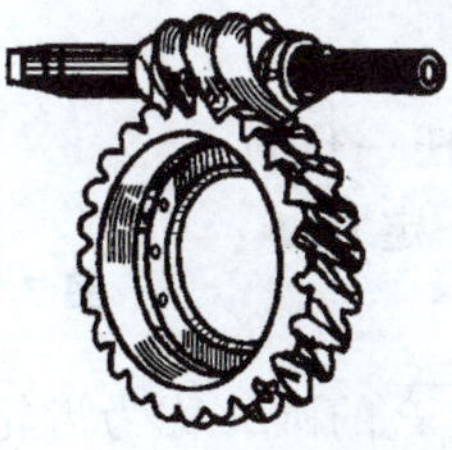	两轴线交错，一般成90°；传动比i较大，一般取$i=10\sim80$，结构紧凑，传动平稳，噪声和振动小，传动效率低，易发热
	环面蜗杆机构	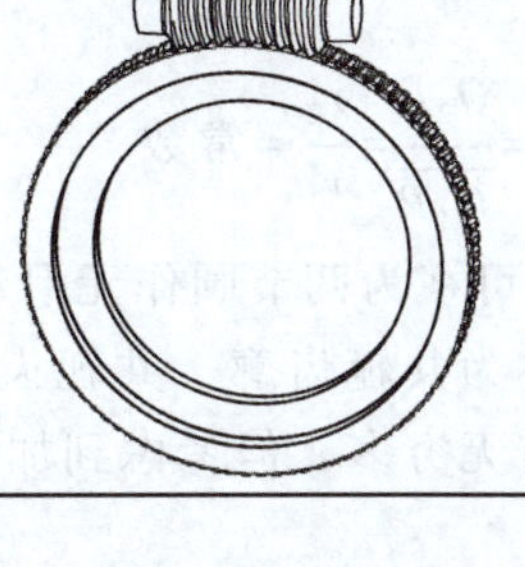	两轴线交错，一般成90°；蜗杆体在轴向的外形是以凹弧面为母线所形成的旋转曲面，同时啮合齿数多，传动平稳；润滑效果好，传动效率较高；多用于重载传动领域

7.2 齿廓啮合基本定律及齿廓曲线

7.2.1 齿轮传动的基本要求

在齿轮传动机构的研究、设计和生产中，一般应满足以下基本要求。

1）传动平稳。即要求在传动过程中，其传动比恒定，冲击、振动及噪声尽可能小。

2）承载能力大。在尺寸小、重量轻的前提下，能传递较大的动力，且轮齿的强度高、耐磨性好、寿命长。

3）具有良好的传力特征和较高的传动效率。

本节主要针对传动平稳、传动比恒定两方面来讨论齿廓曲线的设计问题。

7.2.2 齿廓啮合基本定律与共轭曲线

图7.2所示为一对平面齿廓曲线 G_1、G_2 在任意点 K 处接触的情况。齿廓 G_1 绕 O_1 作定轴转动，齿廓 G_2 绕 O_2 作定轴转动。过接触点 K 作两齿廓公法线 $n—n$ 与连心线 O_1O_2 交于点 P。

由三心定理可知，点 P 为这对齿轮的相对速度瞬心，即齿廓 G_1 和 G_2 在点 P 具有相同的绝对速度。

$$v_{P1}=v_{P2}=\omega_1\overline{O_1P}=\omega_2\overline{O_2P} \tag{7.1}$$

该齿轮机构的瞬时传动比为

$$i=\frac{\omega_1}{\omega_2}=\frac{\overline{O_2P}}{\overline{O_1P}} \tag{7.2}$$

从式（7.2）可以看出，由于 $\overline{O_1O_2}$ 不变，要使该齿轮机构的传动比恒定，则应使 $\overline{O_2P}/\overline{O_1P}$ 在整个运转周期中为一定值，即点 P 为定点。

由此可以得到齿廓啮合基本定律：两齿廓在任一位置啮合时，过啮合点所作两齿廓的公法线必通过一定点 P。定点 P 称为两齿廓的啮合节点，简称节点。

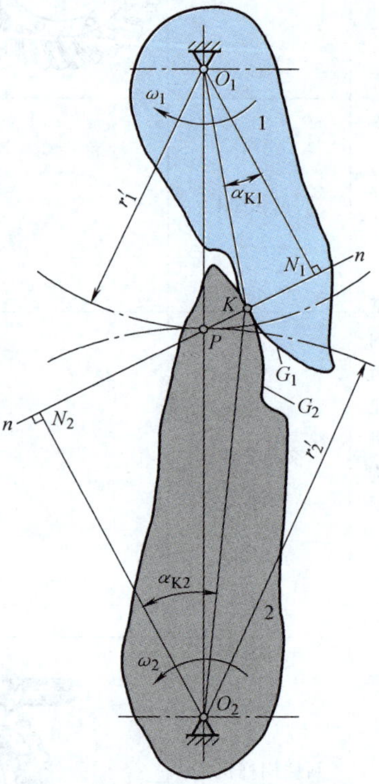

图7.2 齿廓啮合基本定律

节点 P 在齿轮1动平面上的轨迹为半径 $r_1'=\overline{O_1P}$ 的圆，称为齿轮1的节圆，齿轮2的节圆半径为 $r_2'=\overline{O_2P}$，则有

$$i=\frac{\omega_1}{\omega_2}=\frac{\overline{O_2P}}{\overline{O_1P}}=\frac{r_2'}{r_1'}=\text{常数} \tag{7.3}$$

由于 $\omega_1r_1'=\omega_2r_2'$，故两轮的啮合传动可视为两节圆作无滑动的纯滚动。

满足齿廓啮合基本定律的一对齿廓称为共轭齿廓，共轭齿廓的齿廓曲线称为共轭曲线。从理论上说，满足定传动比的共轭曲线有无穷多，但考虑到加工、强度、效率、寿命、安装及互换性等因素，机械中常用渐开线、摆线及圆弧等几种曲线作为齿廓曲线。其中，由于渐开线齿廓具有良好的传动性能，且便于制造、安装、测量和标准化，因此目前应用最普遍的齿廓曲线是渐开线。本章主要介绍渐开线齿轮机构。

7.2.3 渐开线的形成与性质

1. 渐开线的形成

如图 7.3 所示，当直线 BK 沿半径为 r_b 的圆作纯滚动时，直线上任一点 K 的轨迹 AK 就是该圆的渐开线。该圆称为渐开线的基圆，r_b 称为基圆半径，直线 BK 称为渐开线的发生线，θ_K 称为渐开线上点 K 的展角。

2. 渐开线的性质

1）发生线沿基圆滚过的长度，等于基圆上被滚过的圆弧长度。由于发生线在基圆上作纯滚动，由图 7.3 可知，$\overline{KB}=\overset{\frown}{AB}$。

2）渐开线上任一点的法线恒与基圆相切。由于发生线 BK 在基圆上作纯滚动，故它的速度瞬心必为切点 B，所以发生线 BK 即为渐开线上点 K 的法线。又由于发生线 BK 恒切于基圆，故渐开线上任一点的法线恒与基圆相切。

3）渐开线上离基圆越远的部分，其曲率半径越大，渐开线越平直。由于发生线 BK 与基圆的切点 B 也是渐开线上点 K 的曲率中心，线段 KB 为渐开线上点 K 的曲率半径，由图 7.3 可知，渐开线上离基圆越远的部分，其曲率半径越大，渐开线越平直；渐开线上离基圆越近的部分，其曲率半径越小，渐开线越弯曲；渐开线在基圆上的起始点处的曲率半径为零。

4）渐开线的形状取决于基圆的大小。如图 7.4 所示，基圆越小，渐开线越弯曲；基圆越大，渐开线越平直。当基圆半径为无穷大时，其渐开线将成为一条垂直于 B_3K 的直线，直线为齿条的齿廓曲线。

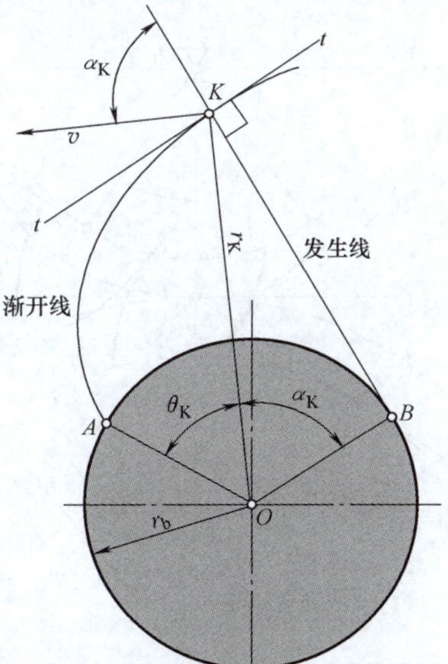

图 7.3 渐开线的形成

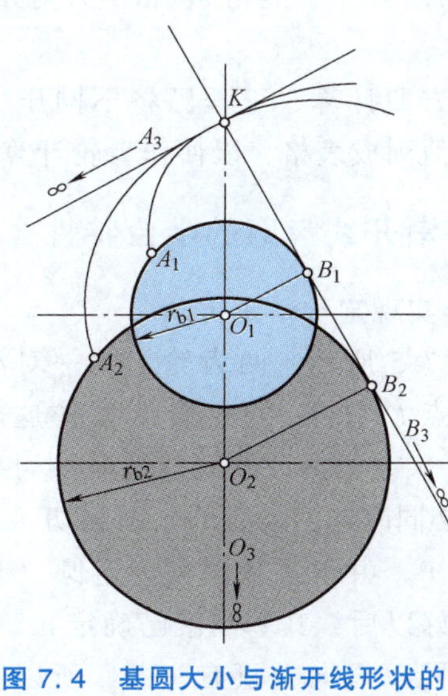

图 7.4 基圆大小与渐开线形状的关系

5）基圆内无渐开线。由于渐开线是由基圆开始向外展开的，所以基圆内无渐开线。

6）同一基圆生成的渐开线形状相同，且任意两条渐开线（同向或者反向）沿公法线方向的对应点之间的距离处处相等，称为法向等距曲线。

7.2.4 渐开线方程

渐开线方程可以采用解析式的方式来表示，但根据渐开线的形成过程，采用极坐标表示渐开线方程更为方便。如图 7.3 所示，基圆上的点 A 是渐开线的起始点，点 K 是渐开线上的任意一点，建立极坐标系，则 OK 即为渐开线在点 K 处的向径 r_K，$\angle AOK$ 即为渐开线在点 K 处的极角 θ_K。为建立 r_K 和 θ_K 的参数方程，引入另外一个参数 α_K。

α_K 为渐开线在点 K 处的压力角，即渐开线在点 K 处的法向压力方向线（即渐开线上该点的法线）BK 与绝对速度 v 的方向线之间所夹的锐角，且

$$\cos\alpha_K=\frac{r_b}{r_K} \tag{7.4}$$

式（7.4）表明，渐开线上各点压力角是不断变化的，且随着 r_K 的增大而增大。基圆上点 A 的压力角为零。

根据渐开线的性质 1，即 $\overline{KB}=\overset{\frown}{AB}$，有

$$\overset{\frown}{AB}=r_b(\theta_K+\alpha_K)=\overline{KB}=r_b\tan\alpha_K \tag{7.5}$$

故在极坐标形式下的渐开线方程为

$$\begin{cases} r_K=\dfrac{r_b}{\cos\alpha_K} \\ \theta_K=\tan\alpha_K-\alpha_K \end{cases} \tag{7.6}$$

式（7.6）表明展角 θ_K 随压力角 α_K 的变化而变化，所以 θ_K 又称为压力角 α_K 的渐开线函数，工程上常用 $\text{inv}\alpha_K$ 表示 θ_K。

$$\text{inv}\alpha_K=\theta_K=\tan\alpha_K-\alpha_K \tag{7.7}$$

式（7.7）中，展角 θ_K 和压力角 α_K 的单位均为 rad。

为了方便计算，工程已将不同压力角的渐开线函数值列成表格，以便作齿轮计算时查用。

7.2.5 渐开线齿廓的啮合特性

1. 能实现定传动比传动

如图 7.5 所示，两齿轮上的一对渐开线齿廓在任一点 K 啮合。过啮合点 K 作这对齿廓的公法线 N_1N_2。根据渐开线的性质 2 可知，公法线 N_1N_2 必同时与两齿廓的基圆相切，且与连心线交于点 P。由于两基圆都为定圆（当两齿轮制造加工好以后，其基圆就已确定），它们的内公切线在同一方向上只有一条，所以不论两齿

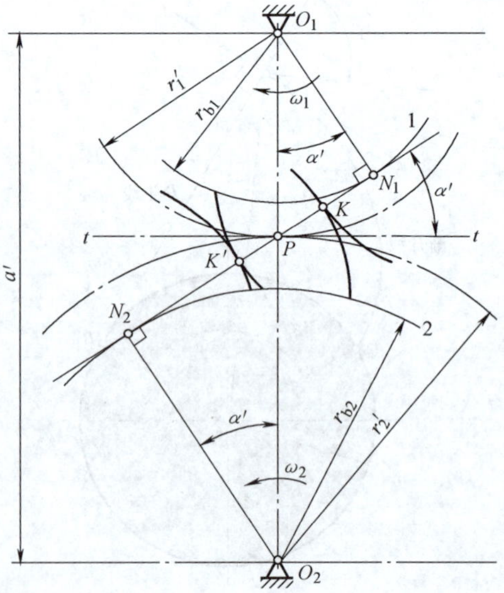

图 7.5 渐开线齿廓的啮合特性

廓在何处啮合，过接触点的公法线均与连心线交于同一点 P。故渐开线齿廓满足定比传动的要求，且渐开线齿轮的传动比为

$$i=\frac{\omega_1}{\omega_2}=\frac{\overline{O_2P}}{\overline{O_1P}}=\frac{r_2'}{r_1'}=\frac{r_{b2}}{r_{b1}} \tag{7.8}$$

2. 具有中心距可分性

由式（7.8）知，传动比取决于两轮基圆半径的反比。当齿轮加工好以后，两基圆的大小就不变了，即使安装时中心距稍有误差，或由于轴承磨损等引起中心距的微小改变，导致节圆半径变化，但由于基圆半径不变，传动比也仍旧保持不变。

渐开线齿廓的这一特性称为中心距可分性，这对于渐开线齿轮的加工、安装和使用都十分有利，这也是渐开线齿轮得到广泛应用的主要原因之一。

3. 啮合线和啮合角恒定不变

两齿廓接触点在固定坐标系中的轨迹称为啮合线。如前所述，两渐开线齿廓在啮合过程中接触点的位置虽然不断变化，但始终在过两轮基圆的内公切线 N_1N_2 上。因此，两轮基圆的内公切线 N_1N_2 就是渐开线齿轮的啮合线。啮合线也是一条定直线。

如图 7.5 所示，啮合线 N_1N_2 与过节点 P 的两节圆内公切线 t—t 之间所夹的锐角称为啮合角，用 α'表示。显然，渐开线齿轮的啮合角也是固定不变的。

啮合线既然与齿廓的公法线重合，它就表示了两齿廓间正压力的方向。因此，渐开线齿轮在传动过程中，齿廓间的正压力方向始终不变，这一特性有利于保持齿轮传动平稳，减小冲击。

两齿廓在节点接触时，t—t 表示节圆上接触点的速度方向，N_1N_2 为接触点正压力方向，因此一对相啮合的渐开线齿轮的啮合角 α'始终等于两齿廓的节圆压力角。

7.3 渐开线标准直齿圆柱齿轮

齿轮是由若干个形状尺寸完全相同的轮齿，均匀地分布在圆柱面上所构成的。每个轮齿如图 7.6 所示，左右两侧具有完全相同的渐开线曲面。为了保证一对齿廓有一定的啮合传动时间和一定的承载能力，每个齿都有一定的高度、厚度和宽度。为了便于准确的描述和设计齿轮，提出并规定了如下的齿轮各部名称及其尺寸参数；提出并规定了设计、计算各尺寸参数的基本性能参数。

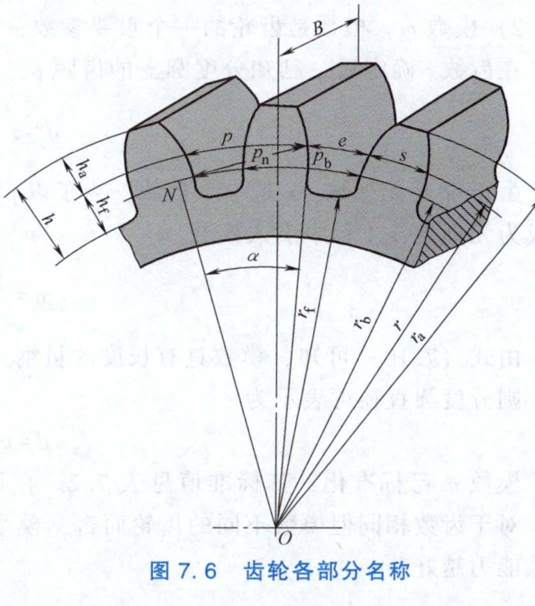

图 7.6 齿轮各部分名称

7.3.1 外齿轮

1. 齿轮各部分的名称及符号

图 7.6 所示为一标准直齿圆柱外齿轮的一部分，齿轮上每个外凸部分称为轮齿，齿轮的齿数用 z 表示。

(1) 分度圆　为了便于计算齿轮各部分的尺寸，在齿轮上选择一个虚拟圆作为尺寸计算基准，称为分度圆，其半径和直径分别用 r、d 表示。

(2) 齿顶圆　过所有轮齿顶部的圆称为齿顶圆，其半径和直径分别用 r_a、d_a 表示。

(3) 齿根圆　过所有齿槽底部的圆称为齿根圆，其半径和直径分别用 r_f、d_f 表示。

(4) 基圆　产生渐开线的圆称为基圆，其半径和直径分别用 r_b、d_b 表示。

(5) 齿顶高　分度圆与齿顶圆之间的径向距离称为齿顶高，用 h_a 表示。

(6) 齿根高　分度圆与齿根圆之间的径向距离称为齿根高，用 h_f 表示。

(7) 全齿高　齿顶圆与齿根圆之间的径向距离称为全齿高，用 h 表示，显然有 $h=h_f+h_a$。

(8) 齿厚　每个轮齿在某一圆上的圆周弧长。不同圆周上的齿厚不同，在半径为 r_K 的圆周上的齿厚用 s_K 表示。

(9) 齿槽宽　相邻两轮齿间在某一圆上齿槽的圆周弧长。不同圆周上的齿槽宽不同，在半径为 r_K 的圆周上的齿槽宽用 e_K 表示。

(10) 齿距（或称为周节）　相邻两个轮齿同侧齿廓之间在某一个圆上对应点的圆周弧长。不同圆周上的齿距不同，在半径为 r_K 的圆周上的齿槽宽用 p_K 表示，显然有 $p_K=s_K+e_K$。

(11) 法向齿距　相邻两个轮齿同侧齿廓之间在法线方向的距离，用 p_n 表示。由渐开线的性质可知：$p_n=p_b$，p_b 为基圆齿距。

(12) 齿宽　齿轮两端面之间的长度，用 B 表示。

2. 渐开线齿轮的基本参数

为了便于设计、制造、测量及互换使用，齿轮应给予标准化。为此，只要选择若干有代表的基本参数作为设计、制造与测量基准，同时规定出其他尺寸参数与基本参数的关系，便可达到标准化的目的。经过理论分析与工程实践，对标准齿轮提出了以下五个基本参数：

1）齿数 z。齿轮在整个圆周上轮齿的总数，用 z 表示。

2）模数 m。模数是齿轮的一个重要参数，用 m 表示。

在齿数 z 确定后，已知分度圆上的齿距 p，即可计算分度圆直径为

$$d=z\frac{p}{\pi} \tag{7.9}$$

由于 π 是无理数，z 是一个整数，为了以 p 作为基本参数时计算得到的分度圆直径 d 不会成为无理数，工程中引入模数

$$m=\frac{p}{\pi} \tag{7.10}$$

由式（7.10）可知，模数具有长度的量纲，单位为 mm。

则分度圆直径可表示为

$$d=mz \tag{7.11}$$

模数 m 已标准化，其标准值见表 7.2。在设计齿轮时，若无特殊需要，应选用标准模数。对于齿数相同但模数不同的齿轮而言，模数越大，则轮齿越大，轮齿的弯曲强度越大，承载能力越好。

表 7.2 标准模数系列（GB/T 1357—2008） （单位：mm）

第Ⅰ系列	1	1.25	1.5	2	2.5	3	4	5	6
	8	10	12	16	20	25	32	40	50
第Ⅱ系列	1.125	1.375	1.75	2.25	2.75	3.5	4.5	5.5	(6.5)
	7	9	11	14	18	22	28	36	45

注：1. 本表适用于渐开线圆柱齿轮，对斜齿轮是指法向模数。

2. 选用模数时，应优先选用第Ⅰ系列，括号内的模数尽可能不选用。

3）压力角 α。由前述渐开线方程可知，同一渐开线齿廓上个点的压力角不同。通常所说的齿轮压力角是指在分度圆上的压力角，以 α 表示。根据式（7.4）有

$$\cos\alpha=\frac{r_b}{r} \tag{7.12}$$

压力角是决定齿廓形状的主要参数，国家标准规定，分度圆压力角 α 的标准值为 20°。在某些特殊场合，也有用分度圆压力角为 14.5°、15°、22.5°和 25°等的齿轮。

4）齿顶高系数 h_a^*。齿顶高 h_a 用齿顶高系数 h_a^* 和模数 m 的乘积表示

$$h_a=h_a^*m \tag{7.13}$$

5）顶隙系数 c^*。齿根高 h_f 用齿顶高系数 h_a^* 和顶隙系数 c^* 之和乘以模数表示

$$h_f=(h_a^*+c^*)m \tag{7.14}$$

国家标准中规定了的齿顶高系数和顶隙系数的标准值：①正常齿制，当 $m\geqslant 1$mm 时，$h_a^*=1$，$c^*=0.25$，当 $m<1$mm 时，$h_a^*=1$，$c^*=0.35$；②短齿制，$h_a^*=0.8$，$c^*=0.3$。

3. 渐开线标准直圆柱齿轮的几何尺寸计算

渐开线标准直齿轮除了 m、α、h_a^* 及 c^* 是标准值外，还有两个特征。

1）分度圆齿厚与齿槽宽相等，即

$$s=e=\frac{\pi m}{2} \tag{7.15}$$

2）具有标准的齿顶高和齿根高，即

$$h_a=h_a^*m,\ h_f=(h_a^*+c^*)m \tag{7.16}$$

不具备上述特征的齿轮称为非标准齿轮。

渐开线外啮合标准直齿圆柱齿轮几何尺寸计算公式见表 7.3。

表 7.3 渐开线外啮合标准直齿圆柱齿轮的几何尺寸计算

基本参数		$z_1,z_2,m,\alpha,h_a^*,c^*$
名称	符号	计算公式
模数	m	根据强度计算或结构需要而定（m 为标准值，见表 7.2）
压力角	α	$\alpha=20°$
分度圆直径	d	$d_1=mz_1,d_2=mz_2$
齿顶高	h_a	$h_a=h_a^*m$
齿根高	h_f	$h_f=(h_a^*+c^*)m$
全齿高	h	$h=h_a+h_f=(2h_a^*+c^*)m$

（续）

基本参数		$z_1, z_2, m, \alpha, h_a^*, c^*$
名称	符号	计算公式
顶隙	c	$c=c^* m$
齿顶圆直径	d_a	$d_{a1}=d_1+2h_a=(z_1+2h_a^*)m$，$d_{a2}=d_2+2h_a=(z_2+2h_a^*)m$
齿根圆直径	d_f	$d_{f1}=d_1-2h_f=(z_1-2h_a^*-2c^*)m$，$d_{f2}=d_2-2h_f=(z_2-2h_a^*-2c^*)m$
基圆直径	d_b	$d_{b1}=d_1\cos\alpha=mz_1\cos\alpha$，$d_{b2}=d_2\cos\alpha=mz_2\cos\alpha$
齿距	p	$p=\pi m$
齿厚	s	$s=\pi m/2$
齿槽宽	e	$e=\pi m/2$
中心距	a	$a=\frac{1}{2}(d_1+d_2)=\frac{m}{2}(z_1+z_2)$
基圆齿距	p_b	$p_b=\pi m\cos\alpha$

7.3.2 内齿轮

图 7.7 所示为直齿内齿轮的一部分，它与外齿轮的不同点是：

1）内齿轮齿顶圆小于分度圆，齿根圆大于分度圆。

2）内齿轮的齿廓是内凹的，其齿厚和槽宽分别对应于外齿轮的槽宽和齿厚。

3）为了使内齿轮齿顶的齿廓全部为渐开线，实现正确啮合，其齿顶圆必须大于基圆。

内齿轮的基本尺寸可参照外齿轮的计算公式进行。

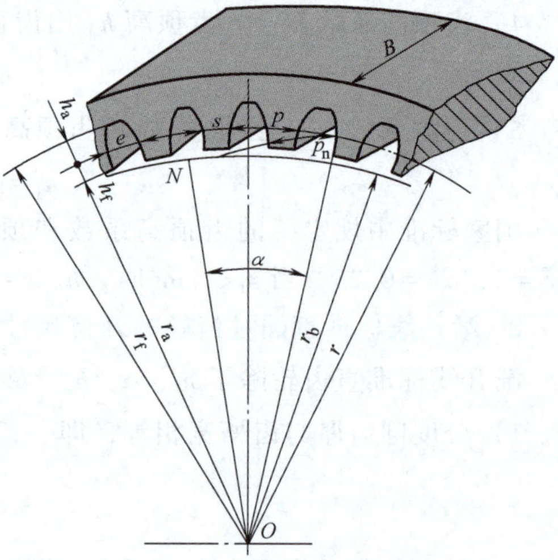

图 7.7 内齿轮各部分名称

7.3.3 齿条

图 7.8 所示为一标准齿条，它与齿轮的不同点是：

1）齿条齿廓上各点压力角相同，且等于齿廓的倾斜角，此角称为齿形角，标准值为 20°。

2）与齿顶线平行的各直线上齿距都相同，模数为同一标准值，其中齿厚与槽宽相等且与齿顶线平行的直线称为中线，是确定齿条各部分尺寸的基准线。

齿条的基本尺寸可参照外齿轮的计算公式进行。

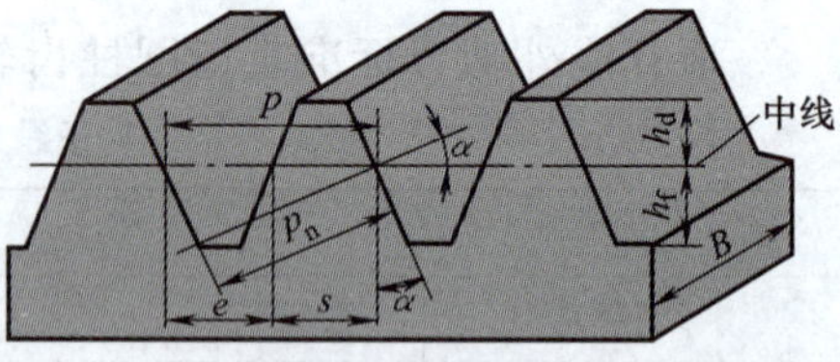

图 7.8 齿条

7.4 渐开线标准直齿圆柱齿轮的啮合传动

上节讨论了单个齿轮的几何尺寸计算。下面将根据一对齿轮能正确啮合安装及连续传动等的要求，讨论其基本参数和尺寸的设计计算问题。

7.4.1 正确啮合条件

虽然一对标准渐开线齿轮能实现定传动比传动，但并不表明任意两个渐开线齿轮装配起来就可以正确啮合传动。要实现正确啮合，必须满足一定的条件。

如图 7.9 所示的一对渐开线标准齿轮啮合传动，N_1N_2 为啮合线，传动时齿廓啮合点都应位于啮合线 N_1N_2 上。在图示瞬时，前一对轮齿在啮合线上的点 K 接触，后一对轮齿在点 K' 接触。可见要使两轮能正确啮合，应保证两轮的法向齿距相等，即

$$p_{n1}=p_{n2} \tag{7.17}$$

根据渐开线的法向齿距 p_n 等于基圆齿距 p_b，设 m_1、m_2 分别为两齿轮的模数，α_1、α_2 分别为两齿轮的压力角，则上式可以写成

$$m_1\cos\alpha_1=m_2\cos\alpha_2 \tag{7.18}$$

因为齿轮的模数和分度圆压力角都已标准化，要使上式成立，则应满足

$$\begin{cases}m_1=m_2=m\\ \alpha_1=\alpha_2=\alpha\end{cases} \tag{7.19}$$

因此，一对渐开线标准齿轮传动的正确啮合条件是：两齿轮的模数和压力角分别相等。

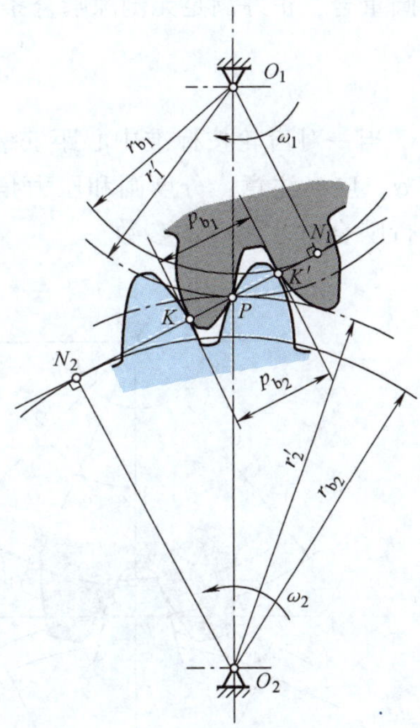

图 7.9 正确啮合条件

又因

$$i_{12}=\frac{r_{b2}}{r_{b1}}=\frac{m_2z_2\cos\alpha_2}{m_1z_1\cos\alpha_1} \tag{7.20}$$

所以有

$$i_{12}=\frac{z_2}{z_1} \tag{7.21}$$

因此，一对渐开线标准齿轮传动的传动比为：从动齿轮与主动齿轮的齿数之比。

7.4.2 无侧隙啮合条件

1. 一对齿轮的无侧隙啮合及标准安装

中心距是指两齿轮安装后回转中心 O_1 和 O_2 之间的距离，是一对齿轮传动的基本尺寸参数。渐开线齿轮传动中心距的变化虽然不影响传动比，但会改变顶隙和侧隙的大小。

在确定一对外啮合齿轮的中心距时，应满足以下两个要求：

1）无侧隙啮合。当两轮以一侧齿廓相接触时，在另一侧齿廓处的间隙称为齿侧间隙，简称侧隙。虽然在实际齿轮传动中，两齿轮的非工作齿侧间总要留有一定的侧隙，但侧隙一般都很小，可通过规定齿厚、中心距等的公差来保证。因此，在计算齿轮的尺寸和中心距时，都是按无侧隙来考虑。

一对外啮合齿轮的侧隙为零，也就是一齿轮节圆上的齿厚应等于另一齿轮节圆上的槽宽，即

$$s_1'=e_2' \text{ 或 } s_2'=e_1' \tag{7.22}$$

式（7.22）为一对齿轮传动的无侧隙啮合条件，也是一对齿轮的正确安装条件。

如图 7.10a 所示的一对外啮合渐开线标准直齿圆柱齿轮，由于模数和压力角分别相等，即 $s_1=e_1=s_2=e_2=\pi m/2$，若将两轮安装成分度圆相切的状态，即标准安装，这时两轮的分度圆与节圆重合，正好满足无侧隙啮合条件，故两标准齿轮标准安装的中心距称为标准中心距。

$$a=r_1'+r_2'=r_1+r_2=\frac{m}{2}(z_1+z_2) \tag{7.23}$$

当一对齿轮按标准中心距安装时，由于节圆等于分度圆，故啮合角 α' 等于分度圆压力角 α。应当注意，分度圆和压力角是单个齿轮的参数和尺寸，而节圆和啮合角是两齿安装后进行啮合时才出现的参数。

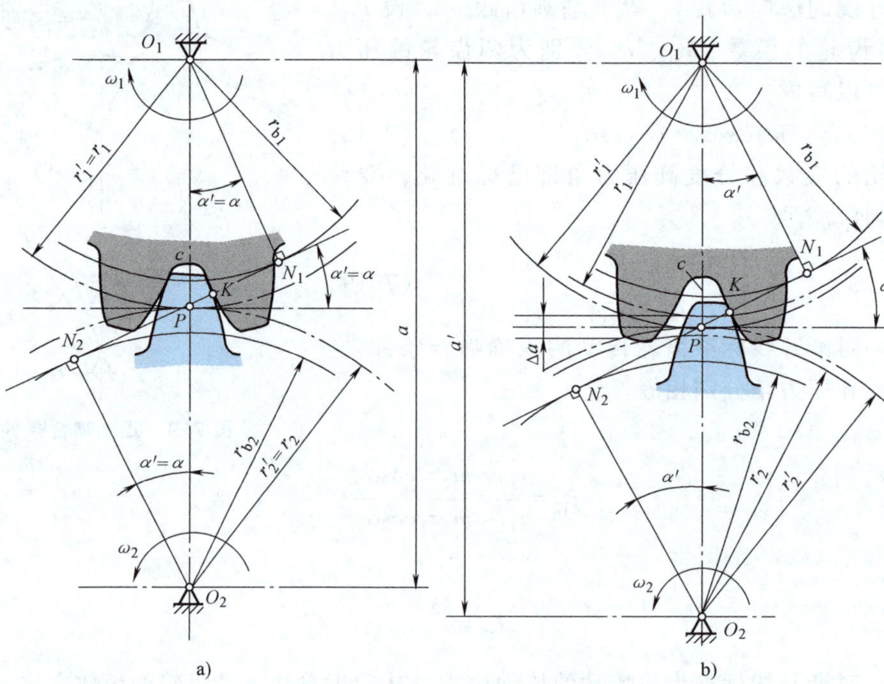

图 7.10 渐开线标准外齿轮的安装

a）标准安装 b）非标准安装

2）保证两齿轮的顶隙为标准值。在一对齿轮传动时，为了避免一齿轮的齿顶与另一齿轮的齿槽底部及齿根过渡曲线部分干涉，并留有一定空隙以便储存润滑油，应在一齿轮的齿顶圆和另一齿轮的齿根圆之间留有一定的间隙，称为顶隙。顶隙的标准值为 $c=c^*m$。

一对标准外啮合齿轮传动，当顶隙为标准值时，两齿轮的中心距应为

$$\begin{aligned} a &= r_{a1}+c^*m+r_{f2}=(r_1+h_a^*m)+c^*m+(r_2-h_a^*m-c^*m) \\ &= r_1+r_2=\frac{m}{2}(z_1+z_2) \end{aligned} \tag{7.24}$$

式（7.24）表明，标准齿轮按标准中心距安装时，顶隙为标准值。

2. 啮合齿轮中心距和啮合角

当两齿轮的实际中心距 a' 不等于标准中心距 a 时，称为非标准安装，如图 7.10b 所示。

从图中可以看出，由于两基圆的相对位置发生了变化，啮合线 N_1N_2 与节点 P 也相应变化，两轮的节圆分别大于各自的分度圆，两轮分度圆不再相切。由于两轮的基圆有所远离，因此啮合角 α' 增大，不再等于分度圆压力角。此时顶隙大于标准值，而且出现了侧隙，虽然不影响瞬时传动比的恒定，但会影响重合度及传动的平稳性。

由图 7.10a 可知，$r_{b1}=r_1\cos\alpha$，$r_{b2}=r_2\cos\alpha$，因此

$$r_{b1}+r_{b2}=(r_1+r_2)\cos\alpha=a\cos\alpha \tag{7.25}$$

同理，由图 7.10b 可得

$$r_{b1}+r_{b2}=(r_1'+r_2')\cos\alpha'=a'\cos\alpha' \tag{7.26}$$

由以上两式可以得到两轮的中心距与啮合角的关系式为

$$a\cos\alpha=a'\cos\alpha' \tag{7.27}$$

即

$$\cos\alpha'=\frac{a\cos\alpha}{a'}=\frac{r_{b1}+r_{b2}}{r_1'+r_2'} \tag{7.28}$$

7.4.3 连续传动条件

图 7.11 所示为一对渐开线直齿圆柱齿轮的啮合过程，主动轮 1 顺时针方向转动，推动从动轮 2 逆时针方向转动。从动轮的齿顶圆与啮合线 N_1N_2 的交点为 B_2，是一对轮齿的啮合起始点，这时主动轮的齿根与从动轮的齿顶接触。随着啮合传动的进行，两齿廓的啮合点沿着啮合线 N_1N_2 由点 B_2 向左下方移动，经过节点 P，一直到达主动轮 1 的齿顶圆与啮合线 N_1N_2 的交点 B_1，这时两轮即将脱离接触，点 B_1 是一对轮齿的啮合终止点。

从一对轮齿的啮合过程来看，啮合点实际走过的轨迹只是啮合线 N_1N_2 上的一段，即 B_1B_2，称为实际啮合线。如果加大两轮的齿顶圆，点 B_1 和 B_2 将分别趋近于点 N_1 和 N_2，实际啮合线将加长。但因基圆内无渐开线，所以点 B_1 和 B_2 不会超过点 N_1 和 N_2，故线段 N_1N_2 称为理论啮合线。

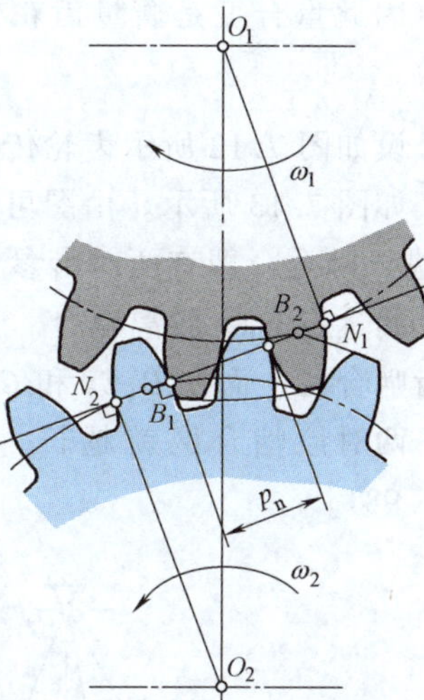

图 7.11 齿轮连续传动条件

为了保证渐开线齿轮的连续传动，要求前一对轮齿终止啮合前，后一对轮齿必须进入啮合。否则，传动就会瞬时中断，从而引起冲击，影响传动的平稳性。从图 7.11 可以看出，为了达到连续传动的目的，实际啮合线 B_1B_2 的长度应大于或至少等于法向齿距 p_n（法向齿距 p_n 等于基圆齿距 p_b）。定义 B_1B_2 与基圆齿距的比值为重合度，用 ε_α 表示。因此，一对齿轮连续传动的条件为

$$\varepsilon_\alpha=\frac{\overline{B_1B_2}}{p_b}\geqslant 1 \tag{7.29}$$

在实际应用中，考虑到齿轮的制造和安装误差，为了确保传动的连续性，应该使计算得到的重合度大于或等于给定的许用值 $[\varepsilon_\alpha]$，即

$$\varepsilon_\alpha\geqslant[\varepsilon_\alpha] \tag{7.30}$$

重合度的许用值可以根据齿轮的使用要求和制造精度确定，一般可在 1.05~1.4 范围内选取，制造精度较高时可取小值。

重合度的计算可由图 7.12 得出

$$\overline{B_1B_2}=\overline{B_1P}+\overline{B_2P} \tag{7.31}$$

$$\overline{B_1P}=r_{b1}(\tan\alpha_{a1}-\tan\alpha') \tag{7.32}$$

$$\overline{B_2P}=r_{b2}(\tan\alpha_{a2}-\tan\alpha') \tag{7.33}$$

式中，α'为啮合角，α_{a1} 和 α_{a2} 分别为齿轮 1 和齿轮 2 的齿顶圆压力角，可用式（7.4）计算。

将 $\overline{B_1B_2}$ 的表达式和 $p_b=\pi m\cos\alpha$ 代入式（7.31），可得外啮合齿轮传动的重合度计算公式

$$\varepsilon_\alpha=\frac{1}{2\pi}[z_1(\tan\alpha_{a1}-\tan\alpha')+z_2(\tan\alpha_{a2}-\tan\alpha')] \tag{7.34}$$

由式（7.34）可知，重合度 ε_α 的大小与模数无关，随着齿数 z 的增大而增大，还随啮合角 α'的减小和齿顶高系数 h_a^* 的增大而增大。

重合度 ε_α 的大小表示同时参与啮合齿数对的平均值，其值越大表示同时参与啮合的轮齿对数越多，传动就越平稳，每对轮齿承担的载荷也越小，从而提高了齿轮的承载能力。因此重合度是衡量齿轮传动性能的重要指标之一，在设计时应综合考虑确定各尺寸参数。

设如图 7.12 所示齿轮传动的重合度 $\varepsilon_\alpha=1.3$，则实际啮合线段 $\overline{B_1B_2}=1.3p_b$，重合度的意义如图 7.13 所示。由图可以看出，当前一对轮齿的啮合点到达点 C_2 时，后一对轮齿在点 B_2 进入啮合，即有两对齿参与啮合。当后一对轮齿的啮合点到达点 C_1 时，前一对轮齿的啮合点到达点 B_1，脱离啮合。可见，在实际啮合线的 C_1C_2 区段，只有一对齿参与啮合，是一对齿啮合区；而在 B_1C_2 和 C_1B_2 区段，有两对轮齿参与啮合，是两对齿啮合区。重合度越大，两对齿啮合区就越长。正常齿制的渐开线标准直齿圆柱齿轮传动的重合度极限值为 1.981。

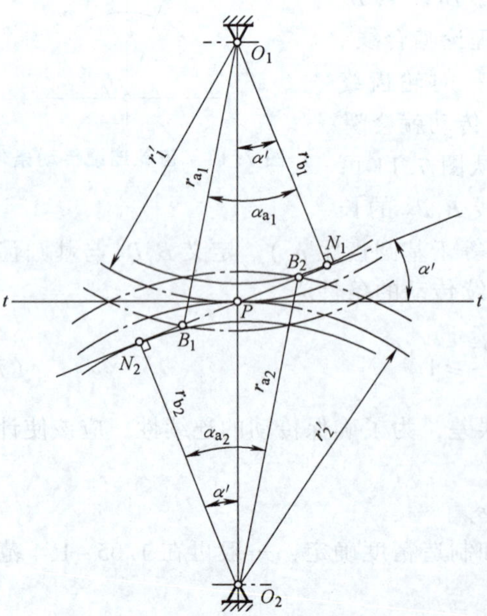

图 7.12 重合度的计算

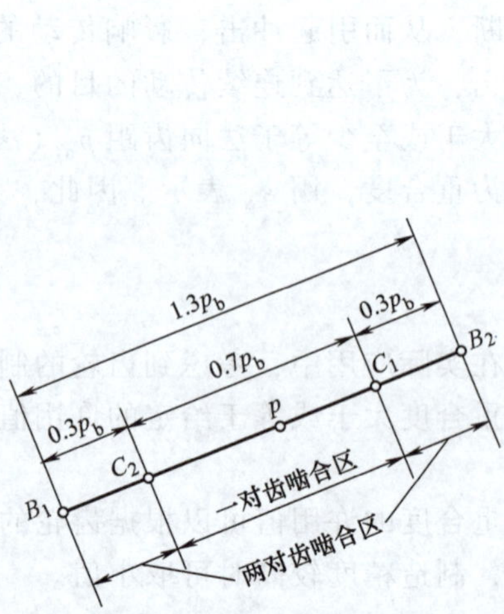

图 7.13 重合度的意义

7.5 渐开线齿轮的加工与变位

7.5.1 渐开线齿轮的加工

齿轮齿形的加工方法可分为无切屑加工和切削加工两大类。

无切屑加工方法有：热轧、冷挤、模锻、精密铸造和粉末冶金等。

切削加工方法可分为成形法和展成法两种，其加工精度及适用范围见表 7.4。

表 7.4 齿轮齿形的常用切削加工方法

加工方法		刀具	机床	加工精度及适用范围
成形法	铣齿	盘形铣刀	铣床	加工精度和生产效率都较低
		指形齿轮铣刀	铣床滚齿机	加工精度和生产效率都较低，是大型无槽人字齿的主要加工方法
	拉齿	齿轮拉刀	拉床	加工精度和生产率较高，采用专用拉刀，适用于大批量生产，尤其是内齿轮加工更是适宜
	磨齿	盘形砂轮	磨齿机	加工精度 3~6 级，常用于齿轮淬火后的精加工
展成法	滚齿	齿轮滚刀	滚齿机	加工精度 6~10 级，常用于加工直齿轮、斜齿轮及蜗轮
	插齿	插齿刀	插齿机	加工精度 7~9 级，适用于加工圆柱齿轮、多联齿轮、齿条等
	刨齿	刨齿刀	刨齿机	加工精度 7~9 级，主要用于锥齿轮加工
	车齿	车齿刀	车齿机	加工精度 7~9 级，加工效率是滚齿加工的 2~3 倍，主要用于汽车等领域的中小模数齿轮的加工
	剃齿	剃齿刀	剃齿机	加工精度 6~7 级，常用于滚齿、插齿后，淬火前的精加工
	珩齿	珩磨轮	珩齿机	加工精度 5~7 级，常用于剃齿后或高频淬火后的精加工
	磨齿	蜗杆砂轮	磨齿机	加工精度 3~6 级，常用于齿轮淬火后的精加工

1. 成形法

用与被加工齿轮齿槽形状相符的成形刀具在齿坯上加工出齿形的方法，称为成形法，也叫仿形法。

(1) 铣齿　铣齿加工是用与齿轮齿槽形状相同的盘形铣刀（图 7.14）或指形齿轮铣刀（图 7.15）在铣床上进行加工。加工时，铣刀绕本身轴线旋转，同时轮坯沿齿轮轴线方向移动。铣出一个齿槽后，将轮坯转过 360°/z，再铣下一个齿槽。

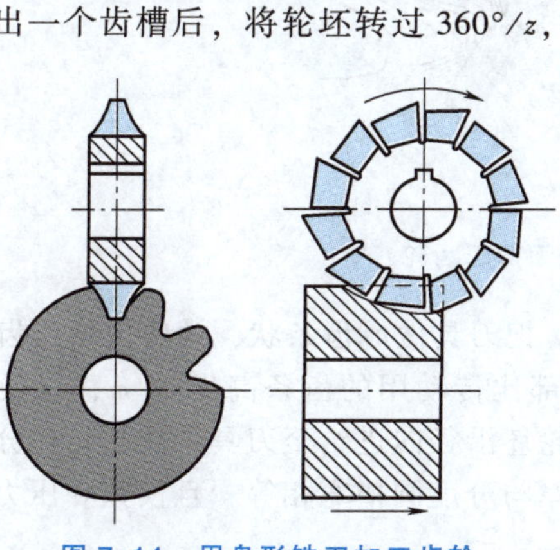

图 7.14 用盘形铣刀加工齿轮

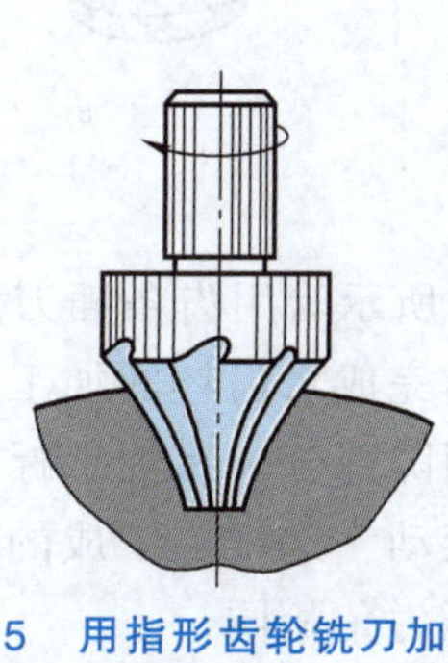

图 7.15 用指形齿轮铣刀加工齿轮

由于齿轮的齿槽形状与齿轮的齿数、修正量、甚至齿厚公差有关，成形法铣齿难于实现刀具齿形与被加工齿轮齿槽都相同。实际中为了减少铣刀数量，规定一定齿数范围的齿轮采用同一把铣刀，故铣齿大都为近似齿形。

盘形铣刀铣齿加工，齿轮模数大小不受限制，多用于大模数、大螺旋角、多齿数的齿轮粗铣齿，比普通滚刀粗切齿生产效率可显著提高。指形齿轮铣刀铣齿加工，刀具制造比较简便，适用于较大模数的齿轮粗精铣齿，可加工齿面中间无退刀槽的人字齿轮。

(2) 磨齿　成形砂轮磨齿加工与盘形铣刀铣齿加工基本相同，如图 7.16 所示，即以成形砂轮代替成形铣刀。砂轮是专用的，需要复杂的砂轮修形机构和补偿算法。其加工精度高、生产率高，适用于较大批量高精度齿轮的生产。

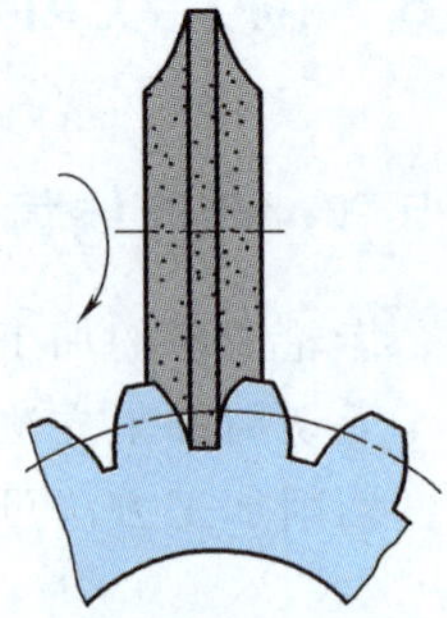

图 7.16　用成形砂轮磨削加工齿轮

2. 展成法

利用一对齿轮（或齿轮与齿条）互相啮合时其共轭齿廓互为包络线的原理，把其中一个齿轮（或齿条）做成刀具，切制出与它共轭的齿廓，称为展成法，也称范成法或包络法。

(1) 插齿　图 7.17a 所示为用齿轮插刀加工齿轮的情况。齿轮插刀的外形就像一个具有刀刃的外齿轮，刀具顶部比正常齿高出 $c^* m$，以便切出径向间隙部分。插齿时，齿轮插刀沿轮坯轴线方向作往复切削运动，同时，插齿机的传动系统严格保证插齿刀与轮坯之间的啮合运动关系（图 4.17b），直至全部齿槽切削完毕。

因齿轮插刀的齿廓是渐开线，所以插制的齿轮齿廓也是渐开线。根据正确啮合条件，被加工齿轮的模数和压力角必定与插齿刀的模数和压力角相同。通过改变插刀与轮坯的传动比，即可加工出模数和压力角相同而齿数不同的齿轮。插齿是内齿轮、多联齿轮的有效加工方法，广泛用于加工直齿轮，也可用于加工斜齿轮及人字齿轮，采取一定措施还可以用于加工齿条。

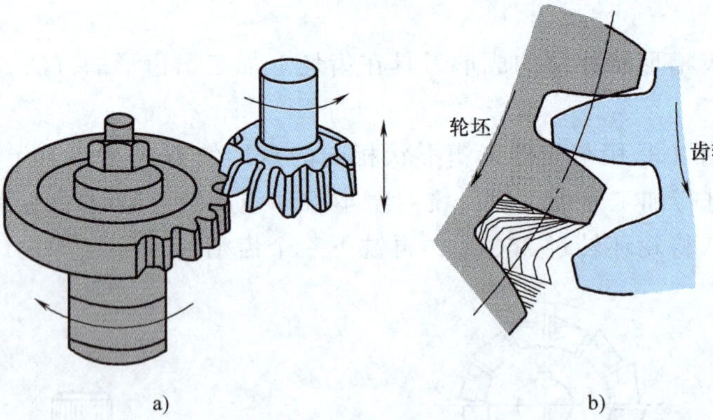

图 7.17　用齿轮插刀加工齿轮

图 7.18a 所示为用齿条插刀加工齿轮的情况，把刀具做成齿条状，模仿齿轮与齿条的啮合过程，进而完成对齿坯的加工。齿条插刀的顶部比传动用的齿条高出 $c^* m$，以便切出传动时的径向间隙部分。在加工标准齿轮时，应使轮坯沿径向进给至刀具中线与轮坯分度圆相切并保持纯滚动，这样加工成的齿轮，分度圆齿厚与分度圆槽宽相等，且模数和压力角与刀具的模数和压力角相同。

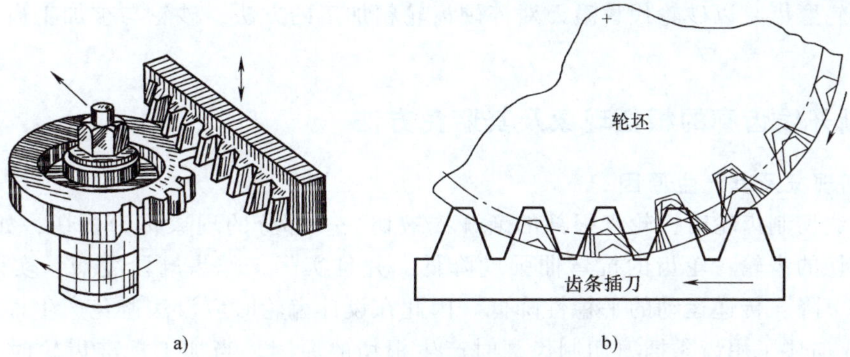

图 7.18 用齿条插刀加工齿轮

(2) 滚齿　图 7.19 所示为用齿轮滚刀在滚齿机上加工齿轮。滚刀的外形类似沿纵向开了沟槽的螺旋，其轴向截面齿形与齿条插刀相同，滚刀绕其轴线的转动相当于齿条的移动。因此，滚齿加工的切削过程是连续的，生产率比使用插刀加工高，故这种加工方法应用最为广泛。

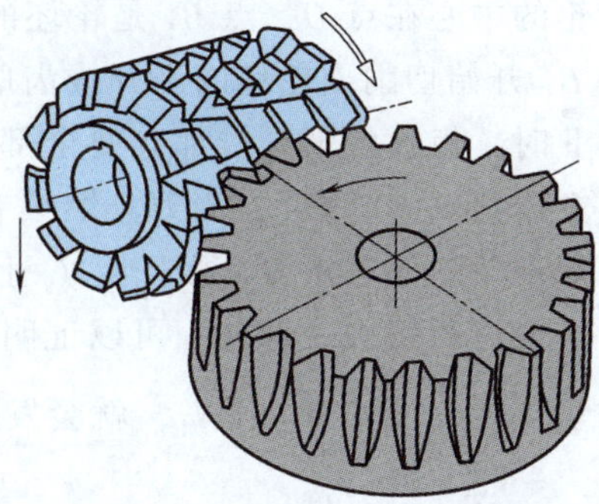

图 7.19 用齿轮滚刀加工齿轮

齿轮滚刀除转动外，还沿轮坯的轴向作进给运动，以便切出整个齿宽。在加工齿轮时，为了使滚刀齿螺旋线方向与被切轮齿方向一致，安装时，应使滚刀轴线与轮坯端面倾斜一个其值等于滚刀导程角的角度。

(3) 剃齿　图 7.20 所示为用剃齿刀在剃齿机上加工齿轮。剃齿是齿轮精加工的一种方法，剃齿刀相当于齿面上开了很多刃的斜齿轮。它带动被加工齿轮相对转动，如同交错轴齿轮啮合，靠齿面上的相对滑动，剃齿刀切去齿面上很薄的一层金属，完成齿轮的精加工，通过剃齿机溜板的调整保证齿轮的齿向加工正确。剃齿精度受剃前齿加工的精度限制。

剃齿生产效率较高，适用于滚齿、插齿后的软齿面精加工。

(4) 磨齿　展成磨齿包括锥形砂轮磨齿、碟形砂轮磨齿、大平面砂轮磨齿和蜗杆砂轮磨齿等，其中，目前常用的为蜗杆砂轮磨齿。

蜗杆砂轮磨齿中，机床的运动关系与滚齿相同，如图 7.21 所示，砂轮和被加工齿轮按一定的速比转动，在齿轮的端截面上磨出整圈的齿，砂轮沿齿槽方向进给，磨出全齿宽的

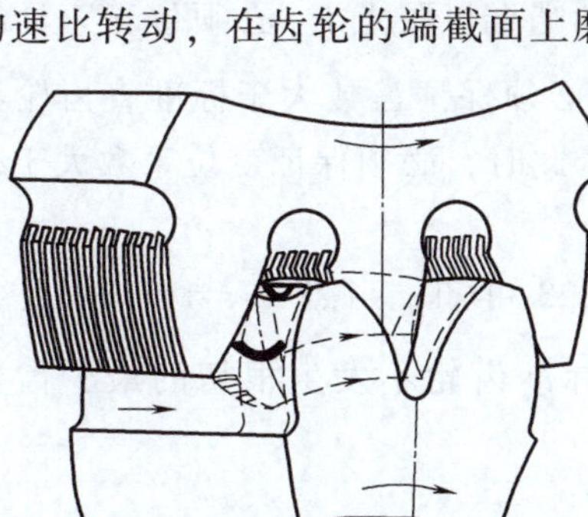

图 7.20 用剃齿刀加工齿轮

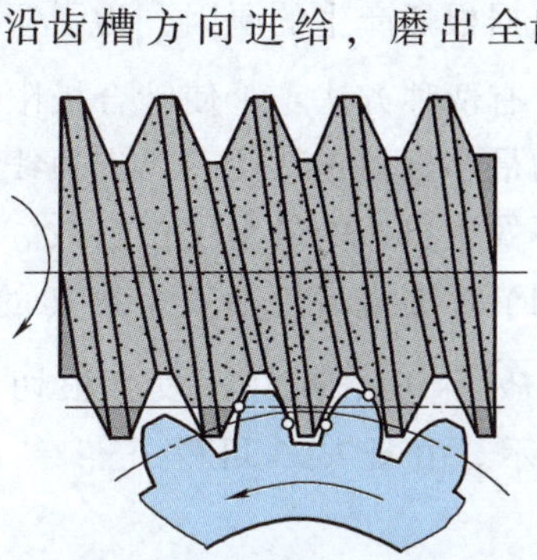

图 7.21 用蜗杆砂轮加工齿轮

齿。蜗杆砂轮磨齿是以砂轮代替滚刀对淬硬齿轮精加工的方法，砂轮与被加工齿轮的磨削接触为点接触。

7.5.2 渐开线齿廓的根切现象及其避免方法

1. 根切现象及其产生原因

用展成法切制齿轮时，轮齿根部的渐开线被切去一部分的现象称为根切，如图 7.22 所示。严重根切的齿轮，轮齿的抗弯曲强度降低，并且实际工作齿廓段变短，实际啮合线缩短，重合度下降，传递运动的平稳性降低。因此在设计齿轮时应设法避免产生根切。

图 7.23 描述了用齿条插刀切制齿廓时产生根切的原因。当加工标准齿轮时，刀具中线必须与被加工齿轮的分度圆相切。刀具切制齿廓的过程与齿轮齿条啮合过程类似。设被加工齿轮的中心在点 O，点 B_1 是轮坯的齿顶圆与啮合线的交点，当刀具处于位置Ⅰ时，刀刃从点 B_1 开始切削出轮坯的渐开线齿廓。随着刀具的右移和轮坯的逆时针转动，当刀具处于位置Ⅱ时，齿廓的渐开线部分便全部切出。若刀具的齿顶线与啮合线的交点 $B_刀$ 位于点 N_1 的下方或与点 N_1 重合，当刀具继续右移时，刀刃将与已切制出的渐开线齿廓脱离，不会产生根切现象。但若点 $B_刀$ 位于点 N_1 上方，则刀具将会把被加工齿轮的齿根部分已经切制好的渐开线齿廓切去一部分。可以证明，只要齿条刀具的齿顶线超过被加工齿轮的基圆与啮合线的切点 N_1，即 $\overline{PB_刀}>\overline{PN_1}$，就会发生根切现象。

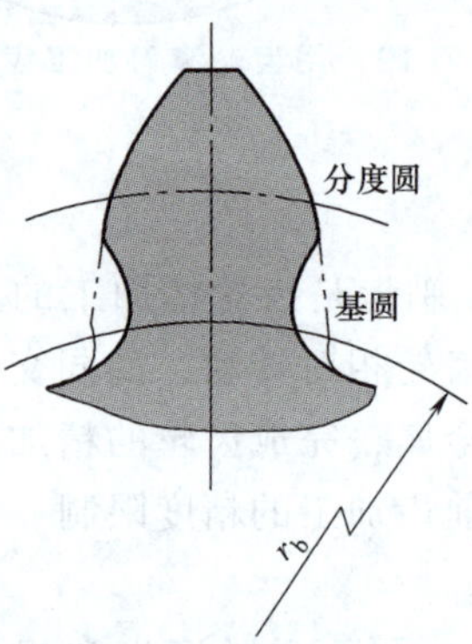

图 7.22 齿轮的根切

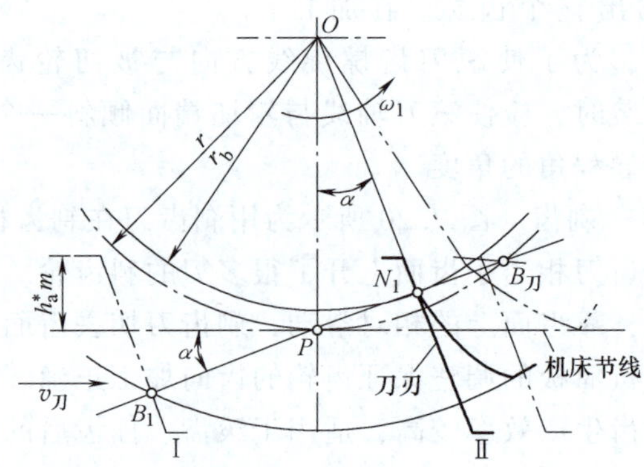

图 7.23 根切的产生

2. 避免根切的方法

依据根切产生的原因，为了避免产生根切现象，则啮合极限点 N_1 必须位于刀具齿顶线之上。有两种方法：①使啮合极限点 N_1 上移，此时，必须保证齿数大于标准直齿轮不发生根切的最小齿数；②使刀具齿顶线下移，即变位修正，此时，必须保证变位系数大于标准直齿轮不发生根切的最小变位系数。

(1) 标准直齿轮不发生根切的最小齿数　由图 7.23 可知，当点 N_1 与点 $B_刀$ 重合（即 $\overline{PB_刀}=\overline{PN_1}$）时，刚好不发生根切，此时的齿数称为标准齿轮不发生根切的最少齿数，用 z_{min} 表示。由图 7.23 可得

$$\overline{PB_刀}=\frac{h_a{}^* m}{\sin\alpha}$$

$$\overline{PN_1}=r\sin\alpha=\frac{mz}{2}\sin\alpha$$

将以上两式代入 $\overline{PB_{刀}}=\overline{PN_1}$，可得

$$z_{\min}=\frac{2h_a^*}{\sin^2\alpha} \tag{7.35}$$

当 $h_a^*=1$，$\alpha=20°$时，$z_{\min}=17$。

(2) 标准直齿轮不发生根切的最小变位系数　当加工齿数小于 17 的齿轮时，可将齿条刀具由标准位置相对于齿坯中心向外移出一段距离 xm，从而使刀具的齿顶线不超过点 N_1，进而避免根切。这种用改变刀具与齿坯的相对位置来切削齿轮的方法，称为变位修正法。采用变位修正法加工的齿轮称为变位齿轮，刀具移动的距离 xm 称为变位量，其中 x 为变位系数。

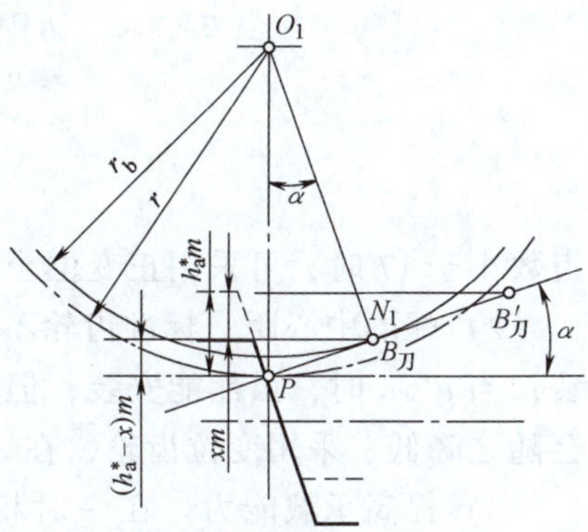

图 7.24　最小变位系数

采用变位修正法避免根切时，使刀具齿顶线通过点 N_1 的刀具变位系数，称为最小变位系数，用 $x_{\min}$ 表示。如图 7.24 所示，当变位系数为 x 时，$\overline{PB_{刀}}$ 可表达为

$$\overline{PB_{刀}}=\frac{(h_a^*-x)m}{\sin\alpha} \tag{7.36}$$

根据不发生根切的几何条件 $\overline{PB_{刀}}\leqslant\overline{PN_1}$，得到

$$x\geqslant h_a^*-\frac{z}{2}\sin^2\alpha \tag{7.37}$$

则不发生根切的最小变位系数为

$$x_{\min}=h_a^*-\frac{z}{2}\sin^2\alpha \tag{7.38}$$

当 $h_a^*=1$，$\alpha=20°$时，

$$x_{\min}=\frac{17-z}{17} \tag{7.39}$$

7.5.3　变位齿轮的概念和变位齿轮的几何尺寸

1. 变位及变位齿轮

采用变位修正法加工齿轮时，刀具的分度线与齿轮轮坯的分度圆不再相切，这样加工出来的齿轮由于 $s\neq e$，故已不再是标准齿轮，称为变位齿轮。将刀具中线远离轮坯回转中心 O 移动一段距离 xm，称为正变位，加工出来的齿轮称为正变位齿轮，$xm>0$，$x>0$，如图 7.25a 所示；将刀具中线靠近轮坯回转中心 O 移动一段距离 xm，则称为负变位，加工出来的齿轮称为负变位齿轮，$xm<0$，$x<0$，如图 7.25b 所示。

标准齿轮的设计简单、互换性好，但随着现代机器的使用条件越来越多样化、复杂化，变位齿轮也得到了广泛的应用。变位齿轮的应用主要表现在以下几个方面。

1）避免轮齿根切。为了使齿轮传动的结构紧凑，应尽量减少小齿轮的齿数，当齿轮的

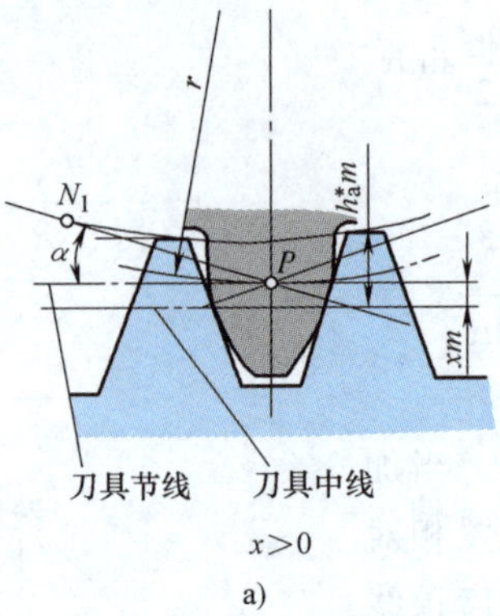

图 7.25 加工变位齿轮

齿数小于 17 时，可采用正变位予以避免根切。

2）配凑中心距。标准齿轮不适用于中心距 $a'\neq a$ 的场合，因为当 $a'<a$ 时，齿轮无法安装；当 $a'>a$ 时，虽然能安装，但会产生过大的齿侧间隙，影响传动的平稳性，且重合度也会随之降低。采用变位齿轮，在 $a'\neq a$ 时，依然能实现无侧隙啮合。

3）提高承载能力。在一对相互啮合的标准齿轮传动中，由于小齿轮参与啮合的次数多，且齿廓渐开线的曲率半径较小，齿根厚度也较薄，所以小齿轮的弯曲强度较低，从而影响到整个齿轮传动的承载能力。将小齿轮设计成正变位齿轮，能使齿根厚度加大，使大小齿轮的弯曲强度接近；小齿轮的曲率半径加大，提高接触强度；若两齿轮的变位系数选取合适，还可以降低滑动速度系数，提高齿轮的耐磨损和抗胶合能力。

4）修复旧齿轮。齿轮传动中，一般小齿轮磨损严重，大齿轮磨损较轻。利用负变位可以修复磨损较轻的大齿轮，重新配制一个正变位的小齿轮，可以节省一个大齿轮的材料及制造费用，同时改善其传动性能。

*2. 变位齿轮的几何尺寸计算

在模数、齿数和分度圆压力角相同的条件下，变位齿轮与标准齿轮使用了同一条渐开线的不同部分，如图 7.26 所示。因此，变位齿轮与标准齿轮相比较，除了基圆和分度圆直径不变外，齿顶高、齿根高、齿厚、槽宽、齿顶圆以及齿根圆的直径都将发生变化。同时，在变位齿轮传动中，两轮的中心距、节圆直径、啮合线长度和啮合角也将随之发生变化。

（1）分度圆齿厚和槽宽 图 7.27 所示为用标准齿条型刀具加工正变位齿轮的情况，刀具中线远离轮坯中心方向移动的距离为 xm。从图中可以看出，刀具节线上的槽宽比刀具中线上的槽宽大 $2xm\tan\alpha$，而刀具节线上的齿厚比刀具中线上的齿厚小 $2xm\tan\alpha$。由于用展成法加工齿轮的过程相当于齿轮齿条作无齿侧间隙的啮合传动，被加工齿轮的分度圆与刀具节

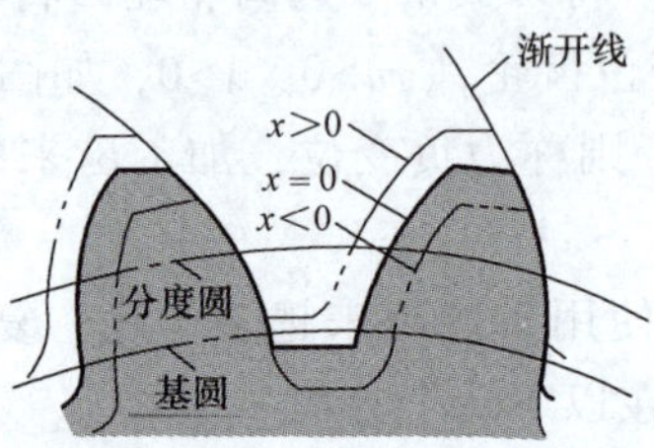

图 7.26 标准齿轮与变位齿轮齿廓的关系

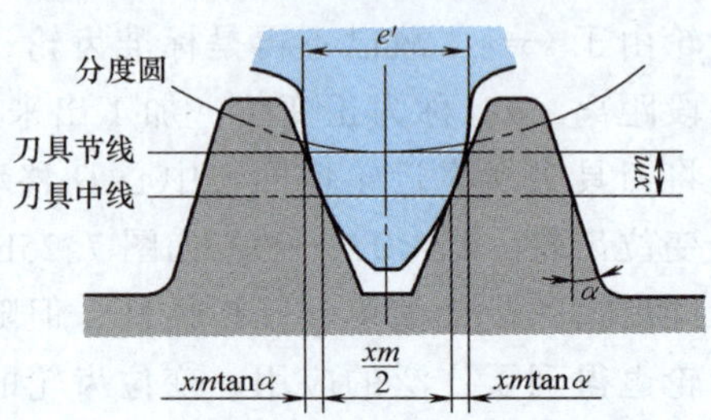

图 7.27 变位齿轮分度圆上的齿厚变化

线作纯滚动，因此，被加工齿轮分度圆上的齿厚 s 应等于刀具节线上的槽宽 $e'_{刀}$，被加工齿轮分度圆上的槽宽 e 应等于刀具节线上的齿厚 $s'_{刀}$，即

$$s=\left(\frac{\pi}{2}+2x\tan\alpha\right)m \tag{7.40}$$

$$e=\left(\frac{\pi}{2}-2x\tan\alpha\right)m \tag{7.41}$$

对于负变位齿轮，将变位系数用负值代入以上两式，同样可以计算其分度圆上的齿厚和槽宽。

(2) 任意圆上的齿厚　在图 7.28 中，r、α、s 分别为分度圆的半径、压力角和齿厚，半径为 r_K 的任意圆 K 上的压力角和齿厚分别为 α_K 和 s_K，齿厚 s_K 所对应的中心角为 φ_K，渐开线在分度圆和 K 处的展角分别为 θ 和 θ_K。圆 K 上的齿厚为

$$s_K=r_K\varphi_K \tag{7.42}$$

由图可知

$$\varphi_K=\frac{s}{r}-2(\theta_K-\theta) \tag{7.43}$$

将 φ_K 代入上式，得到

$$s_K=s\frac{r_K}{r}-2r_K(\mathrm{inv}\alpha_K-\mathrm{inv}\alpha) \tag{7.44}$$

式中，对于标准齿轮，分度圆齿厚 $s=\pi m/2$；对于变位齿轮，$s=\pi m/2+2xm\tan\alpha$。

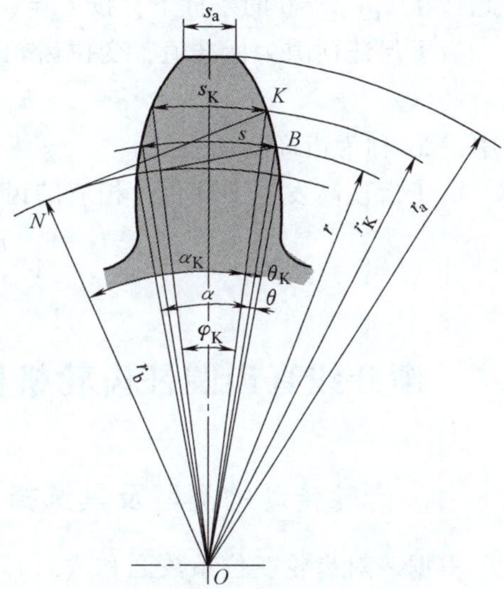

图 7.28　任意圆上的齿厚

(3) 无侧隙啮合方程　变位齿轮传动中心距的确定也应满足无侧隙啮合要求。要满足无侧隙啮合，则要求其中一个齿轮在节圆上的齿厚应等于另一个齿轮在节圆上的齿槽宽，由此条件即可推出

$$\mathrm{inv}\alpha'=\frac{2(x_1+x_2)}{z_1+z_2}\tan\alpha+\mathrm{inv}\alpha \tag{7.45}$$

式中，z_1、z_2 分别为两齿轮的齿数；α 为压力角；α'为啮合角；x_1、x_2 分别为两齿轮的变位数。式 (7.45) 为无侧隙啮合方程。

无侧隙啮合方程反映了一对相啮合齿轮的变位系数之和 (x_1+x_2) 与啮合角 α'之间的关系。其表明，如果两齿轮变位系数之和 (x_1+x_2) 不等于零，则其啮合角 α'不等于分度圆压力角 α，两齿轮的实际中心距 a'也不等于标准中心距 a。

(4) 中心距变动系数　变位齿轮的实际中心距 a'与标准中心距 a 的差值用 ym 表示，即

$$ym=a'-a \tag{7.46}$$

式中，y 称为中心距变动系数。

(5) 齿高变动系数　加工变位齿轮时，刀具中线与节线分离，移动了 xm，故变位齿轮的齿根高为

$$h_f=(h_a{}^*+c^*-x)m \tag{7.47}$$

由于变位齿轮的齿根高发生了变化，若要保持全齿高不变，则齿顶高应为 $h_a=(h_a{}^*+c^*)m$，此时，齿轮 1 的齿根圆与齿轮 2 的齿顶圆之间的顶隙为

$$c=a'-r_{f1}-r_{a2}=a'-(r_1-h_{f1})-(r_2+h_{a2})$$
$$=a'-(r_1+r_2)+(h_{f1}-h_{a2})=a'-a+(h_a^*+c^*-x_1)m-(h_a^*+x_2)m$$
$$=c^*m-(x_1+x_2-y)m \tag{7.48}$$

令

$$\Delta y=x_1+x_2-y \tag{7.49}$$

可以证明，当 $x_1+x_2=0$ 时，$\alpha'=\alpha$，$x_1+x_2-y=0$；只要 $x_1+x_2\neq 0$，就必有 $x_1+x_2-y>0$。因此，在 $x_1+x_2\neq 0$ 的条件下，按 $h_a=(h_a^*+c^*)m$ 设计齿顶高和齿顶圆，顶隙都要减小。

为了保证顶隙为标准值，变位齿轮的齿顶高应减小 Δym，齿顶高为

$$h_a=(h_a^*+x-\Delta y)m \tag{7.50}$$

式中，Δy 称为齿高变动系数。

由于齿顶高发生了变化，相应的齿顶圆半径应为

$$r_a=\frac{mz}{2}+(h_a^*+x-\Delta y)m \tag{7.51}$$

7.6 渐开线直齿圆柱齿轮机构设计

7.6.1 齿轮传动的类型及其选择

根据一对齿轮变位系数之和（x_1+x_2）是等于零、大于零还是小于零，渐开线直齿圆柱齿轮传动可以分为三种类型。

1. 零传动

两个齿轮的变位系数之和等于零（$x_1+x_2=0$）的传动称为零传动。零传动又分为标准齿轮传动和高度变位齿轮传动。

（1）标准齿轮传动 $x_1=x_2=0$ 的传动称为标准齿轮传动。当两标准齿轮作无侧隙啮合传动时，啮合角等于分度圆压力角，节圆与分度圆重合，中心距等于两轮分度圆半径之和。为了避免根切，两轮齿数必须满足 $z_1\geqslant z_{min}$ 和 $z_2\geqslant z_{min}$ 的条件。

标准齿轮机构具有几何尺寸计算简单、重合度较大、不会发生过渡曲线干涉、齿顶厚较大和具有互换性等优点而得到广泛应用。但是标准齿轮机构具有下列局限性。

1）用展成法加工齿轮时，齿数受到不发生根切条件的限制，因而限制了齿轮结构尺寸的减小和重量的减轻。

2）抗弯能力较弱。一对互相啮合的标准齿轮，小齿轮齿根厚度较小，成为弯曲强度的薄弱环节；且小齿轮齿根部相对滑动速度大，啮合频率又比较高，容易磨损，限制了一对齿轮的承载能力和寿命。

3）不适用于实际中心距 a' 不等于标准中心距 a 的场合。当 $a'<a$ 时，无法安装；当 $a'>a$ 时，会产生较大的齿侧间隙，减小重合度，影响传动的平稳性。

（2）高度变位齿轮传动 $x_1=-x_2\neq 0$ 的传动称为高度变位齿轮传动。由式（7.45）可知，$\alpha'=\alpha$，$a'=a$，即啮合角等于分度圆压力角，节圆与分度圆重合。由式（7.46）可知，$y=0$，$\Delta y=0$，即全齿高没有变化，但每个齿轮的齿顶高和齿根高均发生了改变，它们分别为

$$h_{ai}=(h_a^*+x_i)m$$

$$h_{fi}=(h_a^*+c^*-x_i)m \quad (i=1,2) \tag{7.52}$$

因此这种齿轮传动称为高度变位齿轮传动。又由于两个齿轮的变位量绝对值相等，所以又称为等变位齿轮传动。

两轮齿数都不发生根切必须满足的条件为

$$z_1 \geqslant \frac{2(h_a^*-x_1)}{\sin^2\alpha}, z_2 \geqslant \frac{2(h_a^*-x_2)}{\sin^2\alpha} \tag{7.53}$$

两式相加，并注意到 $x_1+x_2=0$，所以

$$z_1+z_2 \geqslant \frac{4h_a^*}{\sin^2\alpha} \tag{7.54}$$

当 $h_a^*=1$，$\alpha=20°$时，有

$$z_1+z_2 \geqslant 2z_{\min}=34 \tag{7.55}$$

在一对高度变位齿轮传动中，小齿轮应采用正变位，大齿轮采用负变位。

与标准齿轮传动相比，高度变位齿轮传动具有以下优点：

1）可以减小机构尺寸。因为小齿轮采用正变位，z_1 可以小于 $z_{\min}$ 而不产生根切，在传动比不变的情况下，大齿轮齿数 z_2 可以相应减少，从而减小了机构尺寸。

2）提高弯曲强度。小齿轮采用正变位可以增大其齿根厚度，大齿轮采用负变位则减小了其齿根厚度，可以使大、小齿轮的抗弯曲能力接近，从而提高了齿轮传动的承载能力。

3）改善齿根磨损情况。由于小齿轮正变位，增大了齿顶圆半径；大齿轮负变位，齿顶圆半径有所减小，使得实际啮合线 B_2B_1 向远离点 N_1 的方向移动一段距离，从而减轻了小齿轮根部的齿面磨损。

由以上分析可知，与标准齿轮传动相比，高度变位齿轮传动具有较多的优点，特别是当传动比 $i>3$，大、小齿轮的尺寸相差很大时，其优点更为突出。因此，在中心距为标准中心距的情况下，应该优先考虑采用高度变位齿轮传动，以改善传动性能。但是，小齿轮正变位，齿顶容易变尖，实际啮合线位置的移动使重合度略有下降。因此，在采用高度变位齿轮传动时，需要对 s_{a1} 和 ε_α 进行校核。

2. 正传动

$x_1+x_2>0$ 的齿轮传动称为正传动。由式（7.45）和式（7.46）可知，$\alpha'>\alpha$、$a'>a$、$y>0$ 以及 $\Delta y>0$。这表明节圆和分度圆不再重合，且两轮的全齿高均比标准齿轮降低了 Δym。由于啮合角有了变化，这种传动属于角度变位齿轮传动。

正传动与标准齿轮传动、高度变位齿轮传动相比，具有以下优点：

1）由于 $x_1+x_2>0$，两轮齿数不受 $z_1+z_2\geqslant 2z_{\min}$ 的限制，齿轮机构可以设计得更紧凑。

2）弯曲强度更高。由于两轮都可以正变位，使两轮的齿根厚度均增加，抗弯能力有了更大的提高。

3）提高了接触强度。在法向力的作用下，轮齿齿面产生接触应力。两轮节圆处的曲率半径越大，则越有利于降低接触应力。正传动时节圆增大，节圆处的曲率半径也相应增大，降低了齿廓接触应力，提高了接触强度。

4）在改善齿轮的磨损方面更加有利。由于中心距增大，啮合角变大，实际啮合线 B_2B_1

更加远离点 N_1，进一步减轻了两轮齿根部的磨损。

5）适当选择两轮的变位系数 x_1 和 x_2，在保证无齿侧间隙啮合传动的情况下，可以配凑给定的中心距。

但是，由于正传动 $\alpha'>\alpha$，所以实际啮合线将会缩短，重合度会有所下降，齿顶也易变尖。因此在采用正传动时，需要对 ε_α 和 s_a 进行校核。

3. 负传动

$x_1+x_2<0$ 的齿轮传动称为负传动。由于 $x_1+x_2<0$，所以 $\alpha'<\alpha$、$a'<a$、$y<0$ 以及 $\Delta y>0$。负传动也属于角度变位传动。负传动的缺点较多，通常只是在 $a'<a$ 的情况下用于配凑中心距。此外，与其他传动相比，负传动的重合度会略有增加。但是，由于 $x_1+x_2<0$，所以两轮的齿数之和必须大于 $2z_{min}$。

从以上介绍的各种齿轮传动的特点可以看出，正传动的优点较多、传动质量较高，所以在一般情况下，应多采用正传动；负传动的缺点较多，除了用于配凑中心距，一般情况下尽量不用；在传动中心距等于标准中心距时，为了提高传动质量，可以用等变位齿轮传动代替标准齿轮传动。

7.6.2 齿轮机构的几何设计

齿轮机构的几何设计步骤与其使用目的有关，一般有四种主要情况：避免根切、提高强度、配凑中心距，轮齿修形。

1. 避免根切的设计

减少小齿轮的齿数，则大齿轮的齿数减少得更多，使得机构的结构紧凑。这在大传动比的传动中特别有意义。在这种情况下，为了避免根切，可以采用零传动中的高度变位传动或正传动。其主要设计步骤如下：

1）选择齿数。

2）根据式（7.38）计算最小变位系数，选择两轮的变位系数 x_1 和 x_2。

3）根据表 7.5，计算齿轮机构的几何尺寸。

4）核验重合度 ε_α 和正变位齿轮的齿顶圆齿厚 s_a，以保证 $\varepsilon_\alpha \geqslant [\varepsilon_\alpha]$，$s_a \geqslant (0.2\sim0.4)m$。

2. 提高强度的设计

所有用于传递动力的齿轮，应尽可能地使用变位齿轮，以提高齿轮的强度和耐磨性。齿轮传动的使用条件不同，其发生的破坏形式也不同。设计齿轮传动时，应首先明确是从提高弯曲强度、接触强度还是耐磨性出发，进行设计。出发点不同，变位系数的选择也不同。在变位系数确定之后，其余设计步骤与避免根切的设计相同。

3. 配凑中心距的设计

按照给定的中心距进行设计时，应根据实际中心距选择传动类型。应尽可能选用正传动，但有时采用负传动也在所难免。设计时，通常先根据给定的中心距，用式（7.27）计算出啮合角 α'，再用式（7.45）计算出（x_1+x_2），然后综合考虑避免根切和改善强度分配两轮的变位系数。其余设计步骤与避免根切的设计相同。

4. 轮齿修形设计

在一对齿的啮合过程中，由于参与啮合的齿轮对数变化引起了啮合刚度变化，在极短的时间内，啮合刚度急剧变化将引起严重的激振。为使啮合刚度变化较为和缓，减小由于基节误差和受载变形所引起的啮入和啮出冲击，或为了改善齿面润滑状态防止胶合发生，而把原来的渐开线齿廓在齿顶或接近齿根圆角的部位修去一部分，使该处的齿廓不再是渐开线形状，这种措施就是所谓的轮齿修形。

在高速重载齿轮传动中，轮齿修形对于降低冲击载荷、减小振动噪声十分有效。

按修形部位的不同，轮齿修形可分为齿廓修形和齿向修形。

齿廓修形，即微量修整齿廓，使其偏离理论齿廓。齿廓修形包括修缘、修根和挖根等，如图 7.29 所示。修缘是对齿顶附近的齿廓修形，通过修缘可以减轻轮齿的冲击、振动和噪声，减小动载荷，改善齿面的润滑状态，减缓或防止胶合破坏。修根是对齿根附近的齿廓修形，其作用与修缘基本相同，但修根会削弱齿根弯曲强度。挖根是对轮齿的齿根过渡曲面进行修整，经淬火和渗碳的硬齿面齿轮，在热处理后需要磨齿，为避免齿根部磨削烧伤和保持残余压应力的有利作用，齿根部不应磨削，为此在切制时可进行挖根。此外，通过挖根可增大齿根过渡曲线的曲率半径，以减小齿根圆角处的应力集中。

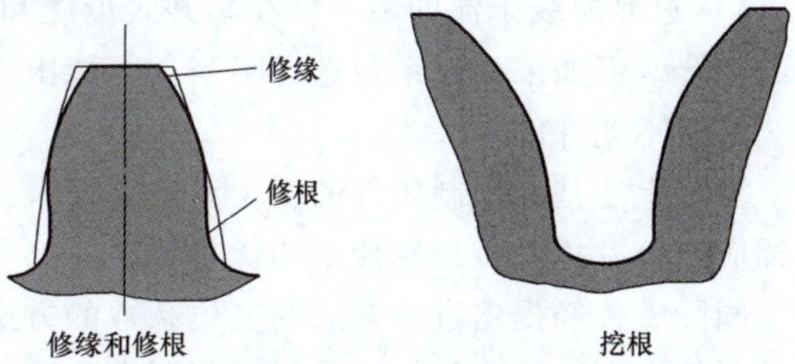

图 7.29 齿廓修形

齿向修形，即沿齿线方向微量修整齿面，可以改善载荷沿轮齿接触线的不均匀分布，提高齿轮承载能力。齿向修形的方法主要有齿端修薄、螺旋角修整、鼓形修整和曲面修整等，如图 7.30 所示。齿端修薄是对轮齿的一端或两端在一小段齿宽上将齿厚向端部逐渐削薄，其方法简单，但修整效果较差。螺旋角修整是微量改变齿向或螺旋角 β 的大小，其效果比齿端修薄好，但由于改变的角度很小，因此不能在齿向各处都有显著效果。鼓形修整是采用齿向修形使轮齿在齿宽中央鼓起，一般两边呈对称形状，其虽然可以改善轮齿接触线上载荷的不均匀分布，但是由于齿的两端载荷分布并非完全相同，误差也不完全按鼓形分布，因此修形效果也不理想。曲面修整是按实际偏载误差并考虑实际偏载误差、热变形等进行齿向修形，修整后齿面呈凹凸相连的曲面，曲面修整效果较好，是较理想的修形方法，但其计算比较麻烦，工艺也比较复杂。

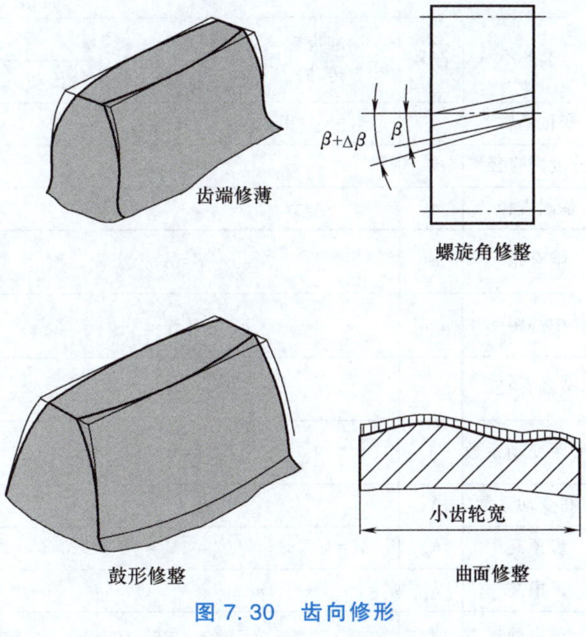

图 7.30 齿向修形

7.6.3 变位系数的选择

在齿轮机构的运动设计中，变位系数的选择十分重要，它直接影响到齿轮传动的性能。只有恰当地选择变位系数，才能充分发挥变位齿轮传动的优点。变位系数的选择是一个很复杂的问题，受到一系列的限制，在外啮合齿轮传动中，必须满足的基本限制条件有：

1）根切的限制。变位系数应大于或至少等于不发生根切的最小变位系数。

2）重合度的限制。除去负传动，其他变位齿轮传动都会使重合度下降，重合度应大于或等于许用重合度。

3）齿顶厚度的限制。正变位时会导致齿顶变尖，一般要求齿顶厚 $s_a \geqslant (0.2 \sim 0.4)m$。

4）过渡曲线干涉的限制。在渐开线齿廓和齿根圆之间是一段过渡曲线，过渡曲线不应参与啮合。但如果变位系数选择不当，可能出现过渡曲线进入啮合的情况，称为过渡曲线干涉，这是不允许的。

满足上述基本限制条件的变位系数有很多，在给出的变位系数许用范围内，变位系数的选择应充分发挥变位齿轮传动的优越性。

国际上曾经提出过很多选择变位系数的方法，但目前比较科学、完整、方便和实用的方法是封闭图方法。这种方法是针对不同齿数组合的一对齿轮，分别作出相应的封闭图，根据设计所提出的具体要求，参照封闭图中各条啮合特性曲线，就可以选择出符合设计要求的变位系数。关于变位系数选择的详细讨论，可参阅相关专著，此处不再赘述。

表 7.5 外啮合直齿圆柱齿轮机构的几何尺寸计算公式

基本参数		z_1、z_2、x_1、x_2 m、α、h_a^*、c^*—取标准值		
名称	符号	标准齿轮传动	变位齿轮传动：高度变位齿轮传动	变位齿轮传动：正传动和负传动
变位系数	x	$x_1=x_2=0$	$x_1=-x_2$	$x_1+x_2\neq 0$
分度圆直径	d	$d=mz$		
基圆直径	d_b	$d_b=mz\cos\alpha$		
啮合角	α'	$\alpha'=\alpha$		$\mathrm{inv}\alpha'=\dfrac{2(x_1+x_2)}{z_1+z_2}\tan\alpha+\mathrm{inv}\alpha$
中心距	a、a'	$a=\dfrac{m}{2}(z_1+z_2)$		$a'=a\dfrac{\cos\alpha}{\cos\alpha'}$
节圆直径	d'	$d'=d$		$d'=d\dfrac{\cos\alpha}{\cos\alpha'}$
中心距变动系数	y	$y=0$		$y=\dfrac{a'-a}{m}=\dfrac{z_1+z_2}{2}\left(\dfrac{\cos\alpha}{\cos\alpha'}-1\right)$
齿高变动系数	Δy	$\Delta y=0$		$\Delta y=x_1+x_2-y$
齿顶高	h_a	$h_a=h_a^*m$	$h_a=(h_a^*+x)m$	$h_a=(h_a^*+x-\Delta y)m$
齿根高	h_f	$h_f=(h_a^*+c^*)m$	$h_f=(h_a^*+c^*-x)m$	
全齿高	h	$h=(2h_a^*+c^*)m$		$h=(2h_a^*+c^*-\Delta y)m$
齿顶圆直径	d_a	$d_a=d+2h_a$		
齿根圆直径	d_f	$d_f=d-2h_f$		
重合度	ε_α	$\varepsilon_\alpha=\dfrac{\overline{B_1B_2}}{p_b}=\dfrac{1}{2\pi}[z_1(\tan\alpha_{a1}-\tan\alpha')+z_2(\tan\alpha_{a2}-\tan\alpha')]$		
分度圆齿厚	s	$s=\dfrac{\pi m}{2}$	$s=\dfrac{\pi m}{2}+2xm\tan\alpha$	
齿顶厚	s_a	$s_a=s\dfrac{r_a}{r}-2r_a(\mathrm{inv}\alpha_a-\mathrm{inv}\alpha)$		

7.7 斜齿圆柱齿轮机构

对于直齿圆柱齿轮而言，由于其轮齿的方向与齿轮轴线平行，在所有垂直于齿轮轴线的平面内情形完全相同，所以只需要研究其一个端面的情况就代表了整个齿轮的情况。由于轮齿有一定宽度，因此，在端面上的点和线实际上代表齿轮上的线和面，基圆、分度圆等每个圆都代表着一个圆柱。

图 7.31a 所示为渐开线直齿圆柱齿轮齿面的形成过程。当发生面 S 在基圆柱上作纯滚动时，发生面上一条与基圆柱母线平行的直线 KK 在空间所形成的渐开线曲面，就是直齿圆柱齿轮的齿廓曲面，称为渐开面。所以，一对直齿圆柱齿轮在啮合时，两轮齿廓曲面的瞬时接触线是与其轴线平行的直线，如图 7-31c 所示。因此在啮合过程中，一对轮齿将沿整个齿宽同时进入啮合和脱离啮合，轮齿上所受载荷必然是突然加上和卸掉的，加之其重合度有限（通常 $\varepsilon_\alpha<2$），故直齿圆柱齿轮机构的传动平稳性较差，容易产生冲击、振动和噪声，不适合高速传动。

为了克服上述缺点，在工程中常常可以选用斜齿圆柱齿轮机构。

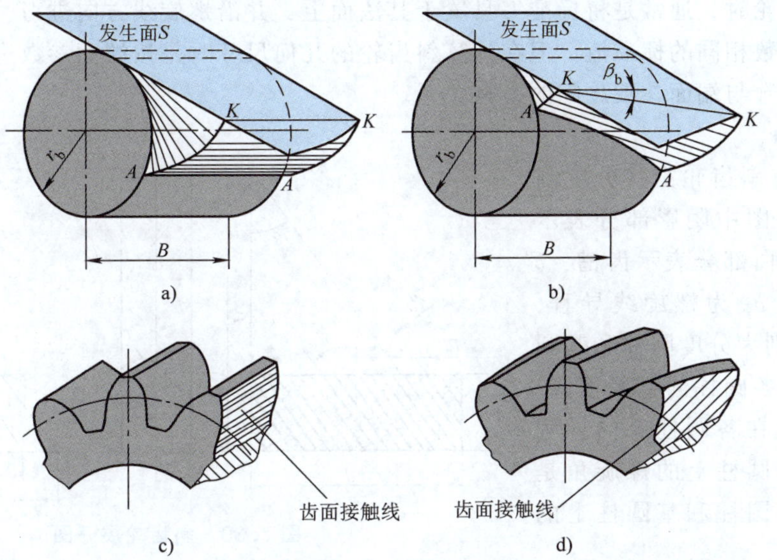

图 7.31 渐开线直齿圆柱齿轮与斜齿圆柱齿轮齿面的形成及齿面接触线

a）直齿轮齿廓曲面的形成 b）斜齿轮齿廓曲面的形成

c）直齿轮齿面瞬时接触线 d）斜齿轮齿面瞬时接触线

7.7.1 斜齿圆柱齿轮齿廓曲面的形成

图 7.31b 所示为渐开线斜齿圆柱齿轮齿面的形成过程。当发生面 S 在基圆柱上作纯滚动时，发生面上一条与基圆柱母线成 β_b 角的直线 KK 在空间形成的曲面，就是斜齿圆柱齿轮的齿廓曲面，称为渐开螺旋面。渐开螺旋面在齿顶圆以内的部分，就是斜齿圆柱齿轮的齿廓曲面。渐开螺旋面在每一个端面内都是一条渐开线。β_b 称为斜齿圆柱齿轮基圆柱上的螺旋角，当 $\beta_b=0$ 时，斜齿轮就变成了直齿轮。因此，可以认为直齿圆柱齿轮是斜齿圆柱齿轮的

一个特例。

图 7.32 所示为一对平行轴斜齿圆柱齿轮的啮合情况。从图中可以看出，斜齿轮在啮合的每一瞬时，两个齿廓曲面的接触线都是与齿轮轴线成 β_b 的斜直线。轮齿从齿的一角进入啮合，然后接触线由短变长，又逐渐变短，最后从轮齿的另一角脱离啮合。因此，轮齿上所受载荷是逐渐加上和卸掉的。此外，由于斜齿轮的轮齿呈螺旋形，一对轮齿的啮合过程较长，重合度较大，故斜齿圆柱齿轮机构传动平稳，承载能力大，冲击、振动和噪声较小，在高速、大功率的传动中获得了广泛应用。

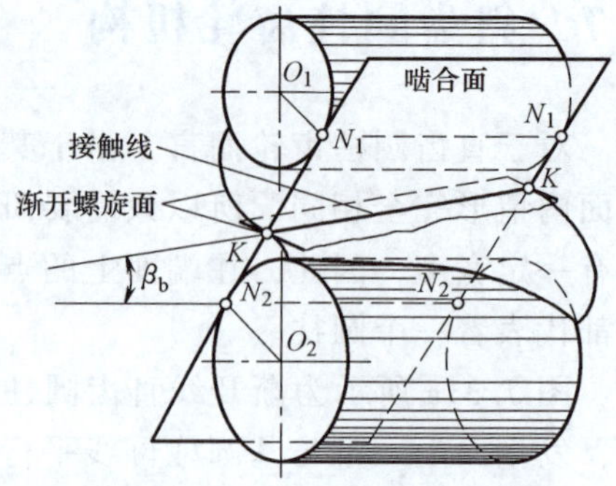

图 7.32 一对平行轴斜齿圆柱齿轮的啮合情况

7.7.2 斜齿圆柱齿轮的基本参数

在斜齿轮上，垂直于齿轮轴线的平面称为端面，垂直于轮齿方向的截面称为法面，这两个平面内的轮齿齿形是不同的。斜齿轮的端面参数和法向参数分别用下标 t 和 n 表示。

加工斜齿轮时，通常是将标准刀具置于其法面上，并沿螺旋线方向进刀，因此其法向参数为与刀具参数相同的标准值。但在计算斜齿轮的几何尺寸时是按端面参数进行的，因此必须建立法向参数与端面参数之间的换算关系。

1. 螺旋角

图 7.33 是斜齿轮沿其分度圆柱的展开图，图中阴影部分表示轮齿截面，空白部分表示齿槽，b 为齿轮宽度，p_s 为螺旋线导程，πd 和 πd_b 分别为分度圆柱和基圆柱周长。由于各圆柱的直径不同，而渐开螺旋面在各圆柱上的导程相同，因此各圆柱上的螺旋角是不同的。分度圆柱和基圆柱上的螺旋角分别为

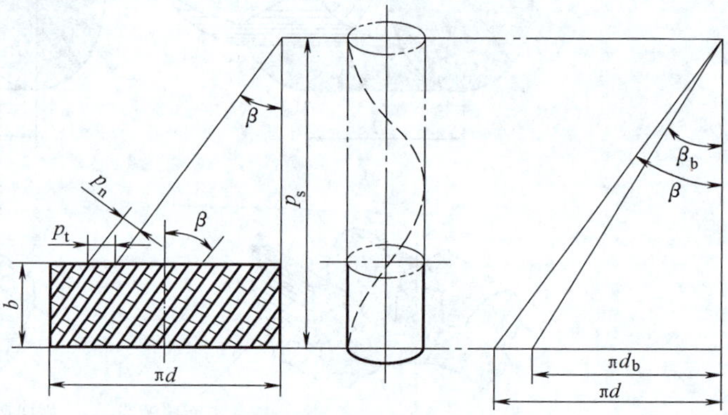

图 7.33 斜齿轮展开图

$$\tan\beta = \frac{\pi d}{p_s} \tag{7.56}$$

$$\tan\beta_b = \frac{\pi d_b}{p_s} \tag{7.57}$$

因为 $d_b = d\cos\alpha$，所以有

$$\tan\beta_b = \tan\beta\cos\alpha_t \tag{7.58}$$

式中，α_t 为斜齿轮的端面压力角。

2. 模数

由图 7.31 可以得到斜齿轮法向齿距 p_n 和端面齿距 p_t 的关系为

$$p_n = p_t\cos\beta \tag{7.59}$$

考虑到 $p_n=\pi m_n$，$p_t=\pi m_t$，因此法向模数 m_n（标准值）与端面模数 m_t 的关系为

$$m_n=m_t\cos\beta \tag{7.60}$$

3. 压力角

现以如图 7.34 所示的斜齿条来说明法向压力角和端面压力角的关系。图中，$\triangle ABB'$ 和 $\triangle ACC'$ 分别位于端面和法面上，从几何关系可以导出法向压力角 α_n（标准值）和端面压力角 α_t 的关系为

$$\tan\alpha_n=\tan\alpha_t\cos\beta \tag{7.61}$$

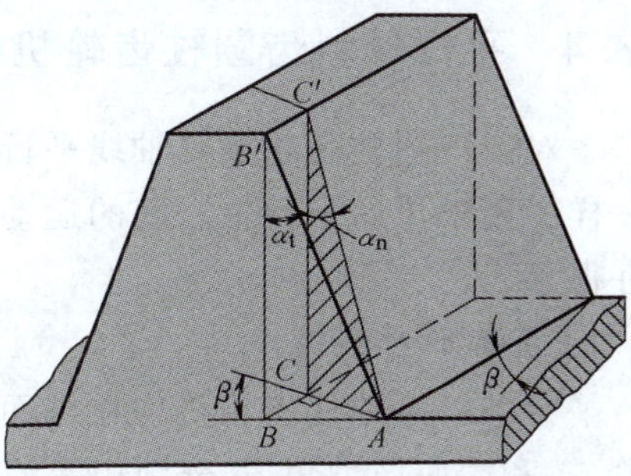

图 7.34 法向压力角与端面压力角的关系

4. 齿顶高系数和顶隙系数

无论在法面还是端面，轮齿的齿顶高和顶隙都是相同的，因此

$$h_a=h^*_{an}m_n=h^*_{at}m_t \tag{7.62}$$

$$c=c^*_n m_n=c^*_t m_t \tag{7.63}$$

考虑到式（7.60），可以得出法向齿顶高系数及顶隙系数 h^*_{an}、c^*_n（均为标准值）和端面齿顶高系数及顶隙系数 h^*_{at}、c^*_t的关系为

$$\begin{cases} h^*_{at}=h^*_{an}\cos\beta \\ c^*_t=c^*_n\cos\beta \end{cases} \tag{7.64}$$

斜齿轮端面上各部分尺寸关系和直齿轮各部分尺寸关系完全相同，因此，斜齿轮的几何尺寸计算可仿照直齿轮进行，只要把端面参数代入直齿轮的几何尺寸计算公式，就可以得到斜齿轮的几何尺寸计算公式。斜齿圆柱齿轮的几何尺寸计算见表 7.6。

7.7.3 斜齿圆柱齿轮的当量齿数

用成形法加工斜齿轮或对其进行弯曲强度校核时，需要知道它的法向齿形。为了便于分析计算，需要找出一个与斜齿轮法向齿形相当的直齿轮的渐开线齿形近似替代。这个虚拟的直齿圆柱齿轮称为斜齿圆柱齿轮的当量齿轮，该齿轮的模数和压力角分别与斜齿轮的法向模数和法向压力角相等，其齿数称为斜齿轮的当量齿数。

如图 7.35 所示，在实际齿数为 z 的斜齿轮的分度圆柱面上，过螺旋线上任意点 P，作此螺旋线的法向截面，此截面与分度圆柱面的交线为一椭圆。点 P 附近的齿形可近似地作为斜齿轮的法向齿形，椭圆在点 P 的曲率半径为

$$\rho=\frac{a^2}{b}=\frac{d}{2\cos^2\beta} \tag{7.65}$$

以 ρ 为当量齿轮的分度圆半径 r_v，以斜齿轮的法向模数 m_n 和法向压力角 α_n 作为当量齿轮的模数和压力角，其当量齿数为

$$z_v=\frac{2\pi\rho}{\pi m_n}=\frac{d}{m_n\cos^2\beta}=\frac{m_t z}{m_n\cos^2\beta}=\frac{z}{\cos^3\beta} \tag{7.66}$$

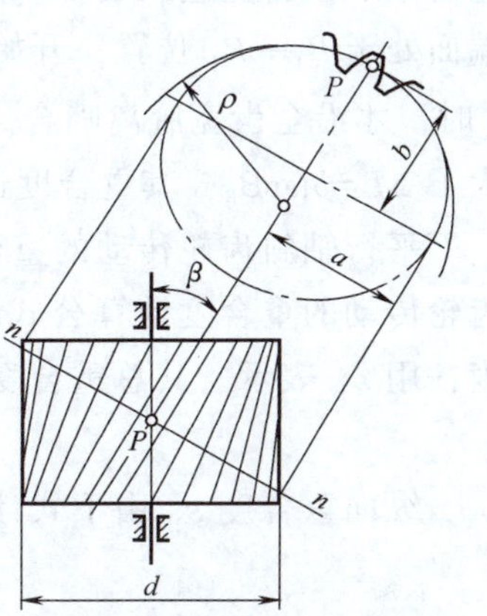

图 7.35 斜齿轮的当量齿数

正常齿制的标准斜齿圆柱齿轮不发生根切的最少齿数

$z_{\min}$，可由其当量直齿轮的最少齿数 $z_{v\min}$ 进行计算，即

$$z_{\min}=z_{v\min}\cos^3\beta \tag{7.67}$$

7.7.4 平行轴斜齿圆柱齿轮机构的啮合传动

一对斜齿圆柱齿轮按其轴线平行安装，即组成平行轴斜齿圆柱齿轮机构。它与直齿轮机构一样，用于传递平行轴之间的运动和动力，但平行轴斜齿轮传动比直齿轮传动的啮合性能要好得多。

1. 正确啮合条件

平行轴斜齿圆柱齿轮机构在端面内的啮合相当于一对直齿轮的啮合，所以应当满足端面模数 m_t 和端面压力角 α_t 分别相等的条件。另外，两轮啮合处轮齿的倾斜方向必须一致。外啮合时两轮的螺旋角方向相反，即 $\beta_1=-\beta_2$；内啮合时两轮的螺旋角方向相同，即 $\beta_1=\beta_2$。

由于相互啮合的两轮的螺旋角大小相等，所以法向模数 m_n 和法向压力角 α_n 也应分别相等。因此，一对平行轴斜齿圆柱齿轮的正确啮合条件为

$$\begin{cases} m_{n1}=m_{n2}=m_n \quad 或 \quad m_{t1}=m_{t2}=m_t \\ \alpha_{n1}=\alpha_{n2}=\alpha_n \quad 或 \quad \alpha_{t1}=\alpha_{t2}=\alpha_t \\ \beta_1=-\beta_2(外啮合) \quad \beta_1=\beta_2(内啮合) \end{cases} \tag{7.68}$$

2. 连续传动条件

图 7.36 中绘出了一对端面尺寸相同的直齿轮传动和斜齿轮传动的啮合面。图中，直线 B_2—B_2 表示一对轮齿开始进入啮合时的位置，直线 B_1—B_1 表示一对轮齿开始脱离啮合时的位置。

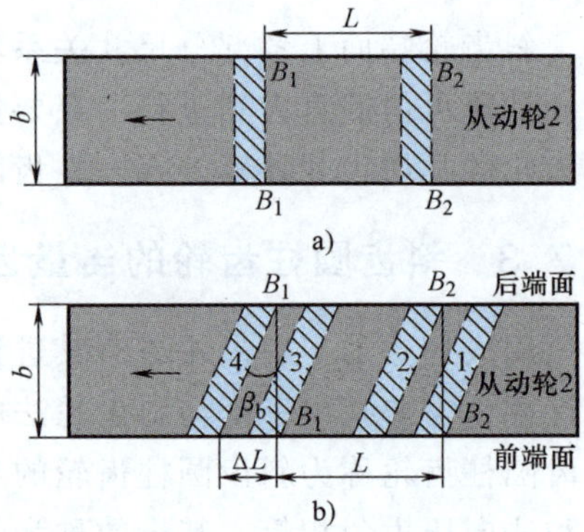

图 7.36 直齿轮与斜齿轮传动的重合度

a) 直齿轮 b) 斜齿轮

对于直齿轮传动（图 7.36a），轮齿沿整个齿宽 b 在 B_2—B_2 处进入啮合，到 B_1—B_1 处脱离啮合，B_2—B_2 与 B_1—B_1 之间为轮齿啮合区。

对于平行轴斜齿轮传动（图 7.36b），轮齿在位置 1 时，前端面处于 B_2—B_2 位置，此时，只有轮齿的前端面开始进入啮合。随着齿轮转动，直至到达位置 2 时，轮齿才沿全齿宽进入啮合。当到达位置 3 时，轮齿的前端面处于 B_1—B_1 位置，开始脱离啮合，直至到达位置 4 时，才沿全齿宽脱离啮合。因此，平行轴斜齿轮传动一对齿的实际啮合区比直齿轮传动增大了 $\Delta L=b\tan\beta_b$，其重合度也就比直齿轮传动大。

平行轴斜齿轮传动的重合度分为两部分，一部分为端面重合度，用 ε_α 表示，可以用直齿轮传动的重合度计算公式求得。另一部分是由于轮齿倾斜增加的重合度，称为纵向重合度，用 ε_β 表示。其总重合度为

$$\varepsilon_\gamma=\varepsilon_\alpha+\varepsilon_\beta \tag{7.69}$$

纵向重合度 ε_β 由下式计算

$$\varepsilon_\beta=\frac{\Delta L}{p_{bt}}=\frac{b\tan\beta_b}{\pi m_t\cos\alpha_t}=\frac{b\sin\beta}{\pi m_n} \tag{7.70}$$

纵向重合度 ε_β 随齿宽 b 和螺旋角 β 的增大而增大，所以斜齿轮传动的重合度比直齿轮传动的重合度大得多。

斜齿圆柱齿轮机构连续传动的条件为总重合度 $\varepsilon_\gamma \geqslant 1$。

7.7.5　斜齿圆柱齿轮机构的特点

与直齿圆柱齿轮机构相比较，斜齿轮机构的优点是：

1）啮合性能好。平行轴斜齿轮的齿廓接触线是斜直线，轮齿进入啮合和脱离啮合都是逐渐变化的，故传动平稳、噪声小，适用于高速传动。

2）重合度较大，承载能力高。

3）标准斜齿轮不发生根切的最少齿数比直齿轮少，可以获得尺寸更为紧凑的齿轮机构。

4）斜齿圆柱齿轮的制造成本与直齿圆柱齿轮相同。

斜齿轮机构的主要缺点是：由于存在螺旋角 β，因此在传动过程中会产生如图 7.37a 所示的轴向分力 F_a，对传动不利。F_a 随螺旋角 β 的增大而增大，为既能充分发挥平行轴斜齿轮传动的优点，由不致使轴向力过大，对一般的斜齿轮，螺旋角 $\beta=8°\sim25°$。若要消除轴向分力，可采用人字齿轮（图 7.37b）。人字齿轮的螺旋角 β 可取 25°~40°，常用 30°。但人字齿轮的制造比较复杂成本较高，主要用于重型机械中。

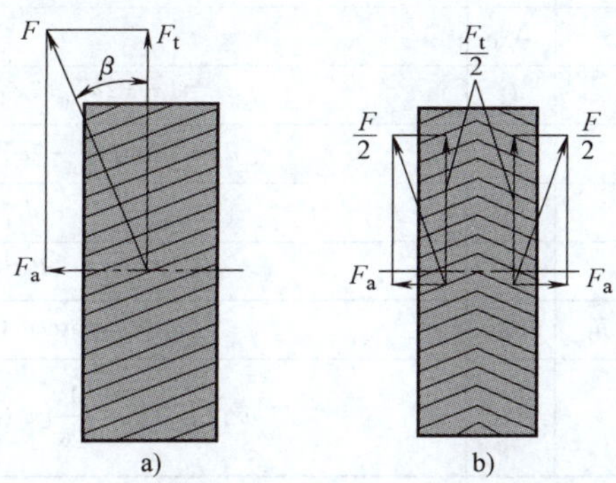

图 7.37　斜齿轮和人字齿轮的轴向力

a）斜齿轮　b）人字齿轮

表 7.6 列出了外啮合平行轴斜齿圆柱齿轮机构的几何尺寸计算公式，可供设计时查用。

表 7.6　外啮合平行轴斜齿圆柱齿轮机构的几何尺寸计算公式

基本参数		z_1、z_2 m_n、α_n、h^*_{an}、c^*_n—取标准值，与直齿轮相同 β_1、β_2—$\beta_1=-\beta_2$，一般取 8°~15° x_{n1}、x_{n2}—根据当量齿数选取
名称	符号	公式
端面模数	m_t	$m_t=m_n/\cos\beta$
分度圆直径	d	$d=m_t z=m_n z/\cos\beta$
端面分度圆压力角	α_t	$\tan\alpha_t=\tan\alpha_n/\cos\beta$
端面齿顶高系数	h^*_{at}	$h^*_{at}=h^*_{an}\cos\beta$
端面顶隙系数	c^*_t	$c^*_t=c^*_n\cos\beta$
当量齿数	z_v	$z_{v1}=z_1/\cos\beta$，$z_{v2}=z_2/\cos\beta$
端面最少齿数	z_{tmin}	$z_{tmin}=2h^*_{at}/\sin^2\alpha_t$
端面变位系数	x_t	$x_{t1}=x_{n1}\cos\beta$，$x_{t2}=x_{n2}\cos\beta$
端面啮合角	α'_t	$\mathrm{inv}\alpha'_t=\dfrac{2(x_{t1}+x_{t2})}{z_1+z_2}\tan\alpha_t+\mathrm{inv}\alpha_t$

（续）

基本参数		z_1、z_2 m_n、α_n、h^*_{an}、c^*_n—取标准值，与直齿轮相同 β_1、β_2—$\beta_1=-\beta_2$，一般取 8°～15° x_{n1}、x_{n2}—根据当量齿数选取
名称	符号	公式
分度圆直径	d	$d_1=m_t z_1$，$d_2=m_t z_2$
标准齿轮中心距	a	$a=\dfrac{d_1+d_2}{2}=\dfrac{m_n}{2\cos\beta}(z_1+z_2)$
实际中心距	a'	$a'=a\dfrac{\cos\alpha_t}{\cos\alpha_t'}$
中心距变动系数	y_t	$y_t=(a'-a)/m_t$
齿高变动系数	Δy_t	$\Delta y_t=x_{t1}+x_{t2}-y_t$
齿顶圆直径	d_a	$d_{a1}=(z_1+2h^*_{at}+2x_{t1}-\Delta y_t)m_t$，$d_{a2}=(z_2+2h^*_{at}+2x_{t_2}-\Delta y_t)m_t$
齿根圆直径	d_f	$d_{f1}=(z_1-2h^*_{at}-2c^*_t+2x_{t1})m_t$，$d_{f2}=(z_2-2h^*_{at}-2c^*_t+2x_{t2})m_t$
基圆直径	d_b	$d_{b1}=d_1\cos\alpha_t$，$d_{b2}=d_2\cos\alpha_t$
节圆直径	d'	$d_1'=d_{b1}/\cos\alpha_t$，$d_2'=d_{b2}/\cos\alpha_t$
端面齿顶圆压力角	α_{at}	$\alpha_{at1}=\arccos(d_{b1}/d_{a1})$，$\alpha_{at2}=\arccos(d_{b2}/d_{a2})$
重合度	ε_γ	$\varepsilon_\gamma=\varepsilon_\alpha+\varepsilon_\beta=\dfrac{1}{2\pi}[z_1(\tan\alpha_{t1}-\tan\alpha')+z_2(\tan\alpha_{t2}-\tan\alpha')]+\dfrac{b\sin\beta}{\pi m_n}$

7.8 锥齿轮机构

锥齿轮机构用于传递空间两相交轴之间的运动和动力，其轮齿分布在截圆锥体上，齿从大端到小端逐渐变小，如图 7.38 所示。由于这一特点，对应于圆柱齿轮中的各有关圆柱在此处均变成圆锥，如分度圆锥、齿顶圆锥、齿根圆锥、基圆锥等。一对锥齿轮机构相当于一对节圆锥作纯滚动。锥齿轮的大、小端参数不同，为方便计算和测量，国家标准规定取大端参数为标准值。

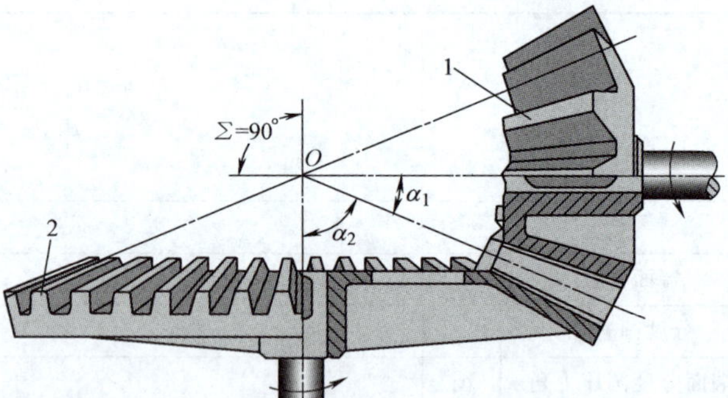

图 7.38 直齿锥齿轮机构

一对锥齿轮两轴线间的夹角 Σ 称为轴角，其值可根据传动需要任意选取，一般机械中多采用 Σ= 90°。锥齿轮的轮齿有直齿、斜齿、曲齿等多种形式，其中，直齿锥齿轮机构由于设计、制造比较简单，应用最为广泛。本节仅介绍直齿锥齿轮机构。

7.8.1 直齿锥齿轮齿廓的形成

直齿锥齿轮齿廓曲面的形成如图 7.39 所示，一个圆平面 S 与一个基圆锥切于直线 OC，

圆平面的半径 R 与基圆锥的锥距 R 相等，且圆心 O 与锥顶重合。当该圆平面 S 绕基圆锥作纯滚动时，该平面上的任意一点 B 将在空间展出一条球面渐开线 AB。直齿锥齿轮的齿廓曲面就是由以锥顶 O 为球心，半径不同的球面渐开线组成。

由于球面渐开线不能展开成平面曲线，这就给设计、制造带来不便，为此，人们采用一种近似的方法来处理这一问题。

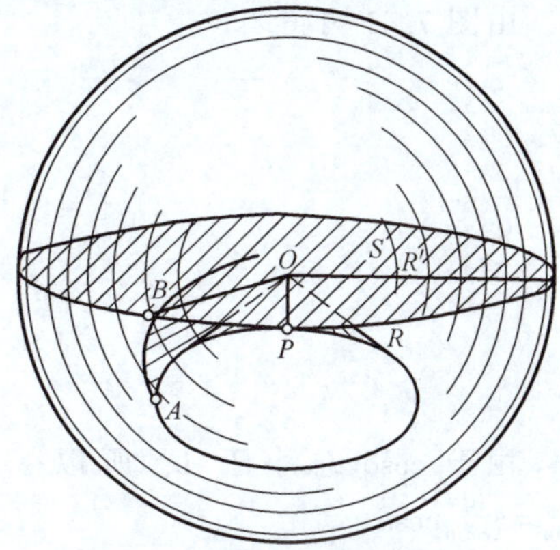

图 7.39 直齿锥齿轮齿廓的形成

7.8.2 背锥与当量齿轮

图 7.40 所示为一标准直齿锥齿轮的轴向半剖面图。OAB 为分度圆锥，$\overset{\frown}{eA}$ 和 $\overset{\frown}{fA}$ 为轮齿在球面上的齿顶高和齿根高，过 A 点作直线 $AO_1 \perp AO$，点 O_1 在圆锥的轴线上。以 AO_1 为母线，O_1O 为轴线作一圆锥 O_1AB，该圆锥称为直齿锥齿轮的背锥。背锥与球面相切于锥齿轮大端分度圆上。延长 Oe 和 Of，分别与背锥母线相交于点 e' 和 f'。从图中可以看出，在点 A 和点 B 附近，背锥面与球面非常接近。因此，可以用背锥上的齿形近似地代替直齿锥齿轮大端球面上的齿形。由于背锥可展开成平面，这就给直齿锥齿轮的设计和制造带来了方便。

图 7.41 所示为一对锥齿轮的轴向剖面图，OAP 和 OBP 为其分度圆锥，O_1AP 和 O_2BP 为其背锥。将两个锥齿轮的背锥展开，得到两个扇形齿轮，其模数，压力角、齿顶高和齿根高分别等于锥齿轮大端的模数，压力角、齿顶高和齿根高，两扇形齿轮的齿数为锥齿轮的实际齿数 z_1 和 z_2，其分度圆半径 r_{v1} 和 r_{v2} 就是背锥的锥距 O_1A 和 O_2B。将两扇形齿轮补足成完整的直齿圆柱齿轮，则齿数由 z_1、z_2 增加为 z_{v1}、z_{v2}。这两个虚拟的直齿圆柱齿轮称为这一对锥齿轮的当量齿轮，其齿数 z_{v1} 和 z_{v2} 称为锥齿轮的当量齿数。

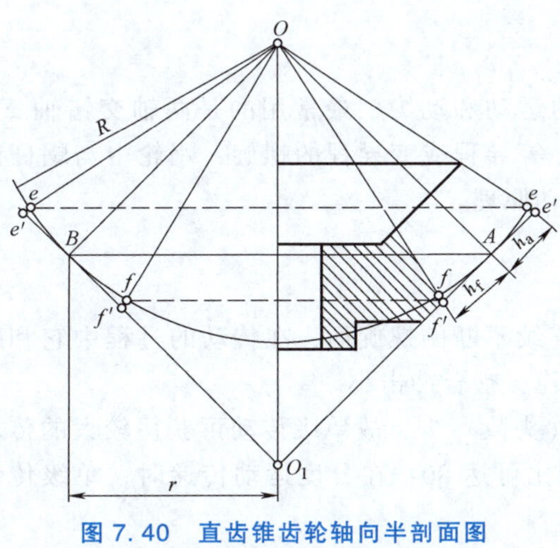

图 7.40 直齿锥齿轮轴向半剖面图

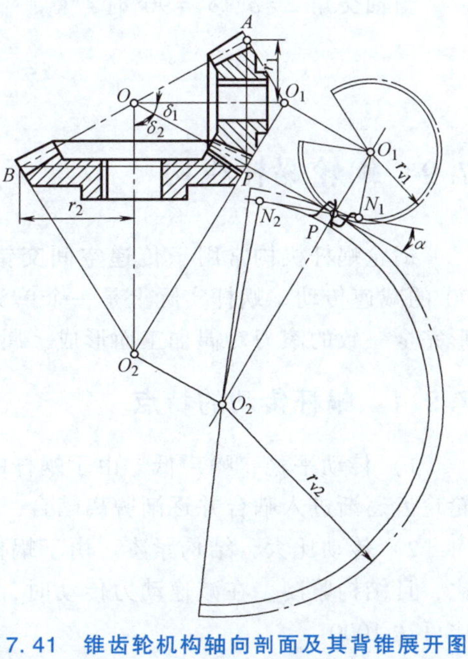

图 7.41 锥齿轮机构轴向剖面及其背锥展开图

由图 7.41 可得

$$r_v=\frac{r}{\cos\delta}=\frac{mz}{2\cos\delta} \tag{7.71}$$

$$r_v=\frac{1}{2}mz_v \tag{7.72}$$

故

$$z_v=\frac{z}{\cos\delta} \tag{7.73}$$

由于 $\cos\delta$ 总小于 1，所以 z_v 总大于 z。直齿锥齿轮不产生根切的最小齿数为 $z_{min}=z_{vmin}\cos\delta$。

7.8.3 直齿锥齿轮的啮合传动

1. 正确啮合条件

一对直齿锥齿轮的啮合传动相当于其当量齿轮的啮合传动，其正确啮合条件为两轮大端的模数 m 及压力角 α 应分别相等。另外，两轮的锥距应相等，锥顶应重合。

2. 连续传动条件

直齿锥齿轮机构连续传动的条件为重合度大于 1。重合度按其当量直齿圆柱齿轮机构的重合度计算。

3. 传动比

由图 7.41 可知，两轮大端的分度圆半径分别为 $r_1=\overline{OP}\sin\delta_1$，$r_2=\overline{OP}\sin\delta_2$，则两轮的传动比为

$$i=\frac{\omega_1}{\omega_2}=\frac{z_2}{z_1}=\frac{r_2}{r_1}=\frac{\sin\delta_2}{\sin\delta_1} \tag{7.74}$$

当轴交角 $\Sigma=\delta_1+\delta_2=90°$时，有

$$i=\frac{\omega_1}{\omega_2}=\frac{z_2}{z_1}=\cot\delta_1=\tan\delta_2 \tag{7.75}$$

7.9 蜗轮蜗杆机构

蜗轮蜗杆机构常用于传递空间交错轴之间的运动和动力，最常用的是两轴交错轴 $\Sigma=90°$的减速传动。蜗杆实际上是一个单头或多头、等导程或变导程的螺旋，蜗轮由与蜗杆齿形完全一致的滚刀对偶加工而形成，属于斜面传动原理。

7.9.1 蜗杆传动的特点

1）传动平稳，噪声低。由于蜗杆的齿面为连续不断的螺旋面，在传动的过程中它和蜗轮轮齿逐渐进入啮合并逐渐脱离啮合，故传动平稳，啮合冲击小。

2）传动比大，结构紧凑。由于蜗杆的齿数（头数）少，故单级传动可获得较大的传动比，且结构紧凑。在减速动力传动时，单级传动比可达 80；在分度运动传递时，单级传动比可达 1000。

3）具有自锁性。当蜗杆的导程角小于共轭齿面间的当量摩擦角时，蜗杆传动反行程便具有自锁性。在此情况下，只能蜗杆带动蜗轮，而不能由蜗轮带动蜗杆。在起重设备中，常用具有自锁性的蜗轮蜗杆机构，以增强机械的安全性。

4）传动效率较低、材料成本高。由于蜗轮蜗杆啮合齿面间的相对滑动速度较大，故摩擦磨损大，传动效率较低，发热量大，易胶合，所以常用减磨耐磨性能好的贵金属来制造蜗轮，成本较高。

5）采用对偶加工原理加工。由于蜗杆传动是交错轴之间的传动，要使其共轭齿面之间为线接触，必须采用对偶加工法展成蜗轮的轮齿。否则，两共轭齿面只能为点接触。

7.9.2 蜗杆传动的类型

蜗轮蜗杆机构按蜗杆的形状可分为圆柱蜗杆传动机构、环面蜗杆传动机构和锥蜗杆传动机构三大类，如图 7.42 所示。

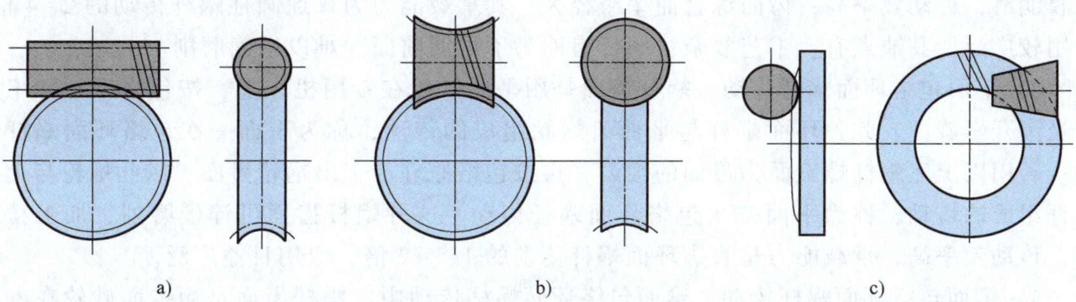

图 7.42 蜗杆传动的类型

a）圆柱蜗杆传动 b）环面蜗杆传动 c）锥蜗杆传动

1. 圆柱蜗杆传动

按齿廓曲线的不同，圆柱蜗杆传动可分为以下五种：

1）阿基米德蜗杆（ZA 蜗杆）。蜗杆的齿面为阿基米德螺旋面，在轴向剖面上具有直线齿廓，端面齿廓为阿基米德螺旋线。加工时，车刀刀刃平面通过蜗杆轴线，车削简单。但当导程角大时，加工不便，且难于磨削，不易保证加工精度。一般用于低速、轻载或不太重要的传动。

2）渐开线蜗杆（ZI 蜗杆）。蜗杆的齿面为渐开线螺旋面，端面齿廓为渐开线。加工时，车刀刀刃平面与基圆相切，可以磨削，易保证加工精度。一般用于蜗杆头数较多、转速较高和较精密的传动。

3）法向直廓蜗杆（ZN 蜗杆）。蜗杆的端面齿廓为延长渐开线，法向齿廓为直线。车削时，车刀刀刃平面置于螺旋线的法面上，加工简单，可用砂轮磨削。常用于多头、精密的传动。

4）锥面包络蜗杆（ZK 蜗杆）。蜗杆的齿面为圆锥面族的包络曲面，在各个剖面上的齿廓都呈曲线。加工时，采用盘形铣刀或砂轮放置在蜗杆齿槽的法向平面内，由刀具锥面包络而成。切削和磨削容易，易获得高精度，目前应用广泛。

5）圆弧齿圆柱蜗杆（ZC 蜗杆）。其齿形分为两种，一种是蜗杆轴向剖面为圆弧齿廓，用圆弧车刀加工，切削时，刀刃平面通过蜗杆轴线；另一种是蜗杆用轴向剖面为圆弧的环面砂轮，装置在蜗杆螺旋线的法面内，由砂轮面包络而成，可获得很高的精度，目前我国正在进行推广。圆弧齿圆柱蜗杆传动在中间平面上的蜗杆齿廓面为凹弧形，与之相配的蜗轮齿廓则为凸弧形，是一种凹凸弧齿廓相啮合的传动，其综合曲率半径大，承载能力高；有利于啮合面间的油膜形成，摩擦小，传动效率高；能磨削，精度高。广泛应用于冶金、矿山、化工、起重运输等机械中。

2. 环面蜗杆传动

环面蜗杆传动的主要特征是蜗杆体是一个以凹圆弧为母线所形成的回转体，蜗杆部分多齿包围蜗轮。环面蜗杆传动一般可分为三大类：直廓环面蜗杆传动、平面包络环面蜗杆传动和锥面包络环面蜗杆传动。

1）直廓环面蜗杆传动。直廓环面蜗杆的齿面由与成形圆相切的母线车刀绕蜗轮中心回转车削形成。其优点有：蜗杆和蜗轮的外形都是环面回转体，可以相互包容，实现多齿接触和双接触线接触，接触面积大；接触线与相对滑动速度方向之间的夹角接近90°，易于形成油膜润滑，传动效率高；齿面综合曲率半径大，其承载能力为普通圆柱蜗杆传动的2~4倍，应用较广泛。其缺点有：工艺复杂；蜗杆齿面为不可展曲面，难以精确磨削。

2）平面包络环面蜗杆传动。蜗杆齿面是用平面砂轮在专用机床上，按包络原理加工的广义渐开螺旋面。此种环面蜗杆与平面齿蜗轮组成的传动，称为平面一次包络环面蜗杆传动。若用以上述蜗杆螺旋面为母面的滚刀，再按包络原理加工出蜗轮齿面，以此蜗轮与上述蜗杆组成的传动，称为平面二次包络环面蜗杆传动。这种蜗杆齿面可淬硬磨削，加工精度高，传动效率高，承载能力是直廓环面蜗杆传动的1.5~2倍，应用日益广泛。

3）锥面包络环面蜗杆传动。锥面包络环面蜗杆传动中，蜗杆齿面是用锥面砂轮在专用机床上，按包络原理加工出螺旋齿面。若用以此螺旋面为母面的滚刀，再按包络原理加工出蜗轮齿面，以此蜗轮与上述的蜗杆所组成的传动，称为锥面二次包络环面蜗杆传动。这种蜗杆齿面可以淬硬磨削，加工精度高，传动效率高。其承载能力与平面二次包络环面蜗杆传动相当，但更适用于多头小传动比。

思考题

7.1 齿轮机构应满足的基本要求是什么？渐开线是怎样形成的？它具有哪些重要性质？渐开线齿轮能否满足齿廓啮合基本定律？为什么？

7.2 节圆与分度圆、压力角与啮合角有何区别？在什么条件下分度圆与节圆重合？在什么条件下压力角与啮合角相等？

7.3 渐开线齿轮正确啮合和连续传动的条件是什么？

7.4 何谓根切现象？根切对齿轮会带来什么影响？标准渐开线直齿圆柱齿轮不产生根切的最小齿数是多少？

习题

7.1 一对渐开线外啮合直齿圆柱齿轮机构，两轮分度圆半径分别为 $r_1=30\text{mm}$，$r_2=54\text{mm}$，$\alpha=20°$，试求：

1）当中心距 $a'=86\text{mm}$ 时，啮合角 α' 等于多少？两个齿轮的节圆半径 r_1' 和 r_2' 各为多少？

2）当中心距改变为 $a'=87\text{mm}$ 时，啮合角 α' 和节圆半径 r_1'、r_2' 又各等于多少？

3）以上两种中心距情况下的两对节圆半径的比值是否相等，为什么？

7.2 已知一对渐开线外啮合标准直齿圆柱齿轮机构，$\alpha=20°$，$h_a^*=1$，$m=4\text{mm}$，$z_1=18$，$z_2=41$。试求两轮的几何尺寸 r，r_b，r_f，r_a 和标准中心距 a，以及重合度 ε_α。

7.3 如图 7.43 所示直齿圆柱齿轮的回轮轮系（z_2 与 $z_{2'}$ 齿轮同轴）中，已知 $z_1=27$，$z_2=60$，$z_{2'}=63$，$z_3=25$，压力角和模数均为 20°和 5mm。试问：这两对齿轮传动是否都采用标准齿轮传动？如不能，则可有几种变位齿轮传动方案？哪种方案较为合理？

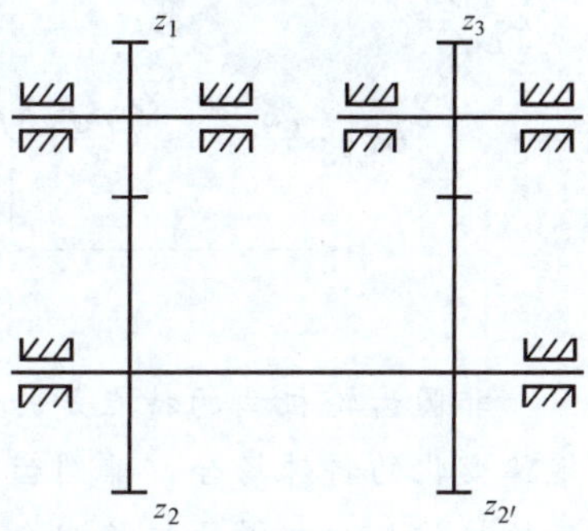

图 7.43

7.4 已知一对外啮合直齿圆柱齿轮传动的 $z_1=10$，$z_2=12$，$h_a^*=1$，$c^*=0.25$，$\alpha=20°$，$m=10\text{mm}$。求使两个齿轮不产生根切的最小变位系数。并就以此最小变位系数设计这对变位齿轮传动的几何尺寸，再验算其重合度 ε_α 及齿顶厚 s_{a1}、s_{a2}。

7.5 设计一对渐开线标准平行轴外啮合斜齿圆柱齿轮机构，其基本参数为 $z_1=21$，$z_2=51$，$m_n=4\text{mm}$，$\alpha_n=20°$，$h_{an}^*=1$，$c_n^*=0.25$，$\beta=20°$，齿宽 $b=30\text{mm}$。试求：

1）法面齿距 p_n 和端面齿距 p_t。

2）当量齿数 z_{v1} 和 z_{v2}。

3）中心距 a。

4）重合度 $\varepsilon_\gamma=\varepsilon_\alpha+\varepsilon_\beta$。

7.6 一对渐开线标准平行轴外啮合斜齿圆柱齿轮机构，其齿数 $z_1=23$，$z_2=53$，$m_n=6\text{mm}$，$\alpha_n=20°$，$h_{an}^*=1$，$c_n^*=0.25$，$a=236\text{mm}$，$b=25\text{mm}$。试求：

1）分度圆螺旋角 β 和两轮分度圆直径 d_1、d_2。

2）两轮齿顶圆直径 d_{a1}、d_{a2}，齿根圆直径 d_{f1}、d_{f2}，以及基圆直径 d_{b1}、d_{b2}。

3）当量齿数 z_{v1}、z_{v2}。

4）重合度 $\varepsilon_\gamma=\varepsilon_\alpha+\varepsilon_\beta$。

7.7 若将题 7.4 的齿轮传动改为标准斜齿圆柱齿轮传动，并保持其基本尺寸参数（包括分度圆直径）不变，其齿宽 $b=35\text{mm}$。计算这对斜齿圆柱齿轮的几何尺寸，并验算该齿轮传动的重合度和齿轮是否会产生根切。

知识扩展

非圆齿轮传动

非圆齿轮传动是一种瞬时传动比按一定规律变化的齿轮机构。由齿轮啮合原理可知，非圆齿轮副是平面啮合传动，当一对齿轮作变传动比传动时，其节点不是定点。因此，非圆齿轮的节线不是圆，而是两条相互啮合的非圆曲线，如图 7.44 所示。常用的非圆曲线有：椭圆、变性椭圆以及对数螺旋线等。非圆齿轮传动可以实现特殊的运动和函数运算，提高机构的性能，改善机构的运动条件。不同于普通齿轮，非圆齿轮的主要设计目的在于实现变传动比传动、位移振荡等运动要求。

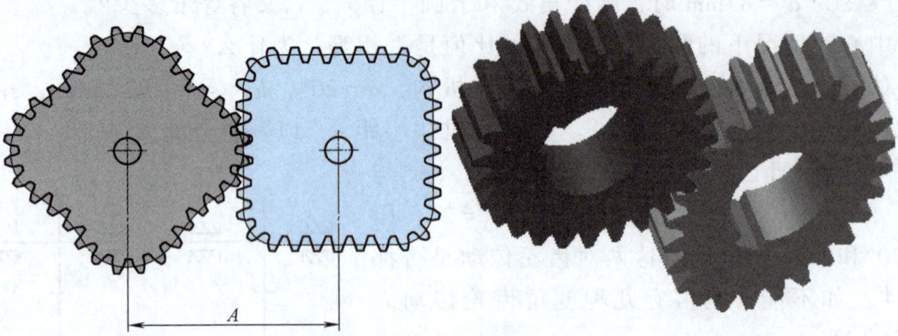

图 7.44 非圆齿轮副

非圆齿轮机构的特点是传动比按一定规律变化，因此常用于从动件输出速度需要按一定规律变化的特殊场合。非圆齿轮与某些机构组合可以实现许多特殊规律的运动。如可将非圆齿轮机构与曲柄滑块机构组合，用于卧式小型压力机，使压力机的空行程时间缩短，而工作时间增长。这不仅将使机构具有急回作用，而且可使其工作行程时的速度比较均匀，从而改善机构的受力状况。又如用于自动车床上的转位机构，利用椭圆齿轮机构的从动轮带动转位槽轮，使槽轮在曲柄速度最高的时候运动，以缩短运动时间，增加停歇时间。即缩短机床加工的辅助时间，而增加机床的工作时间。在另外一些场合，也可使槽轮在曲柄速度最低的时候运动，以降低其加速度和振动。因此，非圆齿轮在轻工业自动机械、机床、仪器仪表以及其他产业机械等诸多行业中得到日益广泛的应用。

非圆齿轮传动早在20世纪初就已出现。当时为了满足特殊传动需求，实现非匀速比传动，在圆柱齿轮的基础上，提出了非圆齿轮的概念，并将其应用于实际。20世纪40到60年代，非圆齿轮传动技术发展比较迅速，曾经掀起一股研究非圆齿轮的热潮。但由于受到当时加工技术水平的限制，非圆齿轮的加工精度及生产效率都不高，影响了其普及和应用。20世纪60到70年代，非圆齿轮的研究一度陷入低谷。20世纪80年代以来，随着计算机技术及数控技术的迅猛发展，非圆齿轮加工制造的限制得以解决，非圆齿轮研究的热潮再度掀起。2000年以来，非圆齿轮传动的研究，由平面啮合传动向空间啮合传动的研究方向发展，如提出了非圆锥齿轮传动、端曲面齿轮传动等。在理论研究方面，20世纪50年代，原苏联李特文编写的《非圆齿轮》专著，对非圆齿轮做了比较系统完整的论述。

国内对非圆齿轮传动的研究起步较晚，1975年李福生等人翻译了《非圆齿轮》一书，该书是国内最早全面、系统地介绍非圆齿轮的著作，对我国非圆齿轮的发展起到了积极的推动作用；1981年李福生等人又编著了《非圆齿轮与特种齿轮传动设计》一书，标志着我国在非圆齿轮啮合理论方面已经迈上了一个新台阶；1996年吴序堂、王贵海编著的《非圆齿轮及非匀速比传动》一书，全面反映了近年来非圆齿轮的研究成果，广泛介绍了非圆齿轮的各种实际应用；2012年姚文席著写的《非圆齿轮设计》一书，论述了非圆齿轮的几何设计、动态设计及强度设计。标志着我国在非圆齿轮传动啮合原理、理论、设计、技术及应用等方面进入了一个新的发展阶段。

第 8 章

轮系及其设计

汽车齿轮传动系统包含变速器和差速器，如图 8.1 所示。

汽车变速器是一套用于协调发动机的转速和车轮的实际行驶速度的变速装置，用于发挥发动机的最佳性能，可以在汽车行驶过程中，在发动机和车轮之间产生不同的变速比，按照前进档数可以分为三档、四档、五档、多档变速器。

汽车差速器是能够使左、右（或前、后）驱动轮以不同转速转动的机构。其主要由左右半轴齿轮、两个行星齿轮及齿轮架组成；其功用是当汽车转弯行驶或在不平路面上行驶时，使左右车轮以不同转速滚动，即保证两侧驱动车轮作纯滚动运动。

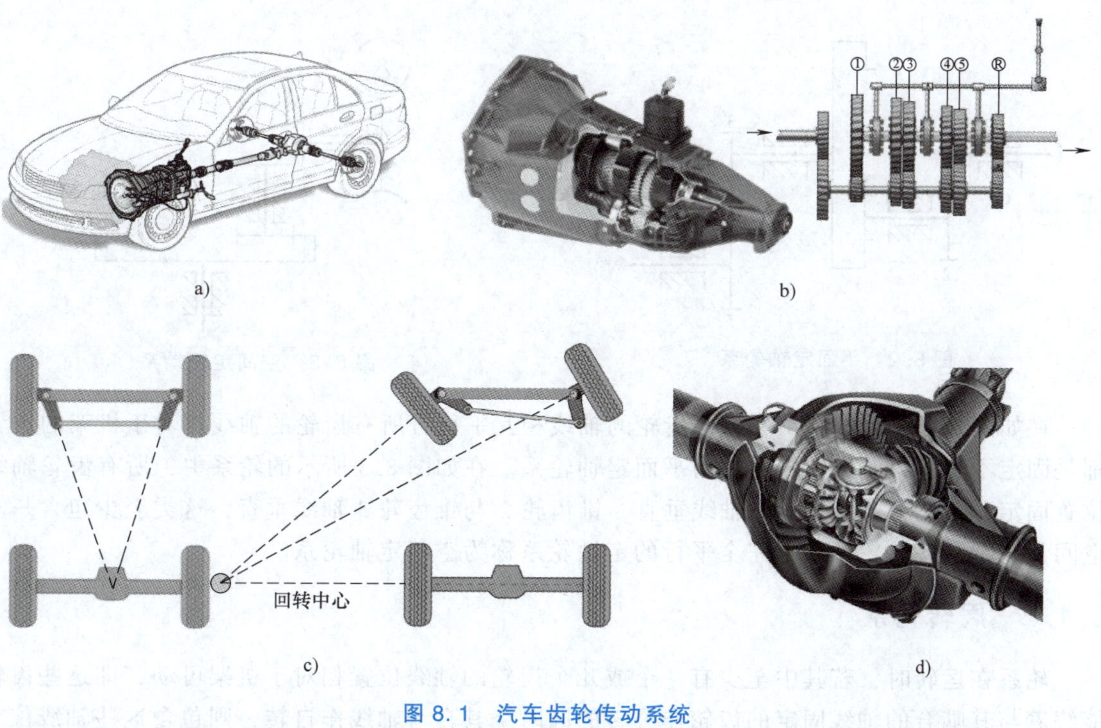

图 8.1　汽车齿轮传动系统

a）汽车动力传动系统　b）汽车手动变速器　c）汽车直行与转弯示意图　d）汽车后桥差速系统

汽车传动系统通过不同的齿轮组合实现变速与平稳转向，若请你来设计这样的汽车传动系统，如何计算不同档位下的传动比？如何实现汽车的前进、倒车与平稳转向？本章将具体介绍相关知识。

内容提要 本章首先介绍轮系的类型，然后重点介绍各种轮系传动比的计算方法、轮系的功能和轮系的设计，并对轮系的效率问题进行讨论。最后简单介绍几种新型的齿轮传动机构。

8.1 轮系的分类

由一对相互啮合的齿轮组成的机构是齿轮传动最简单的形式。在工程实际中，仅采用一对齿轮传动往往难以满足工作需要。为了获得更大的传动比、实现变速、换向以及转动的合成与分解等目的，常常需要将一系列齿轮按一定的方法组合起来才能实现，这种由一系列齿轮组成的齿轮传动系统称为轮系。

轮系的应用十分广泛，轮系的组成也多种多样，根据轮系在运转过程中各齿轮轴线在空间的相对位置关系是否变化，可分为定轴轮系、周转轮系和复合轮系三种类型，其中前两种为基本轮系。

8.1.1 定轴轮系

轮系在运转时，所有齿轮的轴线相对于机架的位置都是固定不变的，这种轮系称为定轴轮系（图 8.2、图 8.3）。按定轴轮系中各轮轴线位置是否平行，又可以将定轴轮系分为平面定轴轮系和空间定轴轮系。

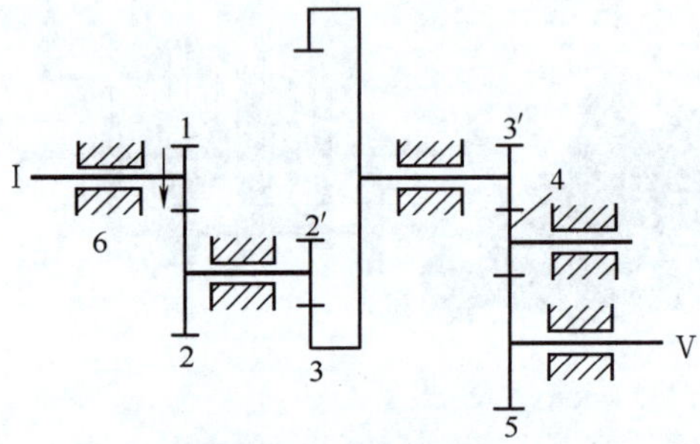

图 8.2 平面定轴轮系

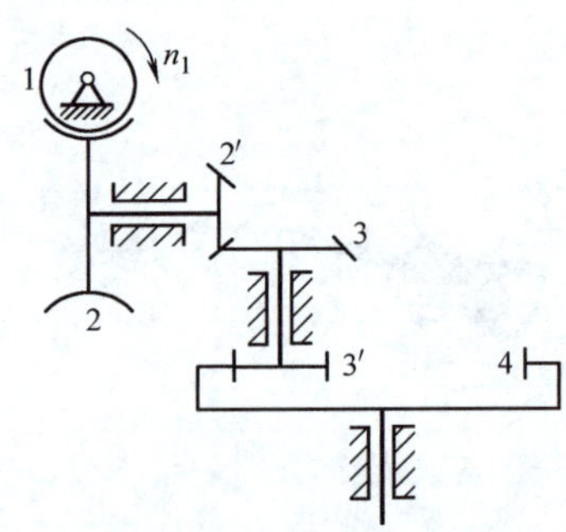

图 8.3 空间定轴轮系

在如图 8.2 所示的轮系中，各齿轮的轴线相互平行且所有齿轮的轴线相对于机架的位置都是固定不变的，此定轴轮系称为平面定轴轮系。在如图 8.3 所示的轮系中，所有齿轮轴线位置固定，但蜗杆 1 与蜗轮 2 轴线垂直，锥齿轮 2′与锥齿轮 3 轴线垂直，这类至少包含一对空间齿轮副、各齿轮轴线不完全平行的定轴轮系称为空间定轴轮系。

8.1.2 周转轮系

轮系在运转时，若其中至少有一个或几个齿轮的轴线位置相对于机架可动，即这些齿轮能绕着与其啮合的轴线固定的齿轮作公转的同时绕其自身轴线作自转，则包含这些轴线位置可动的齿轮所组成的轮系，称为周转轮系（图 8.4）。

通过对周转轮系与定轴轮系的观察比较不难发现：周转轮系与定轴轮系之间最根本的差别在于：周转轮系中有既能绕自身轴线回转（自转），又能绕其他齿轮轴转动（公转）的齿轮 2（图 8.4）。由于齿轮 2 的运动类似行星运行，故这种齿轮称为行星轮，安装行星轮的可转动构件 H 称为系杆（或称转臂或行星架），那些与行星轮啮合，其轴直接安装在机架上的齿轮称为太阳轮（或称中心轮）。

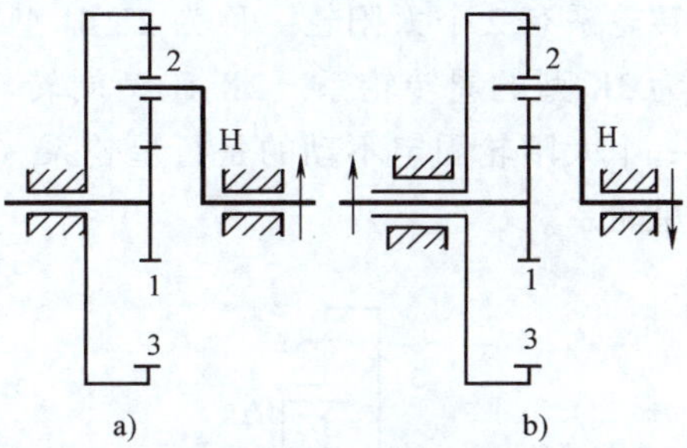

图 8.4 周转轮系

a）行星轮系 b）差动轮系

安装在一个系杆上的行星轮可以是一个单一的齿轮（图 8.5a），也可以是一个双联齿轮（图 8.5b），还可以是多个彼此相互啮合的齿轮，或是一个齿轮机构（图 8.5c），甚至一个轮系（图 8.5d）。一个或多个相互啮合的行星轮、安装这些行星轮的系杆以及与这些行星轮相啮合的太阳轮，共同构成了一个周转轮系。

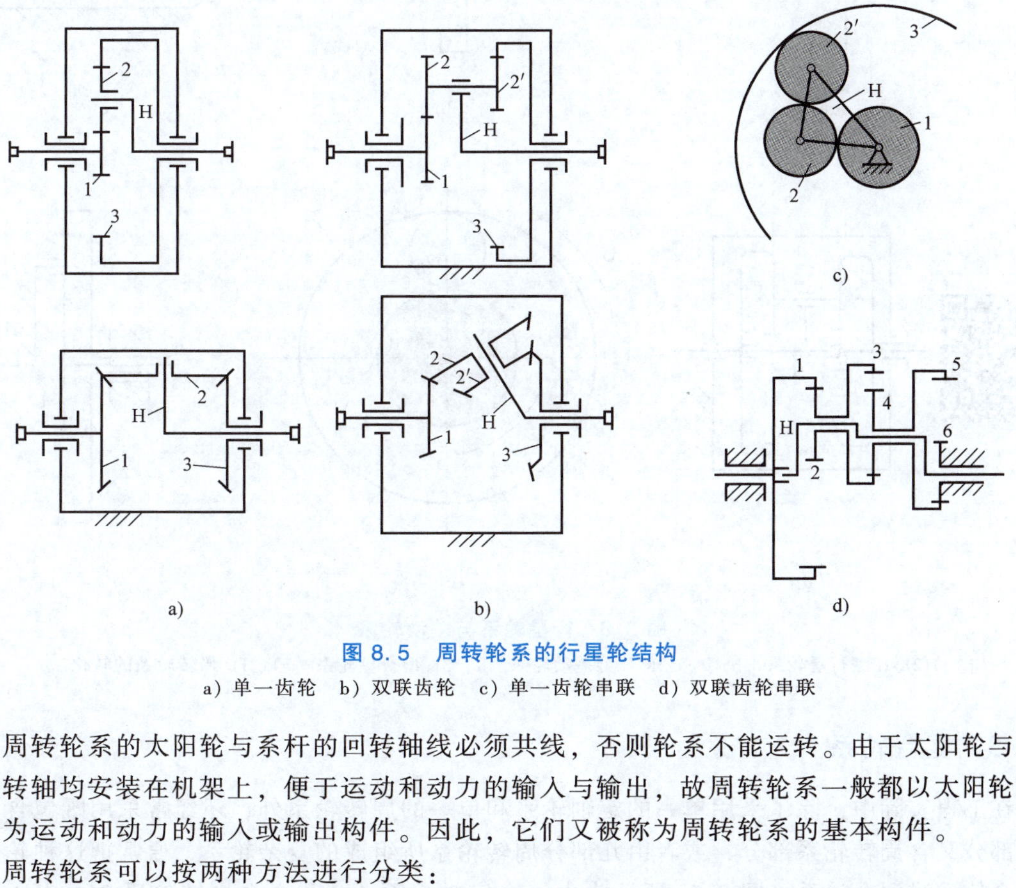

图 8.5 周转轮系的行星轮结构

a）单一齿轮 b）双联齿轮 c）单一齿轮串联 d）双联齿轮串联

周转轮系的太阳轮与系杆的回转轴线必须共线，否则轮系不能运转。由于太阳轮与系杆的回转轴均安装在机架上，便于运动和动力的输入与输出，故周转轮系一般都以太阳轮或系杆作为运动和动力的输入或输出构件。因此，它们又被称为周转轮系的基本构件。

周转轮系可以按两种方法进行分类：

1）按轮系的自由度分。如图 8.6a 所示的周转轮系的自由度为 1，称为行星轮系。这种轮系只需向轮系中一个构件输入转动（转速及转向），整个轮系所有构件的相对运动关系就唯一地被确定了。如图 8.6b 所示的周转轮系的自由度为 2，称为差动轮系。要确定这种轮系各构件的相对运动关系，必须向轮系输入两个独立的运动规律（两个构件的转速及其转向）。

2）按基本构件的特点分。设以 K 表示太阳轮，H 表示系杆，如图 8.6a、b、c 所示的周转轮系有 2 个太阳轮，称为 2K-H 型周转轮系，如图 8.6d 所示的周转轮系有 3 个太阳轮，称为 3K 型的周转轮系。2K-H 型周转轮系中，太阳轮均可动的是差动轮系（图 8.6b、c），有一个太阳轮固定不动的是行星轮系（图 8.6a）。在实际生产中，应用最多的是 2K-H 型的行星轮系。

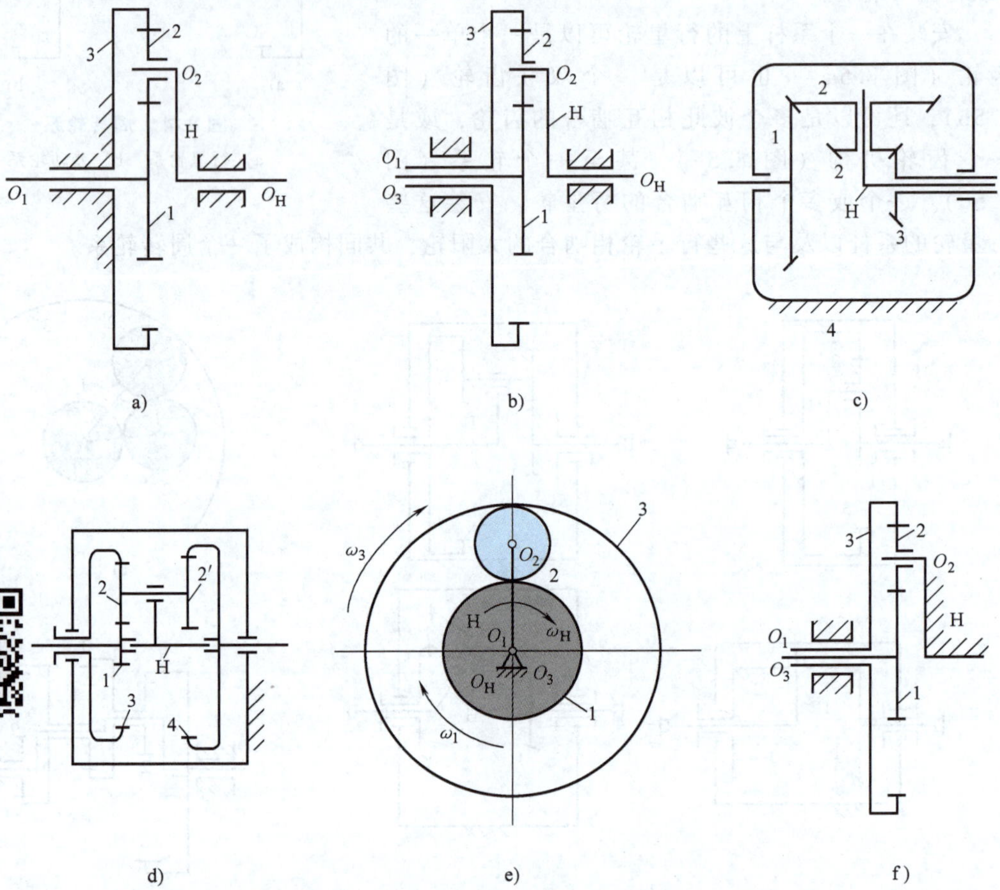

图 8.6 行星轮系与差动轮系

a）2K-H 型行星轮系 b）、c）2K-H 型差动轮系 d）3K 型行星轮系 e）、f）周转轮系的转化

8.1.3 复合轮系

在工程实际中，除了采用单一的定轴轮系和单一的周转轮系外，还经常采用既包含定轴轮系部分又含周转轮系部分，或者由几部分周转轮系所组成的复杂轮系，通常把这种轮系称为复合轮系或混合轮系。图 8.7a 所示为由一个定轴轮系 1-2 和一个周转轮系 2′-3-4-H 串联而成的串联型复合轮系。图 8.7b 所示为由一个周转轮系 1-2-3-H_1 和另一个周转轮系 4-5-6-H_2 串联而成的串联型复合轮系。如图 8.7c 所示，太阳轮 1、3、行星轮 2 和系杆 H 组成的是一个自由度为 2 的差动轮系；而左边的定轴轮系把差动轮系中的中心轮 3 和系杆 H 连接起来，这时整个轮系的自由度为 1，通常把这种连接称为封闭，而把所得到的自由度为 1 的轮系称为封闭型复合轮系。

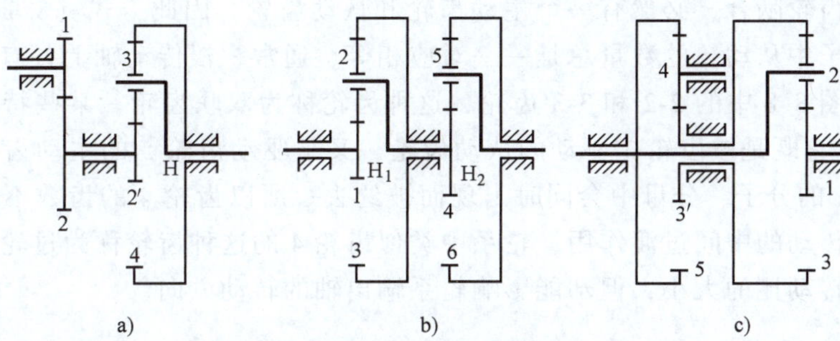

图 8.7　复合轮系

a)、b) 串联型复合轮系　c) 封闭型复合轮系

8.2　定轴轮系传动比

轮系运动学分析的主要内容是确定其传动比。当轮系运转时，轮系输入轴的角速度（或转速）与轮系输出轴的角速度（或转速）之比称为该轮系的传动比，用 i 表示。设 1 为轮系的输入轴，k 为轮系的输出轴，则该轮系的传动比 $i_{1k}=\omega_1/\omega_k=n_1/n_k$，其中 ω 和 n 分别表示轴的角速度和轴的转速。轮系的传动比计算，除了需要确定 i_{1k} 的大小之外，还需确定输入轴与输出轴的转向关系。

8.2.1　定轴轮系传动比大小的计算

如图 8.8 所示的定轴轮系由四个齿轮机构串联组成（也称四级齿轮传动），其中 1、2 为蜗轮蜗杆；2′、3 为一对锥齿轮；3′、4 为一对外啮合圆柱齿轮；4、5 为一对内啮合圆柱齿轮。设蜗杆 1 的轴为运动输入轴，齿轮 5 的轴为运动输出轴。各轮的齿数分别为 z_1、z_2、$z_{2'}$、z_3、$z_{3'}$、z_4 和 z_5，各轮的角速度分别为 ω_1、ω_2、$\omega_{2'}$、ω_3、$\omega_{3'}$、ω_4 和 ω_5，该轮系的传动比 i_{15} 大小可以通过下列方法求得。

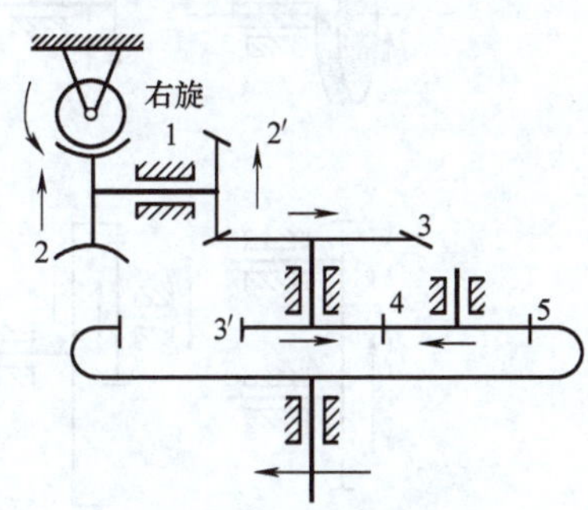

图 8.8　定轴轮系

因为每级齿轮机构的传动比大小分别为

$$i_{12}=\frac{\omega_1}{\omega_2}=\frac{z_2}{z_1},\quad i_{2'3}=\frac{\omega_{2'}}{\omega_3}=\frac{z_3}{z_{2'}},\quad i_{3'4}=\frac{\omega_{3'}}{\omega_4}=\frac{z_4}{z_{3'}},\quad i_{45}=\frac{\omega_4}{\omega_5}=\frac{z_5}{z_4}$$

将上列各式连乘，并注意到 $\omega_2=\omega_{2'}$，$\omega_3=\omega_{3'}$，可得

$$i_{12}\cdot i_{2'3}\cdot i_{3'4}\cdot i_{45}=\frac{\omega_1\omega_{2'}\omega_{3'}\omega_4}{\omega_2\omega_3\omega_4\omega_5}=\frac{z_2z_3z_4z_5}{z_1z_{2'}z_{3'}z_4}=\frac{z_2z_3z_5}{z_1z_{2'}z_{3'}}=\frac{\omega_1}{\omega_5}=i_{15}$$

上式说明，定轴轮系的传动比等于组成该轮系的各级齿轮传动比的连乘积。传动比的大小等于各对相互啮合的齿轮中，所有从动轮齿数的连乘积与所有主动轮齿数的连乘积之比，即

$$\text{定轴轮系的传动比}=\frac{\text{所有从动轮齿数的连乘积}}{\text{所有主动轮齿数的边乘积}}\tag{8.1}$$

需要指出的是：式（8.1）中的主动齿轮与从动齿轮是针对每一对相啮合的齿轮而言

的。对应每一对齿轮啮合，必然有一个主动齿轮和从动齿轮，因此，式（8.1）的分母中主动轮的数量与分子中从动轮的数量总是一一对应相等。通常一根传动轴上各有一个主动齿轮和从动齿轮，如图 8.8 中的 2-2′和 3-3′齿轮，这种齿轮称为双联齿轮。某些特殊情况，如图 8.8 中的齿轮 4，它既是被齿轮 3′驱动的从动齿轮，又是驱动齿轮 5 的主动齿轮，因此它的齿数在式（8.1）的分子、分母中会同时出现而被约去。所以齿轮 4 的齿数不影响轮系传动比的大小，仅起传动的中间过渡作用，轮系中类似齿轮 4 的这种齿轮称为过轮或惰轮。惰轮虽然不影响轮系传动比的大小，但却能影响轮系输出轴的转动方向。

8.2.2 定轴轮系输入、输出轴转向关系的确定

定轴轮系中各轮的转动方向以及输入、输出轴的转动方向可用标注箭头的方法来确定。设用箭头的方向表示齿轮可见齿侧面的圆周速度方向（图 8.9），则两外啮合圆柱齿轮表示转向的箭头方向不是相背，便是相向；两内啮合圆柱齿轮表示转向的箭头方向总是一致的；相啮合的两锥齿轮转向的箭头方向不是同时指向节点，便是同时背离节点；蜗轮蜗杆传动方向可根据蜗杆螺旋线的旋向（右旋蜗杆用右手判断、左旋蜗杆用左手判断）和蜗杆的转动方向（用四个指头握住蜗杆、使四指尖的弯曲方向与蜗杆转动的方向一致，这时大拇指表示的方向为蜗轮不动时蜗杆旋进的方向；但若蜗杆被约束不能旋进，则在啮合点处蜗轮应沿蜗杆旋进的反方向运动）来确定蜗轮的转向。根据上述法则，在如图 8.8 所示的定轴轮系中，当说明了蜗杆螺旋线的旋向，标出其转向后，便不难依次用箭头标出其余各轮的转向，从而确定出轮系输出轴的转向。

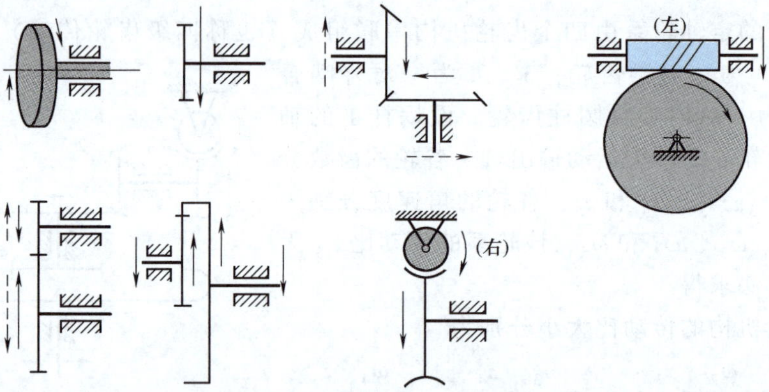

图 8.9 齿轮机构转动方向的确定

对于所有齿轮轴线相互平行的定轴轮系，轮系中所有齿轮的转向相对于输入轴的转向，不是相同就是相反。约定：当两轮转向相同时，其传动比为正；当两轮转向相反时，其传动比为负，可在传动比前添加“-”号表示。由于内啮合传动两轮转向不改变，而一对外啮合齿轮两轮转向相反，即输出轴的转向将被改变一次，如果轮系中有 m 个外啮合，则输入轴的转向将经过 m 次变号传至输出轴。因此由圆柱齿轮组成的定轴轮系的传动比的大小及输出轴的转向关系可表示为

$$\text{定轴轮系的传动比}=(-1)^m\frac{\text{所有从动轮齿数的连乘积}}{\text{所有主动轮齿数的连乘积}}$$

式中，m 为全部平行的定轴轮系中外啮合齿轮的对数。

必须强调指出：如果输入轴与输出轴线不平行，则不能用正负号表示其转向关系，也不能用 $(-1)^m$ 来计算输入轴与输出轴的转向关系，而只能用画箭头的方法来确定各轮的转向（图 8.8）。

8.3 周转轮系传动比

周转轮系中，由于行星轮的运动不是绕定轴的简单转动，因此其传动比的计算不能直接用定轴轮系传动比的方法来计算。

8.3.1 周转轮系传动比计算的基本思路

周转轮系与定轴轮系的根本区别在于周转轮系中有一个转动着的系杆，使行星轮既自转又公转。以如图 8.10 所示的周转轮系为例，由于轮系中系杆的转动（设系杆的转动角速度为 ω_H），使轮系中出现既有自转又有公转作复合运动的行星轮，因此周转轮系的传动比不能直接用定轴轮系的公式来进行计算。但是，如果我们设想给整个周转轮系加上 $-\omega_H$，这时轮系中各构件之间的相对运动关系仍然保持不变，但系杆的转动角速度变为 $\omega_H-\omega_H=0$，即系杆成为“静止不动”的构件，轮系中所有的齿轮均变为以系杆为“机架”的，绕自己轴线转动的齿轮，周转轮系转化为相对于系杆 H 的定轴轮系。这种采用反转法原理转化所得的定轴轮系，称为原周转轮系的转化轮系或转化机构。

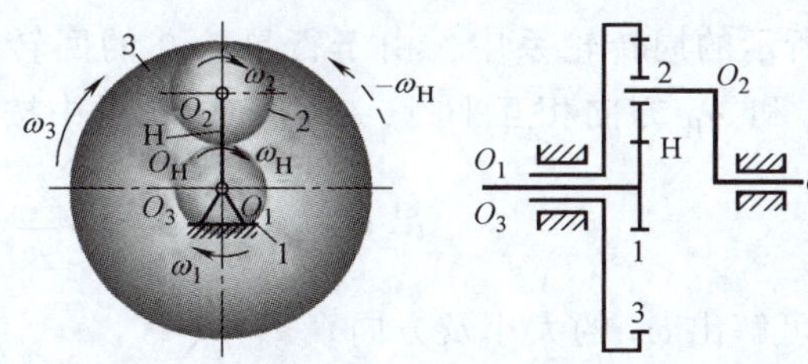

图 8.10 单排 2K-H 型周转轮系

周转轮系在加上 $-\omega_H$ 以后转化为如图 8.11 所示的定轴轮系，于是可以按定轴轮系传动比的计算公式来计算轮系中各构件的角速度和各构件间的传动比。周转轮系中各构件的角速度在转化前后的变化见表 8.1。

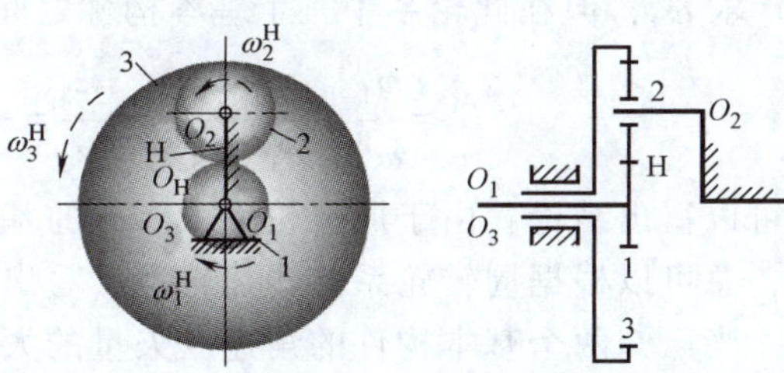

图 8.11 周转轮系的转化机构

表 8.1 周转轮系中各构件角速度在转化前后的变化

构件序号	相对于机架的角速度	转化后的角速度(即相对于系杆的角速度)
太阳轮 1	ω_1	$\omega_1^H=\omega_1-\omega_H$
行星轮 2	ω_2	$\omega_2^H=\omega_2-\omega_H$
太阳轮 3	ω_3	$\omega_3^H=\omega_3-\omega_H$
H	ω_H	$\omega_H-\omega_H=0$

8.3.2 周转轮系传动比计算方法

首先求转化机构的传动比。整个周转轮系加上 $-\omega_H$ 后，由于两太阳轮 1、3 与系杆 H 的回转轴共线，故两角速度的矢量差值 $\omega_1^H=\omega_1-\omega_H$ 与 $\omega_3^H=\omega_3-\omega_H$，可以用带正、负号的标量差表示（$\omega_i^H$ 表示 i 构件相对于系杆不动时的角速度值，其中 $i=1$，3），于是可以按定轴轮系传动比的计算公式写出转化轮系中两个太阳轮 1、3 之间的传动比为

$$i_{13}^H=\frac{\omega_1^H}{\omega_3^H}=-\frac{z_2z_3}{z_1z_2}$$

即

$$\frac{\omega_1-\omega_H}{\omega_3-\omega_H}=-\frac{z_3}{z_1} \tag{8.2}$$

式（8.2）中包含了周转轮系中三个基本构件的角速度与各齿轮数之间的关系，由于三个基本构件的轴共线，其角速度矢量方向可用在其角速度数值前添加“+”“-”号来表示，当已知 ω_1、ω_3 和 ω_H 中任意两个角速度矢量的大小、方向和轮系中各齿轮的齿数时，就可以用式（8.2）确定出第三个角速度矢量的大小及方向，从而可以进一步求出任意两基本构件之间的传动比。

如果需要求解行星轮的角速度，可根据周转轮系的具体结构用不同的方法来求解。在如图 8.6a、b、d 所示的周转轮系中，由于行星轮 2 的回转轴与三个基本构件的回转轴平行，故 ω_2 与 ω_1、ω_3 和 ω_H 方向相互平行，在其转化轮系中按定轴轮系的传动比计算公式可得

$$i_{12}^H=\frac{\omega_1^H}{\omega_2^H}=\frac{\omega_1-\omega_H}{\omega_2-\omega_H}=-\frac{z_2}{z_1} \tag{8.3}$$

式（8.3）可解出 ω_2 的大小及方向。

但在如图 8.6c 所示的差动轮系中，由于行星轮的回转轴与基本构件的回转轴不平行，矢量 $\boldsymbol{\omega}_2$ 与矢量 $-\boldsymbol{\omega}_H$ 的方向垂直，两矢量差 $\boldsymbol{\omega}_2^H=\boldsymbol{\omega}_2-\boldsymbol{\omega}_H$ 的值与其标量差 $\omega_2-\omega_H$ 的值大小不等。因此，采用定轴轮系的传动比公式写出 $\omega_2-\omega_H$ 与 ω_1^H 或 ω_3^H 的比值，并不等于行星轮在系杆不动时的角速度与中心轮角速度的比值，当然不等于其齿数的反比。这时只能用矢量图解析法（例 7.3）求 ω_2，但在此轮系中三个基本构件之间由于其轴线平行，仍可写出

$$i_{13}^H=\frac{\omega_1^H}{\omega_3^H}=\frac{\omega_1-\omega_H}{\omega_3-\omega_H}=-\frac{z_2z_3}{z_1z_2}=-\frac{z_3}{z_1}$$

从以上分析可以得出结论：由于周转轮系中所有的基本构件的回转轴共线，无论行星轮的轴线方向如何，总可以根据周转轮系的转化轮系，写出三个基本构件的角速度与其齿数之间的比值关系式。当已知两个基本构件的角速度矢量的大小和方向时，就可以利用该关系式计算出第三个基本构件角速度的大小及方向，从而可进一步解出两基本构件之间的传动比。但在建立各基本构件角速度与齿数之间的关系式求解各基本构件角速度的大小和方向时，应注意以下两点：

1）设周转轮系中两个太阳轮分别为 1 和 n，系杆为 H，行星轮的齿数按啮合顺序分别为 z_1、z_2、z_3、z_4、…、z_{n-1}、z_n，写出转化轮系中两中心轮的传动比关系为

$$i_{1n}^H=\frac{\omega_1^H}{\omega_n^H}=\frac{\omega_1-\omega_H}{\omega_n-\omega_H}=\pm\frac{z_2z_4\cdots z_n}{z_1z_3\cdots z_{n-1}} \tag{8.4}$$

式中齿数比前的“+”“-”号对计算的正确性十分重要，其符号必须根据周转轮系在转化后形成的定轴轮系来判断 1、n 两太阳轮的转向的关系，并明确地用“+”“-”号表示出来。判断“+”“-”号的方法是，先任意假定一个太阳轮的转向，按定轴轮系的传动关

系确定出另一太阳轮的转向。两太阳轮转向相同取“+”号、相反取“-”号。须强调的是，这个“+”“-”号与两太阳轮的真实转向无直接关系，即“+”号并不表示两太阳轮的真实转向一定相同，“-”号也并不表示两太阳轮的真实转向一定相反。按如图 8.12a、b、c、d 所示的周转轮系判断，不管两太阳轮真实转向如何，也不管其中一个太阳轮是否固定不动，其齿数比之前必须加上“-”号。而如图 8.12e、f、g 所示的轮系，即使两太阳轮的真实转向相反，其齿数比前也必须加上“+”号（可以省略不写）。因此，齿数比前的“+”“-”号可以看成是周转轮系的“结构特征”符号。为此我们把在齿数比前加“-”号的周转轮系称为负号机构，把齿数比前加“+”号的周转轮系称为正号机构。常见的周转轮系正、负号机构如图 8.12 所示。

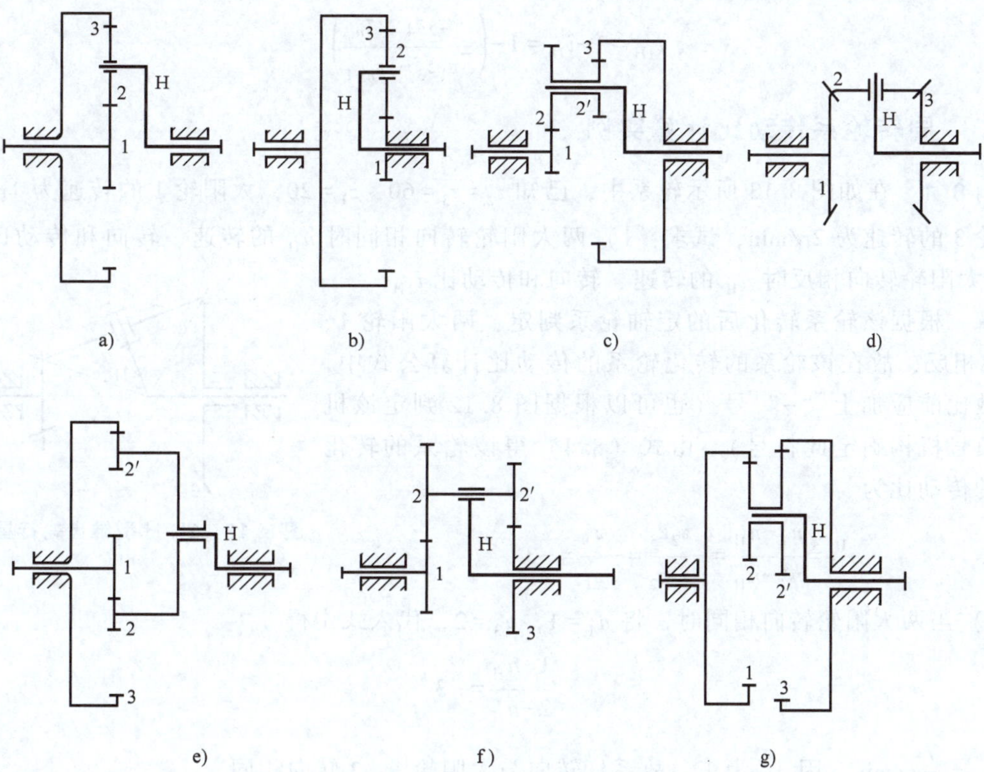

图 8.12　正号机构和负号机构

a)、b)、c)、d) 负号机构　e)、f)、g) 正号机构

2）由式（8.4）给出的关系式既可以求未知角速度的大小又可求其方向。如果我们研究的是自由度为 2 的差动轮系，则三个基本构件的角速度 ω_1、ω_n 和 ω_H 中必须给定两个才能解出第三个。在运用式（8.4）求解时，必须将两个给定角速度的大小和方向一并代入式中。如当两个给定角速度方向相反时，则一个角速度必须代入正值，另一个角速度代入负值；当两个给定角速度方向相同时，两角速度值的符号一般均为正值。待求的角速度方向也应根据计算出来的角速度的正负来确定。

如果我们研究的轮系是自由度为 1 的行星轮系，该轮系中的两个太阳轮中必定有一个固定不动。在运用式（8.4）求解时，应令固定不动太阳轮的角速度为零，于是另一太阳轮和系杆的角速度中，只要再给定一个角速度的大小和方向，另一构件角速度的大小和方向便可以确定了。两构件的转向，应根据计算结果的正负号来判定，符号相同表示两构件的转向相同，符号相反表示两构件的转向相反。设太阳轮 n 固定，$\omega_n=0$，于是式（8.4）为

$$\frac{\omega_1-\omega_H}{-\omega_H}=\pm\frac{z_2z_4\cdots z_n}{z_1z_3\cdots z_{n-1}}$$

等式左端分子分母同除以 ω_H，则有

$$\frac{\omega_1/\omega_H-1}{-1}=i_{1n}^H=\pm\frac{z_2z_4\cdots z_n}{z_1z_3\cdots z_{n-1}}$$

从而可得到行星轮系传动比的计算公式为

$$i_{1H}=1-i_{1n}^H=1-\left(\pm\frac{z_2z_4\cdots z_n}{z_1z_3\cdots z_{n-1}}\right)\tag{8.5}$$

8.3.3 周转轮系传动比计算实例

例 8.1 在如图 8.13 所示轮系中，已知 $z_2=z_3=60$，$z_1=20$，太阳轮 1 的转速为 1r/min，太阳轮 3 的转速为 2r/min，试求：1）两太阳轮转向相同时 n_H 的转速、转向和传动比 i_{1H}。2）两太阳轮转向相反时 n_H 的转速、转向和传动比 i_{1H}。

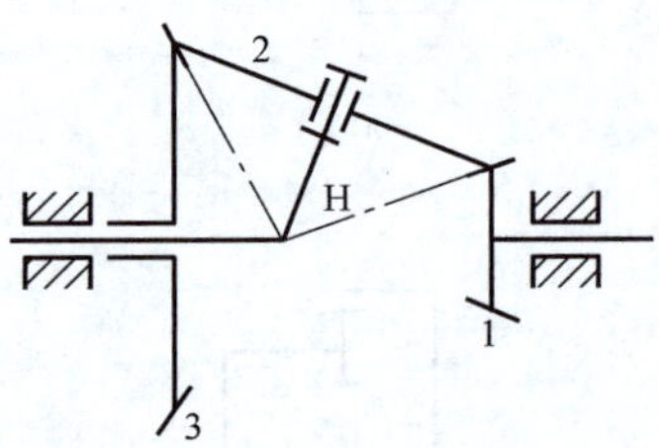

图 8.13 2K-H 型锥齿轮行星轮系

解 根据该轮系转化后的定轴轮系判定：两太阳轮 1、3 转向相反，故在该轮系的转化轮系的传动比计算公式中，其齿数比前应加上“-”号（也可以根据图 8.12 判定该机构是负号机构确定此符号）。由式（8.4）得该轮系的转化轮系的传动比为

$$i_{13}^H=\frac{n_1-n_H}{n_3-n_H}=-\frac{z_2z_3}{z_1z_2}=-\frac{z_3}{z_1}=-3$$

1）当两太阳轮转向相同时，将 $n_1=1$，$n_3=2$，代入式中得

$$\frac{1-n_H}{2-n_H}=-3$$

$n_H=\frac{7}{4}$r/min，因 n_H 为正，故系杆转向与太阳轮 1、3 转向相同。

$$i_{1H}=\frac{n_1}{n_H}=\frac{4}{7}$$

2）当两太阳轮转向相反时，将 $n_1=1$，$n_3=-2$，代入式中得

$$\frac{1-n_H}{-2-n_H}=-3$$

$n_H=-\frac{5}{4}$ r/min，因 n_H 为负，故系杆转向与太阳轮 3 转向相同与太阳轮 1 转向相反。

$$i_{1H}=\frac{n_1}{n_H}=-\frac{4}{5}$$

例 8.2 在如图 8.14 所示轮系中，已知 $z_1=100$，$z_2=101$，$z_{2'}=100$，$z_3=99$，试求：1）

传动比 i_{H1}。2）若 $z_3=100$，其他各轮齿数不变，i_{H1} 又为多少？

解　该轮系为正号机构的行星轮系，根据式（8.5）得

$$i_{1H}=1-\left(\pm\frac{z_2z_3}{z_1z_{2'}}\right)$$

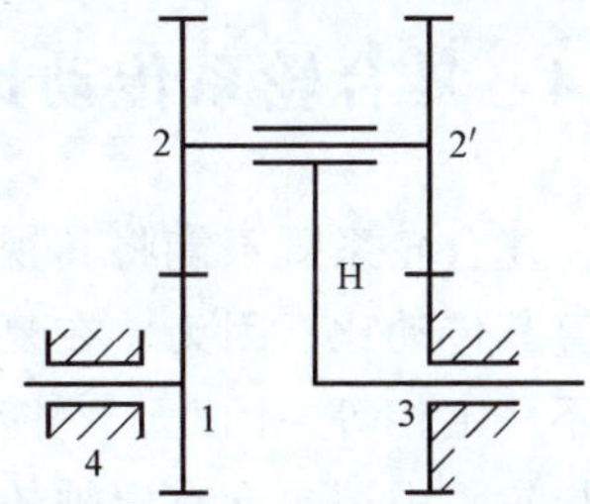

图 8.14　大传动比正号机构

1）将各齿数代入上式得

$$i_{1H}=1-\frac{101\times99}{100\times100}=1-\frac{9999}{10000}=\frac{1}{10000}$$

$$i_{H1}=10000$$

2）同理

$$i_{1H}=1-\frac{101\times100}{100\times100}=1-\frac{10100}{10000}=-\frac{1}{100}$$

$$i_{H1}=-100$$

从计算结果可知：①当各轮齿的齿数相差很小时，周转轮系可获得很大的传动比。②z_3 只增加了一齿，太阳轮 1 与系杆 H 的转向就由同向变为反向，说明周转轮系运动输出构件的转向不仅与输入运动的转向有关，还与各轮齿数有关，这一点与定轴轮系有明显的不同。因此，周转轮系各轮的转向不能只凭想象去画，而应通过计算来确定。

例 8.3　如图 8.15 所示的轮系，已知 $z_1=15$，$z_2=25$，$z_{2'}=20$，$z_3=60$，$n_1=200\text{r/min}$，$n_3=50\text{r/min}$，试求以下两种情况时系杆 H 的转速 n_H 的大小和方向。1）n_1、n_3 转向相同时。2）n_1、n_3 转向相反时。

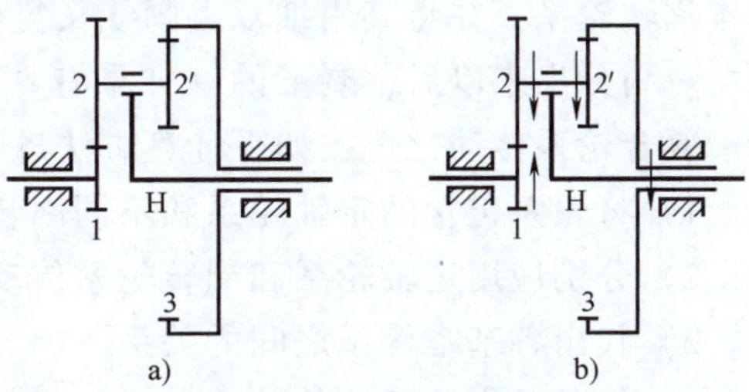

图 8.15　差动轮系

a）机构运动简图　b）转向分析

解　采用箭头法如图 8.15b 所示，判定该轮系为负号机构的差动轮系。根据式（8.4）得该轮系的转化轮系的传动比为

$$i_{13}^{H}=\frac{n_1-n_H}{n_3-n_H}=-\frac{z_2z_3}{z_1z_{2'}}=-\frac{25\times60}{15\times20}=-5$$

对上式整理后有

$$n_H=\frac{n_1+5n_3}{6}$$

1）n_1、n_3 转向相同时，代入齿数与转速得到

$$n_H=\frac{200+5\times50}{6}=75\text{r/min}$$

系杆 H 与齿轮 1、3 转向相同。

2）n_1、n_3 转向相反时，代入齿数与转速得到

$$n_H=\frac{200-5\times50}{6}=-\frac{25}{3}\text{r/min}$$

系杆 H 与齿轮 3 转向相同。

8.4 复合轮系传动比

复合轮系既不能将其视为定轴轮系来计算其传动比，也不能将其视为单一的周转轮系来计算其传动比。因为，在复合轮系中如果有多个周转轮系，由于每个周转轮系系杆的角速度并不一定相等，因此，不能将整个轮系用附加某一个$-\omega_H$将它们全部反转来计算其传动比。如果轮系中还包含有定轴轮系，当给整个轮系附加$-\omega_H$反转后，定轴轮系又转化成了周转轮系。因此，计算复合轮系传动比的方法是：将轮系中的定轴轮系和众多的周转轮系一一分开，分别应用定轴轮系和基本周转轮系的传动比计算公式列出各轮系的传动比关系式，然后将所列的关系式联立进行求解，从中解出复合轮系输入构件与输出构件的传动比。因此，在计算复合轮系的传动比时，最重要的问题是将轮系中的定轴轮系和各个周转轮系正确地划分开。

单一的周转轮系的特点是：太阳轮至少一个，最多两个，系杆一个，行星轮一个到多个且在同一系杆上，太阳轮、系杆的转动轴线重合。根据其特点，先在复合轮系中找出一个基本周转轮系中唯一的系杆及其周转轴；然后找出自转轴（或行星轴）上的行星轮；最后与行星轮相啮合的，与系杆同周转轴（与机架连接）的，即为太阳轮。这样，就构成了一个基本周转轮系，并将其用细双点画线从复合轮系中划出。按上述方法将复合轮系中的周转轮系一一划分出来以后，剩下的（如果有）就是定轴轮系部分了。

复合轮系传动比可按如下计算方法进行计算：

1）将轮系包含的定轴轮系和不同周转轮系区分开来。

2）分别应用定轴轮系和周转轮系传动比公式列出基本轮系的传动比计算方程。

3）找出各基本轮系之间的关系。

4）将各基本轮系的传动比方程式联立求解，即可求得复合轮系的传动比。

8.4.1 串联型复合轮系

如图 8.16a 所示的复合轮系为一定轴轮系与行星轮系的串联组合；图 8.16b 所示为两个行星轮系的串联组合。图中已用细双点画线将它们划分开。串联型的复合轮系的特点是：第一个基本轮系的输出转速就是第二个基本轮系的输入转速。显然整个复合轮系的传动比，是前后串联的基本轮系传动比的乘积。在分别写出前后两个基本轮系的传动关系式后，利用串联条件，即可求出复合轮系输入与输出构件的传动比。其设计要点就是根据前述定轴轮系与

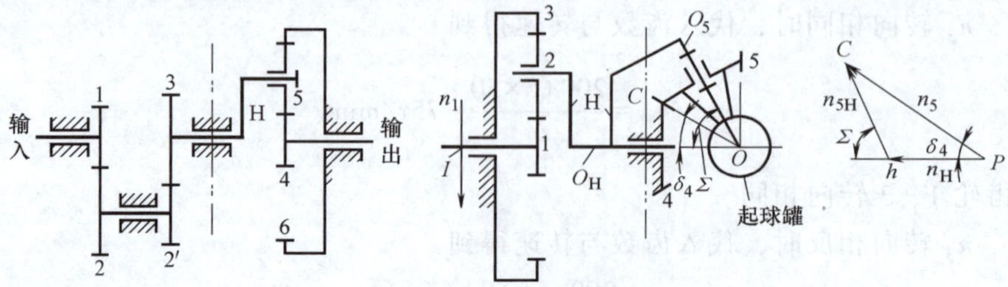

图 8.16 串联型复合轮系

a）定轴轮系与行星轮系串联 b）行星轮系与行星轮系串联 c）行星轮 5 的转向分析

行星轮系的结构与传动特征，选择恰当的基础轮系，可以用定轴与行星轮系的串联，也可是多个基础行星轮系的串联。在轮系类型选定后，再根据总传动比进行合理分配来确定单一轮系的传动比。

例 8.4 图 8.16b 所示为用来检验羊毛收缩性能的羊毛起球机构，其工作原理是：在起球罐中放一定量的羊毛旋转一定时间，羊毛缩成的球越小表明其收缩性越好。已知 $z_1=20$，$z_2=30$，$z_3=80$，$z_4=z_5=30$，轴 O_H 与轴 O_5 夹角为 60°，齿轮 4 的节圆锥角 $\delta'=30°$，输入转速 $n_1=900\text{r/min}$，方向如图所示，求 n_5 的大小及方向。

解 从图中容易看出齿轮 2、5 为行星轮（因其回转轴不是用直轴直接架在机架上的），由此知：该轮系是由行星轮系 1-2-3-(H)（太阳轮 3 固定不动）和行星轮系 5-5-(H)（太阳轮 4 固定不动）串联而成。

对于行星轮系 1-2-3-(H) 有

$$i_{13}^{\mathrm{H}}=\frac{n_1-n_{\mathrm{H}}}{0-n_{\mathrm{H}}}=\frac{z_3}{z_1}$$

转换为 $n_{\mathrm{H}}=\left(\dfrac{n_1}{1+\dfrac{z_3}{z_1}}\right)$，将已知参数代入得 $n_{\mathrm{H}}=180\text{r/min}$，$n_{\mathrm{H}}$ 方向与 n_1 相同。

对于空间行星轮系 5-5-(H) 有

$$\boldsymbol{\omega}_{5\mathrm{H}}=\boldsymbol{\omega}_5-\ \boldsymbol{\omega}_{\mathrm{H}}$$

$$\text{方向}\quad /\!/OO_5/\!/OC/\!/OH$$

选择适当的速度作图比例尺，根据上式作矢量封闭多边形如图 8.16c 所示，从图中几何关系得

$$\frac{n_5}{\sin(180°-60°)}=\frac{n_{\mathrm{H}}}{\sin(60°-30°)}$$

于是得 $n_5=311.8\text{r/min}$。

从图 8.16c 所示矢量多边形知：从点 O 看齿轮 5，其旋转方向为顺时针（行星轮自转方向），从罐右边看罐的运动，罐也按顺时针方向旋转（行星轮的公转方向）。

8.4.2 封闭型复合轮系

为了实现运动的合成与分解，实现功率的分流与汇流，或为了得到更复杂多样和方便可调的传动系统，可采用封闭型复合轮系。封闭复合轮系设计的基本思路是：将一个自由度为 2 的差动轮系，通过在该轮系中加入某种约束结构，以一定的函数关系约束其中一个自由度，使之成为一个自由度为 1 的系统。如图 8.17 所示的 2K-H 型差动轮系，由前述可知其三个基本构件 1、3、H 的转速与各轮齿数间的关系为

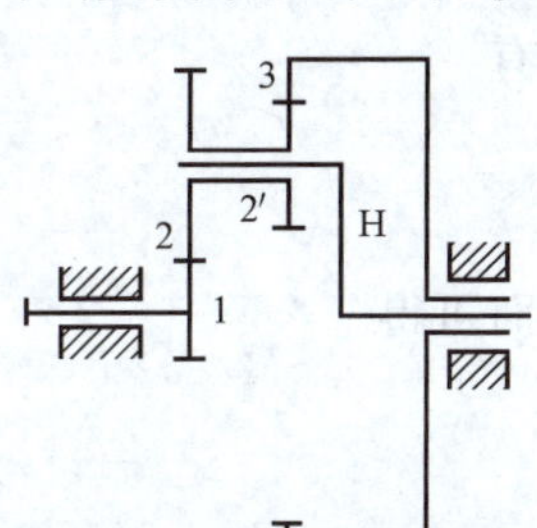

图 8.17 2K-H 型差动轮系

$$\frac{\omega_1-\omega_{\mathrm{H}}}{\omega_3-\omega_{\mathrm{H}}}=-\frac{z_2z_3}{z_1z_{2'}}=i_{13}^{\mathrm{H}}$$

在各轮齿数已知的条件下，则右端的值（即 i_{13}^{H}）可知。左端包含了三个基本构件的转

速，要有确定的运动输出，则必须知道其中两个基本构件的输入转速。但如果采用某种约束结构，使其中除以 ω_1 为输入运动的太阳轮 1 以外的另外两个基本构件的转速保持一定的函数关系，即令

$$\omega_H = k\omega_3 \qquad 或 \qquad \omega_3 = k'\omega_H$$

则上式可表示为

$$\frac{\omega_1 - k\omega_3}{\omega_3 - k\omega_3} = i_{13}^H \qquad 或 \qquad \frac{\omega_1 - \omega_H}{k'\omega_H - \omega_H} = i_{13}^H$$

经整理后可得

$$\begin{cases} \omega_1 = [i_{13}^H(1-k)+k]\omega_3 \\ i_{13} = \dfrac{\omega_1}{\omega_3} = i_{13}^H(1-k)+k \end{cases} \tag{8.6}$$

或

$$\begin{cases} \omega_1 = [i_{13}^H(k'-1)+1]\omega_H \\ i_{1H} = \dfrac{\omega_1}{\omega_H} = i_{13}^H(k'-1)+1 \end{cases} \tag{8.7}$$

式（8.6）适用于以中心轮 3 为输出构件时，式（8.7）则适用于以系杆 H 为输出构件时。

约束函数关系 k（k'）可以是固定的，也可以是可调的（人为干预或自动调整），对应地可采用多种相应的约束结构来获得 k。如轮系、其他机构或可变约束（如力约束、运动约束等）结构，常将这种约束的结构称为封闭结构。设计者的主要任务就是根据工作需要，首先选定一定形式的差动轮系（可以是单一的基础轮系，也可以是复合的差动轮系），然后就是设计具有某种函数关系的封闭结构。由于其设计方案的灵活性与多样性，使得封闭复合轮系能实现多样的运动规律，而得到广泛的应用（特别是在运动的合成与分解、功率的分流与汇流以及多级甚至无级的调速装置等方面得到广泛的应用）。

对已有封闭复合轮系的运动分析与传动比计算，同理，就是要能正确地将 2 自由度的差动轮系与封闭结构区分开来，然后分别求出 i_{1n}^H 及 k（k'），代入式（8.6）或式（8.7），即可求出整个复合轮系的传动比。

除了以上将一个太阳轮系与系杆进行封闭的常见复合轮系外，也可以将两个太阳轮进行封闭，而以系杆作为输出构件，即令

$$\omega_3 = k\omega_1$$

则有

$$\frac{\omega_1 - \omega_H}{k\omega_1 - \omega_H} = i_{13}^H$$

从而可得

$$\begin{cases} \omega_1(1-ki_{13}^H) = \omega_H(1-i_{13}^H) \\ i_{1H} = \dfrac{\omega_1}{\omega_H} = \dfrac{1-i_{13}^H}{1-ki_{13}^H} \end{cases} \tag{8.8}$$

这种封闭，同样可以通过机构（如定轴或行星轮系）实现封闭。这时常用封闭结构中的某一构件作为输入构件，将其运动按一定关系（固定或可变的）分别传至差动轮系的两

个太阳轮上，合成后由系杆输出。还可以直接用两个可调速电动机驱动两个太阳轮，而两个调速电动机之间可以通过控制系统调控其转速，转向的函数关系实现可调控的封闭，从而得到更灵活、多样的调速系统。

下面将分别介绍一些常见的封闭复合轮系的结构及其传动比计算。

如图 8.18 所示的大传动比减速器中，差动轮系 2′-3-4-(H) 中的两个基本构件太阳轮 2′与 4 采用了由两级蜗轮蜗杆及一级圆柱齿轮所组成的空间定轴轮系 2-1-1′-5′-5-4′将其封闭连接起来。其中蜗轮 2、4′与太阳轮 2′、4 为同一构件。故加入的封闭约束结构是增加了两个构件，两个低副及三个高副，其自由度为 $F=2\times3-2\times2-1\times3=-1$，从而消除了差动轮系中的一个自由度，使其自由度变为 1。当向该复合轮系的定轴轮系输入已知运动 n_1 时，定轴轮系按一定的传动比将输入运动分解为两个确定的运动分别传输给差动轮系的两个基本构件 2′和 4，从而使轮系的系杆有确定的运动 n_H 输出。

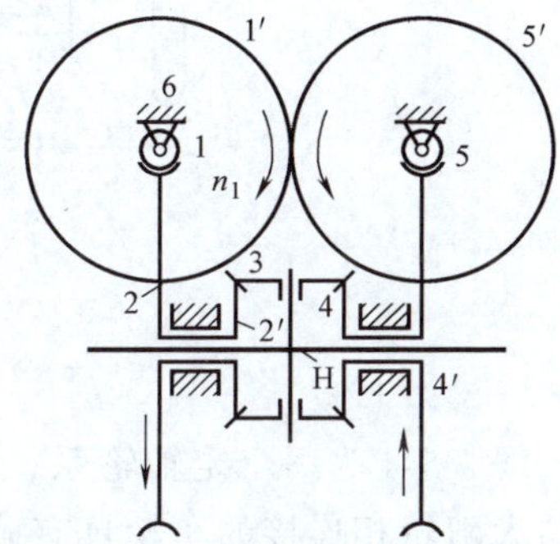

图 8.18 封闭型复合轮系（一）

如图 8.19 所示的卷扬机减速器的轮系中，差动轮系 1-2-2′-3-5（H）中的两个基本构件：太阳轮 3 和系杆 5（卷筒）被自由度为 1 的定轴轮系 3′-4-5 封闭连接起来，形成一个自由度为 1 的复合轮系。当向复合轮系中的差动轮系输入一个已知运动 n_1 时，差动轮系两基本构件的输出运动经定轴轮系的合成，使整个轮系实现确定的运动输出。

例 8.5 如图 8.19 所示，已知：$z_1=24$，$z_2=48$，$z_{2'}=30$，$z_3=90$，$z_{3'}=2$，$z_4=30$，$z_5=80$，$n_1=1450\text{r/min}$。求卷筒的转速 n_5 的大小及方向。

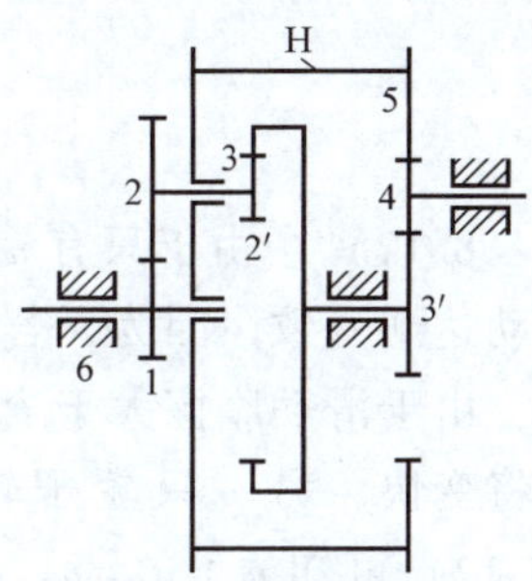

图 8.19 封闭型复合轮系（二）

解 由差动轮系 1-2-2′-3-5 得

$$i_{13}^5=\frac{n_1'-n_5}{n_3-n_5}=-\frac{z_2z_3}{z_1z_{2'}}=-6 \tag{8.9}$$

由定轴轮系 3′-4-5 得

$$i_{3'5}=\frac{n_{3'}}{n_5}=-\frac{z_5}{z_{3'}}=-4 \quad \text{即 } n_{3'}=-4n_5 \tag{8.10}$$

注意到 $n_{3'}=n_3$，$n_5=n_H$，故 $i_{3'5}$ 即为式（8.7）中的 k'，由该式可知

$$i_{15}=i_{13}^5(i_{3'5}-1)+1=-6(-4-1)+1=31 \tag{8.11}$$

可解得

$$n_5=\frac{n_1}{31}=46.77\text{r/min}$$

n_5 方向与 n_1 方向相同。

在实际工程机械中，除了用机构来封闭、约束差动轮系的两基本构件外，也可以用外部动力约束来封闭差动轮系。如汽车后桥的差速器就是通过地面对后桥车轮约束力（摩擦力）大小的自动变化来实现自动调整两车轮的转速，以达到使两后轮无论是直行或是转弯均能相对地面作无滑动的滚动。

例 8.6 图 8.20a 所示为汽车后桥差速器中的轮系结构示意图，已知各轮齿数，且 $z_1=$

z_3，试分析两后轮实现直行和转弯时，n_1、n_3 和 n_4 之间的关系。

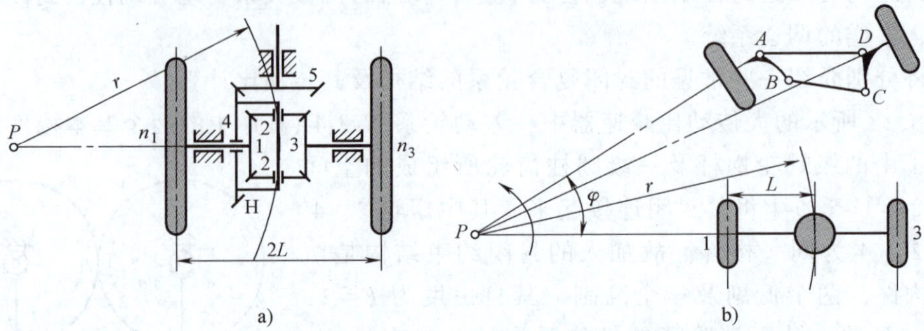

图 8.20 差动轮系的力封闭

a）汽车后轮用差速器 b）转弯半径与连转中心

解 5-4 为一个定轴轮系，通过 5-4，只提供了差动轮系的系杆一个已知运动，故要两个与太阳轮相连接的车轮具有确定的转速，就必须依靠施加于两车轮之间的力约束（或几何约束）进行封闭。1-2-3-4(H) 为一个差动轮系。

下面来讨论如何依据两轮滚动的轨迹来实现封闭的。由于差动轮系中的系杆 4 为运动输入构件，即 n_4 已知，故由 1-2-3-4(H) 差动轮系得

$$i_{13}^{4}=\frac{n_1-n_4}{n_3-n_4}=-\frac{z_3}{z_1}=-1$$

即

$$n_1+n_3=2n_4 \tag{8.12}$$

式（8.12）中由于只有 n_4 为已知，故 n_1、n_3 为两个独立变量。当汽车直行时，两轮转速会自动达到一致。因为，若一个轮子快一个轮子慢，则转得较慢的轮子将在地面上被拖着滑行，由于滑动摩擦大于滚动摩擦，地面给该轮子的摩擦力将变大，轮子在摩擦力驱动下其转速将变快，另一只轮子转速将变慢，直至左、右轮转速一致为止。这时 $n_1=n_3$，由式（8.12）可知 $n_1=n_3=n_4$，差动轮系形成一个各构件无相对运动的整体与后轮轴一起转动。

转弯时，由于前后四个轮子须绕同一点 P 转动（图 8.20b），故右侧轮在地面上滚过的弧长应比左侧轮滚过的弧长大，这时，左侧轮的转速会自动调整到比右侧轮转速慢。因为，如果左、右侧轮转速一样快，则右侧轮将在地面上滑动，地面给右侧轮的摩擦力将随之加大，从而使右侧轮转速加快左侧轮转速降低，借助地面使两轮摩擦力不断调整，直至调整到两轮均相对地面作无滑动的纯滚动运动为止。以上对两轮所施加的约束，是由运动的轨迹及摩擦力所形成的，称为“动力约束”（也可称为轨迹约束）。

设汽车在弯道行驶时左、右轮轴在时间间隔 Δt 绕点 P 转动转角为 φ，则左轮 1 在地面上滚过的弧长为 $\varphi(r-L)$，左轮绕轮轴旋转过轮缘的弧长为

$$\omega_1\Delta tR=\frac{n_1\pi}{30}R\Delta t$$

当轮缘与地面作无滑动的滚动时，应有

$$\frac{n_1\pi}{30}R\Delta t=\varphi(r-L)$$

同理，对于右轮 3 在地面滚动的弧长为 $\varphi(r+L)$，右轮 3 绕轮轴转过轮缘的弧长为 $\frac{n_3\pi}{30}R\Delta t$，当右轮 3 在地面上纯滚动时，有

$$\frac{n_3\pi}{30}R\Delta t=\varphi(r+L)$$

式中，r 为弯道半径；L 为两轮距的一半；R 为车轮的有效半径。将上两式相除得

$$\frac{n_3}{n_1}=\frac{r+L}{r-L} \tag{8.13}$$

解式（8.12）、式（8.13）得

$$n_1=\frac{r-L}{r}n_4,n_3=\frac{r+L}{r}n_4$$

这时 $n_3>n_1$。

汽车在直行时，$r=\infty$，$\frac{L}{r}=0$，故 $n_1=n_4$，$n_3=n_4$。

例 8.7 设已知如图 8.18 所示的 1 和 5 均为单头右旋螺纹的蜗杆，各轮齿数 $z_{1'}=101$，$z_2=99$，$z_{2'}=z_4$，$z_{4'}=100$，$z_{5'}=100$，已知 $n_1=1\text{r/min}$，方向如图，求 n_{H} 的大小及方向。

解 首先求出封闭约束的函数关系，k 为定轴轮系的传动比 $i_{2'4}$ 即 $i_{24'}$。因其输入运动为 n_1，为便于求解可首先分别求解 n_2 及 $n_{4'}$。

$$n_2=\frac{z_1}{z_2}n_1=\frac{1}{99}\ \text{r/min} \tag{8.14}$$

方向如图向下。

在定轴轮系 1′-5′-5-4′中

$$n_{4'}=\frac{z_{1'}z_5}{z_{5'}z_{4'}}n_1=\frac{101}{10000}\ \text{r/min} \tag{8.15}$$

方向如图向上。

则 $i_{24'}=i_{2'4}=\dfrac{n_2}{n_{4'}}=\dfrac{1/99}{101/10000}=\dfrac{z_1z_{5'}z_{4'}}{z_2z_{1'}z_5}=\dfrac{10000}{9999}$

在差动轮系 2′-3-4-(H) 中

$$i_{2'4}^{\text{H}}=\frac{n_{2'}-n_{\text{H}}}{n_4-n_{\text{H}}}=-\frac{z_4}{z_{2'}}=-1 \tag{8.16}$$

将式（8.14）、式（8.15）代入式（8.16）中，注意 n_2 和 $n_{4'}$ 方向相反，设 n_2 为正、$n_{4'}$ 为负，得

$$n_{\text{H}}=\frac{1}{1980000}\ \text{r/min}$$

所以 n_1 需转 1980000 周 n_{H} 才转一周；n_{H} 为正值说明 n_{H} 的转向与 n_2 的转向相同。

8.5 轮系的效率

在各种机械中，轮系常作为传动装置被广泛地使用。因此，分析轮系的传动效率对机械

传动系统设计具有十分重要的意义。对于那些用于传递动力的轮系，特别是当传递的功率较大时，其传动效率的分析计算就尤为重要。

轮系传动的效率计算主要考虑轮齿的啮合损失、轴承的损失以及搅油损失。其中轮齿的啮合损失取决于两齿轮齿面的摩擦系数、法向压力及两齿面的相对滑动速度。由于实际轮系中各齿轮的加工、安装和轮系使用的工况千差万别，轮系传动效率的计算通常采用根据对各种齿轮机构实测所积累的数据定出一个概略的效率值，然后根据轮系组成的结构形式，按相应的方法进行计算。因此，理论计算的结果只能大致反映轮系的实际传动效率。表 8.2 给出了几种常用齿轮机构传动效率的概略值，可供设计时参考。

表 8.2 几种常用齿轮机构传动效率概略值

类型	效率值	
	开式	闭式
圆柱齿轮机构	0.94~0.96	0.96~0.99
锥齿轮机构	0.92~0.95	0.94~0.98
蜗轮蜗杆传动	—	—
自锁蜗杆	0.30	0.40
单头蜗杆	0.50~0.60	0.70~0.75
双头蜗杆	0.60~0.71	0.75~0.82
多头蜗杆	—	0.82~0.92
圆弧面蜗杆	—	0.85~0.95

8.5.1 定轴轮系的效率

在各种轮系中，定轴轮系的效率计算最为简单。整个轮系的效率取决于其齿轮机构的组合形式，具体可按以下三种组合形式进行计算。

（1）串联 如图 8.2 所示的由 k 个齿轮依次啮合组成的轮系中，每根齿轮轴上只有一个主动齿轮，设轮系的输入功率为 N_d，输出功率为 N_r，摩擦损失功率为 N_f，该轮系的机械效率为

$$\eta=\frac{N_r}{N_r+N_f} \text{或} \ \eta=\frac{N_d-N_f}{N_d} \tag{8.17}$$

在功率的传递过程中，前一齿轮机构从动轮的输出功率即为后一齿轮机构主动轮的输入功率。设各齿轮机构的效率分别为 η_1、η_2、…、η_k 则

$$\eta_1=\frac{N_1}{N_d}, \eta_2=\frac{N_2}{N_1}, \cdots, \eta_k=\frac{N_k}{N_{k-1}}$$

将 η_1、η_1、…、η_k 连乘起来得

$$\eta_1\eta_2\cdots\eta_k=\frac{N_1N_2}{N_dN_1}\cdots\frac{N_k}{N_{k-1}}=\frac{N_k}{N_d}=\eta \tag{8.18}$$

式（8.18）表明：由齿轮机构串联而成的定轴轮系的效率等于各齿轮机构效率的连乘积。

（2）并联 如图 8.21 所示轮系，在输入轴上有多个主动齿轮 1、2、…、k，设每个齿

轮机构主动轮的输入功率分别为 N_1、N_2、…、N_k，而每个从动轮的输出功率分别为 N'_1、N'_2、…、N'_k，则轮系的总输入功率为

$$N_d = N_1 + N_2 + \cdots + N_k \tag{8.19}$$

设每个齿轮机构的传动效率分别为 η_1、η_2、…、η_k，总输出功率为 N_r，则

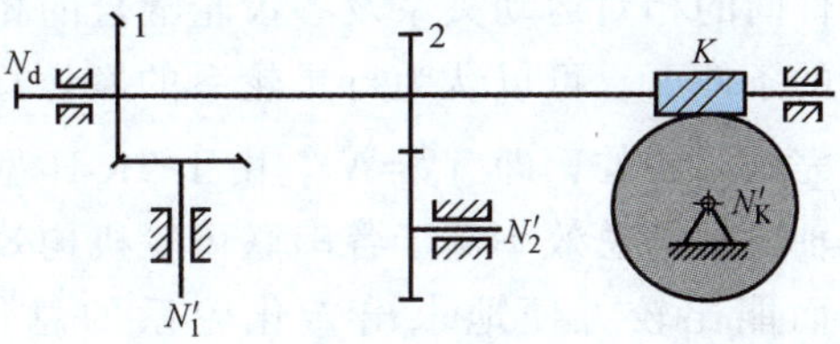

图 8.21 并联轮系

$$N_r = N'_1 + N'_2 + \cdots N'_k = \eta_1 N_1 + \eta_2 N_2 + \cdots + \eta_k N_k \tag{8.20}$$

所以轮系的总效率为

$$\eta = \frac{N_r}{N_d} = \frac{N_1\eta_1 + N_2\eta_2 + \cdots + N_k\eta_k}{N_1 + N_2 + \cdots + N_k} \tag{8.21}$$

式（8.21）表明：由齿轮机构并联组成的轮系的效率不仅与各齿轮机构的效率有关，而且与各齿轮机构传递的功率有关。设齿轮机构中效率最高值为 η_{max}，最低值为 η_{min}，则轮系的效率 η 值介于 η_{max} 和 η_{min} 之间。若每个齿轮机构效率均相等，则无论并联的齿轮机构数量是多少，各齿轮机构传递的功率如何，轮系的效率与轮系中任意一齿轮机构的效率相等。

（3）混联　如图 8.22 所示既有串联又有并联称为混联。其轮系的效率分别按串联和并联分别进行计算后，将两部分的效率按串联方式来计算轮系的总传动效率。设串联部分的效率为 η'，并联部分为 η''，则混联轮系的总效率 $\eta = \eta'\eta''$。

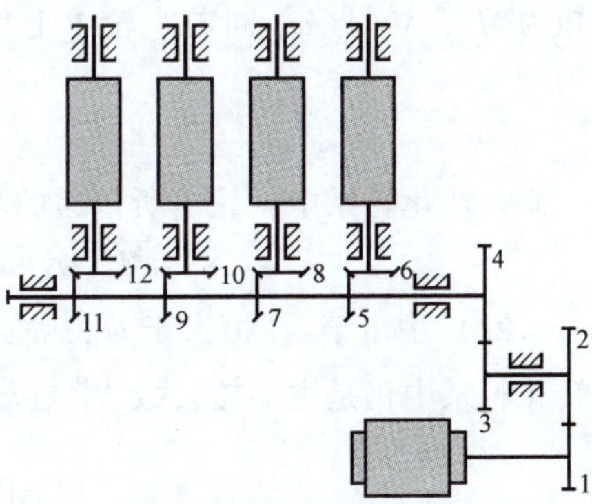

图 8.22 混联轮系

例 8.8　计算如图 8.22 所示的轮系的传动效率。已知圆柱齿轮机构的效率为 0.95，锥齿轮机构的效率为 0.92（均已包括轴承的效率）。

解　此轮系为既有串联又有并联齿轮机构的混联轮系，故串联与并联的效率应分别计算。串联齿轮机构（齿轮 1、2 和齿轮 3、4）的效率为 0.95×0.95；并联齿轮机构（齿轮 5、6；齿轮 7、8；齿轮 9、10；齿轮 11、12）效率均为 0.92，故所有并联齿轮的效率也为 0.92，于是得该轮系的总传动效率为 $\eta = 0.95 \times 0.95 \times 0.92 \approx 0.83$。

8.5.2 周转轮系的效率

由于周转轮系中具有既自转又公转的行星轮，它的效率不能用定轴轮系的公式进行计算。

对于一个需要计算效率的轮系来说，其输入功率 N_d 或输出功率 N_r 总有一个是已知的，所以只要能确定出该轮系的损耗功率 N_f，就不难由式（8.17）得出该轮系的效率。

轮系中的摩擦损耗功率 N_f 主要取决于轮系中各运动副中的作用力、运动副元素间的摩擦系数和相对运动速度的大小。

对于周转轮系，为了能较方便地求出 N_f，我们仍将行星轮系转化，通过求其转化轮系的摩擦损耗功率 N_f^H 来求 N_f。这样做的依据是：行星轮系经附加 $-\omega_H$ 转化为定轴轮系后，当不计轮系中行星轮和系杆转动产生的惯性力时，轮系中各运动副中的作用力、摩擦系数、各

构件间的相对运动关系及各齿轮啮合的相对滑动速度都没有改变。因此，在不考虑轴承的摩擦的条件下，可以认为行星轮系的摩擦损耗功率 N_f 与其转化机构的摩擦损耗功率 N_f^H 几乎是完全相同的，即 $N_f^H = N_f$。由于 2K-H 型行星轮系的转化轮系是串联型的定轴轮系，串联型定轴轮系的总效率等于各串联齿轮机构效率的连乘积，而各齿轮机构的效率通常是已知的，从而能比较方便地求出转化轮系的总传动效率。如：设从齿轮 1-2-2′-3 到齿轮 n，其每对相啮合齿轮的效率分别为 η_{12}、$\eta_{2'3}$、…、$\eta_{n-1,n}$，则转化轮系的总效率 $\eta_{1n}^H = \eta_{1n} = \eta_{12}\eta_{2'3}\cdots\eta_{n-1,n}$。知道了转化轮系的总效率就不难求出摩擦损耗功率 N_f。

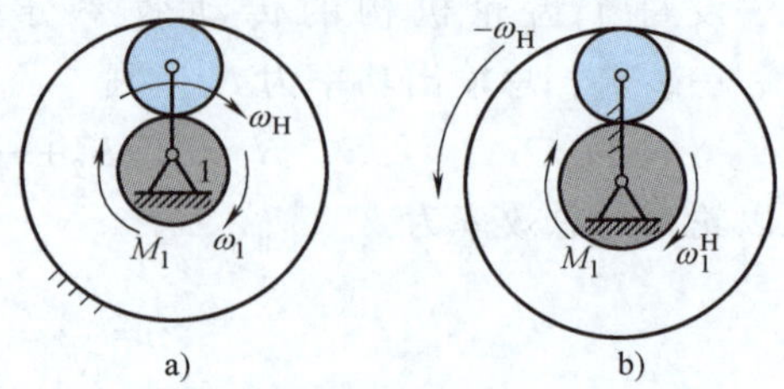

图 8.23 2K-H 型行星轮系传动效率

a）各轮的转向及力矩 b）转化机构中各轮的转向与力矩

以如图 8.23a 所示 2K-H 型行星轮系为例，设齿轮 1 为主动轮，其角速度为 ω_1，作用于轴上的转矩为 M_1，M_1 与 ω_1 同向。轮 1 上传递的输入功率为

$$N_1 = M_1\omega_1$$

而在转化轮系中，轮 1 所传递的功率为

$$N_1^H = M_1(\omega_1 - \omega_H) = M_1\omega_1(1 - i_{H1}) = N_1(1 - i_{H1}) \tag{8.22}$$

式（8.22）中由于 ω_1 恒大于 ω_H，故 N_1^H 大于零。$N_1^H > 0$ 表明转矩与转速同向，说明齿轮 1 在转化轮系中仍是主动轮，故 N_1^H 在转化轮系中为输入功率。根据机械效率的定义得

$$\eta_{1n}^H = \frac{N_1^H - N_f^H}{N_1^H} = \frac{N_1^H - N_f}{N_1^H} \tag{8.23}$$

所以 $N_f = N_1^H(1 - \eta_{1n}^H)$。

注意到式（8.22），得

$$N_f = N_1(1 - i_{H1})(1 - \eta_{1n}^H)$$

求出 N_f 后，原行星轮系的效率计算就比较容易了。若行星轮系的太阳轮 1 为主动轮，其输入功率为 N_1（系杆 H 为输出功率的构件），于是该行星轮系的效率为

$$\eta_{1H} = \frac{N_1 - N_f}{N_1} = 1 - |1 - i_{H1}|(1 - \eta_{1n}^H) \tag{8.24}$$

若太阳轮 1 为从动轮，其输出功率为 N_1，系杆 H 为主动构件，这时行星轮系的效率为

$$\eta_{1H} = \frac{|N_1|}{|N_1| + N_f} = \frac{1}{1 + |1 - i_{H1}|(1 - \eta_{1n}^H)} \tag{8.25}$$

由式（8.24）和式（8.25）可知，行星轮系的效率是传动比 i_{H1} 的函数。设 $\eta_{1n}^H = 0.95$，画出 η_{1H}（η_{H1}）与传动比 i_{H1} 的曲线如图 8.24 所示。

从图中可得出以下结论：

1）图中实线为 $\eta_{1H} - i_{1H}$ 线图，这时中心轮 1 为主动，系杆 H 为从动。由图中可以看出，当 $i_{1H} = n_1/n_H$ 在 $-1 \sim +1$ 之间变化，即 $|n_1| < |n_H|$ 时，轮系为增速传动，随着 i_{1H} 趋近于零（即增速比增大），由式（8.24）知，行星轮系的效率迅速降低，当 i_{1H} 足够小时，效率甚至可能为零，轮系将发生自锁。

图中虚线为 $\eta_{H1}-i_{H1}$ 线图，这时系杆 H 为主动，太阳轮 1 为从动。当 $i_{H1}=\dfrac{n_H}{n_1}$在 $-1\sim+1$ 之间变化，轮系也为增速传动时，随着 i_{H1} 趋近于零（即增速比增大），由式（8.25）知，行星轮系的效率也逐渐降低，但不会等于零，轮系理论上也不会发生自锁。因此，2K-H 型行星轮系，无论是以中心轮为主动，还是以系杆为主动，当行星轮系用作增速传动时，其效率比减速传动时低。以中心轮为主动时，轮系有可能发生自锁。

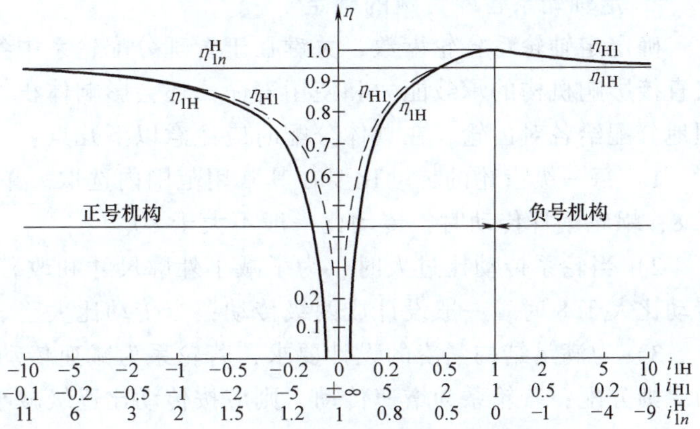

图 8.24 2K-H 型行星轮系的效率曲线

2）当 $i_{1H}>1$ 时，由行星轮系传动比计算公式可知 $i_{1n}^H=1-i_{1H}<0$，即行星轮系为负号机构（$i_{1H}<1$ 时，轮系为正号机构），从图中可以看出，在实用的传动比范围内，负号机构的效率总是比较高的，而且总高于其转化轮系的效率 η_{1n}^H。因此，负号机构多用来进行动力传动。负号机构中，如图 8.12a、b、c 所示的轮系 $\eta\approx0.97\sim0.99$；如图 8.12d 所示的轮系 $\eta\approx0.95\sim0.96$。而正号机构的效率可能高于 η_{1n}^H，也可能低于 η_{1n}^H。而且由于其传动比 i_{1H} 可以很小（如例 8.2）。其效率可以很低，当以中心轮为主动件时甚至会自锁。

由于实际加工、安装和使用情况等因素的影响，以及忽略了一些如搅油损耗和轴承的摩擦损耗等因素，行星轮系效率的理论计算结果虽不能完全真实地反映实际传动装置的效率，但它为行星轮系效率的变化规律及行星轮系的选用，提供了重要的理论依据。实际效率可用实验方法进行测定。

8.6 轮系的运动设计

8.6.1 定轴轮系的运动设计

定轴轮系的运动方案设计主要包括选择轮系的类型、确定各轮齿数和选择轮系的布置方案。

1. 定轴轮系类型的选择

定轴轮系的类型应根据工作要求和使用场合恰当地选择。一般来说，除了满足基本的使用要求外，还应考虑到机构的外廓尺寸、效率、重量和成本等因素。当定轴轮系用于高速重载场合时，为减小传动的冲击、振动和噪声，提高传动性能，选用由平行轴斜齿轮或人字齿轮组成的定轴轮系，要优于由直齿圆柱齿轮组成的定轴轮系；当由于工作或结构空间的要求，轮系需要垂直正交转换运动轴线方向时，应选择包含锥齿轮、端面齿轮等传动的定轴轮系；当设计轮系需要满足交错角为任意值的空间交错轴之间的传动时，可选用含有交错轴斜齿轮或者交错轴渐开线变齿厚齿轮传动的定轴轮系；当设计的轮系要求传动比大、结构紧凑或用于分度、微调及有自锁要求的场合时，则应选择含有蜗轮蜗杆传动的定轴轮系。

2. 定轴轮系各轮齿数的确定

确定定轴轮系各轮齿数，关键在于合理分配轮系中各对齿轮的传动比，传动比的分配不仅直接影响机构的承载能力和使用寿命，还会影响体积、重量等。为了把轮系的总传动比合理地分配给各对齿轮，在具体分配时应注意以下几点：

1）每一级齿轮的传动比要在其常用范围内选取。单级圆柱齿轮传动的传动比一般不大于 8；蜗轮蜗杆传动时，传动比一般不大于 80。

2）当轮系传动比过大时，为了减小外廓尺寸和改善传动性能，通常采用多级传动。当传动比大于 8 时，一般设计成两级传动；当传动比大于 30 时，常设计成两级以上齿轮传动。

3）为满足结构紧凑的设计要求，若轮系为减速传动时，按照传动比前小后大逐级增大的原则分配；若轮系为增速传动，则应按传动比逐级减小的原则确定各级传动比；且相邻两级传动比不宜相差太大。

4）为使各级传动齿轮寿命接近，应按等强度原则进行轮系设计。对于减速传动，高速级传动比略大于低速级，各级传动比按前大后小逐级减小的原则确定，使各级传动容易接近等强度，同时对于减轻重量、改善润滑条件等方面都有利。

综上所述，设计要求重点不同，则传动比分配方案不同，应根据传动系统具体工作条件及要求，确定较为合理的分配方案。若要获得最佳传动比分配方案，可以采用优化设计方法。

3. 定轴轮系布置方案的选择

同一定轴轮系，可以有不同的布置方案，在设计定轴轮系时，应根据具体情况来加以选择。表 8-3 为两级齿轮传动机构常用布置方案及特点。

表 8.3 两级齿轮传动机构常用布置方案及特点

类型	传动简图	特点及应用
展开式	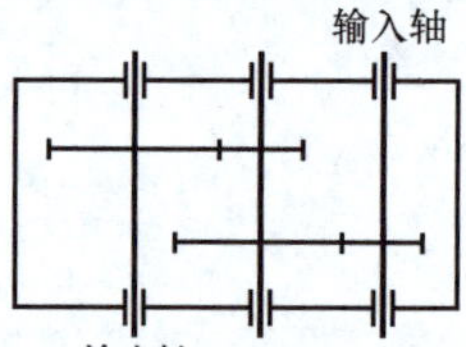	结构简单，但齿轮位置相对轴承不对称，齿向载荷分布不均，要求传动轴应具有较大刚性，常用于载荷比较平稳的场合
同轴式	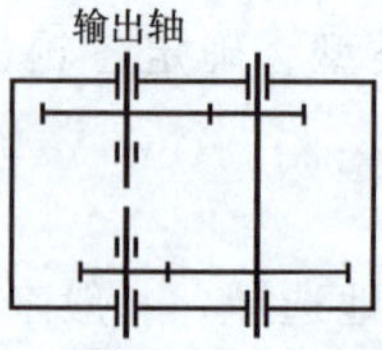	结构比较紧凑，但轴向尺寸较大，且中间轴较长、刚性差，齿宽方向上的载荷分布不均匀。适用于要求空间位置紧凑、结构较小的场合
分流式	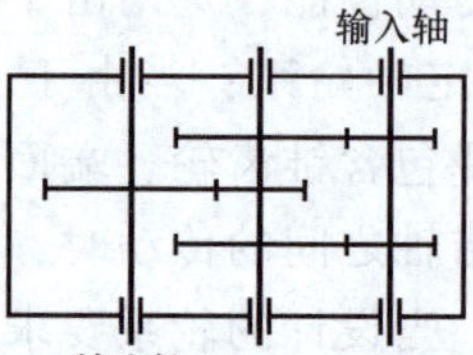	轴上齿轮位置与两端轴承对称，齿向载荷分布均匀，常用于大功率变载荷的场合

8.6.2 周转轮系的运动设计

周转轮系与定轴轮系相比具有体积小、重量轻、传动比大、承载能力强等特点，在工程实际中特别是在要求结构紧凑、大传动比及实现结构紧凑的大功率传动系统如飞行器、汽车和机器人机构中具有特殊的实用意义。周转轮系的运动方案设计，包括轮系类型的选择和轮系齿数的确定。

1. 周转轮系类型的选择

周转轮系的类型很多，选择其类型时主要应从传动比所能实现的范围、传动效率的高低、结构的复杂程度、外形尺寸的大小以及传递功率的能力等几个方面综合考虑确定。

每一种周转轮系其传动比均有一定的实用范围。以如图 8.12 a、b、c、d 所示的 2K-H 型行星轮系中的四种负号机构为例，当以太阳轮为主动时（系杆 H 为从动构件）是减速传动，这时输出转向与输入转向相同。如图 8.12a 型传动比 i_{1H} 的实用范围为 2.8~13；如图 8.12b 型传动比 i_{3H} 实用范围为 1.14~1.56；如图 8.12c 型由于采用了双联行星轮，传动比 i_{1H} 可设计到 8~16；如图 8.12d 型，当 1、3 齿轮齿数相同时，传动比 i_{1H} 为 2。如图 8.12e、f、g 所示的三种正号机构，当 $i_{1n}^{H}=(z_2\cdots z_n)/(z_1\cdots z_{n-1})$，以太阳轮为主动时，是减速传动，输出转向与输入转向相反；当 i_{1n}^{H} 小于 2 大于零时，是增速传动；当 i_{1n}^{H} 趋近于 1 时，增速比理论上趋于无穷大。

如果设计要求有较大的传动比，而一个轮系又不能满足设计要求时，可将几个轮系串联起来。如图 8.25 所示由两个轮系串联组成的轮系，其传动比可达 10~60。

从行星轮系的效率方面考虑，减速传动的效率总是高于增速传动；负号机构的传动效率又总是高于正号机构的传动效率。因此，如果所设计的轮系是用作动力传动，则应选择负号机构。正号机构一般多用于要求传动比较大而对效率要求不高的辅助机构中，如磨床的进给机构、轧钢机的指示器中的机构等。当行星轮系用于增速传动时，随着增速比的增大，其传动效率将迅速降低，当达到一定值时，正号机构将更容易发生自锁。

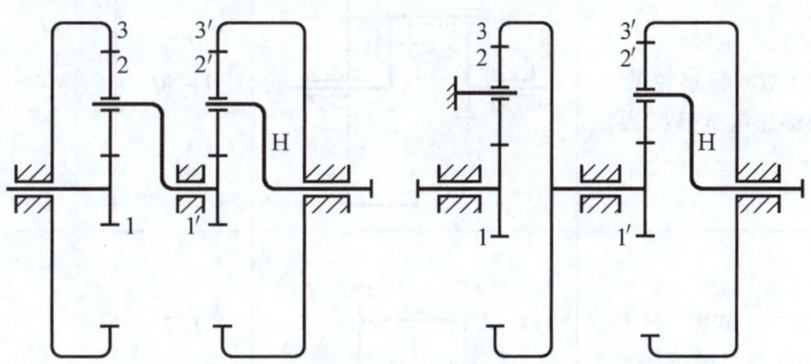

图 8.25 大传动比串联式复合轮系

从结构和外形尺寸方面考虑，由行星轮系传动比的计算公式 $i_{1H}=1-i_{1n}^{H}$ 知，如果采用中心轮为主动的单一行星轮系来实现大减速比的传动要求，即希望设计的行星轮系 $i_{1H}=n_1/n_H$ 之值较大，则必须使 i_{1n}^{H} 值较大，因为 $i_{1n}^{H}=(z_2\cdots z_n)/(z_1\cdots z_{n-1})$，故轮系的齿数比值应设计得较大，这将导致轮系结构较复杂，轮系的外形尺寸将变得较大。如果采用以系杆 H 为主动的单一行星轮系来实现大减速比的传动要求，即希望设计的行星轮系 $i_{H1}=n_H/n_1$ 值较大，根据公式 $i_{1n}^{H}=1-i_{1H}=1-1/i_{H1}$ 知，i_{1n}^{H} 值应接近等于 1，这样由于轮系齿数比较小，其外形尺寸将不会很大，但从图 8.24 可以看出，这时轮系的传动效率却很低。因此，在对行星轮系进行设计时存在着传动比、效率、轮系外形尺寸与结构复杂程度相互制约的矛盾，设计者这时应根据设计要求和轮系的工作条件进行全面综合考虑，以获得最理想的设计效果。

如图 8.6d 所示的 3K 型周转轮系，可以看成是 2 个 2K-H 型周转轮系的组合。3K 型周转轮系的最大特点是：可以实现大传动比传动，且输出轴的转向不仅与输入轴的转向有关，而且与各轮的齿数有关。

为便于周转轮系的设计与选型，提供常用周转轮系的传动形式与特点见表 8.4。表 8.4 中，正号、负号机构是指当行星架（系杆）固定时，主动和从动齿轮转向相同时为正号机构，反之为负号机构。按组成传动机构的齿轮啮合方式，传动形式可分为 NGW、NW、WW、NGWN 和 N 类型。代表类型的字母含意为：N 为内啮合，W 为外啮合，G 为共用齿轮，K 为太阳轮，H 为行星架，V 为回转件。所列效率为传动效率，包含啮合效率、轴承效率和润滑油搅动飞溅效率。

表 8.4 常用行星轮系的传动形式与特点

传动形式	简图	概略值			特 点
		传动比	效率	最大功率/kW	
NGW（2K-H 型负号机构）	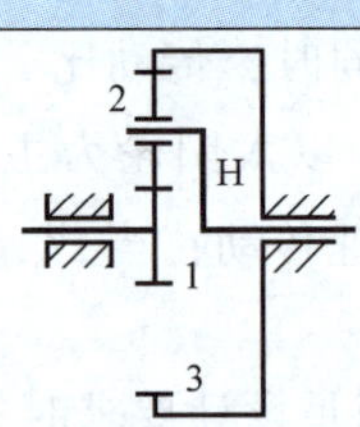	1.13~13.7	0.97~0.99	不限	效率高，体积小，重量轻，结构简单，制造方便，传动功率范围大，轴向尺寸小，可用于各种工作条件，在机械传动中应用最广，但单级传动比范围较小
NW（双联行星轮的 2K-H 型负号机构）	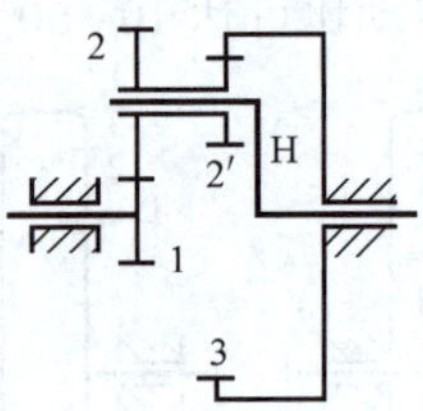	1~50			效率高，径向尺寸比 NGW 型小，传动比范围比 NGW 型大，可用于各种工作条件，但双联行星轮制造、安装复杂
WW（双联行星轮外啮合的 2K-H 型正号机构）	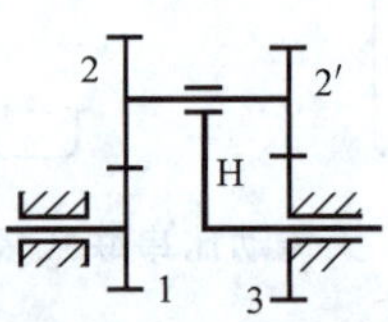	1.2~10000	随传动比增加而下降	≤20	传动比范围大，但外形尺寸及重量较大，效率很低，制造困难，一般不用于动力传动。当行星架从动时，传动比从某一数值起会发生自锁
NGWN（3K-H 型）	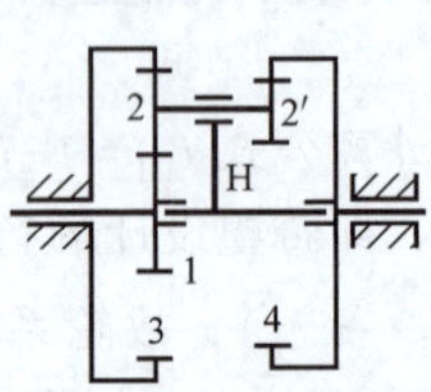	≤500		≤100	结构紧凑，体积小，传动比范围大，但效率低于 NGW 型，工艺性差，适用于中小功率或短期工作
N（K-H-V 型）	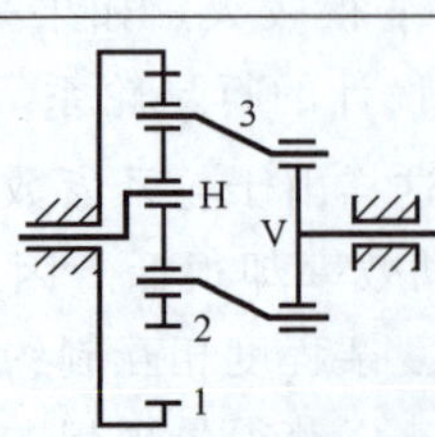	7~100	0.8~0.94	≤75	传动比范围较大，结构紧凑，体积及重量小，但效率低于 NGW 型，且内啮合变位后径向力较大，使轴承径向载荷加大，适用于小功率或短期工作

（续）

传动形式	简图	概略值			特　点
		传动比	效率	最大功率/kW	
NN（双联行星轮内啮合的 2K-H 型正号机构）	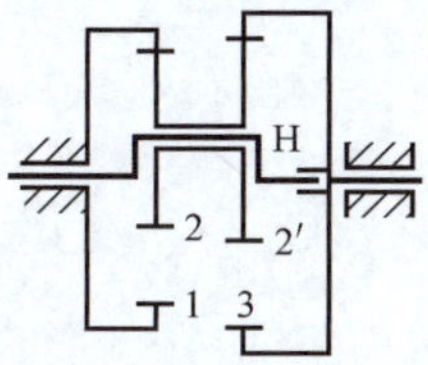	≤1700	随传动比增加而下降	≤40	传动比范围较大，效率比 WW 型高，但仍然较低，适用短期工作。当行星架从动时，传动比从某一数值起会发生自锁

2. 周转轮系各轮齿数的确定

周转轮系在设计时，轮系中各齿轮的齿数应满足以下四个条件：

1）保证实现给定的传动比要求。

2）保证两太阳轮和系杆转轴的轴线重合，即满足同心条件。

3）保证在采用多个行星轮时，各行星轮能够均匀地分布在两太阳轮之间，即满足安装条件，以实现行星轮—系杆系统惯性力的平衡。

4）保证多个均布的行星轮相互间不发生干涉，即满足邻接条件。

现以如图 8.6a 所示的 2K-H 型行星轮系为例，说明行星轮系中各轮齿数与上述要求的关系。

1）保证轮系能实现给定的传动比 i_{1H}。

因为

$$i_{1H}=1-i_{13}^{H}=1-\left(-\frac{z_3}{z_1}\right)=1+\frac{z_3}{z_1}$$

所以

$$\frac{z_3}{z_1}=i_{1H}-1 \quad 即 \quad z_3=(i_{1H}-1)z_1 \tag{8.26}$$

2）保证三个基本构件回转轴满足同心条件。行星轮系三个基本构件的回转轴必须在同一轴线上，否则行星轮系将无法正常运转。根据这一条件从图 8.6a 中容易看出

$$r_3'=r_1'+2r_2' \tag{8.27}$$

式中，r_i'为 i 齿轮的节圆半径（i=1，2，3）。

当轮系中的齿轮采用标准齿轮或等移距变位齿轮传动时，上式变为

$$r_3=r_1+2r_2$$

于是得

$$z_3=z_1+2z_2 \quad 即 \quad z_2=\frac{z_3-z_1}{2} \tag{8.28}$$

3）保证 k 个行星轮能均布的安装条件。如图 8.26 所示，设需要在太阳轮 1、3 之间均匀装入 k 个行星轮，则安装相邻两个行星轮的轴心在系杆上的夹角 φ_H 应设计为 $\varphi_H=360°/k$。设先在 A 位置装入第 1 个行星轮（这总是可以装入的），则两个太阳轮 1、3 之间的相对位形关系就被确定了（如图 8.26 所示的状况）。为了在相隔夹角为 $\varphi_H=360°/k$ 的 B 位置处能装入第 2 个行星轮，采取将系杆转过 φ_H，使第 1 个行星轮随着系杆与太阳轮 1、3 的啮合

到达 B 的位置，若在已空出的 A 位置处，太阳轮 1、3 的位形关系与装入第 1 行星轮时完全相同，则就一定可以在该处装入第 2 个行星轮。由于太阳轮 3 固定不动，A 处的位形关系未改变，则只要转过相应角度 φ_1 后的太阳轮 1 的位形与装第 1 个行星轮时的相同即可，也即要求 φ_1 为太阳轮 1 齿距角的整倍数。

由传动比 i_{1H} 可知

$$i_{1H}=\frac{\omega_1}{\omega_H}=\frac{\varphi_1}{\varphi_H}=1+\frac{z_3}{z_1}$$

故

$$\varphi_1=\left(1+\frac{z_3}{z_1}\right)\varphi_H=\left(1+\frac{z_3}{z_1}\right)\frac{360°}{k} \tag{8.29}$$

要求

$$\varphi_1=\frac{360°}{z_1}n(n\text{ 为正整数}) \tag{8.30}$$

将式（8.29）与式（8.30）联立得

$$n\frac{360°}{z_1}=\left(1+\frac{z_3}{z_1}\right)\frac{360°}{z_1}$$

整理后可得

$$n=\frac{z_1+z_3}{k} \tag{8.31}$$

式（8.31）说明，欲保证均布安装的必要条件是：两太阳轮的齿数和应能被行星轮的个数 k 整除。

将式（8.26）、式（8.28）和式（8.31）中的 z_2、z_3 用 z_1 表示，得到 2K-H 型行星轮系设计的配齿公式为

$$z_1:z_2:z_3:n=z_1:\frac{(i_{1H}-2)}{2}z_1:(i_{1H}-1)z_1:\frac{i_{1H}}{k}z_1 \tag{8.32}$$

利用式（8.32）可以比较方便地确定 2K-H 型行星轮系中各轮的齿数。如：设计一个 2K-H 型行星轮系，要求 $i_{1H}=20/3$，$k=3$。从式（8-22）中最后一项得（i_{1H}/K）$z_1=(20/9)z_1=n$，n 应为正整数，故 z_1 可取 9、18、27、…。若行星轮系中各轮齿采用标准齿轮，为了不产生根切，初选 $z_1=18$，则可求出 $z_2=42$，$z_3=102$。

4）保证相邻两行星轮不会发生干涉的邻接条件。行星轮的数量 k 值选择不合适，会造成相邻两行星轮齿廓发生干涉而无法装入。在图 8.26 中即应保证两行星轮的中心距 $\overline{O_2O_{2'}}$ 大于两行星轮齿顶圆半径 r_{a2} 之

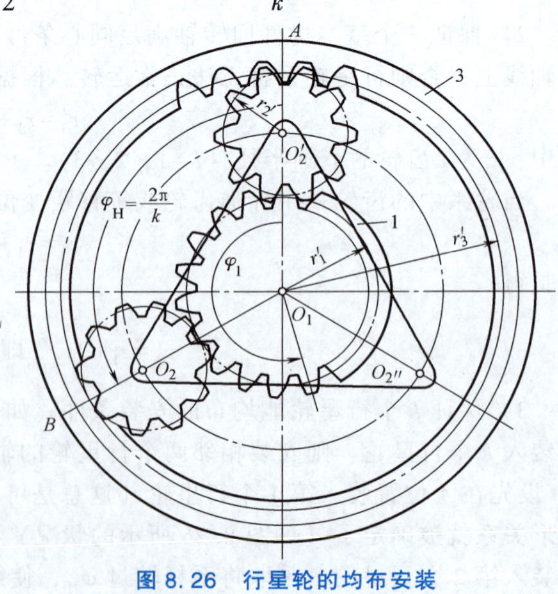

图 8.26 行星轮的均布安装

和，即

$$\overline{O_2O_{2'}}>d_{a2} \tag{8.33}$$

对于标准齿轮传动，设太阳轮 1 的分度圆半径为 r_1，行星轮的分度圆半径为 r_2，齿轮的模数为 m，齿顶高系数为 h_a^*，由式（8.33）可得

$$2(r_1+r_2)\sin\frac{180°}{k}>2(r_2+h_a^*m) \tag{8.34}$$

即

$$(z_1+z_2)\sin\frac{180°}{k}>z_2+h_a^* \tag{8.35}$$

在设计 2K-H 型行星轮系时，可先用式（8.32）初步定出 z_1、z_2 和 z_3 后，再用式（8.35）进行检验。若发生干涉则应重新进行设计。

对于如图 8.12c 所示的双联行星轮的行星轮系，经过类似的推导不难得出：

1）传动比条件

$$\frac{z_2z_3}{z_1z_{2'}}=i_{1H}-1$$

2）同心条件

$$z_3=z_1+z_2+z_{2'}\text{（设齿轮 1、2 与 2′、3 均为模数相同的标准齿轮）}$$

3）安装条件

$$\frac{z_1z_{2'}+z_2z_3}{z_{2'}k}=n\text{（}n\text{ 为正整数）}$$

4）邻接条件

$$(z_1+z_2)\sin\frac{180°}{k}>z_2+2h_a^*\text{（设 }z_2>z_{2'}\text{）}$$

*3. 行星轮系的均载装置

周转轮系的一个重要优点，就是能在两太阳轮间采用多个均布的行星轮来共同分担载荷。一般来说，随着行星轮数量的增多每个行星轮所受载荷减少，其几何尺寸可以设计得较小，结构更加紧凑，重量相对减轻。如在相同功率和转速条件下，四个行星轮的轮系中，每个行星轮的径向尺寸仅为单一行星轮的轮系中行星轮径向尺寸的一半。因此，具有四个行星轮的轮系，其几何尺寸也相应变小。同时，采用多个行星轮对称布置，对平衡轮系运动时行星轮及系杆运动产生的离心惯性力、减小轮齿上的应力也有一定的好处。但实际上，由于零件制造误差、安装误差等因素的影响，往往会出现各个行星轮负荷不均的现象，啮合传动间隙小的行星轮承受的负荷大，啮合传动间隙大的行星轮承受的负荷小，甚至个别行星轮还会出现不承受负荷的现象，从而降低了轮系的承载能力，影响了轮系运转的可靠性。此外，各轮受载的不均匀性也是轮系运转时产生振动和噪声的重要原因之一。为了尽可能减小各行星轮受载不均的现象，消除多个行星轮因过约束引起的过约束力对轮系的不利影响，提高轮系的承载能力，必须在结构上采取一定的措施来保证每个行星轮上所受的载荷及轮齿在齿宽方向的分布载荷尽可能均匀。

在行星轮系的设计中常采用“柔性浮动”的方法，把轮系中某些构件设计成没有固定支承，或用弹性材料连接，允许它们能在一个范围内作径向位移，来减轻上述不利影响。当

构件受载不均匀时，“柔性”或“浮动”构件便会作柔性自位运动（即自动定位），直至几个行星轮的载荷自动调节趋于均匀分配为止。这种能自动调节各行星轮载荷的装置，称为均载装置。

均载装置的类型很多，有使主动中心轮浮动如图 8.27a 所示用鼓形齿的齿形联轴节连接中心轮的结构形式；有将不转动的内齿轮用弹性材料悬挂定位在机壳上的结构形式（图 8.27b）；有中心轮与内齿圈均采用双齿联轴器进行同时浮动的结构形式（图 8.27c）；有将齿轮本身做成弹性的结构，如采用压入弹性体的行星轮结构（图 8.27d）；有将行星轮装在柔性销轴上的结构形式（图 8.27e）；还有采用偏心杠杆使行星轮“浮动”的结构形式等。上述几种均载装置和措施均能不同程度地降低各行星轮受载不均的现象，它们各具优缺点，设计时可参见相关资料。

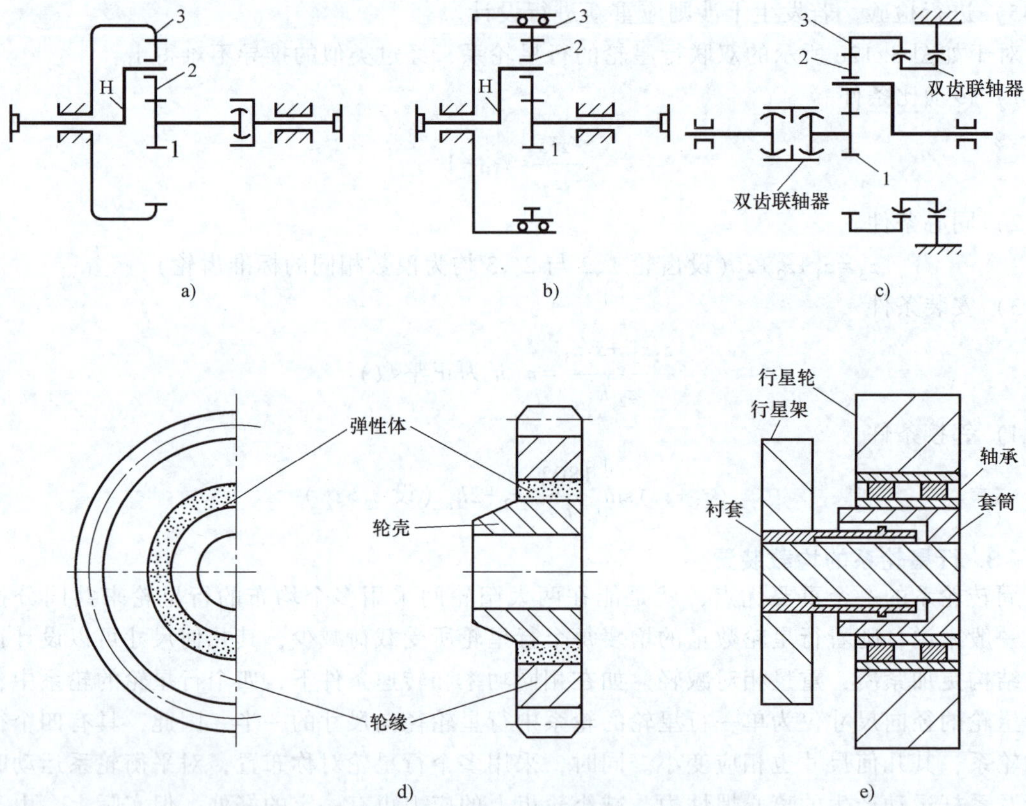

图 8.27 行星轮系的均载装置

a）中心轮浮动 b）内齿轮浮动 c）中心轮与内齿圈同时浮动
d）压入弹性体的行星轮浮动 e）柔性销轴行星轮浮动

8.7 轮系的功用

通过前面各节的知识学习可知，轮系的功能与用途大致可以归纳为以下几个方面：

（1）获得大的传动比 在保证轮系传动效率较高的条件下，2K-H 型的减速器，其一级的传动比通常不超过 16，单级齿轮机构所能实现的传动比就更低，采用多级轮系串联可以获得较大的传动比，如多级 2K-H 型行星轮系的串联，实用传动比已可达 2500 以上，最大可达 5000。

（2）在不改变传动比的条件下增大传动距离　由于受传动比、齿数和模数的限制，一对齿轮能将运动及动力传递的距离是十分有限的。在一对齿轮间增加若干惰轮则可以实现既不改变原齿轮机构的传动比，又加大了输入轴与输出轴之间的传动距离的目的。

（3）实现分路传动　在只有一个动力源的机械中，当需要使多个执行机构同时获得运动及动力时，可采用有多个分路传动的定轴轮系来实现。如图 8.28 所示的钟表传动机构中，动力源（发条 N）经定轴轮系 1-2 直接带动分针 M；一路通过定轴轮系 9-10-11-12 带动时针 H；另一路通过定轴轮系 3-5-5-6 带动秒针 S。图中括号内为各轮齿数，由图可见分针 M 与时针 H 之间的传动比

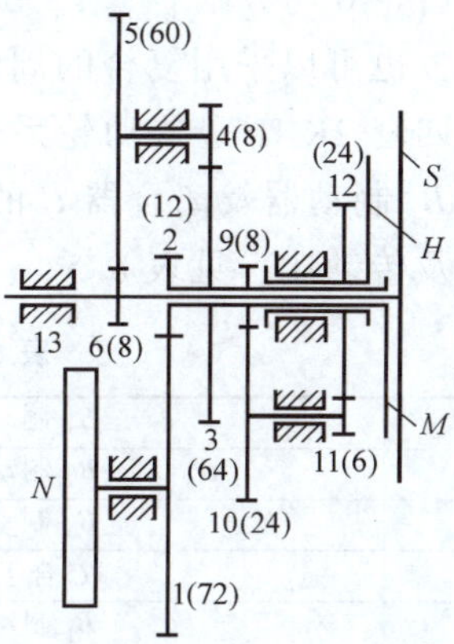

图 8.28　钟表中的定轴轮系

$$i_{\mathrm{MH}}=\frac{n_{\mathrm{M}}}{n_{\mathrm{H}}}=-\frac{n_9}{n_{12}}=(-1)^2\left(\frac{z_{10}z_{12}}{z_9z_{11}}\right)=12 \tag{8.36}$$

秒针 S 与分针 M 之间的传动比

$$i_{\mathrm{SM}}=\frac{n_{\mathrm{S}}}{n_{\mathrm{M}}}=-\frac{n_6}{n_3}=(-1)^2\left(\frac{z_3z_5}{z_4z_6}\right)=60 \tag{8.37}$$

而且秒针、分针及时针的转向均相同。

（4）实现变速传动　在输入轴转速不变的条件下，利用滑移齿轮与不同的齿轮啮合，形成运动传递路径各不相同的定轴轮系，可使输出轴获得多种工作转速的传动称为变速传动。变速传动分为有级和无级两种。当变速传动的传动比能在一定范围内获得无间断的任意值时，称为无级变速，否则称为有级变速。如图 8.29a 所示的汽车变速器中的定轴轮系，利用滑移齿轮和牙嵌离合器便可以获得四种不同的输出转速。图中动力由轴Ⅰ输入，轴Ⅱ输出。

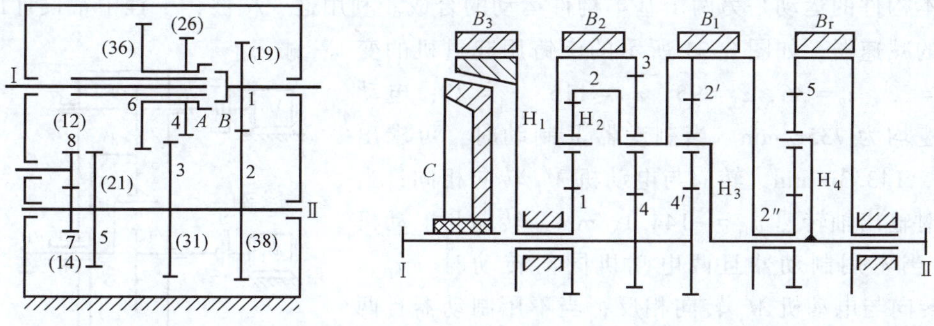

a)　　b)

图 8.29　变速齿轮传动

a）汽车变速器中的定轴轮系　b）自动变速器

第 1 档：齿轮 5 与 6 相啮合，其余脱开（低速档）。

第 2 档：齿轮 3 与 4 相啮合，其余脱开（中速档）。

第 3 档：牙嵌离合器 A、B 嵌合，其余脱开（高速档）。

第 4 档：齿轮 6 与 8 啮合，A、B 脱开（倒档）。

变速传动，也可以采用复合的周转轮系来实现，如图 8.29b 所示的国产轿车中的自动变速器，就是由四套 2K-H 型差动轮系通过串并联方式组合而成的。运动由轴 Ⅰ 输入，通过 B_1、B_2、B_3、B_r 制动器及离合器 C 的操控，即可使输出轴 Ⅱ 得到不同的转速和转向，其各档的工作情况及传动比，见表 8.5。

表 8.5 变速器各档传动比

第 1 档	B_1 制动	$i_{\mathrm{I\,II}}=4.286$
第 2 档	B_2 制动	$i_{\mathrm{I\,II}}=2.752$
第 3 档	B_3 制动	$i_{\mathrm{I\,II}}=1.67$
第 4 档	C 合上	$i_{\mathrm{I\,II}}=1$
第 5 档	B_r 制动	$i_{\mathrm{I\,II}}=-6.453$

（5）改变输出轴的转向　正如前面所述：惰轮不影响传动比的大小，但能影响输出轴的转向。在如图 8.29 所示的汽车变速器的例子中，第四档正是利用了惰轮 8 而使输出轴 Ⅱ 的转向反向，因此第四档也称倒档。如图 8.30a 所示的车床上走刀丝杠的三星轮换向机构也是利用了输入轴与输出轴间变换惰轮的数量来改变从动轴的转向。图 8.30b 所示为一种采用锥齿轮机构进行换向的装置。

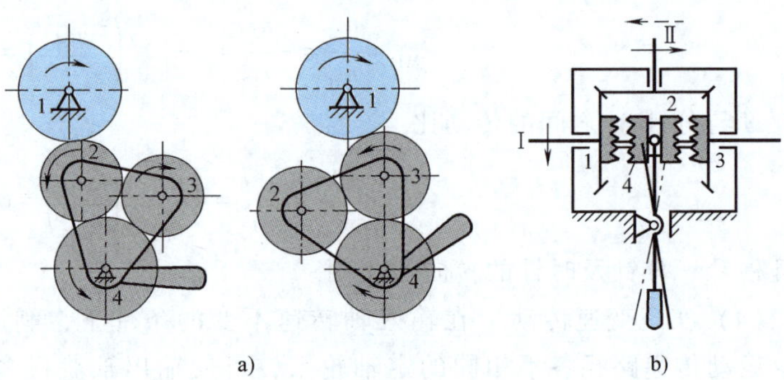

图 8.30 改变输出轴转向的方法

a）改变惰轮数量　b）改变齿轮啮合对象

（6）实现运动的合成与分解　差动轮系的自由度为 2，所以轮系中三个基本构件，必须给其中任意两个基本构件输入确定的运动，第三个基本构件才能获得确定的相对运动。即是说，第三个基本构件的运动是另两个基本构件运动的合成。利用这一特性，工程中常设计出一些可以变速的减速器。如图 8.31 所示的浇铸用起重机的变速器，已知 $z_1=23$，$z_2=36$，$z_3=95$，$z_{3'}=115$，$z_4=28$；电动机 M_1、M_2 转速均为 735r/min。当制动器 Ⅱ 制动时，可求出输出轴转速 $n_H=143.3$r/min，转向与电动机 M_1 转向相同；当制动器 Ⅰ 制动时输出轴转速 $n_H=-144.1$r/min，转向与电动机 M_2 转向相反；当不用制动器且两电动机同向转动时，$n_H=0.832$r/min，转向与电动机 M_1 转向相反；当不用制动器且两电动机反向转动时，输出轴的转速 $n_H=-287.4$r/min，转向与电动机 M_1 转向相同。如果将两个电动机中的一个（一般选功率较小的）换成调速电动机，并对其进行无级调速，就可以

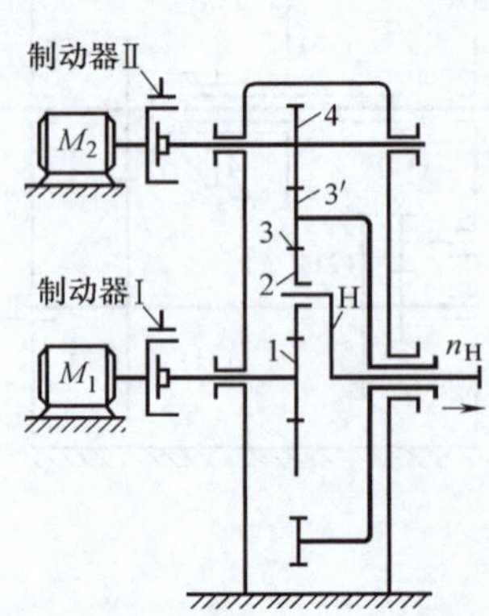

图 8.31 差动型变速器

实现无级变速传动。这种变速器结构简单，传动效率高，可在带负荷状态下进行变速作业，因此是一种很有发展前途的变速装置。

差动轮系除了能将两个运动和动力合成之外，也可以实现将一个动力和运动分解为两个动力和运动。如图 8.20 所示汽车后桥差速器就是一个实例。

(7) 实现复杂的轨迹运动和刚体导引　周转轮系中，行星轮上各点的运动轨迹是各种形状各异的摆线。如图 8.32a 所示的内啮合行星轮系，当行星轮的节圆半径为内齿太阳轮节圆半径的一半时，行星轮节圆上各点的轨迹是一些位置不同的精确直线。而行星轮上除中心点 O_2 以外的各点的运动轨迹是长、短轴各不相同的椭圆。

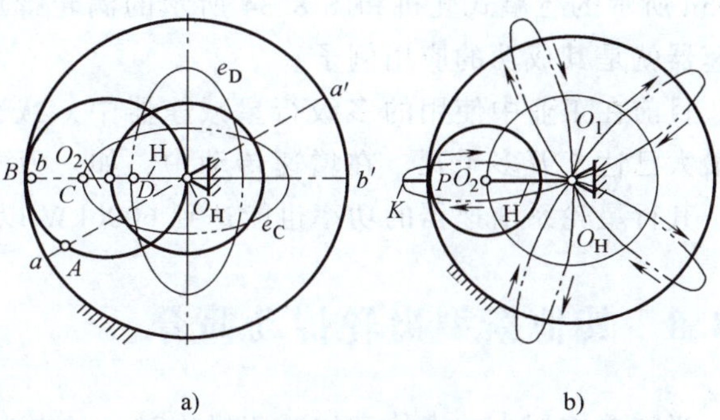

图 8.32　行星轮轨迹曲线

a）行星轮上不同点的轨迹曲线　b）五叶长幅内摆线

又在如图 8.32b 所示的内啮合行星轮系中，当行星轮节圆半径与中心轮节圆半径之比为 0.4，行星轮节圆外一点 K 到行星轮节圆距离为行星轮节圆半径的一半时，其点 K 的运动轨迹是一条连续的五叶长幅内摆线。由于行星轮能够产生出各种各样的摆线，因此可用它来加工各种各样的摆线齿轮，在纺织工业中用来生产各种美妙的图案，以及利用它来设计如图 8.33a 所示的带有停歇运动的滑块组合机构。

行星轮上任意一点由于运动轨迹复杂，在搅拌机中常用它来带动如图 8.33b 所示的搅拌桨，在光学磨片机中常用它来带动磨头对玻璃进行抛光。图 8.33c 所示为马铃薯挖掘机中用来带动挖叉的行星轮系 $z_1=z_2(r_1=r_2)$，则行星轮 2 始终作平面平行运动。该系统正是利用这一位姿特点，使固接于行星轮上的挖叉方向始终保持不变，来实现挖马铃薯的作业过程。该特性还广泛应用于机器人和机械手中。

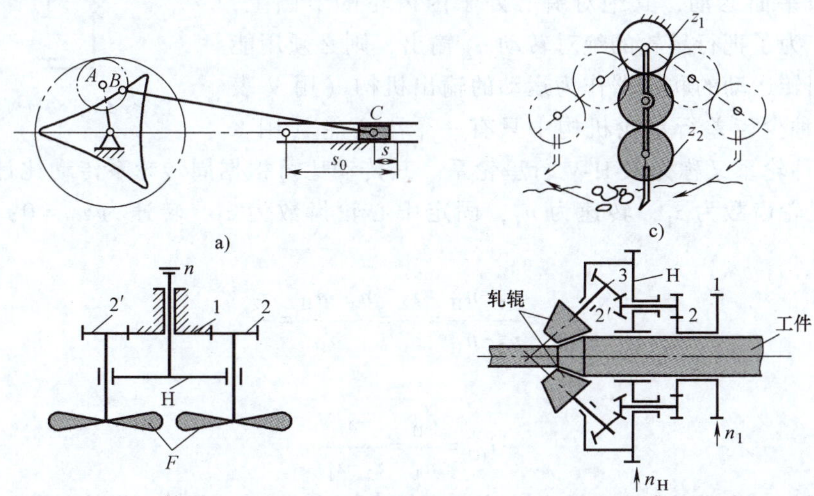

图 8.33　含有行星轮的各种机械

a）具有停歇运动的组合机构　b）双桨搅拌机　c）马铃薯挖掘机　d）行星式轧机

(8) 在机构尺寸、重量较小的条件下实现大功率传动 采用具有多个行星轮的行星减速器，由于太阳轮四周均布有多个行星轮，减速器的载荷可以由多个行星轮共同分担，这样既减小了齿轮的尺寸，又平衡了行星轮运动时产生的惯性力。由于所有的行星轮均布装在内啮合的太阳轮内，提高了空间利用率，使之结构非常紧凑。如图 8.33d 所示的行星式轧机和图 8.34 所示的涡轮螺旋桨发动机主减速器就是其成功的应用例子。

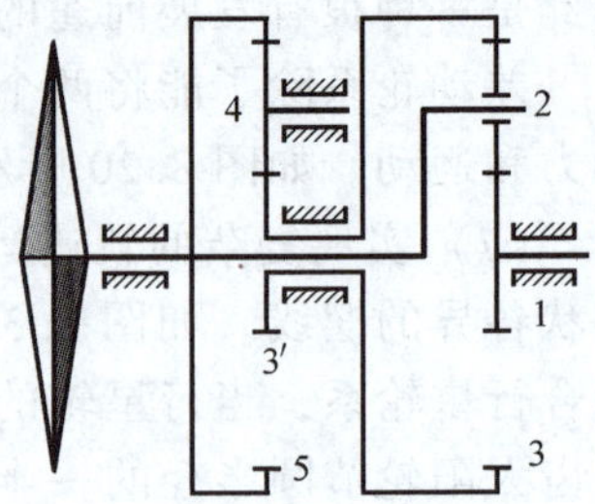

图 8.34 涡轮螺旋桨发动机主减速器

目前在工业中使用的多级行星减速器中，减速器的承载能力最大已达 5 万多千瓦。在增速传动中，如一万立方米制氧机上，其行星轮系增速器的功率也能达到 6000kW 以上。

*8.8 其他新型齿轮传动简介

当需要体积小的大传动比减速机构时，过去人们一般采用蜗轮蜗杆传动。蜗轮蜗杆传动的最大缺点是传动效率低，且制造蜗轮副需要大量的贵重金属铜。而恰当的轮系是实现小体积与大传动比的重要途径。

1. 渐开线少齿差行星齿轮传动

渐开线行星减速传动，当行星轮齿数与其啮合的内齿轮齿数相差很少时（称为少齿差传动），不但装配方便、体积小，而且传动效率高、传动比大。在如图 8.6a 所示的行星轮系中，如果取消太阳轮 1，而把行星轮的齿数做成与内齿轮数只差几个齿（通常为 1~4 齿），并构成如图 8.35 所示的传动形式，就构成了少齿差行星齿轮传动。这种轮系用于减速传动时，应以系杆 H 为主动（因 H 较短，通常将系杆作为偏心轴），行星轮为从动，即输出运动为行星轮的转动。由于行星轮作一般平面运动，其绝对瞬心处于内齿轮的节圆上，是不固定的，为了把行星轮的绝对转动 n_2 输出，则必须用能传递两平行回转运动的联轴器作为运动的输出机构（用 V 表示）。由于这种少齿差行星轮机构中只有一个中心轮（用 K 表示），故这种轮系又称为 K-H-V 行星轮系。其传动比可根据周转轮系传动比计算公式进行计算。设行星轮齿数为 z_1，转速为 n_1；固定中心轮齿数为 z_2，转速为 $n_2=0$；系杆转速为 n_H，则

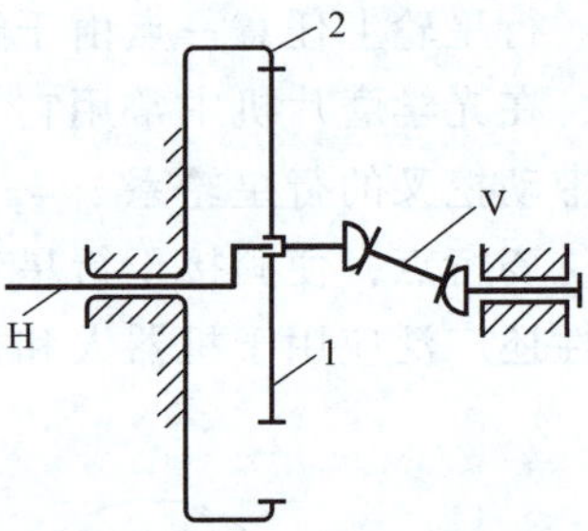

图 8.35 K-H-V 行星轮系

$$i_{12}^{H}=\frac{n_1-n_H}{n_2-n_H}=\frac{z_2}{z_1}=\frac{n_1-n_H}{-n_H}=\frac{z_2}{z_1}$$

故

$$i_{H1}=\frac{n_H}{n_1}=\frac{-z_1}{z_2-z_1}$$

由上式可知：齿数差 z_2-z_1 越小，传动比越大。当 $z_2-z_1=1$ 时，机构成为一齿差行星轮系，这时 i_{H1} 值最大为 $-z_1$，“-”号表示系杆的转向与行星轮输出运动转向相反。由此可见，少齿差行星齿轮减速器只用很少几个构件，就可获得相当大的传动比（单级可达 100 以上，

双级可达 10000 以上)，而且结构紧凑、体积小、重量轻（与同样传动比、同样功率的普通齿轮减速器比较，重量可减轻 1/3 以上）、加工较容易、安装维修方便、效率也较高（一般可达 0.8~0.94)，因而应用广泛。

但是由于轮系中的齿轮是渐开线齿轮，而两轮齿的齿数相差又很小，采用正常齿制的齿轮，两齿轮在运动中极易发生齿廓干涉。为了防止齿与齿之间发生干涉，需要采用有较大啮合角的变位齿轮（通常齿数差越少，啮合角越大，一齿差时啮合角高达 54°~56°，比标准齿轮传动啮合角 20°高出了许多)，因而导致了齿轮有较大的径向负荷。此外，由于需将作平面运动的行星轮的运动输出，还需要一个运动输出机构，这些都使其传递的功率和传动效率受到一定的限制。因此，渐开线少齿差行星轮传动一般只适用于中、小型的动力传动（传递功率一般不大于 45kW)。

2. 摆线针轮传动

摆线针轮传动也是一种一齿差行星齿轮传动，它和渐开线一齿差行星齿轮传动的区别在于：其齿轮的齿廓不是渐开线而是摆线和圆。和渐开线一齿差行星齿轮传动比较，它具有以下优点。

1）没有齿顶相碰和齿廓干涉问题。

2）理论上有一半的齿可以参与传递载荷，同时啮合的齿数多、重合度高、故承载能力高。

3）啮合角比渐开线行星齿轮传动的啮合角小，平均约为 40°，从而减轻了径向负荷，提高了传动效率。其传递效率一般在 0.9 以上，传递功率目前已达 100kW。

摆线齿廓的形成如图 8.36 所示。将半径为 r_2 的滚圆套在半径为 r_1 的导圆上（$r_1<r_2$)，并使滚圆在导圆上作无滑动的滚动，滚圆上任意一点 P 就形成轨迹为 $P_1P_2\cdots P_5$ 的外摆线，而与滚圆固连的任意一点 M 将形成轨迹为 $M_1M_2\cdots M_5$ 的延长外摆线。以延长外摆线 $M_1M_2\cdots M_5$ 为理论廓线，用半径为 r_z 的小圆作包络曲线，得一条延长外摆线的等距曲线 $C_1C_2\cdots C_5$，于是得行星轮的齿廓曲线，而固定中心内齿轮的齿廓曲线即为半径为 r_z 的小圆，故内齿轮又称为针轮，摆线针轮传动因此得名。

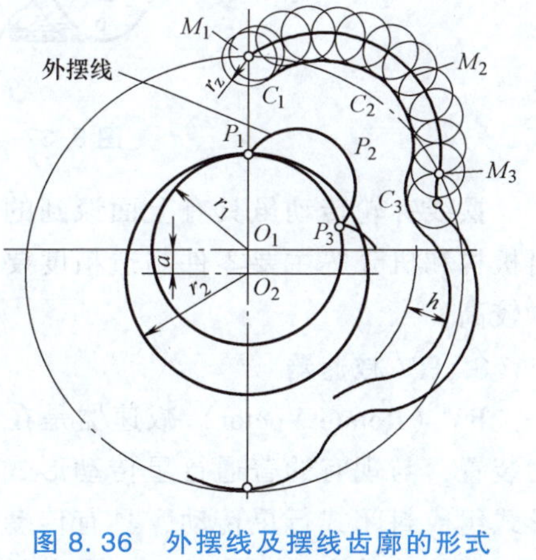

图 8.36 外摆线及摆线齿廓的形式

由摆线行星轮和针轮齿廓形成的过程可知，当摆线行星轮与针轮作相对运动时，滚圆随之与导圆作纯滚动，所以导圆与滚圆实际上是它们啮合传动时的节圆，两圆的切点即为节点，故两轮的传动比为

$$i_{12}=\frac{\omega_1}{\omega_2}=\frac{r_2}{r_1}$$

因 r_1、r_2 为定值，故两轮的传动比恒为定值。

从图 8.36 中可以看出：因滚圆半径 r_2 比导圆半径 r_1 大，滚圆的圆周长比导圆的圆周长长，当滚圆在导圆上作纯滚动一周后，设其周长差为$\overset{\frown}{AB}$，则

$$\widehat{AB}=2\pi(r_2-r_1) \tag{8.38}$$

$\widehat{AB}$ 应当对应摆线齿廓行星轮的一个完整的外摆线齿廓的起点与终点，设摆线行星轮的齿数为 z_1，针轮齿数为 z_2，$r_2-r_1=a$，则由式（8.38）得

$$\widehat{AB}=2\pi a$$

$$\frac{2\pi r_1}{\widehat{AB}}=z_1=\frac{2\pi r_1}{2\pi a}=\frac{r_1}{a}\left(\frac{r_1}{a}\text{必须为正整数}\right)$$

$$\frac{2\pi r_2}{\widehat{AB}}=z_2=\frac{2(\pi r_1+a)}{2\pi a}=1+\frac{r_1}{a}=1+z_1 \tag{8.39}$$

上式说明：针轮齿数只能比摆线行星轮齿数多一齿，故摆线针轮传动只能是一齿差行星齿轮传动。

为了改善构件的受力，增大机构的传递功率，摆线针轮减速器中常与渐开线少齿差行星齿减速器一样，用两个偏心相互错位 180°的摆线齿廓的摆线轮，输出机构为孔销式等速输出机构，为了减小摩擦，在针销外面通常有活动的针销套（图 8.37）。

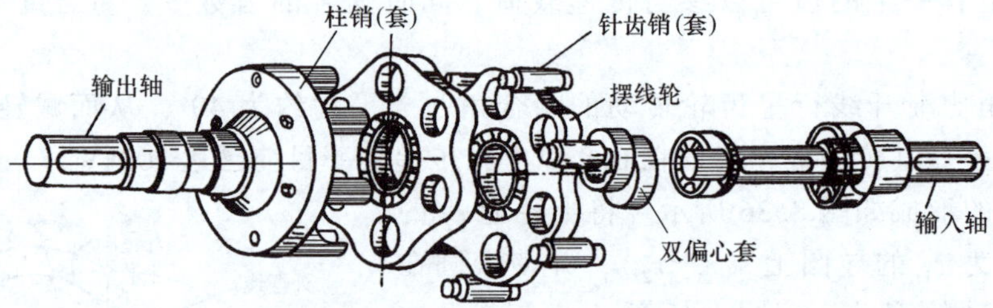

图 8.37 摆线针轮减速器结构的爆炸图

摆线针轮传动虽具有上面谈到的一些优点，但也存在着一些缺点，如摆线轮、针轮、输出机构和机壳等主要零件制造精度要求高、工艺较复杂、要求采用较好的材质，因此生产成本较高。

3. RV 减速器

RV（Rotate Vector）减速器是在摆线针轮行星传动的基础上发展起来的一种二级减速传动装置，与现有的普通行星传动形式相比，该减速器采用共用曲柄轴和中心圆盘支撑的结构形式组成封闭式行星传动，具有传动比大、体积小、重量轻、承载能力强、刚度大、运动精度高、传动效率高、回差小、寿命长和传动平稳等优点，近年来在工业机器人等精密传动领域得到了广泛的应用，其机构简图如图 8.38 所示。

RV 减速器由如下几个构件组成：

1）太阳轮 1。太阳轮 1 与输入轴连接在一起，以传递输入功率，并与行星轮 2 相啮合。

2）行星轮 2。行星轮 2 与曲柄轴 3 相固连，多个（至少 2 个）行星轮均匀地分布在一个圆周上，起功率分流的作用。

3）曲柄轴 3。曲柄轴 3 是摆线轮 4 的旋转轴，它的一端与行星轮 2 相固连，另一端通过轴承与行星架相连接。它可以带动摆线轮 4 产生公转，同时又支承摆线轮的自转。

4）摆线轮 4。为了达到静平衡，采用两个完全相同的摆线轮 4，分别借助于轴承安装在

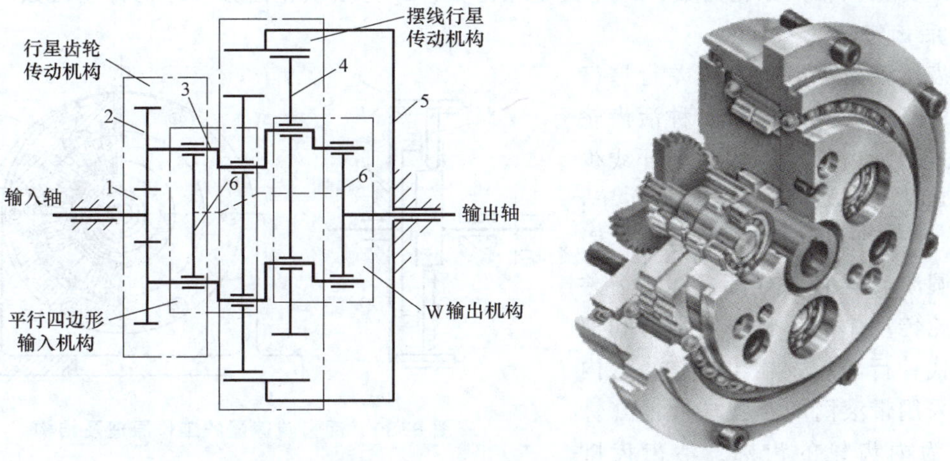

图 8.38 RV 减速器传动原理

1—太阳轮 2—行星轮 3—曲柄轴 4—摆线轮 5—针轮 6—输出盘（行星架）

曲柄轴 3 上，而且两个摆线轮的偏心位置相互成 180°。

5）针轮 5。针轮 5 通过壳体与机座相固连，沿针轮圆周方向均匀分布有 n 个针齿，一般针齿由针齿销和针齿套组成，以减少与摆线轮啮合时的摩擦损失。

6）输出盘 6。在输出盘 6 上均匀分布着多个曲柄轴 3 的轴承孔，曲柄轴的输出端借助轴承安装在输出盘 6 上。其传动原理是太阳轮 1 作为输入，传递给行星轮 2，进行第一级减速。行星轮 2 与曲柄轴 3 固连，将行星轮 2 的旋转运动通过曲柄轴 3 传给摆线轮 4，构成摆线行星传动的平行四边形输入，使摆线轮 4 产生偏心运动。同时摆线轮 4 与针轮 5 啮合产生绕其回转中心的自转运动，此运动又通过曲柄轴 3 传递给输出盘 6 实现等速输出转动。由于输出盘 6 也作为第一级行星齿轮传动的行星架，因此输出盘 6 的运动也将通过曲柄轴 3 反馈给第一级差动机构形成运动封闭。

根据上述分析可知，RV 传动机构中包含行星齿轮传动、平行四边形输入、摆线行星传动以及 W 输出四个子机构。该机构的传动比可按如下关系式计算：

第一级行星传动转化机构传动比为

$$i_{12}^{6}=\frac{n_1-n_6}{n_2-n_6}=-\frac{z_2}{z_1} \tag{8.40}$$

第二级摆线针轮行星传动转化机构传动比为

$$i_{45}^{3}=\frac{n_4-n_3}{n_5-n_3}=1-\frac{n_4}{n_3}=\frac{z_5}{z_4} \qquad (8\text{-}41)$$

由其传动原理可知，二级系杆转速等于一级传动的行星轮转速，行星架的转速等于摆线轮的自转转速，即

$$n_3=n_2 \tag{8.42}$$

$$n_6=n_4 \tag{8.43}$$

由式（8.40）、式（8.41）、式（8.42）和式（8.43）联立得到

$$i_{16}=\frac{n_1}{n_6}=1+\frac{z_2z_5}{z_1(z_5-z_4)} \tag{8.44}$$

式中，z_1 为输入轴太阳轮齿数；z_2 为行星轮齿数；z_4 为摆线轮齿数；z_5 为针轮齿数。

4. 活齿传动

活齿传动也是一种少齿差行星齿轮传动，目前已研制出了多种活齿轮结构形式的活齿传动。它与渐开线少齿差行星齿轮传动的主要区别在于：如图 8.39 所示的推杆活齿传动，它用偏心圆激波器 H 替代渐开线少齿差行星齿轮传动中的系杆，用活齿和活齿盘 1 代替行星轮及输出机构，其内齿轮 2 采用带滚筒的小圆柱针销（针齿）作为内齿轮的齿廓，活齿齿廓（即行星轮齿廓）采用小圆的共轭齿廓或直线齿廓。

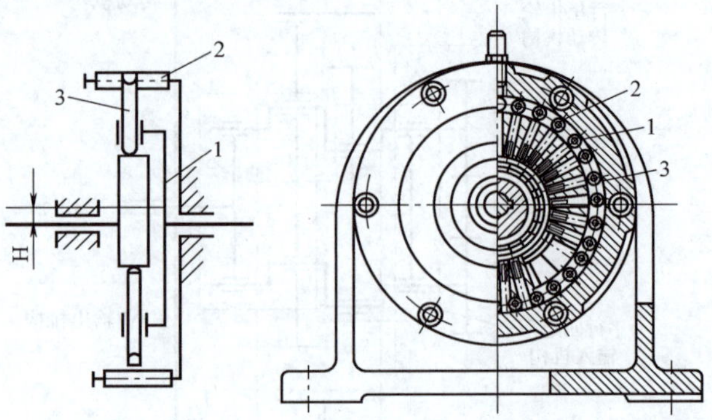

图 8.39 活齿减速器的工作原理及结构

活齿传动的工作原理是：当以偏心圆轴为主动件转动时，偏心圆盘将周期性地激发安装在活齿盘上可沿径向移动的活齿作径向往复运动，从而使活齿的楔形齿头逐渐从活齿盘缘伸出而与内齿圈上的针齿啮合，当均布在活齿盘上的所有活齿一齿一齿地依次与针齿啮合及退出啮合，就如同行星轮在内齿圈上作既自转又公转的啮合运动，从而实现行星齿轮传动，故这种行星齿轮减速器为活齿减速器。在活齿传动机构中，活齿盘既是活齿的保持架（相当于行星轮的轮辐）又是行星轮的运动输出机构。驱动活齿运动的偏心圆盘，将活齿盘上的活齿依次推起和落下，形成类似蛇腹蠕动式的切向运动波，故偏心圆盘又称为偏心圆激波器。在激波器转一周的过程中，活齿的运动循环次数与激波器上偏心凸起部分的数量是相等的。其凸起的数量称为波数，故偏心圆激波器的波数等于 1。

设活齿盘的转速为 n_1，针齿轮的转速为 n_2，偏心圆激波器的转速为 n_H，活齿的齿数为 z_1，针齿的齿数为 z_2，根据周转轮系的传动比公式得

$$i_{12}^{H}=\frac{n_1-n_H}{n_2-n_H}=\frac{z_2}{z_1} \tag{8.45}$$

因为活齿盘轴、激波器轴和针齿轮轴三轴共线，因此三个构件中可以其中任意一个构件为主动件，以任意一个构件为机架和运动输出构件。

如果以针齿轮为机架，即 $n_2=0$，由式（8.45）得

$$\frac{n_1-n_H}{-n_H}=\frac{z_2}{z_1} \qquad 故 \quad i_{H1}=\frac{-z_1}{z_2-z_1} \tag{8.46}$$

设计时，通常取 z_2-z_1 等于激波器的波数。如果采用偏心圆激波器，即波数为 1，则 $z_2-z_1=1$，这时活齿传动变成一齿差传动，由式（8.46）得

$$i_{H1}=-z_1 (负号表示输入与输出转向的相反)$$

如果以活齿盘为机架，即 $n_1=0$，由式（8.45）得

$$\frac{-n_H}{n_2-n_H}=\frac{z_2}{z_1}$$

故

$$i_{H2}=\frac{z_2}{z_2-z_1} \tag{8.47}$$

对于一齿差活齿传动，$i_{H2}=z_2$，这时输入与输出转向相同。

减速比 i_{H1} 和 i_{H2} 在设计时可在 17~60 的范围内取值。由于增速传动，尤其是大增速比传动机构容易发生自锁，故应用较少。

当以激波器为机架时，即机构中系杆 H 不动，$n_H=0$，活齿传动变成定轴轮系传动，这时

$$i_{12}=\frac{n_1}{n_2}=\frac{z_2}{z_1} \tag{8.48}$$

由于 $z_2=z_1+1$，故活齿盘与针齿轮间只能实现小传动比的减速或增速传动。

为了使减速器受力均衡，传递更大的功率，活齿减速器通常采用双排激波器和活齿齿轮的结构，两激波器对称错位 180°安装，活齿在活齿盘上分两圈安装，两圈活齿相互错开半个齿距均布排列。针齿为单排，齿数应为双数。

活齿传动具有以下主要优点：

1）同时啮合的齿数多达 50%，故承载能力大，在相同传动比和相同体积的条件下，承载能力比普通齿轮减速器约大 6 倍。

2）由于采用了针齿和直线齿廓的行星轮齿，故不易发生齿廓干涉。

3）传动比大。在传动比和传动功率相同的条件下，比普通齿轮减速器的体积缩小 1/3 左右。

4）结构简单。与少齿差行星传动和摆线针轮传动比较，活齿传动省去了等速运动输出机构，简化了结构，改善了传动性能。

5）传动效率高。活齿传动的啮合为滚动摩擦，活齿虽在活齿盘的槽中有滑动，但相对滑动率比齿轮传动的滑动率低，加之又省去了输出机构，故活齿传动效率高。如 $i=29$，功率为 1.5kW 的活齿减速器，经跑合后实测效率可达 0.94。

6）工艺性能良好。活齿和针齿均为形状简单的小件或标准滚动件，无需特殊齿廓加工设备，易于标准化和系列化，也便于使用和维修，生产成本较低，与同规格的摆线针轮减速器比较，价格可低 10%~13%。

5. 谐波齿轮传动

谐波齿轮传动由三个基本构件组成（图 8.40），即激波器 H、刚性内齿轮 2（简称刚轮）和柔轮 3。其传动工作原理与活齿传动极其相似，所不同的是：活齿传动中的活齿在谐波齿轮传动中改用了可以变形的柔性齿环；其刚轮内齿的齿廓与柔轮齿廓相同，或均为直线齿廓、或均为渐开线齿廓。

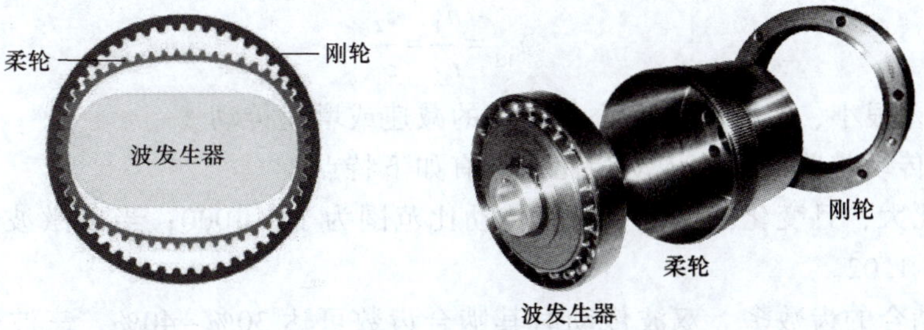

图 8.40　谐波齿轮传动

谐波齿轮的工作原理是：当激波器（带滚动轴承的转臂）装入柔轮后，迫使柔轮从圆形变为椭圆形，椭圆形柔轮的长轴端附近的齿与刚轮齿完全啮合，椭圆形柔轮的短轴端附近的齿与刚轮齿完全脱开，在柔轮周长上其余不同区段的齿有的处于啮合状态，有的处于啮出状态。当激波器连续转动时，柔轮的变形部位也随之转动，使柔轮的齿依次进入啮合，然后再依次退出啮合，从而实现啮合传动。在传动过程中，柔轮产生的弹性变形波近似于谐波，故这种齿轮传动机构又称为谐波齿轮传动。谐波齿轮传动中柔轮与刚轮的周节相同，但齿数不同，设计时通常使两轮齿数差等于激波器的波数。

谐波齿轮传动的啮合过程和行星轮传动类似：柔轮（相当于行星轮）在激波器的驱动下（相当于系杆 H 转动）在刚轮（刚性内齿轮）的内齿圈内既自转又公转。设柔轮的齿数为 z_1，转速为 n_1；刚轮的齿数为 z_2，转速为 n_2；激波器的转速为 n_H。其传动比按周转轮系传动比计算公式得

$$i_{12}^{H}=\frac{n_1-n_H}{n_2-n_H}=\frac{z_2}{z_1} \tag{8.49}$$

由于柔轮、激波器和刚轮三个构件的轴共线，可取其中任意一构件为主动件、任意一个构件为机架或从动件，因此当以激波器为主动件（最常采用）、刚轮为机架、柔轮为从动件时，由式（8.49）得

$$\frac{n_1-n_H}{-n_H}=\frac{z_2}{z_1}$$

故

$$i_{H1}=\frac{-z_1}{z_2-z_1}=-\frac{z_1}{n} \tag{8.50}$$

式中，n 为波数或波数的整数倍，即 $z_2-z_1=n$。i_{H1} 为负表示输入与输出转向相反。

当以激波器为主动件、柔轮固定为机架、刚轮为从动件时，由式（8.49）得

$$\frac{-n_H}{n_2-n_H}=\frac{z_2}{z_1}$$

故

$$i_{H2}=\frac{z_2}{z_2-z_1}=\frac{z_2}{n} \tag{8.51}$$

式中，i_{H2} 为正表示输入与输出转向相同。

在设计时，i_{H1} 与 i_{H2} 可在 50~500 范围内选取。

当以激波器为机架时，柔轮与刚轮传动为定轴齿轮传动，故

$$i_{12}=\frac{n_1}{n_2}=\frac{z_2}{z_1} \tag{8.52}$$

因 $z_2-z_1=n$ 相差很小，故两轮作微小传动比的减速或增速传动。

谐波齿轮传动与普通齿轮传动相比，具有如下特点：

1）传动比大，且变化范围宽。单级传动比范围为 10~1000；当以激波器为机架时，传动比为 1.002~1.02。

2）同时啮合的齿数多。双波传动时其啮合齿数可达 30%~40%，三波传动时啮合齿数更多，故承载能力较强。

3）零件少、体积小、重量轻。在相同条件下比普通齿轮减速器元件少一半，体积可减小20%~50%，因此，重量大大减轻。

4）运动精度高。由于多齿啮合的平均效应，其传动精度比相同条件下的普通齿轮减速器高。

5）齿面相对滑动率很低，齿面之间接近于面接触，故磨损小、运动平稳、无噪声。

6）在大传动比条件下仍具有较高的传动效率。

7）适用范围广。其功率可达到数十千瓦，负载能力可达数万牛·米，传动精度可达秒量级。

但谐波传动也有一些缺点：

1）起动力矩较大，传动比越小越严重。

2）柔轮在运动中，要长时期发生周期弹性变形，因此，对柔轮的材料、热处理技术要求较高，否则柔轮极易疲劳损坏。

3）当用谐波齿轮传动传递动力时，若结构参数选择不当易导致发热过大，故必要时需采用适当冷却措施。

思 考 题

8.1 什么是惰轮？它在轮系中起什么作用？

8.2 在定轴轮系中如何确定首、末两轮转向间的关系？

8.3 什么叫周转轮系的转化机构？它在计算周转轮系传动比中起什么作用？

8.4 在差动轮系中，若已知两个基本构件的转向，如何确定第三个基本构件的转向？

8.5 周转轮系中两轮传动比的正负号与该周转轮系转化机构中两轮传动比的正负号相同吗？为什么？

8.6 计算复合轮系传动比的基本思路是什么？能否通过给整个轮系加上一个公共的角速度$-\omega_H$的方法来计算整个轮系的传动比？为什么？

8.7 如何从复杂的复合轮系中划分出各个基本轮系？

8.8 周转轮系中各轮齿数的确定需要满足哪些条件？

习 题

8.1 在如图8.41所示的车床变速箱中，已知各轮齿数$z_1=42$，$z_2=58$，$z_{3'}=38$，$z_{4'}=42$，$z_{5'}=50$，$z_{6'}=48$，电动机转速为1450r/min。若移动三联滑移齿轮a使齿轮3′和4′啮合，又移动双联滑移齿轮b使齿轮5′和6′啮合，试求此时带轮转速的大小和方向。

8.2 在如图8.42所示的手摇提升装置中，已知各轮齿数$z_1=20$，$z_2=50$，$z_3=15$，$z_4=30$，$z_6=40$，$z_7=18$，$z_8=51$，蜗杆$z_5=1$为右旋，试求传动比i_{18}并确定提升重物时手柄的转向。

8.3 图8.43所示为一滚齿机工作台的传动机构，工作台与蜗轮5相固连。已知$z_1=z_{1'}=20$，$z_{2'}=35$，$z_{4'}=1$（右旋），$z_5=40$，滚刀$z_6=1$（左旋），$z_7=28$。若要加工一个$z_{5'}=64$的齿轮，试确定交换齿轮组各轮的齿数$z_{2'}$和z_4。

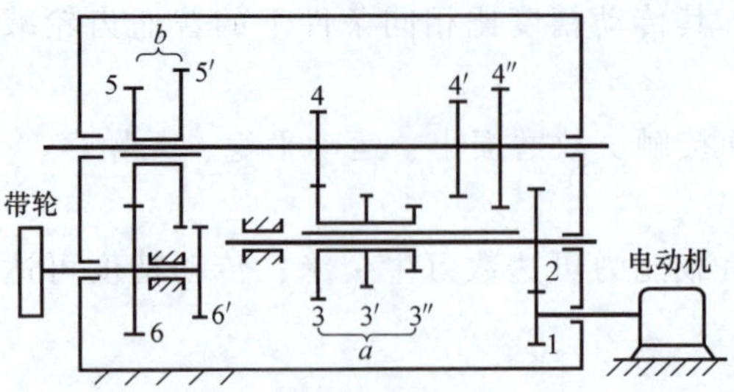

图 8.41

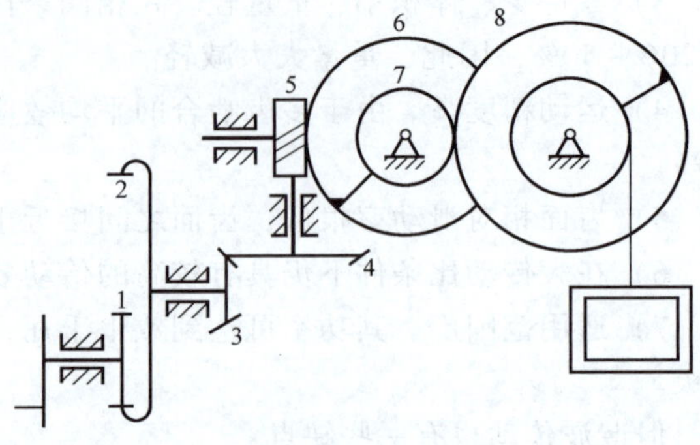

图 8.42

8.4 在如图 8.44 所示的传动装置中，螺杆 4 和 5 是一对旋向相反的单线螺杆，其螺距分别为 3mm 和 2.5mm，螺杆 5 通过螺纹连接在螺杆 4 内，螺杆 4 通过螺纹连接在框架上。齿轮 1 和 1′是固连在手轮转轴上的双联齿轮，齿轮 2 与螺杆 5 固连在一起，齿轮 3 与螺杆 4 固连在一起。已知各轮齿数 $z_1=20$，$z_{1'}=26$，$z_2=44$，$z_3=38$，试确定当手轮按图示方向转动一周时，x、y 的大小和方向变化。

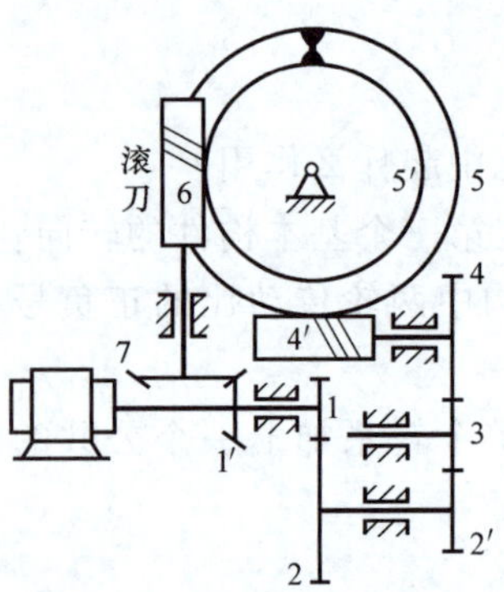

图 8.43

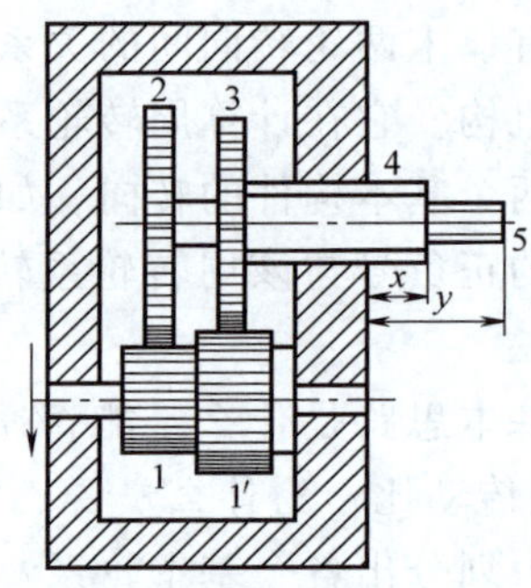

图 8.44

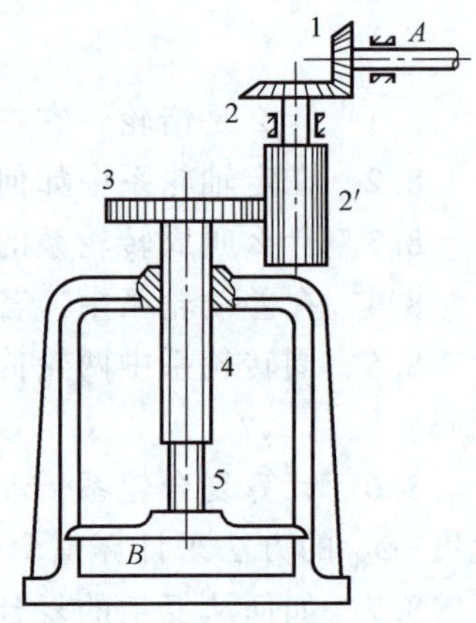

图 8.45

8.5 在如图 8.45 所示的压榨机中，螺杆 4 和 5 为一对旋向相反的螺杆，其螺距分别为 6mm 和 3mm，螺杆 5 通过螺纹连接在螺杆 4 内，螺杆 4 与齿轮 3 固连在一起，螺杆 5 与盘 B 固连在一起，盘 B 夹在框架两侧的槽内不能转动只能沿框架上下移动。已知各轮齿数 $z_1=18$，$z_2=24$，$z_{2'}=24$，$z_3=64$，试求为使盘 B 下降 19mm，轴 A 应转多少转，转向如何？

8.6 图 8.46 所示为手动起重葫芦，已知 $z_1=z_{2'}=10$，$z_2=20$，$z_3=40$。设由链轮 A 至链轮 B 的传动效率 $\eta=0.9$，为了能提升 $Q=1000\text{N}$ 的重物，求必须加在链轮 A 上的圆周力 P。

8.7 图 8.47 所示为一灯具的转动装置，已知 $n_1=19.5\text{r/min}$，方向如图所示，各轮齿数 $z_1=60$，$z_2=z_{2'}=30$，$z_3=z_4=40$，$z_5=120$，求灯具箱体的转速及转向。

8.8 如图 8.48 所示的轮系中，已知各轮齿数 $z_1=60$，$z_2=20$，$z_{2'}=20$，$z_3=20$，$z_4=20$，$z_5=100$，试求传动比 i_{41}。

8.9 如图 8.49 所示的轮系中，已知各轮齿数 $z_1=20$，$z_2=56$，$z_{2'}=24$，$z_3=35$，$z_4=76$，试求传动比 i_{AB}。

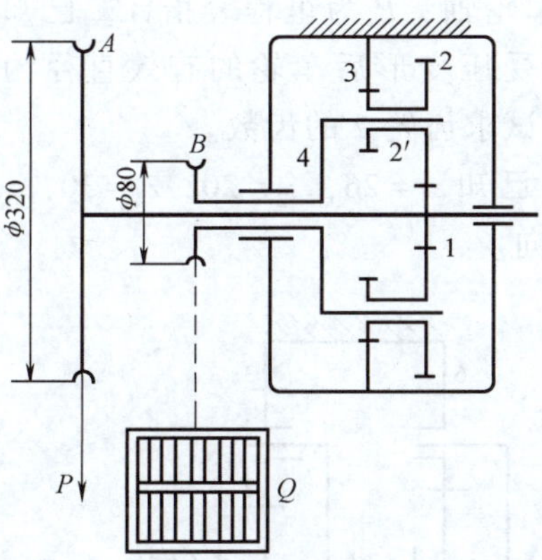

图 8.46

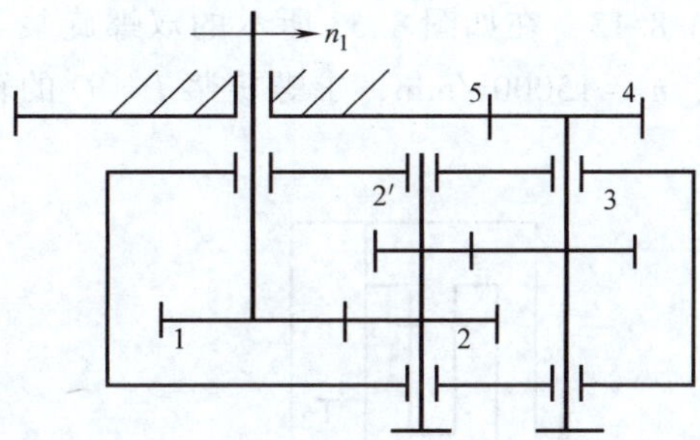

图 8.47

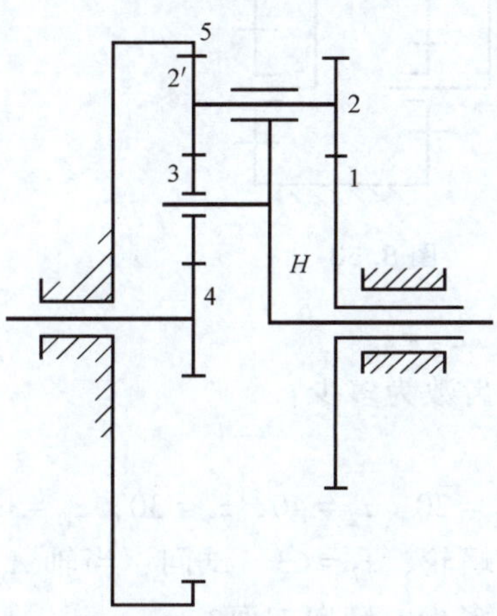

图 8.48

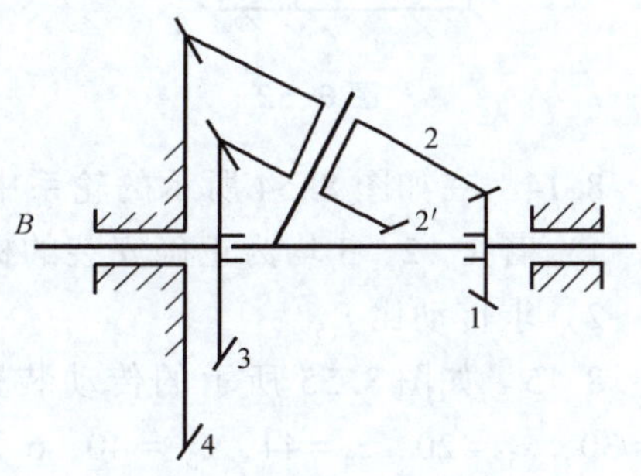

图 8.49

8.10 在如图 8.50 所示轮系中，设已知各轮齿数 z_1、z_2、$z_{2'}$、z_3、$z_{3'}$和 z_4，试求其传动比 i_{1H}。

8.11 在如图 8.51 所示的自动卡盘的传动轮系中，各轮齿数为 $z_1=6$，$z_2=z_{2'}=25$，$z_3=57$，$z_4=56$，求传动比 i_{14}。

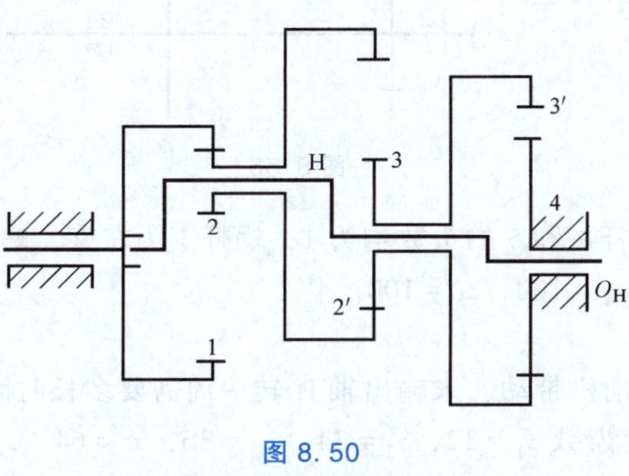

图 8.50

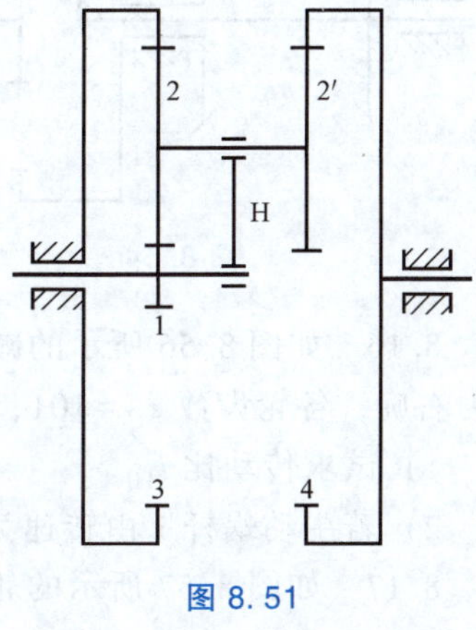

图 8.51

8.12 如图8.52所示的自行车里程表机构中，C为车轮轴，P为里程表指针。已知各轮齿数$z_1=17$，$z_3=23$，$z_4=19$，$z_{4'}=20$，$z_5=24$。设轮胎受压变形后车轮的有效直径约为0.7m，当自行车行驶1km时，表上的指针刚好回转一周。试求齿轮2的齿数。

8.13 在如图8.53所示的双螺旋桨飞机的减速器中，已知$z_1=26$，$z_2=20$，$z_4=30$，$z_5=18$，$n_1=15000\text{r/min}$，求螺旋桨P、Q的转速n_P、n_Q及转向。

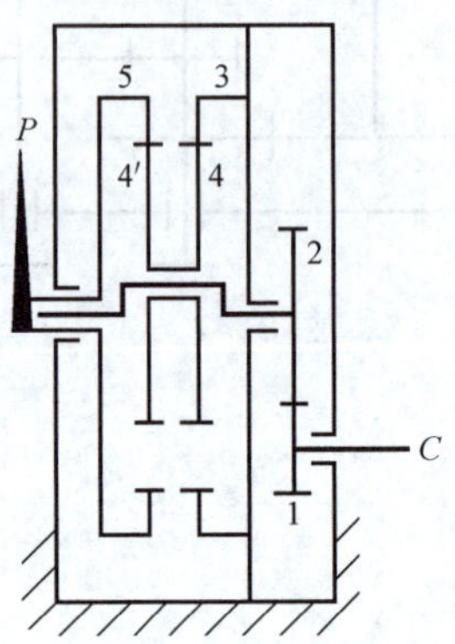

图8.52

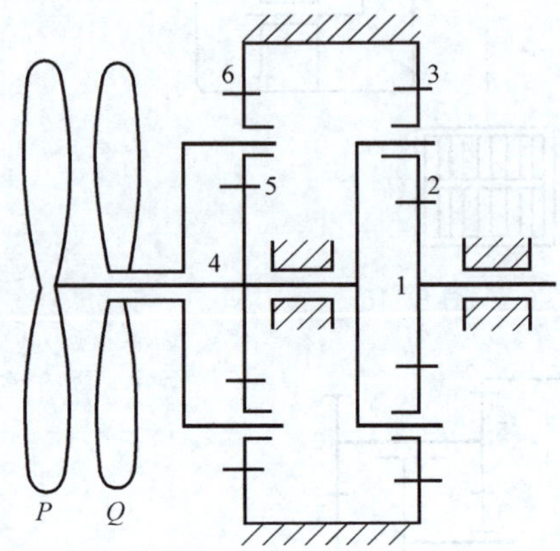

图8.53

8.14 在如图8.54所示的轮系中，已知$z_1=22$，$z_2=33$，$z_3=z_5$。

1）若1、2、3均为正确安装的标准齿轮传动，求z_3的齿数为多少？

2）求传动比i_{15}。

8.15 如图8.55所示的传动装置中，已知各轮齿数$z_1=20$，$z_2=40$，$z_3=30$，$z_{1'}=60$，$z_5=30$，$z_{5'}=20$，$z_4=44$，$z_{3'}=40$，6为右旋三头蜗杆，7为蜗轮，$z_7=63$。试问：当轴A以$n_A=60\text{r/min}$的转速按图示方向回转时，蜗轮7的转速n_7为多少？转向如何？

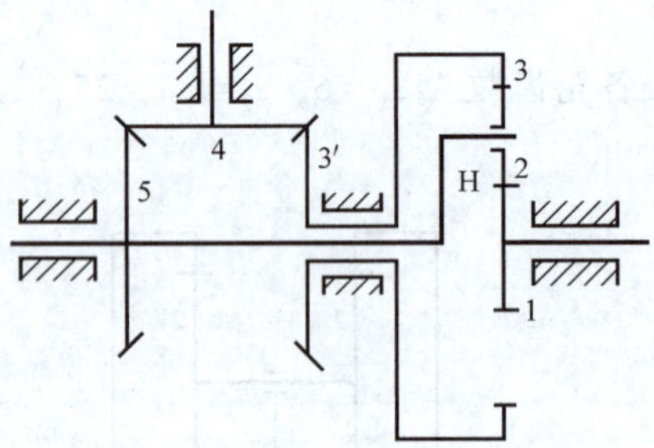

图8.54

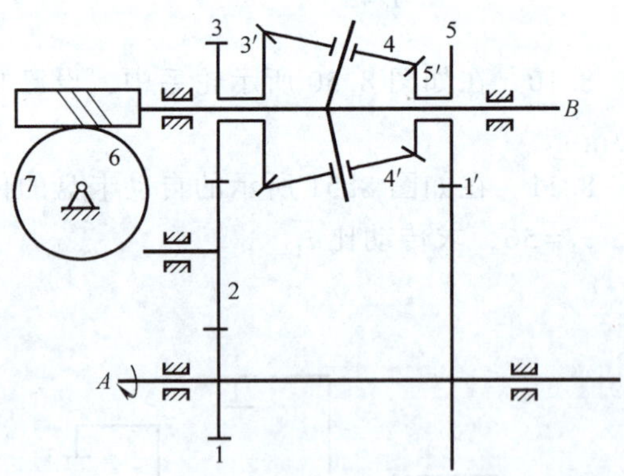

图8.55

8.16 如图8.56所示的减速器中，已知蜗杆1和5的头数均为1，蜗杆1为左旋，蜗杆5为右旋，各轮齿数$z_{1'}=101$，$z_2=99$，$z_{2'}=z_4$，$z_{4'}=100$，$z_{5'}=100$。

1）试求传动比i_{1H}。

2）若主动蜗杆1由转速为1375r/min的电动机带动，求输出轴H转一周需要多长时间？

8.17 如图8.57所示的轮系中，已知各轮齿数$z_1=32$，$z_2=34$，$z_{2'}=36$，$z_3=64$，$z_4=$

32，$z_5=17$，$z_6=24$。

1）若轴 A 按图示方向以 1250r/min 的转速回转，轴 B 按图示方向以 600r/min 的转速回转，试确定轴 C 的转速大小及转向。

2）如果使轴 B 按图示相反方向回转（轴 A 方向不变），求轴 C 的转速大小及转向。

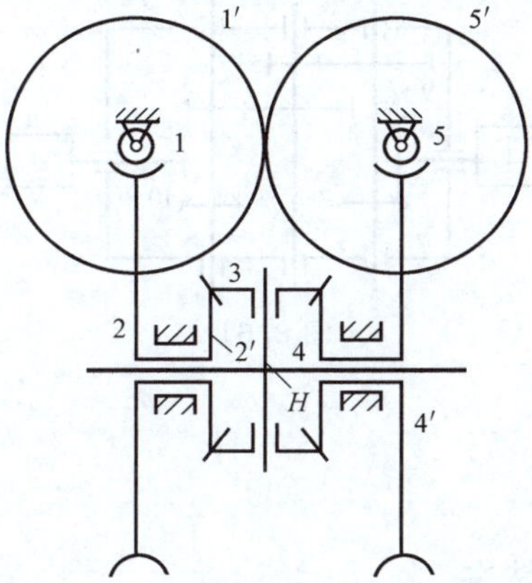

图 8.56

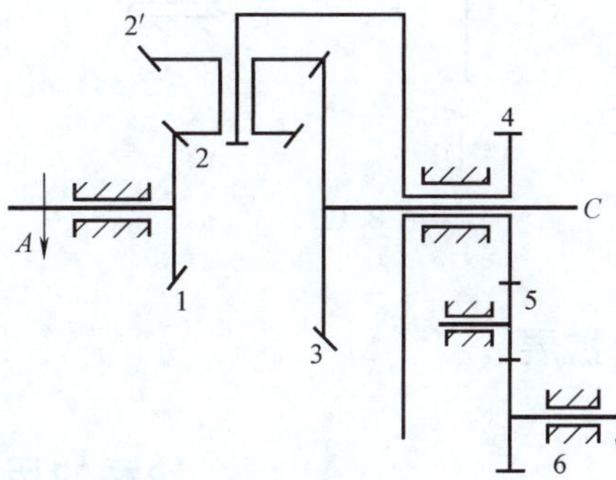

图 8.57

8.18　如图 8.58 所示的变速器，已知 $z_1=z_{1'}=z_6=28$，$z_3=z_5=z_{3'}=80$，$z_2=z_4=z_7=26$。当鼓轮 A、B、C 分别被制动时，求传动比 i_{1H}。

8.19　如图 8.59 所示的轮系中，已知 $z_1=16$，$z_2=32$，模数 $m=6$mm，均为标准齿轮，试求齿轮 3 的齿数 z_3 和系杆 H 的长度 l_H。若要求均布四个行星轮，能否实现？

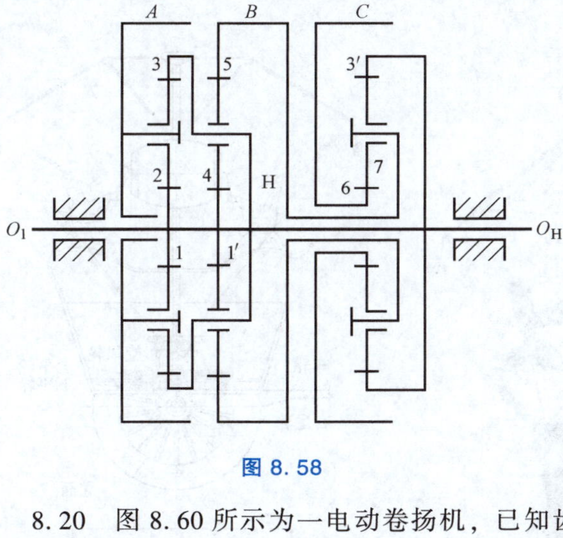

图 8.58

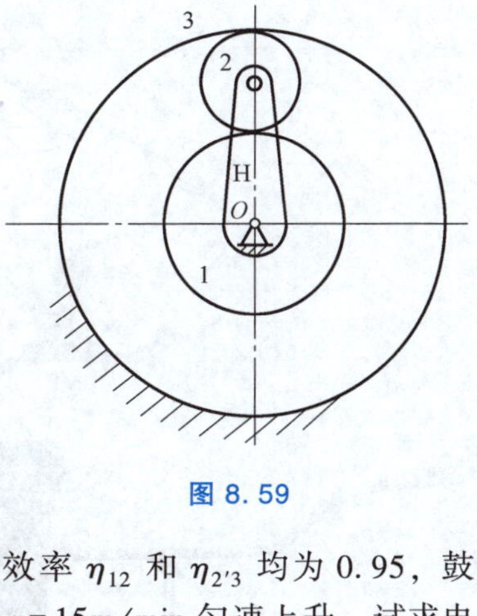

图 8.59

8.20　图 8.60 所示为一电动卷扬机，已知齿轮的传动效率 η_{12} 和 $\eta_{2'3}$ 均为 0.95，鼓轮及滑轮的传动效率 η_4、η_6 均为 0.96。设载荷 $Q=40$kN，以 $v=15$m/min 匀速上升，试求电动机的功率。

8.21　如图 8.61 所示，电动机 M 通过齿轮减速器带动工作机 A 和 B。已知每对圆柱齿轮的传动效率 $\eta_1=0.95$，锥齿轮的传动效率 $\eta_2=0.92$，工作机 A 和 B 的效率分别为 $\eta_A=0.7$，$\eta_B=0.8$。现设电动机的功率为 $P=5$kW，$P_A/P_B=2$，试求工作机 A 和 B 的输出功率 P_A、P_B 各为多少？

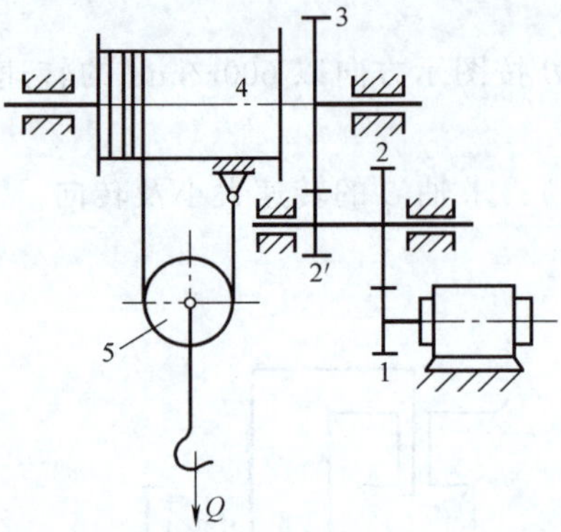

图 8.60

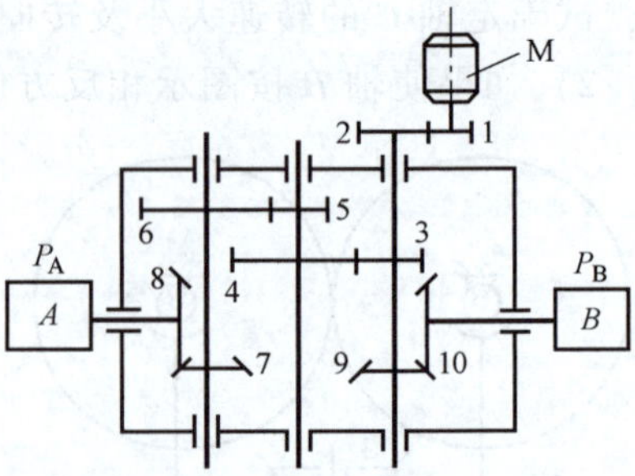

图 8.61

知识扩展

轮系的历史故事——记里鼓车

1800 年前的汉代，大科学家张衡发明了记里鼓车。

记里鼓车是中国古代用于计算道路里程的车，由“记道车”发展而来。有关记道车的文字记载最早见于汉代刘歆的《西京杂记》：“汉朝舆驾祠甘泉汾阳……记道车，驾四，中道。”

据记载，记里鼓车分上下两层，上层设一钟，下层设一鼓。记里鼓车上有小木人，头戴峨冠，身穿锦袍，高坐车上。车走十里，木人击鼓一次，当击鼓十次，就击钟一次。记里鼓车及其轮系结构如图 8.62 所示。

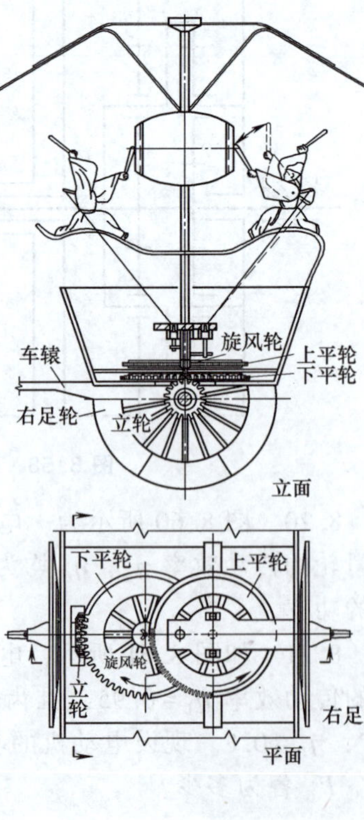

图 8.62 记里鼓车及其轮系结构

记里鼓车的基本原理和指南车相同，都利用了齿轮机构的差动关系。可惜的是，当年张衡制造的记里鼓车没有较详细的记载。到北宋时的记里鼓车制造方法已有改进，《宋史·舆服志》记载比较详细，大体上记里鼓车外形是独辕双轮，车厢内有立轮、大小平轮、铜旋风轮等，轮周各出齿若干，“凡用大小轮八，合二百八十五齿，递相钩锁，犬牙相制，周而复始”。总之，指南车和记里鼓车的形状虽然在历代制造时都有些改进，但可以肯定它的差动齿轮原理在1800多年前已经被张衡所应用了。

记里鼓车的记程功能是由齿轮系完成的。车中有一套减速齿轮系，始终与车轮同时转动，其最末一个齿轮轴在车行一里时正好回转一周，车子上层的木人受凸轮牵动，由绳索拉起木人右臂击鼓一次，以示里程。

第 9 章

其他常用机构

内容提要 本章介绍几种其他常用机构的工作原理、类型、特点、功用及其适用场合，包括间歇机构、螺旋机构、摩擦传动机构、组合机构和机器人机构等。

汽车装置中，除前述的连杆机构、齿轮机构、凸轮机构外，还有若干种类的机构。随着技术的进步和实际需要的变化，新的机构还在不断地被创造出来，如机器人机构、微机构等。下面简要介绍几种最常用、较成熟的机构的工作原理、特点及用途，至于它们的设计可参考相关资料和手册。

9.1 间歇运动机构

在机械中，常需要某些构件作周期性间歇运动，如机床、自动机械和仪器中的转位分度运动、超越、换向、单向运动和输送运动等。常用的间歇运动机构有槽轮机构、棘轮机构、不完全齿轮机构及凸轮式间歇运动机构等。下面对这几种常用间歇运动机构的工作原理、运动特点和应用作简单介绍。

9.1.1 槽轮机构

1. 槽轮机构的工作原理和类型

槽轮机构如图 9.1 所示，它由带圆柱销的主动拨盘 1、具有径向槽的从动槽轮 2 及机架所组成。当圆销 A 未进入槽轮径向槽时，因槽轮的内凹锁止弧 $\widehat{\alpha\alpha}$ 被拨盘的外凸锁止弧 $\widehat{\beta\beta}$ 锁住，故槽轮静止不动。当圆销 A 开始进入径向槽时，如图示位置，锁止弧 $\widehat{\alpha\alpha}$ 被松开，于是圆销带动槽轮转动。当圆销转过 $2\varphi_1$ 脱离槽轮径向槽时，拨盘 1 的凸锁止弧又将槽轮 2 的凹锁止弧锁住，槽轮静止不动，直至圆销 A 再次进入槽轮另一径向槽时，重复上述循环。为避免槽轮 2 在开始转动和停止转动时发生刚性冲击，在圆销 A 开始进入径向槽和刚从径向槽脱出时，径向槽中心线应与圆销运动轨迹圆相切。

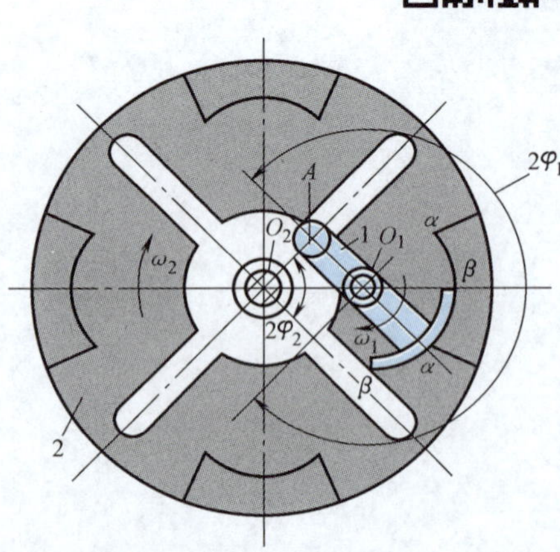

图 9.1　内槽轮机构

1—拨盘　2—槽轮

按主、从动件的相对运动，可将槽轮机构分为平面槽轮机构（图 9.2）及球面槽轮机构（图 9.3）两类。平面槽轮机构又分为内槽轮机构（图 9.1）和外槽轮机构（图 9.2）。内槽轮机构的结构原理和工作过程与外槽轮机构基本相同，所不同的是外槽轮机构的主动拨盘与从动槽轮转向相反，内槽轮机构则相同。相交轴间的传动，可采用球面槽轮机构，如图 9.3 所示的垂直相交轴间的球面槽轮机构，其从动槽轮呈半球形，主动构件 1、从动构件 2 及销 3 的轴线都通过球心 O，当主动构件 1 连续转动时，球面槽轮 2 便得到单向间歇转动。

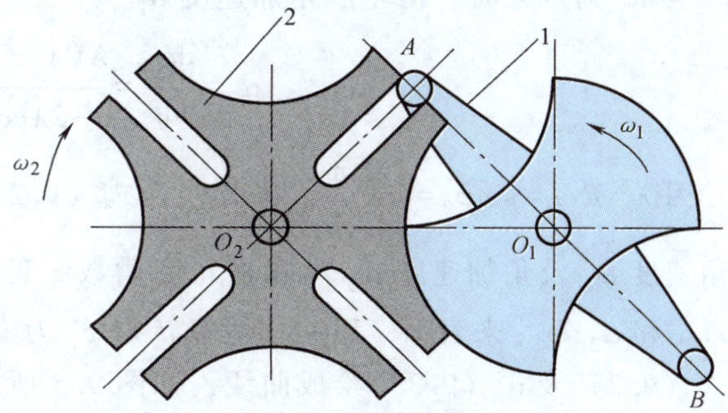

图 9.2 外槽轮机构

1—拨盘 2—槽轮

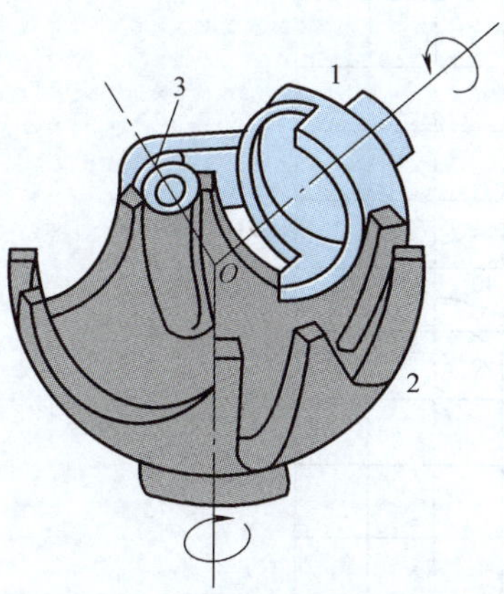

图 9.3 球面槽轮机构

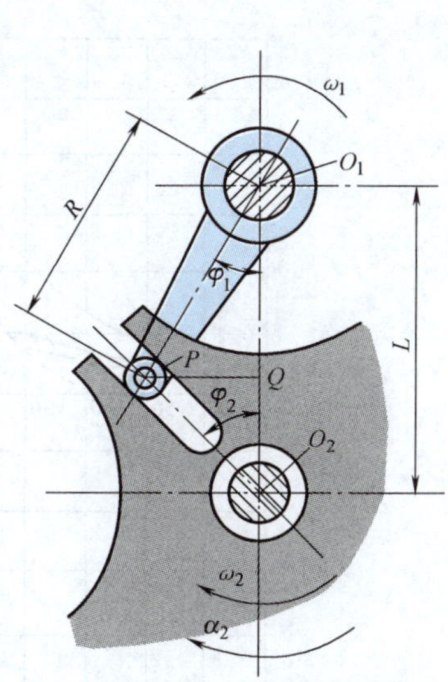

图 9.4 槽轮机构运动分析

2. 槽轮机构的运动与分析

如图 9.4 所示的外槽轮机构，在运动过程任一瞬时有

$$\tan\varphi_2=\frac{\overline{PQ}}{\overline{O_2Q}}=\frac{R\sin\varphi_1}{L-R\cos\varphi_1}$$

式中，R 为拨销的半径；L 为销、盘轴线间的中心距。

令 $\lambda=R/L$，代入上式得

$$\varphi_2=\arctan\frac{\lambda\sin\varphi_1}{1-\lambda\cos\varphi_1} \tag{9.1}$$

φ_2 对时间的导数即为槽轮的角速度 ω_2，即

$$\omega_2=\frac{\mathrm{d}\varphi_2}{\mathrm{d}t}=\frac{\lambda(\cos\varphi_1-\lambda)}{1-2\lambda\cos\varphi_1+\lambda^2}\omega_1 \tag{9.2}$$

当 ω_1 为常数时，槽轮的角加速度 α_2 为

$$\alpha_2=\frac{d\omega_2}{dt}=\frac{\lambda(\lambda^2-1)\sin\varphi_1}{1-2\lambda\cos\varphi_1+\lambda^2}\omega_2 \tag{9.3}$$

因 $\lambda=R/L=\sin\varphi_2=\sin\dfrac{\pi}{z}$，将其代入式（9.2）及式（9.3）可知，当 ω_1 一定时，槽轮的角速度 ω_2 及角加速度 α_2 均随槽轮的槽数 z 变化。槽轮机构的运动和动力特性通常可用 ω_2/ω_1 和 $\alpha_2/\omega_1{}^2$ 来表示，以主动拨盘转角 φ_1 为横坐标，分别以 ω_2/ω_1 和 $\alpha_2/\omega_1{}^2$ 为纵坐标，将式（9.2）及式（9.3）绘成曲线，如图 9.5 所示。由图可见，当 ω_1 一定时，随着槽数 z 的增加，运动趋于平稳，动力特性也得到改善，但槽数过多，将产生较大的惯性力矩。槽轮的槽数 z 也不能太少，槽轮槽数越少，其角加速度的最大值越大，冲击越大。故槽数一般取 $z=4\sim8$。

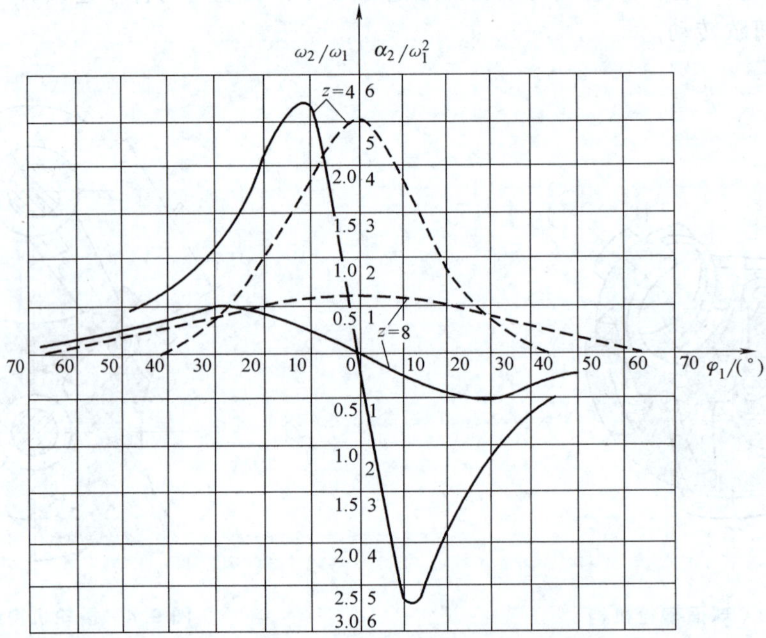

图 9.5 槽轮机构运动线图

3. 槽轮机构的优缺点及应用

槽轮机构结构简单，工作可靠，机械效率高，在进入啮合和退出啮合时，传动较平稳，能准确控制转动角度。它可将连续转动变换为间隙运动，而且可以正反向运动。由于槽轮机构在起动和停止时，加速度变化大，有冲击，且冲击随转速增高、槽轮径向槽数目减少而加剧，故槽轮机构一般用于转速不高的间歇传动装置中。如图 9.6 所示的电影放映机构，可以间歇移动胶片。如图 9.7 所示自动机中的自动传送链装置，可满足自动线上的流水装配作业。

9.1.2 棘轮机构

1. 棘轮机构的工作原理和类型

如图 9.8 所示，棘轮机构由棘轮 3、棘爪 2、摇杆 1、止回棘爪 4 及机架等组成。弹簧 5

图 9.6 电影放映机构

用来使止回棘爪 4 和棘轮 3 保持接触，主动摇杆空套在与棘轮 3 固连的从动轴上，当摇杆逆时针转动时，棘爪 2 插入棘轮 3 的齿槽内，推动棘轮转动一定角度，这时止回棘爪在棘轮齿背上滑过。当摇杆顺时针方向转动时，止回棘爪阻止棘轮顺时针方向转动，棘爪 2 在棘轮齿背上滑动，棘轮 3 保持静止不动。这样当摇杆 1 作连续往复摆动时，棘轮 3 便作单向间歇转动。

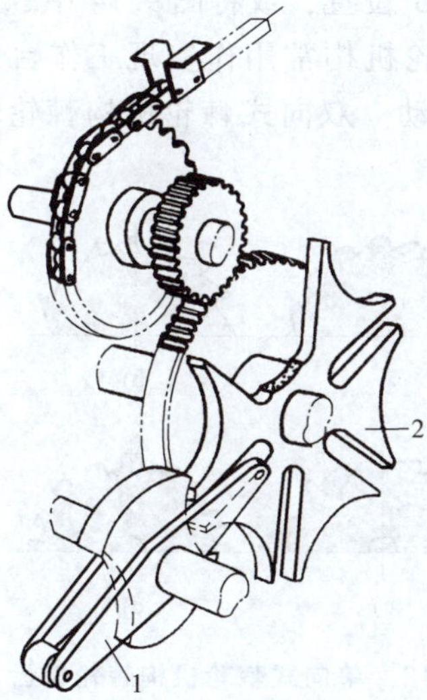

图 9.7 自动传送链装置

1—拨盘 2—槽轮

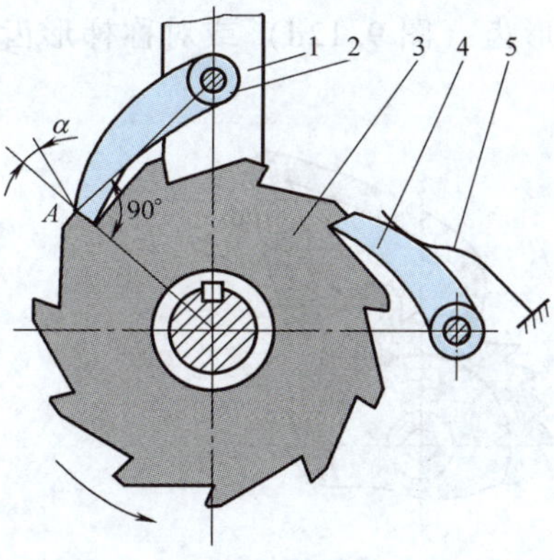

图 9.8 外啮合轮齿式棘轮机构

1—摇杆 2—棘爪 3—棘轮 4—止回棘爪 5—弹簧

按照结构特点，将棘轮机构分为以下两类：

(1) 轮齿式棘轮机构

轮齿式棘轮机构有外啮合（图 9.8）及内啮合（图 9.9）两种形式。当棘轮的直径为无限大时，棘轮变为棘条（图 9.10），此时棘轮的单向间歇转动变为棘条的单向间歇移动。轮齿式棘轮机构又可分为单向式棘轮机构和双向式棘轮机构。

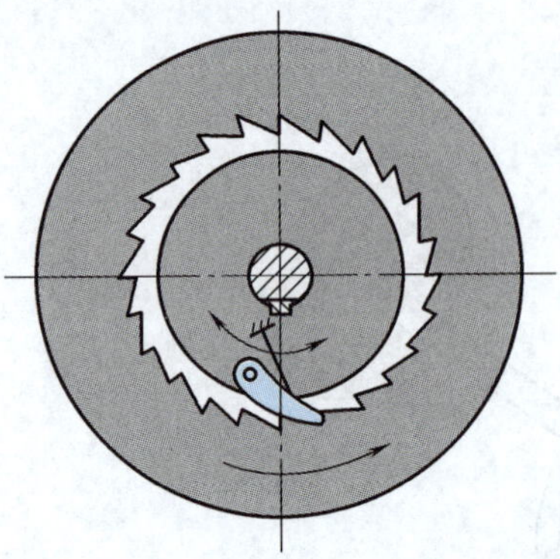

图 9.9 内啮合轮齿式棘轮机构

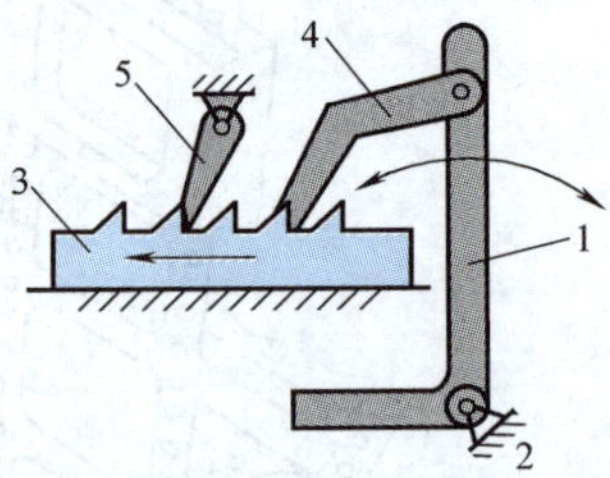

图 9.10 棘条式间歇移动机构

1—摇杆 2—机架 3—棘条 4—棘爪 5—逆止爪

1）单向式棘轮机构。如图 9.8 所示的单向式棘轮机构，当摇杆朝某一方向摆动时，棘轮沿同一方向转动一定角度；摇杆反方向摆动时，棘轮静止不动。如图 9.11 所示的棘轮机构，当摇杆来回摆动时，均能使棘轮向同一方向转动。单向式棘轮机构棘轮轮齿采用不对称梯形齿（图 9.12a），负荷较小时；可采用直线（图 9.12b）、弧线齿背的三角形齿（图 9.12c）。

2）双向式棘轮机构。如图 9.13 和图 9.14 所示，棘爪在图示位置时，可推动棘轮作逆时针方向间歇转动。将图 9.13 中棘爪绕 A 转至细双点画线 B' 位置，或将图 9.14 中棘爪绕自身轴线转 180°，可使棘轮作顺时针方向间歇转动。这种棘轮机构常用作实现工作台进给运动，如图 9.15 所示的牛头刨床中用作工作台的横向进给运动。双向式棘轮机构棘轮轮齿一般采用矩形齿（图 9.12d）或对称梯形齿。

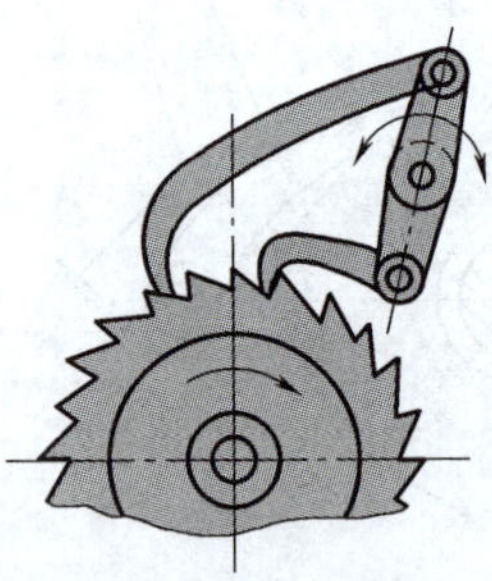

图 9.11 单向式棘轮机构

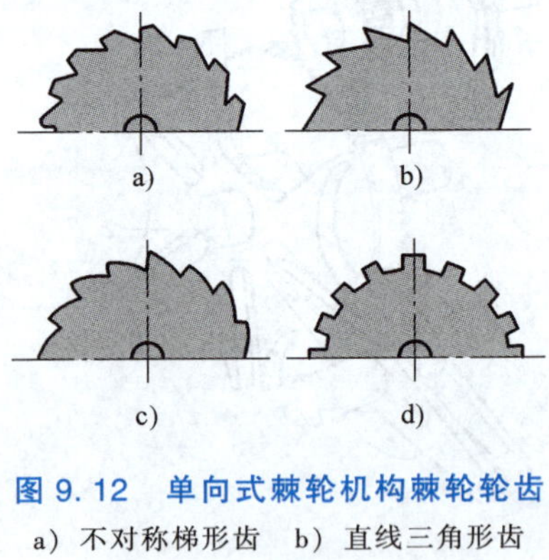

图 9.12 单向式棘轮机构棘轮轮齿

a）不对称梯形齿 b）直线三角形齿

c）弧线齿背三角形齿 d）矩形齿

如果要调节棘轮转角，除可改变摇杆摆动角度外，还可如图 9.15 所示，在棘轮外加装一棘轮遮板，用以遮盖摇杆摆角范围内棘轮上的一部分齿，使棘爪行程的一部分在棘轮遮板上滑过，不与棘轮轮齿接触，调整棘轮遮板的位置，即可改变棘轮单向间歇转角的大小。

（2）摩擦式棘轮机构

图 9.16 所示为摩擦式棘轮机构，该棘轮机构依靠棘爪 2 和棘轮 3 间摩擦力，将摇杆 1 的往复摆动转换成棘轮 3 的单向间歇转动，止回棘爪 4 用以防止棘轮 3 反转。

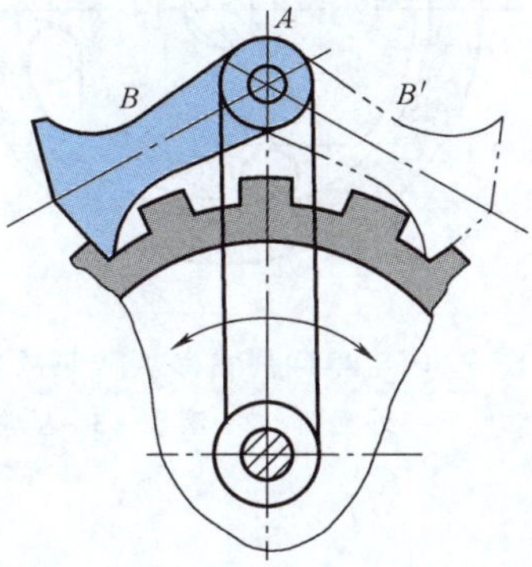

图 9.13 双向式棘轮机构（一）

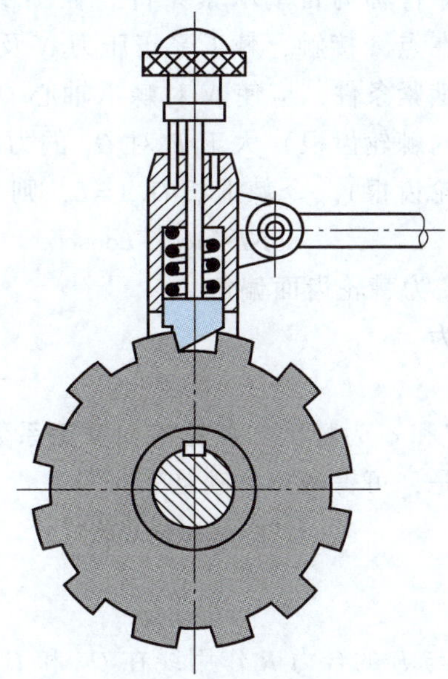

图 9.14 双向式棘轮机构（二）

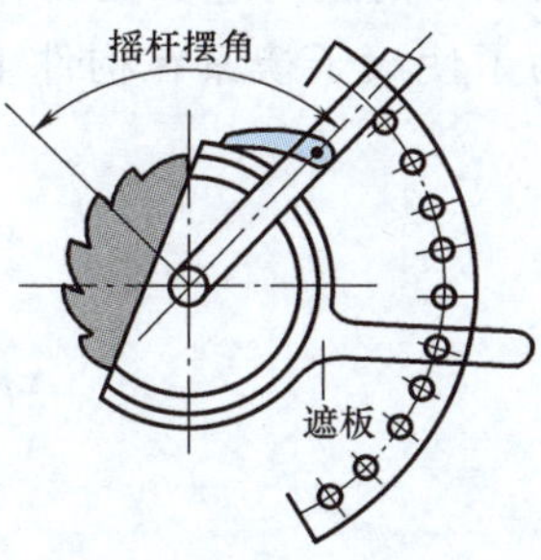

图 9.15 调节棘轮转角

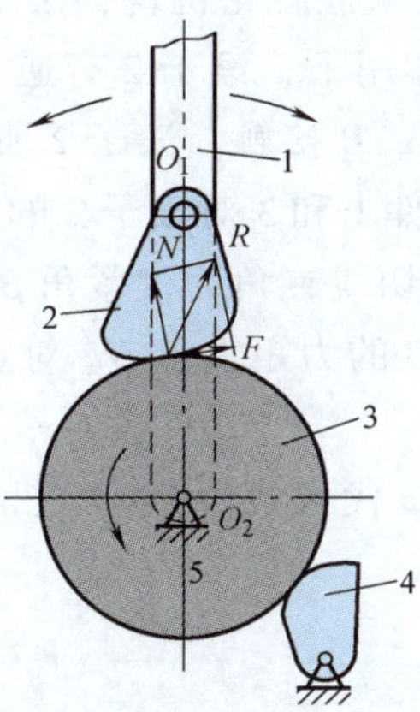

图 9.16 摩擦式棘轮机构

1—摇杆 2—摩擦式棘爪 3—棘轮 4—止回棘爪

图 9.17 所示为由摩擦式棘轮机构演化得到的单向离合器和超越离合器。当主动件外轭圈 1 顺时针方向转动时，由于摩擦力的作用，使滚子 2 楔紧在构件 1、3 之间的狭隙处而带动从动件星轮 3 一起转动；当构件 1 逆时针方向转动，构件 3 静止不动，故该机构常用作单向离合器。此外，当主动件 1 顺时针方向转动时，若构件 3 的转速超过主动构件 1 的转速（$n_3>n_1$）时，构件 1 与构件 3 脱开，并以各自的转速转动。若构件 3 的转速低于构件 1 的转速，构件 1、3 将合在一起，以相同的转速即原动件 1 的转速 n_1 转动。因此摩擦式棘轮机构还常作超越离合器。

2. 棘爪自动啮紧条件

为使棘轮机构能正常工作，棘爪在负荷下应能自动滑向棘轮齿根。使棘爪自动滑向棘轮齿根的条件称为自动啮紧条件。在图 9.18 中，设棘爪与棘轮在点 A 接触，棘爪受正压力 N 及摩擦力 F，为满足自动啮紧条件，应使 N 对棘爪轴心 O_1 的力矩（它使棘爪滑向棘轮齿根）大于 F 对 O_1 的力矩（它阻止棘爪滑向棘轮齿根）。令棘爪长 $O_1A=L$，则

$$NL\sin\alpha > FL\cos\alpha \tag{9.4}$$

式中，α 为棘轮齿面偏角。

因为

$$F=Nf=N\tan\varphi \tag{9.5}$$

式中，f 和 φ 为棘爪与棘轮齿面摩擦系数及摩擦角。

于是，可得棘爪自动啮紧条件

$$\tan\alpha > \tan\varphi \tag{9.6}$$

即

$$\alpha > \varphi \tag{9.7}$$

要求 N 与 F 的合力 R 作用线在 O_1 和 O_2 之间。

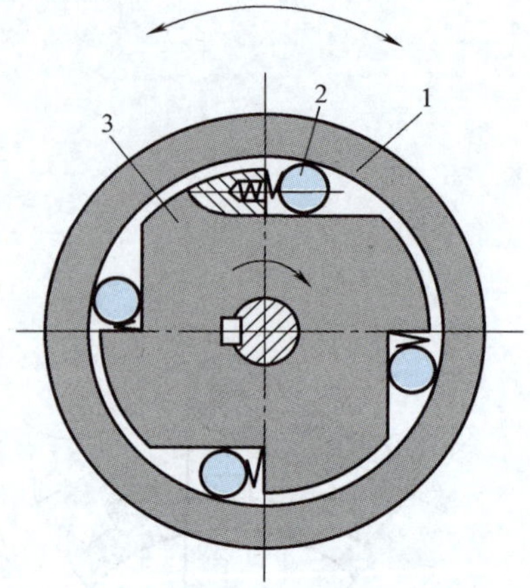

图 9.17 单向离合器（超越离合器）

1—外轭圈 2—滚子 3—星轮

如图 9.16 所示的摩擦式棘轮机构，则应满足自动楔紧条件，也就是必须使作用在摩擦式棘爪的法向力 N 和摩擦力 F 的合力 R 作用线通过棘爪轴心 O_2 与棘轮轴心 O_2 之间。

图 9.17 中的滚子式摩擦棘轮机构，滚子受力情况如图 9.19 所示。当构件 1 逆时针方向转动时，在摩擦力 F_A 作用下，滚子 2 有逆时针转动趋势，处于楔紧状态，并分别与构件外轭圈 1、星轮 3，在点 A、B 接触。滚子 2 所受的正压力 N_A 和 N_B 使滚子 2 有被挤向楔形大端而松开的趋势，而构件 1 和 3 对滚子 2 的摩擦力 F_A 和 F_B 与滚子 2 的运动趋势相反。设滚子在 A 和 B 接触处的公切线夹角为楔紧角 β、滚子半径为 r_C，为了使滚子楔紧在构件 1 和 3 中，则必须使 F_A 对点 B 的力矩大于 N_A 对点 B 的力矩，即

$$F_A(r_C+r_C\cos\beta) > N_A r_C\sin\beta \tag{9.8}$$

将 $F_A=N_Af$，$f=\tan\varphi$ 代入式（9.8），得

$$\varphi > \frac{\beta}{2} \tag{9.9}$$

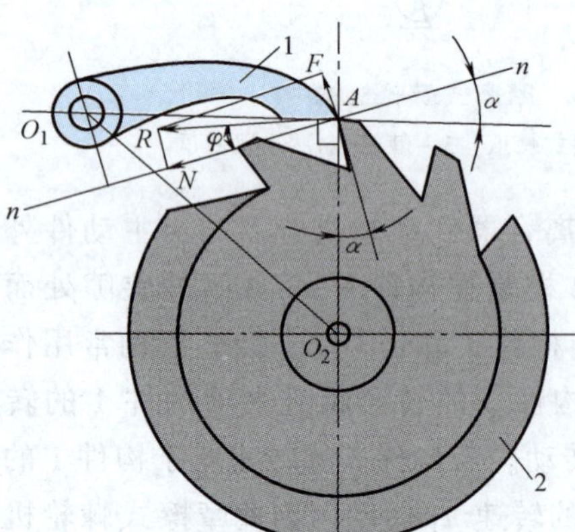

图 9.18 自动啮紧条件

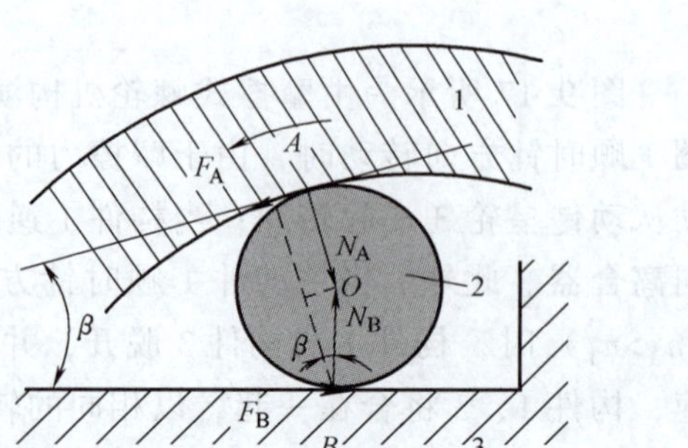

图 9.19 滚子式超越离合器的受力分析

1—外轭圈 2—滚子 3—星轮

由式（9.9）可知，楔紧角β应小于两倍的摩擦角。但β也不能选择得太小，否则滚子不易退出楔紧状态。

3. 棘轮机构的优缺点和应用

轮齿棘轮机构结构简单，工作可靠，从动棘轮的转角容易实现有级调节。但在棘轮开始和终止转动时有刚性冲击，工作中有冲击和噪声，棘齿易磨损，在高速下尤其严重。因此，常用在低速轻载下实现间歇运动。

摩擦式棘轮机构传动较平稳，无噪声，从动件单向间歇转角可作无级调节。缺点是转角精度差，所承受的载荷较小，不宜用于运动要求高的场所。这种机构主要用作超越离合器、单向离合器。

轮齿式棘轮机构常用作转位分度、进给、单向离合器、超越离合器和制动器等。如图9.20所示的牛头刨床工作台的横向进给机构中，运动由一对齿轮传到曲柄1，再经连杆2带动摇杆4作往复摆动，摇杆4上装有棘爪，从而推动棘轮3作单向间歇运动。棘轮与螺杆固连，从而又使螺杆5（工作台）作进给运动。若改变曲柄长度，就可改变棘爪的摆角，以调节进给量。

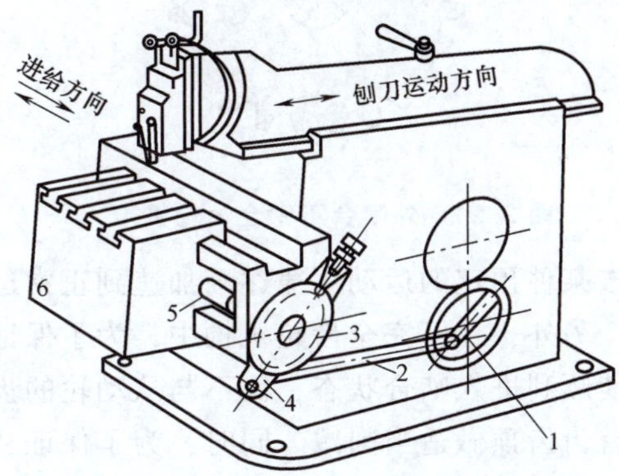

图9.20 牛头刨床工作台横向进给机构

1—曲柄 2—连杆 3—棘轮 4—摇杆 5—螺杆 6—工作台

9.1.3 不完全齿轮机构

不完全齿轮机构是由普通齿轮机构演变而得的一种间歇运动机构。该机构的主动轮为不完全齿轮，其上只有一个或几个齿，其余部分为外凸锁止弧，而不是像标准齿轮一样，轮齿布满整个圆周。根据运动时间与停歇时间的要求，在从动轮上有与主动轮相啮合的轮齿和内凹锁止弧，当主动轮连续回转时，从动轮可以得到间歇的单向转动。在如图9.21所示的不完全齿轮机构中，当主动轮齿进入啮合时，从动轮2开始转动，主动轮齿退出啮合后，由两轮的凸凹锁止弧锁止定位，从动轮2可靠停歇，从而实现从动轮的间歇转动。图中从动轮有六段轮齿和六个内凹圆弧，每段轮齿上有三个齿间与主动轮相啮合，当主动轮转一周，从动轮转动角度为$\varphi=2\pi/6$。

不完全齿轮有外啮合和内啮合两种形式，分别如图9.21和图9.22所示。

不完全齿轮机构与其他间歇运动机构相比，其结构简单，容易制造。另外，主动轮转一周，从动轮停歇的次数和每次停歇的时间，以及每次转动的转角等，其允许选择的幅度比棘轮机构、槽轮机构范围大，因而设计灵活。但不完全齿轮机构在传动过程中，首齿进入啮合及末齿退出啮合的过程中轮齿不在基圆的内公切线上接触传动，不能保持定传动比传动，因此，不完全齿轮机构在开始和终止接触时角速度有突变，冲击较大，故一般适用于低速轻载的工作条件。

为了改善其动力性能，以适应速度较高的间歇运动场合，可装置如图9.23所示的瞬心线附加杆，附加杆分别固定在轮1和轮2上，其作用是使从动轮在开始运动阶段，由静止状

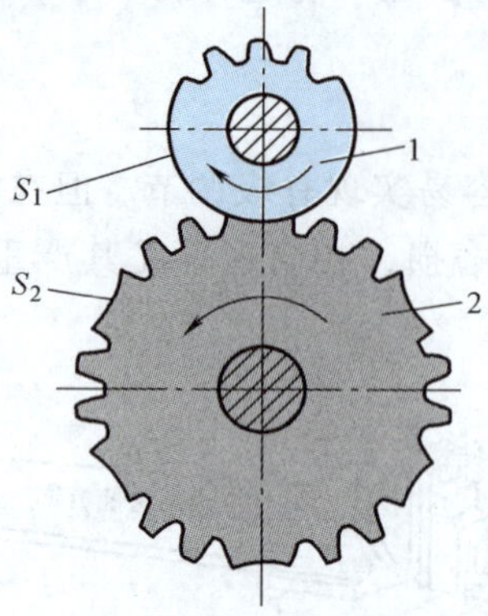

图 9.21 外啮合不完全齿轮机构

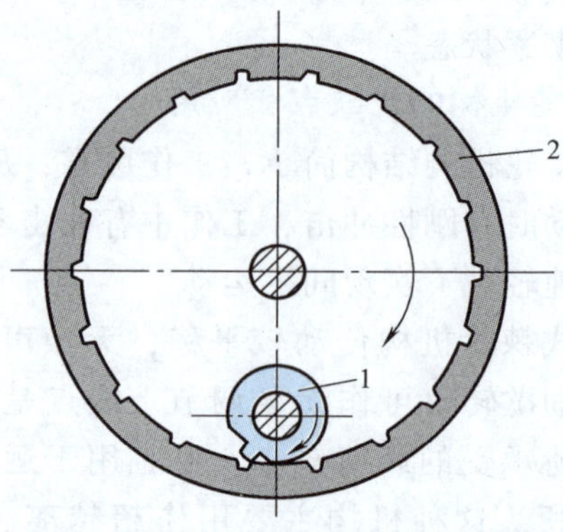

图 9.22 内啮合不完全齿轮机构

态按某种预定的运动规律逐渐加速到正常运动角速度。

另外，在不完全齿轮机构中，为了保证主动轮的首齿能顺利进入啮合状态，而不与从动轮的齿顶相撞，需将首齿齿顶做适当削减。同时，为了保证从动轮停歇在预定位置，末齿齿顶亦需做适当修正。

不完全齿轮多用于多工位自动机和半自动机工作台的间歇转位、计数机构及某些间歇进给机构中。

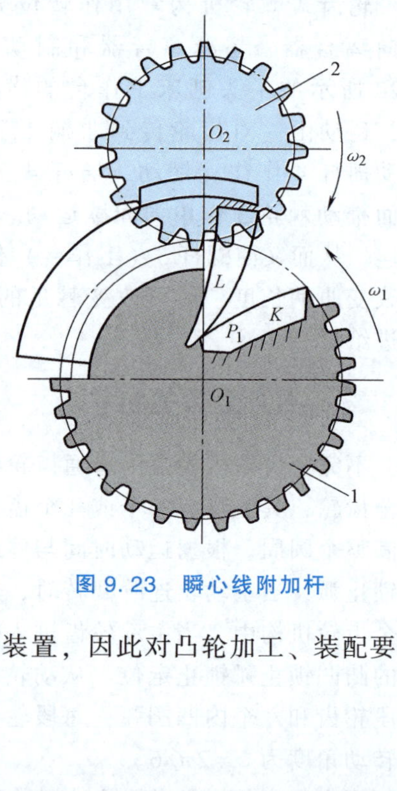

图 9.23 瞬心线附加杆

9.1.4 凸轮式间歇运动机构

如图 9.24 和图 9.25 所示，当凸轮 1 作等速回转运动时，从动轮作单向间歇回转。这种机构称为凸轮式间歇运动机构。凸轮式间歇运动机构的特点是：运转可靠，传动平稳，从动件的运动规律决定于凸轮轮廓形状。可以通过选择适当的运动规律来改善动力性能，避免刚性冲击和柔性冲击，以适应高速运转的要求。在转盘停歇时，一般依靠凸轮棱边进行定位，不需要附加定位装置，因此对凸轮加工、装配要求较高。

凸轮式间歇运动机构一般有两种型式。

1. 圆柱凸轮间歇运动机构

如图 9.24 所示，这种间歇运动机构的主动轮 1 是具有曲线沟槽或曲线凸脊的圆柱凸轮，从动轮 2 则为均布柱销的圆盘，当凸轮转动时，通过其曲线沟槽（或凸脊）拨动柱销，使从动盘作间歇运动。此种机构多用于两交错轴间的分度运动。通常凸轮的槽数为 z，柱销数一般取 $z \geqslant 6$。

2. 蜗杆形凸轮间歇运动机构

如图 9.25 所示，这种间歇运动机构的主动轮 1 为圆弧面蜗杆形的凸轮，其上有一条凸脊，像一个变螺旋角的圆弧蜗杆，从动轮 2 为一具有圆周径向均布柱销的圆盘。此种机构也多用于交错轴间的分度运动。对于单头凸轮，柱销数一般取为 $z \geqslant 6$，但也不宜过多。这种机构具有良好的动力学性能，可适用于高速精密传动。但加工较困难。凸轮间歇运动机构常用于需要高速间歇转位的分度装置和要求步进动作的机械中，如用于多工位立式半自动机中工作盘的转位，火柴包装机、拉链嵌齿机等机械间歇供料传动系统。

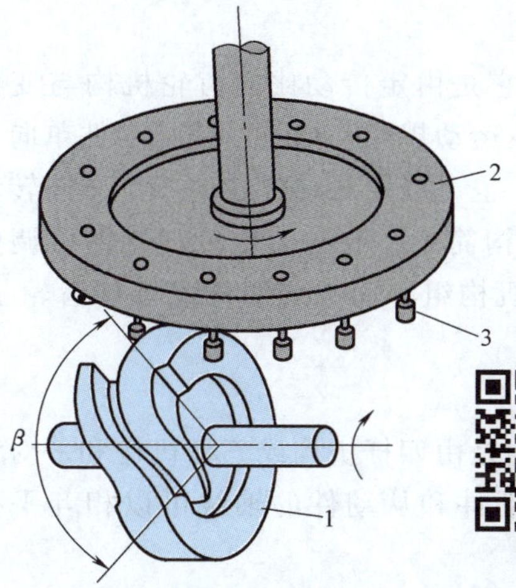

图 9.24 圆柱凸轮间歇机构

1—圆柱凸轮 2—从动轮 3—柱销

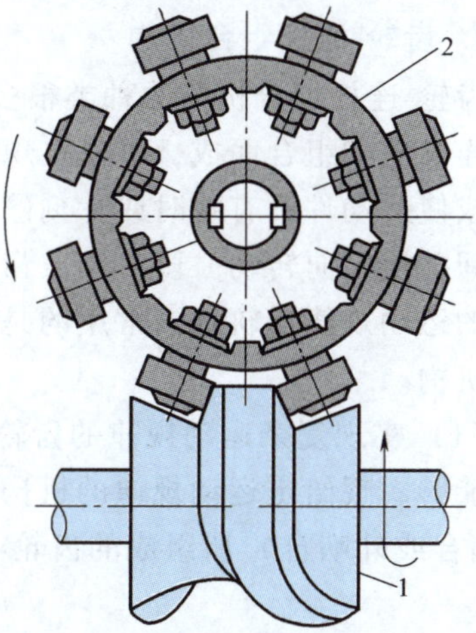

图 9.25 蜗杆形凸轮间歇机构

1—凸轮 2—从动轮

9.2 组合机构

9.2.1 概述

前面各章介绍的连杆机构、凸轮机构、齿轮机构等，可以实现相对简单的运动要求，称为基本机构。但是，由于工程上对机构运动要求的多样性和复杂性，以至于仅采用一种基本机构往往不能满足设计要求，因而常把几种基本机构联合起来使用。这种将两个及两个以上基本机构联合起来，并为完成某种要求而设计的机构组合体，称为组合机构，而组成组合机构的单个基本机构称为组合机构的子机构。

根据实际要求与具体应用条件，利用基本机构形成组合机构以满足实际需要，可以扩大机构的应用范围，是一种创新性设计过程。分析机构组合的形式与方法、机构组合的类型和特点。有利于启发构思，开拓思路，丰富设计技巧与方法。

组合机构的内容包含机构的组合方式、组合机构的类型以及功能与设计。本章介绍常见组合机构的功能和特点，机构的组合方式将在第 12 章机构构型的创新设计中介绍。

9.2.2 常见的组合机构功能和特点

根据子机构的不同类型，组合机构有各种各样的类型，但其组合方式却不是很多，常见的类型有齿轮-连杆组合机构、凸轮-连杆组合机构、齿轮-凸轮组合机构以及带挠性构件的组合机构等。

对于组合机构的运动设计，就是根据给定的运动要求，确定各子机构的运动简图。设计思路有两类：一类是按机构的组合方式导出组合机构的运动方程，然后用它去逼近给定函数，解出机构的未知参数，称为分析综合法；另一类方法是根据给定的运动要求，先设计运动输出子机构，然后设计前一个子机构，逐步设计出全部子机构，称为分级设计法。下面通过实例介绍一些组合机构运动设计的一般思路和方法。

1. 齿轮-连杆组合机构

齿轮-连杆组合机构的种类很多，应用也较广泛，它是由定传动比的齿轮机构与变传动比的连杆机构组合而成，可以实现很复杂的运动轨迹或运动规律。如可以使从动件单向变速转动或使从动件具有瞬时或片刻停歇的单向变速转动，也可以使从动件在向一个方向转动过程中间歇地反向转动一段时间。齿轮-连杆组合机构结构简单，改变齿轮传动比即可调整从动件的运动规律或轨迹。常用的是由一对齿轮和连杆机构组合而成的四杆或五杆齿轮-连杆组合机构。

（1）实现复杂运动规律的齿轮-连杆组合机构

能够实现给定运动规律的机构形式很多，最简单的是由四杆机构或五杆机构和一对齿轮（内啮合或外啮合）所组成的齿轮-连杆组合机构，主动件和从动件的轴线可以相互平行或重合。

图 9.26 所示为能实现具有较长停歇的往复运动的齿轮-连杆组合机构。在周转轮系中，行星轮上不同的点可以画出各式各样不同的轨迹曲线，统称为旋轮线，它们取决于周转轮系中的齿轮啮合的方式（内啮合或外啮合）及齿轮的齿数比。这些旋轮线中有些段近似于圆弧或直线，巧妙地利用这个特点，就可以设计出各种各样具有停歇的复杂往复移动的齿轮-连杆组合机构。

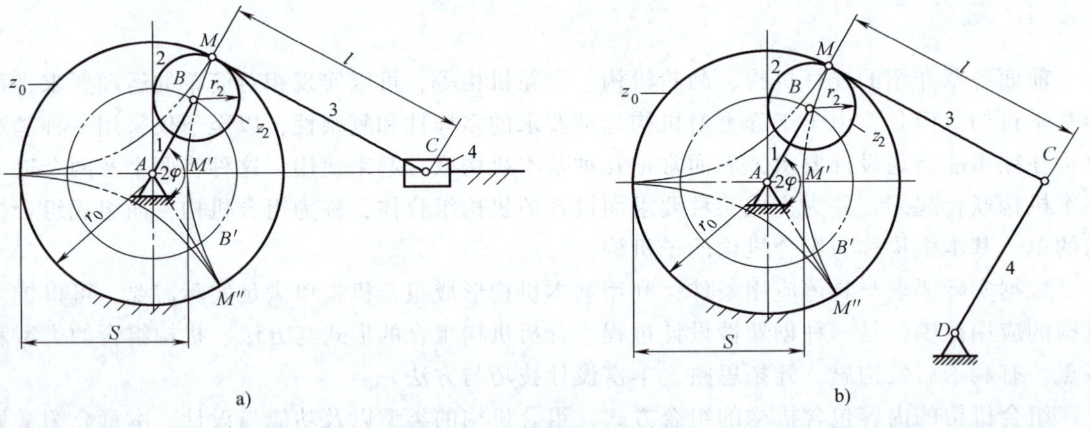

图 9.26 齿轮-连杆组合机构

图 9.26 所示为由内啮合行星轮系和曲柄滑块机构组成的齿轮-连杆组合机构，齿数比 $z_0/z_2=3$。机构运动时，行星轮 2 节圆上的点 M 将画出三支内摆线，若适当选取连杆 3 的长度 l，使以 C 为中心、l 为半径的圆弧通过内摆线上的点 M、M' 和 M''，则当主动件 1 由位置 AB 转过 2φ 至位置 AB' 时，从动滑块 4 将处于近似停歇状态。当主动件 1 转动一周时，从动滑块将得到行程 $s=4r_2$，且在行程的一个末端有单侧停歇的往复运动，如图 9-26a 所示。若把滑块 4 换成摇杆，则可获得具有单侧停歇的摆动运动，如图 9-26b 所示。

（2）实现给定轨迹的齿轮-连杆组合机构

工程中常要求各种各样的轨迹，甚至是很复杂的和特殊形状的轨迹，而基本连杆机构很难比较满意地实现这些轨迹，这往往只能用齿轮-连杆组合机构来实现。

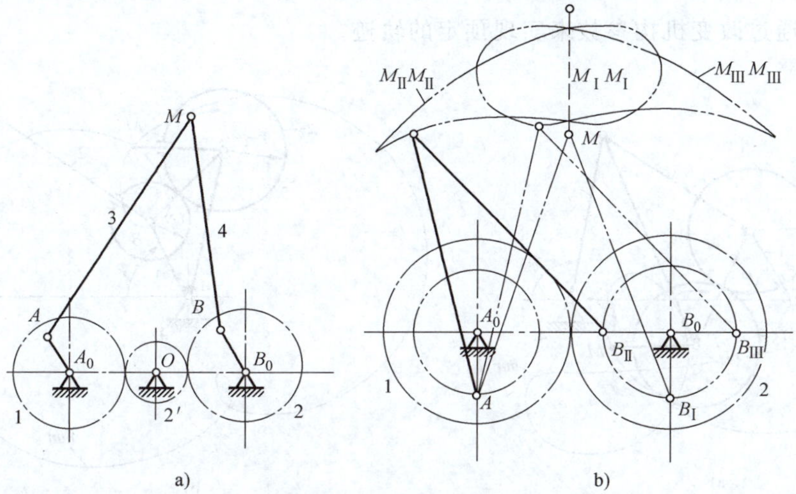

图 9.27 齿轮-连杆组合机构

用来实现预定轨迹比较典型的齿轮-连杆组合机构如图 9.27a 所示。图 9.27a 中如果齿数比 $i_{12}=1$(1、2 两轮同向转动)，曲柄等长且相位相同，则$\triangle AMB$保持不变，点 M 画出的轨迹为一普通的四连杆机构的连杆曲线（此时点 M 轨迹为圆）。但在图 9.27b 中如使 $i_{12}=-1$ 或其他数值，或改变两曲柄的相对相位角，则可得到更为复杂的轨迹曲线。如图 9.27b 所示画出了 $i_{12}=-1$，而曲柄等长，当曲柄 1 的位置处于 A_0A，而曲柄 4 分别处于 B_0B_{I}、B_0B_{II} 和 B_0B_{III} 时，点 M 有三种不同的轨迹曲线 $M_{\text{I}}M_{\text{I}}$、$M_{\text{II}}M_{\text{II}}$ 和 $M_{\text{III}}M_{\text{III}}$。若齿轮传动比 $i_{12}=-m/n$（m 和 n 为不可通约的整数），这时，当曲柄 1 转过 m 转和曲柄 2 反向转过 n 转时，才能使点 M 的运动轨迹完成一个循环，此时点 M 的轨迹形状非常复杂，如图 9.28 所示。

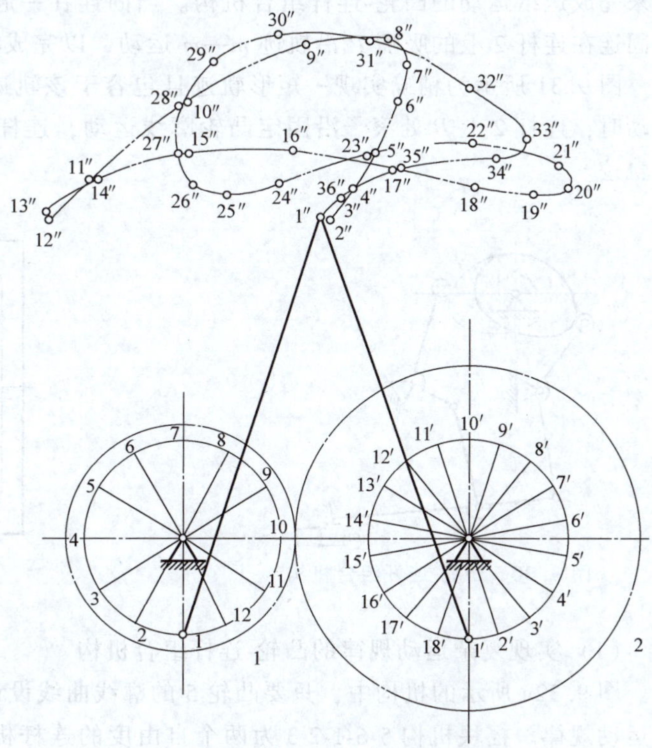

图 9.28 齿轮-连杆组合机构

另一种实现复杂轨迹曲线的齿轮-连杆组合机构是将相啮合的一对齿轮置于连杆机构的活动构件上，如图 9.29 所示。机构运动时，从动轮上的点 M 将画出轨迹 mm，其形状取决于连杆机构的尺寸参数、齿轮传动比和点 M 在从动轮 5 上的位置。若连杆机构的尺寸一定，只要改变齿轮的传动比即可相应地改变点 M 的轨迹。显然，点 M 的轨迹既不是单纯的连杆曲线，也不是单纯的摆线，特称为齿轮连杆曲线。它比连杆曲线更为复杂多样，而且容易通过改变机构参数来实现预定的轨迹。

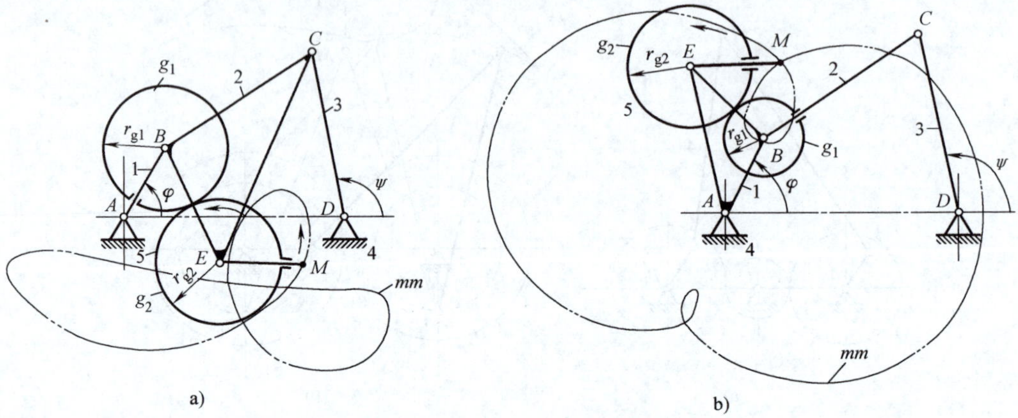

图 9.29 齿轮-连杆组合机构

3. 凸轮-连杆组合机构

凸轮-连杆组合机构的形式很多。采用这类机构较易精确实现从动件预定的运动规律和运动轨迹，而且设计简单，因此广泛应用于各种轻工机械中。图 9.30 所示为平板印刷机中用来完成送纸运动的凸轮-连杆组合机构。当固连在一起的双凸轮 1 转动时，通过连杆机构使固连在连杆 2 上的吸嘴 P 沿轨迹 $m—m$ 运动，以完成将纸吸起和送进等动作。

图 9.31 所示为精确实现一矩形轨迹且包容于该轨迹之内的凸轮五杆机构。主动曲柄 1 转动时，连杆 2 上 B 处滚子沿固定凸轮廓线运动，连杆 4 上点 E 走出固定的细双点画线矩形轨迹。

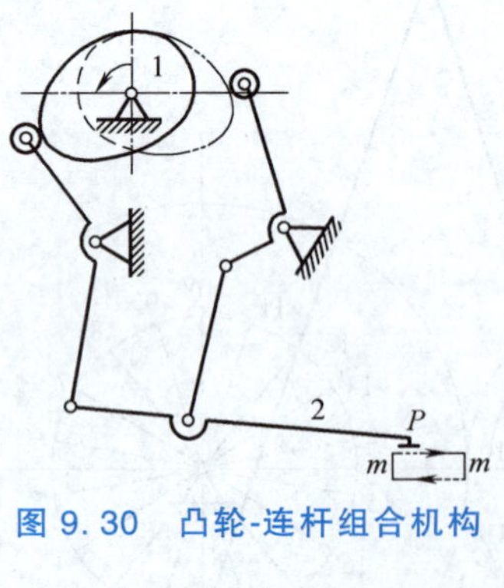

图 9.30 凸轮-连杆组合机构

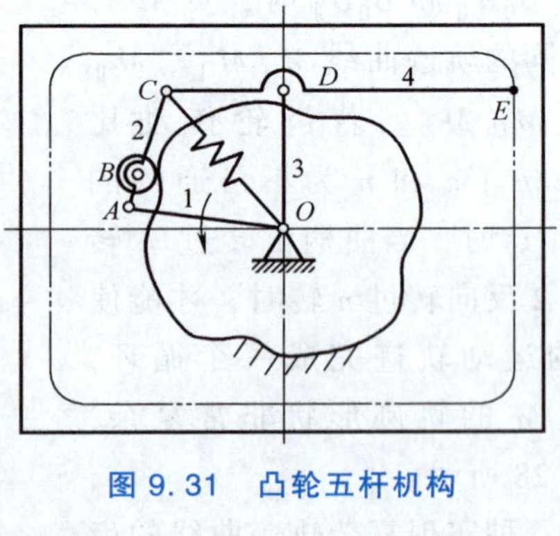

图 9.31 凸轮五杆机构

(1) 实现复杂运动规律的凸轮-连杆组合机构

图 9.32a 所示的机构中，只要凸轮 5 的廓线曲线设计得当，就有可能使滑块 3 获得复杂的运动规律。摇块机构 5-6-1-2-3 为两个自由度的连杆机构。凸轮副提供了一个约束，整个机构的自由度为 1。它可被视为一个曲柄长度随时变化的曲柄滑块机构。

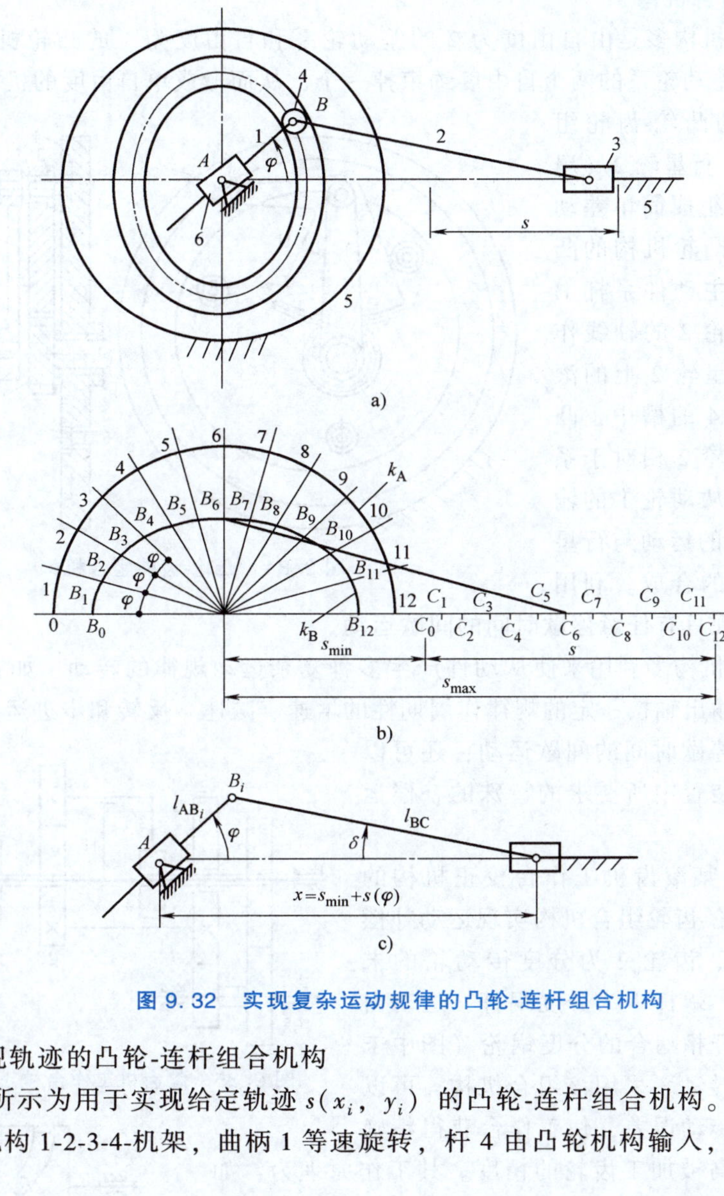

图 9. 32　实现复杂运动规律的凸轮-连杆组合机构

（2）实现轨迹的凸轮-连杆组合机构

图 9. 33 所示为用于实现给定轨迹 $s(x_i,\ y_i)$ 的凸轮-连杆组合机构。其中，具有两个自由度的连杆机构 1-2-3-4-机架，曲柄 1 等速旋转，杆 4 由凸轮机构输入，凸轮与曲柄固连在一起转动。

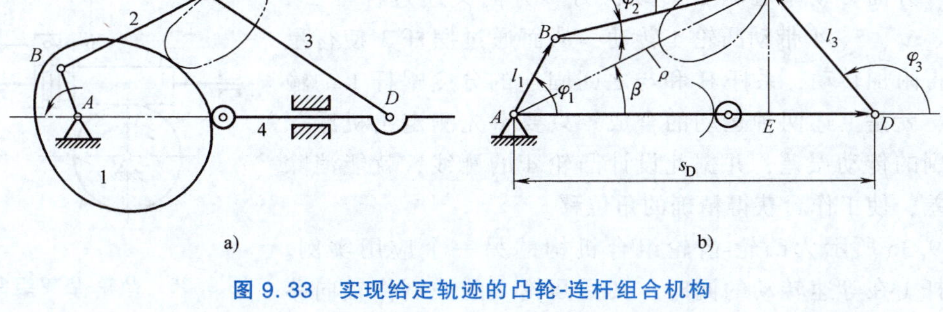

图 9. 33　实现给定轨迹的凸轮-连杆组合机构

4. 凸轮-齿轮组合机构

凸轮-齿轮组合机构多是由自由度为 2 的差动轮系和自由度为 1 的凸轮机构组合而成。其中，凸轮机构将差动轮系的两个自由度约束掉一个，从而形成单自由度的机构系统。

图 9.34 所示的凸轮-齿轮组合机构中，齿轮 1、行星轮 2（扇形齿轮）和系杆 H 组成简单差动轮系，摆动从动件凸轮机构的凸轮 4 固定不动。当主动件系杆 H 转动时，带动行星轮 2 的轴线作周转运动，由于行星轮 2 上的滚子 3 置于固定凸轮 4 的槽中，凸轮廓线将迫使行星轮 2 相对于系杆 H 转动。这样，从动轮 1 的输出运动就是系杆 H 的运动与行星轮相对于系杆运动的合成。利用该组合机构可以实现具有任意停歇时间的间歇运动。

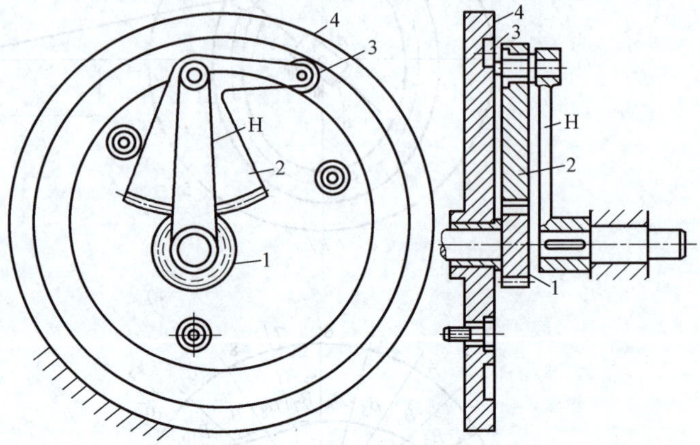

图 9.34 凸轮-齿轮组合机构

凸轮-齿轮组合机构多利用来使从动件产生多种复杂运动规律的转动。如在输入轴等速转动情况下，可使输出轴按一定的规律作周期性的增速、减速、反转和步进运动；也可使从动件实现具有任意停歇时间的间歇运动；还可以实现机械传动校正装置中所要求的特殊的补偿运动等。

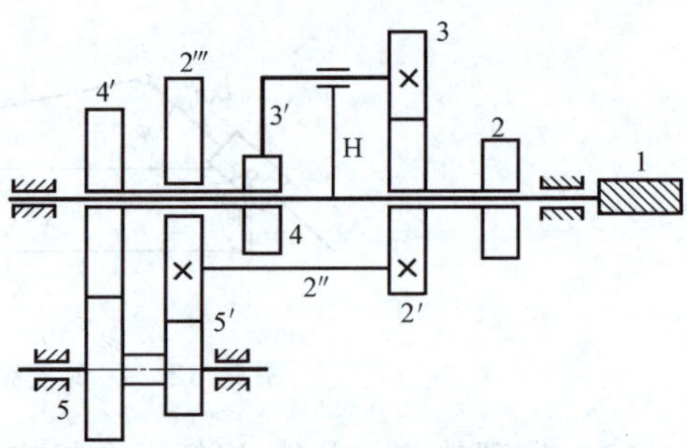

图 9.35 滚齿机工作台校正机构简图

图 9.35 所示为某滚齿机工作台校正机构的简图，它是利用凸轮-齿轮组合机构实现运动补偿的一个实例。图中，齿轮 2 为分度传动轮的末轮，运动由它输入；蜗杆 1 为分度蜗杆，运动由它输出；通过与蜗杆相啮合的分度蜗轮（图中未画出）控制工作台转动。采用该组合机构，可以消除分度蜗轮副的传动误差，使工作台获得精确的角位移，从而提高被加工齿轮的精度。其工作原理为：如图，中心轮 2′、行星轮 3 和系杆 H 组成一简单的差动轮系。凸轮 4 和摆杆 3′组成一摆动从动件凸轮机构。运动由轮 2 输入后，一方面带动中心轮 2′转动，另一方面又通过杆件 2″，齿轮 2″、5′、5、4′带动凸轮 4 转动，从而通过摆杆 3′使行星轮 3 获得附加转动，系杆 H 和与之间固连的分度蜗杆 1 的输出运动，就是上述两种运动的合成。只要事先测定出机床分度蜗轮副的传动误差，并据此设计凸轮 4 的廓线，就能消除分度误差，使工作台获得精确的角位移。

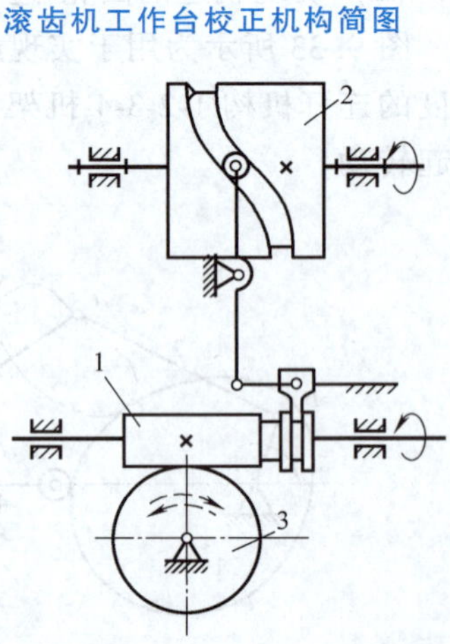

图 9.36 凸轮-齿轮组合机构

图 9.36 所示为凸轮-齿轮组合机构的另一个应用实例。主动蜗杆 1 在等速转动的同时，又受凸轮 2 的控制作轴向移

动，适当选择凸轮的轮廓曲线，可使蜗轮 3 得到预期的运动规律。

9.3　机器人机构

9.3.1　概述

1920 年捷克作家卡雷尔·卡佩克（Karel Capek）发表了科幻舞台剧本《罗萨姆的万能机器人》（图 9.37a）。在剧本中，卡佩克把捷克语“Robota”写成了“Robot”（“Robota”是奴隶的意思），机器人的英文名称由此而来。

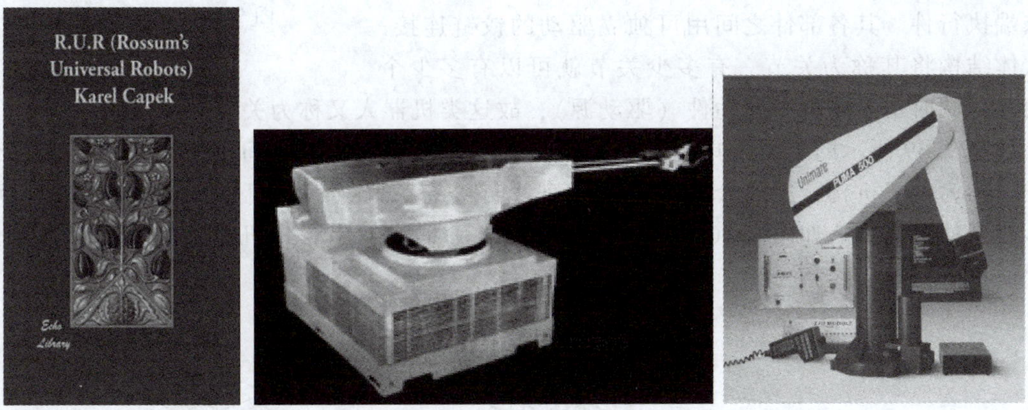

a)　b)　c)

图 9.37　机器人发展史

a）卡雷尔·卡佩克剧本　b）UNIMATE　c）PUMA

1946 年电子计算机问世，遥控机械手诞生，1948 年机械式的主从机械手诞生，1951 年数控机床诞生，为机器人诞生奠定了科学技术基础。

1954 年，美国科学家 George Devol 提出了工业机器人的概念，并申请了专利（专利号 2988237），与美国实业家 Joseph Engelberger 合伙成立了 Unimation 公司，于 1960 年推出了世界第一台工业机器人 UNIMATE（图 9.37b）。

1965 年，美国麻省理工学院演示了第一个具有视觉传感器的、能识别与定位简单积木的机器人系统。1969 年日本早稻田大学加藤一郎实验室研发出第一台以双脚走路的机器人。1973 年，辛辛那提·米拉克隆公司制造了第一台由小型计算机控制的工业机器人。1978 年美国 Unimation 公司推出通用工业机器人 PUMA（图 9.37c），工业机器人实现通用化、商业化。

一个机器人系统，一般由互相作用的驱动系统、控制系统、感知系统和机械执行系统所组成。其中机械执行系统是机器人的最基本组成，又称为机器人本体。一个典型的机器人本体包括运动机构、传动装置。机器人运动机构要能实现机器人手部（执行构件）空间任意位置和姿态。其中，实现任意位置需要 3 个自由度，实现任意姿态需要 3 个自由度。所以，通用机器人具有 6 个自由度，称为 6 自由度机器人。

工业机器人主要分为开链结构的串联机器人（图9.37b）和闭链结构的并联机器人（图9.38）两类。

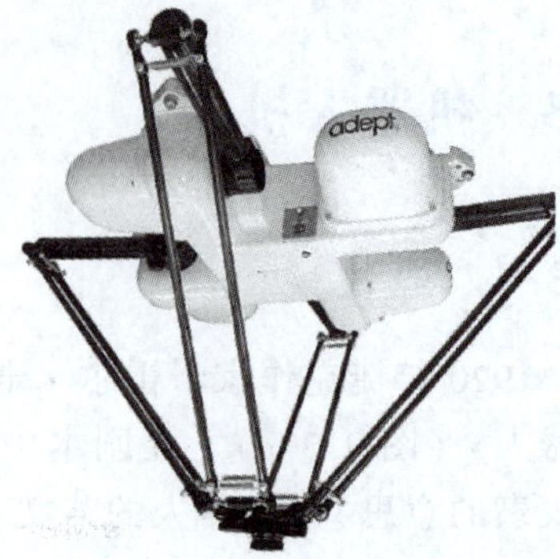

图 9.38 并联机器人

9.3.2 开链结构的串联机器人机构

常用开链串联机器人机构的典型结构如图9.39所示，其由机身、腰部、臂部及腕部、手部所组成。其臂部（可分为大臂、小臂或肘）、腕部均为杆状构件，而手部一般将其独立视为一类典型部件，而且是要根据工作任务不同需要更换的附加部分。因此，机器人的基本结构是其机体腰部、臂部与腕部，并将腕部构件称为末杆或末端执行件。其各部件之间用可独立驱动的铰链连接，按人体结构将其称为关节，有多少关节就可以有多少个自由度，同时也有多少个原动件（驱动源），故这类机器人又称为关节机器人。

如图9.39所示的机器人具有6个关节，前3个关节形成的空间机构用于实现腕部任意位置，称为位置机构，后3个关节用于实现手部姿态。开链串联机器人位置的机构类型分类，典型的结构形式如图9.40所示。表9.1对各种形式的串联式机器人的运动和特点作了一个简单的比较。

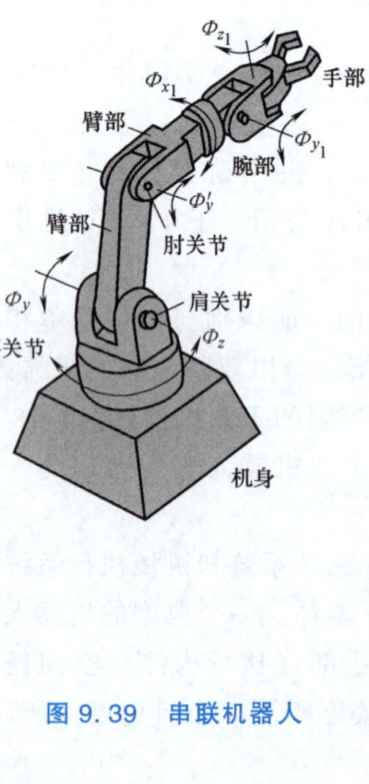

图 9.39 串联机器人

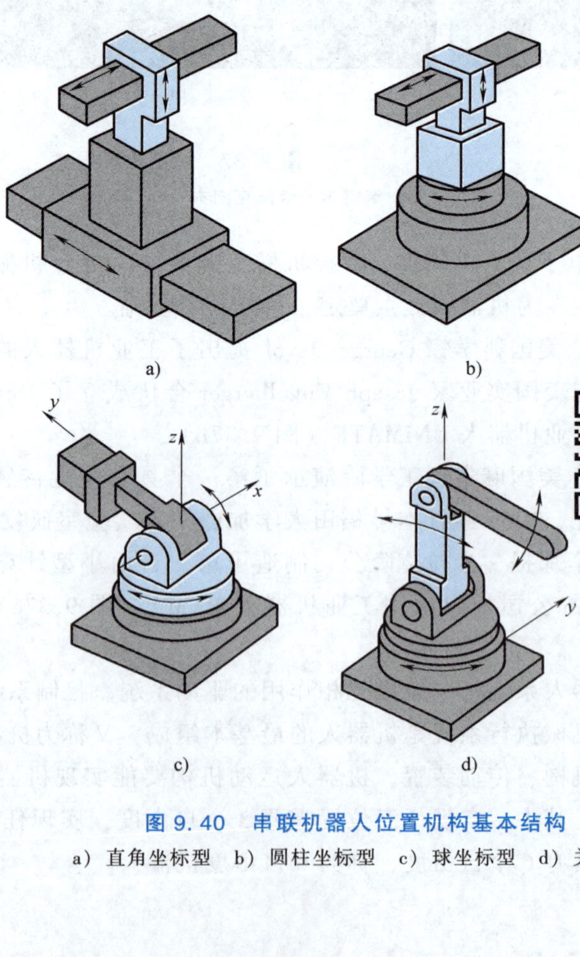

图 9.40 串联机器人位置机构基本结构

a）直角坐标型 b）圆柱坐标型 c）球坐标型 d）关节型

表 9.1 串联式机器人的几种形式

类型	直角坐标型	圆柱坐标型	球坐标型	关节型
自由度	3个移动	2个移动,1个回转	1个移动,2个回转	3个回转
运动	伸缩、升降、平移	伸缩、升降、水平回转	伸缩、水平回转、俯仰回转	水平回转和两个俯仰回转
工作空间	长方体	空心圆柱体	空心球体的一部分	空心球体的一部分
特点	结构简单,运动直观性强,便于实现高精度,占据空间大,工作范围较小	运动直观性强,结构紧凑,工作范围大,应用较广	工作范围更大,结构较复杂,运动直观性差,不便于实现高精度	占据空间最小,工作范围最大,运动直观性最差,驱动控制较复杂,应用较广

9.3.3 闭链结构的并联机器人机构

并联机构是近30年才发展应用起来的一类机器人机构，其典型结构如图9.41所示，它是由静平台（视为机架）2，动平台（为末端执行构件）1及六条结构完全相同（也可以不同）的支链将上下平台连接起来，形成封闭的结构系统。这6条支链是并列的，故称为并联机构。每条支链，若将其独立出来，如图9.42所示，相当于一个由三个可动构件（其中末杆3可视为虚拟的动平台）、三个运动副（两个球副、一个移动副）所组成的空间开链结构，其自由度 $F=3\times6-(2\times3+5)-1=6$，其中包含有1、2杆共同绕自身轴转动的1个局部自由度，故将其减去后实际上为6个自由度。根据其运动副特征命名（球面副S、转动副R、移动副P、万向铰U等）为SPS链，它们的自由度数及类型，最终确定了动平台的自由度。动平台的自由度为所有支链自由度的交集，其运动的位姿是6条支链共同作用的结果，任何一个支链的运动都将对动平台及其他支链产生影响，称为运动的耦合。所以并联机器人末端执行件（动平台）的位姿，不是每个驱动运动的“叠加”，而是一种更为复杂的并联耦合，即支链运动方程的联立求解。图9.43所示的Stewart平台，为相同支链的对称结构，常用9-SPS来表示其结构特征。一般来说，一条支链有一个驱动副（即主动的独立运动副，该图中为P副），故有几条支链，就表明该并联机构有几个驱动副，而Stewart平台就有6个自由度，即平台就具有6个空间自由度。支链结构是多种多样的，具有同一自由度的支链结构就可以有很多种，所以并联机构的结构综合，关键是支链的结构综合，比串联机器人机构的综合要复杂得多，其类型也十分丰富。

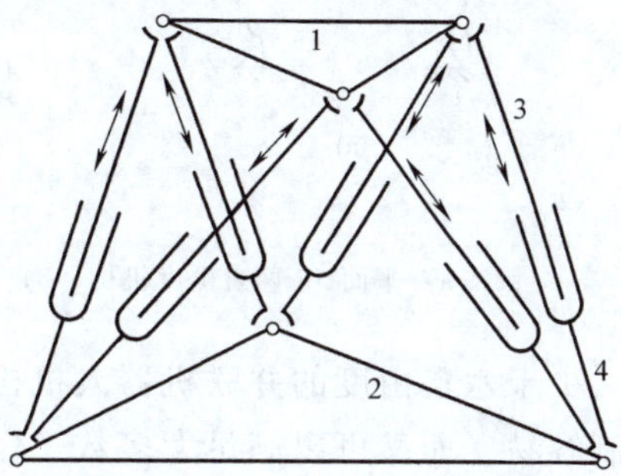

图 9.41 Stewart型并联机器人

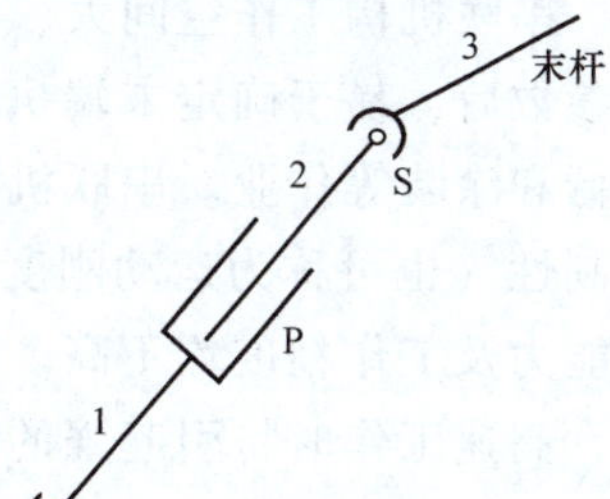

图 9.42 SPS支链

并联机构可分平面和空间两大类。平面并联机构只限于2、3自由度，大多为空间运动性质的并联机构。一般是以自由度数对其分类，常用的有：

1）二自由度并联机器人机构。包括平面5R（图9.43a）及3-R-2-P两种，动平台自由

度为 x、y 移动自由度。

2）三自由度并联机器人机构。包括平面 3-RRR（图 9.43b）、3-RPR 机构，其自由度为 x、y、θ_z。空间三自由度机构有 3-RRR 球面机器人机构，其自由度为 θ_x、θ_y、θ_z，以及 x、y、z 三个移动的 3-R-SS-SS、3-UPU 及有 x、y、R_x 的 2-RPS-1-UPU 等。

3）四自由度并联机器人机构。有 2-RPS-2-SPS（图 9.43c，自由度为 x、z、θ_x、θ_y）、2-SPS-2-UPU（自由度为 x、y、z、θ_i）及 3-UPK-1-PS（自由度为 z、θ_x、θ_y、θ_z）。

4）五自由度并联机器人机构。一般动平台自由度均为 x、y、z 及 θ_x，θ_y。其典型结构为 4-UPS-1-UPU、4-SPS-1-UPU 等。

5）六自由度并联机器人机构。如前述主要有 6-SPS、6-UPS 和 6-RSU 等。

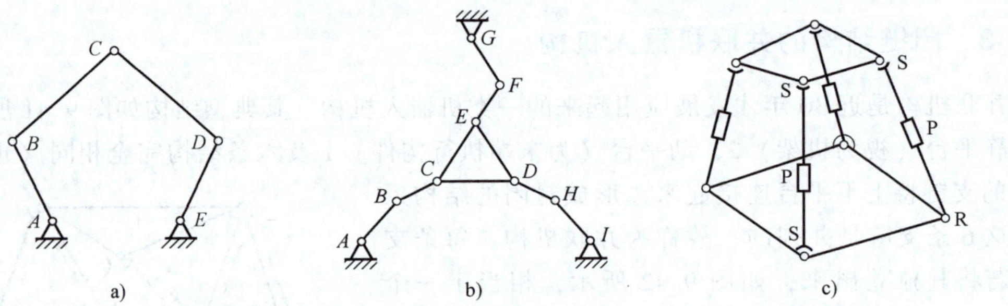

图 9.43 少自由度并联机构

a）平面 5R 两自由度机构 b）平面 3-RRR 三自由度机构 c）2-RPS-2-SPS 四自由度机构

少于六自由度的并联机器人机构，统称为少自由度并联机构，其结构相对简单，驱动、控制容易，而又可以满足大多数工作的要求，其应用较六自由度并联机器人更广泛。

两类机器人机构各有其优缺点，各有其优势应用领域。

串联机构工作空间大、各关节独立驱动、灵活性高、避障性能强，给定各主动关节的运动参数后，易于确定末端执行器的位姿（也称运动学的正解），常用于搬运、装配、焊接、步行和涂装等作业。串联机构缺点是由于其结构为悬臂式开链结构，因而其结构刚度及运动强制性（也可称为运动刚度）较差，加之其末端运动误差为各关节误差累积叠加，故其承载能力及工作精度均不高。而且由于驱动及传动装置均装于各关节，随杆一起运动，质量增大，高速工作时将引起强的惯性力，造成动力性能下降，引起冲击振动等问题。因而不适用于高速工作的场合。

并联机构由于其封闭的桁架结构形式，而具有高的整体刚度及运动的强制性，因而其承载能力高。由于动平台载荷分布在各支链杆上，其构件受力变形小，再加上因其并联结构，使得动平台误差不是各支链误差的累积，故其工作精度高。各支链直接驱动，无中间传动系统，且各构件的运动形式简单，在同等载荷下，支链各杆及动平面的质量均较小，故其动力学性能优于串联机构，可较好地适用于高速工作的需要。总之，其主要工作特点就是高刚度、高速、高精度。但由于其封闭链并联形式，属于高耦合结构，因而，其工作空间、灵活性较差，而且其正解十分困难。因而并联机构广泛应用于并联机床、高速、高精度、小空间的作业（如医疗、高精度微动机器人、高速插接机械手等）以及各种复杂运动的模拟平台、操作机等。

思考题

9.1 叙述差动螺旋传动机构的工作原理和应用场合。

9.2 举例说明棘轮机构的应用场合。

9.3 举例说明槽轮机构的应用场合。

9.4 叙述凸轮式分度机构和间歇运动机构的异同点。

9.5 摩擦棘轮在工作状态时，棘爪的转动副是否处于自锁状态？

9.6 说明单作用与双作用棘轮的工作差别。

9.7 不完全齿轮在进入啮合和退出啮合时，为什么会出现冲击现象？

9.8 槽轮的槽数如何选择？

习题

9.1 在单万向联轴器中，主动轴以 1500r/min 等速转动，从动轴变速传动，其最高转速为 1732r/min，试求：

1）从动轴的最低转速。

2）在主动轴的一转中，φ_1 为哪些角度时，两轴的转速相等。

9.2 如果双方向联轴器的中间轴两端的叉面彼此垂直，输入轴、输出轴与中间轴的夹角分别为 α_{12} 与 α_{23}，且输入轴与输出轴相交，试求：ω_1 为常数时，1）$\omega_3=$?；2）如果 $\alpha_{12}=\alpha_{23}$，$\omega_3=$?；3）如果中间轴两端的叉面在同一平面内，且 $\alpha_{12}=\alpha_{23}$，$\omega_3=$?

9.3 在一台自动机上，装有四槽的外槽轮机构。若已知在槽轮停歇时期，完成工艺动作所需要的时间为 30s，求圆销回转半径的转速及槽轮转位所需的时间，圆销数 $k=1$。

9.4 如将外槽轮机构的槽数由 4 改变成 8，圆销数 $k=1$ 不变，求改变后的 $(\omega_2/\omega_1)_{\max}$ 与 $(\alpha_2/\omega_1^2)_{\max}$ 的变化是多少？

9.5 求外啮合棘轮机构中，棘轮齿面偏斜角为多少时？棘爪能顺利滑入棘轮齿槽。

知识扩展

机器人机构的应用

机器人是典型的机电一体化产品，应用非常广泛。按用途可分为工业机器人、医用机器人、服务机器人、军用机器人和玩具机器人等。工业机器人广泛应用于自动化生产领域；医用机器人应用于人体的手术中；服务机器人正在走向家庭；军用机器人在作战、排雷和后勤保证中得到广泛应用；玩具机器人已经普及。未来的机器人将会促进人类社会的快速发展。图 9.44 和图 9.45 所示为一些机器人的应用实例。图 9.44a 所示为常见的关节型串联工业机器人，图 9.44b 所示为并联医用机器人，图 9.44c 所示为四足步行军用机器人，9.44d 所示为六足步行仿螃蟹机器人。

图 9.45a 所示为常见的三坐标工业机器人，图 9.45b 所示为具有人类情感的服务机器人，图 9.45c 所示为水下操作机器人，图 9.45d 所示为仿苍蝇机器人。

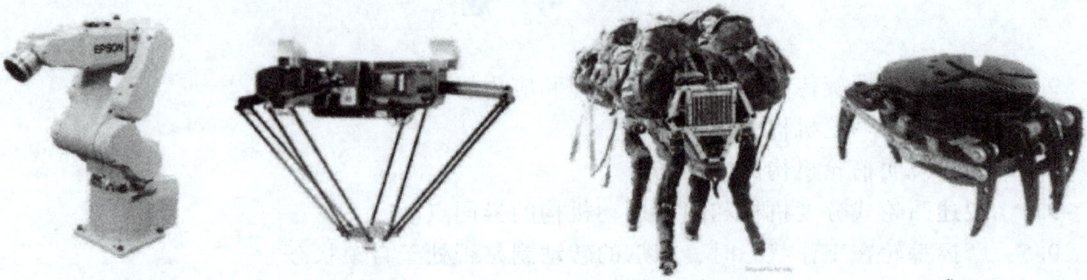

a) b) c) d)

图 9.44 机器人应用一

a）关节型串联工业机器人 b）并联医用机器人 c）四足步行军用机器人 d）六足步行仿螃蟹机器人

机器人种类众多，应用日渐广泛。从地上、地下、水面、水下、天空到太空，机器人无处不在。随着机器人技术的发展，机器人机构学的研究也将日益深入与发展。

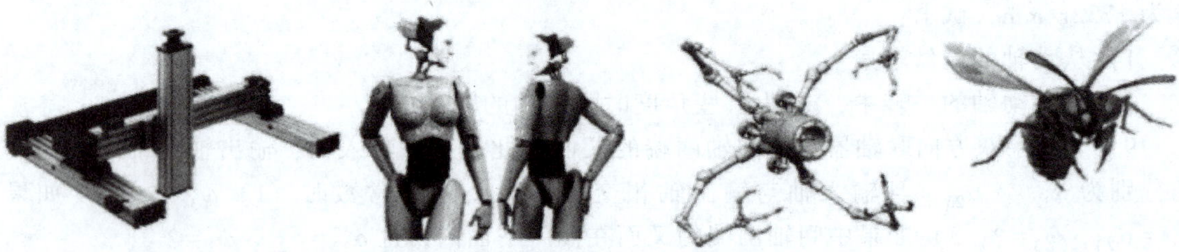

a) b) c) d)

图 9.45 机器人应用二

a）三坐标工业机器人 b）服务机器人 c）水下操作机器人 d）仿苍蝇机器人

第 10 章

机械动力学

实际运行中，机械系统的原动件一般不作匀速运动，其运动规律取决于各运动构件的质量、转动惯量以及各种外力。前面章节中对平面机构进行运动分析和受力分析时，假设机构原动件作匀速运动，这种假设产生的分析误差对于低速轻载运行的机械装置是可以接受的；而高速、重载和大质量的机械装置对机械传动系统的动力学要求高，这种假设产生的分析误差大，有可能会影响机械的安全性与可靠性。其原因是绝大多数机械系统在运转过程中存在速度波动，过大的速度波动会产生振动与噪声等问题，降低机械的工作精度和传动效率，缩短机械使用寿命。

要研究分析机械的动力学性能，应该怎样建立机械系统动力学分析模型？如何分析机械的真实运动规律呢？对于速度波动又该如何调节呢？本章将对这些问题进行讨论。

内容提要　本章首先介绍机械系统在外力作用下的运转过程，然后基于功能原理，介绍单自由度机械系统等效动力学模型的建立思路及其求解方法，最后介绍机械运转过程中速度波动产生的原因及其调节方法，重点介绍飞轮调节周期性速度波动的基本原理和飞轮的设计方法。

10.1　机械的运转及动力学模型

机械的运动规律由各构件的质量、转动惯量和作用于各构件上的力等因素决定，作用于机械的力的变化将导致其运动和动力输入轴（主轴）的速度波动。实际上，机械原动件速度并不为等速运动，且其输出运动也不为理想运动状态。这种速度波动过大时，将影响机械正常工作状态，甚至造成异常的振动与噪声，导致运动副动负荷过大，从而缩短机械使用寿命。然而，这种速度波动在实际工程中难以避免。因此，如何分析机械真实运动规律及动态响应，对于机械结构设计，尤其是高速、重载、精密智能机械的结构设计，具有十分重要的意义。

本节主要研究影响机械产生速度波动的原因及真实运动规律的分析方法。

10.1.1　机器运转的一般过程

作用在机械上的各种力都会影响其运转状态。为了便于研究机械运转过程，通常将重力、惯性力及摩擦力等忽略，而主要考虑作用在机械上的两类外力及其变化规律。一类为驱动力，其变化规律取决于原动机的机械特性。如蒸汽机、内燃机的输出力矩是活塞位置的函数，电动机的输出力矩是角速度的函数。另一类为生产阻力，即机械完成工作过程所必须克服的工作载荷。如上所述，工作对象和介质等性质不同，工作阻力将表现出不同的变化规律。因此，这两类力将确定机械运转过程和运动规律。

图 10.1 所示为一般机械主轴运转时的速度变化过程，其包括机械起动和制动阶段主轴速度变化的瞬态过程与机械正常运转时的稳态过程。

起动阶段中，机械的输入功大于克服生产阻力所做的有用功和有害阻力所做的有害功，其主轴角速度从零开始作加速运动直至正常工作。制动阶段中，输入功为零，机械完全依靠各构件在制动前积蓄的能量维持系统作减速运动。为提高机械工作效率，瞬态过程中，设计者通常比较关心完成起动阶段的时间，如，常采用不加载的方式将系统起动，以缩短起动时间；制动时，设计者常采用制动器增大阻力以缩短机械制动阶段的时间等。

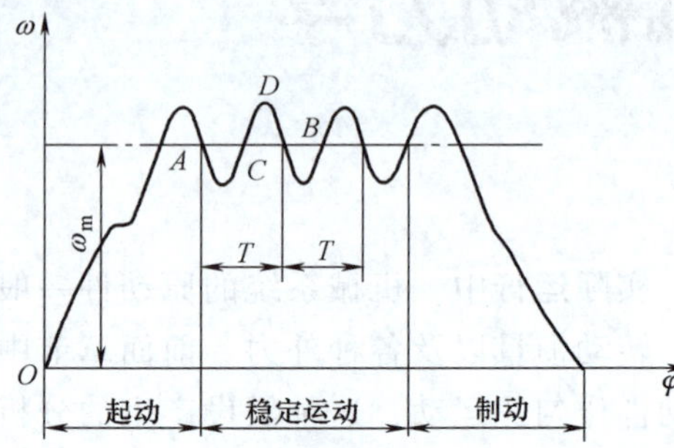

图 10.1 机械运转的三个阶段

机械进入正常工作阶段时，其主轴处于相对稳定的运转状态。部分机械（如鼓风机、离心泵等）的主轴角速度保持恒定不变或变化量很小，称为等速稳定运转状态。大多数机械主轴的角速度为波动变化状态，称为变速稳定运转状态。对于作变速稳定运转的机械如汽车、推土机等，工作时，因受外力无规律变化的作用，其主轴角速度呈无规律的波动变化，这种波动称为非周期性速度波动。部分机械工作时，如自动机床、生产流水线上的各种机械设备，因受外力按一定的周期有规律的作用，其主轴角速度呈有规律的波动变化，称为周期性速度波动。机械主轴角速度由平均值经过变化又恢复到平均值的最短时间称为机械的一个运动循环。从功能观点看，机械主轴之所以能由平均速度经过变化又能恢复到平均速度，表明机械由一个运动循环开始至结束，其输入功与有用功及有害功之和相等，即机械由一个运动循环开始至运动结束，其动能保持不变；而在运动循环中的任意时刻，机械输入功与有用功及有害功之和并不相等；当输入功大于有用功及有害功之和时，机械动能增加，其主轴速度增大；当输入功小于有用功及有害功之和时，机械动能减小，其主轴速度降低。由此可知，正是由于机器输入功与有用功及有害功之和不能时时保持相等，造成了机械主轴速度的波动。

10.1.2 单自由度机械系统的等效动力学模型

研究机械真实运动，必须首先分析机械的功能关系，建立作用于机械上的外力与其动力参数和运动参数之间的关系式。建立这种关系式的方法较多，如动态静力学方法、牛顿定律、拉格朗日方程等。本节主要介绍以动能定理为基础，建立单自由度机械系统的等效动力学模型的方法。

设机械系统由 K 个可动刚性构件组成，每个构件的质心为 S_i，集中在质心处的质量为 m_i，绕质心的转动惯量为 J_{Si}，构件角速度为 ω_i，质心速度为 v_{Si}。每个构件质心上均假设作用已知力 F_i 和已知力偶矩 M_i。根据动能定理，$\mathrm{d}t$ 时间内，系统动能增量 $\mathrm{d}E$ 等于作用于该系统外力所做元功之和 $\mathrm{d}W$，即

$$dE = dW = Ndt \tag{10.1}$$

式中，N 为所有外力的瞬时功率。

将系统动力参数、运动参数和作用力（力矩）代入式（10.1），可得

$$\frac{1}{2}d\left(\sum_{i=1}^{K} J_{Si}\omega_i^2 + \sum_{i=1}^{K} m_i v_{Si}^2\right) = \left(\sum_{i=1}^{K} \boldsymbol{M}_i\boldsymbol{\omega}_i + \sum_{i=1}^{K} \boldsymbol{F}_i\boldsymbol{v}_{Si}\right)dt \tag{10.2}$$

对于平面运动机构，$\boldsymbol{M}_i\boldsymbol{\omega}_i = \pm M_i\omega_i$，其中，正负号由作用在构件上的力偶与构件转动方向确定，两者方向相同时，取正；两者方向相反时，取负。另外，$\boldsymbol{F}_i\boldsymbol{v}_{Si} = F_i v_{Si}\cos\alpha_i$，其中，$\alpha_i$ 为力矢量 $\boldsymbol{F}_i$ 与作用点速度矢量 $\boldsymbol{v}_{Si}$ 之间的夹角。则式（10.2）可表示为

$$\frac{1}{2}d\left(\sum_{i=1}^{K} J_{Si}\omega_i^2 + \sum_{i=1}^{K} m_i v_{Si}^2\right) = \left(\pm\sum_{i=1}^{K} M_i\omega_i + \sum_{i=1}^{K} F_i v_{Si}\cos\alpha_i\right)dt \tag{10.3}$$

式（10.3）中共有 K 个运动参数。对于单自由度机械系统，该 K 个运动参数中只含一个独立参数。因此，只需求解其中一个参数，其余运动参数均可通过运动分析方法进行求解。设系统主轴角速度 ω_1 为独立运动参数，由式（10.3）可得

$$\frac{1}{2}d\left\{\left[\sum_{i=1}^{K} J_{Si}\left(\frac{\omega_i}{\omega_1}\right)^2 + \sum_{i=1}^{K} m_i\left(\frac{v_{Si}}{\omega_1}\right)^2\right]\omega_1^2\right\} = \left[\pm\sum_{i=1}^{K} M_i\left(\frac{\omega_i}{\omega_1}\right) + \sum_{i=1}^{K} F_i\left(\frac{v_{Si}}{\omega_1}\right)\cos\alpha_i\right]\omega_1 dt \tag{10.4}$$

式（10.4）中左端方括号内的量具有转动惯量量纲，以 J_v 表示；其右端方括号内的量具有力矩的量纲，以 M_v 表示，则

$$\begin{cases} J_v = \sum_{i=1}^{K} J_{Si}\left(\frac{\omega_i}{\omega_1}\right)^2 + \sum_{i=1}^{K} m_i\left(\frac{v_{Si}}{\omega_1}\right)^2 \\ M_v = \pm\sum_{i=1}^{K} M_i\left(\frac{\omega_i}{\omega_1}\right) + \sum_{i=1}^{K} F_i\left(\frac{v_{Si}}{\omega_1}\right)\cos\alpha_i \end{cases} \tag{10.5}$$

则单自由度机械系统的动力学方程可简化为

$$\begin{cases} d\left(\frac{1}{2}J_v\omega_1^2\right) = M_v\omega_1 dt \\ \frac{\omega_1^2}{2}\frac{dJ_v}{d\varphi} + J_v\frac{d\omega_1}{dt} = M_v \end{cases} \tag{10.6}$$

式（10.6）为具有 J_v 转动惯量的回转构件在力矩 M_v 作用下的运动方程。可将式（10.6）表述的动力学模型称为以运动参数 ω_1 建立的原机械系统等效动力学模型。该动力学模型由一个具有 J_v 转动惯量的转动构件和一个作用于该构件上的力偶矩 M_v 构成。该构件为原机械系统中运动参数为 ω_1 的构件，称为原机械系统等效构件，如图 10.2a 所示。J_v 为原机械系统等效转动惯量，M_v 为原机械系统等效力矩。

由式（10.5）可得

$$\begin{cases} \frac{1}{2}J_v\omega_1^2 = \frac{1}{2}\sum_{i=1}^{K} J_{Si}\omega_i^2 + \frac{1}{2}\sum_{i=1}^{K} m_i v_{Si}^2 \\ M_v\omega_1 = \pm\sum_{i=1}^{K} M_i\omega_i + \sum_{i=1}^{K} F_i v_{Si}\cos\alpha_i \end{cases} \tag{10.7}$$

若等效构件选取移动构件，如图 10.2b 所示，则式（10.4）中左端方括号内的量具有质量

量纲，称为原机械系统等效质量，以 m_v 表示；式（10.4）中右端方括号内的量具有力的量纲，称为原机械系统等效力，以 F_v 表示。则原机械系统的等效动力学方程表示为

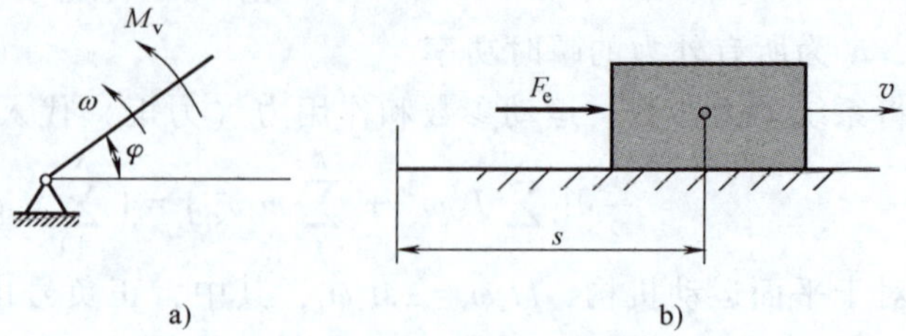

图 10.2 等效动力学模型

a）等效构件为定轴转动构件 b）等效构件为移动构件

$$\mathrm{d}\left(\frac{1}{2}m_v v^2\right)=F_v\mathrm{d}s \tag{10.8}$$

由于

$$\mathrm{d}\left(\frac{1}{2}m_v v^2\right)=\frac{1}{2}\frac{\mathrm{d}}{\mathrm{d}s}(m_v v^2)+m_v v\frac{\mathrm{d}v}{\mathrm{d}s}=\frac{1}{2}\frac{\mathrm{d}}{\mathrm{d}s}(m_v v^2)+m_v\frac{\mathrm{d}s}{\mathrm{d}t}\frac{\mathrm{d}v}{\mathrm{d}s}$$

故有

$$\frac{1}{2}\frac{\mathrm{d}m_v}{\mathrm{d}s}v^2+m_v\frac{\mathrm{d}v}{\mathrm{d}t}=F_v \tag{10.9}$$

综上所述，单自由度机械系统的动力学分析问题可以转化为等效构件的动力学分析问题，这种转化并未改变原系统动力学性质，只是数学处理方法不同。具有等效质量或等效转动惯量的等效构件的动能与原机械系统所有运动构件的动能相等，且等效构件上作用的等效力或等效力矩的瞬时功率与原机械系统中所有已知力的瞬时功率相等。实际工程中，一般选用机械系统中作回转运动的原动件或主轴作为等效构件。以后未作特殊说明时，均认为以机械系统主轴作为等效构件。

对式（10.5）作进一步分析可知：

1）各等效量不仅与作用于机械系统中的力、力矩以及各活动构件的质量、转动惯量有关，而且与各构件和等效构件的速比有关，但与机械系统各活动构件的真实运动无关。因此，可在机械真实运动未知的情况下计算各等效量。

2）等效质量与等效转动惯量值恒为正值。一般各构件与等效构件的速比为构件位置的函数，则等效质量与等效转动惯量也是构件运动位置的函数。对于轮系其等效转动惯量恒为常量。

3）等效力与等效力矩可能为正值，也可能为负值。

为了简化分析问题，以 M_{vd} 和 M_{vr} 分别表示作用于机械系统中所有驱动力和阻力的等效力矩，M_{vd} 称为机械系统等效驱动力矩，M_{vr} 称为机械系统等效阻力矩。其中，M_{vd} 和 M_{vr} 均取绝对值，则等效力矩表示为

$$M_v=M_{vd}-M_{vr} \tag{10.10}$$

等效力矩可能为常量，也可能为变量。因等效转动惯量为周期变量（或是常量），等效力矩存在周期性变化时，等效构件的速度将作周期性的有规律的变化。

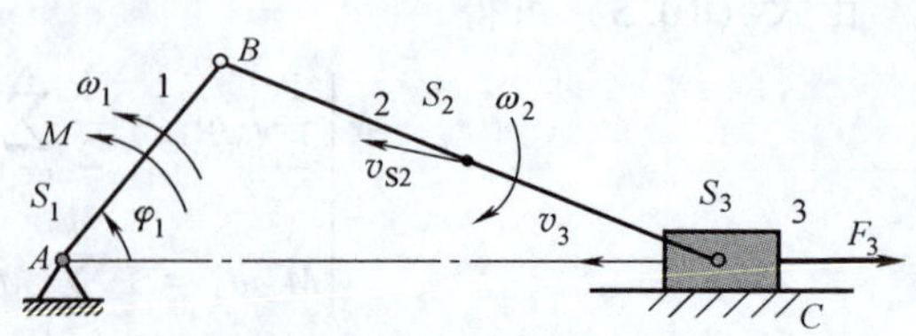

图 10.3 活塞式内燃机示意图

例 10.1 图 10.3 所示为活塞式内燃机示意图，设已知各构件的质心位置 S_i，质量 m_2、m_3，转动惯量 J_1、J_{S2} 以及角速度 ω_1、ω_2 和质心速度 v_{S2}，驱动力矩为 M_1，阻力 F_3，建

立该机构的运动方程。

解 由式（10.1）可知，该机械系统的动能增量为

$$dE=d\left(\frac{J_1\omega_1^2}{2}+\frac{J_{S2}\omega_2^2}{2}+\frac{m_2v_{S2}^2}{2}+\frac{m_3v_3^2}{2}\right)$$

外力所做元功之和为

$$dW=Pdt=(M_1\omega_1+F_3v_3\cos\alpha_3)dt=(M_1\omega_1-F_3v_3)dt$$

则其运动方程为

$$d\left(\frac{J_1\omega_1^2}{2}+\frac{J_{S2}\omega_2^2}{2}+\frac{m_2v_{S2}^2}{2}+\frac{m_3v_3^2}{2}\right)=(M_1\omega_1-F_3v_3)dt$$

选曲柄 1 为等效构件，曲柄转角 φ_1 为独立的广义坐标，改写上式为

$$d\left\{\frac{\omega_1^2}{2}\left[J_1+J_{S2}\left(\frac{\omega_2}{\omega_1}\right)^2+m_2\left(\frac{v_{S2}}{\omega_1}\right)^2+m_3\left(\frac{v_3}{\omega_1}\right)^2\right]\right\}=\omega_1\left[M_1-F_3\left(\frac{v_3}{\omega_1}\right)\right]dt$$

式中，等式左端方括号内的量具有转动惯量的量纲，以 J_e 表示，定义 $J_e=J_e(\varphi_1)$；其右端方括号内的量具有力矩的量纲，以 M_e 表示，定义 $M_e=M_e(\varphi_1, \omega_1, t)$。因此，对一个单自由度机械系统的研究，可以简化为对一个具有等效转动惯量 $J_e(\varphi_1)$，在其上作用有等效力矩 $M_e(\varphi_1, \omega_1, t)$ 的假想构件的运动的研究。

选滑块 3 为等效构件，滑块位移 s_3 为独立的广义坐标，改写上式为

$$d\left\{\frac{v_3^2}{2}\left[J_1\left(\frac{\omega_1}{v_3}\right)^2+J_{S2}\left(\frac{\omega_2}{v_3}\right)^2+m_2\left(\frac{v_{S2}}{v}\right)^2+m_3\right]\right\}=v_3\left[M_1\left(\frac{\omega_1}{v_3}\right)-F_3\right]dt$$

式中，等式左端方括号内的量具有转动惯量的量纲，以 m_e 表示，定义 $m_e=m_e(s_3)$；其右端方括号内的量具有力矩的量纲，以 F_e 表示，定义 $F_e=F_e(s_3, v_3, t)$。因此，对一个单自由由度机械系统的研究，也可以简化为对一个具有等效质量 $m_e(s_3)$，在其上作用有等效力 $F_e(s_3, v_3, t)$ 的假想构件的运动的研究。

例 10.2 图 10.4 所示为某机床工作台传动系统。已知各齿轮的齿数分别为 $z_1=20$、$z_2=60$、$z_{2'}=20$、$z_3=80$，齿轮 3 与齿条 4 啮合的节圆半径为 r_3'，各轮转动惯量分别为 J_1、J_2、$J_{2'}$ 和 J_3，工作台与被加工件的重量和为 G，齿轮 1 上作用有驱动力矩 M_d，齿条的节线上水平作用有生产阻力 F_r。求：以齿轮 1 为等效构件时系统的等效转动惯量和等效力矩。

解 由式（10.5）可得

$$J_v=J_1+(J_2+J_{2'})\left(\frac{\omega_2}{\omega_1}\right)^2+J_3\left(\frac{\omega_3}{\omega_1}\right)^2+\frac{G}{g}\left(\frac{v_4}{\omega_1}\right)^2$$

$$=J_1+(J_2+J_{2'})\left(\frac{z_1}{z_2}\right)^2+J_3\left(\frac{z_1z_{2'}}{z_2z_3}\right)^2+\frac{G}{g}\frac{z_1z_{2'}}{z_2z_3}(r_3')^2$$

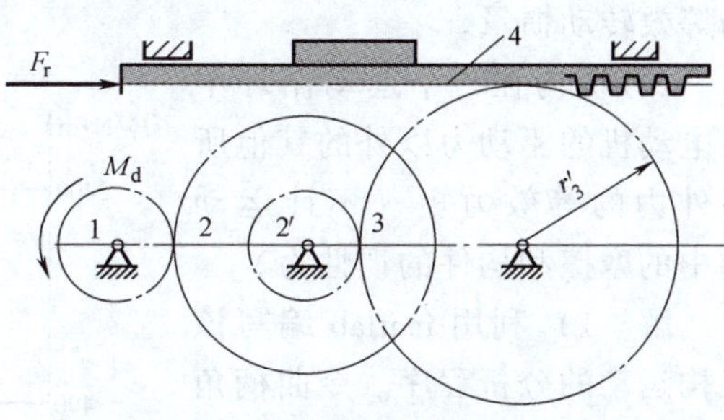

图 10.4 机床工作台传动系统图

代入各齿齿数和 r_3' 的值，得

$$J_v=J_1+\frac{1}{9}(J_2+J_{2'})+\frac{1}{144}J_3\left(\frac{\omega_3}{\omega_1}\right)^2+\frac{1}{144}\left(\frac{Gr_3'^2}{g}\right)^2$$

式中，g 为重力加速度。

从上式可以看出，由于系统中各运动构件与等效构件的速比为常数，故等效转动惯量为

常数。

计算结果显示，高速运动构件的转动惯量在等效转动惯量中占的比例大，低速运动构件在等效转动惯量中占的比例小。因此，计算精度要求不高时，常常可以忽略低速运动构件的转动惯量。

因为 F_r 为生产阻力，故

$$F_r v_4 = F_r \omega_3 r_3' \cos 180° = -F_r \omega_3 r_3'$$

生产阻力 F_r 的等效阻力矩的绝对值为

$$M_{vr} = F_r r_3' \frac{\omega_3}{\omega_2} = F_r r_3' \frac{z_1 z_{2'}}{z_2 z_3} = \frac{F_r r_3'}{144}$$

整个传动系统的等效力矩为

$$M_v = M_{vd} - M_{vr} = M_d - \frac{F_r r_3'}{144}$$

注意，实际工程问题中，大多数机械系统的等效转动惯量和等效力矩之值均随机械系统运转而不断变化。

例 10.3 如图 10.5a 所示的平面六杆机构，已知 $l_{OA}=90\text{mm}$，$l_{AB}=360\text{mm}$，$l_{BC}=300\text{mm}$，$l_{CD}=150\text{mm}$ 和 $l_{DE}=300\text{mm}$。设在直角坐标系 Oxy 中，点 C 的坐标为 $x_C=360\text{mm}$，$y_C=300\text{mm}$，滑块导轨与 x 轴平行，导轨与 O 点的距离 $H=400\text{mm}$。各构件质心分别位于点 S_1、S_2、S_3、S_4 和 S_5 上，各构件质量分别为 $m_1=1.5\text{kg}$，$m_2=3.6\text{kg}$，$m_3=6\text{kg}$，$m_4=3\text{kg}$，$m_5=4\text{kg}$，各构件绕质心转动惯量分别为 $J_{S1}=0.1\text{kg}\cdot\text{m}^2$，$J_{S2}=0.06\text{kg}\cdot\text{m}^2$，$J_{S3}=0.2\text{kg}\cdot\text{m}^2$，$J_{S4}=0.05\text{kg}\cdot\text{m}^2$，$J_{S5}=0$。其中，$J_{S1}$ 包括电动机轴和减速齿轮部分的转动惯量。作用在滑块上的工作阻力 F_r 的变化规律如图 10.5b 所示。其中，ab 段为直线，bc 段为抛物线，阻力的值如图 10.5b 所示。以曲柄为等效构件，求：

1）机构在一个运动循环中的等效转动惯量。

2）机构在一个运动循环中除电动机的驱动力以外的其他所有外力的等效力矩（不计运动副中的摩擦和构件的惯性力）。

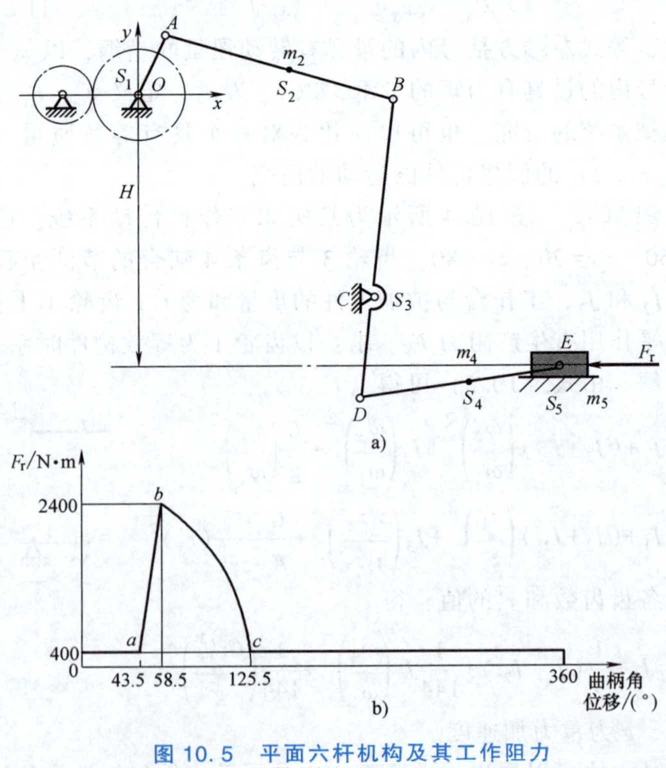

图 10.5 平面六杆机构及其工作阻力

a）平面六杆机构 b）阻力 F_r 的变化曲线图

解 1）利用 matlab 编写该机构运动的分析程序。令曲柄角速度 $\omega_1=1$，选取计算步长 $\Delta\varphi_1$，将曲柄一个运动循环的转角 φ_T 分为 n 等份，$n=\phi_T/\Delta\varphi_1$，计算曲柄在一个运动循环中各构件的

角速度 ω_i（$i=2,3,4$）和各质心速度 $\dot{x}_{Si}^2+\dot{y}_{Si}^2$（$i=1,2,3,4,5$），根据式（10.5）计算等效构件的等效转动惯量 J_v 为

$$J_v = J_{S1} + \sum_{i=2}^{4} J_{Si}\omega_i^2 + \sum_{i=1}^{5} m_i(\dot{x}_{Si}^2 + \dot{y}_{Si}^2)$$

2）将工作阻力用插值函数表示。

① 当 $0\leqslant\varphi_1\leqslant 43.5°$ 和 $125.5°\leqslant\varphi_1\leqslant 360°$ 时，$F_r=400\text{N}$。

② 当 $43.5°\leqslant\varphi_1\leqslant 58.5°$ 时，F_r 用线性插值函数 $F_r=A+B\varphi_1$ 表示，将 a、b 两点处 φ_1 与 F_r 的对应值代入，得

$$\begin{cases}A+43.5B=400\\A+58.5B=2400\end{cases}$$

解出 $A=133.33$，$B=5400$，故 $F_r=(133.33+5400)\varphi_1$。

③ 当 $58.5°\leqslant\varphi_1\leqslant 125°$ 时，F_r 用抛物线方程 $F_r=C+D\varphi_1^2$ 表示，将 b、c 两点处 φ_1 与 F_r 的对应值代入，得

$$\begin{cases}C+D(58.5)^2=2400\\C+D(125.5)^2=400\end{cases}$$

解出 $C=2955.2$，$D=0.16223$，故 $F_r=2955.2-0.16223\varphi_1^2$。设重力加速度为 g，作用于等效构件的等效力矩可用下式求出

$$M_v = -\sum_{i=1}^{5} m_i g(\dot{y}_{Si}) - F_r(\dot{x}_{S5})$$

求出等效构件在 n 个运动位置时的 J_v 和 M_v，以横坐标表示等效构件的转角 φ_1，画出其在一个运动循环中的变化曲线，如图 10.6a 和 b 所示。

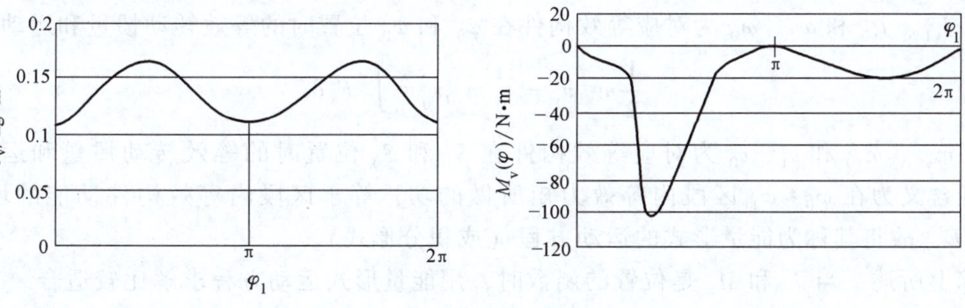

图 10.6 等效线图

a）等效转动惯量线图 b）等效力矩线图

10.1.3 机械运动方程及其求解

利用等效动力学模型可以把单自由度机械系统的运动分析问题简化为等效构件的运动分析问题。因此，只要解出该等效构件的运动规律，即可采用运动分析方法求出整个机械系统中所有构件的运动规律。

为求解机械系统的真实运动规律，可利用机械动力学方程（或机械运动方程）进行求解。

1. 机械运动方程的形式

(1) 力矩形式(微分形式) 选取回转构件为等效构件,式(10.5)为力矩形式的运动方程:

$$\frac{\omega^2}{2}\frac{\mathrm{d}J_\mathrm{v}}{\mathrm{d}\varphi}+J_\mathrm{v}\omega\frac{\mathrm{d}\omega}{\mathrm{d}\varphi}=M_\mathrm{v} \tag{10.11}$$

选取移动构件为等效构件,式(10.9)为力矩形式的运动方程:

$$\frac{1}{2}\frac{\mathrm{d}m_\mathrm{v}}{\mathrm{d}s}v^2+m_\mathrm{v}\frac{\mathrm{d}v}{\mathrm{d}t}=F_\mathrm{v} \tag{10.12}$$

可见,不论 J_v 和 M_v 是位置的函数,还是时间或速度及其组合变量的函数,均可采用力矩形式的动力学方程进行求解。

当 J_v 为常数时,$\mathrm{d}J_\mathrm{v}/\mathrm{d}\varphi=0$,其形式更加简单,表达式为

$$J_\mathrm{v}\omega\frac{\mathrm{d}\omega}{\mathrm{d}\varphi}=M_\mathrm{v} \tag{10.13}$$

因

$$J_\mathrm{v}\omega\frac{\mathrm{d}\omega}{\mathrm{d}t}\frac{\mathrm{d}t}{\mathrm{d}\varphi}=J_\mathrm{v}\frac{\mathrm{d}\omega}{\mathrm{d}t}=J_\mathrm{v}\alpha \tag{10.14}$$

故

$$J_\mathrm{v}\alpha=M_\mathrm{v} \tag{10.15}$$

(2) 能量形式的运动方程 将式(10.10)和式(10.11)积分,得能量形式的运动方程为

$$\frac{1}{2}J_{\mathrm{v}1}\omega_1^2-\frac{1}{2}J_{\mathrm{v}0}\omega_0^2=\int_{\varphi_0}^{\varphi_1}M_\mathrm{v}\mathrm{d}\varphi \tag{10.16}$$

式中,$J_{\mathrm{v}1}$、$J_{\mathrm{v}0}$ 和 ω_1、ω_0 为对应等效构件在 φ_1 和 φ_0 位置时的等效转动惯量和运动角速度。

$$\frac{1}{2}m_{\mathrm{v}1}v_1^2-\frac{1}{2}m_{\mathrm{v}0}v_0^2=\int_{s_0}^{s_1}F_\mathrm{v}\mathrm{d}s \tag{10.17}$$

式中,$m_{\mathrm{v}1}$、$m_{\mathrm{v}0}$ 和 v_1、v_0 为对应等效构件在 S_1 和 S_0 位置时的等效转动惯量和运动速度。其物理含义为在 $\varphi_0\sim\varphi_1$ 区段内等效力矩所做的功,等于区段内等效构件动能的增量,即 $\Delta A=\Delta E$,故将其称为能量形式的运动方程(或积分形式)。

综上所述,当 J_v 和 M_v 是位置的函数时,用能量形式运动方程求解比较适合。

2. 机械运动方程求解

机械运动方程可采用图解法、解析法和数值方法进行求解。其中,图解法计算精度较低,不便于对机械系统的整个运动过程进行分析,故这种方法目前已很少被采用。

机械运动方程能否用解析法求解,用何种形式的函数表达式求解,取决于 J_v 和 M_v 能否用解析函数式表示,以及这些函数的性质。如果 J_v 是机构位置的函数或常量,或变化规律比较简单,可用插值方法构成其函数多项式,以对 $\mathrm{d}J_\mathrm{v}/\mathrm{d}\varphi$ 进行求解;如果 M_v 也是以 φ 或 ω 为单一变量的函数,则可利用式(10.10)获得解析解。式(10.12)的形式为积分方程,若 M_v 为机构运动位置的函数或常量,且机械系统初始状态的运动规律为已知,则可利用该方程获得解析解。

如 $J_\mathrm{v}=J_\mathrm{v}(\varphi)$,$M_\mathrm{v}=M_{\mathrm{vd}}(\varphi)-M_{\mathrm{vr}}(\varphi)$ 均已知,且等效力矩可积分,其边界条件已知,即

$t=t_0$，$\varphi=\varphi_0$，$\omega=\omega_0$，$J_v=J_{v0}$，则由式（10.12）可得

$$\frac{1}{2}J_v(\varphi)\omega^2(\varphi)=\frac{1}{2}J_{v0}\omega_0^2+\int_{\varphi_0}^{\varphi_1}M_{vd}(\varphi)\mathrm{d}\varphi-\int_{\varphi_0}^{\varphi_1}M_{vr}(\varphi)\mathrm{d}\varphi$$

则

$$\omega(\varphi)=\sqrt{\frac{J_{v0}}{J_v(\varphi)}\omega_0^2+\frac{2}{J_{v0}}\left(\int_{\varphi_0}^{\varphi_1}M_{vd}(\varphi)\mathrm{d}\varphi-\int_{\varphi_0}^{\varphi_1}M_{vr}(\varphi)\mathrm{d}\varphi\right)}\tag{10.18}$$

式中，$\omega(\varphi)$ 为等效构件的角速度表达式。

如果以时间 t 表示机械运动规律，则可由 $\omega(\varphi)=\frac{\mathrm{d}\varphi}{\mathrm{d}t}$ 积分得出

$$t=t_0+\int_{\varphi_0}^{\varphi_1}\frac{\mathrm{d}\varphi}{\omega(\varphi)}\tag{10.19}$$

通过式（10.19）即可求出角位移与时间 t 的函数表达式 $\varphi=\varphi(t)$。

等效构件的角加速度可按下式求得

$$\alpha=\frac{\mathrm{d}\omega}{\mathrm{d}t}=\frac{\mathrm{d}\omega}{\mathrm{d}\varphi}\frac{\mathrm{d}\varphi}{\mathrm{d}t}=\frac{\mathrm{d}\omega}{\mathrm{d}\varphi}\omega\tag{10.20}$$

如果 M_v 与等效构件的函数关系为多种运动参数的复杂函数，或为实测获得的离散数据，M_v 很难采用简单函数式表示。这种条件下，机械运动方程只能采用数值法进行求解。所以，数值解法为机械系统真实运动规律分析常用方法。

例 10.4 起重电动机的机械特性曲线，如图 10.7a 所示。电动机转速为 100rad/s 时，输出力矩为 10N·m；转速为 52rad/s 时，输出力矩为 100N·m；转速为零时，输出力矩为 145N·m。设以电动机轴为等效构件时，起重机工作阻力的等效阻力矩 M_r 等于 223N·m 为常数，起重机的等效转动惯量 J_v 等于 $1\mathrm{kg\cdot m^2}$，试分析起重机电动机从 100rad/s 到转动停止所需时间的解析解。

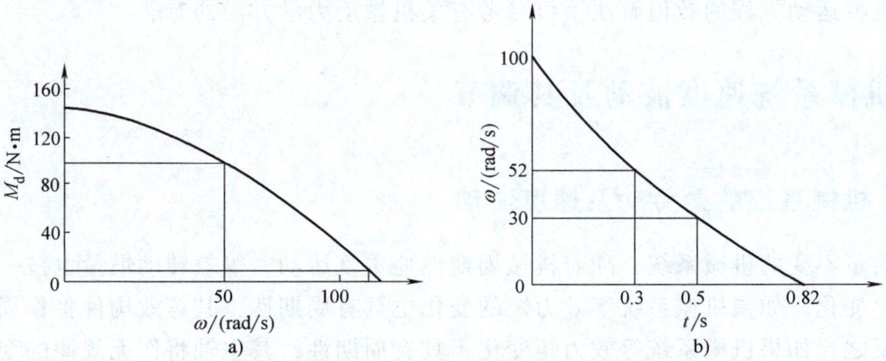

图 10.7 电动机特性曲线

a）电动机的机械特性曲线 b）制动过程中电动机转速与时间的变化规律曲线

解 先采用插值方法求出等效驱动力矩与等效构件速度的函数关系式。因已知电动机角速度与输出力矩的三组对应值，设 $M_d=a+b\omega+c\omega^2$，其中有三个待定系数 a、b 和 c。将电动机角速度 ω 与输出力矩 M_d 的三组对应值代入得

$$\begin{cases}a+100b+(100)^2c=10\\a+52b+(52)^2c=100\\a=145\end{cases}$$

解出 a、b、c，得电动机的等效驱动力矩为

$$M_{\text{vd}}=145-0.3404\omega-0.0101\omega^2$$

所以等效力矩为

$$M_{\text{v}}=M_{\text{vd}}+M_{\text{vr}}=-78-0.3404\omega-0.0101\omega^2$$

由于等效力矩为等效构件速度的函数，能量形式运动方程中 $\int_{\varphi_0}^{\varphi_1} M_{\text{v}}\mathrm{d}\varphi$ 的积分结果不能求出，故只能采用力矩形式的机械运动方程。因为等效转动惯量为常数，$\mathrm{d}J/\mathrm{d}\varphi=0$，则力矩形式的机械运动方程为

$$J_{\text{v}}\frac{\mathrm{d}\omega}{\mathrm{d}t}=M_{\text{v}}=-78-0.3404\omega-0.0101\omega^2$$

分离变量对 ω 从 100 至 ω 做定积分运算得

$$t=\int_{100}^{\omega}\frac{\mathrm{d}\omega}{-78-0.3404\omega-0.0101\omega^2}$$

设 $c=-78$，$b=-0.3404$，$a=-0.0101$，因 $b^2<4ac$，上式可根据定积分公式得

$$t=\frac{2}{\sqrt{4ac-b^2}}\arctan\left(\frac{2a\omega+b}{\sqrt{4ac-b^2}}\right)\bigg|_{100}^{\omega}$$

整理可得

$$\omega=-86.2485\tan(0.8711t-0.935)-16.8515$$

令上式中 $\omega=0$，解之可得电动机角速度从 100rad/s 到完全停止所需时间 $t\approx0.82$s。其制动过程电动机转速与时间变化曲线如图 10.7b 所示。

关于机械运动方程的数值解法，可参考有关机械动力学方面的专著。

10.2 机械系统速度波动及其调节

10.2.1 机械系统的盈亏功及速度波动

构件质量不变的机械系统，随着机械周期性地重复运动，等效转动惯量也按一定规律周期性地重复变化。如果机械系统等效力矩的变化也具有周期性，其等效构件将作周期性的变速运动；反之，如果机械系统等效力矩变化不具有周期性，其主轴将作无规律的变速运动。

图 10.8a 所示为作周期变速运动机械系统的等效驱动力矩 M_{d} 和等效阻力矩 M_{r}（M_{d} 和 M_{r} 均取绝对值）在一个运动周期中（$\varphi_{\text{a}}\sim\varphi_{\text{a}}'$为一个运动周期）的变化曲线图。图 10.8a 中，M_{d} 在 $\varphi_{\text{a}}\sim\varphi_{\text{a}}'$区间围成的面积值为等效驱动力矩在一个运动周期中做的功，且为正功；等效阻力矩在该运动周期中做的功为负功。对于一个运动周期，这两个面积相等，机械系统所有外力做功之和为零，机械系统运动速度在 φ_{a} 与 φ_{a}'时刻相等。但在一个运动周期中的任意时刻，M_{d} 做的正功与 M_{r} 做的负功并不一定相等。图 10.8a 显示，在 $\varphi_{\text{a}}\sim\varphi_{\text{b}}$ 的运动区间 M_{r} 大

于 M_d，等效力矩做负功（称为亏功），$\int_{\varphi_a}^{\varphi_b} M_d(\varphi)\mathrm{d}\varphi - \int_{\varphi_a}^{\varphi_b} M_r(\varphi)\mathrm{d}\varphi$（即图 10.8a 所示的面积 f_1）；在 $\varphi_b \sim \varphi_c$ 的运动区间 M_d 大于 M_r，等效力矩做正功（称为盈功），$\int_{\varphi_b}^{\varphi_c} M_d(\varphi)\mathrm{d}\varphi - \int_{\varphi_b}^{\varphi_c} M_r(\varphi)\mathrm{d}\varphi$（即图 10.8a 所示的面积 f_2）。等效力矩做盈功时，等效构件动能增加，机械系统加速运动；反之，等效力矩做亏功时，等效构件动能减小，系统做减速运动（图 10.8b）。

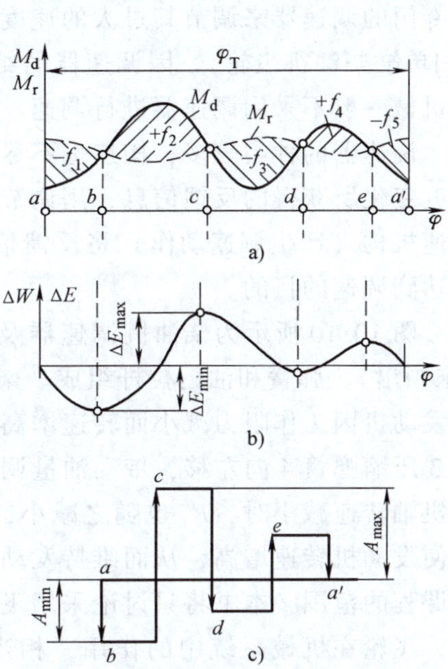

图 10.8 机械系统的盈亏功

a）等效驱动力矩和等效阻力矩曲线

b）动能变化曲线 c）能量指示图

为了求出等效力矩从 φ_0 开始在一个运动周期中盈亏功累积的变化情况，可以采用作如图 10.8c 所示的能量指示图来确定。设在能量指示图中用箭头向上的线段表示盈功，用箭头向下的线段表示亏功，线段的长度表示盈亏功的值。作一直角坐标，在对应 φ_a 位置向下作 ab 表示等效力矩从 φ_a 至 φ_b 做的亏功；在对应 φ_c 位置以 b 为起点向上作 bc 表示等效力矩从 φ_b 到 φ_c 做的盈功，采用相同方法作出机械系统在一个运动循环的盈亏功。如图 10.8c 所示，在点 b 机械系统具有最小动能，即具有最小的动能增量 ΔE_{min}，或等效力矩做了最大亏功，用 A_{min} 表示，其值为面积 $-f_1$。而在点 c 系统具有最大动能，即具有最大的动能增量 ΔE_{max}，或等效力矩做了最大盈功，用 A_{max} 表示，其值为 $-f_1$ 与 f_2 之和。最大盈功与最大亏功之差称为最大盈亏功，即

$$
\begin{aligned}
\Delta A_{max} &= A_{max} - A_{min} \\
&= \int_{\varphi_a}^{\varphi_b} (M_d - M_r)\mathrm{d}\varphi - \int_{\varphi_a}^{\varphi_c} (M_d - M_r)\mathrm{d}\varphi \\
&= \int_{\varphi_b}^{\varphi_c} (M_d - M_r)\mathrm{d}\varphi
\end{aligned} \tag{10.21}
$$

由于最大盈亏功决定了机械系统动能的最大增减量，也基本决定了机械系统运动速度波动的最大值。因此，要抑制机械系统运动速度的过大波动，最简单、最经济的办法为增大机械系统的等效转动惯量常量部分的值。因此，实际工程中，常在作周期性速度波动的机械系统的主轴或与主轴成定传动比的其他轴上，安装转动惯量较大的盘形构件（称为飞轮），对系统过大的速度波动进行调节（图 10.9）。

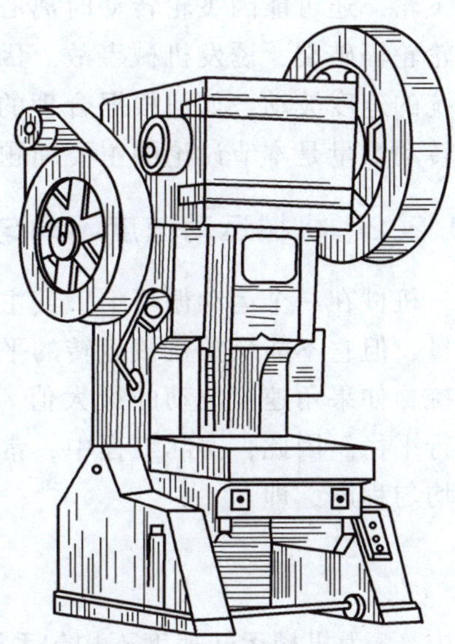

图 10.9 压力机

对于非周期性速度波动的机械系统，由于等效力矩做的盈功和亏功呈无规律的变化，从而无法确定应加飞轮的转动惯量。因此，非周期速度波动的机械系统只能

用专门的调速器来调节其过大的速度波动，在此基础上，也可用适当的飞轮改善其调速质量（如单缸柴油机飞轮）。因调速器的结构较飞轮复杂，成本相对也较高，故周期性速度波动的机械一般不采用调速器进行调速。

调速器的种类较多，构造也不尽相同。但就调速原理而论，可以归纳为：根据机械系统速度变化所获得的反馈信息，用调节器（产生调速指令）、功率放大器（产生调速动力）和调速机构（产生调速动作）将反馈信息转换为适当的调速动作使机械系统的速度改变，从而达到调速的目的。

图 10.10 所示为柴油机调速器及其调速原理示意图。该调速器由斜盘、飞球、飞球架（未画出）、弹簧和油门拉杆组成。柴油机工作时，柴油机转轴驱动带有飞球的斜盘 2 转动。当发动机因工作阻力减小而转速增高时，飞球产生离心惯性力的轴向分力 F_a 增大，迫使斜盘 3 压缩弹簧 4 向左移，带动油量调节拉杆 5 减小供油量，使发动机转速下降。反之，当发动机轴转速减小时，F_a 也随之减小，斜盘 3 在弹簧 4 的作用下向右移，带动拉杆 5 开大油门使发动机转速增高，从而维持发动机稳定运转。由于调速器的调节原理与设计内容已超出本课程的范围，本书将只讨论采用飞轮调速的有关设计问题。

飞轮在机械系统中的作用，相当于一个储能器。当等效力矩做盈功时，飞轮以增加自身动能的形式储存机械系统多余的能量，使主轴角速度增大的幅值减小；当等效力矩做亏功时，飞轮释放储存的能量，以弥补机械系统运动能量，使主轴角速度下降幅度减小，从而扼制主轴过大的速度波动。因此，飞轮能减小主轴角速度波动值。飞轮转动惯量越大，能够储存的动能越多，调速的能力越强。但是，过大转动惯量的飞轮会显得十分笨重，带来诸如制造成本高以及运输、安装、起动困难等一系列问题。另外，直径过大的飞轮，还可能因飞轮转动时离心惯性力过大，造成飞轮轮辐破裂，诱发机械事故。因此，怎样计量机械系统的速度波动，如何根据合理的速度波动值确定飞轮转动惯量是本节讨论的主要问题。

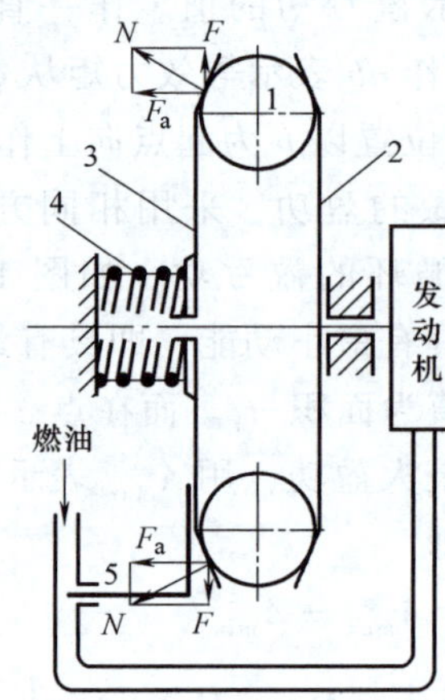

图 10.10 柴油机调速器

10.2.2 机械运动速度不均匀系数及其许用值

机械在一个运动循环中，其主轴最大角速度与最小角速度之差可以反映机械运转速度变化量，但它不能反映机械运转的平稳性。如平均角速度分别为 100rad/s 和 1000rad/s 的两台机械，如果角速度波动的最大值 $\omega_{max}-\omega_{min}$ 均为 50rad/s，显然，第二台机器比第一台机器转行平稳。因此，实际工程中，常采用速度波动的最大值与平均速度的比值表征机械运转的不均匀程度，即

$$\delta=\frac{\omega_{max}-\omega_{min}}{\omega_m} \tag{10.22}$$

式中，δ 为机械运转速度不均匀系数；ω_m 为机械主轴在一个运动循环中的平均角速度。

设主轴在运动周期 T 的转角为 φ_T，则

$$\omega_m = \frac{\varphi_T}{T} = \frac{1}{T}\int_0^T \omega \mathrm{d}t \tag{10.23}$$

当主轴角速度变化不大时，为简化计算过程，常采用表达式

$$\omega_m = \frac{1}{2}(\omega_{max} + \omega_{min}) \tag{10.24}$$

将式（10.24）代入式（10.23），整理可得

$$\omega_{max}^2 - \omega_{min}^2 = 2\omega_m \delta \tag{10.25}$$

实际工程中，针对不同机械对运转平稳性的要求，制定了各种机械的运转速度不均匀系数的规范，表 10.1 为部分机械速度不均匀系数的许用值 [δ]，可供设计时参考。

表 10.1 常用机械运转速度不均匀系数许用值表

机械的名称	[δ]	机械的名称	[δ]
碎石机	$\frac{1}{5}\sim\frac{1}{20}$	水泵、鼓风机	$\frac{1}{30}\sim\frac{1}{50}$
压力机、剪床	$\frac{1}{7}\sim\frac{1}{10}$	造纸机、织布机	$\frac{1}{40}\sim\frac{1}{50}$
轧压机	$\frac{1}{10}\sim\frac{1}{25}$	纺纱机	$\frac{1}{60}\sim\frac{1}{100}$
汽车、拖拉机	$\frac{1}{20}\sim\frac{1}{60}$	直流发电机	$\frac{1}{100}\sim\frac{1}{200}$
金属切削机床	$\frac{1}{30}\sim\frac{1}{40}$	交流发电机	$\frac{1}{200}\sim\frac{1}{300}$

飞轮设计就是选择合适的飞轮转动惯量，使机械安装飞轮之后，机械主轴的速度不均匀系数 $\delta \leqslant [\delta]$。但需要指出的是，相同转动惯量的飞轮分别装在机械低速轴和高速轴上时，它们所储存的动能存在差异。设高速轴上角速度的最大值为 ω_{max}，最小值为 ω_{min}，转动惯量为 J_F 的飞轮在高速轴上储存的动能为 $\Delta E = \frac{1}{2}J_F(\omega_{max}^2 - \omega_{min}^2)$，而在与高速轴传动比为 i 的低速轴上，转动惯量为 J_F 的飞轮储存的动能仅为 $\frac{\Delta E}{i^2} = \frac{1}{2}J_F\left[\left(\frac{\omega_{max}}{i}\right)^2 - \left(\frac{\omega_{min}}{i}\right)^2\right]$，即同样转动惯量的飞轮在高速轴上储存的动能是低速轴的 i^2 倍。因此，飞轮应设计安装在高速轴上，可实现采用较小转动惯量的飞轮达到正确调速的目的。当然，这并不意味着飞轮一定要安装在速度最高的原动机轴上，因为在这种情况下，联系原动机轴与机械主轴间的传动机构（如齿轮机构），会因主轴速度波动而使其承受正、反不断变化的动负荷的冲击，从而引起机械系统振动，诱发异常噪声。因此，安装飞轮的高速轴（即转速相对较高的轴）应充分考虑安装轴刚度和结构的可能性与合理性。

另外，对于存在冲击载荷的机械系统，如压力机和例 10.4 所示的起重电动机，机械在运行的大部分时间中生产阻力较小，在个别运行时间的生产阻力突然变大，并出现峰值。一般情况下，要克服生产阻力较大的峰值通常需采用较大功率的电动机，但如果在机械系统中安装适当转动惯量的飞轮，则可以采用较小的电动机。如在例 10.4 中，当要求 [δ] = 0.05 时，经计算，不安装飞轮时，需 3kW 的电动机；当安装转动惯量为 2.68kg · m^2 的飞轮时，只需 1.5kW 的电动机；如果安装转动惯量为 5.36kg · m^2 的飞轮，则只需 0.8kW 的电动机。因此，安装合适的飞轮，可以节省能源消耗，降低生产成本。当然，究竟应该采用多大转动

惯量的飞轮，还应结合其他方面的因素（如起动是否困难，结构是否允许，成本是否合理等）全面进行评估后才能最终确定。

10.2.3 最大盈亏功与飞轮转动惯量的计算

设在机械系统等效构件上安装转动惯量为 J_F 的飞轮，等效构件从 φ_0 转动到 φ_a 时，等效力矩累积做的最大盈功 $A_{max}=\int_{\varphi_0}^{\varphi_a}(M_d-M_r)d\varphi$；从 φ_0 到 φ_b 时，等效力矩累积做的最大亏功 $A_{min}=\int_{\varphi_0}^{\varphi_b}(M_d-M_r)d\varphi$。则等效力矩做的最大盈亏功为

$$\Delta A_{max}=A_{max}-A_{min}=\int_{\varphi_a}^{\varphi_b}(M_d-M_r)d\varphi \tag{10.26}$$

又设等效构件在 φ_a 时，机械系统的等效转动惯量为 J_c+J_a，角速度为 ω_a；在 φ_b 时，机械系统的等效转动惯量为 J_c+J_b，角速度为 ω_b。其中，J_c 为等效转动惯量的常量部分，J_a 和 J_b 为等效转动惯量的变量部分。则式（10.26）可表示为

$$\Delta A_{max}=\frac{1}{2}(J_F+J_c+J_a)\omega_a^2-\frac{1}{2}(J_F+J_c+J_b)\omega_b^2 \tag{10.27}$$

通常等效转动惯量的变量部分较 J_F 和 J_c 小，近似计算中可予以忽略。又因 $\omega_a\approx\omega_{max}$，$\omega_b\approx\omega_{min}$，由式（10.27）可得

$$\Delta A_{max}=\frac{1}{2}(J_F+J_c)(\omega_a^2-\omega_b^2) \tag{10.28}$$

将式（10.22）代入式（10.28），并假设 J_F 的飞轮已经使等效构件的速度不均匀系数满足［δ］的要求，则飞轮转动惯量的基本计算公式为

$$J_F=\frac{\Delta A_{max}}{\omega_m^2[\delta]}-J_c \tag{10.29}$$

当 $J_c \ll J_F$ 时，式（10.29）可进一步简化为

$$J_F=\frac{\Delta A_{max}}{\omega_m^2[\delta]} \tag{10.30}$$

用式（10.29）或式（10.30）计算飞轮转动惯量，由于忽略了机械系统的等效转动惯量的变量部分或全部转动惯量，因此，计算结果较不忽略机械系统的等效转动惯量时获得的值大，使得采用这种转动惯量较大的飞轮有利于减小原机械系统的速度波动，且飞轮转动惯量的计算公式不会因其推导过程做了近似处理，而影响飞轮设计的合理性。

用式（10.29）或式（10.30）计算飞轮转动惯量时，ω_m 可以根据原动机的额定转速 n_H（r/min）进行计算。设原动机与主轴间的传动比为 i，则 $\omega_m=\dfrac{\pi n_H}{30i}$。［$\delta$］可以根据机械的类型从表 10.1 中选取。当作用在机械系统的外力不变时，ΔA_{max} 与 ω_m^2 的比值约等于常数，设 $\dfrac{\Delta A_{max}}{\omega_m^2}=C$，由式（10.29）得

$$J_F=\frac{C}{[\delta]} \tag{10.31}$$

因为 [δ] 与 J_F 成反比，选取 [δ] 值时，不必过分强调机械运转的平稳性，而将 [δ] 的值取得过小，避免设计的飞轮过于笨重。

一般情况下，利用式 (10.26) 或 (10.27) 精确计算 ΔA_{max} 比较困难，因为等效力矩通常难以用函数式进行表达。另外，当等效力矩为等效构件位置、速度等多种运动参数的函数时，也无法采用积分方法求解机械系统的最大盈亏功。如果等效力矩仅仅为等效构件运动位置的函数，可根据等效驱动力矩和等效阻力矩曲线，采用图解积分法计算机械系统的最大盈亏功，但其计算过程较为繁琐，且设计精度较差。如果机械系统的运动分析采用数值计算方法，则无需计算机械系统的最大盈亏功便可直接计算飞轮转动惯量。采用数值方法计算飞轮转动惯量的基本过程为：

1) 对机械系统进行运动分析，求出 ω_0，ω_1，…，ω_{n-1}。

2) 采用式 (10.22) 计算速度不均匀系数 δ_1，并与 [δ] 的初值进行比较，当 $|\delta_1-[\delta]|$ 不满足设计精度时，可用以下方法计算飞轮转动惯量，当机械系统未安装飞轮时，由式 (10.29) 可知

$$J_C=\frac{C}{\delta_1},\quad 即\ C=J_C\delta_1 \tag{10.32}$$

设机械系统在第一次安装飞轮 $J_F^{(1)}$ 后，速度不均匀系数等于许用值 [δ]，即

$$J_F^{(1)}+J_C=\frac{C}{[\delta]} \tag{10.33}$$

将式 (10.32) 代入式 (10.33)，整理得

$$J_F^{(1)}=J_C\left(\frac{\delta_1-[\delta]}{[\delta]}\right) \tag{10.34}$$

3) 将 $J_F^{(1)}$ 加入等效转动惯量，重新进行一个运动循环的运动分析后，求出 δ_2，若 δ_2 仍未达到 [δ] 的要求，可采用式 (10.35) 继续进行飞轮转动惯量的计算

$$J_F^{(k)}=(J_C+J_F^{(k-1)})\left(\frac{\delta_1-[\delta]}{[\delta]}\right)\ (k=2,3,\cdots,n) \tag{10.35}$$

若经过 n 次计算后，$|\delta_n-[\delta]|$ 满足设计精度要求，则机械系统上应安装飞轮的转动惯量为

$$J_F=\sum_{k=1}^{n}J_F^{(k)} \tag{10.36}$$

10.2.4 飞轮尺寸的确定

普通飞轮一般由轮缘 1、轮辐 2 和轮毂 3 组成，如图 10.11 所示。由于轮辐 2 和轮毂 3 的转动惯量仅约占飞轮全部转动惯量的 15%，故在简化计算中，只考虑轮缘 1 的转动惯量。

设轮缘外径为 D_1，内径为 D_2，平均直径 $D=\frac{D_1+D_2}{2}$，轮缘宽度 $H=\frac{D_1-D_2}{2}$，轮缘质量为 m。根据转动惯量计算公式得

$$J_F=\frac{m}{2}\left(\frac{D_1^2+D_2^2}{4}\right)=\frac{m}{8}(D_1^2+D_2^2) \tag{10.37}$$

当 H 较小时，可认为飞轮质量均布于平均直径为 D 的环面，式（10.37）可近似改写为

$$J_F=\frac{mD^2}{4} \tag{10.38}$$

选择飞轮的平均直径 D，并根据飞轮转动角速度校核飞轮缘的最大圆周速度，使其小于安全极限值，将通过计算获得的 J_F 代入式（10.38），求解飞轮质量 m，再根据飞轮质量采用式（10.39）求解飞轮的其他几何尺寸

$$m=\frac{\pi}{4}(D_1^2-D_2^2)B\gamma \tag{10.39}$$

式中，γ 为材料重度，单位为 N/m^3；B 为飞轮宽度；D 和 H 的单位均为 m。

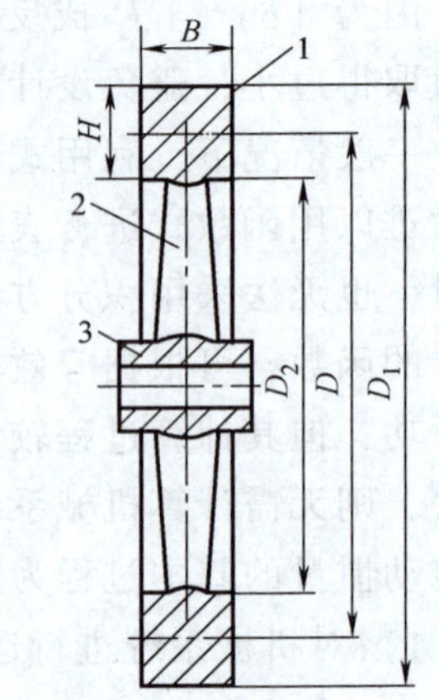

图 10.11　飞轮几何尺寸

1—轮缘　2—轮辐　3—轮毂

例 10.5　在一台以电动机为原动机的剪床机械系统中，电动机的转速为 $n_m=1500\text{r/min}$。已知折算到电动机轴上的等效阻力矩 M_r 的曲线，如图 10.12 所示，电动机的驱动力矩为常数，机械系统本身各构件的转动惯量均忽略不计。当要求该系统的速度不均匀系数 $\delta\leqslant0.05$ 时，求安装在电动机轴上的飞轮所需的转动惯量 J_F。

解　取电动机轴为等效构件

1）求等效驱动力矩 M_d。一个 T 内等效驱动力矩 M_d 所做功等于等效阻力矩 M_r 所消耗功，故可得

$$\begin{aligned}M_d&=\frac{\int_0^{\varphi_t}M_r\mathrm{d}\varphi}{\varphi_t}\\&\approx\frac{200\times2\pi+(1600-200)\times\frac{\pi}{4}+(1600-200)\times\frac{\pi}{4}}{2\pi}\text{N}\cdot\text{m}\\&=462.5\text{N}\cdot\text{m}\end{aligned}$$

2）求最大盈亏功。在图 10.13 中画出等效驱动力矩 $M_d=462.5\text{N}\cdot\text{m}$ 的直线，它与 M_r 曲线之间所夹的各单元面积（图 10.13）所对应的盈功或亏功分别为

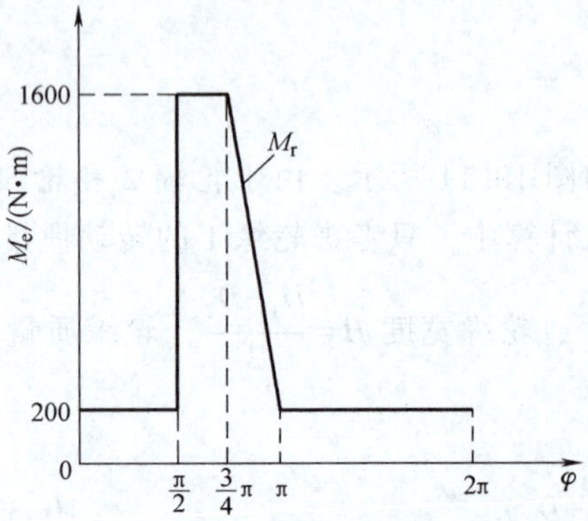

图 10.12　等效阻力矩曲线

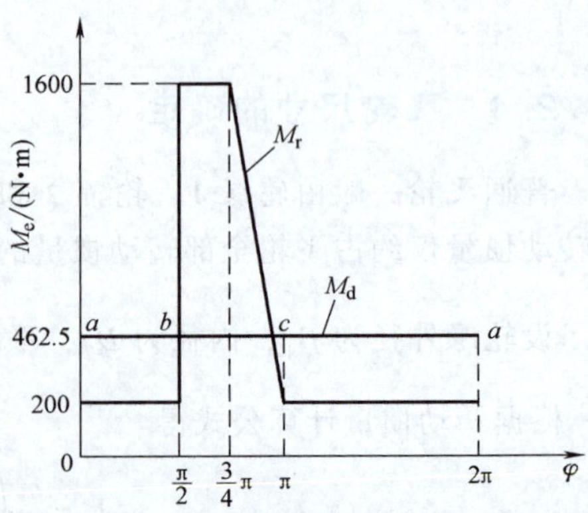

图 10.13　等效驱动力矩曲线

$$f_1=(462.5-200)\times\frac{\pi}{2}\mathrm{J}=412.3\mathrm{J}$$

$$f_2=\left[(1600-462.5)\times\frac{\pi}{4}+0.5\times(1600-462.5)\times\frac{1600-462.5}{1600-200}\times\frac{\pi}{4}\right]\mathrm{J}=-1256.3\mathrm{J}$$

$$f_3=\left[0.5\times(462.5-200)\times\left(1-\frac{1600-462.5}{1600-200}\right)\times\frac{\pi}{4}+(462.5-200)\times\pi\right]\mathrm{J}=844\mathrm{J}$$

根据上述结果绘出能量指示图如图 10.14 所示，最大盈功为 $f_1=412.5\mathrm{J}$；最大亏功为 f_1 和 f_2 的代数和，即

$$f_1+f_2=-844\mathrm{J}$$

最大盈亏功为

$$\Delta A_{\max}=f_1-(f_1+f_2)=1256.3\mathrm{J}$$

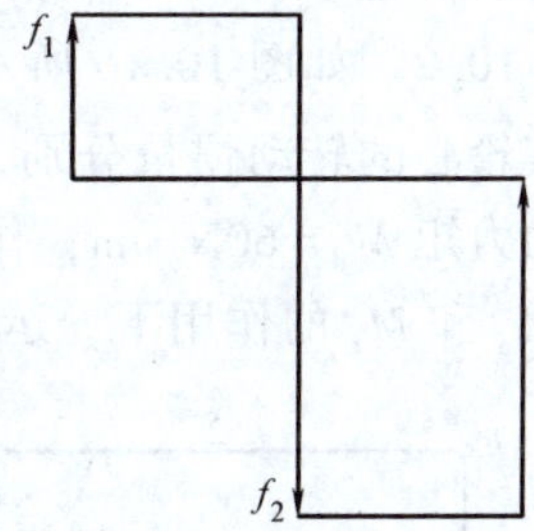

图 10.14 能量指示图

3）求飞轮的转动惯量。将 $\Delta A_{\max}$ 代入飞轮转动惯量计算式（10.30），可得

$$J_F=\frac{900\Delta A_{\max}}{\delta\pi^2n^2}=\frac{900\times1256.3}{0.05\times1500^2}\mathrm{kg\cdot m^2}=1.005\mathrm{kg\cdot m^2}$$

例 10.6 已知一单缸发动机的等效转动惯量 $J_0=500\mathrm{kg\cdot m^2}$，平均转速 $\omega_m=4\mathrm{rad/s}$，最大盈亏功 $\Delta A_{\max}=1905\mathrm{N\cdot m}$。1）试求其速度不均匀系数。2）如果在转化件的主轴上增加一个飞轮，其转动惯量 $J_F=500\mathrm{kg\cdot m^2}$，试求此种情况下的速度不均匀系数。

解 1）由式（10.29）可计算速度不均匀系数为

$$\delta=\frac{\Delta A_{\max}}{\omega_m^2J_0}=\frac{1905}{4^2\times500}=0.238$$

2）考虑飞轮的转动惯量后，由式（10.29）可计算速度不均匀系数为

$$\delta=\frac{\Delta A_{\max}}{\omega_m^2(J_0+J_F)}=\frac{1905}{4^2\times(500+560)}=0.112$$

思 考 题

10.1 $M_e(F_e)$ 计算原则是什么？

10.2 $J_e(m_e)$ 计算原则是什么？

10.3 机械的运转为什么会有速度波动？速度波动有哪些类型？如何调节机械速度的波动？

10.4 周期性速度波动怎么调节？

10.5 飞轮的调速原理是什么？由式 $J_F=[W]/(\omega_m^2[\delta])$ 你能总结出哪些重要结论？

10.6 飞轮设计的基本问题是什么？如何确定最大盈亏功？

10.7 何谓机械运转的“平均转速”和“速度不均匀系数”？$[\delta]$ 是否选得越小越好？

10.8 能否利用飞轮来调节非周期性速度波动，为什么？

10.9 为减小飞轮的尺寸，飞轮应该装在哪个轴上？

习 题

10.1 如图 10.15 所示的六杆机构中，已知滑块 5 的质量 $m_5=20\text{kg}$，$l_{AB}=l_{ED}=100\text{mm}$，$l_{BC}=l_{CD}=l_{EF}=200\text{mm}$，$\varphi_1=\varphi_2=\varphi_3=90°$，作用在滑块 5 上的力 $P=1000\text{N}$。除滑块 5 外，其他构件的质量和转动惯量均忽略不计。当取曲柄 AB 为等效构件时，求机构在图示位置的等效转动惯量 J_e 和等效阻力矩 M_{er}。

10.2 如图 10.16 所示的轮系中，已知各轮齿数分别为 $z_1=z_{2'}=20$，$z_2=z_3=40$，各齿轮对其轮心的转动惯量分别为 $J_1=J_{2'}=0.01\text{kg}\cdot\text{m}^2$，$J_2=J_3=0.04\text{kg}\cdot\text{m}^2$，作用在齿轮 1 上的驱动力矩 $M_d=60\text{N}\cdot\text{m}$，作用在齿轮 3 上的阻力矩 $M_r=120\text{N}\cdot\text{m}$。设该轮系原来静止，试求在 M_d 和 M_r 的作用下，运转到 $t=1.5\text{s}$ 时，齿轮 1 的角速度 ω_1 和角加速度 α_1。

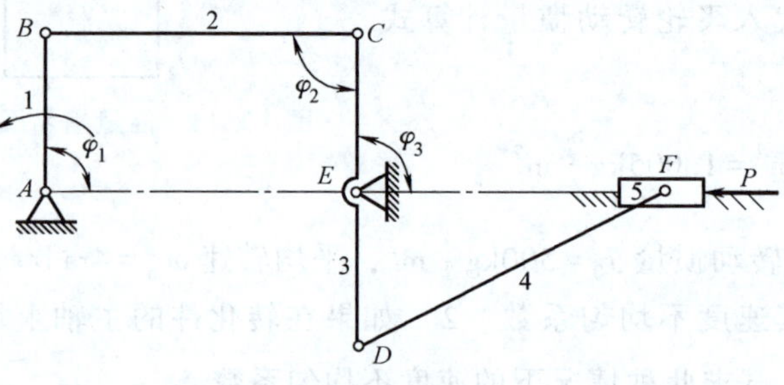

图 10.15

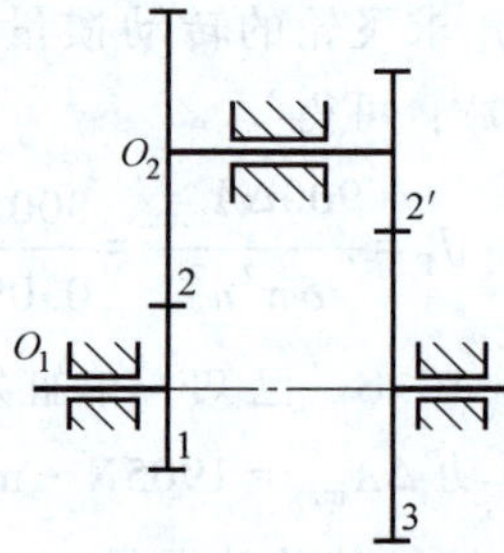

图 10.16

10.3 如图 10.17 所示减速器中，已知各轮的齿数分别为 $z_1=z_3=25$，$z_2=z_4=50$，各轮的转动惯量分别为 $J_1=J_3=0.04\text{kg}\cdot\text{m}^2$，$J_2=J_4=0.16\text{kg}\cdot\text{m}^2$（忽略各轴的转动惯量），作用在轴Ⅲ上的阻力矩 $M=100\text{N}\cdot\text{m}$。试求选取轴Ⅰ为等效构件时，该机构的等效转动惯量 J 和 M_3 的等效阻力矩 M_r。

10.4 图 10.18 所示为一简易机床的主传动系统，由一级带传动和两级齿轮传动组成。已知直流电动机的转速 $n_0=1500\text{r/min}$，小带轮直径 $d=100\text{mm}$，转动惯量 $J_d=0.1\text{kg}\cdot\text{m}^2$，大带轮直径 $D=200\text{mm}$，转动惯量 $J_d=0.3\text{kg}\cdot\text{m}^2$。各齿轮的齿数和转动惯量分别为 $z_1=32$，$J_1=0.1\text{kg}\cdot\text{m}^2$，$z_2=56$，$J_2=0.2\text{kg}\cdot\text{m}^2$，$z_2'=32$，$J_{2'}=0.1\text{kg}\cdot\text{m}^2$，$z_3=56$，$J_3=0.25\text{kg}\cdot\text{m}^2$。要求在切断电源后 2s，利用装在轴Ⅰ上的制动器将整个传动系统制动至静止。求所需的制动力矩 M_f。

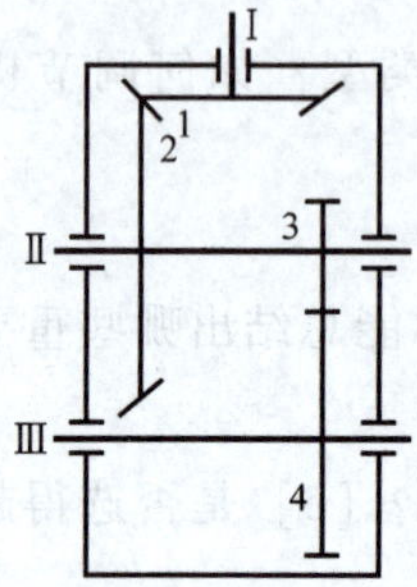

图 10.17

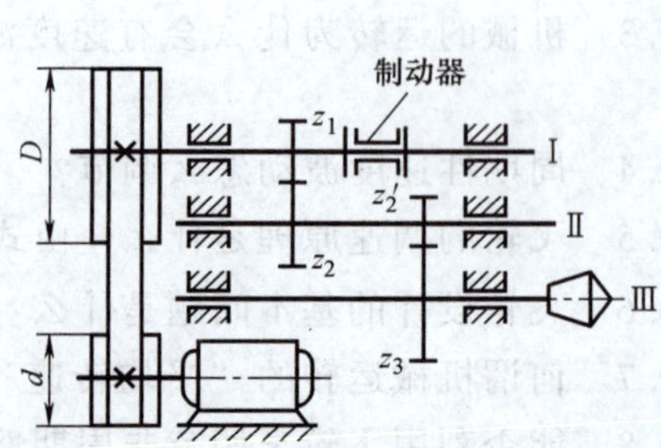

图 10.18

10.5 设机械稳定运转时主轴的角速度 $\omega = 100\text{rad/s}$，机械的等效转动惯量为常量 $J = 0.5\text{kg}\cdot\text{m}^2$。采用一制动器与机械的主轴直接连接，制动器的制动阻力矩 $M_r = 20\text{N}\cdot\text{m}$。设要求制动时间小于 3s。以主轴为等效构件，检验该制动器是否能满足工作要求。

10.6 图 10.19 所示为某机械以主轴为等效构件时，等效驱动力矩 M_d 在一个工作循环中的变化规律。设计主轴转速 $n = 750\text{r/min}$，等效阻力矩 M_r 为常数，许用速度波动系数 $[\delta] = 0.01$。若忽略机械中其余各构件的等效转动惯量，试确定最大盈亏功 ΔA_{max}，并计算装在主轴上的飞轮转动惯量 J_F。

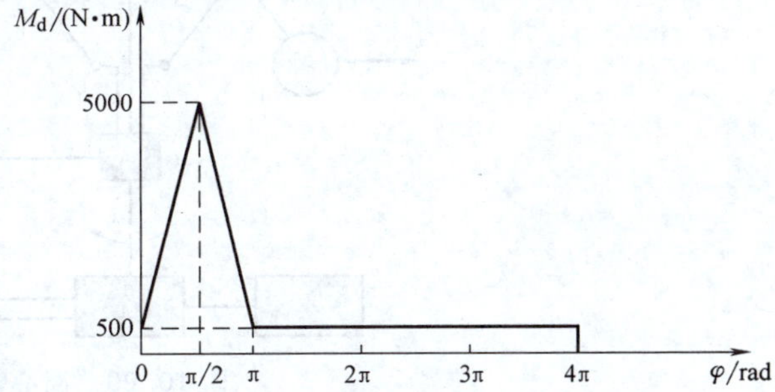

图 10.19

知识拓展

非周期性速度波动及其调节

实际工程中，某些机械在稳定运转过程中，驱动力和生产阻力发生突变，使得驱动力所做的功突然大于阻力所做的功，或者阻力所做的功突然大于驱动力所做的功，造成两者在一个运转周期内所做的功不再相等，打破了机械稳定运转的平衡条件，导致机械主轴的速度突然加速或减速。若不对其进行有效调节，机械转速将会持续上升或下降，严重时会导致“飞车”或停转故障。

如内燃机驱动发电机组，若用电负荷突然减少，发电机组的阻力矩也随之减少，而内燃机提供的驱动力矩未改变，将使发电机转子转速升高，用电负荷如果持续减少，发电机转子转速将持续升高，可能导致“飞车”事故发生。反之，若用电负荷突然增大，发电机组的阻力矩也随之增大，而内燃机提供的驱动力矩未改变，发电机转子转速将降低，用电负荷如果持续增大，发电机转子转速将持续降低，直至停车事故发生。

由于这种速度波动具有随机性，不为周期性速度波动，因此，安装飞轮的周期性速度波动调节方法不再适用。其原因是飞轮的作用仅为“吸收”和“释放”能量，它既不能创造能量，也不能消耗能量。因此，研究这种非周期速度波动的调节方法十分重要。

对于非周期性速度波动，需根据不同情况采用适当方法进行调节，如对于具有自动调节非周期性速度波动能力的机构（等效驱动力矩是转化件角速度的函数且随着角速度的增大而减小），可实现自我调节；而对于没有自调性或者自调性较差的机构（如以蒸汽机、内燃机或汽轮机为原动机的系统），则必须安装调速器。

图 10.20 所示为以内燃机驱动的发电机组中的机械式离心调速器示意图。图 10.20 中，W_1 为内燃机，W_2 为发电机，6 为弹簧，构件 2、3、5 和 7 对称空套在轴 1 上。当与内燃机 W_1 相连接的主轴 1 的速度增加时，安装在杆件 5 末端的重球 4 和 4′所产生的离心惯性力 F 使杆件 3 张开，并带动套筒 2 往上移动。再通过连杆机构 $AOBCD$ 中构件 CD 动作，减小油路的流通面积，从而减少了内燃机的驱动力。套筒经过多次的振荡后，停留在固定位置，从而建立起新的平衡关系。反之，由于外载荷的突然增大而引起机械主轴转速下降时，调速器中的重球所产生的离心惯性力也随之减小。重球往里靠近，套筒 2 下移，油路开口增大。进

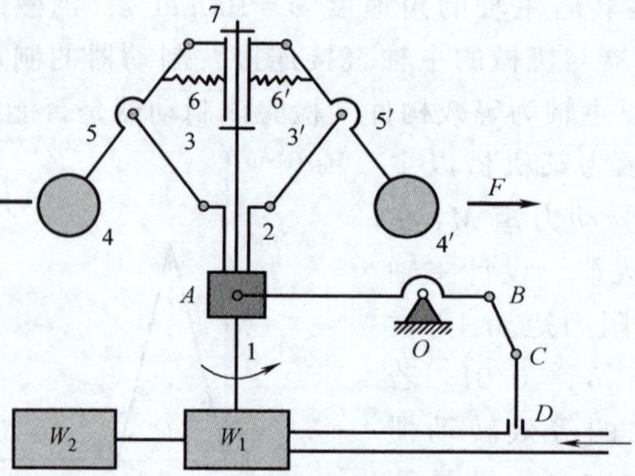

图 10.20 离心调速器

1—主轴 2—套筒 3、3′、5、5′、7—杆件 4、4′—重球 6、6′—弹簧

油量的增大使得内燃机驱动力矩增大。当与外载荷平衡时，套筒经过几次振荡后停留在固定位置，被破坏的平衡关系重获平衡。

有关调速器的详细原理与设计可参阅有关调速器的专业书籍。

第 11 章

机械的平衡

如图 11.1 所示，一个质量为 12.5kg 的砂轮以 6000r/min 高速运转磨削工件，如果砂轮质心和回转中心不重合，偏距为 1mm，产生的不平衡惯性力多大？该如何平衡惯性力呢？

现代轿车特别重视舒适性和噪声水平，以曲柄滑块机构为主传动机构（图 11.2）的发动机在高速运转时，会产生较大的不平衡惯性力和不平衡惯性力矩。如果机构惯性力不能平衡，就会产生振动和噪声。为了降低汽车振动和噪声，又应如何平衡机构惯性力呢？

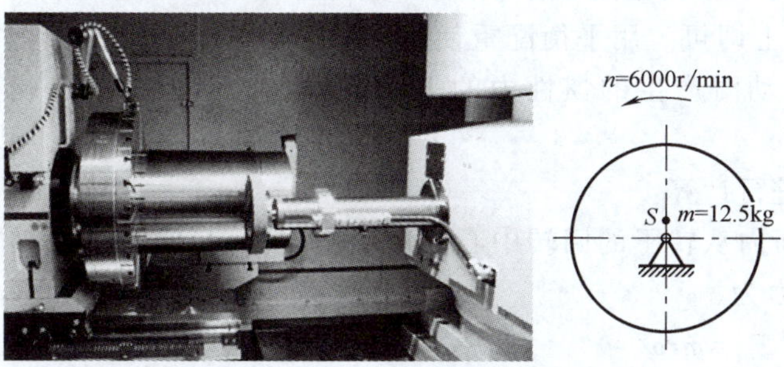

图 11.1　砂轮外圆磨削

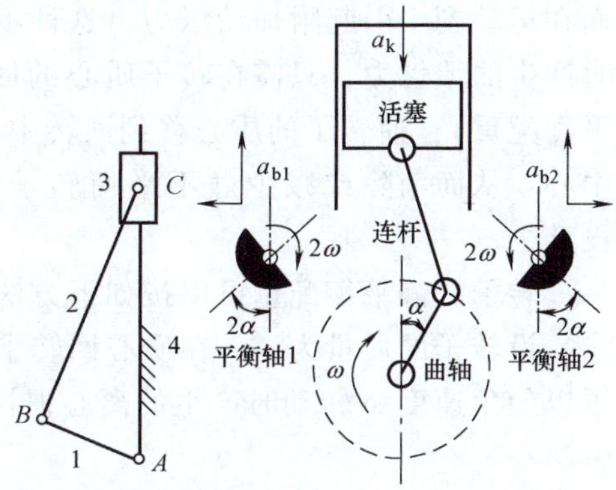

图 11.2　发动机主传动机构

通过本章内容的学习，就能初步掌握解决这些问题的方法。

内容提要　本章介绍机械平衡的类型、特点和功能，讨论静平衡设计、动平衡设计、机构完全平衡和部分平衡。在此基础上给出工程实例，介绍发动机主传动机构部分平衡设计方法。

11.1　刚性转子的平衡

机械在运动过程中，除中心惯性主轴与其回转轴重合的等速回转构件外，其他运动构件都将产生惯性力和惯性力偶矩，从而在机构运动副中引起附加动压力，这不仅会增大运动副中的摩擦和构件上的载荷，降低机械效率和机械的使用寿命，而且由于这些惯性力都是呈周期性变化的，必将引起机械及其基础产生强迫振动，如果强迫振动的频率接近机械的共振频率，还会影响机械的正常工作，危及周围的机械设备和工作人员的安全。

为了完全或部分消除惯性力和惯性力矩对机械的不良影响而采取的技术措施称为机械的平衡。由于多数机械都是由作回转运动、往复运动或一般平面运动的构件组成，在讨论平衡问题时常把作回转运动的构件称为转子，因此机械的平衡问题可以归纳为转子的平衡和平面机构的平衡两方面内容。

转子的平衡可分为两种不同的情况：

1）转速低于临界转速的转子，因惯性力引起轴的变形量不大，平衡的主要目的是消除或减轻惯性力在转子支承上引起的动反力，这类转子的平衡称为刚性转子的平衡。

2）工作转速较高，接近或要跨越转子的临界转速，转子会因共振而产生强烈的振动，并出现较大的挠曲变形。这类转子的平衡除了要减轻惯性力引起的动载荷和振动外，还要减轻或消除转子的挠曲变形，这类转子的平衡称为挠性转子的平衡。

本章主要讨论刚性转子的平衡问题。

转子的轴向宽度 b 与其直径 D 的比值大小不同，采用的平衡方法也不同，工程中把刚性转子的平衡分为静平衡和动平衡。

11.1.1 静平衡设计

对于径宽比 $D/b>5$ 的转子，轴向尺寸较小的盘形转子（如齿轮、链轮、带轮、凸轮和叶轮），若转子的质心不在回转轴线上，当其转动时，其偏心质量就会产生离心惯性力，从而在运动副中引起附加动压力，这种不平衡现象称为静不平衡。为了消除质量偏心转子运动时产生的惯性力，只需在转子质心的回转平面内增加或减去一定的重量（增加的重量称为平衡配重），使转子的质心移到回转中心上即可。用平衡配重使转子的质心移近转子的回转中心，从而消除或减少静不平衡转子运动时产生的惯性力的平衡措施称为转子的静平衡设计。

转子的静平衡配重可以按如下方法进行计算：

设转子的质量为 m，在质心回转平面内从转子的回转中心到质心所作的向径为 $\boldsymbol{r}$，当转子以匀角速度 ω 转动时产生的离心惯性力为

$$\boldsymbol{P}_{\mathrm{u}}=m\boldsymbol{r}\omega^2$$

惯性力 $\boldsymbol{P}_{\mathrm{u}}$ 的方向与矢量 $\boldsymbol{r}$ 方向一致。为了实现转子的静平衡，在偏心质量的回转平面内距回转中心 $\boldsymbol{r}_{\mathrm{b}}$ 的位置上增加一个平衡质量 m_{b}，当转子实现静平衡时，有

$$\boldsymbol{P}_{\mathrm{u}}+\boldsymbol{P}_{\mathrm{b}}=m\boldsymbol{r}\omega^2+m_{\mathrm{b}}\boldsymbol{r}_{\mathrm{b}}\omega^2=0$$

消去 ω^2 得

$$m_{\mathrm{b}}\boldsymbol{r}_{\mathrm{b}}=-m\boldsymbol{r} \tag{11.1}$$

式中，质量与向径之积称为质径积，质径积是矢量，满足矢量运算法则。

由式（11.1）知转子实现静平衡的条件为：平衡配重的质径积应与转子偏心质量的质径积的矢量和为零。

因此，当转子在同一回转平面内有多个偏心质量，且偏心质量的质径积矢量和为零时，该转子是静平衡的。反之，如果所有偏心质量的质径积矢量和不为零，则转子是静不平衡的，这时可用矢量封闭多边形的图解法，作平衡配重矢量 $m_{\mathrm{b}}\boldsymbol{r}_{\mathrm{b}}$ 使各偏心质量的质径积矢量和封闭（图 11.3），使

$$\sum_{i=1}^{n}m_i\boldsymbol{r}_i+m_{\mathrm{b}}\boldsymbol{r}_{\mathrm{b}}=0$$

从而可以求出平衡配重 $m_{\mathrm{b}}\boldsymbol{r}_{\mathrm{b}}$ 的大小和方位，当选定 $\boldsymbol{r}_{\mathrm{b}}$ 的大小后，可求出平衡质量 m_{b} 的

大小。

事实上，由于静不平衡转子的偏心质量位置通常是未知的，故静平衡过程常在如图 11.4 所示的静平衡试验仪上通过多次调整平衡配重 $m_b\boldsymbol{r}_b$ 的大小和方位来完成。当平衡配重能使转子在试验仪上实现随机静止时，则认为转子的静平衡工作已完成。

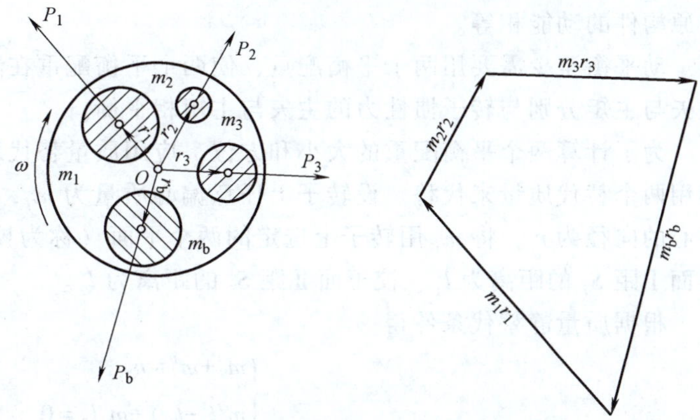

图 11.3 回转质量平衡的矢量表示

11.1.2 动平衡设计

对于径宽比 $D/b<5$ 的转子，如多缸发动机的曲柄、汽轮机转子等，由于其轴向宽度较大，其质量分布在几个不同的回转平面内。这时，即使转子的质心在回转轴线上（是静平衡的），转动时各偏心质量所产生的离心惯性力不在同一回转平面内，其惯性力偶在转子支承上将产生动反力，转子仍然是不平衡的（图 11.5）。这种不平衡现象只有在转子转动时才表现出来，称为转子动不平衡。使动不平衡转子在运动时产生的惯性力的主矢与主矩都趋于零的平衡措施称为转子的动平衡设计。

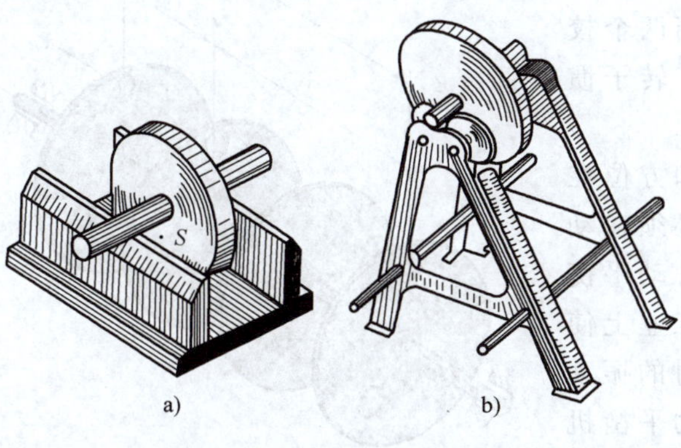

图 11.4 转子的静平衡试验仪

a）水平钢制刀刃式静平衡试验仪

b）滚子支承式静平衡试验仪

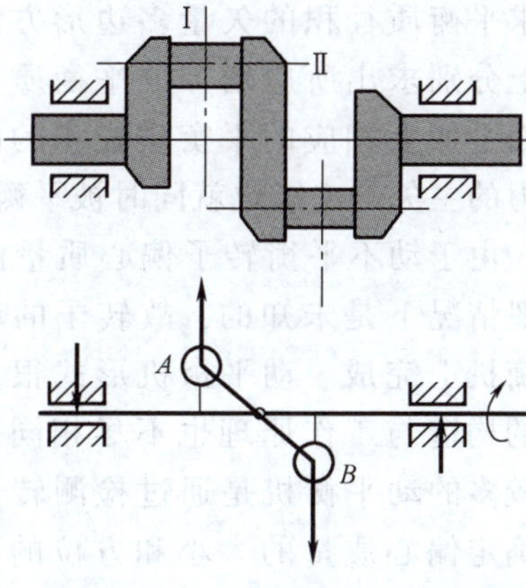

图 11.5 转子的动不平衡

为了简化计算，在动平衡计算中常用两个或三个质量替代转子的质量。替代条件为：

1）替代质量之和与原构件的质量相等。

2）替代质量的总质心与原构件质心重合。

3）替代质量对过质心转轴的转动惯量与原构件对过质心转轴的转动惯量相等。

满足 1 和 2 替代条件的质量替代称为质量的静代换，各代换质量所产生的惯性力与原构件的惯性力相同。同时满足三个替代条件的质量替代称为质量的动代换，各代换质量所产生的惯性力、惯性力矩与原构件的惯性力、惯性力矩相同。质量动代换后各代换质量的动能和与原构件的动能相等。

动平衡至少需要用两个平衡配重，使两个平衡配重在随转子转动时产生的平衡惯性力的主矢与主矩分别与转子惯性力的主矢与主矩相平衡。

为了计算两个平衡配重的大小和方位，应用质量替代理论，将转子上所有的偏心质量分别用两个替代质量来代替。设转子上任意偏心质量为 m_i，其质心 S_i 在其回转平面上距回转中心的向径为 $\boldsymbol{r}_i$，将 m_i 用转子上选定的两个平面（称为校正面）上的质量 m_i'、m_i''替代。校正面Ⅰ距 S_i 的距离为 l_1、校正面Ⅱ距 S_i 的距离为 l_2。

根据质量静替代条件得

$$\begin{cases} m_i'+m_i''=m_i \\ m_i'(-l_1)+m_i''l_2=0 \end{cases} \tag{11.2}$$

通常选添加平衡配重比较方便的位置作为校正面，当两校正面确定后，可求出两校正面上的替代质量 m_i'、m_i''。偏心质量的质径积 $m_i\boldsymbol{r}_i$ 在两校正面上的替代质径积分别为

$$\begin{cases} m_i'\boldsymbol{r}_i'=\left(\dfrac{l_2}{l}\right)m_i\boldsymbol{r}_i \\ m_i''\boldsymbol{r}_i''=\left(\dfrac{l_1}{l}\right)m_i\boldsymbol{r}_i \end{cases} \tag{11.3}$$

当转子上每个偏心质量的质径积在两校正面上的替代质径积一一确定后（图 11.6），可按静平衡求平衡质径积的矢量多边形方法，在每个校正面上分别求出所应增加的平衡质径积。当两个校正面上加上相应的平衡质径积的配重后，转子惯性力的主矢与主矩也就同时被平衡了。

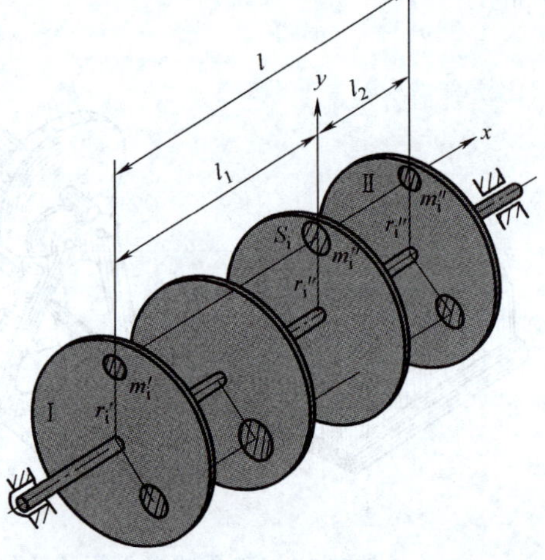

图 11.6 偏心质量的替代

由于动不平衡转子偏心质量的大小和方位在一般情况下是未知的，故转子的动平衡必须在动平衡机上完成。动平衡机形式很多，各种动平衡机的构造与工作原理也不尽相同。目前工业上使用较多的动平衡机是通过检测转子转动时的振动来确定偏心质量的大小和方位的。相关动平衡机的工作原理可参阅相关资料。

最后需要指出：无论利用何种形式的平衡试验设备对转子进行平衡，总是会有残余不平衡量。各种用途的转子对残余不平衡量的要求也并不相同，在平衡操作时可查阅相关规范执行。

11.2 平面机构的平衡

刚性转子运动时产生的惯性力可以通过重新调整转子的质量分布，使其总质心移到转子的回转中心上而得到平衡。但对于由运动形式各不相同构件组成的平面机构，惯性力的平衡显然要复杂得多。平面机构惯性力的平衡目的通常可分为两类：一是要有目的地减轻某些运动副中过大的动反力；二是减轻或消除由惯性力、惯性力偶矩引起机架的振动（因机架通

常是固定在机座上的，因此这种平衡也称为机座上的平衡）。由于第一方面的问题需涉及具体的机构，因此本节主要讨论第二方面的问题。

11.2.1 平面机构惯性力完全平衡

在如图 11.7 所示的坐标系 $Oxyz$ 中，平行于 Oxy 平面作平面运动机构的总惯性力为

$$\begin{cases} F_x = -\sum_{i=1}^{n} m_i \ddot{x}_i \\ F_y = -\sum_{i=1}^{n} m_i \ddot{y}_i \\ F_z = -\sum_{i=1}^{n} m_i \ddot{z}_i \end{cases}$$

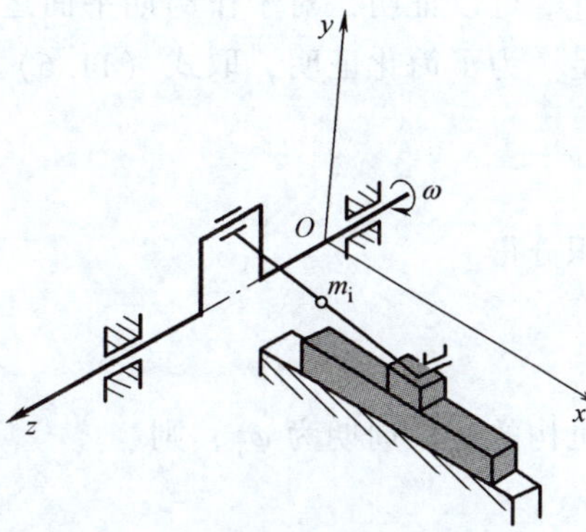

图 11.7 平面机构惯性力平衡的坐标系

式中，n 为可动构件数；m_i 为 i 构件的质量；$\ddot{x}_i$、$\ddot{y}_i$、$\ddot{z}_i$分别为 i 构件质心加速度分量。

因为 z_i 为常量，$\ddot{z}_i$等于零，故平面机构惯性力完全平衡的条件是

$$\begin{cases} F_x = -\sum_{i=1}^{n} m_i \ddot{x}_i = 0 \\ F_y = -\sum_{i=1}^{n} m_i \ddot{y}_i = 0 \end{cases} \tag{11.4}$$

对于单自由度平面机构，设曲柄角位移、角速度和角加速度分别为 φ、ω 和 α，则

$$\begin{cases} \dot{x}_i = \dfrac{\mathrm{d}x_i}{\mathrm{d}\varphi} \dfrac{\mathrm{d}\varphi}{\mathrm{d}t} = \omega \dfrac{\mathrm{d}x_i}{\mathrm{d}\varphi}, \quad \ddot{x}_i = \omega^2 \dfrac{\mathrm{d}^2 x_i}{\mathrm{d}\varphi^2} + \alpha \dfrac{\mathrm{d}x_i}{\mathrm{d}\varphi} \\ \dot{y}_i = \dfrac{\mathrm{d}y_i}{\mathrm{d}\varphi} \dfrac{\mathrm{d}\varphi}{\mathrm{d}t} = \omega \dfrac{\mathrm{d}y_i}{\mathrm{d}\varphi}, \quad \ddot{y}_i = \omega^2 \dfrac{\mathrm{d}^2 y_i}{\mathrm{d}\varphi^2} + \alpha \dfrac{\mathrm{d}y_i}{\mathrm{d}\varphi} \end{cases} \tag{11.5}$$

将式（11.5）代入式（11.4）中，得

$$\begin{cases} \omega^2 \sum_{i=1}^{n} m_i \dfrac{\mathrm{d}^2 x_i}{\mathrm{d}\varphi^2} + \alpha \sum_{i=1}^{n} m_i \dfrac{\mathrm{d}x_i}{\mathrm{d}\varphi} = 0 \\ \omega^2 \sum_{i=1}^{n} m_i \dfrac{\mathrm{d}^2 y_i}{\mathrm{d}\varphi^2} + \alpha \sum_{i=1}^{n} m_i \dfrac{\mathrm{d}y_i}{\mathrm{d}\varphi} = 0 \end{cases}$$

对于任意 ω 和 α 如果上式成立，必有

$$\begin{cases} \sum_{i=1}^{n} m_i \dfrac{\mathrm{d}^2 x_i}{\mathrm{d}\varphi^2} = 0 \\ \sum_{i=1}^{n} m_i \dfrac{\mathrm{d}^2 y_i}{\mathrm{d}\varphi^2} = 0 \end{cases} \tag{11.6}$$

$$\begin{cases}\sum_{i=1}^{n} m_i \dfrac{\mathrm{d}x_i}{\mathrm{d}\varphi}=0 \\ \sum_{i=1}^{n} m_i \dfrac{\mathrm{d}y_i}{\mathrm{d}\varphi}=0\end{cases} \tag{11.7}$$

式（11.6）和式（11.7）是作平行于 Oxy 平面运动的平面机构惯性力完全平衡的充要条件。可以证明，对于作周期平面运动的机构，满足了式（11.6），则式（11.7）必然得到满足。为了简化证明，取式（11.6）中的第一式证明，将式对 φ 积分得

$$\sum_{i=1}^{n} m_i \frac{\mathrm{d}x_i}{\mathrm{d}\varphi}=c_1$$

再积分得

$$\sum_{i=1}^{n} m_i x_i = c_1\varphi + c \tag{11.8}$$

设机构的运动周期为 φ_T，则

$$x_i(\varphi)=x_i(\varphi_T+\varphi)$$

由式（11.8）得

$$\sum_{i=1}^{n} m_i x_i(\varphi) = \sum_{i=1}^{n} m_i x_i(\varphi_T + \varphi)$$

即

$$c_1\varphi+c=c_1(\varphi_T+\varphi)+c$$

$\varphi_T \neq 0$，上式成立，必有

$$c_1=0$$

故有

$$\sum_{i=1}^{n} m_i x_i = c$$

将上式对 φ 微分，得式（11.7）。

因此，作周期运动平面机构惯性力完全平衡的充要条件可以表示为

$$\begin{cases}\sum_{i=1}^{n} m_i x_i = 常数 \\ \sum_{i=1}^{n} m_i y_i = 常数\end{cases} \tag{11.9}$$

对于任何一个平面机构，机构的总质心（x_S，y_S）为

$$\begin{cases}x_S = \dfrac{1}{M}\sum_{i=1}^{n} m_i x_i \\ y_S = \dfrac{1}{M}\sum_{i=1}^{n} m_i y_i\end{cases} \tag{11.10}$$

式中，M 为机构的总质量，对于构件质量不变的机构，有 $M=\sum_{i=1}^{n} m_i = 常数$。

由式（11.9）和式（11.10）知：如果平面机构总质心的位置坐标在机构运动时始终为

常量，即机构总质心保持不动，则机构的惯性力得到完全平衡。因此，保证平面机构在运动时机构的总质心不动，是平面机构惯性力完全平衡的充要条件。

从上面分析可知，通过添加平衡质量可以改变机构的总质心位置，使其最终落在机架上不动而使机构的惯性力实现完全平衡。如在平面铰链四杆机构中，通过添加平衡质量使机构总质心落在机架上不动的质量配置有如图 11.8 所示的 3 种方案。显然，图 11.8a 和 c 平衡方案只用了 2 个平衡质量，图 11.8b 方案有 3 个平衡质量，从而增加了机构的自重。

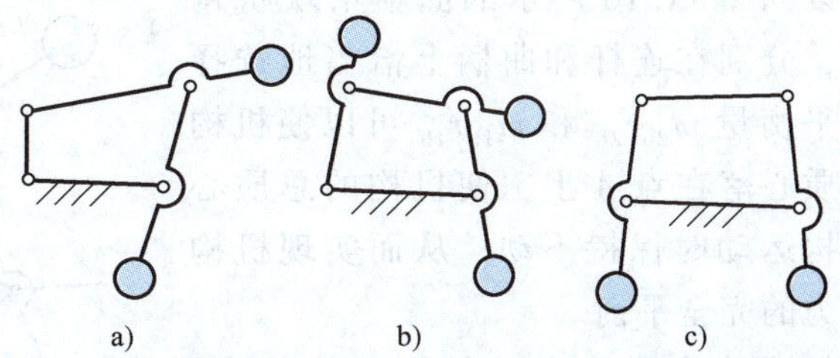

图 11.8 平面铰链四杆机构惯性力完全平衡配重的配置方案

a）连杆和连架杆加两个配重的方案 b）连杆和两连架杆上加三个配重的方案 c）两连架杆上加两个配重的方案

在平面机构的某些构件上（通常是可转动的连架杆）用添加平衡配重的方法来完全或部分平衡机构的惯性力，是一种简单、经济、实用的方法，是工程中最常采用的方法。

同样，当机械由多套相同的机构组成时，可采用以输入轴对称的方式布置机构，由于机械在运转中机构的总质心保持不动，从而使机构的惯性力得到完全平衡。如图 11.9a 所示两个相同的曲柄滑块机构的布置方式，可使机构的惯性力实现完全平衡。对于只有一个机构的情况也可以用增加一个相同的平衡机构，按输入轴对称的方式布置的方法，使整个机构的惯性力得到完全平衡，这种方法的主要缺点是成本较高、占用空间较大。

当机械由多套相同的机构组成时，为了缩小机构占用的空间，也可以采用如图 11.9b 所示的布置方式使惯性力得到部分平衡。多缸活塞式发动机正是用这种方法实现惯性力部分平衡的，随着缸数的增加，活塞运动产生的惯性力和惯性力矩被平衡的效果也更好，六缸的平衡效果优于四缸和两缸。

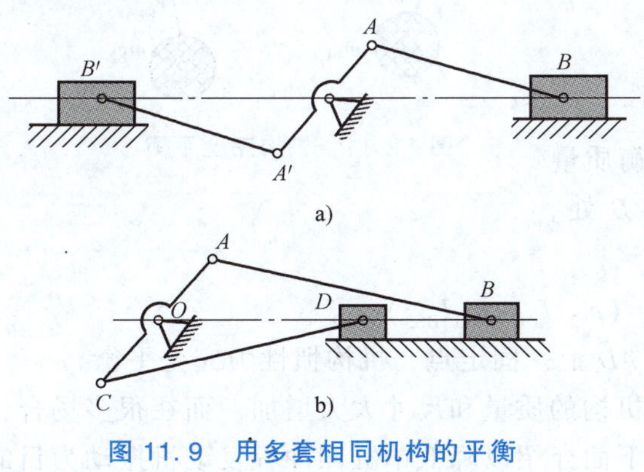

图 11.9 用多套相同机构的平衡

a）完全平衡布置 b）部分平衡布置

11.2.2 平面机构惯性力部分平衡

机构的惯性力的完全平衡对于有些机构是很难实现的，有些机构理论上可以实现，但由于需要增加过多、过大的平衡量，会给设计带来许多其他方面的问题。因此，添加恰当平衡质量使机构的惯性力最有效地减少成为设计者关心的问题，这就是所谓机构惯性力部分平衡的问题。

以如图 11.10 所示的曲柄滑块机构为例，分别在连杆和曲柄上恰当地选择两个平衡量 $m_{2b}r_{2b}$ 和 $m_{1b}r_{1b}$ 可以使机构的总质心落在点 A 上，使机构的总质心在机构运动时保持不动，从而实现机构惯性力的完全平衡。

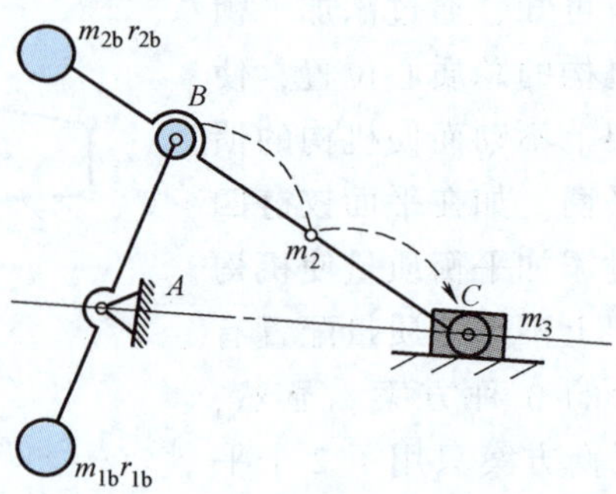

图 11.10 曲柄滑块机构惯性力完全平衡配重的配置方案

但计算表明：这时 $m_{2b}r_{2b}$ 值较大，给机构的结构设计带来一些问题，更主要的是较大的 $m_{2b}r_{2b}$ 将使运动副 B 增加过大的动负荷。因此，曲柄滑块机构常采取惯性力部分平衡的方法。在曲柄上用一个平衡量 $m_{1b}r_{1b}$ 来部分平衡由于滑块质量 m_3 和连杆质量 m_2 以及在点 C 的替代质量 m_{2c} 共同引起的惯性力。

在如图 11.11 所示的铰链四杆机构中，设构件 1、2 和 3 的质量分别为 m_1、m_2 和 m_3，其质心分别位于点 S_1、S_2、S_3。采用静质量换算方法将连杆质量 m_2 分配到 B、C 两点的两个质量 m_{2B}、m_{2C} 代换，有

$$m_{2B}=m_2 l_{CS2}/l_{BC}$$

$$m_{2C}=m_2 l_{BS2}/l_{BC}$$

在构件 1 的延长线上加平衡质量 m_{b1} 来平衡构件 1 的质量 m_1 和 m_{2B}，使得构件 1 的质心移到固定轴 A 处。平衡质量 m_{b1} 应满足

$$m_{2B}l_{AB}+m_1 l_{AS1}=m_{b1}r_{b1}$$

由此可得

$$m_{b1}=(m_{2B}l_{AB}+m_1 l_{AS1})/r_{b1}$$

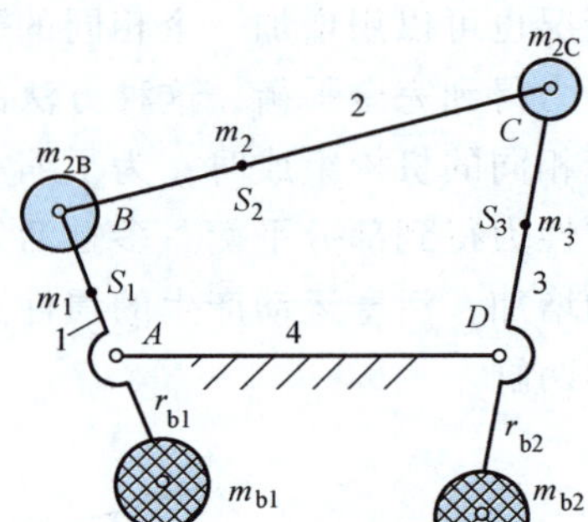

图 11.11 机构完全平衡

同理，在构件 3 的延长线上加平衡质量 m_{b2}，使得构件 3 的质心移到固定轴 D 处。平衡质量 m_{b2} 为

$$m_{b2}=(m_{2C}l_{DC}+m_3 l_{DS3})/r_{b2}$$

因此，机构总质心 S 应位于机架 AD 上一固定点，机构惯性力完全平衡。

这种机构惯性力完全平衡法使得机构的质量和尺寸大大增加，而在很多场合，往往采用部分平衡法平衡机构的主要惯性力。下面介绍以降低单缸四冲程发动机振动为目的的曲柄滑块机构惯性力部分平衡方法。

11.3 工程实例——单缸四冲程发动机惯性力平衡

单缸四冲程发动机一般用于摩托车等小型车辆中，发动机惯性激振力是整机主要振源之

一。如果发动机惯性激振力得不到良好的平衡，将引起发动机振动和轴系扭转振动，导致车辆产生严重的高频振动，降低工作可靠性和寿命，产生振动噪声污染。研究减少曲柄滑块机构惯性力的平衡措施，是降低整车振动的主要途径之一。

单缸发动机惯性力平衡主要采用机构惯性力的部分平衡法，即转移法和单轴平衡法等。转移法结构简单，通过优化配置曲柄质径积的大小和方向，调整惯性激振力椭圆长轴方向，达到减小整车在垂直方向振动的目的。单轴平衡法通过增加平衡机构，使曲柄滑块机构所产生的一阶惯性力完全平衡，较好地解决了中小排量摩托车发动机的振动问题。不足之处是结构相对复杂，需要解决由此产生的振动噪声等问题。

11.3.1 发动机的惯性激振力

发动机主传动机构可简化为如图 11.12 所示的三质点动力学模型。

假设 m_1 为曲柄的质量，m_2 为连杆的质量，m_3 为活塞的质量，c 为连杆的质心 S_2 到点 A 的距离，l_1 为曲柄的长度，l_2 为连杆的长度，r 为曲柄质心到回转中心 O 的距离。

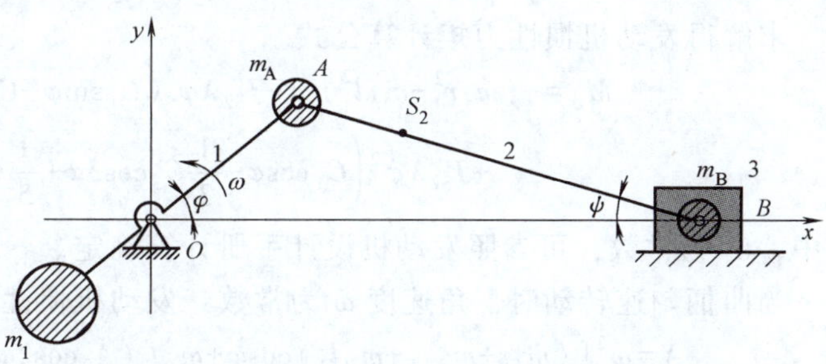

图 11.12 发动机主传动机构三质点动力学模型

采用静质量换算方法将连杆质量 m_2 分配到 A、B 两点，有

$$m_{2A}=m_2\left(1-\frac{c}{l_2}\right),\quad m_{2B}=m_2\frac{c}{l_2}$$

则 A、B 点处质量 m_A 和 m_B 分别为

$$m_A=m_{2A}=m_2\left(1-\frac{c}{l_2}\right),\quad m_B=m_2\frac{c}{l_2}+m_3$$

设机构水平和铅垂方向的惯性力为 X 和 Y，根据动量矩定理有

$$\frac{\mathrm{d}}{\mathrm{d}t}(-m_1r\dot{\varphi}\sin\varphi-m_Al_1\dot{\varphi}\sin\varphi+m_B\dot{x})=\sum F_x=-X$$

$$\frac{\mathrm{d}}{\mathrm{d}t}(m_1r\dot{\varphi}\cos\varphi+m_Al_1\dot{\varphi}\cos\varphi)=\sum F_y=-Y$$

记曲柄连杆比 $\lambda=l_1/l_2$，解得惯性力 X 和 Y 为

$$X=(m_1r+m_Al_1)(\dot{\varphi}^2\cos\varphi+\ddot{\varphi}\sin\varphi)+m_Bl_1\dot{\varphi}^2(A_2\cos2\varphi-A_4\cos4\varphi+A_6\cos6\varphi-\cdots)$$
$$+m_Bl_1\ddot{\varphi}\left(\sin\varphi+\frac{1}{2}A_2\sin2\varphi-\frac{1}{4}A_4\sin4\varphi+\frac{1}{6}A_6\sin6\varphi+\cdots\right)$$

$$Y=(m_1r+m_Al_1)(\dot{\varphi}^2\sin\varphi-\ddot{\varphi}\cos\varphi)$$

忽略高次项，系数 A_2、A_4、A_6 计算公式为

$$A_2=\lambda+\frac{1}{4}\lambda^3+\frac{15}{128}\lambda^5,\quad A_4=\frac{1}{4}\lambda^3+\frac{3}{16}\lambda^5,\quad A_6=\frac{9}{128}\lambda^5$$

采用三质点模型计算连杆的惯性力矩需要修正，修正后连杆的转动惯量为 J'_{S2}，有

$$J'_{S2}=J_{S2}-m_2c(l_2-c)^2$$

连杆对 O 点的动量矩可表示为

$$L=m_1r^2\dot{\varphi}-J'_{S2}\dot{\psi}$$

曲柄对 O 点的惯性力矩 M_{O1} 为

$$M_{O1}=mr^2\dot{\varphi}$$

根据动量矩定理有

$$\frac{\mathrm{d}}{\mathrm{d}t}(m_1r^2\dot{\varphi}+m_Al_1^2\dot{\varphi}-J'_{S2}\dot{\psi})=-M_0$$

从而

$$M_0=-(m_1r^2+m_Al_1^2)\ddot{\varphi}+J'_{S2}\ddot{\psi}$$

由于

$$l_1\sin\varphi=l_2\sin\psi$$

求解得发动机惯性力矩计算公式

$$M_0=-(m_1r^2+m_Al_1^2)\ddot{\varphi}-J'_{S2}\lambda\dot{\varphi}^2(C_1\sin\varphi-C_3\sin3\varphi+C_5\sin5\varphi-\cdots)$$
$$+J'_{S2}\lambda\dot{\varphi}^2\left(C_1\cos\varphi-\frac{1}{3}C_3\cos3\varphi+\frac{1}{5}C_5\cos5\varphi-\cdots\right)$$

式中，C_i 为常数，可参照发动机设计手册计算确定。

当曲柄匀速转动时，角速度 ω 为常数，发动机惯性力和惯性力矩计算公式为

$$X=\omega^2[(m_1r+m_Al_1+m_Bl_1)\cos\varphi+m_Bl_1(A_2\cos2\varphi-A_4\cos4\varphi+A_6\cos6\varphi-\cdots)]$$

$$Y=\omega^2(m_1r+m_Al_1)\sin\varphi$$

$$M_0=-J'_{S2}\lambda\dot{\varphi}^2(C_1\sin\varphi-C_3\sin3\varphi+C_5\sin5\varphi-\cdots)$$

从上述公式看，发动机的惯性激振力由多阶往复惯性力组成，包含有 1，2，4，…阶次成分。由于振动能量主要集中在一次和二次上，故计算中只考虑 1、2 阶次分量。惯性力矩的计算值较小，在以后的计算中可以忽略不计。由于沿活塞运动方向的一阶惯性力较大，对摩托车的振动影响较大，需要采取平衡措施减小一阶惯性力的影响。

11.3.2 转移平衡法

转移平衡法原理如图 11.13 所示。

在曲轴上附加一个平衡质量 m_d，m_d 产生的惯性力分力为

$$X_1=-m_dr_d\omega^2\cos\alpha$$

$$Y_1=-m_dr_d\omega^2\sin\alpha$$

附加平衡质量后，系统在 x、y 方向的惯性力为 $X-X_1$，$Y+Y_1$。

转移平衡法减少了沿活塞运动方向的一阶往复惯性力，但在 y 方向上增加了往复惯性力分量。由于摩托车车架在不同方向的动特性不同，对激振力的动态响应特征也不相同。通过发动机和车架动态性能

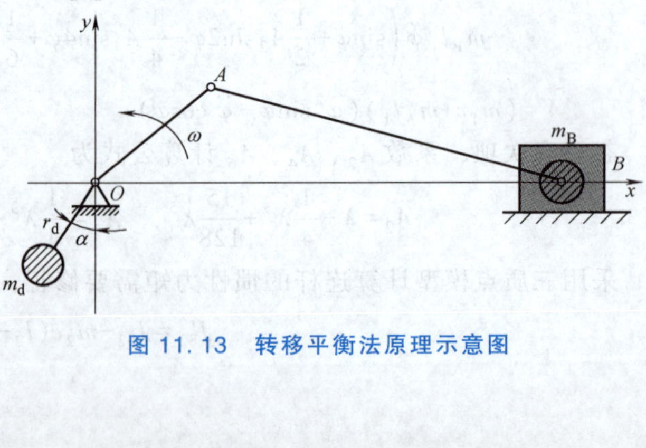

图 11.13 转移平衡法原理示意图

匹配分析，进行 m_B/m_d、α 的优化设计，合理配置平衡配重的大小和方位，使其对整车的振动影响最小。

11.3.3 单轴平衡法

单轴平衡法通过增加平衡机构，完全平衡一阶往复惯性激振力，其原理如图 11.14 所示。平衡齿轮 1、2 齿数相等，主动平衡齿轮 1 与曲柄相连，带动从动平衡齿轮 2 作等速反向旋转。在齿轮 1、2 的 P、Q 处有一个平衡量 $m_d r_d$，$m_d r_d = m_B r/2$，使平衡质量产生的惯性力 $X_1 = -m_B r\omega^2\cos\omega t$，抵消了一次往复惯性力，剩下二阶及高阶惯性力，而在 y 方向的惯性力 $Y=0$（齿轮 1、2 上两个向径 r_d 的方位如图 11.14 所示）。

平衡后惯性力为

$$X=\omega^2 m_B l_1(A_2\cos 2\varphi - A_4\cos 4\varphi + A_6\cos 6\varphi - \cdots)$$

附加力偶矩为

$$M=\frac{1}{2}m_B l_1\omega^2 A\sin\omega t$$

式中，A 为两平衡齿轮的中心距，根据具体结构确定。

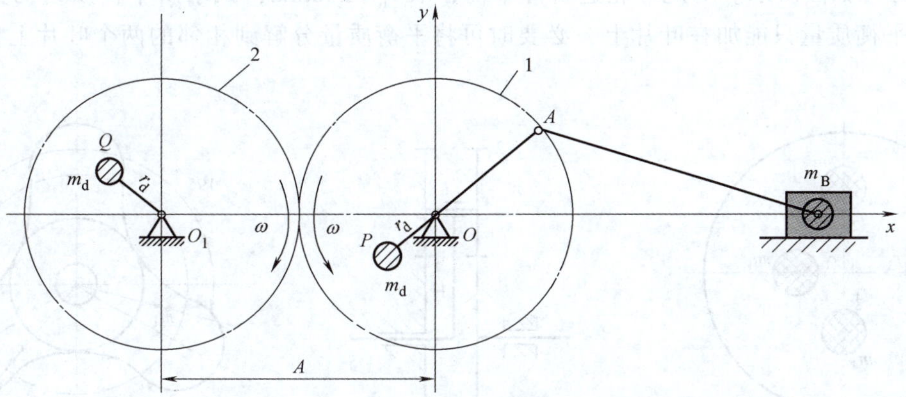

图 11.14 单轴平衡法原理图

从理论上讲，利用平衡机构可以完全平衡一阶、二阶甚至高阶惯性激振力。由于二阶平衡的平衡轴数量增多，平衡机构的结构比较复杂，带来振动、噪声、可靠性等诸多问题，在单缸发动机中应用较少。单轴平衡法由于结构相对简单，削减了一阶往复惯性力，在中、低排量摩托车中应用较多。

思 考 题

11.1 简述机械中不平衡惯性力的危害及利用方法。

11.2 什么是静平衡？什么是动平衡？要求进行动平衡的回转构件，如果只进行静平衡，是否一定能减轻偏心质量造成的不良影响？

11.3 在工程上为什么要规定许用不平衡量？为什么说完全的绝对平衡是不可能的，也是不必要的？

11.4 平面机构的完全平衡法有什么优缺点？平面机构的部分平衡法有什么优缺点？

11.5 为什么作往复运动的构件和作平面复合运动的构件不能在构件本身内获得平衡，而必须在基座上获得平衡？机构在基座上平衡的实质是什么？

习 题

11.1 如图 11.15 所示的盘形转子中，有四个不平衡质量，它们的大小及其质心到回转轴的距离分别为：$m_1=10\text{kg}$，$r_1=100\text{mm}$，$m_2=8\text{kg}$，$r_2=150\text{mm}$，$m_3=7\text{kg}$，$r_3=200\text{mm}$，$m_4=5\text{kg}$，$r_4=100\text{mm}$。试对该转子进行平衡设计。

11.2 图 11.16 所示为一行星轮系，各轮均为标准齿轮，其齿数 $z_1=60$，$z_2=40$，$z_{2'}=42$，$z_3=58$，模数均为 4mm。行星轮 22′本身已平衡，质心位于轴线上，其总质量 $m=2\text{kg}$。试问：

1）行星轮 22′的不平衡质径积为多少？

2）转动中所产生的离心惯性力应如何加以平衡？

11.3 图 11.17 所示为一风扇叶轮。已知其各偏心质量 $m_1=2m_2=600\text{g}$。其矢径 $r_1=r_2=200\text{mm}$，方位如图所示。对此叶轮进行静平衡，取 $r_b=200\text{mm}$，试求所平衡质量的大小及方位（注意平衡质量只能加在叶片上，必要时可将平衡质量分解到相邻的两个叶片上）。

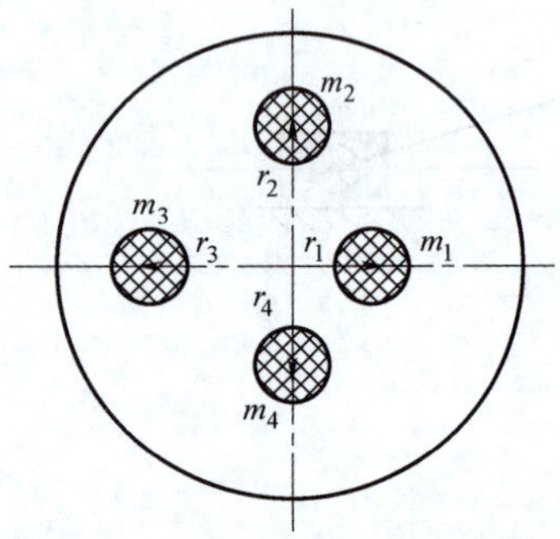

图 11.15

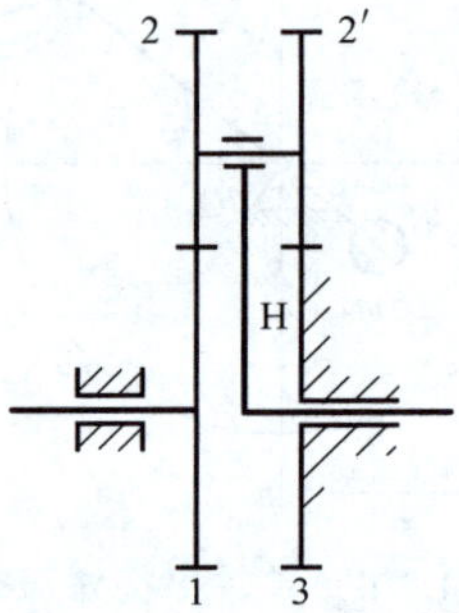

图 11.16

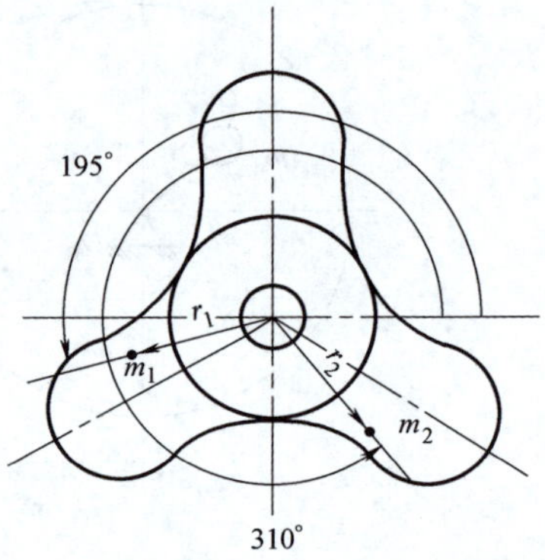

图 11.17

知识拓展

平衡轴技术

平衡轴技术是一项结构简单并且非常实用的发动机技术，用来平衡和减少发动机的振动，降低发动机噪声，延长使用寿命，提升驾乘者舒适性，如图 11.18 所示。

平衡轴是一个装有偏心重块并随曲轴同步旋转的轴，利用偏心重块所产生的反向振动力，使发动机获得良好的平衡效果，降低发动机振动。平衡轴可分为单平衡轴和双平衡轴两种。单平衡轴采用单一平衡轴，利用齿轮传动方式进行工作，通过曲轴旋转带动与之固连的平衡轴主动齿轮、平衡轴从动齿轮以及平衡轴。单平衡轴可以平衡占整个振动比例相当大的一阶振动，使发动机的振动得到明显改善。由于单平衡轴结构简单，占用空间小，因而在单缸和小排量发动机中应用较为广泛。而双平衡轴则采用的是链传动方式带动两根平衡轴转动，其中一根平衡轴与发动机的转速相同，可以消除发动机的一阶振动；另一根平衡轴的转速是发动机转速的2倍，可以消除发动机的二阶振动，从而达到更加理想的减振效果。由于双平衡轴的结构较为复杂，成本高，占用发动机的空间又相对较大，因此一般在大排量汽车上较为常用。另外，还有一种双平衡轴布置方式，就是两个平衡轴与气缸中心线成角度对称布置，旋转方向相反，转速与曲轴转速相同，用来平衡发动机的一阶往复惯性力。

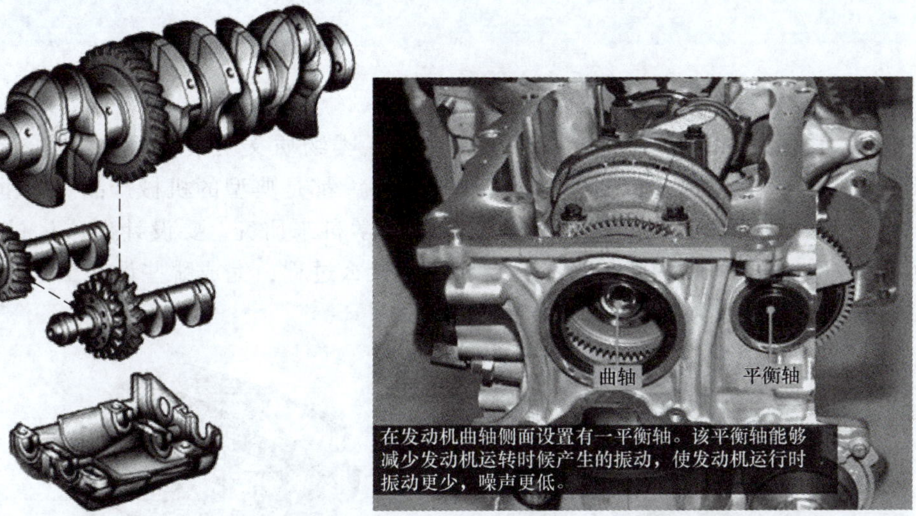

图 11.18 发动机平衡

为了消除发动机振动，可以采用很多方法，如采用轻质的活塞减少运动件的质量、提高曲轴的刚度、采用60°夹角的“V”形布置发动机等。

第 12 章

机械执行系统的方案设计

机械是人类生活和生产的基本要素之一，是人类物质文明最重要的组成部分。图 12.1 中列出的洗衣机、发动机、挖掘机和数控加工中心，都是典型的机械产品。20 世纪 50 年代以来，人们开始把“产品设计”作为一门独立的学科来研究。要设计出质量过硬、性能良好、可靠性高、竞争力强的机械产品，需要经历什么过程，完成哪些设计工作呢？哪些设计环节最具有创造性呢？本章将对此进行介绍。

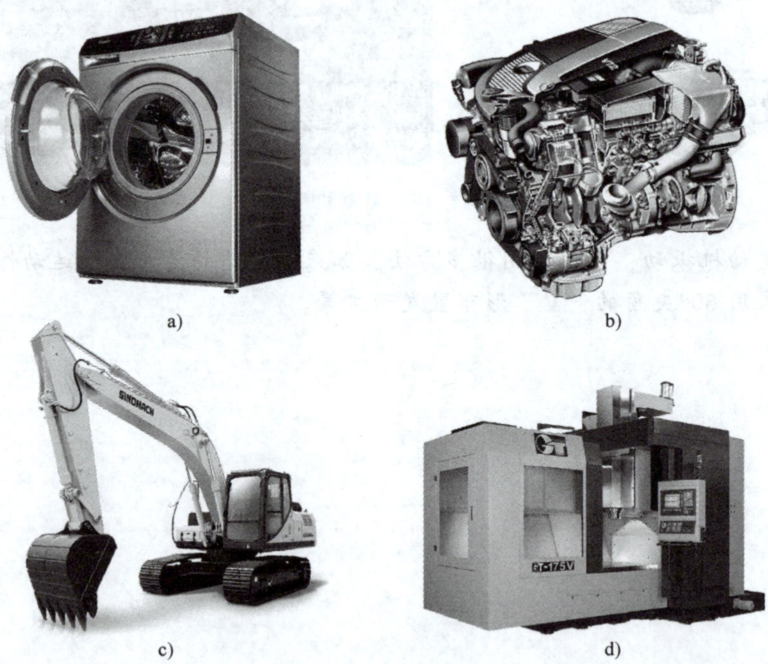

图 12.1　各种机器

a）洗衣机　b）发动机　c）挖掘机　d）加工中心

内容提要　本章首先简要介绍机械系统总体方案设计的任务和内容，以及机械执行系统方案设计的过程与主要内容。其次介绍机械创新设计及其在机械执行系统方案设计中的应用，然后重点讨论基于功能原理的机械执行系统的方案设计，包括执行系统的功能原理方案设计、执行系统的运动规律设计、执行机构的型式设计和执行系统的协调设计等内容。在执行机构的型式设计中，介绍了一些常用的机构创新设计方法。此外，对机械执行系统设计方案的评价与决策也进行了简要介绍。

12.1　机械系统总体方案设计

机械系统总体方案设计是机械产品设计过程中的关键阶段，是产品创新与质量保证的重要环节，它直接决定着机械产品的性能、质量及其在市场上的竞争力和企业的效益。

12.1.1　机械系统的概念与功能

1. 机械系统的概念

所谓系统，是指具有特定功能的、相互之间具有有机联系的许多要素所构成的一个整体。一方面，系统本身可以分解成若干子系统，子系统里有时还可以分解出更小的子系统；另一方面，系统本身还可以作为更大系统的一个子系统。

任何机器都是由若干零部件根据一定的功能要求和结构形式组成并能完成特定功能的有机整体，其又称为机械系统。机械零件是组成机械系统的基本要素，部件是机械系统的子系统，部件所在的机器又是由多部机器组成的一个更大系统（生产线）的子系统。

2. 机械系统的功能

功能是系统特定工作能力的抽象化描述，是产品使用过程中表现出来的具体功用，是系统必须实现的任务。机械系统的功能是对输入的能量流、物质流和信息流进行传递（移动、输送）、变换（加工、处理）和保存（存储、记录）。每个机械系统都有自己的功能，如车床的功能是车削工件，电动机的功能是转换能量，缝纫机的功能是缝制衣物等。按照功能的重要程度，可以做如图 12.2 所示的分类。

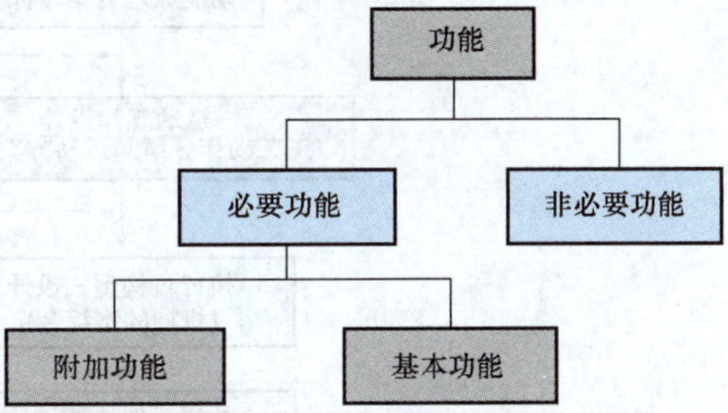

图 12.2　功能分类

在以上各功能中，基本功能是必须保证，且在设计中不能改变的功能；附加功能可以随技术条件或结构方式的改变而改变；非必要功能是设计者主观加上去的，因此可有可无。由于机械系统的功能是以成本为代价的，所以在设计时，应对系统需要具有哪些必要功能，哪些非必要功能，做出明确决定。

机械系统总体方案设计把实现机器的功能和进行功能分解作为设计的出发点。功能的抽象化和功能分解的多样化，将大大有利于机械的创新。

12.1.2　机械系统总体方案设计的任务和内容

1. 机械系统总体方案设计的任务

机械系统的设计一般可分为初期规划设计、总体方案设计、结构技术设计和生产施工设计四个阶段。机械系统总体方案设计的任务，就是根据初期规划设计阶段提出的设计任务书，通过对系统的功能分析，进行系统的功能原理方案设计，拟定机械系统功能原理方案，选择机构类型，得出一组可行的机械系统运动方案，并通过对方案的评价和决策，确定出既能实现系统预期功能要求，性能优良，又价格低廉的总体设计方案，最终完成总体方案示意图、机械系统运动简图、运动循环图和方案设计计算说明书。

2. 机械系统总体方案设计的内容

机械系统主要由动力系统、传动系统、执行系统、控制系统和其他辅助系统所组成，所以，总体方案设计的主要内容就是围绕这几部分的方案设计。

1）执行系统的方案设计。

2）原动机类型的选择和传动系统的方案设计。

3）控制系统的方案设计。

4）其他辅助系统（主要包括润滑系统、冷却系统、故障检测系统、安全保障系统和照明系统等）的设计。

本章介绍机械执行系统的方案设计。

12.2 机械执行系统方案设计的过程与内容

机械执行系统的方案设计是机械系统总体方案设计的核心，是确定机械产品质量、性能、经济、环境和社会效益的关键步骤，也是整个机械设计阶段以及后续的制造和使用阶段的基础。机械执行系统方案设计的好坏，对机械能否实现预期功能、工作质量的优劣以及产品在市场上竞争力的高低，都起着决定性的作用。

执行系统方案设计的过程如图 12.3 所示，主要内容有：执行系统的功能原理方案设计、

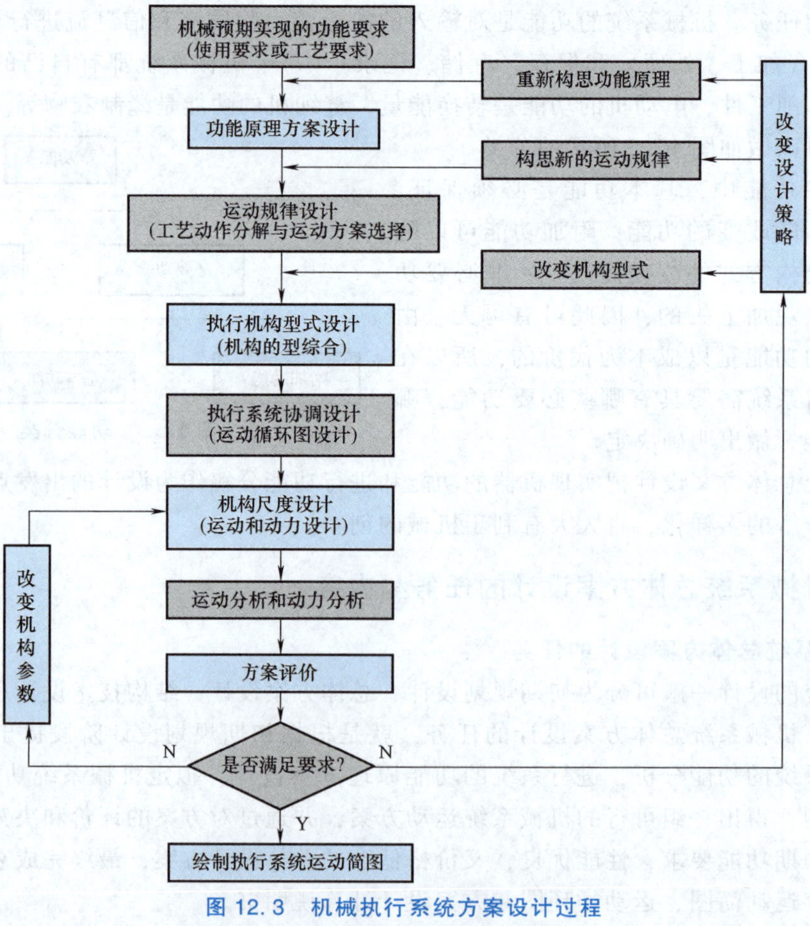

图 12.3 机械执行系统方案设计过程

执行系统的运动规律设计、执行机构的型式设计、执行系统的协调设计、执行机构的尺度设计、执行系统运动和动力分析以及执行系统的方案评价与决策。

12.3 机械创新设计及其在机械执行系统方案设计中的应用

机械创新设计是指充分发挥设计者的创造力，利用人类已有的相关科学技术成果（包含理论、方法、技术和原理等）构思创新产品的概念，并进一步应用新技术、新原理和新方法进行机械产品的设计和分析，开发具有新颖性、创造性及实用性的机构或机械产品（装置）的实践活动。它包含两个部分：一是改进完善生产或生活中现有机械产品的技术性能、可靠性、经济性和适用性等；二是创造设计出新产品、新机器，以满足新的生产或生活的需要。机械创新设计是建立在现有机械设计学理论基础上，吸收科技哲学、认识科学、思维科学、设计方法学和发明创造学等学科的相关内容，经过综合交叉而形成的一种设计技术和方法。

机械创新设计在机械执行系统方案设计中广泛应用于功能原理方案设计和执行机构的型式设计等阶段。

12.3.1 机械创新设计的主要内容

1. 功能原理方案的创新设计

针对机械产品的某一功能目标，运用各种物理效应、科学原理和技术原理，寻找能实现产品功能的工作原理及其相应的工艺动作。机械设计所要实现的功能目标必须借助机械产品工艺动作的完成而得以实现。因此，构思产品的工作原理和工艺动作是机械设计的首要任务。功能原理方案设计的一个重要特点是具有多解性，即实现同一功能目标可以采用不同的工作原理，而对于不同的工作原理，需要不同的工艺动作。如要实现将一叠纸张逐一分开这一功能目标，设计者可以应用力学原理，设计一个作往复直线运动的推杆将纸张逐一从其叠层上面推开；可以应用摩擦原理，设计一只旋转的轮子将纸张从其叠层上逐一“擦开”；可以利用重力使物体下落的原理，设计一个可使纸叠倾斜的限位装置，使纸张逐一自然脱开；可以利用气体在管道中形成负压或正压的原理将纸张从其叠层上逐一吸开或吹开；还可以设计一个产生静电的装置，使最上层的纸张带电后被带电的工作板吸住，而从其叠层上移开等。

2. 机构的创新设计

利用各种机构的综合方法，设计出能满足功能原理方案设计所确定的工艺动作的机构。机构创新设计包括机构的构型设计和机构的变异设计。前者是构造以前人们从未见过的新机构，这是非常困难的；后者是通过对构成机构的结构元素进行变化或改造，使机构产生新的运动特性和使用功能，这是当今机构创造发明的重要方法之一。

本章的第 6 节将介绍一些常用的机构创新设计方法。

3. 机械结构的创新设计

将原理方案结构化，即确定构件的材料、形状、尺寸、加工方法和装配方法等。机械结构设计具有实践性、细节性和多样性特点。实践性是指只有通过不断的实践，才能发现设计中的问题，并把创新的思想转化为现实；细节性是指机械结构设计是一种细节设计，设计的差别能导致整个产品的技术、性能的显著差异，机构上的细节缺陷可能导致整个产品难以甚至无法制造和实现其功能；多样性是指通过改变零件结构本身的形态（形状、位置、数目、尺寸、零件的材料以及零件之间的连接方式、运动方式等），可以得到一个尽可能大的结构设计方案解空间，为机械结构创新设计提供一个重要的基础。

12.3.2 机械创新设计的特点

机械创新设计具有以下特点：

1）具有独创性、新颖性和实用性，所设计的机械产品能体现出新功能、新原理、新机构和新材料等，满足用户对产品功能的需求，有较好的加工工艺性和装配工艺性，能以市场可接受的价格加工成产品，并投入使用。

2）涉及多种学科（如机械、液压、电力、气动、热力、电子、光电、电磁及控制等）的交叉、渗透与融合。

3）设计过程中相当部分工作是非数据性、非计算性的，必须依靠在知识和经验积累的基础上思考、推理、判断以及与创造性的发散思维（灵感、形象的突发性思维）相结合的方法。

4）尽可能从多方面、多角度和多层次寻求多种解决问题的途径，在多方案比较中求新、求异、选优。

机械创新设计是多次反复、多级筛选的过程，每一设计阶段都有其特定内容与方法，但各阶段之间又密切相关，形成一个整体的系统设计。

12.3.3 机械创新设计的类型

根据内容和特点，机械创新设计可以分为开发设计、变异设计和反求设计三种类型。

（1）开发设计　按照需求目标设计过去从未有过的新型机械，提出新方案，完成从产品规划、原理方案、技术设计到施工设计的全过程。

（2）变异设计　在已有产品的基础上，针对原有缺点或新的工作要求，从工作原理、机构、结构、参数和尺寸等方面进行一定的变异或组合，设计新产品以适应市场需要，实现提高产品性能、增加产品功能或降低成本的目的。

（3）反求设计　针对已有的先进产品或设计，进行深入分析研究，探索掌握其关键技术，在消化、吸收的基础上，开发出同类的创新产品。

开发设计以开创、探索创新，变异设计通过变异创新，反求设计在吸取中创新。创新是设计的生命力所在。

12.4 执行系统的功能原理方案设计

所谓功能原理，是指实现某种预期功能所依据的基本物理或化学的原理效应，如常用的物理原理有力学原理、电磁学原理、光学原理和材料变形原理等。有些原理还可以分为若干工作原理，如机械系统常用的力学原理，还可以进一步分为摩擦传动原理、机械推拉工作原理、刀具切削工作原理和流体传动原理等。

12.4.1 功能原理方案设计的任务

执行系统功能原理方案设计的任务，就是根据机械预期实现的功能要求，尽可能构思出各种能实现该功能目标的功能原理，加以分析比较，并根据使用要求或工艺要求，从中选择出既能很好地满足功能要求，工艺动作又较简单的工作原理。实现同一种功能要求，可以采用不同的工作原理，而对于不同的工作原理，需要不同的工艺动作。如要在圆柱形工件表面加工出螺纹，如果采用车削加工的工作原理，所设计的机床应有夹紧工件、旋转工件，刀具对准工件轴线并沿轴线方向按一定速度运动的工艺动作；采用板牙套丝的工作原理，所设计的机床应有夹紧工件、板牙中心轴线对准工件轴线加压，然后或使刀具不动工件转动，或使工件不动刀具转动的工艺动作；如果采用搓丝的工作原理，所设计的机床应有按一定位姿送进工件并让搓丝板压紧工件作平移运动的工艺动作。上述三种方案由于采用的工作原理不同，所设计出来的机械在工作性能、工作品质、结构和使用场合等方面就会有很大差异。

12.4.2 功能原理方案设计的特点

功能原理方案设计是机械执行系统方案设计的第一步，也是十分重要的一步。功能原理方案设计具有以下特点。

1）功能原理方案设计是机械设计中最能充分发挥创造性的阶段。在功能原理方案设计中，常常会引入某种新技术、新工艺、新材料，它首先要求设计者要有新想法、新构思，尽量使思维发散，充分发挥创造性思维，应用各种科学原理，其中包括物理学的、化学的、生物学的最新成就，提出尽可能多的原理方案供比较和优选。如要求设计一个齿轮成形设备，既可以选择基于材料切削原理的仿形法和展成法，也可以选择基于材料弹塑性变形原理的冲压、滚轧等，还可以选择基于熔融成形原理的精密铸造、粉末冶金等。又如要实现“洗衣”这个功能，既可以采用水洗原理，也可以采用溶剂吸收污物的干洗原理。然而即使是用水洗，除了机械搅拌外，还可以采用超声波振动原理等。构思出一种崭新的工作原理就可以创造出一类新颖的机械产品，创造出新的价值。

2）功能原理方案设计是否合理对产品的成败具有决定性作用，它从质的方面决定了机械的设计水平和综合性能状况。

12.5 执行系统的运动规律设计

12.5.1 运动规律设计的任务

机械的工作原理确定之后，就要进行执行系统的运动规律设计，其任务是根据工作原理所提出的工艺要求，构思出能够实现该工艺要求的各种运动规律，经过分析比较，从中选取最为简单适用的运动规律，作为机械的运动方案。运动方案选择是否适当，直接关系到机械运动实现的可能性、整机的复杂程度以及机械的工作性能，对机械设计的质量具有决定性的影响。因此，运动规律设计是机械执行系统方案设计中非常重要的一步。

12.5.2 运动规律设计的方法和注意事项

实现一个复杂的工艺过程，常常需要多种动作。任何复杂的动作，总是由一些最基本的运动合成的。运动规律设计就是通过对工艺方法和工艺动作进行分析，把工艺动作分解成由不同构件（运动载体）或不同机构按给定顺序完成的若干基本动作。工艺动作分解的方法不同，所得到的运动规律也不相同，由此形成的机械运动方案也不同。

如采用展成原理加工齿轮，如果把工艺动作分解成齿条插刀与轮坯的展成运动、齿条刀具上下往复的切削运动以及刀具的进给运动，得到的是插齿机床的方案；如果把工艺动作分解成滚刀和轮坯的连续转动和滚刀沿轮坯轴线方向的移动，得到的是滚齿机床的方案。

又如，要求设计一台加工内孔的机床，如果选择刀具切削材料的工作原理来实现，根据刀具与工件之间相对运动的不同，加工内孔的工艺动作可以有不同的分解方法，如图 12.4 所示。

1）工件作连续等速转动，刀具作轴向等速移动。同时，为了加工到所需的内孔尺寸，刀具还需要作径向进给运动。工艺动作的这种分解方法，就得到如图 12.4a 所示的镗内孔的车床的方案。

2）工件固定不动，刀具既绕被加工孔的中心线转动，又沿轴向移动。同样，为了加工到所需的内孔尺寸，刀具还需要作径向进给运动。工艺动作的这种分解方法，得到如图 12.4b 所示的镗内孔的镗床的方案。

3）工件固定不动，采用不同尺寸的专用刀具（钻头、铰刀等），让刀具同时作等速转动和轴向移动。工艺动作的这种分解方法，得到如图 12.4c 所示的加工内孔的钻床的方案。

4）工件固定不动，只让专用刀具作直线运动，工艺动作的这种分解方法，得到如图 12.4d 所示的拉床的方案。

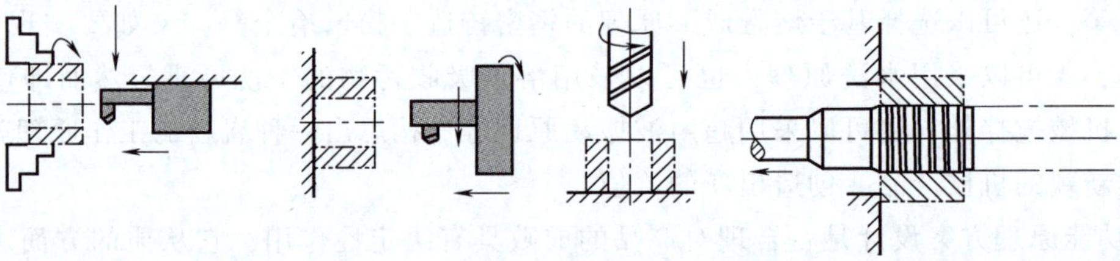

a) b) c) d)

图 12.4 四种不同的加工内孔的运动方案

a）车床方案 b）镗床方案 c）钻床方案 d）拉床方案

在上面加工内孔的实例中，车、镗、钻和拉四种方案各具特点和不同适用范围。当加工尺寸不大的圆柱形工件的内孔时，选用车床加工内孔的方案比较简单；当加工尺寸很大且外形复杂的工件（如箱体上的主轴孔）时，由于将工件装在机床主轴上转动很不方便，因此适宜于采用镗床的方案；钻床的方案取消了刀具的径向进给运动，工艺动作虽然有了简化，但带来了刀具的复杂化，且加工大的内孔有困难；拉床的方案动作最简单，生产率也高，适合大批量生产，但所需拉力大，刀具价格昂贵且不易制造。此外，不仅拉削大零件和长孔时有困难，而且在拉孔前还需要在工件上预制出拉孔所用的基孔和工件端面。因此，在进行运动规律设计和运动方案选择时，应综合考虑各方面的因素，根据实际情况对各种运动方案加以认真分析比较，从中选择出最佳方案。

在设计运动规律时，应同时考虑机械的工作特性、适应性、可靠性、经济性和先进性等多方面的要求。为了使机械工艺动作分解合理，应注意以下几个方面的问题：

1）动作最简化。即采用最简单的一系列动作组成机械的工艺动作。分解的动作越简单，在后续的执行机构型式设计中，采用对应的执行机构也越简单。

2）动作数最小。动作数的减少可以使执行机构数目减少，从而使机械运动方案简化。

3）动作的合理性与可实现性。动作应满足对速度和加速度的变化要求。如机床的刀具运动应近似匀速，以保证加工工件表面质量；又如为了减小机械运转过程中的动载荷，加速度应小于某一许用值等。此外，由于机械中的任何动作通常都是由执行机构来实现，而常用的执行机构通过运动形式转换可以实现的输出运动是有限的，所以分解后的工艺动作应属于执行机构所能实现的输出运动范围，否则将增加设计工作的难度。

4）动作的控制和协调配合。应使分解后的工艺动作易于实现协调配合，如采用机械配合方式，确定一个轴为分配轴，向各个执行机构或执行构件输入运动，通过控制分配轴的运动和向各个执行机构或执行构件输入运动的起始和终止时间，以实现各个分解运动的协调配合。

12.6 执行机构的型式设计

当完成了机械系统的功能原理方案设计和运动规律设计，确定了执行构件的数目和各执行构件的运动规律后，就可以进行执行机构的型式设计了。

一个好的机械原理方案能否实现，机构设计是关键。机构设计中最富有创造性、最关键的环节，是执行机构的型式设计。执行机构的型式设计就是根据各执行构件所要完成的运动形式和运动规律，通过从现有的机构中进行选择、比较、组合或创造新机构来确定执行机构的型式。这一过程又称为机构的型综合。实现同一种运动形式，可以选用不同型式的机构。如为了实现刀具的上下往复移动，既可以采用齿轮齿条机构、螺旋机构，也可以采用曲柄滑块机构、凸轮机构，还可以通过机构组合或结构变异创造发明新机构。究竟选择哪种机构，需要考虑机构的运动及动力特性、机械效率、制造成本和外形尺寸等因素。

执行机构的型式设计所要解决的关键问题是：选择或创造什么样的机构来实现给定的运动。这是机械执行系统方案设计中最富有创造性的重要环节，它直接影响到机械的工作质量、使用效果、使用寿命、结构的繁简程度和经济效益等。

执行机构的型式设计有两大类，即机构的选型和机构的构型。也可以将两种方法结合在一起使用，即先用选型的方法满足大多数要求，再通过构型来满足选型设计无法满足的要求。

12.6.1 执行机构型式设计的基本原则

为了获得工作质量高、结构简单、容易制造和动作灵巧的执行机构，在进行执行机构的型式设计时，应遵循下列基本原则。

1. 满足执行构件的工艺动作和运动要求

进行执行机构的型式设计，应首先考虑满足执行构件在运动形式（转动、移动还是摆动，连续运动还是间歇运动）和运动规律（位移、速度和加速度）或运动轨迹方面的要求。

2. 结构简单，运动链短

实现同样的运动要求，应采用从主动件到执行构件的运动链尽可能短的机构。运动链短的机构具有以下优点。

1）构件数和运动副数少，可降低生产成本，减轻产品重量。

2）能够有效减少运动链的累积误差，提高机械工作精度。

3）有利于减少运动副摩擦带来的功率损耗，提高机械的效率和使用寿命。

4）有利于提高机械系统的刚度，减少产生振动的环节，提高机械工作可靠性。

图 12.5 所示分别为能实现近似直线导向的四杆机构和能实现精确直线导向的八杆机构。实际分析表明，在同一制造精度条件下，八杆机构的实际运动误差大约为四杆机构的 2~3 倍。

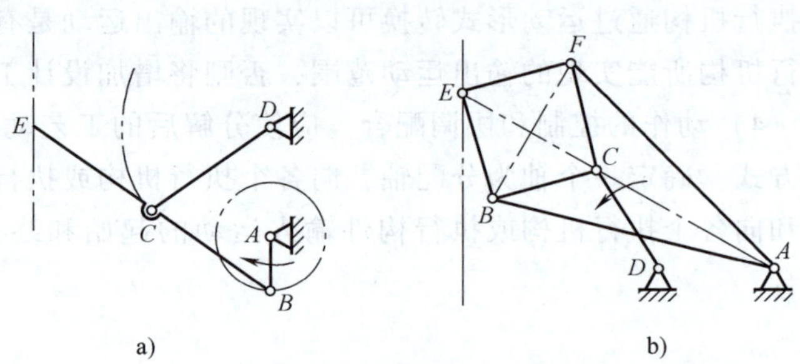

图 12.5 直线导向机构

a）近似型 b）精确型

3. 尽量减小机构尺寸

设计机械时，在满足工作要求的前提下，总希望其结构紧凑、尺寸小、重量轻。而机械的尺寸和重量，随机构型式设计的不同而有较大差别。如在相同的运转参数下，行星轮系的尺寸和重量较定轴轮系显著减小；在从动件移动行程较大的情况下，采用圆柱凸轮要比盘形凸轮尺寸更为紧凑等。

4. 选择合适的运动副形式

运动副在机械传递运动和动力的过程中起着重要作用，其数量和类型直接影响到机械的结构形式、传动效率、使用寿命和灵敏度等。

一般来说，转动副易于制造，容易保证运动副元素的制造精度和配合精度。工程上常采用标准轴承构成转动副，精度和效率较高。移动副元素制造比较困难，不易保证配合精度，效率较低且易发生自锁，一般只宜用于作直线运动或将转动变为移动的场合。进行机构的型式设计时，在某些情况下，若能用转动副代替移动副，则可以避免上述缺点。

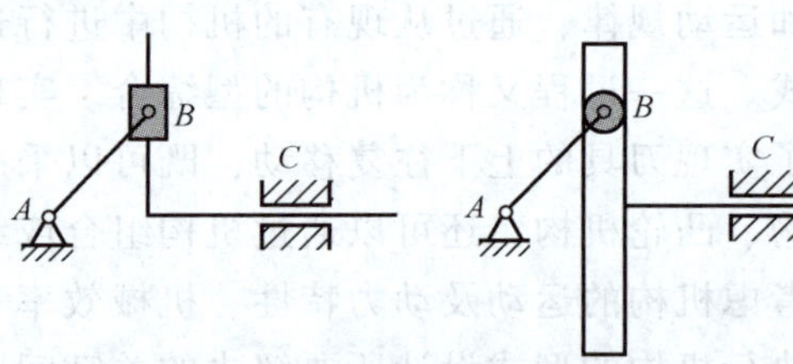

图 12.6 用滚动摩擦代替滑动摩擦

面接触运动副存在滑动摩擦，在可能的情况下，可以采用滚动摩擦来代替滑动摩擦，如图 12.6 所示。

5. 充分考虑动力源的形式

选择合适的动力源，有利于简化机械结构和改善机械性能。当有气、液源时，常采用液压和气动机构，这样既可以简化机构结构，省去许多电动机、传动机构或转换运动的机构而使运动链缩短，又有利于操作、调节速度和减振。特别是对于具有多个执行机构的工程机械、自动生产线等，其优越性更为突出。但气动机构存在传动效率低、不能传递大功率、机械特性较软、载荷变化时传递运动不够平稳和排气噪声大等缺点。液压、液力传动机构有效率低、制造安装精度要求高，对油液质量和密封性要求高等缺点。

6. 使执行系统具有良好的传力特性和动力性能

在进行执行机构的型式设计时，应注意选用效率高、具有较大的传动角和较大的机械增益的机构，这样可以减小主动轴上的力矩和原动机的功率以及机构的尺寸和重量。

对于机械中高速运转的机构，要注意构件的运动形式对机构带来的不利影响。较大偏心质量的回转构件和大质量的往复运动构件在机构运动时会产生较大的动载荷，引起较大的冲击和振动，甚至破坏机械的正常工作条件，在机构的型式设计时要考虑进行平衡设计，以减小机械运转中的动载荷。

机构中如果存在虚约束，容易造成装配困难，增大运动副中的摩擦与磨损，降低机构的寿命，甚至会产生楔紧而使机构无法运动。若为了改善机构受力状况、增加机构刚度、平衡惯性力、减轻机构重量或提高运动的稳定可靠性等原因而必须引入虚约束时，则必须采取适当措施，注意结构、尺寸等方面设计的合理性，合理配置运动副，必要时还需要增加均载装置。

7. 使机械操作方便，调整容易，安全可靠

为了使机械操作方便，可适当加入一些开、停、离合、正反转和手动装置；为了使机械容易调整，应注意适当设置调整环节，或选用能调节、补偿误差的机构；为了使机械安全可靠，防止机械因过载而损坏，应在其中加入过载保护装置或摩擦传动机构；对于在反行程会出现危险的机械，如起重机械，应在运动链中设置具有自锁功能的机构。

12.6.2 机构的选型

机构的选型，是指利用发散思维的方法，将前人创造发明出的各种机构按照运动特性或实现的功能进行分类，然后根据设计对象中执行构件所需要的运动特性或实现的运动传递与转换的功能进行搜索、选择、比较和评价，选出合适的执行机构型式的过程。

1. 按照执行构件所需的运动形式和运动转换功能进行机构选型

这种方法是从具有相同运动形式和运动转换的机构中，按照执行构件所需的运动特性进行搜寻。当有多种机构均可满足要求时，则可根据执行机构型式设计的基本原则，对初选的机构型式进行分析和比较，从中选出较优的机构。

能够完成某一运动形式转换或能实现某种功能的机构，常常不止一种。如能将转动变为移动的机构，有曲柄滑块机构、移动从动件凸轮机构、齿轮齿条机构和螺旋机构等。在进行机构选型时，就需要根据前述执行机构型式设计的基本原则，对机构进行比较和选择。

表 12.1 列出了常见运动特性及其对应机构，表 12.2 列出了常用机构的性能和特点。

表 12.1 常见运动特性及其对应机构

<table>
<tr><th colspan="3">运动形式</th><th>机构示例</th></tr>
<tr><td rowspan="5">连续转动</td><td rowspan="3">定传动比匀速</td><td>平行轴</td><td>圆柱齿轮机构、平行四边形机构、同步带机构、周转轮系、双万向联轴器机构、摩擦传动机构、摆线针轮机构、挠性传动机构、谐波传动机构等</td></tr>
<tr><td>相交轴</td><td>双万向联轴器机构、锥齿轮机构等</td></tr>
<tr><td>交错轴</td><td>交错轴斜齿轮机构、准双曲面齿轮机构、蜗杆蜗轮机构</td></tr>
<tr><td colspan="2">变传动比匀速</td><td>轴向滑移圆柱齿轮机构、混合轮系变速机构、摩擦传动机构、行星无级变速机构、挠性无级变速机构等</td></tr>
<tr><td colspan="2">非匀速</td><td>非圆齿轮机构、双曲柄机构、转动导杆机构、单万向联轴器机构、齿轮-连杆组合机构等</td></tr>
</table>

（续）

运动形式		机构示例
往复运动	往复移动	曲柄滑块机构、移动从动件凸轮机构、齿轮齿条机构、移动导杆机构、正弦机构、楔块机构、螺旋机构、气动、液动机构、挠性机构等
	往复摆动	曲柄摇杆机构、曲柄摇块机构、摆动从动件凸轮机构、双摇杆机构、摆动导杆机构、空间连杆机构、某些组合机构、摇杆滑块机构等
间歇运动	间歇转动	棘轮机构、槽轮机构、不完全齿轮机构、凸轮式间歇运动机构、某些组合机构、摩擦传动机构等
	间歇移动	棘齿条机构、摩擦传动机构、从动件作间歇往复运动的凸轮机构、反凸轮机构、气动机构、液压机构、移动构件有停歇的斜面机构等
	间歇摆动	特殊形式的连杆机构、摆动从动件凸轮机构、齿轮-连杆组合机构、利用连杆曲线的圆弧段或直线段组成的多杆机构等
预定轨迹	直线轨迹	连杆近似直线机构、八杆精确直线机构、某些组合机构等
	曲线轨迹	利用连杆曲线实现预定轨迹的多杆机构、凸轮-连杆组合机构、齿轮-连杆组合机构、行星轮系与连杆的组合机构等
特殊运动要求	换向	双向式棘轮机构、三星轮换向机构、离合器、滑移齿轮换向机构等
	超越	齿式棘轮机构、摩擦式棘轮机构等
	过载保护	带传动机构、摩擦传动机构等
	微动、补偿	螺旋差动机构、谐波传动机构、差动轮系、杠杆式差动机构等
	…	…

表 12.2 常用机构的性能和特点

评价指标	具体项目	评价			
		连杆机构	凸轮机构	齿轮机构	组合机构
运动性能	运动规律和轨迹	任意性较差，只能实现有限个精确位置	基本上任意	一般为定传动比转动或移动	基本上任意
	运动精度	较低	较高	高	较高
	运动速度	一般	较高	很高	较高
工作性能	应用范围	较广	较广	广	一般
	效率	一般	一般	高	较高
	可调性	较好	较差	较差	较好
	运转速度	高	较高	很高	较高
	承载能力	较高	较低	高	较高
	耐磨性	好	差	好	较好
	可靠性	可靠	可靠	可靠	可靠
动力性能	加速度峰值	较大	较小	小	较小
	噪声	较小	较大	小	较小
	平稳性	较差	较差	好	较好
经济性	制造难易程度	容易	较难	较易	较难
	制造误差敏感	较不敏感	敏感	敏感	敏感
	调整方便性	方便	较麻烦	较方便	一般
	能耗大小	一般	一般	较小	一般
结构紧凑	尺寸	较大	较小	小	一般
	重量	较轻	较重	较重	较重
	结构复杂性	简单	复杂	简单	复杂

为了能利用计算机技术进行机构选型，一些研究者通过对机构的运动、特点和应用等进行表达，建立了机构库。一种机构表达的方法如图 12.7 所示，该方法从运动特性与性能特点两方面对机构进行描述。运动特性包括运动类型、运动方向、运动的连续性和运动速率，从输入和输出两方面进行说明，还指出了输入轴、输出轴的位置情况。性能特点从机构特性和应用两方面进行，这样就比较全面地表达了一个机构的情况，以便于设计者进行比较和选择。如按这种表达方法对曲柄滑块机构的表达，见表 12.3。

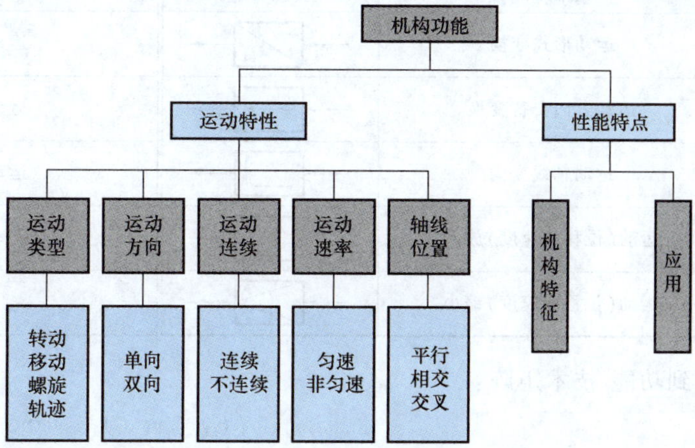

图 12.7　一种机构表达的方法

将所有机构均用上述方法表达，通过应用软件建立机构数据库，就可以方便地实现对数据库中机构的浏览、查询和修改工作。在查询时，已知条件越少，查询到的机构越多。通常经过查询能得到若干个机构解，细化已知条件缩小选择范围，可以从这些机构解中选出最佳者。设计者可以根据数据库中对机构的描述、执行机构型式设计的基本原则以及自身的经验来选择合适的机构型式。

表 12.3　曲柄滑块机构的表达

机构名称	机构描述		输入状态	输出状态	输出-输入关系
偏置曲柄滑块机构	运动特性	运动类型	转动	移动	
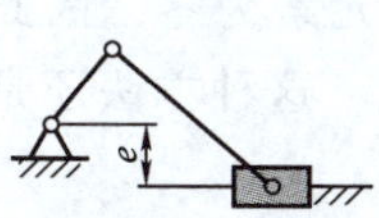		运动方向	单向	双向	
		运动连续性	连续	非连续	
		运动速率	匀速	非匀速	
		轴线位置			交叉成 90°
	性能	机构特性	具有急回特性，制造容易、强度高、承载能力强		
		应用	主要用于空气压缩机、内燃机、冲床等工作机上		

2. 按照动作功能分解与组合原理进行机构选型

任何一个复杂的执行机构都可以认为是由一些基本机构（如四杆机构、凸轮机构、齿轮机构、五杆机构和差动轮系等）所组成，这些基本机构具有如表 12.4 所示的进行运动转换和传递动力的基本功能。

在根据生产工艺和使用要求进行执行机构型式设计时，可首先研究它需要实现的总功能。一般情况下，总功能往往可以分解成若干分功能。这样的分解可用下述形式表达

$$\boldsymbol{U}=(U_i) \qquad i=1,2,\cdots,m \tag{12.1}$$

即总功能 $\boldsymbol{U}$ 由若干分功能 U_i 组成。每一个分功能可以用不同的机构来实现。以 T_j 表示能够完成分功能 U_i 的机构的集合，t_{ij} 为对应于能完成分功能 U_i 的机构，则

$$T_j=(t_{i1},t_{i2},\cdots,t_{in}) \quad j=1,2,\cdots,n \tag{12.2}$$

式中，n 为能实现分功能 U_i 的机构数目。用 U_i 定义行，T_j 定义列，t_{ij} 为元素构成矩阵，可以

表 12.4 基本机构的功能及符号

基本功能	表示符号	基本功能	表示符号
运动形式变换	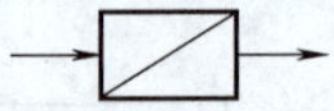	运动合成	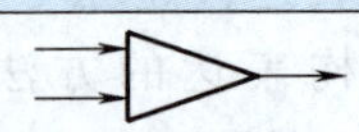
运动方向交替变换		运动分解	
运动轴线变向	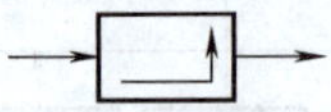	运动脱离	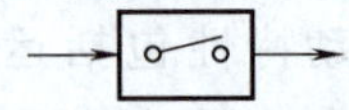
运动(位移或速度)放大		运动连接	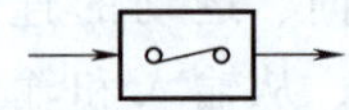
运动(位移或速度)缩小			

得到功能-技术矩阵：

$$(\boldsymbol{U}-\boldsymbol{T})=\begin{pmatrix} t_{11} & \cdots & t_{1j} & \cdots & t_{1n} \\ \vdots & & \vdots & & \vdots \\ t_{i1} & \cdots & t_{ij} & \cdots & t_{in} \\ \vdots & & \vdots & & \vdots \\ t_{m1} & \cdots & t_{mj} & \cdots & t_{mn} \end{pmatrix} \tag{12.3}$$

能够实现各分功能的机构数目并不相等，通常将能实现某一分功能的最多机构数定为 n，少于 n 的分功能的元素项 t_{ij} 用零表示。

由于系统的总功能是由若干个分功能组成的，因此，只要在矩阵的每一行任找一个元素，然后把各行中找出的元素组合起来，就可以组成一个能实现总功能的方案。由此可知，最多可以组合出 N 种方案

$$N=n_1n_2\cdots n_i\cdots n_m \tag{12.4}$$

当然，由于有些机构具有多种分功能（如曲柄滑块机构既有运动形式变换功能，又有运动轴线变向功能），所以，可能会出现重复方案。由于矩阵中有些元素为零，因此有些方案不可能成为有效方案，所以，N 个方案并不是都能成立。尽管如此，这种方法还是为设计人员寻求多种可供分析和选择的方案提供了一条有效途径。

从功能-技术矩阵中得到多种组合方案后，一般可先从中剔除一些明显不符合要求的方案，然后根据执行机构型式设计的基本原则，选取几个比较满意的方案。最后，采用科学的评价方法对初选方案进行评价，从中选出符合设计要求的最优方案。

下面以能锻出高精度毛坯的精锻机的主机构的选型为例，来说明用这种方法形成方案的具体过程。

精锻机主机构的总功能是当加压执行构件（冲头）上下运动时，能锻出精度较高的毛坯。根据空间条件，驱动轴必须水平布置，加压执行构件沿铅垂方向移动。按照这些要求，该执行机构应具有以下三个分功能。

1）运动形式变换功能，将转动变换为移动。

2）运动轴线变向功能，将水平轴运动变换为铅垂方向运动。

3）运动位移或速度缩小功能，减小位移量（或速度），以实现增力要求（$F=W/s=P/v$）。

根据以上分析，可画出完成加压执行机构总功能的功能-技术矩阵，见表 12.5。由于矩

阵中三个分功能的排列次序是任意的，故变更这三种分功能的排列次序，可得到如图 12.8 所示的六种基本功能结构。其中，Ⅰ、Ⅱ和Ⅲ三种结构是先将转动变为移动，在移动状态下再改变运动方向；Ⅳ、Ⅴ和Ⅵ三种结构是在转动状态下改变运动方向后才变换为移动；Ⅰ、Ⅱ和Ⅵ是在移动状态中增力；Ⅲ、Ⅳ和Ⅴ则是在转动状态中增力。

表 12.5 加压执行机构的功能—技术矩阵

传动原理	推拉传动原理			啮合传动原理	摩擦传动原理	流体传动原理
机构 / 功能	连杆机构	凸轮机构	螺旋、斜面机构	齿轮机构	摩擦轮机构	流体机构
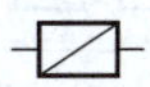	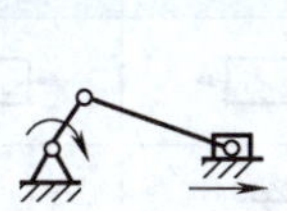		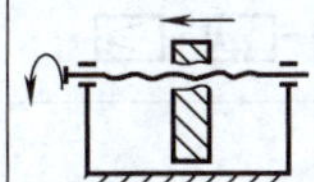	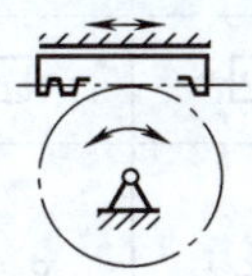	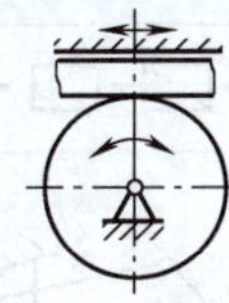	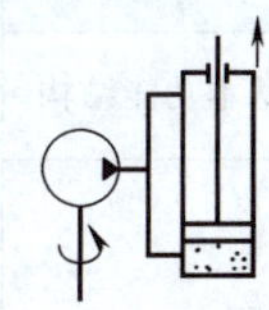
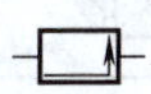	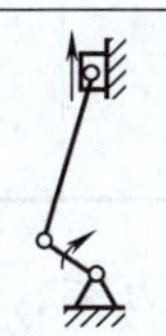	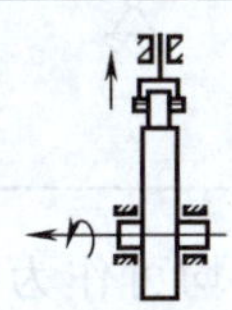	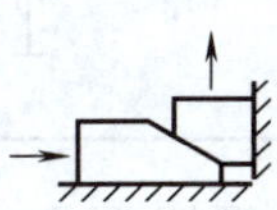		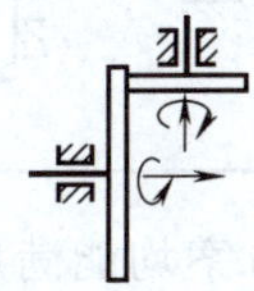	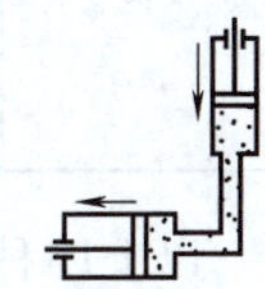
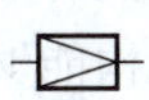	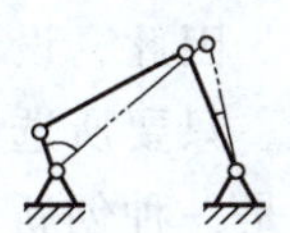		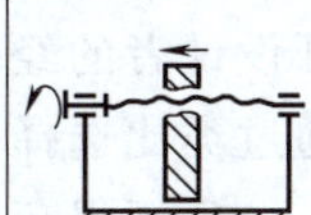	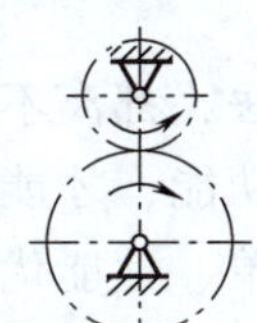		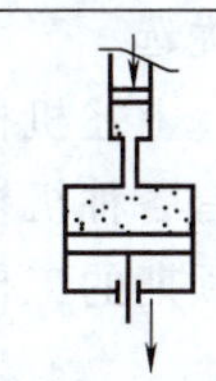

只要在表 12.5 所示的功能-技术矩阵中的三个分功能中各任选一个机构，就可以组合成一个能实现总功能的执行机构方案。在确定了各分功能顺序的前提下，可得到 $N=6^3=216$ 个方案。在这众多的方案中，先剔除重复的或不适合的方案，然后按前面所述原则并结合精锻机的具体情况，选择合适的方案。

如，若要求机构的结构尽可能简单，则可以选择表 12.5 中第 1 列的连杆机构或第 2 列的凸轮机构，它们都同时兼有上述三种分功能，只要从中选择一个机构，就能完成设计任务的功能要求，这是所有方案中结构最简单的方案。但是，由于凸轮机构是高副接触，用于锻压机将使接触点处产生过大的应力，故不宜采用；曲柄滑块机构在锻压工件时，受压的连杆既是主要的承力构件，又是作平面运动的运动构件，机构的综合刚度较差，也不宜用于要求锻出较高精度毛坯的精锻机上。因此，需要在功能-技术矩阵中另选一些刚度较高的机构组成新的方案。

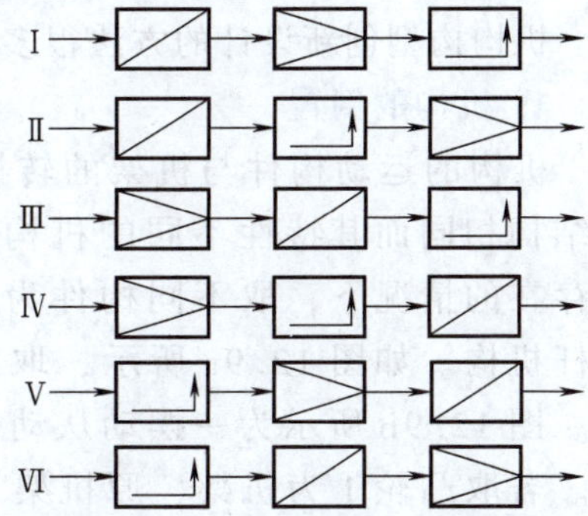

图 12.8 加压机执行机构的基本功能结构

表 12.6 中列出了四种方案：方案 A 采用曲柄滑块机构实现运动形式变换功能和运动大小变换功能，采用刚度很高的斜面机构实现运动轴线变向功能和运动大小变换功能。该方案由于采用斜面机构而增强了系统刚

度，因经过两次运动大小变换而增加了锻压力；方案B采用曲柄滑块机构实现运动形式变换功能，采用液压机构实现运动轴线变向功能和运动大小变换功能，可具有较大锻压力；方案C采用曲柄摇杆机构实现运动大小变换功能，采用摆杆滑块机构实现运动形式变换、运动轴线变向和运动大小变换三种功能，由于该方案经过两次运动大小变换，故具有较大的压力，但系统刚度较差；方案D采用摩擦轮机构实现运动轴线变向功能，采用螺旋机构实现运动形式变换功能和运动大小变换功能，由于螺旋机构有很好的运动大小变换功能，故该方案可产生很大的锻压力。

表 12.6 加压执行机构的四种方案

序号	A	B	C	D
基本功能结构	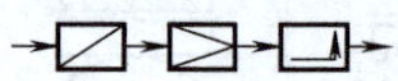	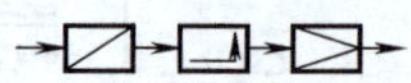	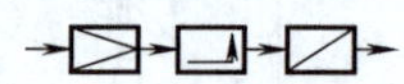	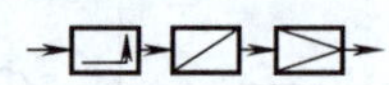
方案	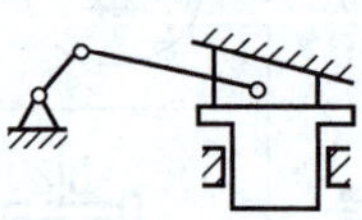	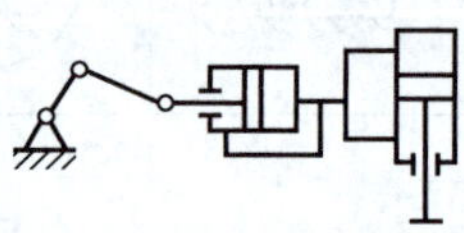	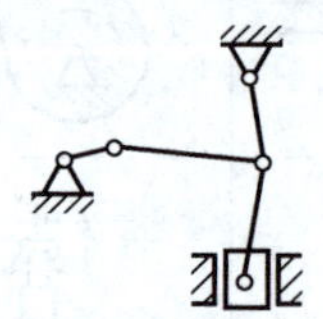	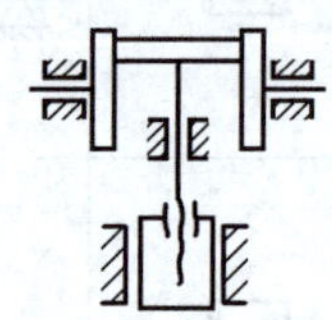

以上四种方案均能满足工作所提出的锻压要求，故均可作为初选方案，以供进一步评价和优选。

上述机构选型的两种方法，都离不开设计者的经验和分析比较。因此，设计者只有熟悉现有各种机构的运动特性和功能，才能通过类比选择出合适的机构。只要所选的机构能够实现预期的工作要求、结构简单、性能优良，且用得巧妙，其本身也是一种创新。

12.6.3 机构的构型

在根据执行构件的运动特性和功能要求采用类比法进行机构选型时，若所选择的机构不能完全实现预期的要求，或虽能实现功能要求但存在着结构较复杂、运动精度较差、动力性能欠佳或占据空间较大等缺点，在这种情况下，就需要通过机构构型进行新机构的设计，即先从常用机构中选择一种功能和原理与工作要求相近的机构，然后在此基础上重新构造机构型式。机构的构型设计是一项极富创造性的工作，它要求设计人员运用创新思维，开阔思路，使所设计出的机构不仅具有优良的工作性能，而且具有新颖的特色。

机构构型创新设计的方法很多，常用的方法有以下几种。

1. 机构的倒置

机构的运动构件与机架的转换，称为机构的倒置。通过机构的倒置可以得到运动链的结构相同而其特性不同的机构。如在第5章中介绍过，铰链四杆运动链在满足整转副存在的情况下，取不同构件为机架，可以分别得到曲柄摇杆机构、双曲柄机构和双摇杆机构。如图12.9a所示，取外啮合定轴齿轮机构的齿轮2为机架，就得到行星轮系。图12.9b所示为一摆动从动件盘形凸轮机构，凸轮轮廓曲线由曲线段与直线段组成。若取凸轮1为机架，原机架3成为曲柄。当从动件2与凸轮1的轮廓的直线段接触时，机构等效于一个偏置式曲柄滑块机构；当从动件2与凸轮1的轮廓的曲线段接触时，机构等效于一个双曲柄机构。

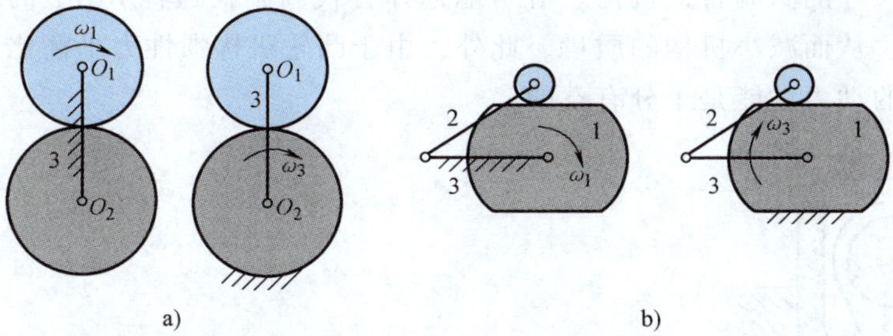

图 12.9 机构倒置

a）外啮合齿轮机构的倒置　b）摆动从动件盘形凸轮机构的倒置

2. 机构的扩展

机构的扩展是根据机构组成原理，在选择的基本机构上连接若干基本杆组构造出新机构的方法。该方法的优点是在不改变机构自由度的情况下，能增加或改善机构的功能。如要求设计一个急回特性比较显著、运动行程比较大的急回机构，带动执行机构作往复移动，而常用的具有急回特性的基本机构不能完全满足这个要求。为此，可以选择如图 12.10 所示的摆动导杆机构 *ABC* 作为基本机构，合理设计该机构的参数，可以使其具有较显著的急回特性。然后，在该摆动导杆机构导杆 *CB* 的延长线上点 *D* 处连接一个 RPP Ⅱ级组，构成六杆机构。合理选择 *CB* 延长线上点 *D* 的位置，可以使执行构件 5 具有较大的运动行程，从而完全满足工作要求。

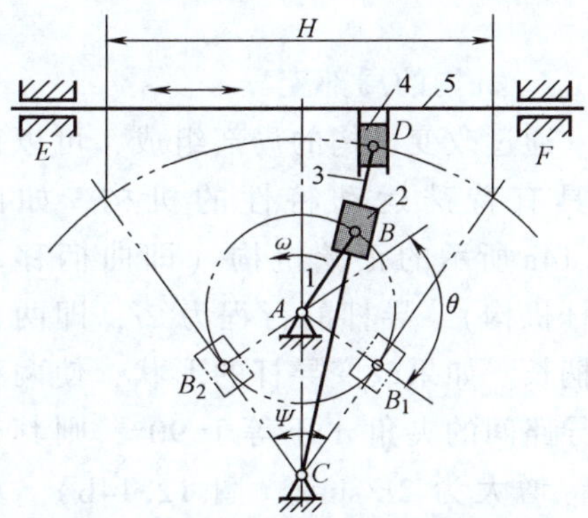

图 12.10 用扩展法进行机构的构型

3. 运动副的变换

通过改变机构中的某个或几个运动副的型式，也可以创新出具有不同特性的机构。常用运动副的变换方式有：运动副尺寸的变换、运动副元素形状的变换和运动副类型的变换等。

在第 5 章中介绍了通过改变构件的尺寸和形状，将转动副转化为移动副，由曲柄摇杆机构得到曲柄滑块机构的实例。图 12.11 所示为通过扩大转动副 *B* 的半径和移动副 *D* 的滑块尺寸的途径，将曲柄滑块机构转化为滑块内置式的偏心轮机构，以改善移动副的受力状况。

如图 12.12 所示的凸轮机构，设计者运用变换运动副元素形状的方法，巧妙地将凸轮 2 设计为一个正三角形，主动件为滑块 1，其形状如该图所示。当滑块作往复移动时，三角形凸轮在滑块内孔边缘轮廓的推动下作间歇运动。滑块移动一次，凸轮转过 120°。这种机构除了能将主动件的往复移动变换为从动件的间歇转动外，也可用于转度为 120°的分度机构中。

图 12.13 所示为曲柄摇杆机构经过运动副类型的变换得到凸轮机构的例子，其变换方法是低副高代，即选取一个具有两个转动副元素的构件（如图 12.13a 中的构件 2）作为代换构件，从运动链中除去该构件，而原来与该代换构件相邻的两构件（构件 1、3）分别演化为摆杆和凸轮，从而得到摆动从动件凸轮机构。由于凸轮高副的位置可以在连杆 *BC* 上任意

选取，因此可以得到多个不同尺寸的高副替代机构。恰当地选择替代高副在连杆 BC 上的位置，可以将原机构的体积缩小，从而减小机构的质量。此外，由于凸轮机构惯性力平衡比连杆机构容易，这对于提高机构的动力性能是十分有益的。

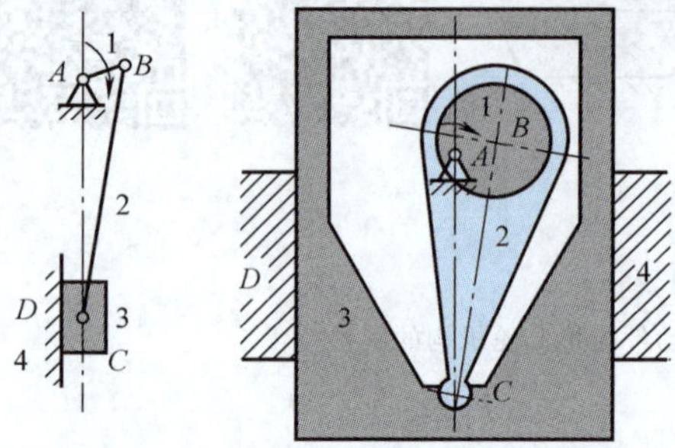

图 12.11 扩大转动副和移动副的尺寸

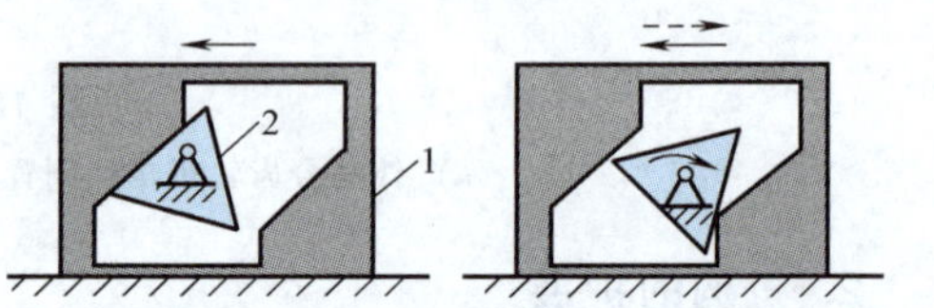

图 12.12 特殊形状的凸轮机构

1—滑块 2—凸轮

4. 机构的局部变异

通过改变机构的局部组成，可以得到具有特殊运动特性的机构。如图 12.14a 所示的正弦机构（即曲柄移动导杆机构），导杆的行程为 $2r$，即两倍曲柄长。如果改变导杆的形状，使两移动导路间的夹角 α 不等于 90°，则其行程将增大为 $2r/\sin\alpha$（图 12.14b）。如果将导杆的直槽改为带有一段圆弧的曲线槽，使圆弧的半径等于曲柄长 r，其圆心与曲柄转动中心重合，并将滑块改成滚子，如图 12.14c 所示。经过这样的变异后，当滚子运动至曲线槽圆弧段位置时，导杆将静止不动。

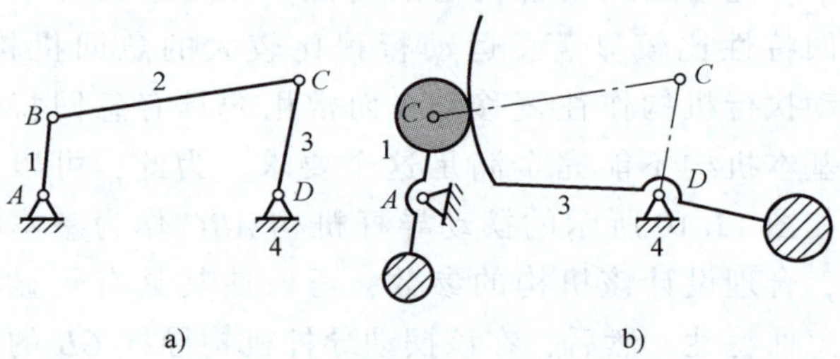

图 12.13 运动副类型的变换

a）曲柄摇杆机构 b）凸轮机构

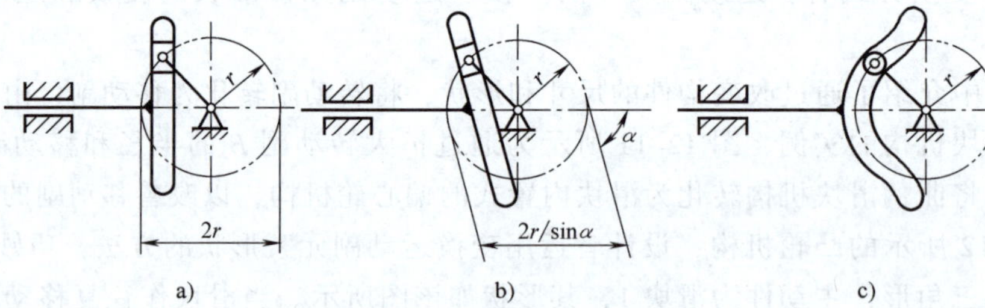

图 12.14 正弦机构的局部变异

a）两导路垂直 b）两导路不垂直 c）圆弧导杆

5. 机构的组合

单一的基本机构由于其固有的局限性而无法满足多方面的要求，解决这个问题的一个重要方法是将几种基本机构用适当的方式组合起来，构成一个较复杂的机构，即组合机构，来实现基本机构很难实现的运动或动力特性。机构的组合是发明创造新机构的重要途径之一，常用的组合方式有串联式组合、并联式组合、封闭式组合、复合式组合和叠加式组合等。

（1）机构的串联式组合　若干个单自由度的基本机构，以前一机构的输出构件作为后一机构的输入构件的组合方式。根据前后机构串联方式的不同，又可以分为以下两种形式。

1）Ⅰ型串联式组合。连接点选在作简单运动构件上的串联式组合。机构的Ⅰ型串联式组合常用于改善输出构件的运动和动力特性，或用来实现运动或力的缩放。

图 12.15a 所示为由椭圆齿轮机构Ⅰ和正弦机构Ⅱ通过Ⅰ型串联式组合而成的机构。机构Ⅰ使主动件 1 的等速转动转变为从动件 2 的变速转动，适当选择机构中构件 2 和 2′串接时的相位角，可以使从动件 4 获得具有等速工作段和急回特性的往复移动。图 12.15b 所示为该机构的传动框图。

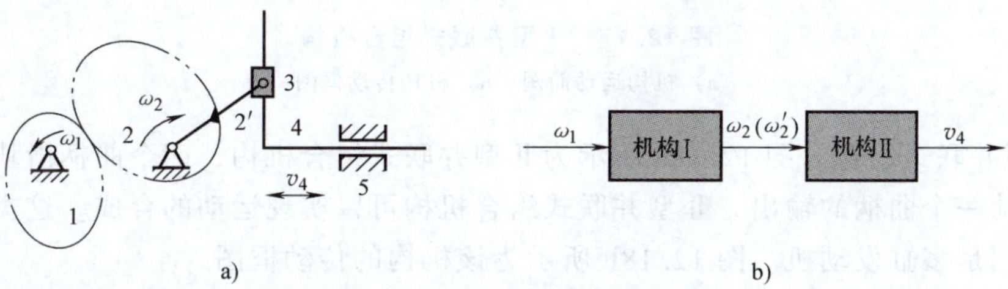

图 12.15　Ⅰ型串联式组合机构

a）机构运动简图　b）机构传动框图

2）Ⅱ型串联式组合。连接点选在作复杂平面运动的构件上的串联式组合。机构的Ⅱ型串联式组合常利用前一机构连接点的特殊运动轨迹来实现后一机构输出构件的特殊运动要求。

图 12.16a 所示为由行星齿轮机构Ⅰ和连杆机构Ⅱ通过Ⅱ型串联式组合而成的机构。当系杆 1 转动时，行星齿轮 2（$z_2=z_3/3$）上点 M 的轨迹为内摆线，且近似圆弧。若取连杆 4 的长度等于该圆弧的半径，则当点 M 在 $m—m$ 段运动时，滑块 5 将作较长时间的近似停歇。图 12.16b 所示为该机构的传动框图。

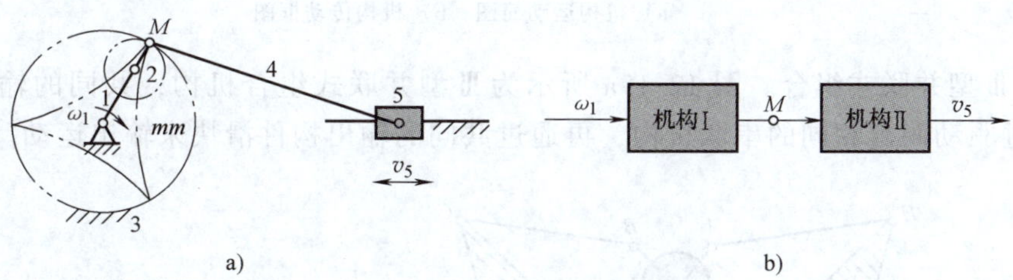

图 12.16　Ⅱ型串联式组合机构

a）机构运动简图　b）机构传动框图

（2）机构的并联式组合　若干个单自由度的基本机构连接在一起，保留各自的输出运动；或若干个单自由度机构的输出构件连接在一起，保留各自的输入运动；或输入构件连接在一起，输出构件也连接在一起。根据机构并联组合方式的不同，又可以分为以下三种形式。

1）Ⅰ型并联式组合。图 12.17a 所示为Ⅰ型并联式组合机构。把两个机构的曲柄连接在一起，成为共同的输入构件，两个滑块各自输出往复移动。Ⅰ型并联式组合机构可以实现机构的惯性力完全平衡或部分平衡，改善机构的动力性能，还可以实现运动的分解和分流。图 12.17b 所示为该机构的传动框图。

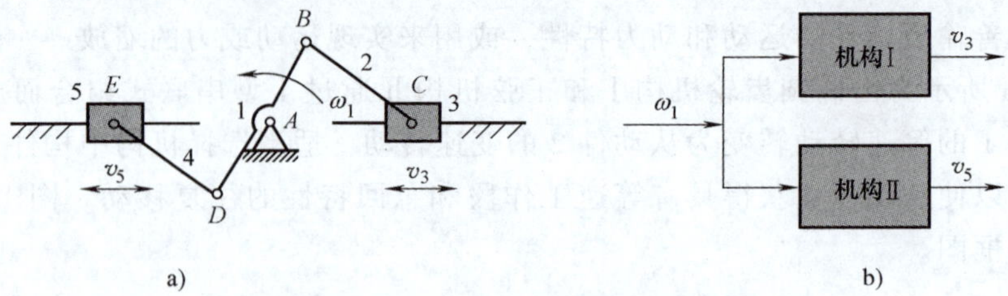

图 12.17 Ⅰ型并联式组合机构

a）机构运动简图 b）机构传动框图

2）Ⅱ型并联式组合。图 12.18a 所示为Ⅱ型并联式组合机构，四个曲柄滑块机构的往复移动共同驱动一个曲柄的输出。Ⅱ型并联式组合机构可以实现运动的合成。这类组合方法的一个重要应用是多缸发动机。图 12.18b 所示为该机构的传动框图。

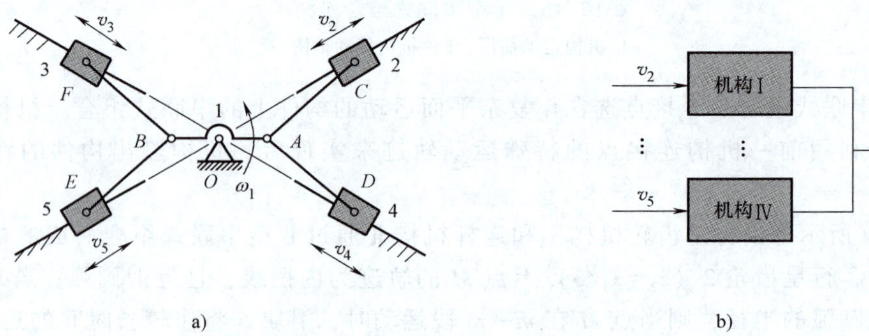

图 12.18 Ⅱ型并联式组合机构

a）机构运动简图 b）机构传动框图

3）Ⅲ型并联式组合。图 12.19a 所示为Ⅲ型并联式组合机构，共同的输入构件为小带轮，通过驱动两套相同的串联机构，再通过共同的输出构件滑块来输出运动。Ⅲ型并联式组

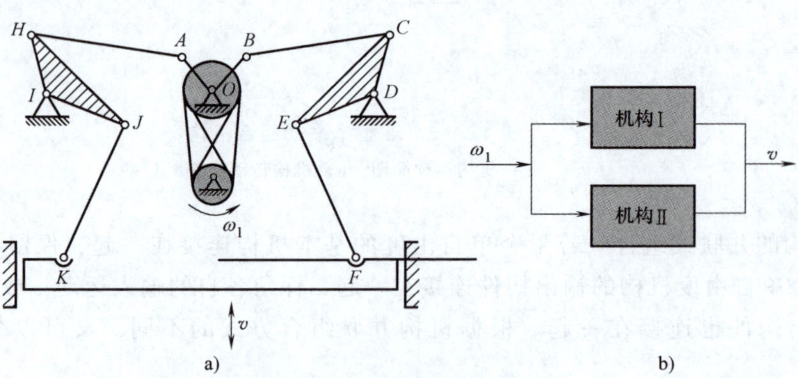

图 12.19 Ⅲ型并联式组合机构

a）机构运动简图 b）机构传动框图

合机构可以使机构的受力状况大大改善，在压力机等机械装置中得到广泛的应用。图12.19b为该机构的传动框图。

（3）机构的封闭式组合　以一个二自由度机构（基础机构）中的两个输入构件，或两个输出构件，或一个输入构件和一个输出构件，用单自由度机构（附加机构）连接起来，形成一个单自由度的机构系统的组合方式。机构的封闭式组合可以实现单一基本机构难以实现的复杂运动和特殊的工作要求。根据机构封闭组合方式的不同，又可以分为以下两种形式。

1）Ⅰ型封闭式组合。如图12.20a所示的齿轮连杆组合机构中，将由齿轮2、3、4和系杆H组成的差动轮系作为基础机构Ⅲ，由定轴齿轮1和2组成的机构作为附加机构Ⅰ，而四杆机构*ABCD*则作为附加机构Ⅱ。主动件1的角速度ω_1分别通过附加机构Ⅰ和Ⅱ将运动ω_2和ω_H输入到基础机构Ⅲ的轮2和系杆H，从而使从动轮4获得确定的输出运动ω_4。适当选择机构参数，可使从动件作具有近似瞬时停歇的单向转动。图12.20b所示为该机构的传动框图。

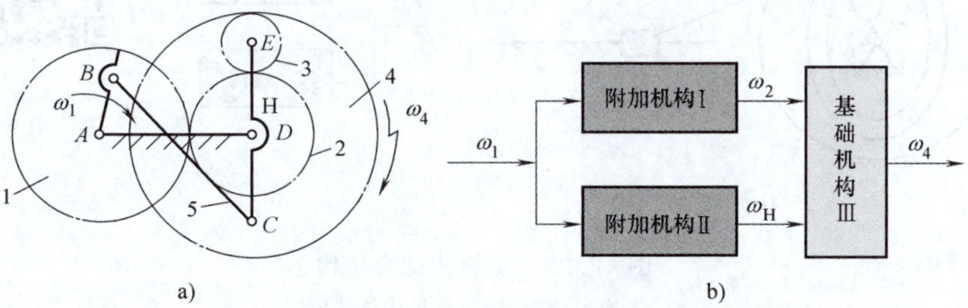

图12.20　Ⅰ型封闭式组合机构

a）机构运动简图　b）机构传动框图

2）Ⅱ型封闭式组合。图12.21a所示为采用Ⅱ型封闭式组合构成的精密滚齿机中的分度校正机构。图中，蜗杆1除了可绕本身的轴线转动外，还可以沿轴向移动，它和蜗轮2以及机架4组成一个自由度为2的蜗杆蜗轮机构，作为基础机构Ⅱ；槽凸轮2′和从动件3及机架4组成自由度为1的滚子移动从动件盘形凸轮机构，作为附加机构Ⅰ。其中，蜗杆1为主动件，凸轮2′和蜗轮2为一个构件。当蜗杆1以$\varphi_1(t)$转动时，凸轮2′驱使从动件3在导路4中以$s_4(t)$运动规律往复移动，并通过蜗杆1轴端的叉形槽使蜗杆1产生移动，从而带动蜗轮2产生附加转动$\Delta\varphi_2(t)$。因此，蜗轮2的输出运动$\varphi_2(t)$为由$\varphi_1(t)$引起的主运动$\varphi_2'(t)$和附加运动$\Delta\varphi_2(t)$的叠加。如果由于制造误差等原因，导致蜗轮2的运动输出精度达不到要求时，则可以根据运动输出的误差设计凸轮轮廓曲线，通过Ⅱ型封闭式组合后的附加运动，使蜗轮2的输出运动得到校正。图12.21b所示为该机构的传动框图。

（4）机构的复合式组合　如图12.22a所示的凸轮连杆组合机构为复合式组合的一个例子。将构件1、2、3、4、5组成的五杆机构作为基础机构Ⅱ，构件1、2、5组成的平面槽凸轮机构作为附加机构Ⅰ，与构件2连接的滚子（图12.22a中未示出）嵌在槽凸轮5的槽里，槽凸轮5固定不动。只要适当设计凸轮的轮廓曲线，就能使从动滑块4按预定的复杂规律运动。图12.22b所示为该机构的传动框图。

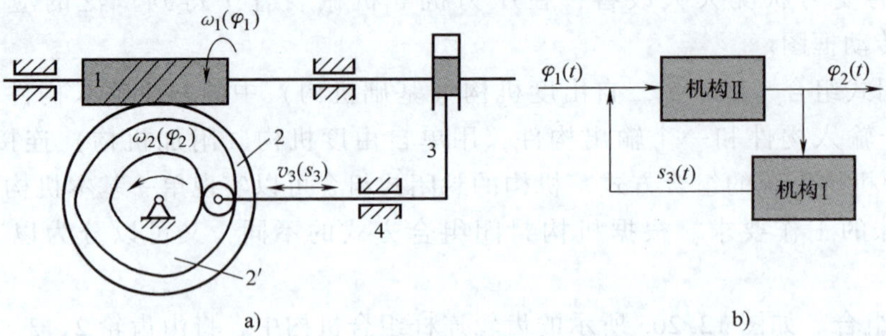

图 12.21 Ⅱ型封闭式组合机构

a）机构运动简图 b）机构传动框图

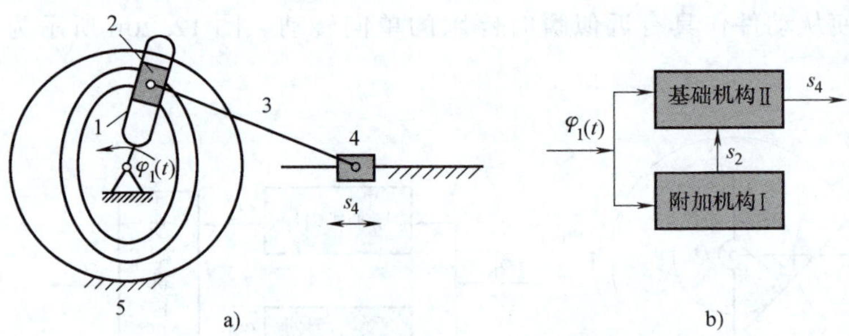

图 12.22 复合式组合机构

a）机构运动简图 b）机构传动框图

（5）机构的叠加式组合 机构的叠加式组合是指在一个基本机构的可动构件上再安装一个及以上基本机构的组合方式。支撑其他机构的基本机构称为基础机构，安装在基础机构可动构件上的机构称为附加机构。根据机构叠加式组合方式的不同，又可以分为以下两种形式。

1）Ⅰ型叠加式组合。附加机构安装在基础机构的可动构件上，主动机构为附加机构，由附加机构输入运动。附加机构的输出构件在驱动基础机构的某个构件运动的同时，也可以有自己的运动输出。一般情况下，以齿轮机构为附加机构，以连杆机构或齿轮机构为基础机构的叠加方式应用较为广泛。Ⅰ型叠加式组合机构在军事装备中有广泛的用途。

图 12.23a 所示为电风扇摇头机构，构件 2、3、4 和 5 组成的双摇杆机构作为承载的基础机构Ⅱ；蜗杆 1 和蜗轮 2（与机构Ⅱ的连杆 2 固连）以及承载杆 3 组成的蜗杆机构作为附加机构Ⅰ。当机构Ⅰ中的电动机 M 运转时，风扇 F 随之转动，与此同时，通过蜗轮（连杆 2）使机构Ⅱ中的摇杆 3 和 4 往复摆动，由此利用一个驱动源同时实现了风扇 F 的转动和风扇座（承载杆 3）的摆动，最后使风扇轴线具有 $\boldsymbol{\omega}_1+\boldsymbol{\omega}_3$ 的复合运动。图 12.23b 所示为该机构的传动框图。

2）Ⅱ型叠加式组合。附加机构和基础机构分别有各自的动力源，或有各自的运动输入构件，最后由附加机构输出运动。Ⅱ型叠加式组合机构的特点是附加机构安装在基础机构的可动构件上，再由设置在基础机构可动构件上的动力源驱动附加机构运动。进行多次叠加时，前一个机构即为后一个机构的基础机构。Ⅱ型叠加式组合在各种机器人和机械手机构中

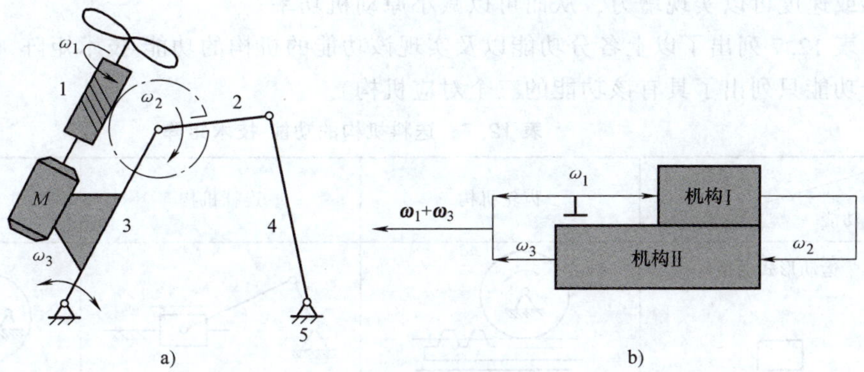

图 12.23 Ⅰ型叠加式组合机构

a）机构运动简图 b）机构传动框图

得到了非常广泛的应用。

图 12.24a 所示的户外摄影车机构，平行四边形 *ABCD* 为基础机构，由液压缸 1 驱动 *BC* 杆运动。平行四边形 *CDFE* 为附加机构，安装在基础机构的 *CD* 杆上，由液压缸 2 驱动附加机构的 *DF* 杆，使附加机构相对基础机构运动，平台的运动为叠加机构的复合运动。图 12.24b 所示为该机构的传动框图。

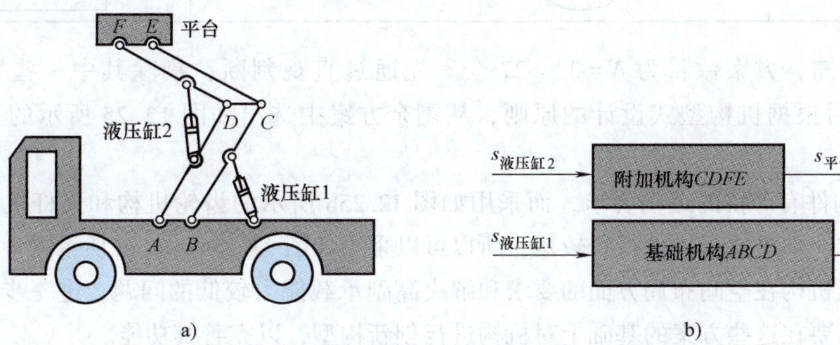

图 12.24 Ⅱ型叠加式组合机构

a）机构运动简图 b）机构传动框图

6. 执行机构型式设计举例

设计一送料机构，输入运动为单向连续转动，推动大质量工件匀速水平运动，完成工作行程。要求工作平稳，具有急回特性，但加速度规律要平滑连续，工作行程相对较小。在空间布局方面，要求主传动机构位于滑动工作台的下方。

从设计要求可知，该机构的主要工作特点是大质量、小行程，执行构件作往复移动且运动规律要求严格。首先根据动作功能分解与组合原理进行机构选型，该机构应具有以下几种分功能。

1）运动形式变换功能。将原动机输出的转动变换为输出构件的往复移动。

2）运动方向交替变换功能。输出构件作往复移动，机构应具有运动方向交替变换功能。

3）运动位移或速度缩小功能。因推动大质量工件运动，要求机构具有增力功能，减小位移或速度可以实现增力，从而可以减小原动机功率。

表 12.7 列出了以上各分功能以及实现该功能的机构的功能-技术矩阵（作为实例，每一个分功能只列出了具有该功能的三个对应机构）。

表 12.7　送料机构的功能-技术矩阵

功能＼机构	齿轮机构	连杆机构	凸轮机构
运动形式变换 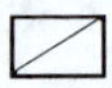	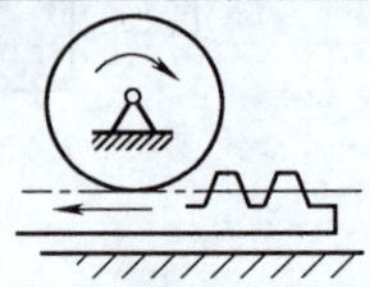	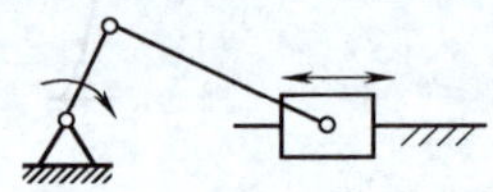	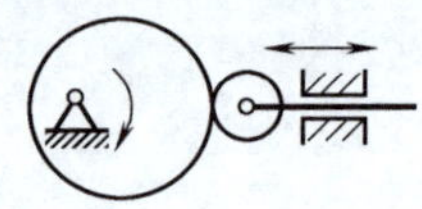
运动方向交替变换 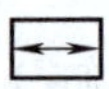	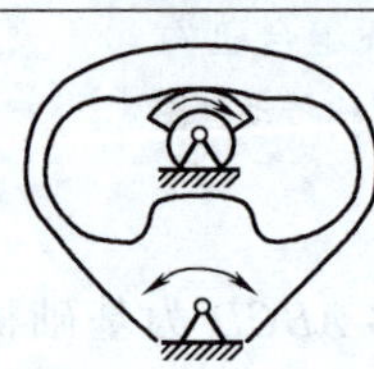	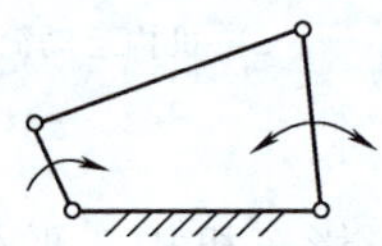	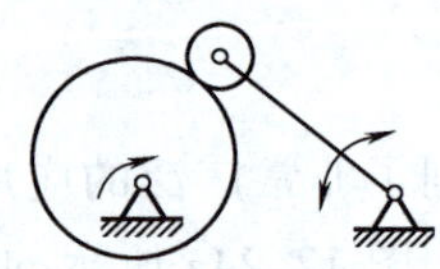
运动缩小 	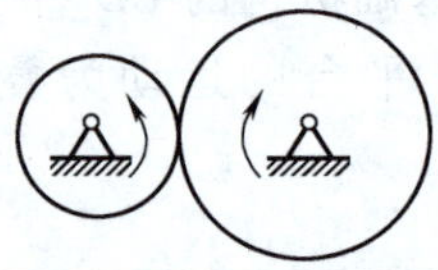		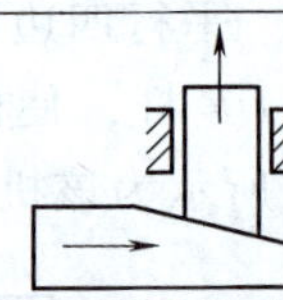

由表 12.7 可知，方案数目为 $N=3^3=27$ 个。先通过直观判断，剔除其中一些繁琐和不合理的方案，然后根据机构型式设计的原则，从剩余方案中选出如图 12.25 所示的 4 个方案作为初选方案。

由于对执行构件有严格的运动要求，而采用如图 12.25b 所示的齿轮机构和连杆机构的组合难于实现这种要求，加之执行构件行程较短，所以可以采用如图 12.25a、c、d 所示的含有凸轮机构的方案。考虑到机构在空间布局方面的要求和解决高副承载能力较低的问题，进一步提高机构的增力功能，还需要在这些方案的基础上对机构进行创新构型，以完善其功能。

现以图 12.25d 所示方案为原型进行机构创新构型。

图 12.25　送料机构的初选方案

a）方案一　b）方案二　c）方案三　d）方案四

图 12.26a 和图 12.26b 为在图 12.25d 所示方案的基础上，采用组合法对原方案进行机构创新构型。两种方案都是在原方案的凸轮机构摆动从动件与含有输出构件的 RRP Ⅱ级组之间串接一个 RRR Ⅱ级组，使得摆动从动件凸轮机构与连杆机构组合成一个类似复式杠杆系统的结构，从而使机构获得较大的力增益。图 12.26c 为在图 12.25d 所示方案的基础上采用扩展法，即在摆动从动件上串接两个连架杆，使其与摆动从动件和机架组成一铰链四杆机构，摆动从动件变为作平面运动的连杆。由于摆动从动件的瞬时运动可视为绕瞬心 P 的转动，且输出构件滑块的行程不大，故 P 的位置变化也不会很大，如果设计得当，可获得很大的力增益。

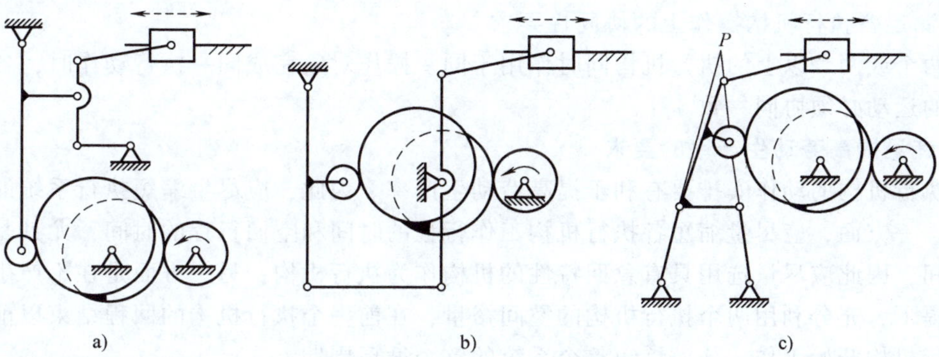

图 12.26　送料机构的创新构型

a)、b) 组合法　c) 扩展法

12.7　执行系统的协调设计

当根据生产工艺要求确定了机械的工作原理和各执行机构的运动规律，并确定了各执行机构的型式及驱动方式后，还必须将各执行机构统一于一个整体，形成一个完整的执行系统，使这些机构互相配合，以一定的次序协调动作，系统才能完成预期的工作要求。若各动作不协调，就会破坏整个机械的工作过程，达不到工作要求，甚至会损坏机件和产品，造成生产和人身事故。执行系统的协调设计就是根据工艺过程对各动作的要求，分析各执行构件的协调配合关系，设计出协调配合图。这种协调配合图通常包括系统的工艺流程图、空间配置图、各执行机构的组合关系和机械的运动循环图，它具有指导各执行机构和控制系统的设计、安装和调试的作用。执行系统的协调设计是机械系统方案设计中的重要环节。

根据生产工艺的不同，机械执行系统的运动循环可分为两大类：一类是机械中各执行机构的运动规律是非周期性的，它随工作条件的不同而改变，具有较大的随机性，如起重机、建筑机械和某些工程机械；另一类是机械中各执行机构的运动是周期性的，即每经过一定的时间间隔，各执行构件的位移、速度、加速度等运动参数就周期性地重复，生产中大多数机械都属于这种固定运动循环的机械。这里介绍这类机械执行系统协调设计的方法。

12.7.1　执行系统协调设计的原则

1. 满足各执行机构动作先后的顺序性要求

执行系统中各执行机构的动作过程和先后顺序，必须符合生产工艺过程所提出的要求，以确保系统中各执行机构最终完成的动作及物质、能量、信息传递的总体效果能满足设计任务书中所规定的功能要求和技术要求。

2. 满足各执行机构动作在时间上的同步性要求

为了保证执行系统能够周而复始地循环协调工作，必须使各执行机构的运动循环时间间隔相同，或按工艺要求成一定的倍数关系。

3. 满足各执行机构在空间布置上的协调性要求

在空间布置上，应保证不仅各执行机构之间在运动过程中不发生干涉，而且各执行机构与周围环境之间也不发生干涉。

4. 满足各执行机构操作上的协同性要求

当两个或两个以上的执行机构同时作用于同一操作对象完成同一执行动作时，各执行机构之间的运动必须协同一致。

5. 满足提高劳动生产率的要求

各执行机构的动作安排要有利于提高劳动生产率。为此，应尽量缩短执行系统的工作循环周期。一方面，应尽量缩短各执行机构工作行程的时间和空回行程的时间，尤其是空回行程的时间，因此应尽量选用具有急回特性的机构作为执行机构；另一方面是在不产生相互干涉的前提下，充分利用两个执行机构的空间裕量，在前一个执行机构的回程结束以前，使后一个执行机构开始工作，从而缩短整个系统的整个循环周期。

6. 满足能量协调和提高效率的要求

为了保证能量协调，应考虑系统的功率流向、能量分配和机械效率。如当系统中包含有多个低速大功率执行机构时，宜采用多个运动链并联的方式；当系统中具有几个功率不大、效率均很高的执行机构时，可采用运动链串联的方式。

12.7.2 执行系统协调设计的方法与步骤

执行系统协调设计的方法与机械的控制方式密切相关。当采用机械方式集中控制时，通常用两种方法。一种是分配轴控制方式，即将各执行机构的主动件与分配轴连接起来，或者用分配轴上的凸轮控制各执行机构的主动件。该方法一般用于分配轴转一周所需要的时间（即产品加工的工作循环所需要的时间）的场合。因此，分配轴转一周，就完成一个运动循环。各执行机构的主动件在主轴上的安装方位，或者控制各执行机构主动件的凸轮在分配轴上的安装方位，都需要根据执行系统协调设计的结果来确定。另一种方法是曲柄错位控制方式，即利用曲柄错位来使各执行机构按一定的顺序动作。对于不能将曲柄布置在一根轴上的执行系统，可以采用机械传动（如用齿轮传动的传动比）方式，将各曲柄的转动予以协调同步。

执行系统协调设计的步骤如下。

1. 确定机械工作循环的周期

根据设计任务书中所定的机械的理论生产率，确定机械的工作循环周期。机械的工作循环的周期即机械的运动循环周期，是指一个产品生产的整个过程所需要的总时间，一般用 T 来表示。

2. 确定机械在一个运动循环中各执行构件的各个行程段及其所需要的时间

根据机械生产的工艺过程，分别确定各个执行机构的工作行程段、空回行程段和可能具有的若干个停歇段。确定各执行构件在每个行程段和每个停歇段所需花费的时间及对应于分配轴的转角。

3. 确定各执行构件动作间的协调配合关系

根据机械生产过程对工艺动作先后顺序和配合关系的要求，协调各执行构件各行程段的配合关系，这是执行系统协调设计的关键。此时，不仅要考虑动作的先后顺序，还应考虑各执行机构在时间和空间上的协调性，即不仅要保证各执行机构在时间上按一定顺序协调配合，而且要保证在运动过程中不会产生空间位置上的相互干涉。

12.7.3 运动循环图

1. 运动循环图的概念

用来描述各执行构件运动间相互协调配合关系的图称为机械的运动循环图，它是机械协调设计的重要技术文件。对于有分配轴的机械，运动循环图常以分配轴的转角为坐标来编制；对于没有分配轴的机械，则常选取执行系统中某一主要的执行构件作为参考件，取其有代表性的特征位置为起始位置，如以生产工艺的起始点作为运动循环的起始位置，由此来确定其他执行构件的运动相对于该主要执行构件运动的先后次序和配合关系。

2. 运动循环图的形式

常用的运动循环图有三种形式，即直线式、圆周式和直角坐标式。下面以自动压痕机为例，来说明运动循环图的形式与特点。

自动压痕机简图如图 12.27 所示，主要由压痕机构和送料机构（图中未完全表示出）组成。其工艺过程如下。

1）压痕冲头向下完成冲压工作，同时送料机构快速返回并停歇。

2）压痕冲头保压，送料机构继续停歇。

3）压痕冲头向上返回，送料机构的推杆送料，并将已加工的压印件顶走，然后压痕冲头再次向下冲压。

在压痕冲头和推杆两个执行构件中，压痕冲头是主要执行构件，将其作为参考构件。驱动压痕冲头往复移动的执行机构的主动件每转一周，完成一个运动循环。取该主动件的转角作为直线式和直角坐标式运动循环图的横坐标，以压痕冲头的最高位置为起始位置。

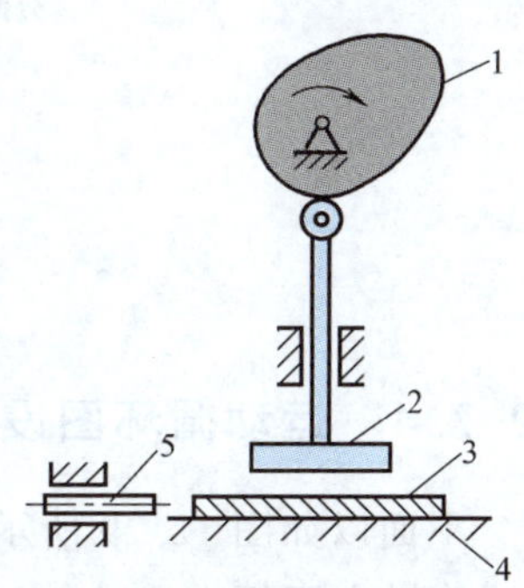

图 12.27 自动压痕机简图

1—凸轮 2—压痕冲头 3—工件 4—下压印模 5—送料机构推杆

自动压痕机的直线式、圆周式和直角坐标式的运动循环图如图 12.28 所示。

1）直线式运动循环图。如图 12.28a 所示，将机械在一个运动循环中各执行构件的各行程区段的起止时间和先后顺序，按比例绘制在直线坐标轴上。这种运动循环图的优点是绘制方法简单，能比较清楚地表示出一个运动循环内各执行构件行程之间的相互顺序和时间关系；缺点是无法显示出各执行构件的运动规律，直观性较差。

2）圆周式运动循环图。如图 12.28b 所示，作若干个同心圆环，每个圆环代表一个执行构件。各执行构件不同行程的起始和终止位置由各相应圆环的径向线表示。这种运动循环图的优点是直观性强，对于分配轴每转一周为一个运动循环的机械，能直观地看出各执行机构主动件在分配轴上的相位，便于各机构的设计、安装和调试；缺点是当执行机构的数目较多时，由于同心圆环太多而不能一目了然，也不能显示各执行构件的运动规律。

3）直角坐标式运动循环图。如图 12.28c 所示，将各执行构件的各运动区段的时间和顺序按比例绘制在直角坐标系里，用横坐标表示分配轴或主要执行机构主动件的转角，用纵坐标表示各执行构件的角位移或线位移。为了简明起见，各区段之间均用直线连接。这种运动循环图不仅能清楚地表示出各执行构件动作的先后顺序，而且能表示出各执行构件在各区段的运动规律，便于指导执行机构的几何尺寸设计。

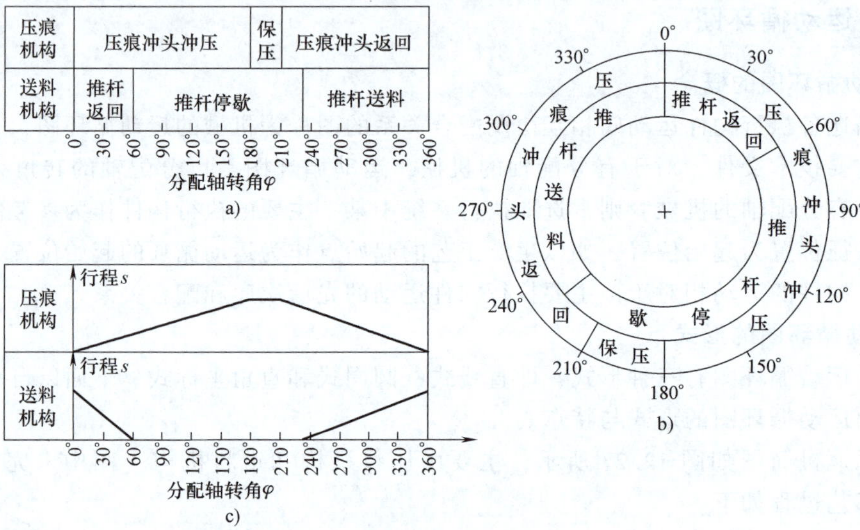

图 12.28 自动压痕机机械运动循环图

a）直线式 b）圆周式 c）直角坐标式

12.7.4 运动循环图设计举例

下面以如图 12.29 所示的自动电阻压帽机为例来说明机械运动循环图的设计过程。

自动电阻压帽机的总功能是将电阻坯料的两端压上电阻帽，它的工艺动作可分解为送电阻坯料、坯料夹紧定位和送帽压帽三个动作。自动电阻压帽机的机构运动示意图如图 12.29 所示。电动机通过带传动、蜗杆蜗轮带动分配轴转动。

1. 各执行机构的型式和行程

1）送电阻坯料机构。其功能是将电阻坯料从储料箱中取出并送到压帽工位，用凸轮连杆机构来完成。其行程为：工作行程-停歇-回程-停歇。

2）夹紧机构。其功能是将电阻坯料夹紧定位，用对心滚子移动从动件盘形凸轮机构来完成。其行程为：工作行程-停歇-回程。

3）送帽压帽机构。其功能是将电阻帽快速送到加工位置，再慢速将它压牢在电阻坯料的两端使之成为一个整体。用两个具有相同运动规律的摆动从动件圆柱凸轮机构同时从两边工作来实现。其行程为：快速前进-慢速压紧-回程-停歇。在停歇阶段，加工好的产品自由落入成品箱中。

2. 运动循环图设计

1）确定机械工作循环的周期。设计任务书给定的理论生产率为每分钟 30 个，则生产该产品的机械工作循环的周期 $T=60\text{S}/30=2\text{s}$。

2）初步确定各执行构件在一个运动循环中各个行程段所需的时间和分配轴转角。根据调查研究、试验和类比等方法确定各执行机构各个行程段的时间和对应的分配轴的转角，见表 12.8。

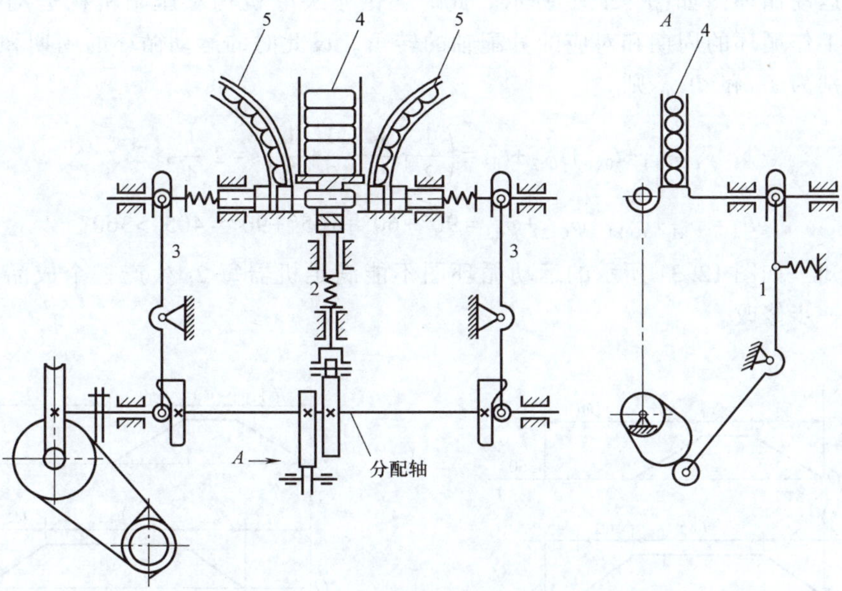

图 12.29 自动电阻压帽机的机构运动示意图

1—送电阻坯料机构 2—夹紧机构 3—送帽压帽机构

4—电阻坯料储料箱 5—电阻帽储料箱

表 12.8 各个执行机构各个行程段的时间和对应的分配轴转角

机　构	动作区间	时间/s	分配轴转角/(°)
送电阻坯料机构 1	送料行程	$t_{k1}=1/2$	$\varphi_{k1}=90$
	工作位置停歇	$t_{0k1}=1/3$	$\varphi_{0k1}=60$
	空回行程	$t_{d1}=1/2$	$\varphi_{d1}=90$
	初始位置停歇	$t_{01}=2/3$	$\varphi_{01}=120$
夹紧机构 2	夹紧行程	$t_{k2}=5/12$	$\varphi_{k2}=75$
	工作位置停歇	$t_{0k2}=11/12$	$\varphi_{0k2}=165$
	空回行程	$t_{d2}=5/12$	$\varphi_{d2}=75$
	初始位置停歇	$t_{02}=1/4$	$\varphi_{02}=45$
送帽压帽机构 3	快速送帽行程	$t_{k3}=5/12$	$\varphi_{k3}=75$
	慢速压帽行程	$t'_{k3}=23/26$	$\varphi'_{k3}=115$
	空回行程	$t_{d3}=1/2$	$\varphi_{d3}=90$
	初始位置停歇	$t_{03}=4/9$	$\varphi_{03}=80$

由初步确定的各个执行机构各个行程段的时间和对应的分配轴的转角，绘出该机构的初步运动循环图如图 12. 30 所示。因为没有考虑各个执行构件间的协调配合关系，所以此初步运动循环图需要修改。

3）确定各个执行构件间的协调配合关系。为了使工艺动作能够连续进行而不会中断，要求送料机构开始返回时，夹紧机构必须已经将电阻坯料夹紧。同样，当夹紧机构开始返回时，压帽机构必须已经将电阻帽压牢在电阻坯料的两端上。按此要求，自动电阻压帽机第一次修改后的运动循环图如图 12. 31 所示。此时，由于夹紧机构和压帽机构运动循环图的右移，加长了工作循环的周期和对应的分配轴的转角。设此时的运动循环的周期和对应的分配轴的转角分别为 T_1 和 Φ_1，则

$$T_1=t_{k1}+t_{0k1}+t_{0k2}+t_{d3}=\left(\frac{1}{2}+\frac{1}{3}+\frac{11}{12}+\frac{1}{2}\right)\text{s}=2\ \frac{1}{4}\text{s}>2\text{s}$$

$$\Phi_1=\varphi_{k1}+\varphi_{0k1}+\varphi_{0k2}+\varphi_{d3}=90°+60°+165°+90°=405°>360°$$

由此可知，如图 12. 31 所示的运动循环图不能满足机器每 2s 生产一个成品的生产率要求，需要进一步修改。

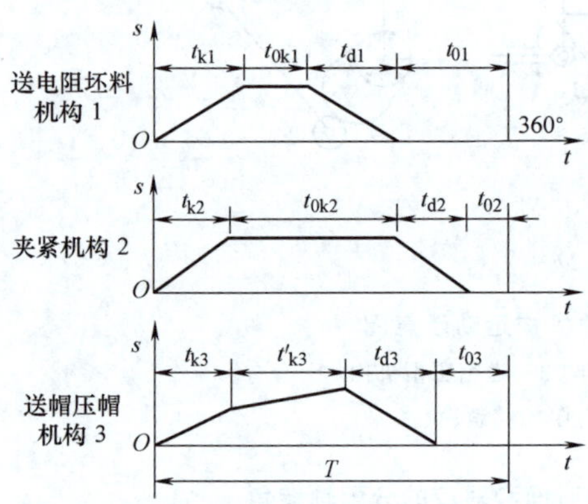

图 12. 30 执行机构的初步运动循环图

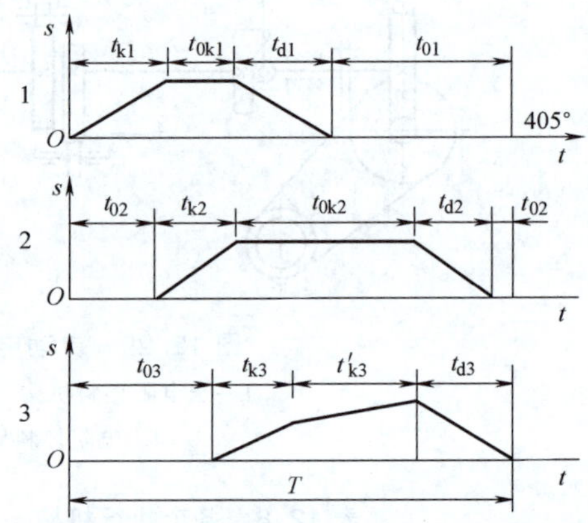

图 12. 31 执行机构第一次修改后的运动循环图

4）满足要求的运动循环图。为了减少如图 12. 31 所示运动循环图的运动周期，使之符合生产率的要求，可缩短执行机构的初始位置停歇时间，即将夹紧机构 2 和送帽压帽机构 3 的运动循环图适当左移。设左移完成后，夹紧机构 2 工作位置停歇的开始点与送电阻坯料机构 1 工作位置停歇的开始点间的时间间隔为 $\Delta t=1/6\text{s}$，与之对应的分配轴的转角为 $\Delta\varphi=30°$，工作循环的周期和对应的分配轴的转角分别为 T_2 和 Φ_2，则

$$T_2=t_{k1}+\Delta t+t_{0k2}+t_{d2}=\left(\frac{1}{2}+\frac{1}{6}+\frac{11}{12}+\frac{5}{12}\right)\text{s}=2\text{s}$$

$$\Phi_2=\varphi_{k1}+\Delta\varphi+\varphi_{0k2}+\varphi_{d2}=90°+30°+165°+75°=360°$$

第二次修改后，满足要求的自动电阻压帽机的运动循环图如图 12. 32 所示。

完成了执行机构的型式设计和执行系统的协调设计后，就可以对各执行机构进行尺度设计了。机构的尺度设计，即是对所选择的各个执行机构进行运动设计和动力设计，确定各执行机构的运动尺寸，绘制出各执行机构的运动简图。

需要说明的是，在完成各执行机构的尺度设计后，有时由于结构和整体布局等方面的原

因，还需要对运动循环图进行修改。

在各执行机构的运动简图绘制完成后，需要对整个执行系统进行运动分析和动力分析，以检验其是否满足运动要求和动力性能方面的要求。对于高速、重载、高精度机械的设计，这个环节十分重要。

有关机构的尺度设计、运动分析和动力分析的内容，本书的其他章节已作了详细讨论，这里不再赘述。

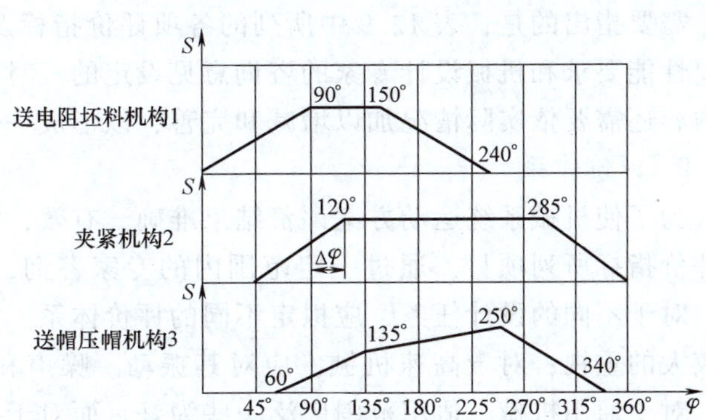

图 12.32 满足要求的执行系统的运动循环图

12.8 方案评价与决策

机械系统运动方案设计的最终目标，是寻求一种既能实现预期功能要求，又性能优良、价格低廉的设计方案。由于功能原理、运动规律、型式设计的多方案性，设计者必须对各种方案进行分析、比较，经过科学的评价和决策，才能获得最满意的方案。

机械系统运动方案设计的过程，就是一个先通过分析、综合，使待选方案数目由少变多，再通过评价、决策，使待选方案数目由多变少，最后获得最佳方案的过程。因此，科学的评价与决策既是机械系统运动方案设计的必要环节，又是处理多方案设计问题的关键技术之一。

12.8.1 评价指标与评价体系

1. 评价指标

评价指标包括两个方面，其一是定性的评价指标，常指设计的目标，如尺寸越小越好、结构越简单越好、效率越高越好、加工制造越方便越好、操作越容易越好以及成本越低越好等。其二是定量的评价指标，常指设计的定量指标，如机构的运动学、动力学参数等。由于在执行机构的型式设计和协调设计完成后，又初步进行了各执行机构的运动设计、动力设计及运动分析和动力分析，所以，通常可以对这些指标进行定量评价。

评价指标通常应包括技术、经济和安全可靠三个方面的内容。但是由于在方案设计阶段还不可能具体涉及机械的结构和强度设计等细节，因此评价应主要考虑技术方面的因素，即功能和工作性能方面的指标应占有较大的比例。表 12.9 列出了机械系统功能和性能的各项评价指标体系及其具体内容。

表 12.9 机械系统的性能评价指标

序号	评价指标	具 体 内 容
1	系统功能	实现运动规律或运动轨迹、实现工艺动作的准确性、特定功能等
2	运动性能	运转速度、行程可调性、运动精度等
3	动力性能	承载能力、增力特性、传力特性、振动噪声等
4	工作性能	效率高低、寿命长短、可操作性、安全性、可靠性和适用范围等
5	经济性	加工难易、能耗大小、制造成本等
6	结构紧凑性	尺寸、重量、结构复杂性等

需要指出的是，表 12.9 中所列的各项评价指标及其具体内容，是根据机械系统设计的主要性能要求和机械设计专家的咨询意见设定的。对于具体的机械系统，这些评价指标和具体内容还需要依实际情况加以增减和完善，以形成一个比较合适的评价指标。

2. 评价体系

为了使机械系统运动方案评价结果准确、有效，需要建立一个评价体系。评价体系是根据评价指标所列项目，通过一定范围内的专家咨询，确定评定方法，逐项分配评定的分数值。对于不同的设计任务，应拟定不同的评价体系。如对于重载的机械，应对其承载能力给予较大的重视；对于高速机械，应对其振动、噪声和可靠性给予较大的重视。至于适用范围，对于通用机械，适用范围广泛一些为好，而对于某些专用机械，则只需完成设计目标所要求的功能即可，不必具有很广的适用范围。

评价指标虽然包括定性和定量两个方面，但在建立评价体系时，所有评价指标都应进行定量化。对于难以定量的评价指标，可以通过分级量化。如可以分为五级，其评价值分别为“很好”为 4 分，“好”为 3 分，“较好”为 2 分，“不太好”为 1 分，“不好”为 0 分等。

针对具体设计任务，科学地选取评价指标和建立评价体系，是一项十分细致和复杂的工作，也是设计者面临的重要问题。只有建立科学的评价体系，才能够避免个人决定的主观片面性，减少盲目性，从而提高设计的质量和效率。

12.8.2 评价方法简介

1. 经验性的概略评价法

该方法是请多名有经验的专家根据经验采用排队法或排除法直接评价，适用于对创新方案进行初步评价。当设计问题不很复杂或评价指标十分具体时，也可以采用这种方法。

排队法是由一组专家对 n 个待选方案进行排队，每个专家按方案的优劣排出这 n 个方案的名次，名次最高者为 n 分，最低者为 1 分。然后将各名专家对每个方案的评分相加，总分最高者为最佳方案。为了得出更准确的评价结果，也可以根据评价指标所列的若干评价项目，逐项用上述方法评价，然后再根据各评价项目的总分之和对各方案进行排队。

对于设计目标和技术要求均很具体的方案群，也可采用排除法（淘汰法）进行评价。根据设计要求请专家逐个方案、逐个选项进行评价，有一项基本要求不满足的就予以淘汰，剩下的待选方案可进入下一轮设计。

2. 计算性的数学分析评价法

这是使用数学工具进行分析、推导和计算得到定量评价数的评价方法。目前此类评价方法最多，运用较普遍。常用的有评分法、技术-经济评价法、系统工程评价法和模糊综合评价法等。

1）评分法。评分法是针对评价目标中的各个项目，选择一定的评分标准和总分计分法对方案的优劣进行定量评价，其工作步骤如图 12.33 所示。

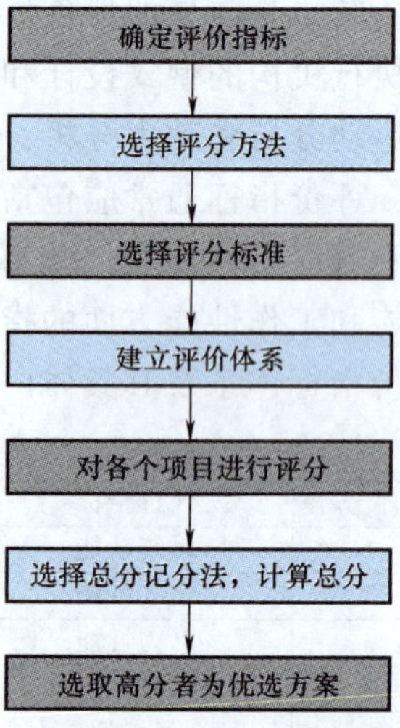

图 12.33 评分法步骤

评分方法有直接评分法和加权系数法。前者是根据评分标准直接打分，各评价项目分值均等；后者是按各评价项目的重要程度确定其权重，每项打分均应乘以加权系数后计入总分。加权系数法又称有效值法。

总分计分法是指总分统计计算的方法。表 12.10 列出了常用的总分记分方法。总分的高低可以综合体现方案的优劣，获得高分的方案为优选方案。在表 12.10 中，Q_j 是 m 个方案中第 j 个方案的总分值；Q_0 是理想方案的总分值；n 是评价体系中的评价项目数；p_i 是 n 个评价项目中第 i 个项目的评分值；q_i 是 n 个评价项目中第 i 个项目的加权系数，且应满足 $q_i \leqslant 1$，$\sum_{i=1}^{n} q_i = 1$；N_j 是 m 个方案中第 j 个方案的有效值。

表 12.10 总分计分法

方 法	公 式	特 点
相加法	$Q_j = \sum_{i=1}^{n} p_i$	将 n 个评价项目评分值简单相加，计算简单、直观
连乘法	$Q_j = \prod_{i=1}^{n} p_i$	将 n 个评价项目评分值相乘，使各方案总分差拉开，便于比较
均值法	$Q_j = \frac{1}{n} \sum_{i=1}^{n} p_i$	将相加所得结果除以评价项目系数，结果直观
相对值法	$Q_j = \frac{\sum_{i=1}^{n} p_i}{n Q_0}$	将均值法所得结果除以理想值 Q_0，使 $Q_j \leqslant 1$，可看出与理想值的差距
加权法	$N_j = \sum_{i=1}^{n} q_i p_i$	将各项评分值乘以加权系数后相加，考虑了各评价项目的重要程度

2）技术-经济评价法。这是一种综合考虑技术类指标评价值和经济类指标评价值的评价法，所取的技术和经济评价值都是相对于理想状态的相对值。这种方法既考虑技术与经济指标的综合效应，又分别就技术类和经济类指标进行评价，若有一方评价值偏低，就可以有针对性地消除引起技术评价值（或经济评价值）偏低的设计中的薄弱环节，从而使改进后二次设计的技术-经济综合评价值大大提高。

3）系统工程评价法。系统工程评价法是将整个机械系统运动方案作为一个系统，从整体上评价各方案实现总功能的情况，从多种方案中客观地、有效地选择整体最优方案。系统工程评价法的评价步骤如图 12.34 所示。

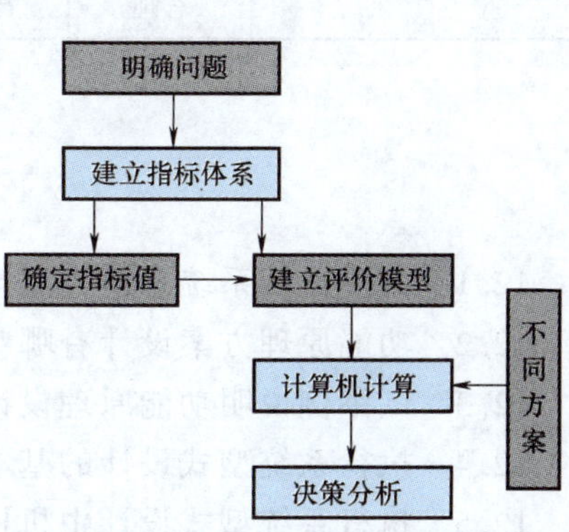

图 12.34 系统工程评价法的评价步骤

4）模糊综合评价法。采用模糊数学的方法，将定性评价中使用的模糊概念，如“不好”“不太好”“较好”“好”和“很好”等，用 [0,1] 区间内的连续数值来表达评价值，以便进行定量评价。该方法的理论日趋成熟，使用日渐普遍。

3. 实践性的试验评价法

对于一些重要的方案设计问题，当采用计算性的数学分析评价法仍无把握时，可以通过模型试验或计算机模拟对方案进行评价。由于这种评价方法是依据试验结果而不是凭专家的经验，所以可以得到更为准确的评价结果，但其花费代价较高。

以上三类评价方法各有特点，可以根据具体的设计对象、设计目标和设计阶段的任务分别选用。

12.8.3 评价结果的处理

评价结果为设计者的决策提供了依据，但最后选择哪种方案，还取决于设计者的决策思想。在通常情况下，评价值最高的方案为整体最优方案。但在实践中，有时为了满足某些特殊要求，并不一定选择总评价值最高的方案，而是选择总评价值较高、其中某些评价项目的评价值最高的方案。

每次评价结束，获得的入选方案数目不仅与待评方案本身的质量有关，也与所建立的评价体系是否适当有关。对于入选方案，应根据入选方案数目的多少和评价体系是否合理等，做出如表 12.11 所示的处理。

对于质量不高的方案的处理是再设计。一般在每个阶段都将得到一组方案，经过评价后，淘汰不符合设计准则的方案。若有入选方案，则可转入下一设计阶段；否则，回到上一设计阶段，甚至更前面的设计阶段进行再设计，这就形成了设计过程的动态设计循环链。设计的过程是一个“设计-评价-再设计-再评价……直至找到最终的最佳方案”的过程。

表 12.11 评价结果的处理

入选方案数	设计阶段	评价准则	结果处理
1	最后阶段	合理	已得到最佳方案，设计结束
		可改进	重新决定评价准则，再作评价
	中间阶段	合理	评价结束，转入下一设计阶段
		可改进	重新决定评价准则，再作评价
多于 1	最后阶段	合理	增加评价项目或提高评价要求，再作评价
	中间阶段	可改进	若入选数太多，按上述方法改进准则，再作评价
		合理	将入选方案排序，转入下一设计阶段
0	任何阶段	可改进	放宽评价要求，再作评价
		合理	待评设计方案质量不高，需重新再设计

思 考 题

12.1 简述机械系统总体方案设计的任务和内容。

12.2 功能原理方案设计有哪些特点？

12.3 试举例说明功能原理设计方案的多解性。

12.4 执行系统型式设计的基本原则是什么？

12.5 执行系统型式设计中机构的构型设计方法有哪些？请举例说明如何用局部变异法增加机构的停歇功能。

12.6 机构运动循环图的功能是什么？有几种类型？各有什么特点？

12.7 为什么要进行执行系统的协调设计？协调设计应遵循哪些原则？

12.8 机械系统运动方案评价的方法有哪些？评分法中的直接评分法和加权系数法有何区别？

12.9 评价结果应如何处理？

习 题

12.1 欲设计一机构，要求主动件作连续转动，输出构件作往复摆动，且在一极限位置时输出构件的角速度和角加速度同时为零，现初拟以下两种方案：

1）采用凸轮机构，试问应选择何种从动件运动规律才能实现预期要求？

2）采用连杆机构，试绘出能满足上述要求的机构运动简图。

12.2 已知主动件等速转动，其角速度 $\omega=5\text{rad/s}$；从动件作往复移动，行程长度为100mm，要求有急回特性，其行程速度变化系数 $K=1.5$。试构思能实现该运动要求的两个以上可行方案，并绘出各方案的运动简图。

12.3 牛头刨床的方案设计。主要要求如下：

1）要有急回特性，行程速度变化系数在1.4左右。

2）为了提高刨刀的使用寿命和工件表面的加工质量，在工作行程刨刀应作近似匀速运动。

请构思出能满足上述要求的至少三种方案，并比较各种方案的优缺点。

12.4 普通玻璃窗户的开闭如图12.35所示，试设计普通玻璃窗开闭机构的方案。

（1）设计要求

1）窗框开、闭的相对转角为90°。

2）操作构件必须是单一构件，要求操作省力。

3）在开起位置机构应稳定，不会轻易改变位置。

4）在关闭位置，窗户开闭机构的所有构件应收缩到窗户框之内，且不应与纱窗干涉。

5）机构应能撑起整个窗户的重量。

6）窗户在开起和关闭的过程中不应与窗框及防风雨止口发生干涉，如图12.35所示。

（2）设计任务　拟订出机构的运动方案，画出机构运动简图及其开起和关闭的两个位置。

12.5 糕点切片机的方案设计。

（1）工作原理及工艺过程

糕点先成型（如圆柱体、长方体等），经切片后再烘干。要求糕点切片机实现两个工艺动作，即糕点的直线间歇移动和刀片的往复上、下运动。要求改变间歇移动速度或每次间隔的输送距离以及刀片的行程，以满足不同糕点的要求。

（2）原始数据及设计要求

1）糕点的厚度为10~30mm。

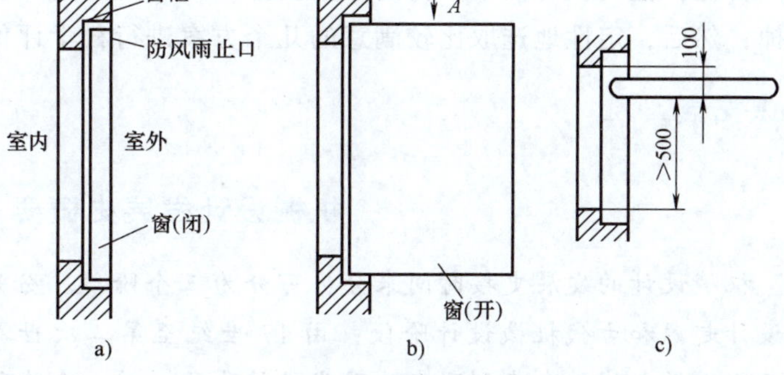

图12.35

2）糕点切片宽度（切刀的作用范围）最大为 200mm。

3）糕点切片高度（切刀抬刀的最低量）范围为 5~80mm，应可调整。

4）糕点的长度范围为 20~50mm。

5）切刀的工作节拍为 30 次/min。

6）生产阻力小。

（3）设计任务

1）进行间歇送进机构和切片机构的方案拟定，要求有三个以上的方案。

2）进行方案评价和决策。

3）绘制机械执行系统的方案示意图。

4）根据工艺动作顺序和协调要求，拟定运动循环图。

12.6　自动打印机的方案设计。

（1）工作原理及工艺过程　在自动化生产线及自动化机械中，常常需要将产品或毛坯从一个工位转移到另一工位，还有较严格的节拍要求（输送速度和停位时间的要求）和位置要求，有时还有较严格的轨迹要求。本题的推料臂要求沿如图 12.36 所示的水平线 ab 及圆弧线 bc 推送工件到位，再沿水平线 cd 和圆弧线 da 返回原位。设 a、b、c、d 在同一水平面内。

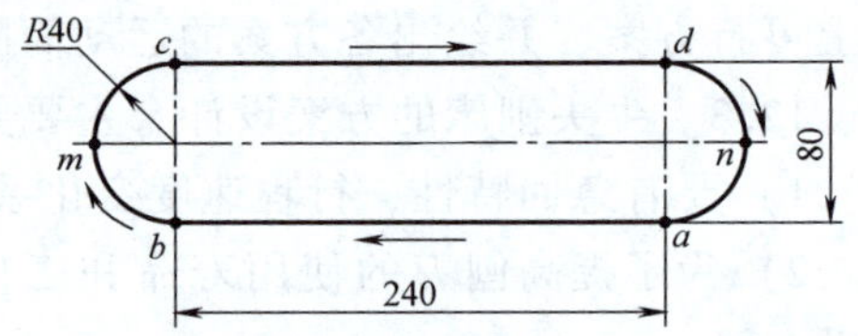

图 12.36

（2）数据及设计要求

1）推料工作节拍为 15 次/min。

2）行程速度变化系数 $K>1.5$。

3）推料轨迹的四段要求为：水平推料段（$a \to b$），要求以近似等速推进 240mm；圆弧过渡段（$b \to c$），要求经过圆弧顶端点 m 到达点 c，圆弧半径如图 12.36 所示；水平返回段（$c \to d$），要求快速返回至点 d；圆弧过渡段（$d \to a$），要求经过圆弧顶端点 n 到达起始点 a。

4）工件移动平面距安装平面 800mm。

（3）设计任务

1）设计低速送料机构的预选方案，至少提出三个方案。

2）进行预选方案的评价与决策，确定系统的最佳运动方案。

首先，把与设计要求不符的方案去掉，再尽可能把那些有明显不合理、难以实现的方案去掉；然后，定性地选取比较满意的几个方案进行科学评价，选出最佳的运动方案。

知识拓展

机械设计发展史概要

机械设计的发展史按时间来分，可分为三个阶段，分别是：从古代社会到 17 世纪为机械设计起源和古代机械设计阶段；由 17 世纪至第二次世界大战结束为近代机械设计阶段；第二次世界大战结束直到现在为现代设计阶段。每一个阶段在设计理论、方法和制造工艺方面都有明显的特色。

1. 机械设计起源和古代机械设计

我国近代的考古发现证明了一些传说和记载。在浙江余姚河姆渡、河南郑裴李岗等遗址中都发现了七八千年以前制造相当精致的农具（如石铲等）。商周时代青铜冶铸技术达到了高潮，青铜器的出现标志着一种新的机械技术和制造工艺的诞生。到商中期已广泛使用分铸法等先进工艺，体现出机械工程的不断进步。这一时期，机械在结构方面由简单工具发展为复合工具和较为复杂的机械；在原理方面从杠杆、尖劈等原理的利用发展为对惯性、摩擦、弹性和重力等原理的利用；在制造工艺方面经历了由石器制造工艺向铜器和其他机械工艺的转变。到秦汉时期，中国的机械设计和制造已达到相当高的技术水平，在当时的世界上处于领先地位。

在中国古代，机械的设计者与制造者是统一的。有许多著名的人物，他们的成果代表了当时中国的机械的设计水平。唐代时期，中国与许多国家开展了经济、文化和科学技术的交流，与东南亚、南亚、阿拉伯和非洲东海岸贸易频繁，对中国和世界其他的一些国家有很大的影响。由于贸易的发展，对商品的需求增加，生产设备相应进行改进，机械设计从而有了很大的发展。造纸、纺织、农业、矿业、陶瓷、印染和兵器等都有了新的进展，机械设计水平也提高了一大步，《天工开物》中记载了不少有关机械制造和产品性能的情况。在这一时期，世界其他的国家也有不少机械的成果。但这些设计多是凭设计者的经验完成的，缺乏必要的、有一定精度的理论计算。

2. 近代机械设计

17 世纪欧洲的航海、纺织、钟表等工业的兴起，提出了许多技术问题。17 世纪中叶，英国组成了“哲学学院”，德国成立了实验研究会和柏林学会，法国和意大利也陆续成立了研究机构。在这些机构中工作的意大利人伽利略（1564~1642）发表了自由落体定律、惯性定律、抛物体运动，还进行过梁的弯曲实验。1678 年，英国人胡克建立了在一定范围内弹性体的应力-应变成正比的胡克定律。1687 年，英国人牛顿提出了物体运动的三大定律；1688 年，他又提出了计算流体黏度阻力的公式，奠定了古典力学的基础。1705 年，伯努利提出了梁弯曲的微分方程式，在古典力学的基础上建立和发展了近代机械设计的理论（也称常规机械设计理论），为 18 世纪产业革命中机械工业的迅速发展提供了有力的技术理论支持。1764 年英国人瓦特改良了蒸汽机，为纺织、采矿、冶炼、船舶、食品和铁路等工业提供了强大的动力，推动了多种行业对机械的需求，使机械工业得到迅速的发展。机械化使生产力迅速提高，世界由此进入了产业革命时代。这一时期，对机械设计提出了很多的要求，各种机械的载荷、速度、尺寸都有很大的提高，因此机械设计理论也在古典力学的基础上迅速发展。材料力学、弹性力学、流体力学、机械力学、疲劳力学、疲劳强度理论以及实验应力分析方法等都取得了大量的成果，也建立了自己的学科体系。

1854 年，德国学者劳莱克斯发表了《机械制造中的设计学》一书，把过去融入力学中的机械设计学独立出来，建立了以力学和机械制造为基础的“机械设计”的基本体系，由此诞生了“机构学”和“机械零件”两门学科，成为机械设计中的基本内容。在这一基础上，机械设计学得到了很快的发展。在疲劳强度、接触应力、断裂力学、高温蠕变、流体动力润滑、齿轮接触疲劳强度计算、弯曲疲劳强度计算以及滚动轴承强度理论等方面都取得了大量的成果。新工艺、新材料、新结构的不断涌现，使得机械设计的水平取得了很大的发展。机器的尺寸减小、速度增加、性能提高，机械设计的计算方法和数据积累也相应有了很大的发展，反映了时代的特色。

3. 现代机械设计

第二次世界大战以后，作为机械设计理论基础的机械学继续以更加迅猛的速度发展，摩擦学、可靠性分析、机械优化设计、有限元计算，尤其是计算机在机械设计中迅速推广，使机械设计的速度和质量都有大幅的提升。在机械中广泛运用计算机和自动化程度的提高，使现代机械设计具有明显特色。机械设计在理论、内容和方法方面与过去相比都有了划时代的发展。而国际市场的激烈竞争，是现代机械设计的方法和发展的催化剂。世界各国逐渐认识到产品市场竞争对各国经济发展的重要作用。在产品竞争中，德国有感于第二次世界大战之后“Made in USA”的美国产品充斥德国市场，力图重新树立“Made in Germany”的产品信誉，提出了“关键在于设计”的口号。美国、英国也逐渐认识到产品设计的重要性，美国提出了“为竞争的优势而设计”的口号。日本虽然在某尖端科学研究方面走在了一些国家的后面，但是，在产品设计的方面发展很快，迅速摆脱了二次世界大战以前“东洋货不好”的印象，大量生产各国市场上需要的产品，取得了巨大的经济效益。有人说“21世纪将是设计的世纪”，机械产品设计在这一时期获得了空前的发展，对机械设计学的研究也取得了丰硕的成果。

现代机械设计方法的特征是，它具有自己的学科体系和专门的内容。其核心技术有三个方面：

1）以产品的“功能”作为机械设计的核心目标。1947年，美国的麦尔斯提出了“顾客购买的不是产品的本身，而是产品所具有的功能”，明确地说明了“功能”是产品的本质和灵魂。这一原理的提出大大地解放了设计师的思想，为了实现某一功能，可以采用各种不同的原理和结构。

2）“人机学”的形成和发展。机械的工作往往与人是不可分的。今天人们对“人机学”已经有了一个全新的、更深刻的认识，对人机学的研究已经从生理、心理发展到思想感情，从按钮、手柄发展到环境、情绪。

3）建立系统的“工业设计”学科体系。工业设计是设计者使产品在外观、色彩、形状、尺寸比例等方面更合理，使产品与人、环境更协调，以得到更好的使用效果与竞争力设计。

4. 机械设计的未来发展趋势

(1) 智能化　在机械产品设计过程中运用现代人工智能与计算机辅助技术，使人们能够及时地获得关于机械产品运行中的所有参数及各个构成要件的基本情况，以便于设计者针对产品运行中的缺陷对产品设计进行改进，不断提升机械产品的竞争力。

(2) 网络化与虚拟化　通过计算机技术、自动化技术以及互联网技术的应用，使研发设计人员能够通过CAM、CAD和CAE等方式实现机械产品的高效研发设计，从而大大提升了产品开发的效率和精度，大幅度缩短机械产品的研发设计周期。此外，借助于网络技术，研发人员能够挣脱时空、地域的束缚，实现无阻滞的信息沟通，延伸了科技人员的智慧结晶。

(3) 绿色化　在机械产品的整个生命周期内，着重考虑产品的环境属性（可拆卸性、可回收性、可维护性和可重复利用性等），并将其作为设计目标，最大限度地减少对人类和环境的不利影响，以符合人类社会可持续发展的要求。在满足环境目标要求的同时，保证产品的功能、使用寿命和质量。

（节选自互联网相关资料并改编。）

参考文献

[1] 高峰. 机构学研究现状与发展趋势的思考 [J]. 机械工程学报, 2005, 41 (8): 3-17.

[2] 于靖军. 机械原理 [M]. 北京: 机械工业出版社, 2015.

[3] 邹慧君. 机械原理教程 [M]. 北京: 机械工业出版社, 2001.

[4] 国家自然科学基金委员会工程与材料科学部. 机械工程学科发展战略报告 [M]. 北京: 科学出版社, 2010.

[5] 孙桓, 陈作模. 机械原理 [M]. 5 版. 北京: 高等教育出版社, 1996.

[6] 黄锡恺, 郑文纬. 机械原理 [M]. 6 版. 北京: 高等教育出版社, 1993.

[7] 申永胜. 机械原理教程 [M]. 北京: 清华大学出版社, 1999.

[8] 邹慧君, 傅祥志. 机械原理 [M]. 北京: 高等教育出版社, 1999.

[9] 朱友民, 江裕金. 机械原理 [M]. 重庆: 重庆大学出版社, 1987.

[10] 张策. 机械原理与机械设计: 上册 [M]. 北京: 机械工业出版社, 2004.

[11] 黄茂林, 郑增铭, 张清珍. 机械原理 [M]. 重庆: 重庆大学出版社, 1995.

[12] 华大年. 机械原理 [M]. 北京: 高等教育出版社, 1984.

[13] 谢泗淮. 机械原理 [M]. 北京: 人民交通出版社, 1998.

[14] O. озол. 机械原理教程 [M]. 唐炜柏, 黄茂林, 王鸿恩, 译. 重庆: 重庆大学出版社, 1993.

[15] R C JOHNSON. 机械设计综合 [M]. 隆国贤, 倪庆兴, 译. 北京: 机械工业出版社, 1987.

[16] 邹慧君. 机械运动方案设计手册 [M]. 上海: 上海交通大学出版社, 1994.

[17] 邹慧君. 机械系统设计 [M]. 上海: 上海科学技术出版社, 1996.

[18] 伏尔默. 连杆机构 [M]. 石则昌, 等译. 北京: 机械工业出版社, 1989.

[19] 伏尔默. 机构学教程 [M]. 孙可宗, 周有强, 译. 北京: 高等教育出版社, 1990.

[20] 张策. 机械动力学 [M]. 北京: 高等教育出版社, 2000.

[21] 唐锡宽, 全德闻. 机械动力学 [M]. 北京: 高等教育出版社, 1984.

[22] 孟宪源. 现代机械手册 [M]. 北京: 机械工业出版社, 1994.

[23] 桑多尔, 厄尔德曼. 高等机构设计——分析与综合: 第二卷 [M]. 庄细荣, 等译. 北京: 高等教育出版社, 1993.

[24] 罗名佑. 行星轮机构 [M]. 北京: 高等教育出版社, 1984.

[25] 石永刚, 徐振华. 凸轮机构设计 [M]. 上海: 上海科学技术出版社, 1995.

[26] 陈立周, 张英会, 等. 机械优化设计 [M]. 上海: 上海科学技术出版社, 1982.

[27] 机电一体化设计手册编委员. 机电一体化技术手册 [M]. 北京: 机械工业出版社, 1994.

[28] SUH C H, RADCLIFFE C H. 运动学和机构设计 [M]. 上海交通大学机械原理及零件教研室, 译. 北京: 机械工业出版社, 1983.

[29] 傅祥志. 机械原理 [M]. 武汉: 华中理工大学出版社, 1998.

[30] R. KOLLER. 机械、仪器和器械设计方法 [M]. 吕持平, 译. 北京: 科学出版社, 1982.

[31] 刘安心, 杨廷力. 机械系统运动学设计 [M]. 北京: 中国石化出版社, 1999.

[32] 张春林, 曲继方, 等. 机械创新设计 [M]. 北京: 机械工业出版社, 1999.

[33] 余达太, 等. 工业机器人应用工程 [M]. 北京: 冶金工业出版社, 2001.

[34] 张春林, 赵自强. 机械原理 [M]. 北京: 机械工业出版社, 2012.

[35] 黄茂林. 机械原理 [M]. 北京: 机械工业出版社, 2010.

[36] 廖汉元, 孔建益. 机械原理 [M]. 北京: 机械工业出版社, 2013.

[37] 孙桓，陈作模. 机械原理［M］. 7版. 北京：高等教育出版社，2006.
[38] 于靖军. 机械原理［M］. 北京：机械工业出版社，2013.
[39] 马履中，谢俊，尹小琴. 机械原理与设计［M］. 北京：机械工业出版社，2015.
[40] 王德伦，高媛. 机械原理［M］. 北京：机械工业出版社，2015.
[41] 高志，黄纯颖. 机械创新设计. 2版. 北京：高等教育出版社，2010.
[42] 张春林，余跃庆. 机械原理教学参考书：下册［M］. 北京：高等教育出版社，2009.